粮食作物产量与效率层次差

缩差增效理论与技术

周文彬 等 著

科学出版社

北京

内 容 简 介

本书系统梳理了国内外粮食作物产量与资源利用效率层次差异的研究进展，结合近年来全国生产性调研与多年多点联合试验，以水稻、小麦和玉米为主要研究对象，面向全国三大粮食作物主产区，研究了作物产量与效率层次差异定量解析、关键限制因子、形成机理以及丰产增效技术途径，并结合高产高效与超高产创建实践，系统构建了缩减作物产量和效率层次差异理论与技术，为保障我国粮食安全和可持续发展提供理论依据与技术支撑。

本书面向农业科研工作者，大专院校农学相关专业师生，农业推广部门及农业相关管理部门工作人员。

审图号：GS 京（2022）0478 号

图书在版编目（CIP）数据

粮食作物产量与效率层次差：缩差增效理论与技术/周文彬等著. —北京：科学出版社，2023.4
ISBN 978-7-03-072691-9

Ⅰ.①粮⋯ Ⅱ.①周⋯ Ⅲ.①粮食作物-粮食产量-研究-中国 Ⅳ.① F326.11

中国版本图书馆 CIP 数据核字（2022）第 114883 号

责任编辑：陈 新 尚 册/责任校对：严 娜
责任印制：肖 兴/封面设计：无极书装

科 学 出 版 社 出版
北京东黄城根北街 16 号
邮政编码：100717
http://www.sciencep.com

北京九天鸿程印刷有限责任公司 印刷
科学出版社发行 各地新华书店经销
*
2023 年 4 月第 一 版 开本：787×1092 1/16
2023 年 4 月第一次印刷 印张：27 3/4
字数：658 000

定价：398.00 元
（如有印装质量问题，我社负责调换）

本书著者名单

主要著者　周文彬

其他著者（以姓名汉语拼音为序）

白　雲	陈先茂	陈志辉	褚　光	段凤莹
顾万荣	郭晓红	何奇瑾	侯　鹏	黄农荣
姜　英	金　峰	康国章	李朝苏	李春燕
李从锋	李广浩	李华伟	李乐攻	李少昆
李　霞	李旭毅	李　勇	刘　鹏	刘月娥
刘志娟	卢庆陶	陆大雷	陆卫平	孙　歆
汤　亮	王丹英	王怀豫	王　靖	王淑英
王　术	王小燕	王　笑	王永军	王友华
王志刚	徐　萍	姚凤梅	叶　清	尹昌喜
岳丽杰	张佳华	张丽华	张喜娟	张英华
张运波	张正斌	赵宏伟	赵　莉	赵　明
赵　奇	赵亚丽	周于毅		

前　言

　　"洪范八政，食为政首。"保障粮食安全始终是关系我国国民经济发展、社会稳定和国家自立的全局性重大战略问题。近年来，我国作物生产面临人口持续增加、耕地面积减少和资源短缺等挑战，作物增产增效的科技需求凸显。中国幅员辽阔，区域光温水肥资源分布不均，不同区域产量潜力及农户产量差异大。在我国粮食连获丰收的基础上，明确主要粮食作物进一步增产和资源利用效率提升的空间，缩小农田产量和效率层次差异并实现高产高效协同，实现区域均衡增产，深度解析作物产量与效率层次差异的形成机理并寻求解决途径，对于保障国家粮食安全与农业可持续发展具有重要意义。

　　作者团队通过在全国三大粮食作物主产区设置126个多年多点的联合试验，首先明确了不同生态区域三大粮食作物产量与效率层次差异的特征及丰产增效潜力，解析了水稻、玉米、小麦光温潜在产量的限制程度与可提升空间，明确了粮食主产区作物产量和效率差异的主控因子及栽培措施的贡献率，揭示了作物产量与效率协同提升的群体建成、光温匹配及耕层调控的变化规律，解析了作物在光合生理、同化物积累与分配及碳氮代谢等过程中的作用机制，提出了基于作物冠层和耕层协调促进产量效率协同提升的理论，建立了粮食主产区三大粮食作物缩差增效技术途径34套，并进行了实践和推广，有效支撑了我国粮食均衡增产和资源利用效率的大幅提升。

　　本书作者团队通过遥感与作物模型模拟、生产性调研及多年定点的全国联合试验，从不同时空尺度上定量表征了作物产量与效率层次差异的特征及其协同关系，解析了造成作物产量与效率层次差异的关键限制因子、主控过程及调控机制，提出了丰产增效的理论与调控途径。本书共三篇11章：第一篇（理论篇）包括第一章至第六章。第一章由周文彬研究员和张佳华研究员组织编写，对国内外作物产量与效率层次差异的研究进展进行了系统介绍。第二章由张佳华研究员组织编写，对我国主要粮食作物产量与效率层次差异的时空分布规律和丰产增效潜力进行了定量分析。第三章由王丹英研究员和王术教授组织编写，分别对我国南方水稻和东北粳稻的产量与效率层次差异形成机理进行了定量解析。第四章由张英华教授和王笑教授组织编写，分别对我国黄淮海冬小麦和南方稻茬麦的产量与效率层次差异形成机理进行了定量解析。第五章由李从锋副研究员、刘鹏教授和陆大雷教授组织编写，分别对我国东北春玉米、黄淮海夏玉米和南方玉米的产量与效率层次差异形成机理进行了定量解析。第六章由周文彬研究员组织编写，对作物产量与效率协同提高的生理生态及分子机制进行了系统阐述。第二篇（技术篇）包括第七章至第十章。第七章、第八章、第九章分别总结了我国水稻（由王丹英研究员和王术教授组织编写）、小麦（由张英华教授和王笑教授组织编写）、玉米（由李从锋副研究员、刘鹏教授和陆大雷教授组织编写）三大粮食作物主产区丰产增效技术途径及其高产高效和超高产案例。第十章由侯鹏研究员组织编写，对我国现有的关键缩差增效技术进行了综合评价。第三篇（政策篇）包含第十一章，由王怀豫副教授组织编写，从我国粮食作物布局、产业发展和区域农业发展方面，提出了区域资源特色增产增效增收的政策建议。全书由周文彬研究员统稿。本书围绕粮食作物产量与效率协同提升整体布局，既有三大粮食作物缩差增效的基础理论研究，又有区域丰产增效技术的应用案例，并总结提出了相关政策建议。本书内容上更加突出了系统性、创新性和引领性，是作物栽培与耕作学科的总结凝练及进一步发展的集中体现。希望本书能为挖掘作物产量与效率的潜力及缩减作物不同层次产量和效率的差异提供有益的借鉴参考，为保障作物大面积高产高效和农业绿色发展提供技术指导。

特别感谢"十三五"国家重点研发计划项目"粮食作物产量与效率层次差异及其丰产增效机理"（2016YFD0300100）的资助。对参与本书调研、试验、撰写的全体成员表示衷心感谢。

由于作者水平有限，书中难免有不足之处，敬请读者给予批评与指正。

周文彬

2023 年 1 月

目　　录

第一篇　理　论　篇

第二篇　技　术　篇

第一篇

理 论 篇

第一章　国内外作物产量与效率层次差异研究进展

粮食的供应能力应满足不断增长的人口对粮食的需求，这是保障粮食安全要解决的首要问题（Cirera and Masset，2010）。饮食结构的变化进一步增加了人们对农作物的需求量，人均每天的卡路里消耗量从 19 世纪 60 年代的 2250kcal（1cal=4.1868J，后文同）增加到 2015年的 2880kcal，估计到 2050 年将达到 3900kcal（Pardey et al.，2014；Valin et al.，2014）。因此，粮食与饲料的需求量将大幅增加，研究表明要保障粮食安全，全球农作物产量需要增加60%～110%（FAO，2009；Tilman et al.，2011）。

实现粮食增产主要有两种途径：一是增加耕地面积，二是提高现有耕地的单产水平。许多研究表明，在南美洲北部与非洲热带地区有大量土地适合农作物生长，可以转化为耕地（Rosegrant et al.，2001；Bruinsma，2003）。但这部分土地大部分位于热带雨林或自然保护区，具有很高的社会、经济和生态价值；失去森林覆盖后热带土壤将会很快失去肥力，需要额外的投入以保存土壤有机质（Ramankutty et al.，2002；Licker et al.，2010）。对许多国家而言，可增长的耕地面积有限，现有耕地面积由于土地退化、城市化、资源开采等因素也在逐渐减少（Lu et al.，2007；Fitzgerald et al.，2020）。1995～2007 年，发达国家农业用地面积减少了34%，发展中国家耕地面积增加了 17.1%，且主要发生在热带森林（Gibbs et al.，2010）。因此，通过增加耕地面积来实现全球粮食产量大幅度增加是不现实的。20 世纪后半叶的绿色革命大幅提高了农田单产，1961～2014 年，在耕地面积仅增长了 10% 的背景下，全球农作物产量增长了 3 倍（Pellegrini and Fernández，2018），这使得农业研究者和政策决策者看到了通过提高单产以满足粮食需求的前景。但是，已有研究指出，目前主要粮食单产仅以每年 0.9%～1.6%的速率增加，增长速率缓慢，甚至出现停滞，无法满足人口增长对粮食的需求（Ray et al.，2013）。

为了促进作物产量提升，全球范围内化肥用量显著增加。1961～2013 年，世界肥料的用量增加了 9 倍以上（Lu and Tian，2017）。然而作物的肥料利用效率并未随着施肥量的增加而增加，相反地，多数研究表明随着氮肥施用量的增加，作物的氮肥利用效率不断下降。未被利用的肥料不仅造成了肥料的浪费，而且导致了严重的环境负效应（Ju et al.，2009）。此外，不合理的灌溉、种植方式与光温资源的不匹配等同样导致了资源利用效率低下，不利于产量的进一步提升。为了提高光、温、水、肥等资源的利用效率，实现农业的绿色可持续发展，需要不断优化作物的养分、水分和区域特异性的种植管理，增强作物对生物胁迫和非生物胁迫的抵抗能力，促进产量与资源利用效率的协同提高。

本章收集整理了近年来世界范围内主要粮食作物的产量和资源利用效率在不同层次的差异研究，并对不同国家不同作物产量效率差异程度和造成差异的原因进行分析，以期为作物产量与效率的提高提供理论依据。

第一节　作物产量与效率层次差异概念

产量差的研究始于 20 世纪 70 年代，国际水稻研究所对 6 个亚洲国家的水稻的产量限制因素进行了研究（Inst et al.，1979）。"产量差"的概念于 1981 年被提出，被定义为实际农场产量与试验站产量之间的差距（de Datta，1981）。de Datta（1981）还定义了潜在的农民产量，以代表农民可以实现的最高产量。基于实际农场产量和试验站产量，引入了"技术上限产量"和"经济上限产量"的概念（Fresco，1984）。技术上限产量是特定农田可达到的最大产量，等于潜在的农田产量。经济上限产量是指农民利润最高时获得的产量。由于农民的投入水平低于特定农田最大产量所需的投入水平，因此经济上限产量低于技术上限产量。一些研究人员随后定义了"潜在产量"和"可获得产量"（Rabbinge，1993）。潜在产量是指在试验站采用的栽培和管理措施下（如使用合适的品种、杂草控制、病虫害管理、最佳播种日期和播种量，无用水用肥压力、收获损失等限制）可能达到的最高产量。潜在产量反映了仅由光照、温度条件和遗传特性决定的当地产量。可获得产量是在最佳栽培管理措施下实际可实现的产量，与农民潜在产量和技术上限产量的概念几乎相同。现在普遍认为，应将潜在产量的80%视为可获得产量（Cassman et al.，2003；Lobell et al.，2009）。de Bie（2000）总结了先前对产量差的研究，并确定了几种产量水平：模型模拟的试验站的潜在产量、试验站的最大产量、农民的潜在产量、经济上限产量和实际农田产量。Lobell 和 Ortiz-Monasterio（2006）将"田间产量差"定义为最高田间产量与区域平均产量之间的差异。

产量差研究通常将产量划分为不同的级别，因此得出了不同的产量差定义。除了上述产量水平，"基础地力产量"和"高产高效产量"这两个产量水平也具有研究价值，但目前几乎没有与这两个产量水平相关的文献。基础地力产量是指不依赖灌溉水和化肥而仅依靠土壤的天然肥力与现有气候条件而获得的作物单产水平，它代表当地的最低产量。"高产高效产量"是中国研究人员提出的一个概念，其管理实践设计包括一个作物模块（一种给定区域的耕种策略）和一个资源供应模块，用于根据土壤测试结果与作物生长需求制定养分和水的供应。它代表了农业技术综合性、创新性应用，以实现作物高产和资源高效利用（Shen et al.，2013；Wang et al.，2014b；Bai et al.，2020），与 Xu 等（2016）描述的"营养专家系统"相同。农民产量是农民实际获得的产量，基础地力产量与农民产量之间的差可以反映出利用农业资源投入的好处，并有助于进一步评估资源利用效率。农场产量与高产高效产量之间的差反映了在资源利用最优化的情况下农场产量的增加。图1-1是对 de Bie（2000）所提出的产量差模型的扩展，在原有产量水平上新增了高产高效产量和基础地力产量。

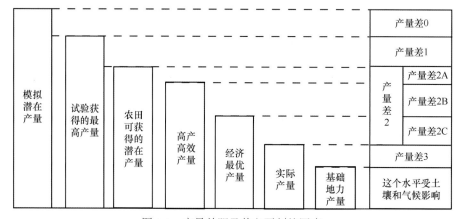

图1-1 产量差距及其主要制约因素

产量差0无法降低；产量差1是试验站一级的产量与农田一级产量之间的差距；产量差2是农田水平上不同管理实践所造成的差距；产量差3是耕地和荒地之间的差距，由水、肥料和其他管理措施引起

第二节　作物产量与效率层次差异研究方法

不同产量水平的测定方法不同，农田和试验站的各级产量水平可以通过田间试验与农户调查获取。田间试验可以通过设置不同处理来控制变量，以此分析特定因素在作物产量形成中的作用。但是田间试验的结果仅能反映当地当年的情况，不能将其扩展到区域尺度和长时间序列上。农户调查可以通过获取土壤、作物品种和农户管理等信息来估算区域尺度的不同产量水平与产量差。不过，农户调查通常采用提问的方式，主观性较强，可能遗漏造成产量差的相关信息，且难以获得准确的农田管理信息。

潜在产量由于无法通过实际生产获得，其量化通常借助模型来实现。产量差研究中使用的模型可以分为两类：经验模型和机理模型（Cao et al.，2011）。经验模型是以试验数据为基础，根据生物量和气候因子的统计相关关系建立的数学统计分析模型，例如：Miami 模型（Lieth and Box，1972；Luo et al.，2011；程曼等，2012；Yu et al.，2012）、Thornthwaite Memorial 模型（Lieth and Box，1972；Mao et al.，2008；Li et al.，2009）、Wageningen 模型（Bouman et al.，1996；Lin et al.，2003）、Agricultural Ecology Zone（AEZ）模型（Fischer et al.，2000；Liu et al.，2001）。机理模型是应用数学概念方法模拟作物生理过程和解释作物整体功能的模型，例如：World Food Studies（WOFOST）模型（van Diepen et al.，1989；Wu et al.，2006）、Hybrid-Maize 模型（Yang et al.，2004；Liu et al.，2017a）、Decision Support System for Agrotechnology Transfer（DSSAT）模型（Jones et al.，2003；Andrea et al.，2018）、Environmental Policy Integrated Climate（EPIC）模型（Williams et al.，1989；Lu and Fan，2013）、Agricultural Production Systems Simulator（APSIM）模型（Keating et al.，2003；Li et al.，2014）、ORYZA 模型（Li et al.，2017；Agus et al.，2019）等。除模拟潜在产量外，机理模型还可以通过定义不同的栽培情景模拟相应的产量水平（Bindraban et al.，2000）。由于模型建立在单点试验的基础上，在区域产量差研究中存在诸多限制，区域产量差的研究多采用模型与遥感结合的方法（Maas，1988；Moulin et al.，1998）。Li（2014）通过 APSIM-Wheat 模型与地理信息系统（GIS）技术结合分析了华北平原冬小麦产量差的时空分布。

值得注意的是，不同的潜在产量（Y_p）估算方法计算得到的产量差具有较大差异。以华北平原为例，使用作物模型计算出的相对产量较低（56%~68%）（Lu and Fan，2013；Li et al.，2014；Fang et al.，2017）。但是，使用边界线分析计算的相对产量值为85%（Cao et al.，2019）。相对产量的差异是由潜在产量的定义差异引起的。通过作物模型获得的 Y_p 是理论上的最大产量，而根据田间试验估算的潜在产量则是高产田块上农户实际可获得的产量。

一、区域作物产量差研究方法

（一）用模型估算作物实际产量的研究方法

1. 作物生长模型模拟实际产量

相比传统的实地调查和实地试验等手段，在估算产量方面，模型方法具有低成本和高时效的特点。其中作物生长模型（Crop Growth Model，CGM）是估计作物实际产量的一种可靠工具，已经在全球范围内被广泛应用和发展（Lobell et al.，2009；van Ittersum et al.，2013）。其中包括针对某一单一作物（如玉米）生长过程的作物模型 Hybrid-Maize（Yang et al.，2004）；集成多种作物生长过程的 CGM 系统，如 APSIM（Mccown et al.，1996）、世界食物研究模型 WOFOST（Wu et al.，2006）和 DSSAT 相关模块（Basso et al.，2016）。率定之后的 CGM 可以在一定区域内对作物产量进行可靠的估算（Chen et al.，2010a；Wang et al.，2014b；Amarasingha et al.，2015；Innes et al.，2015）。CGM 的准确性高度依赖当地气象资料和农田管理信息的准确性，因为关键的植被生理结构参数［如叶面积指数（leaf area index，LAI）］均依靠 CGM 的模拟，这表明 CGM 只能模拟一个气象站周围一定范围内的作物产量。由于 CGM 的这一特点，以及全球范围内气象站点分布稀疏的问题，CGM 在区域尺度上的应用存在空间升尺度的问题，这限制了其在国家和全球尺度上的应用。van Wart 等（2013）曾提出一个作物模型的升尺度方案，该方案使用一个特定气象站点的数据模拟该站点周围一定半径范围内（50km）所有农田的某种作物的产量。但是，在国家尺度上，该方法也仅能使 CGM 覆盖 40%～50% 的耕地面积。

大区域作物产量模拟的升尺度问题可通过引入遥感（remote sensing，RS）技术来解决（Huang et al.，2015b）。卫星遥感数据可以提供连续时间序列的地表植被信息，包括叶面积指数和植被指数。其中，叶面积指数在时间序列上的变化直接通过遥感影像数据反演得到，不依赖地面气象数据模拟的物候信息；作物关键物候期则可以通过植被指数的时间序列分析来得到（Lobell，2013）。已有的研究表明，引入 RS 反演的叶面积指数（RS-LAI），可以显著提高作物模型在区域尺度上产量模拟的精度（Curnel et al.，2011；de Wit et al.，2012；Ma et al.，2013；Huang et al.，2015a）。

2. 基于遥感的作物产量模型 RCYM

一个基于遥感的作物产量模型可能更适用于区域尺度的作物产量的模拟。完整的遥感作物产量模型（Remote Sensing Crop Yield Model，RCYM）包括两个部分，即水平衡（WB）模块和碳同化（CA）模块（图 1-2）。WB 模块用于模拟田间水分收支过程，其输出的水分胁迫信息将作为 CA 模块的输入，用于模拟作物的碳同化过程和产量，其又包括光合作用、呼吸作用和产量形成 3 个主要的子过程。WB 的原理是通过模拟降水、灌溉和蒸散（ET）三者在田间尺度的平衡关系来模拟作物所受的水分胁迫。大多数基于遥感和 WB 过程的 ET 模型（Miralles et al.，2011；Yan et al.，2012；Bai et al.，2017）并不能直接用于 RCYM 模型中，原因是它们没有考虑灌溉的影响。Bai 等（2018）改进了 Bai 等（2017）提出的多层土壤 WB 模

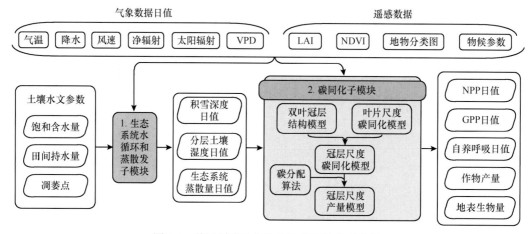

图 1-2 基于遥感的作物产量模型结构示意图

VPD: vapor pressure deficit, 饱和水汽压差；LAI: leaf area index, 叶面积指数；NDVI: normalized difference vegetation index, 归一化植被指数；NPP: net primary productivity, 净初级生产力；GPP: gross primary productivity, 总初级生产力

型，加入了一种田间灌溉的估计策略，显著提高了田间蒸散的估算精度。

在碳同化过程的模拟方面，遥感能反映地表作物的生长状况，在大尺度上具有独特优势。然而，许多基于遥感的过程模型的设计初衷是为了满足大区域甚至全球尺度的生态系统生产力模拟需求（Ryu et al.，2011；Chen et al.，2012；Jiang and Ryu，2016；Gan et al.，2018；Zhang et al.，2019a），缺乏对作物量的形成过程的细致描述。在利用遥感模型模拟作物产量的研究中，Zhao 等（2015）和 Lobell（2013）利用收获指数（harvest index，HI）将作物干物质转化为产量。在近年遥感作物产量模型的研究中，Huang 等（2018）以水稻为研究对象，采用归一化的累积总初级生产力（gross primary productivity，GPP）来指示水稻不同的生育阶段，并以此为基础模拟水稻产量的逐日累积过程。使用朝鲜半岛 3 个农田通量站点 2 年的实验数据对模型进行验证，结果较为准确。以逐日累积的方式模拟作物产量的方法，已被 CGM 广泛采用，RCYM 采用这种方法也可以显著提高区域尺度的作物产量的模拟精度（图 1-3）。以逐日累积的方式模拟作物产量的关键是模拟作物的生长发育阶段（DVS）（Osborne et al.，2015；李昊等，2016），而模拟 DVS 的关键物候期如出苗期和成熟期均可以从时间序列的遥感数据中获取（Lobell et al.，2013b）。因此，RCYM 解决了在区域尺度上 CGM 难以获取作物的种植时间的问题，加上 RCYM 对气象数据较低的依赖性以及完善了将干物质向产量转化的过程，相比 CGM 和传统的遥感模型，其在区域尺度作物产量的模拟方面更具优势。

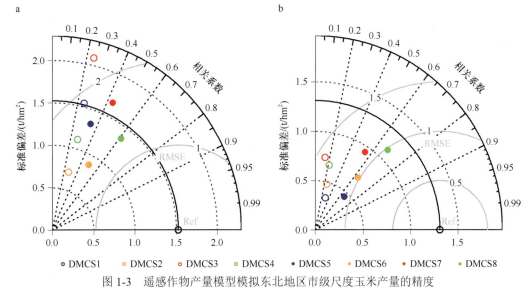

图 1-3 遥感作物产量模型模拟东北地区市级尺度玉米产量的精度

a 和 b 分别表示 2010～2012 年市级尺度 3 年数据汇总验证和 3 年数据平均值验证。RMSE：均方根误差（root mean square error）；Ref：参考点（reference point）。图例中 8 种模拟策略（DMCS1 至 DMCS8）的解释见表 1-1

表 1-1 对遥感作物产量模型 8 种模拟策略的解释

模拟策略	干物质到产量的转换方式	遥感数据的使用
DMCS1	收获指数	没有使用
DMCS2	收获指数	遥感提取的物候
DMCS3	收获指数	遥感反演的 LAI
DMCS4	收获指数	遥感提取的物候+遥感反演的 LAI
DMCS5	基于 DVS 的逐日累积	没有使用

续表

模拟策略	干物质到产量的转换方式	遥感数据的使用
DMCS6	基于 DVS 的逐日累积	遥感提取的物候
DMCS7	基于 DVS 的逐日累积	遥感反演的 LAI
DMCS8	基于 DVS 的逐日累积	遥感提取的物候+遥感反演的 LAI

（二）作物潜在产量研究方法

1. 潜在产量的定义

作物潜在产量（Y_p）是指如 Lobell 等（2009）将潜在产量定义为一地区适应性作物或杂交作物生长于只受光照、温度和可受或不受水分限制的环境下的产量，作物是否受到水分胁迫取决于田块是否具有灌溉条件。在潜在产量的基础上，van Ittersum 等（2013）定义了可开发产量（exploitable yield），其为潜在产量的 80%，它代表了在农户使用最优管理技术条件下获得的平均产量。这个定义的产生是基于全球范围观测到的在平均产量到达潜在产量 75%～85% 的水平之后就很难再有所提高的现象提出的（Cassman，1999；Cassman et al.，2003；Lobell et al.，2009；van Ittersum et al.，2013；van Wart et al.，2013）。Lobell 等（2009）认为最大农户产量低于理论产量的现象产生的原因为在一个区域内，所有农户不可能完全避免所有可造成产量减少的因素，如土壤肥力缺失和病虫害等。

杨晓光和刘志娟（2014）总结了产量差的不同定义，定义了 4 个级别的产量，分别为潜在产量、可获得产量（attainable yield）、农户潜在产量（potential farmer yield）和农户实际产量（actual farmer yield），其中农户潜在产量对应于 van Ittersum 等（2013）定义的可开发产量。其他 3 个产量级别可分别对应于 Lobell 等（2009）所总结的潜在产量的 3 种获取方式或潜在产量的 3 个级别，即通过作物模型模拟得到潜在产量、试验站产量和农户最大产量。这 3 种级别下产生的产量差分别为基于模型的产量差（Y_{gM}）、基于试验的产量差（Y_{gE}）和基于农户高产纪录的产量差（Y_{gp}）。一般情况下，$Y_{gM} \geqslant Y_{gE} \geqslant Y_{gp}$（Lobell et al.，2009）。这 3 个级别的产量在农户管理水平较高的地区是非常接近的，在农业生产条件较为落后或雨养种植的区域则可能出现较大的差异（van Ittersum et al.，2013），如非洲或拉美地区。有学者认为 Y_{gM} 是对潜在产量最可靠的估计（van Ittersum et al.，2013），但这并不意味着在所有情况下都是如此。在观测结果可靠的情况下，产生上述差异的原因：① Y_{gp} 的估算是基于一定区域内有农户的管理使作物生长达到了最佳状态的假设，而这一假设在管理和技术条件较为落后的地区很难实现；②雨养条件下，农户可能会减少生产投入来规避可能的自然风险，这也很难满足①中的假设；③不同作物模型描述的作物生长过程存在差异，只有区域化之后的模型才能得到更为可信的结果。在这些定义中，Lobell 等（2009）定义的光温潜在产量是作物产量的理论上限，我们将其作为研究作物产量差中的潜在产量。

2. 潜在产量的研究方法

潜在产量获取的方法包括模型模拟、高产竞赛、控制实验等（Lobell et al.，2009）。作物生长模型（CGM）是模拟作物潜在产量（Y_p）最常用的方法（Chen et al.，2010；Wang et al.，2014b；Amarasingha et al.，2015；Innes et al.，2015）。在 CGM 中，作物的"生长"完全依赖模型的模拟。因此，CGM 是模拟潜在产量的一种相对简便的手段，只需要将作物模型中限制作物生长的可控条件全部调至最优即可。但是，正如前文所述，CGM 在区域尺度的应用可能受到气象数据可获得性的限制，因而遥感作物产量模型（RCYM）成为模拟区域实际产量的一种更有效的方法。但是，由于 RCYM 使用了遥感反演 LAI（RS-LAI），在使用遥感模型模拟作物潜在产量时，作物的生长状况并不能完全达到这一理想化状态，其使用的 RS-LAI 中包含了作物受到的胁迫信息。但是，利用 RS-LAI 模拟作物的潜在产量依然是可能的，而且其优点在于可以避免模型的本地化。Lobell（2013）提出了一种使用遥感模型估算作物潜在产量的方法，该方法将一个较小区域内像元尺度的产量数据在 95% 或 99% 分位点处的值作为该区域的潜在产量。这个方法适用于确定田间管理水平较高的区域的潜在产量（van Ittersum et al.，2013），或者用于研究产量差在空间上的相对差异（Lobell et al.，2002，2010；Zhao et al.，2015）。不过，需要注意的是，这个方法假设某些小区域内的作物产量达到了潜在产量，显然，对于管理水平不高的区域，上述假设很难实现。与此同时，通过这种方法，很难获取生长季内作物潜在产量情况下的蒸散（$ET_{acc,p}$），以量化潜在水分利用效率。

为了避免遥感模型中的假设，可以通过消除 RCYM 使用的遥感数据 LAI 中环境胁迫的影响，来实现 Y_p 和 $ET_{acc,p}$ 的模拟。就模拟潜在产量而言，消除环境胁迫对 LAI 的影响是可以实现的。如果将超高产试验（认为作物在理想状态下生长）的作物产量与对应的最大叶面积指数比较，可发现如图 1-4 所示的关系，当生育期内最大叶面积指数 LAI_{max} 超过 6.6 之后，LAI 将不再是玉米产量的一个显著影响因素，影响产量的应该是除叶面积指数外的其他要素。这说明，$LAI_{max} \geqslant 6.6$ 足以满足玉米获得潜在产量对叶面积的需求。类似的结果可以从小麦的相关数据中得到（图 1-5）。在上述分析结果的基础上，结合前文所述的 RCYM 模型，可以得到一种基于遥感模拟作物潜在产量和潜在产量情况下蒸散的方法。将潜在产量的作物 LAI 定义为潜在 LAI，用 LAI_p 来表示，使用 RS-LAI 计算 LAI_p，然后将其输入模型以模拟潜在产量。

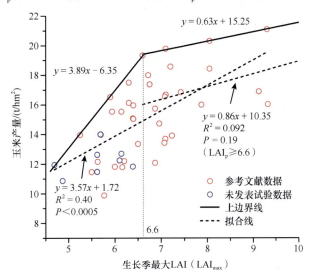

图 1-4　中国范围内高产和超高产试验田的玉米产量与生长季最大叶面积指数的散点图

红圈代表的样本来自以下文献：武志海，2002；包岩，2006；杨国虎等，2006；黄振喜，2007；曹洋，2008；马兴林等，2008；王永军，2008；王俊秀，2009；王志刚，2009；张守林等，2009；刘伟等，2010；杨吉顺等，2010；常建智等，2011；景立权，2011；李小勇等，2011；张玉芹等，2011；胡巍巍，2012；靳小利等，2012；楚光红和章建新，2016；杨德光等，2016；Liu et al.，2017b。蓝圈代表的样本来自近期的试验结果，但未发表。在每篇已发表的文献中，对每一个试验品种选取产量最高的一组试验结果

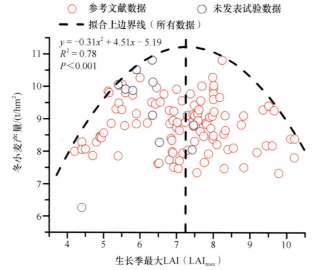

图1-5　中国范围内高产和超高产试验田的冬小麦产量与生长季最大叶面积指数的散点图

红圈代表的样本来自以下文献：傅兆麟，2001；王之杰，2001；王之杰等，2003；张玲丽，2003；李均先等，2005；杜永，2007；孙亚辉等，2007；未文良，2007；朱昭进，2011；卜冬宁等，2012；惠海滨等，2012；章建新等，2012a，2012b，2013；丁锦峰，2013；李瑞奇，2014；房琴等，2015；王红光等，2015。蓝圈代表的样本来自项目试验数据。在每篇已发表的文献中，对于每一个试验品种，选取产量最高的一组试验结果

1）模拟一条 LAI 随日期变化的大致曲线（SC_{LAI}），趋势线的顶点值相当于 LAI_{max}。

$$LAI_S^{(D)} = LAI_{max} \frac{-D(D_{mt}-D)}{-D(D_{mt}-D)-(D_{fl}-D)^2} \tag{1.1}$$

式中，LAI_S 表示模拟的 LAI 曲线；D 表示作物从出苗到当前日期的天数；D_{mt} 和 D_{fl} 分别表示成熟期和开花期距离出苗期的天数。对于冬小麦，D 表示作物从返青期到当前日期的天数；D_{mt} 和 D_{fl} 分别表示成熟期和开花期距离返青期的天数。模拟的曲线 $SC_{LAI}=\{LAI_S^{(0)}, LAI_S^{(1)}, \cdots, LAI_S^{(D_{mt})}\}$。

2）对 RC_{LAI}（用 RC_{LAI} 表示 RS-LAI 随时间变化的曲线）进行拉伸；先采用最小二乘法对 $SC_{LAI}=a_{LAI_p} \times RC_{LAI}+b_{LAI_p}$ 进行分析，得到回归系数 a_{LAI_p} 和 b_{LAI_p}，分析过程中将 b_{LAI_p} 固定为 RC_{LAI} 序列中的最小值；而后利用多项式 $a_{LAI_p} \times RC_{LAI}+b_{LAI_p}$ 计算得到 LAI_p 的时间序列曲线。

3）Y_p 模拟：将 RCYM 模型中氮素胁迫因子和水分胁迫因子的值固定为1，然后将 LAI_p 的时间序列曲线输入到模型，直接运行模型的 CA 模块，模型最终的输出结果为地块尺度的作物 Y_p。为了避免播期造成的减产，像元尺度最终的潜在产量为其周围25km范围内所有像元的潜在产量模拟值的95%分位点处的产量。这一策略的假设是任意25km半径范围内的气象条件接近，并且存在最优的作物播期。

4）生长季内作物潜在产量情况下的蒸散（$ET_{acc,\,p}$）模拟：使用潜在叶面积指数 LAI_p 作为 RCYM 水循环模块的输入，模拟时不考虑水分胁迫和养分胁迫。

（三）区域作物产量差的定量估算与限制因子研究方法

依据产量差定义，区域作物产量差可由区域模拟的潜在产量与农户实际产量相减获得。由于作物生长环境、作物品种及农民栽培管理方式的不同，不同区域的作物产量差存在显著

差异。传统的产量差研究方法多基于田间试验或模型模拟在站点尺度给出产量差估算结果，考虑作物生长与作物产量存在较强的空间异质性，如何在合适的区域尺度量化和表征作物产量差，解析产量差的形成原因，进而指导未来农业生产，是区域产量差研究面临的重要问题。

1. 区域作物产量差估算方案

由美国内布拉斯加大学和荷兰瓦赫宁根大学于 2012 年成立的全球产量差评估系统（Global Yield Gap Atlas，GYGA，网址 www.Yieldgap.org），提出了一套基于农业气候分区的自下而上的产量差研究方案，可针对不同需求，在区域尺度、国家尺度甚至全球尺度实现科学灵活的产量差估算。该方案的主要思路是：通过收集各地气象站点的气象数据和该地典型的作物栽培管理信息，利用作物生长模型对潜在产量进行模拟，同时结合农户实际产量，计算出参考气象站点的产量差（van Wart et al.，2013）。以参考气象站点为中心作缓冲区，叠加农业气候区划，进而以缓冲区内作物收获面积为权重将参考气象站点的缓冲区结果聚合到各农业气候分区，实现由点（气象站点）到面（农业气候分区）的产量差结果升尺度，并以农业气候区为最小估算单元对区域、国家和全球尺度的产量差结果进行表征（Bussel et al.，2015；Liu et al.，2017a）。GYGA 在全球尺度划分了 265 个农业气候区，假设农业气候区内具有相似的气候和农业种植条件以及相同的作物产量差（邓南燕，2018）。根据研究尺度的不同，研究者可依据算法框架重新分区，细化农业气候区划，以得到更精确的产量差分布图。

近年来，遥感技术的出现为区域产量差研究提供了新思路。基于遥感的产量差研究方案以像元为最小估算单位，利用多源遥感信息驱动模型，在每个像元对实际产量和潜在产量进行模拟，进而得到具有空间连续性的作物产量差信息（张莎，2019）。卫星遥感目前实现了从米级、十米级到千米级的地表监测，研究者根据研究目的，通过选择不同分辨率的遥感影像驱动遥感作物模型，可实现从田块到区域、国家和全球的多尺度产量差估算。相较于农业气候区划方案，遥感影像可以进一步提供分区内空间连续的精细作物产量差信息，同时避免了尺度切换所需的农业区划分类更新和因站点稀疏、缺失造成的结果不确定性，具有广阔的应用前景。

2. 区域作物产量差限制因素分析

在站点尺度，产量差的限制因素通常通过田间的对照控制实验进行解析，如设置不同温度环境或水肥条件，来研究不同因素对作物产量差形成的贡献程度。然而站点的研究结果往往受局地条件影响，其研究发现或规律在区域尺度很难具有外推性和普适性。目前，区域尺度作物产量差限制因素的解析方法可归纳为以下两种：①基于大量遥感像元样本的变量相关统计分析；②基于产量差自身空间分布的持续/非持续性因素剖析。方法①将每个遥感像元看作区域采样的样本，基于大量遥感样本，结合区域产量差估算结果和各因素辅助数据集（如土壤分布图、灌溉水源图等），通过方差分析、相关性分析和多元回归等统计手段来评估每个因素对产量差形成的相对重要性。此方法简明直观，但在统计分析前，需注意消除遥感像元（样本）之间存在的显著空间自相关性。方法②则侧重于挖掘区域作物产量差自身的时空分布特性，通过比对区域内作物产量差的空间分布与多年均值的关系，快速确定该区域受持续性因子（如地形、土壤条件、农业生产水平等）或非持续性因子（多变的气候、经济社会政策等）的影响程度，从而进一步指导农业生产（Zhao et al.，2015）。

二、区域作物效率差研究方法

（一）作物光温效率差研究方法

光照和温度是作物生长必不可少的自然条件，也是区域作物可能的最大产量（潜在产量）的决定性因素。量化辐射利用效率（radiation use efficiency，RUE）和温度利用效率（temperature use efficiency，TUE）可以了解这两种自然资源的利用情况，提高农业生产的资源利用效率。由于我们关注的是作物，因此我们采用作物产量与资源总量比值的方式计算光温利用效率（江华山等，1987；刘晓迎等，2012；张黛静等，2014）。

$$RUE = \frac{h \times Y}{\Sigma RSG} \times 100\% \tag{1.2}$$

$$TUE = \frac{Y}{AT} \tag{1.3}$$

式中，RUE 和 TUE 分别代表辐射利用效率和温度利用效率；Y 表示作物产量，计算实际资源利用效率时，Y 表示作物实际产量（Y_a），计算潜在资源利用效率时，Y 表示潜在产量；h 为单位干物质燃烧所产生的热量（1g 小麦干物质燃烧释放 17.79kJ 热量，1g 玉米干物质燃烧释放 17.5kJ 热量）；ΣRSG 为作物生育期内太阳总辐射量；AT 为作物生育期内大于 0℃的积温（℃·d）。辐射利用效率、温度利用效率的单位分别为 %、kg/(hm²·℃·d)。

$$RUE_g = RUE_p - RUE_a \tag{1.4}$$

$$TUE_g = TUE_p - TUE_a \tag{1.5}$$

式中，RUE_g 和 TUE_g 分别表示辐射利用效率差（%）和温度利用效率差 [kg/(hm²·℃·d)]；RUE_p、RUE_a、TUE_p 和 TUE_a 分别表示潜在辐射利用效率、实际辐射利用效率、潜在温度利用效率和实际温度利用效率。

（二）作物水分效率差研究方法

作物通过将叶片光合作用产生的干物质分配到各个器官，实现植株的生长和籽粒/产量的积累（Osborne et al.，2015；李昊等，2016）。叶片在进行光合作用时，会通过气孔吸收 CO_2，同时蒸腾水汽，这两个过程同时受到气孔导度的控制（Beer et al.，2009；Medlyn et al.，2012）。水分利用效率（water use efficiency，WUE）是用来衡量光合作用过程中植被光合作用强度和水分耗散之间的平衡关系的关键指标，它描述了植株在一定水分耗散的情况下光合作用的生产力。在农业生产中，我们希望达到尽可能大的 WUE，实现对水资源的高效利用。因此，量化农作物的 WUE 对于农业生产的高产高效有重要意义。然而，不同的研究目的对 WUE 的定义不尽相同，通常对于自然生态系统，水分利用效率定义如下（Beer et al.，2009）。

$$WUE = \frac{GPP \ 或 \ NPP}{T} \tag{1.6}$$

$$WUE = \frac{GPP \ 或 \ NPP}{ET} \tag{1.7}$$

式中，GPP、NPP 分别表示生态系统的总初级生产力、净初级生产力；T 和 ET 分别表示蒸腾和蒸散，其中蒸散又包含蒸腾、土壤蒸发和冠层截留蒸发等。公式（1.6）描述的是叶片尺度的 WUE，它没有考虑土壤蒸发和冠层截留蒸发等；公式（1.7）描述的则是整个生态系统的水分耗散与光合作用生产力之间的关系。若要描述区域尺度农作物的 WUE，公式（1.7）更为合适。区域尺度的农业生产很难避免土壤蒸发和冠层截留导致的水分耗散，因此，公式（1.7）描述的 WUE 对于实际农业生产中的水资源利用效率的指导意义更强。但是公式（1.7）在描述农作物的水分利用效率时存在另外一个问题，对于自然植被，我们主要关注生态系统的 GPP 或 NPP，但是农业生产的目的是获得植株特定部位的产量（Y）。例如，对于小麦、水稻和玉米，农业生产的主要目的是获取它们的籽粒产量。虽然在特定情况下，Y 与作物累积的 NPP（生物量）呈现一定的比例（收获指数）关系（Lobell，2013；Lobell et al.，2013b，2015；Zhao et al.，2016），但是即使相同作物的收获指数也具有较强的时间和空间的变异特征（Sinclair，1998；Ju et al.，2010）。为了更好地衡量农业中对水资源的利用效率，作物的水分利用效率定义如下（王会肖和刘昌明，2000）。

$$WUE = \frac{Y}{ET} \tag{1.8}$$

水分利用效率差定义为

$$WUE_g = WUE_p - WUE_a \tag{1.9}$$

式中，实际水分利用效率（WUE_a）则为实际产量与实际蒸散的比值，而水分利用效率在潜在产量状况下最大，称为潜在水分利用效率（WUE_p）。

（三）作物肥料效率差研究方法

养分利用效率是关系到施肥、农产品生产和环境保护的重要指标，确定区域内养分利用效率，估算其与区域内高值之间的效率差距，对于肥料的高效利用、减少肥料的环境流失具有重要作用。从农学角度来说，常用的氮素利用效率（nitrogen use efficiency，NUE）的定量指标有氮肥吸收利用率（RE）、氮肥生理利用率（PE）、氮肥农学利用率（AE）和氮肥偏生产力（PFP）（安宁，2015），这些指标从不同的侧面描述了作物对养分或肥料的利用率。以氮肥为例，氮肥吸收利用率是指施肥区作物氮素积累量与空白区氮素积累量的差占施用氮肥总氮量的百分数（表1-2）。氮肥生理利用率反映了作物对所吸收的肥料氮素在体内的利用率，其被定义为作物因施用氮肥而增加的产量与地上部相应的氮素积累量的增加量的比值。氮肥农学利用率则是作物氮肥吸收利用率与氮肥生理利用率的乘积，指作物施用氮肥后增加的产量与施用的氮肥量的比值。氮肥偏生产力则反映了作物吸收肥料氮和土壤氮后所产生的边际效应，定义为作物施肥后的产量与氮肥施用量的比值。

表 1-2　几种氮肥利用效率的农学计算公式

定义	计算式	单位	意义
氮肥吸收利用率（RE）	$(N_{plant} - N_{plant\_0})/FN \times 100$	%	作物对施入土壤中的肥料氮的吸收效率
氮肥生理利用率（PE）	$(Y_N - Y_0)/(N_{plant} - N_{plant\_0})$	kg 籽粒/kg N	作物地上部每吸收单位肥料中的氮所获得的籽粒产量的增加量
氮肥农学利用率（AE）	$(Y_N - Y_0)/FN$	kg 籽粒/kg N	单位施氮量所增加的作物籽粒产量
氮肥偏生产力（PFP）	Y_N/FN	kg 籽粒/kg N	单位投入的肥料氮所能生产的作物籽粒产量

注：N_{plant} 为作物地上部氮吸收量，Y_N 为施氮作物产量，FN 为氮肥施用量；含 0 下标的为未施氮肥处理的对应参数

以上肥料利用效率指标基于田间试验得出，大都需要不施氮肥的稻田作为对照，而在区域尺度上要确定对照组空白田块的数据十分困难，且施肥量受农户主观控制，因此在区域尺度上获得较为精确的施肥数据并不现实。目前的区域分析大多基于荟萃分析（meta-analysis）完成，

通过收集已发表文献的田间试验数据，来确定区域作物的肥料利用效率和效率差，并结合田间控制实验，确定区域肥料效率差的主控因子和有效的增效措施（Zhang et al.，2018；Xu et al.，2019）。基于试验数据荟萃分析的中国水稻（早稻、晚稻、中稻及一季稻）的肥料利用效率（氮、磷、钾）与效率差（Xu et al.，2016）如图1-6所示。

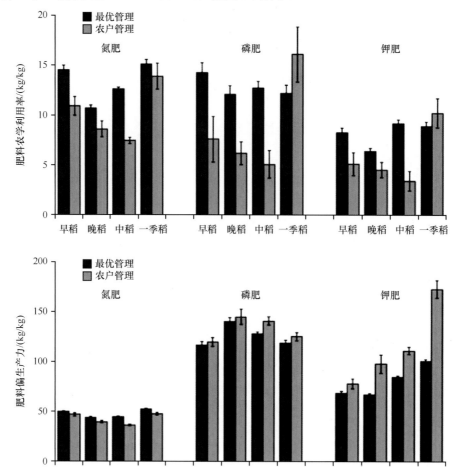

图1-6　基于试验数据荟萃分析的中国水稻的肥料利用效率及效率差（Xu et al.，2016）

除了基于上述指标在生长季结束后对田块该年份肥料利用状况的评估，在区域尺度上利用遥感技术在作物生育期内对作物的肥料利用状况进行动态实时监测、指导施用肥量，是减少肥料流失、缩小肥料利用差距的重要途径。在农业研究中，氮素营养指数（nitrogen nutrition index，NNI）是判断作物是否需要额外施加氮肥的一种常用方法（Chen et al.，2010b；Huang et al.，2015b；Delloye et al.，2018），它被定义为作物冠层氮含量（CNC）与最优临界氮含量（Nc）的比值 [公式（1.10）]。其中，最优临界氮含量是作物获得最大生物量增长所需要的最少氮素营养含量，由作物的临界氮浓度稀释曲线得出 [以欧洲冬小麦为例，公式（1.11）]。NNI=1 表明作物体内氮素营养水平处于最佳状态，NNI＞1 表明氮素营养过剩，NNI＜1 表明氮素营养不足。NNI 可以更精确地反映作物含氮量是否适宜，且易从遥感光谱信息中分析获得，是进行区域氮素利用效率研究的有效替代指标，对于评估区域作物氮素营养状况、指导农户施肥具有重要意义。

$$NNI = \frac{CNC}{Nc} \quad\quad\quad (1.10)$$

$$Nc = 53.5DM^{0.558} \quad\quad\quad (1.11)$$

式中，DM 表示植株干物质量。

第三节　作物产量与效率层次差异及其形成机理研究进展

一、世界主要粮食生产国的作物产量差概况

目前，产量差研究的主要重点是小麦、玉米和水稻这 3 种主要的粮食作物。2002～2017 年的作物单产数据来自联合国粮食及农业组织的统计数据（www.fao.org/faostat，2020），玉米单产最高，为 4.3t/hm²，其次是水稻（3.7t/hm²）和小麦（3.1t/hm²）。爱尔兰的小麦产量最高，而西欧是小麦的高产区，该地区几乎所有国家的小麦产量都可超过 6t/hm²。玉米高产区在阿拉伯半岛及其周边国家，包括阿联酋、以色列、约旦和科威特，玉米单产都超过 18t/hm²，而其他大多数国家的玉米单产小于 10t/hm²。水稻没有明显的高产区域，但埃及和澳大利亚的稻米产量超过了 9t/hm²。对于这 3 种农作物，单产低的国家都集中在非洲。总体而言，欧洲特别是西欧的小麦和玉米产量接近潜在产量；非洲 3 种作物的相对产量都很低，许多国家的相对产量还不到潜在产量的 40%（Lobell et al., 2009; Hoffmann et al., 2018）；美洲和亚洲的相对产量相似，高于非洲，但低于欧洲。澳大利亚的玉米相对产量超过 80%，而小麦仅为 48%。特别是在美国，玉米和水稻的相对产量在 60%～80%，但小麦的产量只能达到潜在产量的 30%，这可能是土壤质量欠佳造成的（Patrignani et al., 2014）。受益于埃及的政策改革、技术变革和投资增加，埃及的水稻相对产量在所有有数据记录的国家中是最高的（Fan et al., 1997）。但是，非洲的收成仅占潜在产量的 20%。对于这 3 种主要农作物，我们集中分析每种作物的 4 个主要生产国、两个低产量差国家和两个高产量差国家。Y_{a1}、Y_{a2} 和 Y_{a3} 分别是 1961～1980 年、1981～2000 年和 2001～2018 年的平均实际产量的缩写。

1961～2018 年，小麦产量持续增加，但在所有 8 个国家中 Y_{a3} 和 Y_{a2} 之间的差距都小于 Y_{a2} 和 Y_{a1} 之间的差距（图 1-7）。这些结果表明，随着时间的推移，小麦单产增速下降。如果

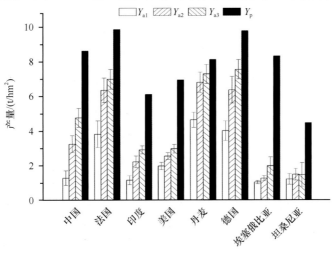

图 1-7　4 个主要小麦生产国（中国、法国、印度和美国）、低产量差国家（丹麦与德国）及高产量差国家（埃塞俄比亚和坦桑尼亚）的小麦实际产量（Y_a）与潜在产量（Y_p）

Y_{a1}、Y_{a2}、Y_{a3} 分别是 1961～1980 年、1981～2000 年、2001～2018 年小麦的平均实际产量，柱线为标准差（$n=20$）

将 80% 的 Y_p 用作可实现的单产，埃塞俄比亚的目标是将单产提高 4.6t/hm²，这是 8 个国家中最大的增幅。坦桑尼亚的目标是将产量提高 240%，这是高产缺口国家最大的增产空间。相反，由于丹麦和德国当前的产量接近 Y_p，因此产量继续提高的空间很小。对于 4 个主要的小麦生产国，尽管单产增幅下降了，但尚未达到可获得产量的阈值。

自 21 世纪初以来，玉米单产持续大幅增长，而在中国和尼日利亚，其增长趋势一直在减弱（图 1-8）。在美国、德国和荷兰，2001～2018 年相对产量接近（或超过）80%。与增加产量相比，这些国家需要保持生产的稳定性并减少产量的年际波动（图 1-8 中的 SD）。印度和尼日利亚的实际单产还不到潜在单产的 30%，并且未来通过改变作物管理方式来提高单产的潜力很大。实际上，在非洲，落后的耕作和管理方法，对水和肥料的使用限制以及病虫害与疾病压力导致农民的玉米单产降低（van Ittersum et al.，2013）。因此，迫切需要引入先进技术来管理这些地区的玉米生产。

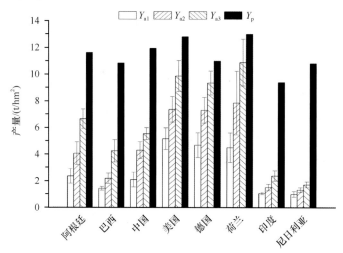

图 1-8　4 个主要玉米生产国（阿根廷、巴西、中国和美国）、低产量差国家（德国与荷兰）及
高产量差国家（印度和尼日利亚）的玉米实际产量（Y_a）与潜在产量（Y_p）

Y_{a1}、Y_{a2}、Y_{a3} 分别是 1961～1980 年、1981～2000 年、2001～2018 年玉米的平均实际产量，柱线为标准差（n=20）

水稻生产主要集中在亚洲。作为最大的稻米生产国，中国水稻的相对产量接近 70%，最近 20 年产量稳定（图 1-9）。而长江中下游地区的晚稻相对产量能够达到潜在产量的 90%，近年来产量几乎没有增加（Zhang et al.，2019b）。孟加拉国、印度、科特迪瓦和赞比亚水稻产量的增长率仍高于中国，但相对产量不足 50%，这表明在技术支持下其稻米产量仍有迅速增长的潜力。埃及是特殊的，尽管其相对产量已达到 81%，但其水稻产量仍保持较高的增长率。

通常，Y_p 和 Y_a 之间的差距越大（或相对产量越小），增加作物产量就越容易。因此，在改进生产方法以缩小产量差时，低产地区应优先于高产地区（Wilbois and Schmidt，2019）。发达国家和地区（如美国与欧洲）的农业产量已接近潜在产量的 80%。尽管可以通过技术手段进一步改善，但提高产量的投资回报率非常低。相比之下，非洲和南美洲农户水平的相对产量较低，这些地区是未来缩小产量差的重点，这一点已得到 van Oort 等（2017）的证实。

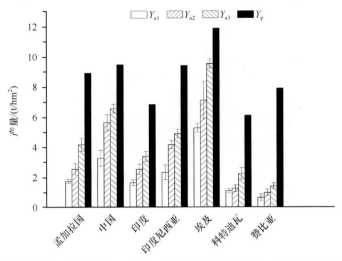

图 1-9　4 个主要水稻生产国（孟加拉国、中国、印度和印度尼西亚）、低产量差国家（中国与埃及）及高产量差国家（科特迪瓦和赞比亚）的水稻实际产量（Y_a）与潜在产量（Y_p）

Y_{a1}、Y_{a2}、Y_{a3} 分别是 1961～1980 年、1981～2000 年、2001～2018 年水稻的平均实际产量，柱线为标准差（$n=20$）

二、作物产量层次差异及形成机理研究进展

导致产量差异的主控因子称为产量限制因素。这些因素包括很多方面，如土壤质量、遗传因素和人为管理（包括灌溉、施肥、病虫害管理与种植因素）（Licker et al.，2010）。通常，产量差可直接用于量化产量限制因素。例如，可以通过确定雨养产量和灌溉产量之间的产量差来量化水分限制，可以通过确定不同肥料施用量之间的产量差量化营养限制。此外，许多研究都采用了边界线分析方法（Fermont et al.，2009；Hajjarpoor et al.，2018；Cao et al.，2019）。上边界线表示其他因素的影响最小，并获得了产量对限制因素的响应函数。与以前的方法相比，它可以得到连续的结果，即某个因素限制了产量。根据上述研究，限制作物产量的主要因素如图 1-10 所示。

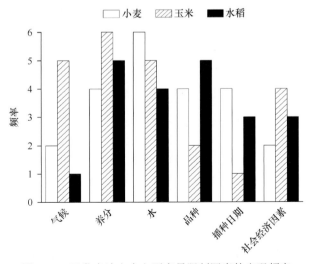

图 1-10　已发表论文中主要产量限制因素的出现频率

主要产量限制因素包括气候、养分、水、品种、播种日期和社会经济因素；社会经济因素包括农业技术服务、政府支持、农民的风险规避、农场规模、劳动力和专业知识等

（一）气候因素影响产量差的机理研究

有研究表明，全球农作物产量的大幅波动（32%～39% 的产量波动）是由气候变化引起的（Ray et al.，2015）。据 Lobell 等（2011）估计，自 1980 年以来，气候变化使全球玉米和小麦产量分别下降了 3.8% 和 5.5%。另有研究指出，菲律宾平均温度每升高 1℃，水稻产量下降 6%（Sheehy et al.，2006）。大气中 CO_2、温度和降水的变化是影响农作物对气候变化反应的主要驱动力。

大气中 CO_2 浓度的增加会促进植物的光合作用，但尚未确定通过增加 CO_2 来增加产量（Long et al.，2006；Tao et al.，2006；Ewert et al.，2007）。研究结果显示，如果考虑 CO_2 浓度升高对小麦产量的正面效应，未来增温情景下全球多数区域的小麦生产力略有升高，其中在增温 1.5℃、2.0℃情景下的全球小麦总产增幅分别为 1.9%、3.3%。而在小麦生长季高温缺雨的区域，小麦产量显著下降，且极端低产风险加大（Liu et al.，2019）。CO_2 浓度升高和升温对作物养分吸收的影响也存在不确定性（孙宝宝等，2020）。荟萃分析表明，温度胁迫导致能量转化效率显著下降 17.3%（Slattery et al.，2013）。气候极端事件的频率和严重性增加，严重限制了全球作物生产力。

高温和干旱是限制作物生产的主要非生物胁迫，且常常伴随发生。作物在生殖生长阶段对胁迫尤其敏感，干旱胁迫和高温胁迫均显著降低叶片光合作用，加速叶片衰老，缩短灌浆时间，进而降低产量。干旱引起气孔关闭，限制 CO_2 扩散，导致 CO_2 利用率降低，净 CO_2 同化速率下降，并抑制植物干物质积累的能力（Chaves et al.，2003）。耐旱品种可以减少植株水分的降低，积累可溶性糖，增加脯氨酸含量、氨基酸含量和总叶绿素含量，具有更强的膜稳定性和更高的光合速率（Abid et al.，2016）。高温胁迫后，叶片叶绿素含量和气孔导度明显下降，类囊体膜结构受损及电子传递活性和传递效率显著下降，光合酶活性下降，导致光合作用受阻、光合速率降低、光合产物减少。高温和干旱复合胁迫下，水稻叶片中的抗氧化酶超氧化物歧化酶（SOD）和过氧化物酶（POD）的活性降低，丙二醛、脯氨酸及超氧阴离子含量增加，降低了水稻的抗氧化能力。但也有研究报道，在短期高温胁迫、干旱胁迫及高温与干旱的复合胁迫下，水稻叶片的 SOD、POD、过氧化氢酶（CAT）的活性总体上均显著高于对照。因此，轻度胁迫锻炼可以提高后期植物对胁迫的抗性。利用耕作、栽培和化控技术减轻高温与干旱等逆境对作物的伤害，特别是减少逆境对作物产量与品质的不利影响，是提高作物产量的重要措施。

过多的降雨可能使美国的玉米产量降低达 34%（Li et al.，2019b）。降雨的区域趋势是非常明显的。夏季和秋季，中国干旱地区的降水有所减少。相反，在中国潮湿的南部地区，夏季降水更多，对农业生产产生了负面影响（Fan et al.，2011）。此外，对东南亚稻米生产的研究表明，雨季和旱季的单产之间差异显著。印度尼西亚在旱季的相对稻米产量仅为 55%，但在雨季可达到 67%。然而，越南则与之相反（旱季为 75%，雨季为 50%）（Laborte et al.，2012；Silva et al.，2017）。

（二）水肥管理影响产量差的机理研究

作物的生长发育离不开水分和养分，通常水肥的投入越高则收获的产量也越高。东北地区单季稻产量差的 10.7% 是由于氮肥供应不足，而 7.2% 是由于水分胁迫（Zhang et al.，2019b）。水和氮素营养之间存在互作关系，在美国西部，灌溉条件下玉米-大豆轮作中，氮肥占增产贡献的24%。但是，如果不灌溉，氮肥的贡献可以忽略不计（Balboa et al.，2019）。缺氮会减少叶片面积和叶片氮浓度，降低叶片光捕获能力和光合能力（Vos et al.，2005）。在吐丝期缺氮会导致作物生长受限，可能会降低籽粒数，在灌浆期氮缺乏会导致粒重降低进而影响产量（Nasielski and Deen，2019）。增施氮肥可使叶面积指数（LAI）和光截留率（LIR）提高，从而提高不同生育阶段的辐射利用效率和生物量，进而提高产量（张定一等，2007；Kuai et al.，2016）。此外，施氮时期和施氮方式对产量也有显著影响，Scharf 等（2002）发现，当总氮施用推迟到第 11 叶完全展开期时，对产量没有负面影响，而当施用推迟到第 12 叶或第 16 叶完全展开期时，仅对产量造成很小的损失，当全部施氮量施用推迟到灌浆期时，最终产量会显著降低。荟萃分析结果表明，一次性施氮和分次施氮的大豆产量比不施氮分别高60kg/hm² 和 110kg/hm²（Mourtzinis et al.，2018）。除了氮，其他养分（如磷、钾等）也会限制农作物的产量（Hajjarpoor et al.，2018）。特别是缺乏钾肥，对玉米产量的限制比对水稻和小麦的更大（Jin，2012；Dai et al.，2013；Xu et al.，2016）。有研究表明，氮、磷、钾与硫之间的相互作用将改善作物生长，组合施用 3 种（N+P+K）或 4 种（N+P+K+S）营养元素可以提高谷物产量。确保磷、钾和硫的平衡供应可以使氮更加高效地积累，进而提高肥料的利用效率并促进增产（Duncan et al.，2018）。

（三）品种影响产量差的机理研究

绿色革命以来，作物单产的提高离不开新品种的选育，绿色革命初期（1961～1980 年）品种贡献了发展中国家单产增长的 17%，到绿色革命后期（1980～2000 年）这一比例增加到 50%（Evenson and Gollin，2003）。Senapati 和 Semenov（2020）认为，在开花期耐高温和干旱，且具有最佳冠层和根部结构的品种可使小麦产量增加 3.5～5.2t/hm²。Liu 等（2012）发现，新的玉米品种通过延长生长期增加了玉米产量。在中国，超过一半的农民没有选择合适的玉米品种，这导致了 19.8% 的产量差（Zhang et al.，2016）。改良品种在提高水稻产量中也发挥了重要作用（Takai et al.，2006；Peng et al.，2008；Espe et al.，2018），最好的品种应具有更长的生育期、更多的穗数和更大的谷粒重量（Zhang et al.，2019b）。吕玲等（2012）通过不同年代品种产量比较试验表明，我国玉米品种的产量潜力随着育成年份的推移逐步提高。1964～2001 年，玉米平均产量遗传增益为 60kg/(hm²·a)（Wang et al.，2011a）。穗和植株形态的变化促进了单株产量的增加。从 1985 年开始，美国育成的杂交种产量潜力的遗传增益为0～196kg/(hm²·a)（Campos et al.，2006）。有研究表明，1965～2010 年阿根廷玉米产量潜力以0.83% 或 107kg/(hm²·a)（$P<0.001$）的速率增加，而且产量增加主要归因于单位面积籽粒数的增加和生物量的稳定增长（Di Matteo et al.，2016）。与较早的杂交种相比，现代杂交种具有较高的平均产量，其产量稳定性随着育成年份的增加而增加。在过去 45 年中，玉米品种对高种植密度的耐受性有所提高，并且与产量稳定性显著相关（Di Matteo et al.，2016）。

（四）播种日期影响产量差的机理研究

温度、光照、降水和太阳辐射等在作物的生长发育中扮演着重要的角色，但人类很难直接控制，通过调整播种日期可以在一定程度上使作物更好地利用这些气象条件。Khaliq（2019）利用 APSIM 模拟播期对产量的影响，发现巴基斯坦水稻最佳播期比实际播期晚一个月，小麦的最佳播期则比实际播期早至少一个月。中国华北平原冬小麦适宜播期在 10 月 3～8 日，且播期是穗数的最大限制因子，占到 26.7%（Cao et al.，2019）。水稻的移栽日期不同会使模型中生育期的天数和生长季气候条件都发生改变（Hu et al.，2017），与长江中下游相比，东北地区水稻移栽日期对产量的影响更大（Zhang et al.，2019b）。很多研究显示，在全球变暖的背景下温带地区通过提前播种能够实现增产，如澳大利亚的小麦（Zeleke and Nendel，2016）、中国和美国的水稻（Hardke et al.，2013；Ding et al.，2020）等。而在原本热量充足的区域则需要适当推迟播种日期，以避免高温对作物的伤害（Ding et al.，2020）。延迟玉米播种时间会通过减少穗粒数、籽粒大小和代谢活性（库强度）或减少灌浆期对籽粒的同化物供应能力（源能力）来降低单产。研究显示，晚播会降低源库比，对粒重的影响大于籽粒数（Bonelli et al.，2016）。

三、作物效率层次差异及形成机理研究进展

尽管作物的产量通常受光照、温度、水和养分等因素的限制，但当前的产量差研究集中在不考虑资源利用效率的情况下提高农作物的产量。实际上，过多的资源投入并不能持续提高产量，与此同时，这些资源的利用效率会显著下降。这种过量投入不仅会降低农民获得的经济利益，还会造成环境污染。因此，在研究如何缩小产量差时，有必要考虑资源利用效率。关于效率差的研究目前集中在养分、水和辐射方面。

（一）养分利用效率

有许多评估养分利用效率的指标，常用的指标是农学利用率、吸收利用率和偏生产力。以氮肥利用效率为例，计算公式见表1-2。偏生产力是生产要素的简单表达。在本文评估的3种农作物中，当前的玉米产量比小麦和水稻的产量更接近 Y_p，因此玉米的农艺管理可能会以更加合理和有效的方式进行。对主要玉米生产国（美国、中国、巴西和阿根廷）及先进生产国（相对产量大于80%）2002～2017年氮肥偏生产力（www.fao.org/faostat）的分析表明，随着肥料投入的增加，养分利用效率会下降（图1-11）。因此，为减少玉米产量差而在研究中增加肥料用量的方法不利于养分的有效利用。实际上，养分吸收的过程不止受养分投入量的影响。营养吸收也是多种因素共同作用的结果。尽管氮投入水平相同，但中国玉米的氮肥偏生产力仍低于先进生产国的水平。该结果表明，在中国和巴西，通过减少其他产量限制因素的负面影响，仍然有可能提高氮肥利用效率和玉米产量。美国的相对产量接近80%，其氮肥偏

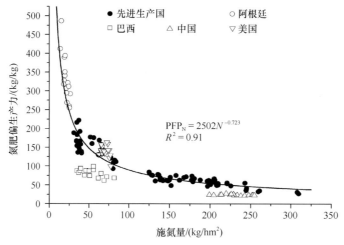

图1-11　玉米的施氮量（N）与氮肥偏生产力（PFP_N）之间的关系

先进生产国（相对产量超过80%）包括澳大利亚、比利时、德国、荷兰和意大利

生产力已达到先进生产国的水平。阿根廷的氮肥偏生产力略高于图 1-11 中回归关系定义的理想条件，这可能是其肥沃的土壤和适宜的气候所致。

增加灌溉量和种植密度是提高氮肥利用效率的常用方法（Zhang et al.，2019a；Bai et al.，2020）。改变施肥方式（Li et al.，2017）、谷物/豆类间作（Xu et al.，2020）和施肥时间优化（Meng et al.，2016）也可以在一定程度上提高氮肥利用效率。另有研究表明，在不同养分的吸收之间存在共同限制性关系，即缺乏一种元素将导致另一种元素的吸收减少。因此，通过调节氮和硫或氮与磷的比例可以提高养分利用效率（Sadras，2006；Carciochi et al.，2020）。在中国东北使用的玉米生产系统中，如果农民将典型的施肥量（207kg N/hm^2、40kg K/hm^2 和 61kg P/hm^2）调整为营养专家建议的施肥量（173kg N/hm^2、32kg K/hm^2 和 69kg P/hm^2），氮、磷的部分生产力将分别增加 24.6%、12.6%，玉米产量将增加 0.9t/hm^2（Xu et al.，2016）。

（二）水分利用效率

水分利用效率是衡量作物产量与耗水量之间关系的重要指标。但是，由于研究目的不同，其计算方法可能会有所不同。对于植物生物量或饲料生产系统，水分利用效率等于干物质除以蒸散量（Kramer and Kozlowski，1979）。在以谷物籽粒为使用产品或出售产品的农业生产系统中，水分利用效率等于谷物籽粒产量与蒸散量之比（Viets，1962）。然而，蒸散量很难测量，因此在农艺学研究中经常使用有效的降雨和灌溉来代替蒸散量，以计算水分利用效率（Howell，2001）。此外，根据水的来源，一些研究还将水分利用效率分为降水利用效率（Peng et al.，2020）和灌溉水利用效率（Cao et al.，2020）。

减少农业生产中的水投入，产量会降低（Evans and Sadler，2008；Nielsen et al.，2011）。因此，提高用水效率的主要途径是提高水资源的管理能力。增加水分利用效率的一种方法是更改种植方法。免耕（Nielsen et al.，2005）、沟渠种植和秸秆覆盖可增加干旱地区的水分利用效率（Peng et al.，2020）。免耕可以改善土壤结构和作物根系，并增加水分吸收量（Kan et al.，2020）。沟渠种植和秸秆覆盖可以使季节性土壤水供应与作物需水同步（Wang et al.，2011b）。增加水分利用效率的另一种方法是更改灌溉系统。在华北平原使用滴灌技术，水分利用效率可以达到 2.27kg/m^3，远高于地面灌溉时观测到的 1.45kg/m^3（Zhang et al.，2011；Si et al.，2020）。在农业缺水的地区，亏水灌溉可以使灌溉面积最大化，从而提高区域用水效率（Bell et al.，2018；Li et al.，2019a；Pardo et al.，2020）。此外，灌溉时间的变化会影响用水效率。拔节和开花期间，冬小麦对水分最敏感，在这两个生长阶段的灌溉应用可以使水分利用效率增加 0.45～0.96kg/m^3（Bai et al.，2020）。

（三）辐射利用效率

辐射利用效率定义为由冠层截获的单位面积的太阳辐射或光合有效辐射产生的干物质。它是与光合作用有关的作物产量的重要定量指标（Stöckle and Kemanian，2009）。Loomis 和 Amthor（1999）计算出 C$_3$ 作物的理论辐射利用效率为 1.5～2.0g/MJ，C$_4$ 作物的辐射利用效率为 4.0～5.8g/MJ。但是，目前的研究结果表明，农田作物的实际辐射利用效率值远低于这些理论值，而且不同地区之间存在很大差异。例如，美国玉米的辐射利用效率可以达到 3.74～3.84g/MJ（Lindquist et al.，2005），据报道在中国为 0.90～1.69g/MJ（Jia et al.，2018），然而，墨西哥的辐射利用效率仅为 0.54～0.68g/MJ（Morales-Ruiz et al.，2016）。由于光合作用途径不同，C$_3$ 和 C$_4$ 植物之间的辐射利用效率差异很明显。水稻是一种 C$_3$ 植物，已有研究表明，通过引入

C_4 植物的 CO_2 浓缩机制可以改善 C_3 植物光拦截和冠层光合作用，并增加辐射利用效率（Brar and Khush，2013；Brar et al.，2017）。此外，水和氮的供应、种植密度及其他农业管理实践也会影响农作物的辐射利用效率。研究者通过设置密度梯度实验，发现在高密度条件下玉米产量将增加48%～72%；平整土地能使土壤中的水分和养分均匀分布，有利于使用农用机械统一管理农田，提高田块产量，美国加利福尼亚州早在20世纪70年代就开始对该方法进行推广（Espe et al.，2016）。

参 考 文 献

安宁. 2015. 我国水稻高产高效的实现途径研究. 北京: 中国农业大学博士学位论文.

包岩. 2006. 超高产玉米冠层结构及光合特征的研究. 长春: 吉林农业大学硕士学位论文.

卜冬宁, 李瑞奇, 张晓, 等. 2012. 氮肥基追比和追氮时期对超高产冬小麦生育及产量形成的影响. 河北农业大学学报, 35(4): 6-12.

曹洋. 2008. 超高产玉米与普通玉米光合作用酶和保护酶活性比较研究. 长春: 吉林农业大学硕士学位论文.

常建智, 张国合, 李彦昌, 等. 2011. 黄淮海超高产夏玉米生长发育特性研究. 玉米科学, 19(4): 75-79.

程曼, 王让会, 薛红喜, 等. 2012. 干旱对我国西北地区生态系统净初级生产力的影响. 干旱区资源与环境, 26(6): 1-7.

楚光红, 章建新. 2016. 施氮量对滴灌超高产春玉米光合特性、产量及氮肥利用效率的影响. 玉米科学, 24(1): 130-136.

邓南燕. 2018. 中国水稻产量差评估及长江中下游地区增产途径探究. 武汉: 华中农业大学博士学位论文.

丁锦峰. 2013. 稻茬小麦超高产群体形成机理与调控. 扬州: 扬州大学博士学位论文.

杜永. 2007. 黄淮地区稻麦周年超高产群体特征与调控技术的研究. 扬州: 扬州大学博士学位论文.

房琴, 王红光, 马伯威, 等. 2015. 密度和施氮量对超高产冬小麦群体质量和产量形成的影响. 麦类作物学报, 35(3): 364-371.

傅兆麟. 2001. 小麦超高产基因型产量因素、株型和冠层结构特征的研究. 北京: 中国农业大学博士学位论文.

胡巍巍. 2012. 密植超高产夏玉米冠层辐射特征及光合特征研究. 郑州: 河南农业大学硕士学位论文.

黄振喜. 2007. 超高产夏玉米光合与养分生理特性研究. 泰安: 山东农业大学硕士学位论文.

惠海滨, 林琪, 刘义国, 等. 2012. 灌水量和灌水期对超高产小麦灌浆期光合特性及产量的影响. 西北农业学报, 21(8): 77-83.

江华山, 汤志香, 葛志华. 1987. 淮北沭阳地区高产小麦光能利用率的研究. 南京农业大学学报, 2: 17-23.

靳小利, 杜雄, 刘佳丽, 等. 2012. 黄淮海平原北部高产夏玉米群体生理指标研究. 玉米科学, 20(1): 79-83.

景立权. 2011. 玉米高产超高产群体质量指标研究. 扬州: 扬州大学硕士学位论文.

李昊, 谭方颖, 王建林, 等. 2016. 华北地区夏玉米干物质分配系数的模拟. 中国农业气象, 37(3): 335-342.

李均先, 李希鹏, 王晓彦, 等. 2005. 冬小麦小叶型与经济系数及超高产的关系. 山东农业科学, 2: 15-16.

李瑞奇. 2014. 河北省冬小麦品种遗传分析和超高产特征研究. 保定: 河北农业大学博士学位论文.

李小勇, 唐启源, 李迪秦, 等. 2011. 不同种植密度对超高产稻田春玉米产量性状及光合生理特性的影响. 北农学报, 26(5): 174-180.

刘伟, 吕鹏, 苏凯, 等. 2010. 种植密度对夏玉米产量和源库特性的影响. 应用生态学报, 21(7): 1737-1743.

刘晓迎, 陈罗成, 赵巧梅, 等. 2012. 豫北主要农作物光热资源利用效率研究. 河南农业科学, 41(4): 29-33.

吕玲. 2012. 不同年代玉米优良品种在新疆环境下产量潜力评价. 中国农业科技导报, 14(5): 102-107.

马兴林, 王庆祥, 钱成明, 等. 2008. 不同施氮量玉米超高产群体特征研究. 玉米科学, 16(4): 158-162.

孙宝宝, 刘晓雨, 袁睿, 等. 2020. 升温和大气 CO_2 浓度升高对不同品种小麦养分吸收的影响. 农业环境科学学报, 39(6): 1389-1399.

孙亚辉, 李瑞奇, 党红凯, 等. 2007. 河北省超高产冬小麦群体和个体生育特性及产量结构特点. 河北农业大学学报, 3: 1-8.

王红光, 李东晓, 李雁鸣, 等. 2015. 河北省 10 000kg/hm² 以上冬小麦产量构成及群个体生育特性. 中国农业科学, 48(14): 2718-2729.

王会肖, 刘昌明. 2000. 作物水分利用效率内涵及研究进展. 水科学进展, 11(1): 99-104.

王俊秀. 2009. 春玉米超高产群体冠层铅直结构特征及农艺措施调控. 呼和浩特: 内蒙古农业大学硕士学位论文.

王永军. 2008. 超高产夏玉米群体质量与个体生理功能研究. 泰安: 山东农业大学博士学位论文.

王之杰. 2001. 高产小麦群体光辐射特征与光合特性的研究. 郑州: 河南农业大学硕士学位论文.

王之杰, 郭天财, 朱云集, 等. 2003. 超高产小麦冠层光辐射特征的研究. 西北植物学报, 23(10): 1657-1662.

王志刚. 2009. 超高产春玉米根冠结构、功能特性及农艺节水补偿机制研究. 呼和浩特: 内蒙古农业大学博士学位论文.

未文良. 2007. 安徽省主要小麦品种产量构成因素及其与品质关系的研究. 合肥: 安徽农业大学硕士学位论文.

武志海. 2002. 高产玉米群体冠层结构及其微环境的构建. 长春: 吉林农业大学硕士学位论文.

杨德光, 赵旺, 秦东玲, 等. 2016. 超高产条件下玉米产量及冠层结构. 玉米科学, 24(2): 129-135.

杨国虎, 李新, 王承莲, 等. 2006. 种植密度影响玉米产量及部分产量相关性状的研究. 西北农业学报, 15(5): 57-60.

杨吉顺, 高辉远, 刘鹏, 等. 2010. 种植密度和行距配置对超高产夏玉米群体光合特性的影响. 作物学报, 36(7): 1226-1233.

杨晓光, 刘志娟. 2014. 作物产量差研究进展. 中国农业科学, 24(14): 418-423.

余海龙, 黄菊莹, 王亭荷. 2012. 宁夏中部干旱带 56 年来气候生产潜力变化特征研究: 以宁夏中宁县为例. 水土保持研究, 19(6): 172-175.

张黛静, 马雪, 王晓东, 等. 2014. 品种与密度对豫中地区小麦光合生理特性及光能利用率的影响. 麦类作物学报, 34(3): 388-394.

张定一, 党建友, 王姣爱, 等. 2007. 施氮量对不同品质类型小麦产量、品质和旗叶光合作用的调节效应. 植物营养与肥料学报, 4: 535-542.

张玲丽. 2003. 高产小麦品种冠层形态及光合生理特性的研究. 杨凌: 西北农林科技大学硕士学位论文.

张莎. 2019. 基于遥感的黄淮海平原冬小麦产量差/效率差研究: 面积提取、模型模拟及主控因子分析. 北京: 中国科学院大学博士学位论文.

张守林, 王要闯, 戚廷香, 等. 2009. 黄淮海地区夏玉米超高产栽培技术研究. 中国农学通报, 25(14): 130-133.

张玉芹, 杨恒山, 高聚林, 等. 2011. 超高产春玉米冠层结构及其生理特性. 中国农业科学, 44(21): 4367-4376.

章建新, 王中奇, 再尼拉, 等. 2012a. 冬小麦预留套行种植模式的超高产生育规律研究. 麦类作物学报, 32(2): 309-314.

章建新, 王中奇, 赵明, 等. 2012b. 和田地区超高产冬小麦生育规律研究. 新疆农业大学学报, 35(5): 395-399.

章建新, 赵明, 图尔贡, 等. 2013. 南疆灌区冬小麦/夏玉米改良模式增产潜力与机理分析. 干旱地区农业研究, 31(6): 15-21, 33.

朱昭进. 2011. 安徽沿淮地区小麦高产品种（系）特征特性研究. 合肥: 安徽农业大学硕士学位论文.

Abid M, Tian Z, Ata-Ul-Karim S T, et al. 2016. Nitrogen nutrition improves the potential of wheat (*Triticum aestivum* L.) to alleviate the effects of drought stress during vegetative growth periods. Frontiers in Plant Science, 7: 981.

Agus F, Andrade J F, Rattalino E J I, et al. 2019. Yield gaps in intensive rice-maize cropping sequences in the humid tropics of Indonesia. Field Crops Research, 237: 12-22.

Amarasingha R P R K, Suriyagoda L D B, Marambe B, et al. 2015. Simulation of crop and water productivity for rice (*Oryza sativa* L.) using APSIM under diverse agro-climatic conditions and water management techniques in Sri Lanka. Agricultural Water Management, 160: 132-143.

Andrea M C S, Boote K J, Sentelhas P C, et al. 2018. Variability and limitations of maize production in Brazil: potential yield, water-limited yield and yield gaps. Agricultural Systems, 165: 264-273.

Bai H Q, Wang J, Fang Q X, et al. 2020. Does a trade-off between yield and efficiency reduce water and nitrogen inputs of winter wheat in the North China Plain? Agricultural Water Management, 233: 106095.

Bai Y, Zhang J, Zhang S, et al. 2017. Using precipitation, vertical root distribution, and satellite-retrieved vegetation information to parameterize water stress in a Penman-Monteith approach to evapotranspiration modeling under Mediterranean climate. Journal of Advances in Modeling Earth Systems, 9(1): 168-192.

Bai Y, Zhang J, Zhang S, et al. 2018. A remote sensing-based two-leaf canopy conductance model: global optimization and applications in modeling gross primary productivity and evapotranspiration of crops. Remote Sensing of Environment, 215: 411-437.

Balboa G R, Archontoulis S V, Salvagiotti F, et al. 2019. A systems-level yield gap assessment of maize-soybean rotation under high- and low-management inputs in the Western US Corn Belt using APSIM. Agricultural Systems, 174: 145-154.

Basso B, Liu L, Ritchie J T. 2016. A comprehensive review of the CERES-wheat, -maize and -rice models' performances. Advances in Agronomy, 136: 27-132.

Beer C, Ciais P, Reichstein M, et al. 2009. Temporal and among-site variability of inherent water use efficiency at the ecosystem level. Global Biogeochemical Cycles, 23(2): GB2018.

Bell J M, Schwartz R, McInnes K J, et al. 2018. Deficit irrigation effects on yield and yield components of grain sorghum. Agricultural Water Management, 203: 289-296.

Bindraban P S, Stoorvogel J J, Jansen D M, et al. 2000. Land quality indicators for sustainable land management: proposed method for yield gap and soil nutrient balance. Agriculture, Ecosystems & Environment, 81: 103-112.

Bonelli L E, Monzon J P, Cerrudo A, et al. 2016. Maize grain yield components and source-sink relationship as affected by the delay in sowing date. Field Crops Research, 198: 215-225.

Bouman B, Keulen H V, Laar H, et al. 1996. The 'School of de Wit' crop growth simulation models: a pedigree and historical overview. Agricultural Systems, 52(2): 171-198.

Bussel LG, Van J, Grassini P, et al. 2015. From field to atlas: upscaling of location-specific yield gap estimates. Field Crops Research, 177: 98-108.

Brar D S, Khush G S. 2013. Biotechnological approaches for increasing productivity and sustainability of rice production // Bhullar G S, Bhullar N K. Agricultural Sustainability. San Diego: Academic Press: 151-175.

Brar D S, Singh K, Khush G S. 2017. Frontiers in rice breeding // Mohanty S, Chengappa P G, Mruthyunjaya, et al. The Future Rice Strategy for India. Cambrige: Academic Press: 137-160.

Bruinsma J. 2003. World Agriculture: Towards 2015/2030: an FAO Perspective. Rome: FAO/Earthscan.

Campos H, Cooper M, Edmeades G O, et al. 2006. Changes in drought tolerance in maize associated with fifty years of breeding for yield in the US corn belt. Maydica, 51: 369-381.

Cao H X, Zhao S L, Ge D K, et al. 2011. Discussion on development of crop models. Scientia Agricultura Sinica, 44: 3520-3528.

Cao H Z, Li Y N, Chen G F, et al. 2019. Identifying the limiting factors driving the winter wheat yield gap on smallholder farms by agronomic diagnosis in North China Plain. Journal of Integrative Agriculture, 18: 1701-1713.

Cao X, Zeng W, Wu M, et al. 2020. Hybrid analytical framework for regional agricultural water resource utilization and efficiency evaluation. Agricultural Water Management, 231: 106027.

Carciochi W D, Sadras V O, Pagani A, et al. 2020. Co-limitation and stoichiometry capture the interacting effects of nitrogen and sulfur on maize yield and nutrient use efficiency. European Journal of Agronomy, 113: 125973.

Cassman K G. 1999. Ecological intensification of cereal production systems: yield potential, soil quality, and precision agriculture. Proceedings of the National Academy of Sciences of the United States of America, 96(11): 5952-5959.

Cassman K G, Dobermann A, Walters D T, et al. 2003. Meeting cereal demand while protecting natural resources and improving environmental quality. Environment and Resources, 28(28): 315-358.

Chaves M M, Maroco J P, Pereira J S. 2003. Understanding plant responses to drought from genes to the whole plant. Functional Plant Biology, 30(3): 239-264.

Chen C, Wang E, Yu Q. 2010a. Modelling the effects of climate variability and water management on crop water productivity and water balance in the North China Plain. Agricultural Water Management, 97(8): 1175-1184.

Chen J M, Mo G, Pisek J, et al. 2012. Effects of foliage clumping on the estimation of global terrestrial gross primary productivity. Global Biogeochemical Cycles, 26(1): 1019.

Chen P, Haboudane D, Tremblay N, et al. 2010b. New spectral indicator assessing the efficiency of crop nitrogen treatment in corn and wheat. Remote Sensing of Environment, 114(9): 1987-1997.

Cirera X, Masset E. 2010. Income distribution trends and future food demand. Philosophical Transactions of the Royal Society B: Biological Sciences, 365: 2821-2834.

Curnel Y, de Wit A J W, Duveiller G, et al. 2011. Potential performances of remotely sensed LAI assimilation in WOFOST model based on an OSS experiment. Agricultural and Forest Meteorology, 151(12): 1843-1855.

Dai X Q, Ouyang Z, Li Y S, et al. 2013. Variation in yield gap induced by nitrogen, phosphorus and potassium fertilizer in North China Plain. PLOS ONE, 8(12): e82147.

de Bie C. 2000. Comparative performance analysis of agro-ecosystems. ITC Dissertation No. 75, International Institute for Aerospace Survey and Earth Sciences (ITC), Enschede, The Netherlands. https://edepot.wur.nl/121245[2019-5-8].

de Datta S K. 1981. Principles and Practices of Rice Production. New York, USA: Wiley-Interscience Productions.

de Wit A, Duveiller G, Defourny P. 2012. Estimating regional winter wheat yield with WOFOST through the assimilation of green area index retrieved from MODIS observations. Agricultural and Forest Meteorology, 164: 39-52.

Delloye C, Weiss M, Defourny P. 2018. Retrieval of the canopy chlorophyll content from Sentinel-2 spectral bands to estimate nitrogen uptake in intensive winter wheat cropping systems. Remote Sens Environ, 216: 245-261.

Di Matteo J A, Ferreyra J M, Cerrudo A A, et al. 2016. Yield potential and yield stability of Argentine maize hybrids over 45 years of breeding. Field Crops Research, 197: 107-116.

Ding Y M, Wang W G, Zhuang Q L, et al. 2020. Adaptation of paddy rice in China to climate change: the effects of shifting sowing date on yield and irrigation water requirement. Agricultural Water Management, 228: 105890.

Duncan E G, O'Sullivan C A, Roper M M, et al. 2018. Influence of co-application of nitrogen with phosphorus, potassium and sulphur on the apparent efficiency of nitrogen fertiliser use, grain yield and protein content of wheat: review. Field Crops Research, 226: 56-65.

Espe M B, Cassman K G, Yang H, et al. 2016. Yield gap analysis of US rice production systems shows opportunities for improvement. Field Crops Research, 196: 276-283.

Espe M B, Hill J E, Leinfelder-Miles M, et al. 2018. Rice yield improvements through plant breeding are offset by inherent yield declines over time. Field Crops Research, 222: 59-65.

Evans R G, Sadler E J. 2008. Methods and technologies to improve efficiency of water use. Water Resources Research, 44: 1-15.

Evenson R E, Gollin D. 2003. Assessing the impact of the green revolution, 1960 to 2000. Science, 300: 758-762.

Ewert F, Porter J R, Rounsevell M D A. 2007. Crop models, CO_2, and climate change. Science, 315: 459-460.

Fan M, Shen J, Yuan L, et al. 2011. Improving crop productivity and resource use efficiency to ensure food security and environmental quality in China. Journal of Experimental Botany, 63: 13-24.

Fan S, Wailes E J, Young K B. 1997. Policy reforms and technological change in Egyptian rice production: a frontier production function approach. Journal of African Economies, 6: 391-411.

Fang G, Wen Y, Yu H, et al. 2017. On yield gaps and yield gains in intercropping: opportunities for increasing grain production in northwest China. Agricultural Systems, 151: 96-105.

FAO. 2009. High-Level Expert Forum (HLEF): how to feed the world in 2050. Rome: FAO.

Fermont A M, van Asten P J A, Tittonell P, et al. 2009. Closing the cassava yield gap: an analysis from smallholder farms in East Africa. Field Crops Research, 112: 24-36.

Fischer G, van Velthuizen H, Nachtergaele F O. 2000. Global Agro-Ecological Zones Assessment: Methodology and Results. Austria: International Institute for Applied Systems Analysis.

Fitzgerald T, Kuwayama Y, Olmstead S, et al. 2020. Dynamic impacts of U.S. energy development on agricultural land use. Energy Policy, 137: 111163.

Fresco L. 1984. Issues in farming systems research. Netherlands Journal of Agricultural Science, 32: 253-261.

Gan R, Zhang Y, Shi H, et al. 2018. Use of satellite leaf area index estimating evapotranspiration and gross assimilation for Australian ecosystems. Ecohydrology, 11(5): e1974.

Gibbs H K, Ruesch A S, Achard F, et al. 2010. Tropical forests were the primary sources of new agricultural land in the 1980s and 1990s. Proceedings of the National Academy of Sciences of the United States of America, 107: 16732-16737.

Hajjarpoor A, Soltani A, Zeinali E, et al. 2018. Using boundary line analysis to assess the on-farm crop yield gap of wheat. Field Crops Research, 225: 64-73.

Hardke J, Schmidt L, Mazzanti R. 2013. 2013 Arkansas Rice Quick Facts, University of Arkansas Division of Agriculture, Research and Extension. (2013-08-08)[2022-03-20]. http://www. aragriculture. org/crops/rice/ quick_facts/2013_rice_quick_facts.Pdf.

Hoffmann M P, Haakana M, Asseng S, et al. 2018. How does inter-annual variability of attainable yield affect the magnitude of yield gaps for wheat and maize? An analysis at ten sites. Agricultural Systems, 159: 199-208.

Howell T A. 2001. Enhancing water use efficiency in irrigated agriculture. Agronomy Journal, 93: 281-289.

Hu X, Huang Y, Sun W, et al. 2017. Shifts in cultivar and planting date have regulated rice growth duration under climate warming in China since the early 1980s. Agricultural and Forest Meteorology, 247: 34-41.

Huang J, Tian L, Liang S, et al. 2015a. Improving winter wheat yield estimation by assimilation of the leaf area index from Landsat TM and MODIS data into the WOFOST model. Agricultural and Forest Meteorology, 204: 106-121.

Huang S, Miao Y, Zhao G, et al. 2015b. Satellite remote sensing-based in-season diagnosis of rice nitrogen status in northeast China. Remote Sens, 7: 10646-10667.

Huang Y, Ryu Y, Jiang C, et al. 2018. BESS-rice: a remote sensing derived and biophysical process-based rice productivity simulation model. Agricultural and Forest Meteorology, 256-257: 253-269.

Innes P J, Tan D K Y, Van Ogtrop F, et al. 2015. Effects of high-temperature episodes on wheat yields in New South Wales, Australia. Agricultural and Forest Meteorology, 208: 95-107.

Inst I R, Banos L, Eng L. 1979. Farm-level constraints to high rice yields in Asia, 1974-1977. Los Banos, Laguna: IRRI.

Jia Q M, Sun L F, Mou H Y, et al. 2018. Effects of planting patterns and sowing densities on grain-filling, radiation use efficiency and yield of maize (Zea mays L.) in semi-arid regions. Agricultural Water Management, 201: 287-298.

Jiang C, Ryu Y. 2016. Multi-scale evaluation of global gross primary productivity and evapotranspiration products derived from Breathing Earth System Simulator (BESS). Remote Sensing of Environment, 186: 528-547.

Jin J Y. 2012. Changes in the efficiency of fertiliser use in China. Journal of the Science of Food and Agriculture,

92: 1006-1009.

Jones J W, Hoogenboom G, Porter C H, et al. 2003. The DSSAT cropping system model. European Journal of Agronomy, 18: 235-265.

Ju W, Gao P, Zhou Y, et al. 2010. Prediction of summer grain crop yield with a process-based ecosystem model and remote sensing data for the northern area of the Jiangsu Province, China. International Journal of Remote Sensing, 31(6): 1573-1587.

Ju X T, Xing G X, Chen X P, et al. 2009. Reducing environmental risk by improving N management in intensive Chinese agricultural systems. Proceedings of the National Academy of Sciences of the United States of America, 106: 3041-3046.

Kan Z R, Liu Q Y, He C, et al. 2020. Responses of grain yield and water use efficiency of winter wheat to tillage in the North China Plain. Field Crops Research, 249: 107760.

Keating B A, Carberry P S, Hammer G L, et al. 2003. An overview of APSIM, a model designed for farming systems simulation. European Journal of Agronomy, 18: 267-288.

Khaliq T, Gaydon D S, Ahmad M u D, et al. 2019. Analyzing crop yield gaps and their causes using cropping systems modelling: a case study of the Punjab rice-wheat system, Pakistan. Field Crops Research, 232: 119-130.

Kramer P J, Kozlowski T T. 1979. Physiology of woody plants. New York: Academic Press.

Kuai J, Sun Y, Zhou M, et al. 2016. The effect of nitrogen application and planting density on the radiation use efficiency and the stem lignin metabolism in rapeseed (Brassica napus L.). Field Crops Research, 199: 89-98.

Laborte A G, de Bie K, Smaling E M A, et al. 2012. Rice yields and yield gaps in Southeast Asia: past trends and future outlook. European Journal of Agronomy, 36: 9-20.

Li K N, Yang X G, Liu Z J, et al. 2014. Low yield gap of winter wheat in the North China Plain. European Journal of Agronomy, 59: 1-12.

Li Q, Cui X, Liu X, et al. 2017. A new urease-inhibiting formulation decreases ammonia volatilization and improves maize nitrogen utilization in North China Plain. Scientific Reports, 7: 43853.

Li T, Angeles O, Marcaida III M, et al. 2017. From ORYZA2000 to ORYZA(v3): an improved simulation model for rice in drought and nitrogen-deficient environments. Agricultural and Forest Meteorology, 237: 246-256.

Li X D, Du Y, Wu S J, et al. 2009. Evolvement and effects of climate-productivity on climate change in Hubei Province. System Sciences and Comprehensive Studies in Agriculture, 3: 40-44.

Li X M, Zhao W X, Li J S, et al. 2019a. Maximizing water productivity of winter wheat by managing zones of variable rate irrigation at different deficit levels. Agricultural Water Management, 216: 153-163.

Li Y O, Guan K, Schnitkey G D, et al. 2019b. Excessive rainfall leads to maize yield loss of a comparable magnitude to extreme drought in the United States. Global Change Biology, 25(7): 2325-2337.

Licker R, Johnston M, Foley J A, et al. 2010. Mind the gap: how do climate and agricultural management explain the 'yield gap' of croplands around the world? Global Ecology and Biogeography, 19: 769-782.

Lieth H, Box E. 1972. Evapotranspiration and primary productivity: C.W. Thornthwaite memorial model. Publications in Climatology, 25(2): 37-46.

Lin Z H, Mo X G, Xiang Y Q. 2003. Research advances on crop growth models. Acta Agronomica Sinica, 5: 750-758.

Lindquist J L, Arkebauer T J, Walters D T, et al. 2005. Maize radiation use efficiency under optimal growth conditions. Agronomy Journal, 97: 72-78.

Liu B, Martre P, Ewert F, et al. 2019. Global wheat production with 1.5 and 2.0℃ above preindustrial warming. Global Chang Biology, 25(4): 1428-1444.

Liu B H, Chen X P, Meng Q F, et al. 2017a. Estimating maize yield potential and yield gap with agro-climatic zones in China: Distinguish irrigated and rainfed conditions. Agricultural and Forest Meteorology, 239: 108-117.

Liu J D, Zhou X J, Yu Q. 2001. Modification of the basic parameters in FAO productivity model. Journal of

Natural Resources, 16: 240-247.

Liu G, Hou P, Xie R, et al. 2017b. Canopy characteristics of high-yield maize with yield potential of 22.5 Mg ha^{-1}. Field Crops Research, 213: 221-230.

Liu Z J, Yang X G, Hubbard K G, et al. 2012. Maize potential yields and yield gaps in the changing climate of northeast China. Global Change Biology, 18: 3441-3454.

Lobell D B. 2013. The use of satellite data for crop yield gap analysis. Field Crops Research, 143: 56-64.

Lobell D B, Cassman K G, Field C B. 2009. Crop yield gaps: their importance, magnitudes, and causes. Annual Review of Environment & Resources, 34(1): 179-204.

Lobell D B, Ortiz-Monasterio J I. 2006. Regional importance of crop yield constraints: linking simulation models and geostatistics to interpret spatial patterns. Ecological Modelling, 196: 173-182.

Lobell D B, Ortiz-Monasterio J I, Lee A C, et al. 2002. Soil, climate, and management impacts on regional wheat productivity in Mexico from remote sensing. Agricultural and Forest Meteorology, 114(1-2): 31-43.

Lobell D B, Ortiz-Monasterio J I, Lee A S. 2010. Satellite evidence for yield growth opportunities in Northwest India. Field Crops Research, 118(1): 13-20.

Lobell D B, Ortiz-Monasterio J I, Sibley A M, et al. 2013. Satellite detection of earlier wheat sowing in India and implications for yield trends. Agricultural Systems, 115: 137-143.

Lobell D B, Schlenker W, Fau-Costa-Roberts J, et al. 2011. Climate trends and global crop production since 1980. Science, 333(6042): 616-620.

Lobell D B, Thau D, Seifert C, et al. 2015. A scalable satellite-based crop yield mapper. Remote Sensing of Environment, 164: 324-333.

Long S P, Ainsworth E A, Leakey A D B, et al. 2006. Food for thought: lower-than-expected crop yield stimulation with rising CO$_2$ concentrations. Science, 312: 1918-1921.

Loomis R S, Amthor J. 1999. Yield potential, plant assimilatory capacity, and metabolic efficiencies. Crop Science, 39: 1584-1596.

Lu C, Li X, Tan M. 2007. China's farmland use: a scenario analysis of changes and trends // Max Spoor, Nico Heerink, Futian Qu. Dragons with Clay Feet? Transition, Sustainable Rural Resource Use, and Rural Environment in China and Vietnam. Lanham and Boston: Rowman & Littlefield, Lexington Books: 309-326.

Lu C H, Fan L. 2013. Winter wheat yield potentials and yield gaps in the North China Plain. Field Crops Research, 143: 98-105.

Lu C Q, Tian H Q. 2017. Global nitrogen and phosphorus fertilizer use for agriculture production in the past half century: shifted hot spots and nutrient imbalance. Earth System Science Data, 9: 181-192.

Luo Y Z, Cheng Z Y, Guo X Q. 2011. The changing characteristics of potential climate productivity in Gansu Province during nearly 40 years. Acta Ecologica Sinica, 31: 221-229.

Ma G, Huang J, Wu W, et al. 2013. Assimilation of MODIS-LAI into the WOFOST model for forecasting regional winter wheat yield. Mathematical and Computer Modelling, 58(3-4): 634-643.

Maas S J. 1988. Use of remotely-sensed information in agricultural crop growth models. Ecological Modelling, 41: 247-268.

Mao Y D, Su G L, Li F D, et al. 2008. Impact of climate change on plant climate productivity in Zhejiang Province. Chinese Journal of Eco-agriculture, 16(2): 273-278.

Mccown R L, Hammer G L, Hargreaves J N G, et al. 1996. APSIM: a novel software system for model development, model testing and simulation in agricultural systems research. Agricultural Systems, 50(3): 255-271.

Medlyn B E, Duursma R A, Eamus D, et al. 2012. Reconciling the optimal and empirical approaches to modelling stomatal conductance. Global Change Biology, 18(11): 3476.

Meng Q, Yue S, Hou P, et al. 2016. Improving yield and nitrogen use efficiency simultaneously for maize and wheat in China: a review. Pedosphere, 26: 137-147.

Miralles D G, Holmes T R H, De Jeu R A M, et al. 2011. Global land-surface evaporation estimated from satellite-based observations. Hydrology and Earth System Sciences, 15(2): 453-469.

Morales-Ruiz A, Loeza-Corte J, Díaz-López E, et al. 2016. Efficiency on the use of radiation and corn yield under three densities of sowing. International Journal of Agronomy, 2016(74): 1-5.

Moulin S, Bondeau A, Delecolle R. 1998. Combining agricultural crop models and satellite observations: from field to regional scales. International Journal of Remote Sensing, 19: 1021-1036.

Mourtzinis S, Kaur G, Orlowski J M, et al. 2018. Soybean response to nitrogen application across the United States: a synthesis-analysis. Field Crops Research, 215: 74-82.

Nasielski J, Deen B. 2019. Nitrogen applications made close to silking: implications for yield formation in maize. Field Crops Research, 243: 107621.

Nielsen D C, Unger P W, Miller P R. 2005. Efficient water use in dryland cropping systems in the Great Plains. Agronomy Journal, 97: 364-372.

Nielsen D C, Vigil M F, Benjamin J G. 2011. Evaluating decision rules for dryland rotation crop selection. Field Crops Research, 120: 254-261.

Osborne T, Gornall J, Hooker J, et al. 2015. JULES-crop: a parametrisation of crops in the Joint UK Land Environment Simulator. Geoscientific Model Development, 8(4): 1139-1155.

Pardey P G, Beddow J M, Hurley T M, et al. 2014. A bounds analysis of world food futures: global agriculture through to 2050. Australian Journal of Agricultural and Resource Economics, 58: 571-589.

Pardo J J, Martínez-Romero A, Léllis B C, et al. 2020. Effect of the optimized regulated deficit irrigation methodology on water use in barley under semiarid conditions. Agricultural Water Management, 228: 105925.

Patrignani A, Lollato R P, Ochsner T E, et al. 2014. Yield gap and production gap of rainfed winter wheat in the Southern Great Plains. Agronomy Journal, 106: 1329-1339.

Pellegrini P, Fernández R J. 2018. Crop intensification, land use, and on-farm energy-use efficiency during the worldwide spread of the green revolution. Proceedings of the National Academy of Sciences the United States of America, 115: 2335-2340.

Peng S, Khush G S, Virk P, et al. 2008. Progress in ideotype breeding to increase rice yield potential. Field Crops Research, 108: 32-38.

Peng Z K, Wang L L, Xie J H, et al. 2020. Conservation tillage increases yield and precipitation use efficiency of wheat on the semi-arid Loess Plateau of China. Agricultural Water Management, 231: 106024.

Rabbinge R. 1993. The ecological background of food production. Ciba Foundation Symposium, 177: 2-22.

Ramankutty N, Foley J A, Norman J, et al. 2002. The global distribution of cultivable lands: current patterns and sensitivity to possible climate change. Global Ecology and Biogeography, 11: 377-392.

Ray D K, Gerber J S, MacDonald G K, et al. 2015. Climate variation explains a third of global crop yield variability. Nature Communications, 6: 5989.

Ray D K, Mueller N D, West P C, et al. 2013. Yield trends are insufficient to double global crop production by 2050. PLOS ONE, 8(6): e66428.

Rosegrant M W, Paisner M S, Meijer S, et al. 2001. Global food projections to 2020: emerging trends and alternative futures. Washington, D. C.: International Food Policy Research Institute.

Ryu Y, Baldocchi D D, Kobayashi H, et al. 2011. Integration of MODIS land and atmosphere products with a coupled-process model to estimate gross primary productivity and evapotranspiration from 1 km to global scales. Global Biogeochemical Cycles, 25(4): GB4017.

Sadras V, Roget D, O'leary G. 2002. On-farm assessment of environmental and management constraints to wheat yield and efficiency in the use of rainfall in the Mallee. Australian Journal of Agricultural Research, 53(5): 587-598.

Sadras V O. 2006. The N ∶ P stoichiometry of cereal, grain legume and oilseed crops. Field Crops Research, 95: 13-29.

Scharf P C, Wiebold W J, Lory J A. 2002. Corn yield response to nitrogen fertilizer timing and deficiency level. Agronomy Journal, 94(3): 435-441.

Senapati N, Semenov M A. 2020. Large genetic yield potential and genetic yield gap estimated for wheat in Europe. Global Food Security, 24: 100340.

Sheehy J E, Mitchell P L, Ferrer A B. 2006. Decline in rice grain yields with temperature: models and correlations can give different estimates. Field Crops Research, 98(2): 151-156.

Shen J B, Cui Z L, Miao Y X, et al. 2013. Transforming agriculture in China: from solely high yield to both high yield and high resource use efficiency. Global Food Security, 2: 1-8.

Si Z Y, Zain M, Mehmood F, et al. 2020. Effects of nitrogen application rate and irrigation regime on growth, yield, and water-nitrogen use efficiency of drip-irrigated winter wheat in the North China Plain. Agricultural Water Management, 231: 106002.

Silva J V, Reidsma P, Laborte A G, et al. 2017. Explaining rice yields and yield gaps in Central Luzon, Philippines: an application of stochastic frontier analysis and crop modelling. European Journal of Agronomy, 82: 223-241.

Sinclair T R. 1998. Historical changes in harvest index and crop nitrogen accumulation. Crop Science, 38(3): 638-643.

Slattery R A, Ainsworth E A, Ort D R. 2013. A meta-analysis of responses of canopy photosynthetic conversion efficiency to environmental factors reveals major causes of yield gap. Journal of Experimental Botany, 64(12): 3723-3733.

Stöckle C O, Kemanian A R. 2009. Crop radiation capture and use efficiency: a framework for crop growth analysis // Sadras V, Calderini D. Crop Physiology. San Diego: Academic Press: 145-170.

Takai T, Matsuura S, Nishio T, et al. 2006. Rice yield potential is closely related to crop growth rate during late reproductive period. Field Crops Research, 96: 328-335.

Tao F, Yokozawa M, Xu Y, et al. 2006. Climate changes and trends in phenology and yields of field crops in China, 1981−2000. Agricultural and Forest Meteorology, 138: 82-92.

Tilman D, Balzer C, Hill J, et al. 2011. Global food demand and the sustainable intensification of agriculture. Proceedings of the National Academy of Sciences of the United States of America, 108: 20260-20264.

Valin H, Sands R D, Van der Mensbrugghe D, et al. 2014. The future of food demand: understanding differences in global economic models. Agricultural Economics, 45: 51-67.

van Diepen C, Wolf J, van Keulen H, et al. 1989. WOFOST: a simulation model of crop production. Soil Use and Management, 5: 16-24.

van Ittersum M K, Cassman K G, Grassini P, et al. 2013. Yield gap analysis with local to global relevance: a review. Field Crops Research, 143: 4-17.

van Oort P A J, Saito K, Dieng I, et al. 2017. Can yield gap analysis be used to inform R&D prioritisation? Global Food Security, 12: 109-118.

van Wart J, van Bussel L G J, Wolf J, et al. 2013. Use of agro-climatic zones to upscale simulated crop yield potential. Field Crops Research, 143: 44-55.

Viets F G. 1962. Fertilizers and the efficient use of water // Norman A G. Advances in Agronomy. Academic Press, 14: 223-264.

Vos J, Putten P E L v d, Birch C J. 2005. Effect of nitrogen supply on leaf appearance, leaf growth, leaf nitrogen economy and photosynthetic capacity in maize (*Zea mays* L.). Field Crops Research, 93(1): 64-73.

Wang C, Li X L, Gong T T, et al. 2014a. Life cycle assessment of wheat-maize rotation system emphasizing high crop yield and high resource use efficiency in Quzhou County. Journal of Cleaner Production, 68: 56-63.

Wang J, Wang E, Yin H, et al. 2014b. Declining yield potential and shrinking yield gaps of maize in the North China Plain. Agricultural and Forest Meteorology, 195-196: 89-101.

Wang T, Ma X, Li Y, et al. 2011a. Changes in yield and yield components of single-cross maize hybrids released in China between 1964 and 2001. Crop Science, 51(2): 512-525.

Wang T C, Wei L, Wang H Z, et al. 2011b. Responses of rainwater conservation, precipitation-use efficiency and grain yield of summer maize to a furrow-planting and straw-mulching system in northern China. Field Crops Research, 124: 223-230.

Wilbois K P, Schmidt J E. 2019. Reframing the debate surrounding the yield gap between organic and conventional farming. Agronomy, 9: 82.

Williams J, Jones C, Kiniry J, et al. 1989. The EPIC crop growth model. Transactions of the ASAE, 32: 497-511.

Wu D, Qiang Y, He L C, et al. 2006. Quantifying production potentials of winter wheat in the North China Plain. European Journal of Agronomy, 24: 226-235.

Xu X P, He P, Pampolino M F, et al. 2016. Narrowing yield gaps and increasing nutrient use efficiencies using the Nutrient Expert system for maize in northeast China. Field Crops Research, 194: 75-82.

Xu X P, He P, Pampolino M F, et al. 2019. Spatial variation of yield response and fertilizer requirements on regional scale for irrigated rice in China. Scientific Reports, 9: 1-8.

Xu Z, Li C, Zhang C, et al. 2020. Intercropping maize and soybean increases efficiency of land and fertilizer nitrogen use: a meta-analysis. Field Crops Research, 246: 107661.

Yan H, Wang S Q, Billesbach D, et al. 2012. Global estimation of evapotranspiration using a leaf area index-based surface energy and water balance model. Remote Sensing of Environment, 124: 581-595.

Yang H S, Dobermann A, Lindquist J L, et al. 2004. Hybrid-Maize: a maize simulation model that combines two crop modeling approaches. Field Crops Research, 87(2-3): 131-154.

Zeleke K T, Nendel C. 2016. Analysis of options for increasing wheat (*Triticum aestivum* L.) yield in South-Eastern Australia: the role of irrigation, cultivar choice and time of sowing. Agricultural Water Management, 166: 139-148.

Zhang H, Hou D P, Peng X L, et al. 2019b. Optimizing integrative cultivation management improves grain quality while increasing yield and nitrogen use efficiency in rice. Journal of Integrative Agriculture, 18: 2716-2731.

Zhang H, Tao F L, Zhou G S. 2019a. Potential yields, yield gaps, and optimal agronomic management practices for rice production systems in different regions of China. Agricultural Systems, 171: 100-112.

Zhang H Y, Ren X X, Zhou Y, et al. 2018. Remotely assessing photosynthetic nitrogen use efficiency with *in situ* hyperspectral remote sensing in winter wheat. European Journal of Agronomy, 101: 90-100.

Zhang W, Cao G, Li X, et al. 2016. Closing yield gaps in China by empowering smallholder farmers. Nature, 537: 671-74.

Zhang X Y, Chen S Y, Sun H Y, et al. 2011. Changes in evapotranspiration over irrigated winter wheat and maize in North China Plain over three decades. Agricultural Water Management, 98: 1097-1104.

Zhang Y, Kong D, Zhang Q, et al. 2019c. Coupled estimation of 500m and 8-day resolution global evapotranspiration and gross primary production in 2002−2017. Remote Sensing of Environment, 222: 165-182.

Zhao Y, Chen X, Cui Z, et al. 2015. Using satellite remote sensing to understand maize yield gaps in the North China Plain. Field Crops Research, 183: 31-42.

Zhao Y, Chen X, Lobell D B. 2016. An approach to understanding persistent yield variation: a case study in North China Plain. European Journal of Agronomy, 77: 10-19.

第二章　我国粮食作物产量和效率层次差异时空分布规律与丰产增效潜力

第一节　我国三大粮食作物产量和效率层次差异时空分布规律

研究基于我国三大粮食作物（水稻、小麦和玉米）主产区气象台站地面气象观测资料、农业气象观测站多年作物试验资料和三大粮食作物实际产量资料，采用作物模型对三大粮食作物的品种参数进行调整和验证，评估作物模型在区域上的适用性。利用验证后的作物模型模拟三大粮食作物的光温潜在产量，结合作物实际产量和作物生长季内光、温、水气候资源，明确了气候变化背景下我国三大粮食作物潜在产量、产量差和资源利用效率的空间分布特征与时间演变趋势（郭尔静等，2017；刘志娟等，2017，2018；王晓煜等，2018；Wang et al.，2018；Zhao and Yang，2018；Zhao et al.，2018；Sun et al.，2018a，2019）。

一、水稻产量差和效率差时空分布规律

（一）单季稻产量差和效率差时空分布规律

近 37 年（1981～2017 年）我国单季稻主产区光温潜在产量的平均值如图 2-1a 所示，东北寒地水稻区单季稻光温潜在产量为 12.1～19.7t/hm²，其中黑龙江和吉林大部分地区的光温潜在产量为 14.0～16.0t/hm²，而辽宁大部分地区高于 16.0t/hm²。南方单季稻区单季稻光温潜在产量相对于东北寒地水稻区较低，为 8.6～14.0t/hm²；其中安徽的光温潜在产量最低，低于 10.0t/hm²；湖北和江苏的光温潜在产量相对较高，大部分地区集中在 10.0～14.0t/hm²。

1981～2017 年单季稻主产区光温潜在产量总体呈增加趋势（图 2-1b），其中，东北寒地水稻区大部分地区单季稻光温潜在产量每 10 年增加 0.1～2.4t/hm²，仅黑龙江 4 个站点和辽宁 1 个站点呈减少趋势。南方单季稻区大部分站点单季稻光温潜在产量每 10 年增加 0.1～2.4t/hm²，其中湖北的单季稻光温潜在产量增加速度最高，每 10 年增加 1.1～2.4t/hm²；安徽和江苏的相对较低，大多数地区每 10 年增加 0.1～1.0t/hm²。

东北寒地水稻区单季稻潜在产量、农户实际产量及产量差的多年平均值与变化趋势如图 2-2 所示。由图 2-2 可知，东北寒地水稻区单季稻农户实际产量全区 1981～2017 年平均为 6409kg/hm²，波动范围为 3308～8113kg/hm²。农户实际产量的高值区（大于 7000kg/hm²）为辽河平原中部地区，包括辽宁省开原、沈阳、营口等地区，吉林省双辽、四平及三岔河等地区，以及黑龙江的尚志地区；低值区位于吉林的乾安、通榆及辽宁的朝阳等地区，农户实际产量的平均值低于 5000kg/hm²。从时间变化趋势来看，全区站点中有 96% 的站点呈增加趋势，农户实际产量的不断提高主要受水稻高产品种选育、栽培管理新技术的广泛推广等综合因素影响。全区水稻农户实际产量平均每 10 年增加 1494kg/hm²。农户实际产量提升幅度最大的地区为辽宁西部的朝阳、阜新、黑山和大连地区，吉林西部的白城、双辽和长岭等地区，黑龙江大部分地区，即研究区域内 53% 的站点平均每 10 年增加 1000～2239kg/hm²。水稻农户实际产量减少可能是由种植结构调整、水稻品种越区种植、水稻低温冷害等因素导致的。

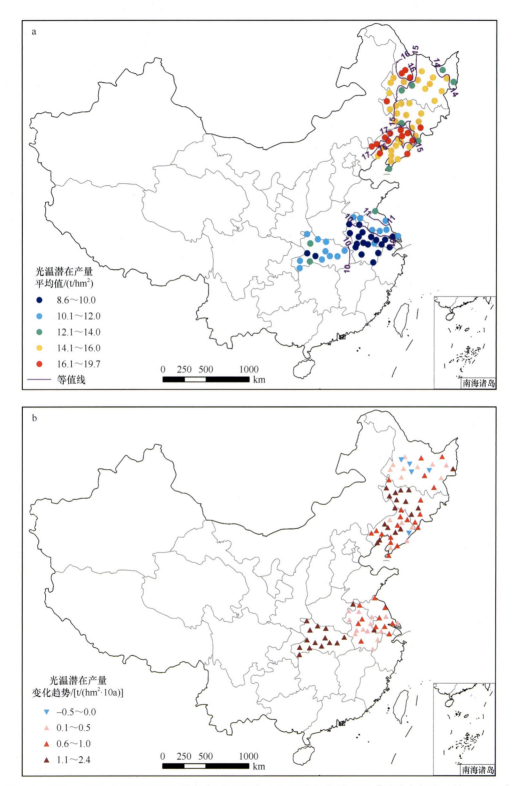

图 2-1　1981～2017 年单季稻光温潜在产量平均值（a）和变化趋势（b）［改编自杨晓光等（2021）］

台湾省资料暂缺

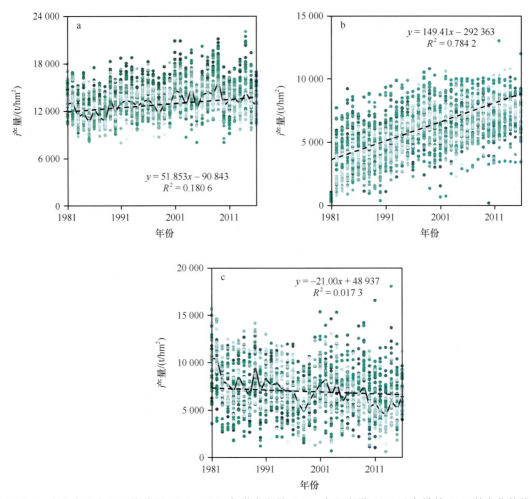

图 2-2　东北寒地水稻区单季稻 1981～2017 年潜在产量（a）、实际产量（b）及产量差（c）的变化趋势

　　东北寒地水稻区单季稻潜在产量与农户实际产量之间的产量差在 1981～2017 年平均值为 6569kg/hm²，但地区间差异较大，变化范围为 4609～11 700kg/hm²。从该产量差占潜在产量的百分比来看，辽宁、吉林和黑龙江的水稻总产量差分别占水稻潜在产量的 54%、45%和 52%，全区平均为 51%。由此可以看出，1981～2017 年研究区域水稻农户实际产量仅达到潜在产量的 49%，表明水稻产量具有较大的提升空间。从空间分布特征来看，研究区域水稻产量差呈现由西南向东北逐渐减小的趋势。由于 1981～2017 年水稻潜在产量增加的速度［600kg/(hm²·10a)］远低于农户实际产量增加的速度［1494kg/(hm²·10a)］，因此产量差呈缩小的趋势，全区平均每 10 年缩小 210kg/hm²，但区域间差异较大，变化范围为每 10 年降低 -1415～2016kg/hm²。总产量差降低的高值区为辽宁的朝阳和宽甸等地区，吉林的长岭和三岔河地区及黑龙江大部分地区，占全区站点总数的 44%，平均每 10 年降低 503～2016kg/hm²；总产量差降低的低值区包括辽宁北部的大部分地区及南部瓦房店和庄河地区，吉林西部的双辽和乾安等地区，占全区站点总数的 26%，平均每 10 年减少 7～484kg/hm²。虽然从全区来看，总产量差呈下降的趋势，但 1981～2017 年在一些区域产量差是呈增大的趋势，其中总产量差增加最多的区域包括辽宁的营口和鞍山地区，吉林的通榆地区及东南部集安、梅河口和桦甸地区，占全区站点总数的 11%，平均每 10 年增加 545～1415kg/hm²；辽宁的绥中、熊岳和开

原等地区，吉林东部蛟河—靖宇—通化一带及三江平原的虎林地区，总产量差增加趋势稍低，占全区站点总数的19%，平均每10年增加95～455kg/hm²。

1. 辐射利用效率

本研究为分析光温潜在条件下的辐射利用效率（RUE_{RT}）、高产高效条件下的辐射利用效率（RUE_{SH}）及模拟农户条件下的辐射利用效率（RUE_{SF}），利用ORYZA(v3)模型输出光温潜在产量、高产高效条件下产量以及模拟农户产量，结合水稻生长季内的光合有效辐射，分别得到东北三省各站点3种产量层次下的水稻辐射利用效率，明确了不同产量层次辐射利用效率的空间分布特征及时间演变趋势。结果分析如下。

1）东北三省1981～2017年光温潜在条件下、高产高效条件下和模拟农户条件下的辐射利用效率空间分布特征基本相近，整体呈北高南低的分布趋势，由于生长季内的光合有效辐射相同，因此光温潜在条件下的辐射利用效率＞高产高效条件下的辐射利用效率＞模拟农户条件下的辐射利用效率。1981～2017年，光温潜在条件下的平均辐射利用效率为1.46～2.04g/MJ，区域平均为1.81g/MJ；高产高效条件下的平均辐射利用效率略低，为0.96～1.70g/MJ，区域平均为1.41g/MJ；模拟农户条件下的平均辐射利用效率最低，为0.64～1.57g/MJ，区域平均为1.04g/MJ。

2）东北三省不同区域之间辐射利用效率差异较大，高值区集中在黑龙江省第三、四积温带，该区域光温潜在条件下平均辐射利用效率为1.89～2.04g/MJ，平均为1.97g/MJ；其中黑龙江第三、四积温带中部的尚志—伊春地区的辐射利用效率较高，均在2.00g/MJ以上。高产高效条件下平均辐射利用效率为1.28～1.70g/MJ，平均为1.54g/MJ；其中在通河—富锦一带最高，高于1.66g/MJ。模拟农户条件下平均辐射利用效率为0.82～1.43g/MJ，平均为1.15g/MJ；其中在通河—富锦一带最高，高于1.30g/MJ。黑龙江第三、四积温带3个产量层次的辐射利用效率在北部的克山、北安地区均较低。

吉林和黑龙江第一、二积温带的各产量层次对应的辐射利用效率略低，光温潜在条件下平均辐射利用效率分别为1.75g/MJ和1.67g/MJ；2个区域中辐射利用效率较高的站点是通化、梅河口和克山，高于1.80g/MJ；最低的站点是泰来和齐齐哈尔，均仅为1.60g/MJ。高产高效条件下平均辐射利用效率分别为1.33g/MJ和1.32g/MJ，其中吉林的通化地区的辐射利用效率最高，黑龙江第一、二积温带富裕、明水地区和吉林的靖宇、通榆地区的辐射利用效率最低。吉林和黑龙江第一、二积温带模拟农户条件下平均辐射利用效率均为0.99g/MJ，分别为0.81～1.57g/MJ和0.79～1.11g/MJ；其中吉林的通化和集安地区的辐射利用效率较高，高于1.50g/MJ；黑龙江第一、二积温带富裕地区的辐射利用效率最低，仅为0.79g/MJ。

各产量层次的辐射利用效率低值区位于辽宁，该区域光温潜在条件下平均辐射利用效率为1.46～1.69g/MJ，区域平均仅为1.59g/MJ；其中东部的宽甸和丹东地区辐射利用效率最高（1.66g/MJ）；南部的鞍山—大连一带最低，不足1.50g/MJ。高产高效条件下平均辐射利用效率为0.96～1.46g/MJ，区域平均为1.26g/MJ；黑山地区最高，达1.46g/MJ；叶柏寿地区最低，仅为0.96g/MJ。模拟农户条件下平均辐射利用效率为0.64～1.17g/MJ，区域平均为0.86g/MJ；大连、黑山和鞍山地区较高，高于1.15g/MJ；叶柏寿地区最低，低于1.00g/MJ。

3）1981～2017年研究区域的辐射利用效率整体呈增加的趋势，光温潜在条件下、高产高效条件下、模拟农户条件下的辐射利用效率分别每10年增加0.06g/MJ、0.02g/MJ、0.12g/MJ，增加趋势均不显著。

2. 热量利用效率

热量利用效率是指作物产量占生长季内积温的比值，反映出作物每利用单位热量资源能够获得的粮食产出。本研究利用ORYZA(v3)模型输出光温潜在产量、高产高效产量和模拟农户产量，以及水稻生长季内的积温，明确了3种产量层次下的水稻热量利用效率，结果分析如下。

1）1981～2017年东北三省光温潜在条件下、高产高效条件下和模拟农户条件下的热量利用效率空间分布特征基本相似，整体呈北高南低的分布趋势，由于生长季内的积温相同，因此光温潜在条件下的热量利用效率＞高产高效条件下的热量利用效率＞模拟农户条件下的热量利用效率。1981～2017年，研究区域内光温潜在条件下的平均热量利用效率为6.03～9.66kg/(hm²·℃·d)，区域平均为7.67kg/(hm²·℃·d)；高产高效条件下的平均热量利用效率略低，为5.14～6.98kg/(hm²·℃·d)，区域平均为5.98kg/(hm²·℃·d)；模拟农户条件下的平均热量利用效率最低，为3.40～6.56kg/(hm²·℃·d)，区域平均为4.37kg/(hm²·℃·d)。东北三省不同区域之间热量利用效率差异较大，高值区集中在黑龙江第三、四积温带，吉林的各层次热量利用效率较Ⅳ区略低，各层次的热量利用效率低值区位于Ⅰ区辽宁和Ⅲ区黑龙江第一、二积温带。

2）1981～2017年研究区域的热量利用效率呈增加的趋势，光温潜在条件下、高产高效条件下和模拟农户条件下的热量利用效率分别每10年增加0.17g/MJ、0.08g/MJ和0.47g/MJ，以模拟农户条件下的热量利用效率增加趋势最为明显。比较各区域的热量利用效率时间变化趋势可知，辽宁和黑龙江第三、四积温带的各层次热量利用效率均呈增加的趋势，平均每10年增加0.09～0.92kg/(hm²·℃·d)。

（二）双季稻产量差和效率差时空分布规律

1981～2017年双季早稻和晚稻光温潜在产量的平均值和变化趋势如图2-3和图2-4所示。

如图2-3所示，双季早稻光温潜在产量呈现明显的区域特征，总体上从低纬度向高纬度逐渐减少，全区变化范围为6.9～11.4t/hm²。从各双季稻区的特点来看，华南双季稻区早稻光温潜在产量较高，且空间差异大，高值区位于福建和海南，光温潜在产量高于10.0t/hm²，广东东部和广西次之，光温潜在产量在9.1～10.0t/hm²，广东中西部早稻光温潜在产量在8.0～9.0t/hm²。长江中下游双季稻区早稻光温潜在产量较低，大部分区域在8.0～9.0t/hm²，湖南北部和浙江大部早稻光温潜在产量低于8.0t/hm²。1981～2017年研究区域双季早稻光温潜在产量变化趋势存在明显的区域特征，浙江、福建、广东、广西和海南等邻海五省区双季早稻潜在产量呈现减少的趋势，尤其是浙江北部、福建大部和广东西部，减少趋势在0.5～1.2t/(hm²·10a)，广东大部、海南、广西中东部和浙江南部等区域减少趋势小于0.5t/(hm²·10a)；湖南和江西两省双季早稻潜在产量呈现增加的趋势，湖南增加趋势在0.6～0.9t/(hm²·10a)，江西次之，增加趋势小于0.5t/(hm²·10a)。

如图2-4所示，双季晚稻光温潜在产量呈现明显的区域特征，全区变化范围为5.1～12.5t/hm²。从各区域的特点来看，福建北部双季晚稻光温潜在产量最高，大于10t/hm²；广东东部、广西西南部和湖南西南部次之，双季晚稻光温潜在产量在9.1～10.0t/hm²；江西和浙江双季晚稻光温潜在产量较低，在5.0～8.0t/hm²，尤其是浙江北部，晚稻光温潜在产量低于6.0t/hm²；其余大部分地区包括湖南大部、广西北部、广东西部和海南，晚稻光温潜在产量在8.1～9.0t/hm²。1981～2017年研究区域双季晚稻光温潜在产量的变化趋势区域差异明显，广西南部、广东、

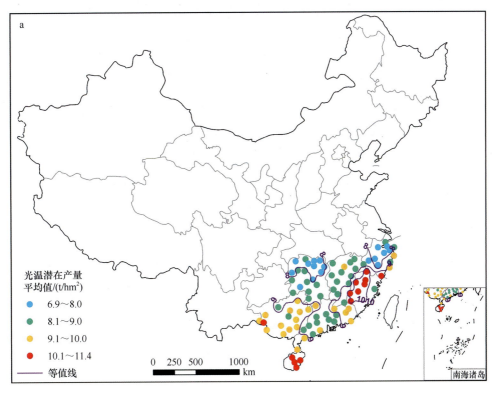

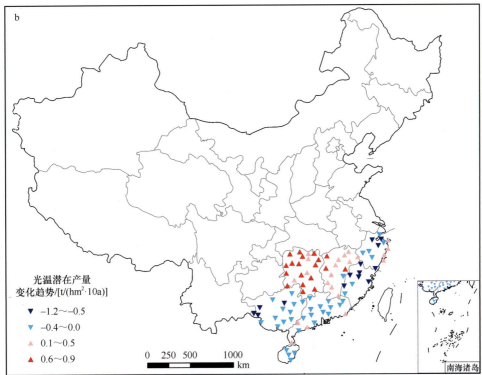

图 2-3 1981～2017 年双季早稻光温潜在产量平均值（a）和变化趋势（b）[改编自杨晓光等（2021）]

台湾省资料暂缺

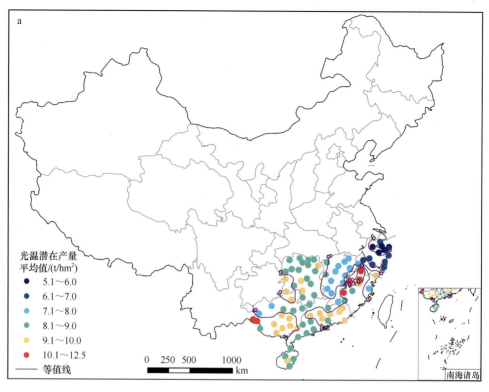

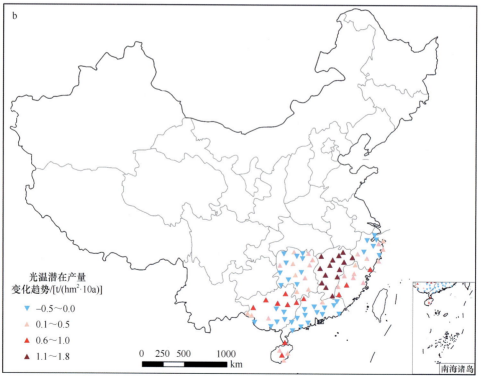

图 2-4 1981～2017 年双季晚稻光温潜在产量平均值（a）和变化趋势（b）[改编自杨晓光等（2021）]

台湾省资料暂缺

浙江北部和湖南中西部,大部分地区晚稻光温潜在产量呈减少趋势,每10年减少0～0.5t/hm²;江西、福建、浙江沿海、广西北部和湖南东部,大部分地区晚稻光温潜在产量呈增加趋势,特别是江西,产量增加趋势最大,在1.1～1.8t/(hm²·10a),广西北部次之,在0.6～1.0t/(hm²·10a),其余地区产量增加趋势小于0.5t/(hm²·10a)。

基于华南地区1980～2011年的水稻县级统计产量数据,分析华南地区双季早稻和双季晚稻农户实际产量及产量差的时空分布特征。由于部分年份的统计数据为早稻和晚稻总产量,早稻和晚稻数据由其余年份早稻和晚稻占总产与面积的比例分别计算。同时,根据各气候指标,结合地形和行政分区将研究区域内水稻种植区划分为3个亚区,如表2-1所示。

表2-1　华南地区亚区划分指标

分区	I区 闽粤桂北亚区	II区 闽粤桂南亚区	III区 琼雷亚区
≥10℃积温/(℃·d)	<3900	3900～4750	>4750
水稻温度生长季日数/d	<300	300～350	>350
水稻温度生长季降水量/mm	1200～1600	1400～2100	1700～2400

农户实际产量及产量差多年平均值和变化趋势的分析结果表明,华南地区早稻的农户实际产量由西南向东北递减。由于华南地区光热水资源分布和农户栽培水平的差异性,早稻农户实际产量空间分布存在较大的差异,变化范围为3977～6654kg/hm²。早稻农户实际产量的高值区位于广东、广西北部,农户实际产量平均值分别为5335kg/hm²、5522kg/hm²;低值区位于福建北部、海南陵水,农户实际产量平均值分别为4802kg/hm²、3977kg/hm²。华南地区早稻农户实际产量高于6000kg/hm²的站点占全区域的21%,低于4500kg/hm²的站点占全区域的11%,全区68%的站点早稻农户实际产量为4500～6000kg/hm²。华南地区11.9%的站点水稻农户实际产量呈现减少趋势,包括连州、长汀、钦州、佛冈和琼中,减产幅度为124kg/(hm²·10a)。华南地区88%的站点早稻农户实际产量均表现为增加的趋势,产量增加幅度的变化范围为78～1371kg/(hm²·10a),农户实际产量增加幅度大于1000kg/(hm²·10a)的站点包括河源、惠阳、电白、龙州和儋州。

华南地区晚稻农户实际产量由东向西递减,全区域晚稻农户实际产量的平均值变化范围为3304～6022kg/hm²,晚稻农户实际产量的高值区分布在广东北部,平均产量为5340kg/hm²;晚稻农户实际产量的低值区位于海南,平均产量仅为3700kg/hm²。全区晚稻农户实际产量高于5500kg/hm²的站点占19%,晚稻农户实际产量低于4000kg/hm²的站点占16%,65%的站点晚稻农户实际产量为4000～5500kg/hm²。华南地区晚稻农户实际产量仅5%的站点呈现减少趋势,平均减少幅度为319kg/(hm²·10a);其余95%的站点晚稻实际产量呈增加趋势,平均变化趋势为85～1152kg/(hm²·10a)。

华南早稻的潜在产量与农户实际产量之间的产量差平均值为3183kg/hm²,变化范围为1091～5645kg/hm²,全区域平均早稻总产量差占潜在产量的37.5%。早稻总产量差高值区分布在福建北部和海南省,产量差范围为3233～5645kg/hm²,由于I区和III区早稻生育期内太阳总辐射与积温值较高,因此该地区早稻潜在产量水平高,但由于农户栽培水平限制,如品种选择不当、栽培密度过低等,这些区域早稻农户实际产量较低,导致了较高的产量差。早稻潜在产量和农户实际产量的产量差低值区分布在广东南部,包括蒙山、罗定、高要一带,产量差低于1500kg/hm²。由于田间栽培技术的进步和品种更替,研究区域内早稻总产量差呈现下降的趋势，平均每 10 年产量差减少 1067kg/hm²，变化范围为−1880～135kg/(hm²·10a)。由于连州站点早稻农户实际产量的降低 [337kg/(hm²·10a)]，总产量差在研究期间略有增加，平均增加趋势为 135kg/(hm²·10a)。

华南晚稻的总产量差平均值为 3368kg/hm²，总产量差变化范围为 1546～6526kg/hm²，全区域平均晚稻总产量差占晚稻潜在产量的 42%。总产量差分布存在地区性差异，与华南早稻总产量差的分布相似。高值区分布在福建北部和海南，产量差范围为 3166～6526kg/hm²，华南晚稻生育期内太阳辐射和积温充沛决定了较高的潜在产量，但晚稻生育期内容易受到由台风引起的洪涝灾害，影响其生产的稳定性，使得该地区产量差较大；低值区分布在广西北部，包括柳州、蒙山一带，产量差低于 2000kg/hm²。华南全区内 82% 的站点晚稻总产量差总体呈现下降的趋势，平均每 10 年产量差减少 708kg/hm²。全区域仅 18% 的站点在研究期间产量差略有增加，平均每 10 年增加 466kg/hm²，主要是由于这些站点晚稻潜在产量升高。

二、小麦产量差和效率差时空分布规律

近 37 年（1981～2017 年）我国各冬麦区冬小麦农户实际产量平均值及变化趋势的研究表明，冬小麦农户实际产量在空间上差异较大，变化范围为 1.7～7.3t/hm²，区域面积加权平均产量为 3.6t/hm²。从各区域面积加权平均产量来看，黄淮海冬麦区和北部冬麦区较高，面积加权平均产量分别为 4.0t/hm² 和 3.6t/hm²；其次是长江中下游冬麦区，面积加权平均产量为 3.1t/hm²；西南冬麦区面积加权平均产量最低，为 2.6t/hm²。

全国冬小麦及各区域内冬小麦的农户实际产量均呈显著增加趋势，全国平均以每 10 年 0.55t/hm² 的速率增加，各区域间空间差异性显著。比较各冬麦区增加速率可以看出，黄淮海冬麦区平均以每 10 年 1.2t/hm² 的速率增加，显著高于全国冬小麦农户实际产量的平均增加速率 [0.55t/(hm²·10a)]。北部冬麦区冬小麦农户实际产量的平均增加速率 [0.59t/(hm²·10a)] 与全国平均值相近，并且呈现出两极分化的态势——东北部呈增加趋势而西南部呈现减少趋势。长江中下游冬麦区和西南冬麦区冬小麦农户实际产量的变化值显著低于全国平均值且无统计性差异。

如图 2-5a 所示，我国主要冬麦区冬小麦光温潜在产量多年（1981～2017 年）平均值为 8.1t/hm²，高值区主要分布在北部冬麦区和黄淮海冬麦区。其中，黄淮海冬麦区冬小麦平均光温潜在产量显著高于其他冬麦区，平均为 9.0t/hm²；北部冬麦区冬小麦平均光温潜在产量为 8.0t/hm²；西南冬麦区冬小麦平均光温潜在产量为 6.5t/hm²；长江中下游冬麦区冬小麦平均光温潜在产量最低，为 5.8t/hm²。

如图 2-5b 所示，从时间变化趋势看，我国主要冬麦区冬小麦光温潜在产量近 37 年（1981～2017 年）整体呈提高趋势，全区变化范围为−0.7～2.3t/(hm²·10a)。各冬麦区研究结果显示，北部冬麦区大部分站点冬小麦光温潜在产量变化趋势范围为 0.1～1.0t/(hm²·10a)；黄淮海冬麦区大部分站点冬小麦光温潜在产量变化趋势范围为 0.1～2.3t/(hm²·10a)，提高趋势较明显的区域主要分布在山东和河南西部；长江中下游冬麦区大部分站点冬小麦光温潜在产量变化趋势范围为−0.7～1.0t/(hm²·10a)，其中该区域北部冬小麦光温潜在产量呈降低趋势；西南冬麦区大部分站点冬小麦光温潜在产量变化趋势范围为 0.1～2.3t/(hm²·10a)，提高趋势较明显的区域主要分布在云南北部。

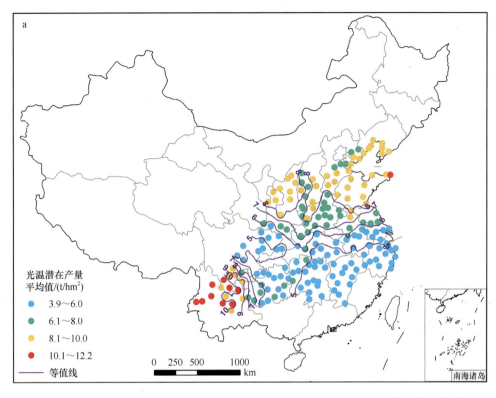

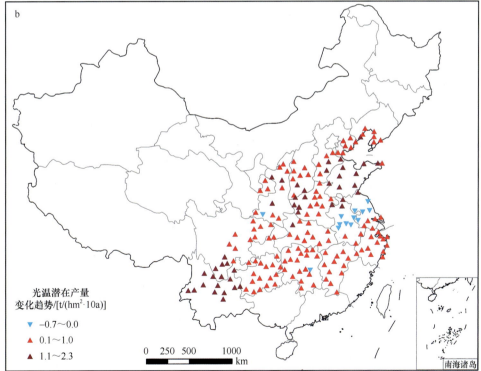

图 2-5　1981～2017 年冬小麦光温潜在产量平均值（a）和变化趋势（b）［改编自杨晓光等（2021）］

台湾省资料暂缺

我国主要冬麦区冬小麦光温潜在产量与农户实际产量之间的产量差近 37 年（1981～2017年）面积加权平均值为 41%，且不同冬麦区间差异显著。其中，北部冬麦区平均产量差最大，为 47%；其次为西南冬麦区（45%）和黄淮海冬麦区（41%）；长江中下游冬麦区冬小麦平均产量差最小，为 36%。近 37 年各冬麦区冬小麦产量差呈缩小趋势，全区域平均以每 10 年10% 的速率缩小，且各冬麦区之间差异显著。

1981～2017 年冬小麦光温潜在产量下辐射利用效率和热量利用效率平均值如图 2-6 所示。如图 2-6a 所示，冬小麦光温潜在产量下辐射利用效率呈现西高东低的分布特征，全区变化范围为 0.20～0.48g/MJ。从各冬麦区的特点来看，北部冬麦区和长江中下游冬麦区辐射利用效率较低，大部分站点的辐射利用效率集中在 0.20～0.30g/MJ；黄淮海冬麦区辐射利用效率次之，大部分站点的辐射利用效率集中在 0.20～0.40g/MJ；西南冬麦区辐射利用效率最高，大部分站点的冬小麦辐射利用效率集中在 0.31～0.48g/MJ，四川和贵州部分地区可达 0.41～0.48g/MJ。

如图 2-6b 所示，冬小麦光温潜在产量下热量利用效率呈东北和西南高、东南低的分布特征，全区变化范围为 1.5～8.0kg/(hm²·℃·d)。从各冬麦区的特点来看，北部冬麦区热量利用效率较高，大部分站点热量利用效率集中在 2.1～6.0kg/(hm²·℃·d)；黄淮海冬麦区大部分站点热量利用效率集中在 2.1～4.0kg/(hm²·℃·d)；长江中下游冬麦区热量利用效率最低，区域内数值集中在 1.5～4.0kg/(hm²·℃·d)，浙江、江西、湖北东南部和湖南东部地区热量利用效率较低，区域内数值集中在 1.5～2.0kg/(hm²·℃·d)；西南冬麦区热量利用效率较高，大部分站点冬小麦热量利用效率集中在 2.1～8.0kg/(hm²·℃·d)，四川和云南部分地区热量利用效率可达6.0kg/(hm²·℃·d) 以上。

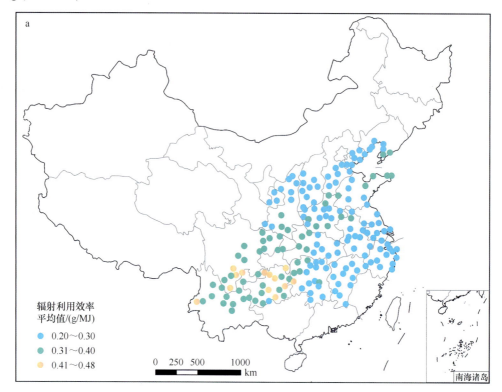

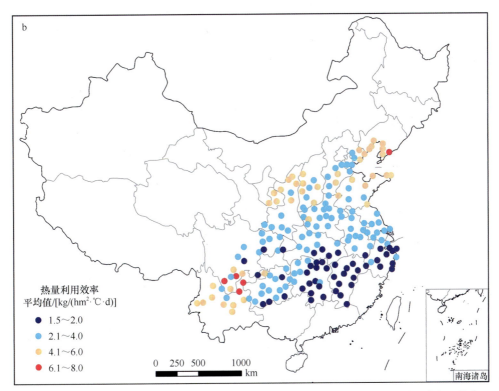

图 2-6 1981～2017 年冬小麦光温潜在产量下辐射利用效率平均值（a）和热量利用效率平均值（b）

［改编自杨晓光等（2021）］

台湾省资料暂缺

三、玉米产量差和效率差时空分布规律

（一）春玉米产量差和效率差时空分布规律

1981～2017 年我国春玉米光温潜在产量平均值及变化趋势如图 2-7 所示。由图 2-7 可知，我国春玉米光温潜在产量为 6.6～23.3t/hm²，总体表现为北方高于南方，以及四川、重庆和湖北最低的空间分布特征。春玉米光温潜在产量的较高区域分布在新疆中西部、甘肃大部、内蒙古中西部、陕西北部、吉林和辽宁大部、河北北部和山东大部等地区，在 16.0t/hm² 以上；其次为云南、陕西南部、山西、河南、安徽、江苏和浙江大部分地区，春玉米光温潜在产量在 12.1～16.0t/hm²。

1981～2017 年研究区域内春玉米光温潜在产量的变化趋势在 2.5～4.6t/(hm²·10a)，总体表现为下降的趋势。其中，光温潜在产量表现为增加趋势的站点主要分布在新疆中部、甘肃南部、四川北部、内蒙古中东部、黑龙江大部和吉林东部，北方春播玉米区光温潜在产量的增加速率超过 1.1t/(hm²·10a) 的站点分布最为广泛；黄淮海夏播玉米区、西南山地玉米区和南方丘陵玉米区春玉米光温潜在产量总体呈下降趋势，下降速率基本在 0～0.9t/(hm²·10a)，少数站点的下降速率超过 1.0t/(hm²·10a)。

我国玉米产量差平均为 9.9t/hm²，占光温潜在产量的 66.9%，主要分布范围为 40%～80%。西北地区玉米产量差最高，平均为 11.9t/hm²，占光温潜在产量的 71.7%；西南地区和华中地区玉米产量差较低，分别为 6.0t/hm² 和 5.2t/hm²，分别占光温潜在产量的 59.7% 和 59.5%。

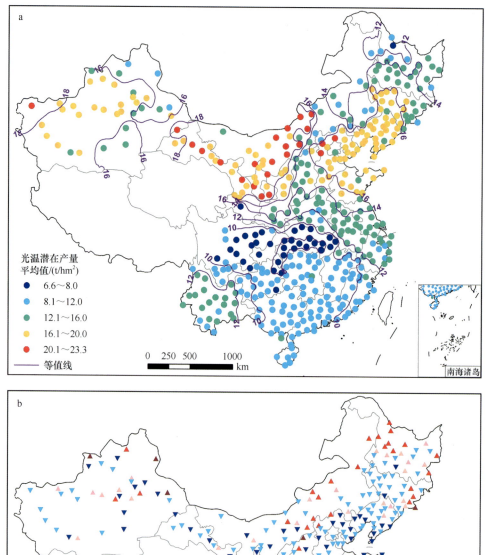

图 2-7　1981～2017 年春玉米光温潜在产量平均值（a）和变化趋势（b）[改编自杨晓光等（2021）]

台湾省资料暂缺

春玉米光温潜在产量下辐射利用效率和热量利用效率的平均值如图 2-8 所示。由图 2-8 可

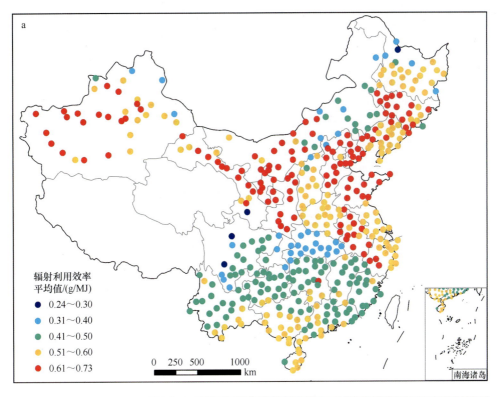

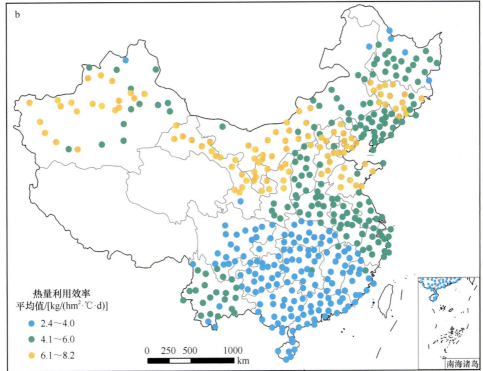

图2-8 1981～2017年春玉米光温潜在产量下辐射利用效率平均值（a）和热量利用效率平均值（b）

［改编自杨晓光等（2021）］

台湾省资料暂缺

知，春玉米光温潜在产量下辐射利用效率总体呈现由南向北逐渐增加的空间分布特征，变化范围在 0.24~0.73g/MJ。其中，辐射利用效率较高的站点集中在新疆、甘肃、宁夏、陕西、河北、山东、吉林和安徽大部分地区，在 0.61g/MJ 以上；北方春播玉米区、西北灌溉玉米区和黄淮海夏播玉米区除内蒙古东部部分站点外，光温潜在产量下辐射利用效率均在 0.50g/MJ 以上；辐射利用效率最低的站点集中在湖北大部分地区，在 0.40g/MJ 以下。

春玉米光温潜在产量下热量利用效率总体呈现由南向北逐渐增加的空间分布特征，变化范围在 2.4~8.2kg/(hm²·℃·d)。其中，热量利用效率较高的站点集中在新疆中西部、甘肃、宁夏、陕西北部、内蒙古中部、吉林大部、河北大部和山东大部，在 6.0kg/(hm²·℃·d) 以上；热量利用效率低于 4.0kg/(hm²·℃·d) 的站点除零星分布在新疆北部和黑龙江北部外，集中在四川、重庆、湖北、湖南、贵州、广东、广西、江西、福建和海南等省份。

（二）夏玉米产量潜力与资源利用效率

黄淮海夏玉米潜在产量的空间分布特征和时间演变趋势及光温潜在产量下辐射利用效率和热量利用效率的空间分布特征的研究结果如下。

研究区域内夏玉米光温潜在产量平均值呈现中部和南部低，北部、东部和西部高的特征。河南大部、山东西部和河北南部光温潜在产量较低，平均在 8.6~10.0t/hm²；河南西部、山东东南部和北部、河北中部地区，产量水平较高，在 10.0~11.0t/hm²；山东半岛东部、天津到河北唐山一带产量更高，达到 11.0~11.7t/hm²。

研究区域内夏玉米光温潜在产量整体呈现增加的趋势。其中，北京、天津、山东南部和安徽北部增加趋势较大，每 10 年增加 0.9~1.2t/hm²；其次是河北、山东东部和河南南部，每 10 年增加 0.5~0.8t/hm²；山东中部和北部、河南北部和西部增加趋势较小，每 10 年增加 0.1~0.4t/hm²。

研究区域内夏玉米光温潜在产量下辐射利用效率呈现东部高、西部低的分布趋势。河南和河北北部大部分地区的辐射利用效率较低，集中在 0.52~0.60g/MJ。山东大部、河北东部和天津等地区的辐射利用效率为 0.60~0.70g/MJ，且部分站点可达 0.70~0.79g/MJ。

研究区域内夏玉米光温潜在产量下热量利用效率变化范围为 3.3~4.5kg/(hm²·℃·d)。河南西部和北部、安徽北部等地热量利用效率较低，为 3.3~3.5kg/(hm²·℃·d)；河南中部和西部、山东中部、河北南部热量利用效率较高，为 3.5~4.0kg/(hm²·℃·d)；山东半岛北部、北京、天津和河北唐山一带热量利用效率更高，为 4.0~4.5kg/(hm²·℃·d)。

四、作物产量潜力与高产纪录差异时空分布规律

我国各区域玉米高产纪录水平差距较大，高产区域主要分布在北方地区，尤其是北纬 38°~42° 区域。将各区域之间高产纪录进行比较，东北与黄淮海的高产纪录相似，分别平均为 16.6t/hm² 与 16.2t/hm²，西北最高，平均为 20.0t/hm²，西南最低，平均为 15t/hm²。区域之间及每个区域内部不同试验点的高产纪录不同，主要是光、温等气象条件不同造成，东北地区黑龙江高产纪录低于东北其他几个省，主要是因为相对于其他区域，该区域温度资源比较匮乏，西南高产纪录低的主要原因是光辐射较低（表 2-2）。

光温产量潜力与高产纪录产量差在全国的分布规律主要表现在：西北最大，平均达到 22t/hm² 以上；其次是中部地区（黄淮海北部与北方春玉米区南部），产量差在 20t/hm² 左右；较小的地区为西南与北方春玉米区的北部，在 18t/hm² 以下。其主要原因：我国西北地区光

表 2-2 我国玉米高产纪录田块分布、光温产量潜力、高产纪录、产量差及光温利用效率差分布

地点	光温产量潜力/(t/hm²)	高产纪录/(t/hm²)	产量差/(t/hm²)	辐射利用效率差/(kg/MJ)	温度利用效率差/[t/(hm²·℃)]
宁夏回族自治区银川市郊区平吉堡农场试验基地	40.6	18.7	21.9	0.0014	0.0122
云南省大理市	32.0	19.3	12.7	—	—
河南省浚县农业科学研究所农作物品种区域试验展示中心园区	35.2	16.0	19.2	0.0022	0.0104
四川省简阳市东溪镇万古村	30.8	10.9	19.9	0.0021	0.0119
内蒙古自治区赤峰市松山区太平地镇两间房村	38.9	18.4	20.5	0.0014	0.0117
内蒙古自治区临河区干召庙镇宏丰村地块 1	38.9	17.4	21.5	0.0016	0.0125
内蒙古自治区呼和浩特市内蒙古农业大学农场	38.9	17.4	21.5	0.0015	0.0128
贵州省大方县	30.9	13.9	17.0	—	—
吉林省桦甸市兴隆村核心区高产田	30.9	17.5	13.4	0.0011	0.0088
辽宁省朝阳市建平县太平庄	35.5	18.2	17.3	0.0013	0.0087
山东省莱州市莱州登海集团	33.9	19.3	14.6	0.0015	0.0079
黑龙江省农垦总局八五二农场	30.6	13.9	16.7	0.0013	0.0121
黑龙江省农垦总局八五〇农场	30.6	13.4	17.2	0.0014	0.0120
新疆维吾尔自治区生产建设兵团 71 团	47.5	21.9	25.6	0.0015	0.0136
新疆维吾尔自治区昌吉回族自治州奇台县奇台农场	47.5	22.8	24.7	0.0015	0.0148
河北省张家口市高新区姚家房镇	34.7	18.5	16.2	0.0012	0.0081
四川省宣汉县峰城镇西牛村 4 社	30.8	17.7	13.1	0.0013	0.0060
陕西省榆林市定边县堆子梁镇营盘梁村	38.8	19.9	18.9	0.0012	0.0114
陕西省澄城县冯原镇迪家河村科技示范户雷王伟示范田	38.8	18.8	20.0	0.0020	0.0136
广西壮族自治区乐业县	27.4	13.0	14.4	—	—

注："—"表示未测定

温条件最好,虽然高产纪录最高,但光温产量潜力更高,导致产量差最大;中部地区(黄淮海北部与北方春玉米区南部)的原因类似;西南与北方春玉米区的北部由于受到光温的限制,其光温产量潜力较低,高产纪录处于中低水平,因此产量差较小。该产量差的存在说明可以通过进一步改良玉米基因型来提高品种的高产纪录,缩小其与光温产量潜力之间的产量差。

辐射利用效率差在黄淮海与西南较大,达到 0.0020kg/(MJ·m²) 以上,其他地区较小,主要原因为黄淮海与西南地区玉米的生育期短,整个生育期光辐射截获量较低,辐射利用效率高。温度利用效率差的分布规律与产量差的分布规律一致,西北玉米区最大,中部地区(黄淮海北部与北方春玉米区南部)次之,最小的地区为西南与北方春玉米区的东北部。主要原因是对于同一个玉米品种,其生育期内温度资源在全国的变化不大,光温产量潜力及高产纪录的温度利用效率的分布与光温产量潜力、高产纪录的分布一致。

由图 2-9 可知,我国小麦高产纪录田块主要分布在河北、山东、河南、江苏等地(>9t/hm²),

其中河北石家庄高产纪录为 10.82t/hm²，安徽、湖北等偏南地区高产纪录相对较低（＜7t/hm²）。水稻高产纪录田块分布跨度较大，其高产纪录排序依次为湖北、四川所在华中及西南地区（＞11t/hm²）＞黑龙江所在的东北地区及广西、云南、浙江等部分地区（9.2～10.8t/hm²）＞广东及江西地区（＜8t/hm²）。其中高产纪录最高的为湖北省随州市，产量达到 13t/hm²。

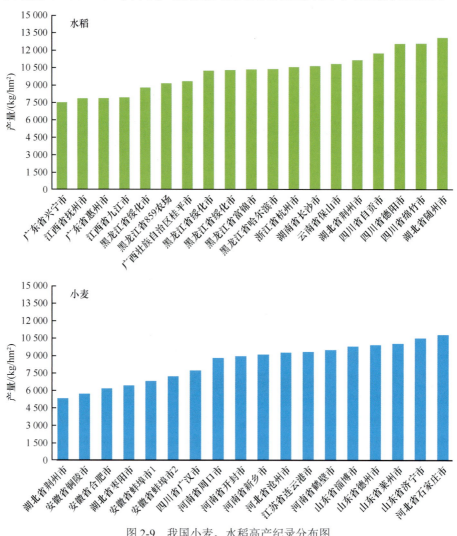

图 2-9 我国小麦、水稻高产纪录分布图

第二节 我国三大粮食作物产量和效率层次差异的限制因子

一、水稻产量和效率层次差异的限制因子

为解析产量差的限制因子对总产量差的贡献率以及对光温潜在产量的限制程度和可提升空间，我们定义了水稻总产量差（农户实际产量与光温潜在产量之间的产量差）、第 1 级产量差（光温潜在产量与高产高效条件下产量之间的产量差）、第 2 级产量差（高产高效条件下产量与农户实际产量之间的产量差）（Wang et al.，2018），结果分析如下。

第 1 级产量差是指光温潜在产量与高产高效条件下产量之间的产量差，受高产高效栽培管理模式下密度和水氮管理因素限制，1981～2017 年全区水稻高产高效栽培管理模式下密度和水氮管理因素对光温潜在产量的限制程度达 23%，因此通过增加氮肥投入和水稻移栽密度，东北三省 1981～2017 年水稻高产高效条件下产量可提升的空间为 23%。Ⅰ区辽宁省、Ⅱ区吉林省、Ⅲ区黑龙江省的第一、二积温带与Ⅳ区第三、四积温带 1981～2017 年高产高效栽培管理模式下密度和水氮管理因素对总产量差的贡献率分别是 39%、57%、38% 和 45%，高产高效栽培管理模式下密度和水氮管理因素对光温潜在产量的限制程度分别为 21%、28%、22% 和 23%，即通过增加灌溉总量、氮肥投入和水稻移栽密度，水稻高产高效条件下产量可提升的空间分别为 21%、28%、22% 和 23%。

第 2 级产量差是指高产高效条件下产量与农户实际产量之间的产量差，受农户实际生产中水肥管理等农艺措施、市场因素等综合因素限制，1981～2017 年全区水稻实际生产中水肥管理等农艺措施及市场因素等综合因素对光温潜在产量的限制程度达 27%，因此通过提高农户的栽培管理水平及市场经济手段的调控，东北三省 1981～2017 年水稻农户实际产量可提升的空间为 27%。Ⅰ区辽宁省、Ⅱ区吉林省、Ⅲ区黑龙江省的第一、二积温带和Ⅳ区第三、四积温带 1981～2017 年农户实际生产中水肥管理等农艺措施与市场因素等综合因素对总产量差的贡献率分别为 61%、38%、60% 和 56%，农户实际生产中水肥管理等农艺措施、市场因素等综合因素对光温潜在产量的限制程度分别为 33%、17%、33% 和 29%，即通过提高农户的栽培管理水平及市场经济手段的调控，该地区 1981～2017 年水稻农户实际产量可提升的空间分别为 33%、17%、33% 和 29%。

综合上述结果，比较 1981～2017 年各地区及全区水稻各级产量限制因子对总产量差的贡献率，并讨论产量限制因子对光温潜在产量的限制程度和可提升空间，由此可知：从全区 1981～2017 年平均情况来看，水稻总产量差为 6569kg/hm^2，其中第 1 级产量差的贡献率为 46%，第 2 级产量差的贡献率为 54%。农户实际产量达到潜在产量的 49%，即全区 1981～2017 年总产量差对光温潜在产量的限制为 51%，其中第 1 级产量差为 23%，第 2 级产量差为 28%。由此说明优化高产高效栽培管理模式下的密度和氮肥管理，能够提高的水稻产量空间为 23%；通过提高农户的栽培管理水平及市场经济手段的调控，能够提高的水稻产量空间为 28%。

Ⅰ区辽宁省 1981～2017 年水稻总产量差为 7819kg/hm^2，其中高产高效栽培管理模式下密度和水氮管理因素（第 1 级产量差）对总产量差的贡献率为 39%，农户实际生产中水肥管理等农艺措施和市场因素等综合因素（第 2 级产量差）的贡献率为 61%，由此可知，农户实际生产中的限制因素对总产量差的贡献大于高产高效栽培管理模式的限制因素。Ⅰ区辽宁省农户实际产量仅达到光温潜在产量的 46%，在各区域中相对最低，水稻总产量差对光温潜在产量的限制为 54%，其中第 1 级产量差的限制为 21%，第 2 级产量差为 33%。第 2 级产量差对光温潜在产量的限制程度最大，说明通过提高农户的栽培管理水平及市场经济手段的调控能够提高的水稻产量空间为 33%。

Ⅱ区吉林省 1981～2017 年水稻总产量差为 5907kg/hm^2，其中高产高效栽培管理模式下密度和水氮管理因素（第 1 级产量差）的贡献率为 62%，农户实际生产中水肥管理等农艺措施和市场因素等综合因素（第 2 级产量差）的贡献率为 38%，由此可知，高产高效栽培管理模式的限制因素对总产量差的贡献大于农户实际生产中的限制因素。Ⅱ区吉林省农户实际产量仅达到光温潜在产量的 55%，在各区域中相对最高，水稻总产量差对光温潜在产量的限制为 45%，其中第 1 级产量差的限制为 28%，第 2 级产量差为 17%。第 2 级产量差对光温潜在产量的限制程度较小，但与其他地区相比，Ⅱ区吉林省通过提高农户的栽培管理水平及市场经济手段的调控能够提高的水稻产量空间较低，仅为17%，而目前Ⅱ区吉林省高产高效栽培管理模式的水平较低，通过提高氮肥和密度管理措施可提升的水稻产量空间较大，为28%。

Ⅲ区黑龙江省第一、二积温带1981~2017年水稻总产量差为6793kg/hm²，其中第1级产量差的贡献率为40%，第2级产量差的贡献率为60%，由此可知，农户实际生产中的限制因素对总产量差的贡献较大，超过高产高效栽培管理模式的限制因素的贡献。Ⅲ区黑龙江省第一、二积温带农户实际产量仅达到光温潜在产量的44%，水稻总产量差对光温潜在产量的限制为56%，其中第1级产量差的限制为22%，第2级产量差为34%。第2级产量差对光温潜在产量的限制程度最大，说明通过提高农户的栽培管理水平及市场经济手段的调控能够提高的水稻产量空间为34%。

Ⅳ区黑龙江省第三、四积温带1981~2017年水稻总产量差为6580kg/hm²，其中第1级产量差的贡献率为44%，第2级产量差的贡献率为56%，由此可知，农户实际生产中的限制因素对总产量差的贡献高于高产高效栽培管理模式的限制因素。Ⅳ区黑龙江省第三、四积温带农户实际产量仅达到光温潜在产量的49%，水稻总产量差对光温潜在产量的限制为51%，其中第1级产量差的限制为22%，第2级产量差为29%。第2级产量差对光温潜在产量的限制程度较大，说明通过提高农户的栽培管理水平及市场经济手段的调控能够提高的水稻产量空间为29%。

目前，华南地区各省审定的新品种多而杂乱，缺少主导品种，使得农民难以选择，限制了水稻单产提高。同时，栽培品种选择杂乱、栽培密度过低、栽培管理粗放、施肥量过高且施肥时期不适宜等栽培技术推广不到位也是制约华南稻区水稻单产提高的重要因素。分析全区域各站点早稻和晚稻1980~2016年品种、土壤及栽培措施的限制程度平均值的相对比例的结果表明，基准情景下全区域早稻产量为3603~6570kg/hm²，平均为5012kg/hm²。品种对早稻产量的限制程度平均为9.5%，变化范围为0.5%~33.6%。其中，全区域71%的站点品种限制程度为0%~7%；其余29%的站点品种限制程度高于20%，位于广西和广东北部。Ⅰ区品种对晚稻产量的限制程度（21.1%）明显大于Ⅱ区（0.7%）和Ⅲ区（2.3%）。基准情景下全区域晚稻产量平均为5053kg/hm²，全区域内产量空间差异较大，为3394~7380kg/hm²，若采用高产品种，全区域晚稻产量相对于基准情景产量可提高3.6%~16.6%。全区域91%的站点晚稻产量限制程度在5%~15%，平均为9.8%。广西水稻品种对产量的限制程度较大，均在10%以上；华南全区仅灵山的站点品种对产量的限制程度低于5%。从各区域看，Ⅱ区限制程度（28.6%）大于Ⅰ区（26.4%）和Ⅲ区（26.9%）。

从华南全区看，栽培管理措施对早稻和晚稻产量的限制程度最高，平均值分别为15.4%和13.9%，变化范围分别为4.1%~24.6%和4.8%~36.4%。其中全华南地区71%站点的早稻和76%站点的晚稻栽培管理措施的限制程度均在10%~20%。高值区均位于福建，早稻低值区位于广西和广东北部，晚稻低值区位于海南。从各区域看，栽培管理措施对Ⅲ区早稻产量的限制程度较高，为20.4%，高于Ⅰ区（17.8%）和Ⅱ区（12.1%）；栽培管理措施对各区域晚稻产量的限制程度的差异性较小，Ⅰ区、Ⅱ区和Ⅲ区的平均限制程度分别为14.5%、13.6%和13.2%。

土壤对华南地区早稻和晚稻产量的限制程度相对较低，替换为较优土壤后早稻和晚稻产量相对于基准情景的产量分别提升了8.0%和6.9%；早稻和晚稻各站点产量提升的空间范围分别为0%~22%和0%~30%。土壤对产量的限制程度与生育期内的施肥、灌溉以及降水有关，因此根据气候不同有所区别。全华南地区49%的站点土壤对早稻产量的限制程度为0%~5%，位于Ⅰ区福建、广东和广西北部。晚稻78%的站点土壤限制程度为0%~10%，同样分布于福建、广东和广西北部。从各区域看，早稻和晚稻土壤对产量的限制程度均为Ⅲ区>Ⅱ区>Ⅰ区。

由此可知，华南全地区栽培管理措施的限制程度高于品种，土壤的限制程度最低。其中，Ⅰ区早稻和Ⅲ区晚稻产量的主要限制因子为品种，Ⅱ区早稻产量的主要限制因子为栽培措施和土壤，其余地区早晚和晚稻产量的主要限制因子均为栽培管理措施。

二、小麦产量和效率层次差异的限制因子

水分对冬小麦产量影响的面积加权平均值为1497kg/hm²，占主产区冬小麦光温潜在产量平均值的19.8%，影响程度总体表现为由北到南逐渐减轻。其中，黄淮海冬麦区灌溉水对冬小麦产量的影响最大，面积加权平均值为1691kg/hm²，占该区域光温潜在产量的19.0%。其次为北部冬麦区，面积加权平均值为1616kg/hm²，占该区域光温潜在产量的17.1%。西南冬麦区降水对冬小麦产量影响的面积加权平均值为1184kg/hm²，占该区域光温潜在产量的16.4%。长江中下游冬麦区降水对冬小麦产量的影响最小，为946kg/hm²，占该区域光温潜在产量的18.6%。

土壤和氮肥对冬小麦产量影响的面积加权平均值为842kg/hm²，占主产区冬小麦光温潜在产量平均值的11.1%。土壤和氮肥对冬小麦产量的限制程度整体表现为由北到南逐渐减轻。其中，北部冬麦区冬小麦土壤和氮肥对冬小麦产量的影响最大，面积加权平均值为1271kg/hm²，占该区域光温潜在产量的14.9%。其次为黄淮海冬麦区，面积加权平均值为1000kg/hm²，占该区域光温潜在产量的10.2%。西南冬麦区和长江中下游冬麦区冬小麦土壤与氮肥的限制程度较低，面积加权平均值分别为433kg/hm²和371kg/hm²，分别占对应区域内光温潜在产量的6.0%和7.3%。

农业技术对冬小麦产量影响的面积加权平均值为2342kg/hm²，占主产区冬小麦光温潜在产量平均值的30.9%。其空间分布特征表现为：农业技术对冬小麦产量的限制在北部冬麦区西部、黄淮海冬麦区西部和西南冬麦区东部较大。其中，黄淮海冬麦区冬小麦农业技术对产量的影响最大，面积加权平均值为2771kg/hm²，占该区域光温潜在产量的28.1%。其次为西南冬麦区，面积加权平均值为2229kg/hm²，占该区域光温潜在产量的30.9%。北部冬麦区冬小麦农业技术对产量的影响较低，面积加权平均值为1871kg/hm²，占该区域光温潜在产量的22.0%。长江中下游冬麦区内农业技术对产量的限制程度最低，面积加权平均值为927kg/hm²，占该区域光温潜在产量的18.2%。

综合以上水分、土壤和氮肥及农业技术因素对我国冬小麦主产区内各冬麦区冬小麦产量影响的分析，结果如表2-3所示。就整个研究区域而言，3种影响因素中农业技术是影响冬小麦产量的主要因素，影响程度为光温潜在产量的0.7%~82.1%，平均为30.9%，其次为水分，影响程度为光温潜在产量的0.1%~90.3%，平均为19.8%，土壤和氮肥对冬小麦产量的影响程度最低，影响程度为光温潜在产量的0.1%~80.9%，平均为11.1%。

表2-3　不同因素对冬小麦产量影响的排序

冬小麦产区	因素排序		
	1	2	3
北部冬麦区	农业技术	水分	土壤和氮肥
黄淮海冬麦区	农业技术	水分	土壤和氮肥

续表

冬小麦产区	因素排序		
	1	2	3
长江中下游冬麦区	水分	农业技术	土壤和氮肥
西南冬麦区	农业技术	水分	土壤和氮肥
冬小麦主产区	农业技术	水分	土壤和氮肥

以冬小麦平均产量水平作为高产性评价指标，采用累积频率法对冬小麦实际产量的高产性进行等级划分，根据高产性分区指标得到我国冬小麦主产区内冬小麦实际产量的高产性分区，实际产量的最高产区主要分布在黄淮海冬麦区和北部冬麦区，高产区主要分布在黄淮海冬麦区和长江中下游冬麦区，次高产区和低产区主要分布在西南冬麦区。

分析比较冬小麦实际产量不同高产性分区内水分对冬小麦产量的影响，如图 2-10 所示。由图 2-10 可以看出，北部冬麦区、黄淮海冬麦区和长江中下游冬麦区不同高产性分区内水分对产量的影响差异性不大，占对应区域的光温潜在产量的比例均在 17.0%～22.0%。然而，西南冬麦区内不同高产性分区内水分对产量的影响差异性较大，影响程度分别为低产区＞次高产区＞最高产区＞高产区。

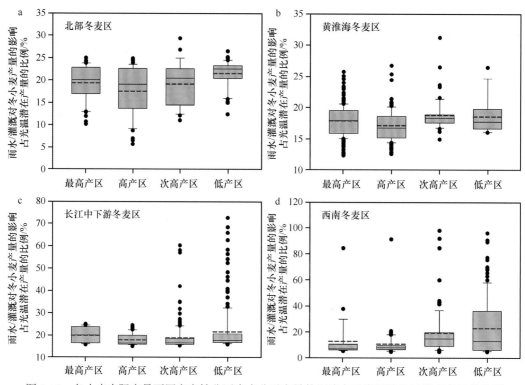

图 2-10　冬小麦实际产量不同高产性分区内水分对产量的影响占对应区域光温潜在产量的比例

分析比较冬小麦实际产量不同高产性分区内土壤和氮肥对冬小麦产量的影响，如图 2-11 所示。由图 2-11 可以看出，北部冬麦区和黄淮海冬麦区不同高产性分区内土壤和氮肥对产量影响的差异性不大，影响范围分别在 13.5%～16.8% 和 7.3%～11.9%。而长江中下游冬麦区和西南冬麦区不同高产性分区内土壤和氮肥对产量的影响差异性较大。长江中下游冬麦区不同高产性分区内土壤和氮肥对产量的影响程度由大到小分别为最高产区（10.6%）＞高产区（8.0%）＞次高产区（4.9%）＞低产区（3.2%）。而西南冬麦区不同高产性分区内土壤和氮肥对产量的影响程度由大到小分别为低产区（15.2%）＞次高产区（5.0%）＞高产区（2.6%）＞最高产区（0.7%）。

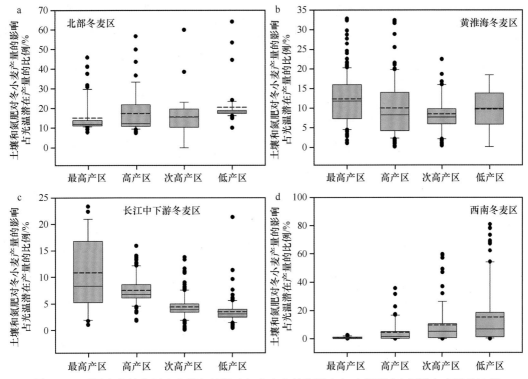

图 2-11　不同高产性分区内土壤和氮肥对冬小麦产量的影响占对应区域光温潜在产量的比例

　　分析比较冬小麦实际产量不同高产性分区内农业技术对冬小麦产量的影响，如图 2-12 所示。由图 2-12 可以看出，农业技术对产量的影响在各冬麦区不同高产性分区内呈现一致的规律，影响程度由低到高分别为最高产区＜高产区＜次高产区＜低产区。

　　综上所述，就不同高产性分区而言，3 种影响因素中依旧是农业技术的影响程度最大，水分次之，土壤和氮肥的影响程度最小。其中，农业技术对产量的影响程度随着最高产区、高产区、次高产区和低产区逐渐增强。水分以及土壤和氮肥对产量的影响程度在不同区域有所不同。

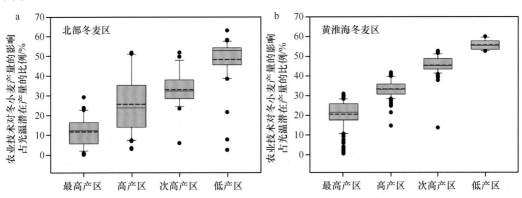

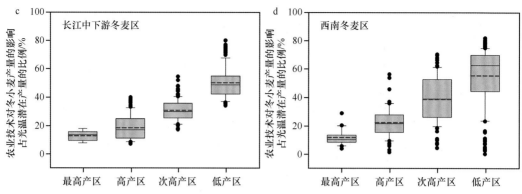

图 2-12 不同高产性分区内农业技术对冬小麦产量的影响占对应区域光温潜在产量的比例

三、玉米产量和效率层次差异的限制因子

综合自然降水、土壤条件、栽培技术对我国玉米产量的影响程度分析，以各地光温潜在产量为基准，确定不同因素对我国玉米产量的影响程度的空间分布及区域特征，如表 2-4 所示（Zhao et al.，2018）。

表 2-4 我国各区域不同因素对玉米产量的影响排序

区域	因素排序		
	1	2	3
东北	自然降水	栽培技术	土壤条件
华北	自然降水	土壤条件	栽培技术
西北	自然降水	栽培技术	土壤条件
西南	栽培技术	自然降水	土壤条件
华中	栽培技术	自然降水	土壤条件
华东	栽培技术	自然降水	土壤条件
华南	栽培技术	自然降水	土壤条件
全国	自然降水	栽培技术	土壤条件

在全国范围内，在北方地区和西南地区的云南南部，自然降水是影响玉米产量的主要因素，而南方地区及东北地区东南部玉米产量主要受到栽培技术的影响，土壤条件对玉米产量的影响在各区域均不明显，只在西南地区的四川北部，华东地区的山东东部、江苏北部和浙江南部，华中地区的江西中部，华南地区的海南东部等少数县域内对玉米产量的影响占主要地位。

就全国而言，自然降水对我国玉米产量的影响程度最高，平均达 45.76%；土壤条件对玉米产量的影响程度最小，平均为 9.23%；栽培技术对我国玉米产量的影响程度平均为 14.28%，且随着最高产区、高产区、次高产区和低产区对玉米产量的影响程度逐渐增加，在低产区内，栽培技术对玉米产量的影响超过了自然降水。

东北地区全区及各高产性分区内，不同因素对玉米产量的影响程度由大到小依次为自然降水＞栽培技术＞土壤条件；其中，自然降水对东北地区玉米产量的影响程度随着最高产区

（38.70%）、高产区（41.40%）、次高产区（48.59%）和低产区（51.11%）逐渐增加，而土壤条件的影响程度则随着最高产区（7.86%）、高产区（6.26%）、次高产区（4.53%）和低产区（2.63%）逐渐降低。

华北地区全区各因素对玉米产量的影响程度由大到小依次为自然降水（56.11%）＞土壤条件（11.43%）＞栽培技术（1.64%）；其中，在各高产性分区内，自然降水对玉米产量的影响均最大，最高产区、高产区、次高产区和低产区内自然降水的影响程度依次为51.58%、59.77%、59.27%和64.52%；在最高产区和高产区内，由于优越的灌溉条件，栽培技术对玉米产量无明显影响，而土壤条件对玉米产量的影响程度分别为13.82%和10.32%；在次高产区和低产区内，土壤条件对玉米产量的影响程度分别为8.65%和4.80%，栽培技术对产量的影响分别为7.31%和14.86%。

自然降水是西北地区玉米产量最主要的影响因素，全区自然降水对产量的影响程度达71.10%，在最高产区自然降水的影响达91.59%，在高产区、次高产区和低产区影响程度逐渐降低，依次为66.10%、59.64%和46.88%；土壤条件和农业技术对玉米产量的影响程度分别为8.20%和10.97%。

西南地区全区各因素对玉米产量的影响程度依次为栽培技术（36.13%）＞自然降水（17.65%）＞土壤条件（7.43%）；其中，自然降水和栽培技术对玉米产量的影响程度随着最高产区、高产区、次高产区与低产区逐渐增加，自然降水对玉米产量的影响程度依次为11.48%、12.73%、14.20%和31.61%，栽培技术对玉米产量的影响程度依次为23.81%、31.47%、39.82%和43.56%；土壤条件在各高产性分区内对玉米产量的影响程度均最低。

华中地区全区各因素对玉米产量的影响程度依次为栽培技术（34.75%）＞自然降水（12.70%）＞土壤条件（11.94%）；其中，在最高产区内各因素对玉米产量的影响程度由大到小依次为自然降水（13.48%）＞土壤条件（9.68%）＞栽培技术（7.49%）；在高产区、次高产区和低产区内，各因素对玉米产量的影响程度由大到小依次为栽培技术＞自然降水＞土壤条件。

华东地区全区各因素对玉米产量的影响程度依次为栽培技术（30.59%）＞自然降水（24.43%）＞土壤条件（13.62%）；其中，最高产区和次高产区内各因素对玉米产量的影响程度由大到小依次为栽培技术＞自然降水＞土壤条件；高产区内自然降水的影响程度最大，为31.70%，其次为栽培技术（23.83%）；低产区内各因素对玉米产量的影响程度由大到小依次为栽培技术（53.35%）＞土壤条件（18.18%）＞自然降水（8.79%）。

华南地区全区各因素对玉米产量的影响程度依次为栽培技术（63.08%）＞自然降水（6.77%）＞土壤条件（4.81%）；其中，在最高产区、高产区和次高产区内，各因素对玉米产量的影响程度依次为栽培技术＞土壤条件＞自然降水；在低产区内，各因素对玉米产量的影响程度依次为栽培技术（65.14%）＞自然降水（7.23%）＞土壤条件（4.31%）。

四、综合关键限制因子分析

（一）气象因素

在我国北方春玉米区、西北玉米区、西南玉米区与黄淮海玉米区安排多点联网试验，各试验点玉米种植密度为当地传统密度，种植品种为'郑单958''先玉335''农华101''登海11''中单909'等5个相同品种，保证充足的水肥供应，研究限制玉米产量差的气象因素。研究发现，所有试验点玉米产量的变化范围为3.2～19.7t/hm²，存在大的产量差。其变化受到气象因素的显著影响，主要受到温度（最高温、最低温、平均温和昼夜温差）与光辐射（日辐射及累积辐射）的影响；回归分析表明，昼夜温差与生育期内累积总辐射是影响产量、生物量及造成产量差存在的主要气象因素。如图 2-13 所示，4 个区域产量与昼夜温差呈现极显著的正相关关系，相关系数达到 0.9974；与生育期内累积光合有效辐射呈现极显著正相关关系，相关系数为 0.9785。干物质的量与昼夜温差、生育期内累积光合有效辐射呈现极显著正相关关系，相关系数分别为 0.9955、0.9765（图 2-13）。

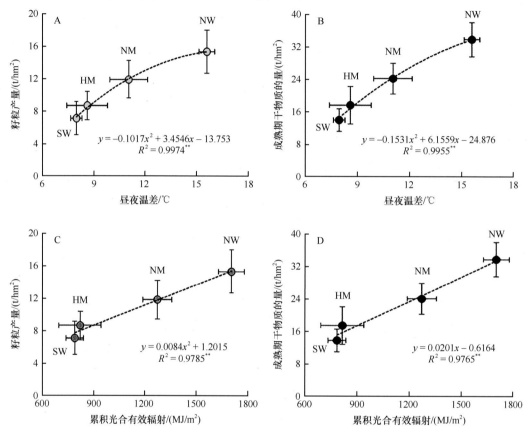

图 2-13　北方春玉米区（NM）、西北玉米区（NW）、西南玉米区（SW）与黄淮海玉米区（HM）产量、干物质的量与累积光合有效辐射和昼夜温差的相关关系

（二）基因型差异

由图 2-14 可知，2018 年新疆奇台农场高产田各品种的产量表现不同，产量最高的品种为'辽单 575'（22 390.5kg/hm²），产量最低的是'登海 1786'（14 299.5kg/hm²），两个品种的产量差为 8091.0kg/hm²。由此可见，不同基因型品种对产量的影响大。挖掘不同基因型品种的产量潜力，对于进一步突破作物产量、缩小产量差具有重要的意义。

基因型改良是玉米产量潜力突破的主要限制因子，选择具有合理群体结构的品种对于产量突破至关重要。随着产量潜力从 15.0t/hm² 增加到 22.5t/hm²，玉米的形态特征发生了很大的改变（图 2-15）。与 Y1 产量水平相比，Y2 株高和穗位分别降低 3.8%～7.7% 和 28.9%。但是 Y2 产量水平的品种穗上节间长增加 5.2%～12.6%。与 Y1 产量水平相比，Y2 产量水平的品种穗上叶片数增加 0.8～1.2 片。Y2 产量水平的品种穗上和穗下平均茎叶夹角分别降低 6.9°～9.5° 和 5.3°～7.2°，同时穗上和穗下平均叶向值分别增加 4.1～9.6 和 6.6～11.6。

Y2 产量水平的品种穗上部叶面积空间密度（SDLA）增加 8.3%～33.3%，穗下 SDLA 降低 45.5%～54.5%。Y2 产量水平的品种单株最大叶面积降低 5.9%～12.3%，穗上叶面积所占的比例增加 10.8%～13.2%，穗下叶面积所占的比例减少 10.8%～10.9%。说明 Y2 产量水平的品种虽然单株叶面积有所降低，但是其更多的叶面积分布在穗位以上，结合其穗上部较小的茎叶夹角，此类品种在高密度条件下可以更高效地利用光辐射，提高产量，缩小产量差。

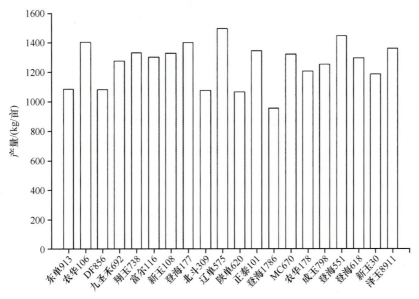

图 2-14　2018 年新疆奇台不同品种高产玉米产量

图 2-15　不同基因型品种的群体结构

左图、右图分别对应 15t/hm² （Y1）、22.5t/hm² （Y2）的产量水平特征值。

水平线代表穗位高，各性状后括号外数据为平均值、括号内数据为范围

（三）种植密度差异

种植密度是缩小光温产量潜力与高产纪录产量之间产量差的另一个重要限制因子，将不同密度条件下玉米籽粒产量（n=247）分为 4 个产量段：>21t/hm²（n=24，平均产量 21.7t/hm²），

18～21t/hm²（*n*=114，平均产量 19.5t/hm²），15～18t/hm²（*n*=79，平均产量 16.6t/hm²），＜15t/hm²（*n*=30，平均产量 13.4t/hm²）。这 4 个产量段相对应的平均穗数分别为 11.8 万穗/hm²、11.0 万穗/hm²、10.9 万穗/hm² 和 10.4 万穗/hm²，平均千粒重分别为 378.0g、355.9g、343.5g 和 319.0g，平均穗粒数分别为 523、541、530 与 523。穗数和千粒重从最低范围＜15t/hm² 到＞21t/hm² 分别从 10.4 万穗/hm² 增加到 11.8 万穗/hm²，从 319.0g 增加到 378.0g。相对于穗粒数与千粒重，穗数（密度）的增加是产量突破、产量差缩小的关键因子（图 2-16）。

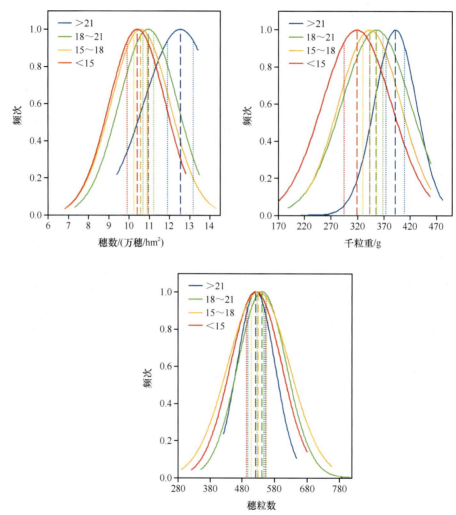

图 2-16　不同产量层次条件下穗数、千粒重与穗粒数的频次分布图

第三节　我国主要粮食作物丰产增效途径

一、小麦丰产增效途径

　　1981～2010 年各冬麦区品种更替和农艺管理措施改善对冬小麦产量提升的贡献比例如图 2-17 所示（Sun et al.，2018b）。由图 2-17 可以看出，1981～2010 年品种更替和农艺管理措施改善在冬小麦产量提升中发挥了重要作用，然而各因子贡献的比例在区域间有所差异。品种更替对冬小麦产量提升的贡献在区域间差异显著。其中长江中下游冬麦区产量提升比例最

大（52.72%，1548kg/hm²），显著高于其他冬麦区。其次分别为西南冬麦区和黄淮海冬麦区，提升比例分别为 24.72%（937kg/hm²）和 17.69%（1033kg/hm²）。北部冬麦区的提升比例最小（6.93%，411kg/hm²）。

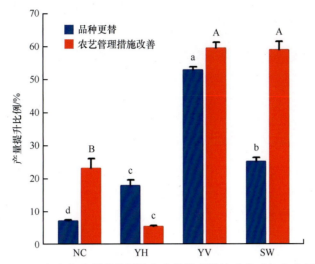

图 2-17　1981～2010 年各冬麦区品种更替和农艺管理措施改善对冬小麦产量提升的比例

NC，北部冬麦区；YH，黄淮海冬麦区；YV，长江中下游冬麦区；SW，西南冬麦区。下同

　　农艺管理措施改善对冬小麦产量提升的贡献要高于品种更替的贡献。其中，长江中下游冬麦区和西南冬麦区农艺管理措施改善对冬小麦产量的提升比例显著高于其他两个冬麦区，提升比例分别为 59.2%（2331kg/hm²）和 58.77%（1771kg/hm²）；对于北部冬麦区，由农艺管理措施改善带来的冬小麦产量的提升比例为 22.91%（1232kg/hm²）；黄淮海冬麦区冬小麦产量提升的比例最小，为 5.27%（357kg/hm²）。其中，仅黄淮海冬麦区表现为品种更替的提升比例高于农艺管理措施改善的提升比例。

　　气候智慧型管理对各冬麦区冬小麦产量的可提升空间如图 2-18 所示。由图 2-18 可以看出，通过气候智慧型管理，我国各冬麦区冬小麦产量仍有很大的提升空间，可以通过改善品种、优化播种密度及调整播期进一步提高冬小麦产量。与目前农艺管理水平相比，通过实施气候智慧型管理方案，可以使研究区域内冬小麦产量从 713kg/hm² 提升到 4527kg/hm²，其中西南冬麦区的提升比例最高，为 99%（4527kg/hm²），显著高于其他 3 个冬麦区；其次为北部冬麦区和黄淮海冬麦区，提升比例分别为 49%（2937kg/hm²）和 42%（2933kg/hm²）；长江中

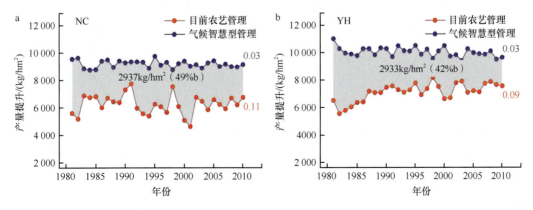

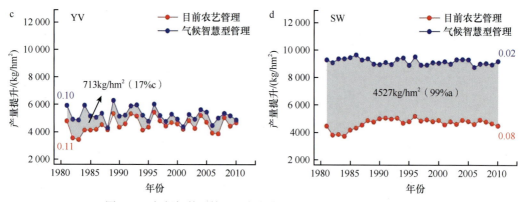

图 2-18 气候智慧型管理对各冬麦区冬小麦产量的可提升空间

下游冬麦区冬小麦产量提升比例最小，为 17%（713kg/hm²），显著低于其他 3 个冬麦区。同时，与目前农艺管理水平相比，通过实施气候智慧型管理方案，可以使北部冬麦区、黄淮海冬麦区、西南冬麦区和长江中下游冬麦区冬小麦产量的变异系数由 0.11、0.09、0.08、0.11 分别提升为 0.03、0.03、0.02、0.10。

二、玉米丰产增效途径

图 2-19 为优化水肥管理条件下我国玉米产量的空间分布特征。由图 2-19 可以看出，优化水肥管理条件下我国玉米产量平均为 8646kg/hm²，产量最高的区域主要位于东北地区黑龙江、吉林和辽宁中东部地区，华北地区的河北和山东东部，西北地区的甘肃大部、宁夏南部、内蒙古西部和新疆北部，西南地区的云南中部和东部；产量最低的区域主要位于华北地区的山西大部，华中地区的湖北大部、河南中部，以及华东地区的江西北部。其中，东北地区和华东地区优化水肥管理条件下全区的玉米产量较高，分别为 10 630kg/hm² 和 9206kg/hm²；西南地区和华中地区优化水肥管理条件下全区的玉米产量较低，分别为 6785kg/hm² 和 5960kg/hm²。

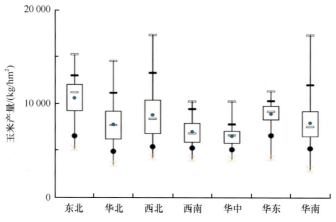

图 2-19 优化水肥管理条件下我国玉米产量的空间分布

比较不同区域优化水肥管理下的玉米产量与实际产量，得到优化水肥管理对实际产量的提升及其占光温潜在产量的比例，如图 2-20 所示。从图 2-20 可以看出，优化水肥管理下的玉米产量与实际产量相比，提升幅度最大区域位于东北地区的黑龙江北部、吉林东部，西北地区的甘肃省东部，西南地区的云南大部，华中地区的湖南省南部，华东地区和华南大部分地区。就全国平均而言，优化水肥管理可使实际产量提升 3777kg/hm²，主要分布在 2000～6000kg/hm²，该区间玉米种植面积占全国玉米总种植面积的 63.4%；优化水肥管理对实际产量的提升平均占光温潜在产量的 25.7%，主要分布在 15%～35%，该区间玉米种植面积占全国玉米总种植面积的 51.6%。

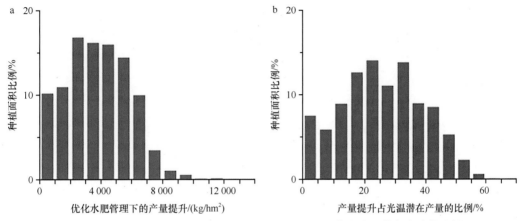

图 2-20　优化水肥管理对我国玉米实际产量的提升及其占光温潜在产量的比例

就各区域而言，东北地区优化水肥管理对玉米产量的提升幅度最大，为 4920kg/hm²，占光温潜在产量的 30.4%；由于华南地区玉米实际产量较低，优化水肥管理对玉米产量的提升占光温潜在产量的比例最高，为 47.4%；华中地区优化水肥管理对玉米产量的提升幅度最小，为 2418kg/hm²，占光温潜在产量的 27.7%；华北地区优化水肥管理对玉米产量的提升占光温潜在产量的比例最低，为 20.8%。

华北地区和西北地区由于实际生产中水肥投入水平较高，灌溉设施相对发达，优化水肥管理对全区的玉米产量的提升分别为 3258kg/hm² 和 3585kg/hm²，其占光温潜在产量的比例较低，分别为 20.8% 和 21.6%。

上述结果表明东北地区优化水肥管理对玉米产量的提升幅度最大，因此研究进一步解析了东北春玉米产量的提升途径（Liu et al.，2018）。由于东北地区 90% 以上的玉米生育期内无灌溉，而区域间降水量分布差异很大，因此本研究进一步分析了不同区域水分对玉米产量的限制并提出在有限的水资源条件下如何合理灌溉以提高玉米产量。研究结果表明：①东北地区春玉米雨养潜在产量全区平均为 9.5t/hm²，雨养潜在产量的高值区位于降水量较多（>490mm）的第 4、6、8、10 气候区。②水分限制的春玉米的产量差全区平均为 23%，由于降水量区域间差异较大，因此不同气候区产量差的变化范围为 5%～48%。在水分亏缺严重的气候区，即降水量低于 450mm 的气候区，水分对玉米产量的限制程度较高，为 14%～48%。③通过灌溉可以使得全区春玉米产量提升 2.8t/hm²，气候区间差异较大（0.5～6.6t/hm²），且水分亏缺较大的第 1、3、5、7、9 气候区产量提升幅度更大，因此在灌溉条件有限的条件下，可以优先选择第 1、3、5、7、9 气候区进行灌溉，可使得全区产量提升 2.4t/hm²（19%）（图 2-21）。

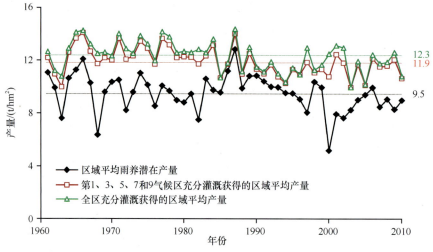

图 2-21　东北地区春玉米玉米潜在产量及因灌溉可以获得的产量提升

参 考 文 献

郭尔静, 杨晓光, 王晓煜, 等. 2017. 湖南省双季稻产量差时空分布特征. 中国农业科学, 50(2): 399-412.

刘志娟, 杨晓光, 吕硕, 等. 2017. 东北三省春玉米产量差时空分布特征. 中国农业科学, 50(9): 1606-1616.

刘志娟, 杨晓光, 吕硕, 等. 2018. 气候变化背景下东北三省春玉米产量潜力时空特征. 应用生态学报, 29(1): 1-10.

王晓煜, 杨晓光, 李涛, 等. 2018. 东北三省水稻干湿交替灌溉模式适宜性分区. 农业工程学报, 34(6): 111-120.

杨晓光, 刘志娟, 李少昆. 2021. 中国三大粮食作物潜在产量及气候资源利用图集. 北京: 科学出版社.

Liu Z J, Yang X G, Lin X M, et al. 2018. Climate zones determine where substantial increases of maize yields can be attained in northeast China. Climatic Change, 149: 473-487.

Sun S, Yang X G, Lin X M, et al. 2018a. Winter wheat yield gaps and patterns in China. Agronomy Journal, 110(1): 319-330.

Sun S, Yang X G, Lin X M, et al. 2018b. Climate-smart management can further improve winter wheat yield in China. Agricultural Systems, 162: 10-18.

Sun S, Yang X G, Lin X M, et al. 2019. Seasonal variability in potential and actual yields of winter wheat in China. Field Crops Research, 240: 1-11.

Wang X Y, Li T, Yang X G, et al. 2018. Rice yield potential, gaps and constraints during the past three decades in a climate-changing northeast China. Agricultural and Forest Meteorology, 259: 173-183.

Zhao J, Yang X G. 2018. Distribution of high-yield and high-yield-stability zones for maize yield potential in the main growing regions in China. Agricultural and Forest Meteorology, 248: 511-517.

Zhao J, Yang X G, Sun S. 2018. Constraints on maize yield and yield stability in the main cropping regions in China. European Journal of Agronomy, 99: 106-115.

第三章　水稻产量与效率层次差异形成机理

第一节　南方水稻产量与效率层次差异形成机理

一、南方水稻产量与效率层次差异定量解析

我国水稻种植区域广阔，南至海南岛，北至黑龙江省黑河地区。秦岭、淮河以南地区是我国水稻的主产区，包括四川、重庆、湖北、安徽、江苏、上海、浙江、江西、湖南、贵州、云南、广西、广东、福建和海南15个省份，其面积占我国水稻播种面积的80%以上。

南方水稻有单季稻、双季稻和再生稻之分。南方单季稻占全国单季稻播种面积的65%以上，长江流域是中国最大的单季稻生产区，包括长江上游稻区（云、贵、川、渝）、长江中游稻区（湘、鄂、赣、皖、豫）以及长江下游稻区（苏、浙、沪）；我国双季稻种植区域包括长江中下游双季稻区（湖南、江西、浙江等省份）和华南双季稻区（广东、广西、福建等省份）。

水稻的产量是品种、生态环境和栽培技术三者完美的结合。南方稻区地域广阔，气象与土壤环境存在显著差异，主栽品种和栽培技术也不相同，不同区域的水稻产量和效率存在显著区别。

（一）南方稻区单季稻产量与效率层次差异

为探明南方单季稻的产量和效率提升空间，2016～2019年，我们在长江上游的四川、长江中游的湖北和湖南、长江下游的浙江选择9个地点，以当地的主栽品种为材料，按当地的农户水平、高产高效水平和超高产种植水平进行生产管理，同时设置不施肥的对照（地力水平，ISP），收集近5年南方稻区单季稻的测产验收资料，比较了不同地域单季稻高产纪录（RH）、超高产水平（SH）、高产高效水平（HH）、农户水平（FP）、地力水平（ISP）两两间的产量层次差异，以及SH、HH、FP间的氮肥利用效率和辐射利用效率层次差异。

1. 产量层次差异

对南方稻区近5年单季稻的测产验收资料的分析表明，长江上游、中游和下游的高产纪录分别为15.71t/hm²、15.70t/hm²和16.09t/hm²，光温条件好的长江下游的产量纪录高于长江中游与上游。南方单季稻RH、SH、HH、FP、ISP之间的产量层次差异表现如图3-1所示。

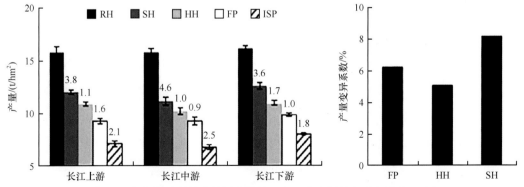

图3-1　南方单季稻的产量层次差异（左）和产量的年度间变化（右）

左图中的数据表示层次间产量差。ISP：地力水平；FP：农户水平；HH：高产高效水平；

SH：超高产水平；RH：高产纪录。下同

高产纪录（RH）与超高产水平（SH）的产量差在长江上、中、下游分别为3.8t/hm²、4.6t/hm²、3.6t/hm²，超高产水平分别实现了高产纪录的76.1%、70.7%、77.9%，层次差异表现为长江中游＞长江上游和下游。

超高产水平（SH）与高产高效水平（HH）间存在1.0～1.7t/hm²的产量差，HH实现了SH水平的86.5%～90.6%，区域间两水平的差异表现为长江下游＞长江上游和中游。

高产高效水平（HH）与农户水平（FP）间存在0.9～1.6t/hm²的产量差，长江中游和下游的稻农种植水平较高，农户水平的产量只比HH低0.9～1.0t/hm²，可以达到HH的90%左右，产量差小于长江上游HH-FP产量差的1.6t/hm²；长江上游FP产量为HH的85%。

农户水平（FP）的产量比地力水平（ISP）的产量高1.8～2.5t/hm²，且表现为地力水平越高的地点产量差越小。南方单季稻的地力水平很高，在不施肥情况下，9个试验点的产量为6.7～8.0t/hm²，ISP的产量为长江下游＞上游和中游，FP-ISP产量差为长江上游和中游＞长江下游。

进一步比较不同层次产量的年度变化。由图3-1可知，产量年度间的变异系数为SH＞FP＞HH，即高产高效栽培的产量稳定性较好，而超高产栽培年度间产量变幅较大，即超高产栽培易受气象因素的影响。

2. 氮肥利用效率和辐射利用效率层次差异

南方单季稻氮肥利用效率和辐射利用效率为超高产水平（SH）＞高产高效水平（HH）＞农户水平（FP）。比较SH-HH、HH-FP氮肥农学利用率的层次差异（图3-2左图）发现：①长江中游稻区SH和HH水平的氮肥农学利用率相近，而长江上游和下游的SH的氮肥农学利用率比HH高4.1～5.0kg/kg N，即SH-HH的氮肥农学利用率差异为长江上、下游＞长江中游；②长江上游HH氮肥农学利用率比FP高8.8kg/kg N，远高于长江中、下游HH-FP的氮肥利用层次差5.1～5.8kg/kg N。在辐射利用效率的层次差异上，超高产水平（SH）与高产高效水平（HH）的差异在长江上游高达0.25g/MJ，显著高于长江中游和下游的0.06～0.09g/MJ；高产高效水平（HH）与农户水平（FP）的层次差异则表现为长江下游＞长江上游＞长江中游（图3-2右图）。

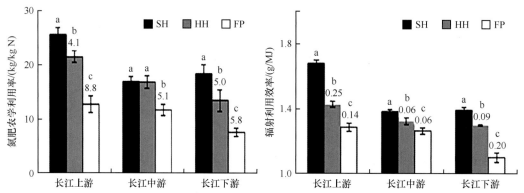

图3-2　南方单季稻的氮肥农学利用率（左）和辐射利用效率（右）层次差异

左图柱上数据表示层次间氮肥农学利用率差；右图柱上数据表示层次间辐射利用效率差。

同一区域图柱上不同小写字母表示处理间差异显著（$P<0.05$）。图3-4同

（二）南方稻区双季稻产量与效率层次差异

为探明双季稻的产量和效率提升空间，2016～2019年，我们在长江中下游双季稻区的江

西、浙江，华南双季稻区的广东、广西选择 6 个地点，以当地的主栽品种为材料，按当地的农户水平（FP）、高产高效水平（HH）和超高产水平（SH）进行生产管理，同时设置不施肥的对照（地力水平，ISP），收集近 5 年双季稻的测产验收资料，比较了不同地域双季早晚稻高产纪录（RH）、超高产水平（SH）、高产高效水平（HH）、农户水平（FP）、地力水平（ISP）两两间的产量层次差异，以及 SH、HH、FP 间的氮肥利用效率和辐射利用效率层次差异。

1. 产量层次差异

对南方稻区近 5 年双季稻的测产验收资料的分析表明，华南双季稻区早晚稻的高产纪录高于长江中下游双季稻区，长江中下游分别为 9.43t/hm^2 和 10.71t/hm^2，华南双季稻区分别为 12.47t/hm^2 和 11.63t/hm^2。双季稻产量的层次差异如图 3-3 所示。

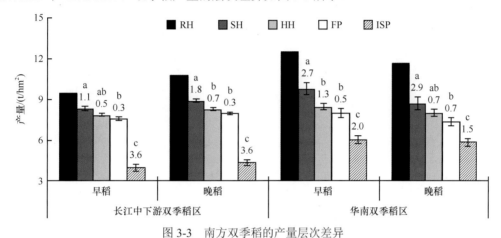

图 3-3　南方双季稻的产量层次差异

图柱上的数据表示层次间产量差。同一区域同一水稻类型图柱上不含有相同小写字母的
表示不同产量水平之间差异显著（$P < 0.05$）。下同

（1）高产纪录（RH）与超高产水平（SH）层次差异

华南双季稻区 SH 与 RH 的产量差为 2.7～2.9t/hm^2，显著高于长江中下游的 1.1～1.8t/hm^2。早稻、晚稻超高产栽培在华南稻区分别实现了高产纪录的 78.2%、74.7%，在长江中下游分别实现了高产纪录的 88.3%、83.1%。

（2）超高产水平（SH）与高产高效水平（HH）层次差异

双季早稻和晚稻 SH 与 HH 的产量差为 0.5～1.3t/hm^2，其中长江中下游的双季早稻和华南稻区的双季晚稻在 SH 与 HH 水平间产量无显著差异。区域间产量层次差异表现为华南双季早稻＞长江中下游双季晚稻＞华南双季晚稻＞长江中下游双季早稻。

（3）高产高效水平（HH）与农户水平（FP）层次差异

双季稻区特别是长江中下游双季稻区农户的种植水平较高，HH 和 FP 间产量无显著差异；华南双季稻区 HH 与 FP 的产量差为 0.5～0.7t/hm^2，层次间产量差异为晚稻＞早稻。

（4）农户水平（FP）与地力水平（ISP）层次差异

长江中下游双季稻区 FP 与 ISP 的产量差为 3.6/hm^2，ISP 的产量是 FP 的 52.4%～54.0%；华南双季稻区 FP 与 ISP 的产量差为 1.5～2.0t/hm^2，ISP 的产量是 FP 产量的 75.4%～79.3%。

2. 氮肥利用效率和辐射利用效率层次差异

对长江中下游双季稻和华南双季稻氮肥利用效率的分析结果（图3-4）表明，长江中下游双季稻区的早晚稻氮肥利用效率为高产高效水平（HH）≥超高产水平（SH）≥农户水平（FP），早晚稻 HH 的氮肥利用效率比 SH 高 1.0～2.1kg/kg N，HH 比 FP 高 4.5～5.5kg/kg N；华南双季早晚稻的氮肥利用效率为超高产水平（SH）≥高产高效水平（HH）≥农户水平（FP），SH 的氮肥利用效率比 HH 高 1.1～2.0kg/kg N，HH 比 FP 高 6.9～8.0kg/kg N。比较不同区域双季稻氮肥利用效率的层次差异，SH 与 HH 的差异在区域间相近，HH 与 FP 的差异为华南大于长江中下游，即华南双季稻区氮肥农学利用率的提升空间相对较大。

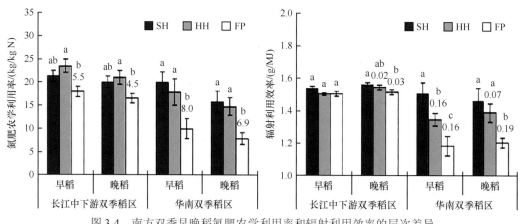

图3-4　南方双季早晚稻氮肥农学利用率和辐射利用效率的层次差异

对辐射利用效率的分析结果（图3-4）表明，长江中下游双季早稻超高产水平（SH）、高产高效水平（HH）、农户水平（FP）的辐射利用效率相近，无显著差异；双季晚稻的辐射利用效率为 SH 显著高于 FP，但 SH 与 HH、HH 与 FP 的差异也不明显。华南双季早晚稻的辐射利用效率为 SH＞HH＞FP，SH 与 HH 存在 0.07～0.16g/MJ 的层次差异，HH 与 FP 存在 0.16～0.19g/MJ 的层次差异。不同区域双季稻辐射利用效率的比较表明，华南双季稻区辐射利用效率的提升空间大于长江中下游稻区。

二、南方水稻产量与效率层次差异主控因子/限制因子

（一）长江上游中稻和再生稻

长江上游稻区因气候条件、品种、土壤及栽培管理措施的限制，水稻产量与效率层次差异很大。2016～2017年，我们在四川的绵竹、中江、富顺等长江上游一季中稻/中稻+再生稻种植区域对农户进行水稻生产调研，首先是访谈式调研360户农户，然后根据访谈式调查的结果，选择170户农户，开展参与式调查；在对农户调研的同时，选择了30位专家进行参与式调查。对农户和专家调研的结果表明，长江上游水稻产量及效率层次差异形成的主控因子/限制因子包括以下几个方面。

1. 阴雨寡照

四川盆地中稻生长中后期经常出现阴雨寡照，主要特征为连续阴雨、无日照或日照偏少、气温偏低等；连阴雨寡照天气对不同种植方式水稻的危害程度存在区域差异。中稻开花期，连阴雨寡照天气导致花药破裂，颖花退化增加，影响水稻正常授粉，从而形成大量空瘪粒，

大幅降低结实率，最终导致产量大幅降低；开花期以后，阴雨寡照天气导致水稻生长过程中光照获取不足，植株生物量低，籽粒灌浆不充分，谷粒充实度变差，瘪粒比例增加，产量下降明显。

2. 品种繁杂、抗倒伏能力弱

虽然从 20 世纪 60 年代以来，水稻产量随着水稻品种更新和栽培措施的改进不断提升，但在实际生产中，普通农户种植规模小、种植品种杂乱，平均稻谷产量比当地种粮大户低 3.5% 以上（表 3-1）。在水稻分蘖早生快发构建中前期水稻群体大，能有效提高地上部生物量和光能利用效率，选择高产的大穗、穗粒兼顾型品种是水稻产量持续增加的关键。此外，四川盆地水稻结实阶段强降雨、大风天气较多，水稻高产通常伴随较高的倒伏风险。据统计，水稻结实期倒伏通常减产 20% 左右，严重地会减产更多，如果是开花初期发生严重倒伏会导致颗粒无收。因此，水稻高产/超高产栽培需要选择抗倒伏能力较强的品种。

表 3-1 长江上游水稻种植规模及产量调研情况（2014～2016 年）

类别	农户类型	地点	种植规模				平均产量/(t/hm²)	种植品种数量/个
			大	中	小	平均面积/(亩/户)		
中稻	普通农户	绵竹	0	10	82	3.12	8.1	28
		中江	1	7	93	2.73	8.4	13
		平均	0.5	8.5	87.5	2.93	8.2	21
	种粮大户	绵竹	8	9	1	579.92	8.6	10
		中江	12	5	3	603.75	8.4	8
		平均	10.0	7.0	2.0	591.84	8.5	9
中稻+再生稻	普通农户	富顺	0	25	158	3.47	10.8	18

注：种植规模的标准如下：（大）散户≥20 亩/户，（大）大户≥500 亩/户；（中）散户 5～20 亩/户，（中）大户 100～500 亩/户；（小）散户≤5 亩/户，（小）大户≤100 亩/户。1 亩≈666.7m²，后文同

3. 茬口衔接紧张

长江上游稻区小麦（油菜）茬稻田普遍存在茬口衔接紧张的问题，导致常出现栽插超龄秧的情况，部分地区人工移栽秧龄甚至超过 55d。秧龄过长导致秧苗素质变差，后期分蘖成穗主要依靠高位蘖和二次分蘖。超龄秧移栽至大田后返青慢，分蘖发生更慢，有效分蘖时间更短，前期群体生物量小，光能捕获率低。随着水稻规模化种植进程不断加快，种粮大户周年种植茬口衔接更加紧张，水稻播栽期相较于普通农户的适宜播栽期平均推迟 7d 以上，部分地区因灌溉条件有限甚至推迟 15d 以上（表 3-2）。播栽期推迟导致水稻生长期内可供利用的光热资源减少，生育中后期阴雨寡照气候更是进一步限制了迟播、迟栽稻田的水稻产量。

表 3-2 长江上游普通农户和种粮大户水稻播栽差异

类别	农户类型	地点	采用不同种植方式的户数			移栽密度/(万株/亩)	关键生育时期（月/日）		
			育秧手栽	机插	直播		播期	抽穗期	成熟期
中稻	普通农户	绵竹	92	0	0	1.12	3/23～4/5	7/20～8/6	8/20～9/17
		中江	100	0	0	0.95	4/2～4/20	7/15～8/10	9/4～9/30
	种粮大户	绵竹	4	15	5	1.18	3/25～4/20	7/10～8/20	9/1～10/15
		中江	5	13	4	1.15	4/5～4/25	7/20～8/13	9/4～10/5
中稻+再生稻	普通农户	富顺	183			0.86	2/22～3/15	6/14～7/16	7/29～8/28

4. 机械化程度低，种植密度不足

普通农户由于种稻面积小、机械化投入低、机械化作业率低，水稻栽插密度为 0.86 万～1.12 万株/亩，远低于机械化程度高的种粮大户的种植密度（>1.15 万株/亩）。在四川盆地中稻+再生稻种植区域，虽然近年来随着适应于深泥脚田的小型收割机的推广应用，中稻机械化收割得到快速发展，但收割过程中稻桩被碾压严重，收割高度参差不齐，蓄留再生稻成为难题。

5. 肥料施用方法不当

中稻种植区肥料施用方法不当主要表现在肥料以化肥为主且施肥次数明显减少。农村劳动力缺乏，种粮大户为节约用工，在中稻种植过程中肥料以基施为主，后期追施 1 次分蘖肥的不到 50%，同时追施分蘖肥和穗肥的不到 30%（表 3-3）。肥料施用方法不当容易导致稻田肥料损失率大幅增加，肥料利用效率大幅下降，产量提升也不明显。此外，部分周年轮作稻田由于缺乏休耕、培植绿肥、保质保量施用有机肥料及过度施用化肥而出现"亚健康"，存在过度压榨利用的风险。

表 3-3　水稻生产的施肥管理

类别	农户类型	地点	平均施肥次数	第一次追肥/户	第二次追肥/户	再生季施肥/户	施氮/(kg/hm²)	施磷/(kg/hm²)	施钾/(kg/hm²)
中稻	普通农户	绵竹	1.92	67	8	0	170.3	55.7	38.6
		中江	1.54	49	3	0	191.0	69.9	48.9
		平均	1.73	58	5.5	0	180.6	62.8	43.8
	种粮大户	绵竹	2.22	17	5	0	196.8	57.3	41.1
		中江	2.12	15	3	0	172.7	63.5	46.8
		平均	2.17	16	4	0	184.7	60.5	44.0
中稻+再生稻	普通农户	富顺	2.87	173	118	39	221.6	32.7	49.1

四川盆地中稻+再生稻种植区肥料施用方法不当主要表现在头季稻和再生稻光热资源与化肥施用不协调。该区域再生稻生育期的积温通常需要在 1600℃·d 以上，日照时数要求超过 250h，水稻生产时需要考虑头季稻适期高产收获和再生稻安全齐穗高产。这些地区水稻生产中将肥料主要用于攻取中稻高产，而忽视了促芽肥和促苗肥的施用，导致再生芽不足，发芽后生长缓慢，群体小，产量低。

（二）长江中下游单季稻

2016～2017 年以核心基地湖北省荆州太湖农场、湖北省随州均川镇和湖南省长沙县路口镇 3 个定位试验点为圆心，对湖北和湖南 2 省 7 个县（市）18 个乡（镇）40 个村的 344 户农户，采用一对一面谈的方式进行水稻生产调研。

调研结果表明：在水稻产量限制因素中，气候因素影响显著，其次是栽培措施中的播种量和施肥方式；影响生产效率的主要限制因素是市场因素，其中稻谷价格低、农药价格高、化肥价格高等因素的影响较大（图 3-5，图 3-6）。在生产上扩大种植规模，合理选择品种、栽培密度和施肥方式，推广轻简化的种植方式能够做到节本增效。

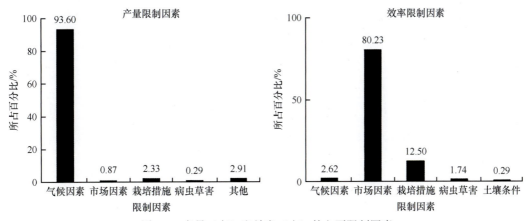

图 3-5 产量（左）和效率（右）的主要限制因素

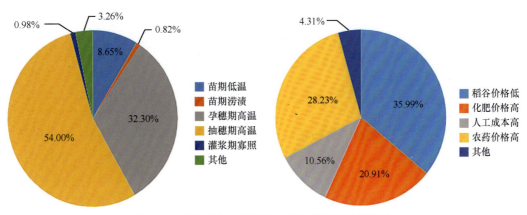

图 3-6 产量（左）和效率（右）的具体限制因子

1. 氮肥和密度管理不合理

在调研的 3 个区域，近 3 年农户平均产量在 7974.0kg/hm²，氮肥施用量在 165.0～192.0kg/hm²，大多数农户仍然沿用传统的栽培技术，栽培方法和手段也鲜有革新（表 3-4），在施肥策略上不能根据品种类型差异采取不同的施肥方法。我们对密度和氮肥的联合试验结果表明，大穗型的杂交稻在高密度下杂种优势受限，不能发挥超高产的潜力，但多穗型的常规稻很好地发挥了穗数和穗粒数优势而获得高产；在增密减氮条件下，常规稻的产量可以与杂交稻相近甚至更高，常规稻品种比杂交稻品种更适应增密减氮栽培。

表 3-4 调研地区施肥和追肥情况

调研地区	不追肥比例/%	追肥 1 次比例/%	追肥 2 次比例/%	氮肥用量/(kg/hm²)	磷肥用量/(kg/hm²)	产量/(kg/hm²)
荆州	0.0	53.5	46.5	171.0	90.0	7642.5
随州	12.4	79.0	8.6	192.0	72.0	8341.5
长沙	17.0	67.9	15.1	165.0	93.0	7939.5

2. 品种杂乱，栽培技术不配套

长江中游单季稻区品种杂而乱的现象很严重，在撒直播种植方式中，共有品种 46 个，其中'黄华占''Y 两优 1998''Y 两优 900'的比例较高，分别占该种植方式的 23.6%、11.9%、

8.7%。抛秧种植方式中共有品种 41 个，比例较高的品种为'晶两优华占''Y 两优 1998''C 两优华占'，手插秧种植方式中共有品种 48 个，其中'丰两优香一号''黄华占''C 两优华占'的比例较高（表 3-5）。

表 3-5　调研地区不同种植方式下的品种信息

种植方式	品种数目/个	排名 1		排名 2		排名 3		排名 4	
		品种名称	比例 %	品种名称	比例 %	品种名称	比例 %	品种名称	比例 %
机插秧	38	丰两优香一号	12.6	Y 两优 916	10.8	培两优 986	6.7	内 2 优 6 号	4.7
撒直播	46	黄华占	23.6	Y 两优 1998	11.9	Y 两优 900	8.7	两优 1528	3.1
机直播	11	Y 两优 900	50.0	鄂中 4 号	25.0	Y 两优 1998	25.0		
抛秧	41	晶两优华占	16.7	Y 两优 1998	14.4	C 两优华占	12.2	黄华占	4.4
手插秧	48	丰两优香一号	12.5	黄华占	11.1	C 两优华占	8.3	中谷优 1361	3.9

注："比例"是指选用该品种的农户数占该种植方式农户总数的比例，下同

品种的繁杂使配套的栽培技术得不到推广和使用，农户也未能选用本地最适宜的品种，再加上各村组之间品种各不相同，给技术指导也带来困难，使高产技术难以到位。

3. 抽穗期高温热害发生频繁

近年来，长江流域中稻抽穗期热害发生频繁，并有加剧的趋势。93.6% 的受调研农户认为气候是产量的第一影响因素，54.0% 的受调研农户认为抽穗期高温是主要的产量限制因子，孕穗期高温次之（图 3-6）。近 5 年间水稻生产受高温而减产的年份有 2016 年和 2018 年，特别是 2018 年 7 月 14 日至 8 月 22 日连续遭遇 35d 的高温天气（日平均气温 $T_{ave} \geq 30℃$），仅有 3d 间断期，而主要受害品种的抽穗期集中在 8 月 6～13 日，部分近年推广的新型杂交组合受害较严重。

4. 种植规模偏小，机械化程度低

从种植规模看，长江中游以小户为单位的家庭承包种植为主，种植水稻的面积普遍偏小，土地集中流转的局面还未形成，集约化和机械化的程度很低（图 3-7）。种植面积≤5 亩的比例最高，达到 47.09%；5～10 亩规模的比例为 27.33%；种植面积为 10～25 亩规模的比例为 18.60%；种植面积 >25 亩规模的仅占 6.98%。从受调研农户的种植方式来看，以撒直播的种植方式为主，占调研总数的 46.80%；其次为抛秧和手插秧，比例各占 26.16% 和 20.93%；另

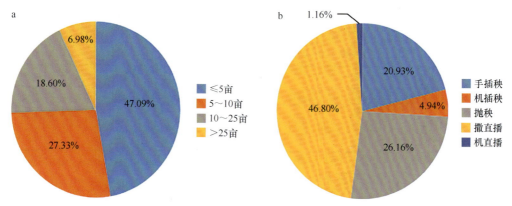

图 3-7　农户水稻的种植规模（a）和种植方式（b）

外机插秧所占比例为 4.94%，而机直播仅占 1.16%。中稻以直播方式为主，机械化的种植水平还很低。

（三）长江中下游双季稻

长江中下游双季稻区主要包括湖南、江西和湖北、安徽、浙江的部分地区。近年来，随着双季稻高产品种选育、土壤培肥以及高产栽培、抗逆境栽培、机械化轻简化等栽培技术的不断创新与应用，双季稻产量获得了大幅度提升，但由于不同地区的光、热、水资源分配不均，早晚稻品种搭配不够合理、优质高产栽培技术不配套、管理粗放以及市场等因素的影响，不同地区和田块的双季稻产量与效率存在着较大的差异。例如，2019 年湖南粮丰项目示范区创下了双季稻平均亩产 1365kg 的新高，江西省东乡区创下了晚稻（粳稻）亩产 834.5kg 的超高产纪录，而区域双季稻早稻、晚稻平均亩产却在 400kg 左右。

为明确区域双季稻产量与效率层次差异的主控因子及优先序，2016 年 12 月至 2017 年 2 月在江西双季稻平原区、丘陵区、鄱阳湖区的临川区、吉安县、都昌县 3 个县（区）9 个乡（镇）30 多个村开展了农户和专家参与式的水稻生产情况及产量与效率制约因子的调研与评估。农户调研采取面对面的问卷调查，专家调研涉及江西农业大学、江西省农业科学院、江西省农业厅等部门的专家和县市区的基层农技人员共 40 余人，专业领域涉及作物栽培、作物育种、植物保护、土壤肥料和农业技术推广等。从问卷调查和专家研讨评估的结果来看，在长江中下游双季稻产量和效率的主要限制因子是种植密度偏低、品种选择不当、施肥方法不当、氮肥施用过量、营养生长期水分管理不当。

1. 双季稻品种选择与搭配

品种是影响双季稻产量差与效率差的主控因子之一，当前双季稻品种存在多、乱、杂的现象，市场销售品种虽多，但高产、优质、多抗、生育期适中的品种少，种子质量不高，同时由于直播稻发展较快、用种量大而杂交种子价格较高等，近年来具有高产潜力的杂交品种种植比例呈下降趋势。部分地区还因品种选择不当造成早稻播种期过早、秧龄过长或苗期受低温冷害，因双季晚稻品种生育期过长及播种期偏迟造成双季晚稻不能安全齐穗，严重影响了双季稻的产量与效益。此外，早稻、晚稻的品种搭配也是影响双季稻产量差与效率差的重要因素。

2. 土壤肥力

土壤为水稻生长提供重要的物质基础，长江中下游地区土壤肥力不均、养分极其不平衡，土壤肥力是长江中下游双季稻产量与效率提升的重要限制因子。

长江中下游地区中低产田面积较大，主要作物产量的地力贡献率为 52%，比欧美低 20 个百分点。近几十年大量化肥的投入和对中低产田的治理，在提高水稻产量的同时，也产生了新的土壤障碍因素，如土壤酸化、养分失调、耕层变浅、土壤结构破坏、土壤微生物群落结构趋向单一、土壤酶活性变差等（表 3-6）。我们在 2017～2019 年开展的定位试验表明，双季稻产量与土壤中速效氮含量、有机质含量及 pH 呈显著正相关，与土壤容重呈极显著负相关。江西省稻作的平原区、丘陵区及湖区的高、低肥力田块间的双季稻周年产量差分别达 182.5kg/亩、208.7kg/亩、180.0kg/亩，单位面积有效穗数、穗粒数与中、低肥力田块差异显著（图 3-8）。土壤对双季稻产量与效率的作用机制主要表现为高肥力田块水稻移栽后早发促分蘖、成穗率高、根系发达、后期绿叶面积大、光合速率高、干物质积累量大，低肥力田块有效穗数及穗粒数则偏低、后期易早衰、绿叶面积小。

表 3-6 影响江西红黄壤稻田水稻产量的土壤因子及现状

序号	因素	状态（参考 GB/T 28407—2012《农用地质量分等规程》）
1	养分失衡	土壤养分极其不平衡：①有机质含量区域差别较大，赣北、赣中和赣南有机质含量大于 30g/kg（2 级以上水平）的分别占 56.76%、47.81% 和 40.45%；②碱解氮、有效磷相对丰富，有效钾缺乏（低于 100mg/kg 样点占 69.8%）；③部分中微量元素缺乏，50% 以上样点缺锌，普遍缺硼（有效硼含量低于 0.5% 样点超过 97%）、硅（有效硅含量低于 100mg/kg 的比例近 90%）
2	土壤酸化	赣南、赣中土壤酸化严重（pH 低于 5.5 的比例为 76.15%），目前土壤酸化的主要原因为偏施化肥、酸沉降等
3	物理、生物性状	耕层变浅，养分库容下降，土壤微生物群落结构趋向单一

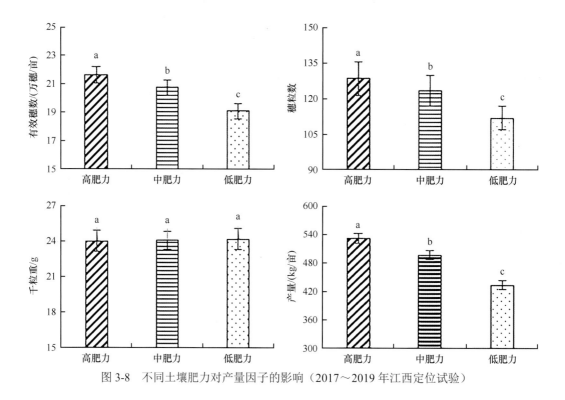

图 3-8 不同土壤肥力对产量因子的影响（2017～2019 年江西定位试验）

3. 肥水管理

合理的肥水管理可以协同促进水稻对养分、水分的有效吸收和利用，提高水稻产量和品质。当前劳动力成本高、种粮效益不高，农民在水稻生产上水肥管理较粗放、技术不到位，是导致目前农户水稻产量、效率与产量潜力之间存在较大差异的重要因素。施肥不合理主要包括施肥过量或不足、偏施化肥、养分不平衡、施肥时期不合理、施肥方法不恰当等，容易造成肥料利用效率下降、水稻倒伏或早衰、病虫害加重、高空秕率等问题。在水分管理方面，农民生产上则以长期淹灌、浅水灌溉为主，基本不进行烤（搁）田，造成水分利用效率低、无效分蘖过多、成穗率低、有效穗不足、穗粒少。科学合理的肥水管理是提高双季稻产量与品质和资源利用效率的重要栽培管理措施。江西粮丰项目示范区采用肥水优化调控、"三控"结合综合控蘖的"三高一保"栽培技术，试验田水稻结实率提高 2～5 个百分点，籽粒充实度增加 1～2 个百分点，增产 12.22%，示范区"三高一保"栽培技术较农民常规栽培技术增产 10% 以上。

4. 气候因子

长江中下游地区年均温 14～18℃，无霜期 210～270d，>10℃积温达 4500～6500℃·d，年降水量 800～1400mm，但由于受季风气候影响，季风强弱的年际变化造成气候的年际变化较大，旱涝灾害、低温热害也较为严重。早稻前期易遭低温冷害，容易造成烂种烂芽、直播缺苗；后期易遇高温热害（开花期或花后高温）。研究表明高温热害明显降低了水稻生理生化活性、光合性能和抗逆性，影响产量。长江中下游地区在晚稻灌浆成熟期经常有寒露风天气，严重影响晚稻的安全成熟，特别是部分地区种植双季稻，光、热资源偏紧，种植茬口回旋余地小，晚稻遭遇寒露风的风险也比较大，因此实现早稻、晚稻两季高产难度大。长江中下游双季稻区雨量充沛，但降雨分布不均，部分地区不同年际间受干旱、洪涝等灾害影响，直接影响双季稻产量与效率。因而受自然气候条件和极端气象因素影响，不同年际、不同地区、不同产量水平间层次差异较大。

5. 其他栽培管理措施

长江中下游地区双季稻产量与效率差不但受品种、土壤、气候、施肥等限制因子的影响，而且受耕作栽培方式、栽培密度、病虫草害等因素的影响。合理的种植密度是水稻获得优质高产的重要前提，合理密植能协调水稻单株和群体结构的发展，改善田间的温光条件，增加单位面积有效穗数，进而提高水稻产量，栽插密度应根据品种类型、地理条件、土壤肥力和种植形式等综合考虑。当前机插、抛秧方式下，农民受到秧苗质量和劳动力成本等因素影响，种植密度普遍偏低，直接影响单位面积有效穗数和产量。研究表明，一定条件下增加种植密度有利于水稻增产和减少氮肥施用量、提高氮肥利用效率。不同栽培方式对双季稻产量与效率也有一定影响，研究表明，宽窄行、有序栽培较无序栽培有利于建立优势群体结构，提高叶片光合速率和叶面积系数，减少病虫危害，增加作物产量和提高光温肥水资源利用效率。

综上，形成了提升长江中下游双季稻产量与效率的方法（表 3-7）。

表 3-7　水稻产量限制因子排序及解决的方法

排序	影响因子	对产量的影响比例/%	解决的可能性/%	解决的方法
1	品种选择不当	5～10	60～80	根据种植方式和土壤肥力选择优质高产高抗品种，做好早晚稻品种搭配
2	施肥方法和时期不当	5～10	50～75	优化施肥方式，测土配方、科学施肥
3	土壤不肥沃	5～10	10～20	冬种绿肥，增施有机肥，水旱轮作
4	种植密度过稀	3～5	80～90	根据品种特性、土壤肥力合理密植
5	病虫害	5～10	30～50	加强病虫测报和防治、推行统防统治、科学施药
6	苗期低温（早稻）	5～10	0～20	增强生理机能
7	灌浆期光照不足（晚稻）	3～5	0～20	选择高光效品种、早晚稻品种合理搭配、合理安排播栽期
8	秧苗素质不高	3～5	50～75	采取基质育秧、加强管理、培育标准化壮秧
9	稻谷价格低	5～8	30～50	加强稻谷补贴，提高稻谷价格
10	劳动力成本高	3～5	0～20	应用推广轻简化栽培技术、提高机械化水平
11	孕穗抽穗期高温	3～5	0～20	做好早晚稻品种搭配，增强作物生理机能
12	土壤酸化	3～5	30～50	科学施肥，增施石灰，有机肥，水旱轮作

（四）华南双季稻

华南双季稻区包括海南、广东、广西、福建、台湾及其所属诸岛屿，是全国温度最高、降雨最多、稻作期最长（一般在 270d 以上，在海南省和广东雷州半岛有 280～365d）的地带，日平均气温≥10℃的天数在 300d 以上；年降水量 1400～2000mm，集中在 3～9 月，种植品种以籼稻为主。2018 年华南稻区稻作面积约占全国稻作总面积的 15%，产量占全国稻谷总产量的 12%，早稻、晚稻产量分别比全国平均水平低 15%、20%。近年来，随着人力和农资等成本不断增加，加上不利气候环境的因素，种稻效率呈逐年下降趋势。

影响华南双季稻区水稻产量和效率的因素大致可划分为气候因素、土壤因素、品种与栽培措施、社会市场因素等。①气候因素：华南沿海台风频发引发的暴雨和洪涝，春季倒春寒、秋季寒露风、龙舟水和久旱无雨等导致的自然灾害；②土壤因素：土壤贫瘠、耕层浅薄、保水保肥性差，表现为渍涝、板结、盐碱、过沙、过黏和过酸等特征，中低产田比例超过 65%（徐明岗等，2009）；③品种与栽培措施：品种多乱杂、抗性下降，施肥不当、肥料配比不合理、氮肥过量施用，种植密度低和管理粗放如大水漫灌、病虫防治不及时等；④社会市场因素：稻谷收购价格低，但人力成本、种子化肥等农资价格逐年增高，导致种稻效益低下。

上述限制因子中，通过技术进步、集成及其应用可以缓解和消除"品种与栽培措施不当"对水稻产量和效率提升的限制，属可控因子。

1. 品种

推广应用优良品种是提高稻谷产量和效率的基本保障。国家水稻数据中心网（http://www.ricedata.cn）资料显示，自 2010 年以来，华南四省区每年通过省级以上审定的新品种数为 100个以上。2015～2018 年审定的 486 个新品种（早稻 203 个、晚稻 283 个）中，有 60% 以上是优质稻品种；抗稻瘟病品种占比较高，其中广东省审定的抗稻瘟病品种占 90% 以上（表 3-8），这些新审定的优良品种为提高华南稻区产量和种稻效益提供了充足的物质储备。

表 3-8　2015～2018 年华南双季稻审定品种的区域试验结果汇总

季别	省份	品种数/个	生育期/d	平均产量[*]/(t/hm²)	优质稻品种占比/%	抗稻瘟病品种占比/%	抗白叶枯病品种占比/%
早稻	海南	42	130.6	7.82	4.8	40.5	23.8
	广西	82	122.1	7.91	20.7	11.0	0.0
	广东	64	125.8	6.93	17.2	96.9	12.5
	福建	15	131.3	8.04	26.7	33.3	60.0
	总平均值		125.7	7.57	16.7	45.8	13.3
晚稻	海南	29	116.0	5.71	31.0	75.9	10.3
	广西	90	113.1	7.75	56.7	16.7	0.0
	广东	133	114.2	7.10	82.7	90.2	22.6
	福建	31	126.1	7.48	58.1	25.8	35.5
	总平均值		115.3	7.16	66.4	58.3	15.5

注：* 表示 2 年区域试验和 1 年大田生产试验的平均值

数据来源：国家水稻数据中心（http://www.ricedata.cn）

　　然而，在生产上，超半数农户自留种子或与别人交换用种，对品种产量、抗性和品质等特性不甚了解，用种盲目性和随意性大。针对上述问题，我们对2015～2018年审定的486个新品种（早稻203个、晚稻283个）的2年区域试验和1年大田生产试验的产量（相当于高产高效技术产量）进行了汇总（表3-8），结果表明，华南早稻、晚稻的试验站平均产量分别为7.57t/hm²、7.16t/hm²，比农户平均产量5.82t/hm²、5.44t/hm²（http://www.ricedata.cn）分别提高了30.1%、31.6%，说明农户水平与高产高效水平的产量间存在明显差距。2017年，我们进一步比较了华南双季稻区36个主推品种的产量和光能利用效率，结果发现：①主推早稻品种产量6.57～8.70t/hm²，平均7.54t/hm²，比当年早稻农户产量（5.88t/hm²）增加28.2%，其中'Y两优143''特优524''五优308''天优3301'4个品种产量较高；②晚稻主推品种产量5.74～7.54t/hm²，平均6.86t/hm²，比当年晚稻农户统计产量（5.38t/hm²）平均增加27.5%。

　　根据上述试验结果，若各地区大力推广并引导农户种植适宜的主栽品种，按增产28.2%、27.5%计，可将华南双季稻区早稻、晚稻的农户平均产量提升至7.54t/hm²、6.86t/hm²；考虑到农户种稻水平参差不齐，按最低增幅10%计，早稻、晚稻农户平均产量也会分别增至6.47t/hm²、5.92t/hm²，将有效提高华南双季稻区的粮食总量。

2. 氮肥运筹

　　氮肥过量施用，肥料利用率低。调研结果表明，大多数农户的施肥量和施用时间都很随意，一般将80%以上氮肥在前期（基蘖肥）施用，少施或不施中期肥（穗粒肥），氮肥用量偏高，平均施氮量195kg/hm²。由于施肥不当，肥料利用效率低，很多肥料通过水渠排入江河湖泊导致环境污染日趋严重；同时，华南沿海地区台风频发，增加了水稻倒伏和病虫害的风险（傅友强等，2020）。

　　近年来，我们主持研制的以控肥、控苗、控病虫为特色的"三控"施肥技术，较好地解决了华南水稻生产中存在的化肥等农资过量施用、肥料利用效率低、环境污染严重、种稻效益低等突出问题。与农户水平相比，"三控"施肥技术通过控制总施氮量，减少前期施氮比例，将氮肥在基蘖肥与穗粒肥的施用比例调至6∶4，具有氮肥利用效率高、抗倒性强、病虫害大幅减轻等优点，已在华南双季稻区大面积应用（梁广成等，2009；黄农荣等，2010；曹开蔚等，2010；钟旭华等，2012；曾家焕等，2013）。多点示范结果表明（表3-9），与农户水平相比，"三控"施肥技术处理早稻、晚稻分别节省氮肥18.2%、16.2%，分别增产8.0%、9.4%，氮肥偏生产力（partial factor productivity from applied N，PFP_N）分别为51.4kg/kg、47.3kg/kg，分别提高33.1%、34.2%。研究还表明，"三控"施肥技术的平均氮肥吸收利用率（RE）为40.0%，比农户水平提高30%以上（田卡等，2010）。

表3-9　水稻"三控"施肥技术对稻谷产量与氮肥利用效率的影响

季别	处理	产量/(t/hm²)	CV/%	施氮量/(kg/hm²)	CV/%	氮肥偏生产力/(kg/kg)	CV/%
早稻	农户水平	6.85	16.0	174.4	8.9	39.5	20.4
	"三控"技术	7.40	13.6	142.7	12.9	51.4	11.8
晚稻	农户水平	6.72	19.3	186.9	16.8	36.3	24.3
	"三控"技术	7.35	20.1	152.5	8.6	47.3	19.7

注：表中数据为2007～2013年广东、广西和江西等省份51个示范点（次）的平均值

3. 种植密度

多数地区农户的种植密度在 18.8 万～20.0 万穴/hm²，有些地区（如广东潮汕地区）农户习惯的种植密度在 15 万穴/hm² 以下，比常规高产所需的 22.5 万～27.0 万穴/hm² 减少 20% 以上。由于种植密度低，农户习惯重施氮肥来增加分蘖以提高有效穗数，但这不利于产量与效率的协同提高。

针对上述问题，我们开展了不同种植密度对产量与氮肥利用效率影响的对比试验。研究结果表明，适当增密可以通过增加有效穗数提高水稻产量和氮肥利用效率。2019 年我们进一步以水稻品种 'Y 两优 143' 为早晚稻供试材料，研究种植密度与氮肥耦合（简称"密氮耦合"）对产量及氮肥和光能等资源利用率的影响。结果表明，早稻、晚稻增密减氮处理的产量分别为 10.60t/hm²、9.78t/hm²，分别比农户水平处理增产 29.9%、23.9%（表 3-10）；氮肥偏生产力（PFP$_N$）分别为 72.9kg/kg、65.2kg/kg，分别比农户水平处理高 74.1%、61.2%；辐射利用效率分别达 1.60g/MJ、1.80g/MJ，分别比农户水平处理高 28.6%、37.9%（图 3-9）。上述研究结果表明，增密减氮技术是华南双季稻区协同提高产量、氮肥利用效率和辐射利用效率的有效技术手段。

表 3-10 不同密氮耦合处理对华南双季稻产量及其构成因子的影响（广西桂平，2019 年）

季别	处理	产量/(t/hm²)	有效穗数/(穗/m²)	穗粒数	结实率/%	千粒重/g	收获指数
早季	农户水平	8.16b	222.77b	157.88a	79.84a	28.58a	0.527b
	增密同氮	10.58a	274.95a	174.79a	72.71b	28.47a	0.523b
	增密减氮	10.60a	280.86a	163.93a	78.25a	28.52a	0.544a
晚季	农户水平	7.89b	228.12c	172.07b	78.43a	28.37a	0.529b
	增密同氮	9.75a	288.52b	186.72ab	76.57b	28.47a	0.544a
	增密减氮	9.78a	313.37a	194.42a	76.62b	27.60b	0.554a
方差分析							
季别（S）		ns	ns	**	ns	ns	ns
处理（T）		***	**	ns	**	ns	ns
S×T		ns	ns	ns	ns	ns	ns

注：在每列每季不含有相同小写字母的表示处理间差异显著（$P < 0.05$）。ns 表示差异不显著（$P > 0.05$），*、**、*** 分别表示在 0.05、0.01、0.001 水平差异显著

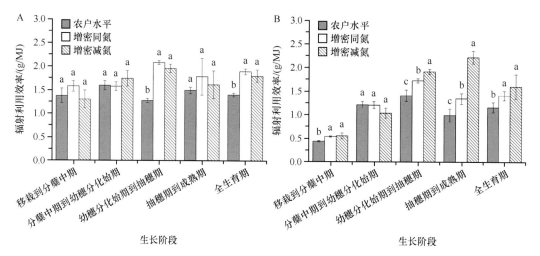

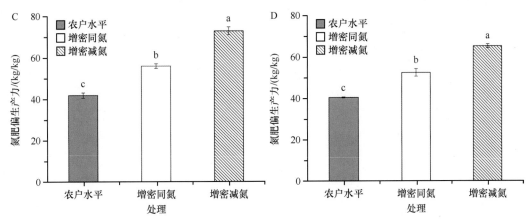

图 3-9　华南早稻、晚稻不同密氮耦合对辐射利用效率和氮肥偏生产力的影响（广西桂平，2019）

A、C 图表示早稻，B、D 图表示晚稻。图柱表示平均数±标准误（$n=3$）。在相同季节和相同生长阶段的不同字母表示处理间达显著差异（$P<0.05$）。下同

4. 灌溉技术

农户不了解水稻需水特性，普遍进行漫灌，早稻的灌溉次数少则 4 次，多则 7～8 次；晚稻少的灌 6 次，多则灌 10 多次。2016 年对气象数据分析统计显示，该年度水稻生长期雨水较多，早稻除了犁耙田和插秧期需要人工灌水，无需再灌溉，晚稻只需灌溉 2～3 次就已能满足水稻生育要求。稻田长时间淹水，不仅造成水资源的浪费，还使水稻根系生长不良，增加肥料流失和温室气体排放的风险，影响水、肥利用效率的提高。

我们的研究表明，安全节水灌溉技术（AWD15）与习惯灌溉法（FPW）对比，水稻产量无显著差异，但减少灌溉 3～4 次，用水量早稻减少 89.4%、晚稻减少 30.6%（Liang et al.，2017）（表 3-11），总水分生产效率（WPT）和灌溉水生产效率（WPI）均显著提高；径流量早稻、晚稻分别减少 39.1%、46.7%；渗漏量早稻差异不大，晚稻减少 23.5%；总氮肥损失量早稻、晚稻分别减少 11.7%、15.6%（表 3-12）。由此可见，安全节水灌溉技术显著减少用水量、提高水分生产效率、减缓肥料流失和环境污染，是一项高产高效、绿色环保的节水灌溉技术。

表 3-11　水稻安全节水灌溉技术对产量与水分生产效率的影响（广州，2016）

季别	处理	产量/(t/hm²)	灌溉次数	灌溉水量/(m³/hm²)	WPT/(kg/m³)	WPI/(kg/m³)
早稻	FPW	7.39a	5.7a	1372.2a	0.72b	5.38b
	AWD15	7.48a	1.0b	146.1b	0.82a	51.20a
晚稻	FPW	8.36a	8.0a	2827.0a	1.25b	2.96b
	AWD15	8.68a	4.3b	1963.1b	1.48a	4.42a

注：WPT 为总水分生产效率（kg/m³），指单位总用水量（指降水量与人工灌溉量的总和）生产的稻谷产量；WPI 为灌溉水生产效率（kg/m³），指单位灌溉水量生产的稻谷产量。对于早稻或晚稻，同列数据后不同小写字母表示处理间在 0.05 水平差异显著

表 3-12　水稻安全节水灌溉技术对氮肥利用效率和流失途径的影响（广州，2016）

季别	处理	氮肥吸收利用率/%	氮肥农学利用率/(kg/kg)	氮肥流失/(kg N/hm²)			
				径流	渗漏	挥发	总量
早稻	FPW	37.1a	19.5a	13.3a	9.26a	36.4a	58.9a
	AWD15	36.9a	20.1a	8.1b	8.69a	35.2a	52.0a

续表

季别	处理	氮肥吸收利用率/%	氮肥农学利用率/(kg/kg)	氮肥流失/(kg N/hm²)			
				径流	渗漏	挥发	总量
晚稻	FPW	44.5a	17.2a	10.3a	13.6a	31.7a	55.6a
	AWD15	45.5a	18.9a	5.49b	10.4b	31.0a	46.9a

注：同列数据后不同小写字母表示处理间在 0.05 水平差异显著

三、南方水稻产量与效率层次差异形成机理解析

如前所述，水稻的产量和效率是品种、生态环境及栽培技术共同作用的结果，南方不同稻区环境条件存在显著差异，水稻产量与效率层次差异形成的机理也不同。

（一）从生物量和产量构成解析南方水稻产量与效率层次差异

水稻产量是单位面积有效穗数、穗粒数、结实率和千粒重的乘积。以前的研究表明，单位面积穗数和穗粒数之间有一个很强的补偿机制，要实现两者的同时增加并不容易（Miller et al.，1991；Gravois and Helms，1992；Ottis and Talbert，2005；Li et al.，2014；陈友订等，2005）。20 世纪 60 年代的常规稻栽培建议采用高密度种植，以增加单位面积穗数（Fagada and De Datta，1971；Wu et al.，1998）。1980 年以后，随着杂交水稻品种的发展，许多研究表明增加穗粒数而不是增加穗数来提高水稻的产量，如袁隆平（1997）认为培育大穗型品种是实现超高产的有效途径，凌启鸿（2000）认为在水稻栽培中，在适宜穗数的基础上增加穗粒数是水稻高产的关键。然而，Huang 等（2011）发现，尽管高产超级稻品种的穗粒数比普通杂交品种和常规品种多，但仅分析超级杂交品种时，单位面积穗数对粮食产量的正向贡献最大。

除用产量构成因子表示外，水稻产量、水分利用效率及氮素利用效率分别还可用生物量和收获指数计算：水稻产量=收获指数×地上部干物质重；水分利用效率=收获指数×地上部干物质重/作物蒸腾水量；氮素利用效率=收获指数×地上部干物质重/作物氮素吸收量。因此，提高水稻产量与肥水利用效率，一方面可以从提高收获指数入手，另一方面也可通过增加地上部干物质重来实现。

尽管所有人都同意高生物量是高产的必要条件，其中一些研究认为抽穗后的干物质积累对水稻产量非常重要（Jiang et al.，1988），但另一些研究则认为抽穗前的干物质积累对水稻产量有重要影响（Saitoh et al.，1993；Katsura et al.，2007；Li et al.，2012）。因此，虽然对产量形成和生物量的研究较多，但具体的试验结果却不一致，甚至相反，这给指导水稻高产生产带来了很大的困难。

为了探明南方地区水稻产量形成的区域差异，2017～2020 年在南方单季稻区（长江上游单季稻区的四川绵竹、中江，长江中下游单季稻区的湖北荆州、浙江富阳）与南方双季稻区（江西临川、吉安、都昌，浙江富阳，广东兴宁、惠州，广西桂平）设置品种比较试验（试验 1）和产量层次差异试验（试验 2），通过比较主栽杂交水稻品种的生育期、光温积累特性、干物质积累和产量构成差异，探究南方地区单季稻产量形成的区域差异。其中试验 1 于 2017～2018 年进行，分别以当地 10～30 个主栽品种为材料；试验 2 以当地主栽品种 1～2 个为供试材料，按当地的农户水平、高产高效水平和超高产水平进行生产管理，比较了不同地域单季稻高产纪录（RH）、超高产水平（SH）、高产高效水平（HH）、农户水平（FP）、地力水平（ISP）两两间的产量层次差异，以及 SH、HH、FP 间的氮肥利用效率和辐射利用效率的层次差异。

1. 长江上游单季稻

品种比较试验的结果表明，长江上游稻区单季稻高产栽培平均分蘖持续时间为65.2d，约占水稻生育期的40%（图3-10），分蘖期有效积温（≥10℃的积温）高，但孕穗期至成熟期的积温和太阳辐射积累量较低（图3-11）。在产量性状上，表现为有效穗数多（表3-13），长江上游单季稻产量与结实率、干物质积累量呈显著正相关关系，但结实率与穗粒数呈显著负相关关系，穗粒数多的品种结实率较低。

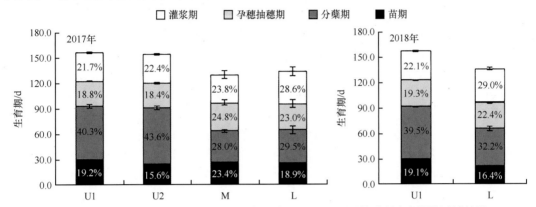

图 3-10　长江上游（U1、U2）和长江中下游（M、L）稻区单季稻生育期的区域差异

U1 和 U2 分别表示长江上游稻区的四川绵竹和中江；M 和 L 分别表示长江中下游的湖北荆州和浙江富阳。下同

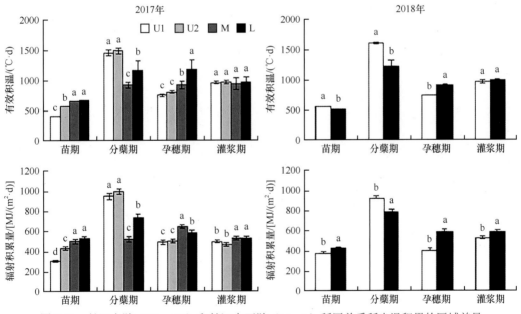

图 3-11　长江上游（U1、U2）和长江中下游（M、L）稻区单季稻光温积累的区域差异

表 3-13　长江上游和中下游稻区单季稻产量与产量构成差异

稻区	地点	产量/(t/hm²)	有效穗数/(万穗/hm²)	穗粒数	结实率/%	千粒重/g	收获指数
2017 年							
长江上游	四川绵竹	11.2a	277.0b	179.6c	81.2b	28.2a	0.53a
	四川中江	11.2a	300.2a	161.6c	78.3b	28.8a	0.50b

续表

稻区	地点	产量/(t/hm²)	有效穗数/(万穗/hm²)	穗粒数	结实率/%	千粒重/g	收获指数
长江中下游	湖北荆州	9.4b	206.0c	213.4b	86.3a	25.5b	0.50b
	浙江富阳	9.5b	205.7c	233.0a	77.7c	26.1b	0.50b
2018 年							
长江上游	四川绵竹	10.9a	326.8a	143.6b	82.7a	28.9a	0.51a
长江中下游	浙江富阳	10.3a	198.7b	263.7a	83.7a	25.6b	0.54a
方差分析							
年份		ns	ns	ns	ns	ns	*
区域		**	**	**	ns	**	ns
年份×区域		ns	**	**	ns	ns	*

注：同列同一年份内不同小写字母表示差异显著（$P<0.05$）；** 表示 $P<0.01$，* 表示 $P<0.05$，ns 表示无显著差异。下同

　　对同一籼型杂交稻品种'天优华占'在不同稻作区域的产量构成和光温积累特性的分析表明，穗数与分蘖期的持续时间和积温呈显著正相关（$r=0.982^{**}$、$r=0.993^{**}$），而穗粒数与孕穗期的太阳辐射积累量（$r=0.952^*$）呈显著正相关。长江上游高产栽培单季稻生育期约150d，一般在 4 月 10 日前播种，6 月底孕穗，在 8 月下旬至 9 月初收获，其中营养生长期约90d，生殖生长期约60d。该区域的高产栽培单季稻具有营养生长期和有效分蘖期长的特点，孕穗前地上生物量大和分蘖成穗数多；但由于长江上游地区气温和日照条件在 8 月后明显减弱，其生殖生长的光温条件不足以支撑大穗的形成，穗粒数增多会导致结实率的下降（图 3-12），因此一定数量的有效穗数而非穗粒数是该地区水稻高产的前提。在 2017 年和 2018年产量均为 11t/hm² 以上的品种中，90.5% 的品种有效穗数在 250～340 穗/m²，分别只有 2.4%和 7.1% 的水稻有效穗数低于 250 穗/m² 和高于 340 穗/m²。刘琦等（2018）对四川 1986～2015年主栽的 436 个中籼杂交种产量构成因素的分析结果表明，近 30 年四川单季稻的穗粒数从130～140 增加到 170～180，千粒重从 27～28g 增加到 29～30g，但有效穗数呈下降趋势，从280～300 穗/m² 减少到 220～230 穗/m²；从 1998 年开始，四川稻谷产量没有显著提高。我们认为，正是盲目追求大穗数，放弃有效穗数优势，阻碍了该地区水稻产量的发展。将我们在2017～2018 年品种试验的产量性状与刘琦等的数据（2011～2015 年产量性状）进行比较，我们的试验有效穗数增加了 34.9%，产量增加了 34.2%，而穗粒数、千粒重和结实率没有显著差异。因此，长江上游地区水稻高产不应以大穗数为唯一特征，而应充分利用其营养生长期长的特点，选择中穗型品种，并在营养生长期采取良好的作物管理措施，保证一定数量的有效

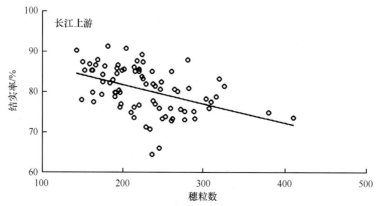

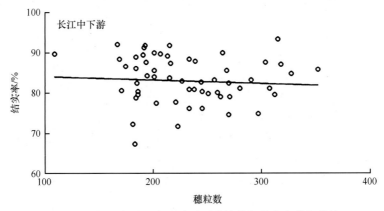

图 3-12　长江上游和中下游稻区穗粒数与结实率的相关性

穗数（250～340 穗/m²）；结合肥料深施、干湿交替灌溉和提高秧苗素质等措施，提高长江上游地区水稻产量。

从长江上游单季稻的产量与效率层次差异看，结果分析如下。

1）高产高效水平（HH）和农户水平（FP）相比，地上部干物质积累量和 HI 同步增加，在产量上表现为增穗稳粒，HH 的穗粒数与 FP 相近，但有效穗数比 FP 增加 15%～20%，产量增加 10%～20%（表 3-14）。分析其机理，一是通过适度增密、培育壮秧、水稻分蘖早生快发构建中前期水稻群体大，增加营养生长期的干物质积累量；二是通过间歇灌溉，延缓植株衰老，增强灌浆期的干物质积累量，提高收获指数。

表 3-14　长江上游单季稻从农户水平到高产高效水平产量构成的变化

年份	处理	绵竹			中江			富顺		
		有效穗数/ （万穗/hm²）	穗粒数	产量/ （t/hm²）	有效穗数/ （万穗/hm²）	穗粒数	产量/ （t/hm²）	有效穗数/ （万穗/hm²）	穗粒数	产量/ （t/hm²）
2017	HH	311.28a	145.83a	11.48a	269.54a	159.43a	11.24a	231.71a	168.14a	10.79a
	FP	280.58b	150.54a	10.24b	257.41b	150.54a	9.60b	188.22b	178.18a	9.17b
2018	HH	255.28a	158.93a	11.25a	271.38a	167.84a	10.04a	277.65a	189.37a	10.48a
	FP	235.01b	153.30a	9.74b	248.82b	157.03a	8.49b	254.57b	160.31a	8.80b
2019	HH	343.30a	139.69a	10.95a	358.59a	149.11a	11.14a	292.06a	134.03b	10.50a
	FP	261.31b	134.61a	10.12b	285.56b	113.31b	8.33b	210.00b	160.39a	9.43b

注：同年同列数据后不同小写字母表示处理间在 0.05 水平差异显著

2）超高产水平（SH）和高产高效水平（HH）相比，水稻生物量和结实率增加，即通过增穗饱粒实现水稻产量从 HH 向 SH 的提升。分析其机理，一是增密的同时在营养生长前期提供充足的肥料，进一步增加有效穗数（图 3-13），提高抽穗前的干物质积累量（表 3-15）；二是防止后期肥料供应过量，合理的灌溉和病虫害防治措施增强植株的抗倒伏能力、提高籽粒充实度（表 3-16）。

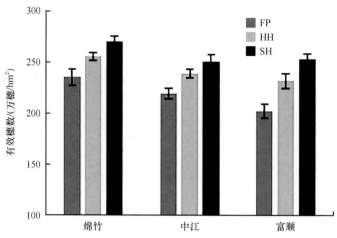

图 3-13　长江上游单季稻不同产量层次的有效穗数

表 3-15　长江上游单季稻高产高效水平和超高产水平各生育阶段的干物质积累量

处理	干物质积累量/(t/hm²)			
	移栽—拔节	拔节—齐穗	齐穗—成熟	总量
SH	7.28a	7.40a	7.01a	21.69a
HH	5.77b	5.93b	7.27a	18.97a

注：同列不同小写字母表示处理间在 0.05 水平差异显著

表 3-16　长江上游单季稻高产高效水平和超高产水平千粒重与充实度比较

地点	处理	千粒重/g	充实指数	库容量/(t/hm²)	库有效充实度/%
绵竹	SH	25.56a	83.83a	15.18a	80.97a
	HH	24.98a	82.18a	14.58a	75.12b
中江	SH	25.39a	81.61a	15.63a	15.63a
	HH	24.52a	79.01a	14.74b	14.74b
富顺	SH	26.17a	77.59a	14.60a	14.60a
	HH	25.62a	76.29a	13.47b	13.47b

注：同地点同列数据后不同小写字母表示处理间在 0.05 水平差异显著

2. 长江中下游单季稻

品种比较试验的研究结果表明，长江中下游单季稻的分蘖期较短（图 3-11），单季稻平均营养生长期约为 64d，除移栽后的苗期和返青期外，分蘖期仅为 30d。分蘖期有效积温（≥10℃的积温）低，但孕穗期至成熟期的积温和太阳辐射积累量较高。在产量性状上，长江中下游稻区的单季稻有效穗数多，比长江上游多 46.4%（图 3-13）；水稻产量与穗粒数、灌浆期干物质积累量呈显著正相关，结实率与穗粒数的相关性并不大。

并非所有的分蘖都能发育圆锥花序。一般认为只有在孕穗初期有三片以上叶子的分蘖株才是高产分蘖（孟德璇等，2010）。叶片生长与气候有关，在营养生长期，通常需要 5d 左右才能长出一片叶子（Yin and Kropff, 1996；冯阳春等，2009）。因此，有效分蘖必须在孕穗前 15d 产生，即长江中下游地区有效分蘖时间仅为 15d 左右，远低于长江上游地区 40～55d 的值。有效分蘖发生期短，决定了该地区有效分蘖数和有效穗数均小于长江上游地区。然而，良好的光温条件可以将长江中下游地区水稻的收获期推迟到9月中旬至10月，有利于大穗的形成。因此，长江中下游地区水稻高产主要依赖于穗粒大小而非穗数，更依赖于灌浆期而非营养期的地上干物质积累量。

除气候条件外，水稻播种期还受轮作制度下作物生育期的限制。尽管推迟播种期可能会降低水稻产量，但考虑到病虫害的防治成本，即使时间允许，一些农民也不愿在长江下游地区提早播种。与5月中下旬播种的水稻相比，6月上旬直接播种可以避免本地区5月中旬收获的小麦中的害虫迁移，减少一次农药喷洒量。在不能延长营养生长期的条件下，种植大穗型品种，在生殖生长期采取良好的作物管理措施延缓水稻衰老，是长江中下游地区实现高产的可行途径，可采取的措施包括基肥深施、适当施用穗肥、灌浆期干湿交替灌溉等。

从长江上游地区单季稻的产量与效率层次差异看，结果分析如下。

1）高产高效水平（HH）和农户水平（FP）相比，收获指数明显提高。分析其增产增效机理：①在产量构成上，从FP到HH主要得益于总颖花数、结实率与千粒重的同步提高（表3-17）。②在干物质积累上，在分蘖盛期与拔节期FP的地上部干物质重显著高于HH，而在抽穗期与成熟期则与HH无显著性差异。③从茎蘖动态看（表3-18），虽然HH的分蘖数在分蘖盛期、拔节期与齐穗期显著低于FP，但其茎蘖成穗率显著高于FP，而成熟期的茎蘖数两者无显著性差异。类似地，虽然HH的叶面积指数在分蘖盛期和拔节期显著低于FP，但在抽穗期HH有效叶面积指数显著高于FP，成熟期HH的叶面积指数也要高于FP（表3-19）。上述结果说明，与FP相比，HH的无效分蘖及无效叶面积相对较少，消耗在无效分蘖上的茎叶生长的水分、养分也会相应减少。无效分蘖的减少不仅有利于改善群体的通风透光条件，而且有利于抽穗后干物质的生产与积累，进而提高收获指数。④从齐穗后茎鞘物质转化来看（表3-20），与FP相比，HH齐穗期茎鞘中非结构性碳水化合物（NSC）含量、糖花比、灌浆期NSC向籽粒运转率及NSC对产量的贡献率均显著增加。齐穗期茎鞘中NSC含量与糖花比高，表明抽穗前茎鞘中同化物累积量大，每朵颖花获得的NSC多，不仅有利于抽穗前花粉粒的充实，而且可以增加抽穗期至成熟期茎鞘中同化物向籽粒的转运量，促进花后胚乳细胞的发育和籽粒的充实，进而提高收获指数。

综上所述，在长江中下游单季稻区，农户水平与高产高效水平间产量和效率层次的差异，主要是由于收获指数存在较大的差异；高产高效栽培模式可以提高水稻的茎蘖成穗率与有效叶面积指数，减少肥水资源消耗在无效分蘖上；提高齐穗期的糖花比，促进花后胚乳细胞发育和籽粒充实，改善灌浆，最终提高水稻收获指数。

表3-17　不同栽培处理对水稻产量、产量构成要素及收获指数的影响（浙江富阳）

处理	产量/(t/hm²)	穗数/(穗/m²)	穗粒数	总颖花数/(万个/m²)	结实率/%	千粒重/mg	收获指数
2017 年							
FP	9.01b	211a	176b	3.71b	87.3c	27.8b	0.49b
HH	10.6a	217a	186a	4.04a	92.2a	28.4a	0.52a
2018 年							
FP	8.78b	207a	175b	3.62b	88.1c	27.5b	0.49b
HH	10.4a	214a	183a	3.92a	92.6a	28.6a	0.52a

注：供试品种为‘常优5号’。同一年份同列不同小写字母表示处理间在0.05水平差异显著，下同

表 3-18　不同栽培处理对水稻主要生育时期茎蘖数和茎蘖成穗率的影响（浙江富阳）

处理	单位面积茎蘖数/（个/m²)				茎蘖成穗率/%
	分蘖盛期	拔节期	齐穗期	成熟期	
2017 年					
FP	222a	310a	231a	211a	68.1c
HH	190b	251b	206b	200a	79.7a
2018 年					
FP	235a	302a	229a	207a	68.5c
HH	187b	245b	201b	197a	80.4a

表 3-19　不同栽培处理对水稻主要生育时期叶面积指数的影响（浙江富阳）

处理	分蘖盛期	拔节期	齐穗期		成熟期
			总叶面积指数	有效叶面积指数	
2017 年					
FP	3.62a	5.26a	7.03a	6.01b	1.13b
HH	2.84b	4.74b	7.31a	7.03a	1.92a
2018 年					
FP	3.57a	5.16a	6.96a	5.89b	1.07b
HH	2.75b	4.63b	7.16a	6.97a	1.87a

表 3-20　不同栽培处理对水稻茎鞘中非结构性碳水化合物积累与转运的影响（浙江富阳）

处理	齐穗期茎鞘中NSC 含量/（g/m²)	齐穗期糖花比/（mg/颖花数）	成熟期茎鞘中NSC 含量/（g/m²)	NSC 转运率/%	NSC 对产量的贡献率/%
2017 年					
FP	196b	5.28c	112b	42.9c	9.32c
HH	308a	7.63a	134a	56.5a	16.4a
2018 年					
FP	194b	5.36c	109b	43.8c	9.68c
HH	306a	7.81a	131a	57.2a	16.8a

2）超高产水平（SH）和高产高效水平（HH）相比，两者间收获指数相近，但 SH 的干物质量显著高于 HH（表 3-21），即从 HH 到 SH 主要通过增加生物量。一是通过适度增密，适度增加肥料用量，建立大群体，提高叶面积指数，增强光辐射截获量；二是重视抽穗后的肥料管理，做好病虫害防治，防止水稻早衰，增加灌浆期的干物质积累量；三是充分利用长江中下游地区 10～11 月的光温资源，在品种选择上可考虑耐低温且生物量大的籼粳杂交稻品种。采用上述高产栽培措施，2017～2018 年我们在浙江余杭和海盐进行生产验证，通过增加干物质积累量，两年两地均取得了水稻的高产（表 3-22）。

表 3-21　不同栽培处理对水稻产量、干物质量及收获指数的影响（浙江富阳）

处理	2017 年			2018 年		
	产量/(t/hm^2)	干物质量/(t/hm^2)	收获指数	产量/(t/hm^2)	干物质量/(t/hm^2)	收获指数
HH	12.4b	20.7b	0.514a	12.8b	21.5b	0.511a
SH	13.8a	23.4a	0.508a	14.1a	23.6a	0.513a

注：同列不同小写字母表示处理间在 0.05 水平差异显著

表 3-22　长江中下游水稻超高产生产验证

年份	示范点	品种	产量/(t/hm^2)	干物质量/(t/hm^2)	收获指数
2017	余杭	甬优 12	13.9	23.4	0.511
	海盐	甬优 12	14.4	24.2	0.512
2018	余杭	春优 927	13.5	22.9	0.507
	海盐	春优 927	14.5	24.5	0.508

3. 南方双季稻

早季或晚季双季稻品种的产量层次差异研究表明，超高产水平（SH）与高产高效水平（HH）间存在 210～1290kg/hm^2 的产量差异，高产高效水平（HH）与农户水平（FP）间存在 720～840kg/hm^2 的产量差异。分析产量差异形成的机理，结果表明，在产量构成上，FP 产量低主要是由于基本苗不足、有效穗数和穗粒数低；HH 则穗粒兼顾、结实率高；SH 和 HH 相比，穗粒数相近，但有效穗数高于 HH（表 3-23）。对叶面积指数及干物质积累量的分析表明，双季稻高产与作物生长后期叶面积衰减慢、干物质积累能力强有较大的相关性；SH 处理各生育时期的叶面积指数大、后期干物质积累多、转运快（表 3-24，表 3-25）。

表 3-23　不同层次早稻产量水平的产量构成要素

季别	处理	密度/（万穴/hm^2）	有效穗数/（万穗/hm^2）	穗粒数	结实率/%	千粒重/g	理论产量/（kg/hm^2）
早稻	SH	31.5	388.5	111.7	82.8	26.9	9667.5
	HH	30.0	319.5	115.3	85.0	26.8	8391.0
	FP	27.0	315.0	108.0	83.1	27.1	7657.5
	ISP	27.0	202.5	84.3	91.7	25.8	4038.0
晚稻	SH	28.5	351.0	148.5	79.3	23.9	9873.0
	HH	27.0	324.0	149.7	81.7	23.6	9657.0
	FP	24.0	307.5	151.3	80.0	23.7	8818.5
	ISP	24.0	213.0	108.5	84.3	22.1	4707.0

表 3-24　不同处理早晚稻群体干物质积累量　　　　　（单位：g/m^2）

季别	处理	分蘖期	孕穗期	齐穗期	成熟期
早稻	SH	50.63	646.27	1235.81	1756.78
	HH	45.82	578.29	1097.53	1601.47
	FP	42.14	587.45	1096.77	1596.54
	ISP	25.98	326.73	663.88	881.49

续表

季别	处理	分蘖期	孕穗期	齐穗期	成熟期
晚稻	SH	115.92	665.22	1235.64	1772.52
	HH	103.57	607.86	1152.95	1667.78
	FP	98.65	609.62	1147.36	1650.28
	ISP	84.67	347.69	607.08	825.46

表 3-25　不同处理早晚稻不同生育时期的叶面积指数

季别	处理	苗期（3 叶 1 心）	分蘖期	孕穗始期	齐穗期	黄熟期
早稻	SH	0.062	1.91	6.29	4.55	3.21
	HH	0.055	1.78	6.15	4.42	3.03
	FP	0.051	1.79	5.61	3.77	2.97
	ISP	0.051	1.59	4.65	3.42	2.11
晚稻	SH	0.059	2.21	6.64	4.78	3.18
	HH	0.054	2.08	5.96	4.39	2.91
	FP	0.047	1.79	5.72	3.94	2.54
	ISP	0.047	1.64	4.48	2.97	1.93

　　双季稻周年产量也受早稻、晚稻品种搭配的影响。在全球气候变暖的大背景下，通过早稻、晚稻不同熟期品种的合理搭配，在保证晚稻安全齐穗的前提下，适当延长双季稻周年生育期，有利于提高光温、肥水资源利用效率和双季总产量。我们于 2018～2019 年在江西进行的双季稻品种搭配研究表明，江西南部（临川区）"早熟/中熟早籼+晚粳""中熟+中熟/迟熟籼稻"模式比"迟熟+早熟籼稻"模式双季增产 10%～15%，光能利用效率提高约 11.0%，氮肥农学利用率提高 36%～39%；江西北部（都昌县）"早熟/中熟早籼+晚粳""中熟+中熟籼稻"模式的双季产量比"早熟+迟熟籼稻"模式增产 5%～8%，光温肥水资源利用效率及种植效益也得到相应提高（表 3-26）。

表 3-26　双季稻不同品种搭配模式下的资源利用效率

试验点	处理	双季产量/(kg/hm²)	年种植效益/(元/hm²)	光能利用效率/%	氮肥农学利用率/(kg/kg)
江西南部（临川区）	早熟+迟熟籼稻	14.9c	9 022.5	1.16	13.1b
	中熟+中熟籼稻	15.3c	9 969.0	1.18	14.1b
	中熟+迟熟籼稻	15.9b	11 077.5	1.21	15.7a
	迟熟+早熟籼稻	14.3d	7 891.5	1.12	11.5c
	"中熟+中熟"不施肥	10.2e	2 995.5	0.81	
	早籼（早熟）+晚粳	15.7b	9 532.5	1.18	13.8b
	早籼（中熟）+晚粳	16.5a	11 322.0	1.23	16.0a
	"早籼+晚粳"不施肥	10.3e	2 473.5	0.83	

续表

试验点	处理	双季产量/(kg/hm²)	年种植效益/(元/hm²)	光能利用效率/%	氮肥农学利用率/(kg/kg)
江西北部（都昌县）	早熟+迟熟籼稻	15.2c	9 709.5	1.18	19.6c
	中熟+中熟籼稻	15.9a	11 367.0	1.23	21.6a
	中熟+迟熟籼稻	15.5b	10 300.5	1.18	20.5b
	迟熟+早熟籼稻	15.7b	11 007.0	1.20	21.0b
	"中熟+中熟"不施肥	8.1d	−1 738.5	0.66	
	早籼（早熟）+晚粳	16.5a	11 289.0	1.25	20.7b
	早籼（中熟）+晚粳	16.5a	11 190.0	1.23	20.7b
	"早籼+晚粳"不施肥	8.4d	−1 948.5	0.73	

注：同一地点同列不同小写字母表示处理间在 0.05 水平差异显著

（二）从根系形态生理解析南方水稻产量与效率层次差异

　　解析长江中下游稻区单季稻产量层次差异和水稻根系形态生理差异，发现 ISP 处理水稻的地上部干物质重（图 3-14a）和根干重（图 3-14b）均明显低于 FP、HH、SH 等 3 个处理，但其根冠比则是 4 个处理中最高的（成熟期除外）。HH 的地上部干物质重与 FP 相比并无明显差异，但其根干重与根冠比（成熟期除外）却明显低于 FP；SH 的地上部干物质重和根干重

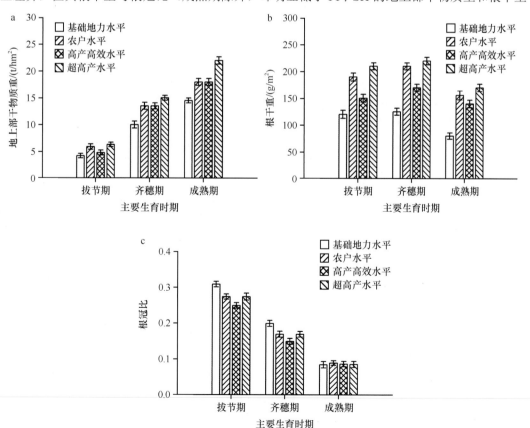

图 3-14　不同栽培模式对水稻地上部干物质重（a）、根干重（b）与根冠比（c）的影响

均明显高于 FP（图 3-14c）。有学者认为，庞大根系的建成和生长需要消耗地上部提供的光合产物，特别是在生育后期会与籽粒形成竞争，不利于灌浆。例如，国际水稻研究所育成的新株型品系在各生育时期的根干重、根冠比及根系活性等均明显高于对照品种 'IR72'，但新株型品系的根吸氮速率、群体生长速率、叶片净光合速率等均低于对照。HH 的根冠比明显低于 FP，而地上部干物质重则与 FP 相当，说明 HH 的根冠结构更为合理，更有利于实现高产与肥水高效利用。

4 个栽培处理的根长均呈现先上升、后下降的趋势（图 3-15）。不同栽培处理中，在生育期 ISP 的根长均为最短，而 SH 的根长最长。HH 的根长在拔节期明显低于 FP，在齐穗期则与 FP 无显著差异，而在成熟期则又表现为较短。不同栽培模式下水稻根系的比根长在生育期是呈下降的趋势。在拔节期与齐穗期，HH 的比根长显著高于 FP；在成熟期，HH 与 FP 的比根长没有显著差异。较多研究认为，水稻根长与其吸收水分和养分的能力密切相关。而比根长作为根长与根干重的比值，主要表征了单位长度根系所需消耗的干物质量。一般比根长越长，根系吸收土壤中水分与养分的能力则越强。HH 的比根长则在拔节期与齐穗期均显著高于 FP，说明 HH 的根系具有更强的吸收土壤养分、水分的能力，这也是 HH 能够实现高产高效的重要根系作用机理。与根干重相一致，SH 的根长要显著高于 FP，但其比根长与 FP 并无显著差异，说明 SH 实现超高产更多地是得益于庞大的根系生物量。

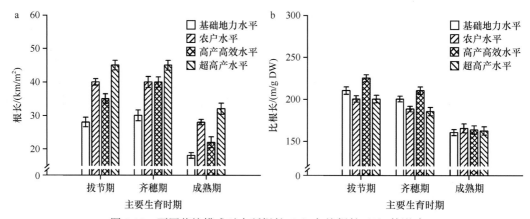

图 3-15　不同栽培模式对水稻根长（a）与比根长（b）的影响

在灌浆期不同栽培模式下，水稻根系生理活性指标［根系氧化力与根系伤流液中玉米素（Z）和玉米素核苷（ZR）含量］均表现为随生育进程而下降的趋势（图 3-16）。在不同栽培模式间，ISP 的根系生理活性指标要显著低于其他 3 个栽培处理；HH 与 SH 的根系生理活性指标在整个灌浆期均要显著高于 FP，但 HH 与 SH 之间的差异并不显著（图 3-16）。此外，不同栽培模式下水稻的剑叶净光合速率以及叶片中 Z+ZR 含量的变化趋势与根系生理活性指标的变化趋势相一致（图 3-16）。

灌浆期不同栽培模式下水稻籽粒中蔗糖合酶及腺苷二磷酸葡萄糖焦磷酸化酶的活性均表现为下降的趋势。就不同栽培模式而言，ISP 最低，HH 与 SH 较高，FP 居中。HH 和 SH 处理下籽粒中 2 种酶的活性没有显著差异（表 3-27）。

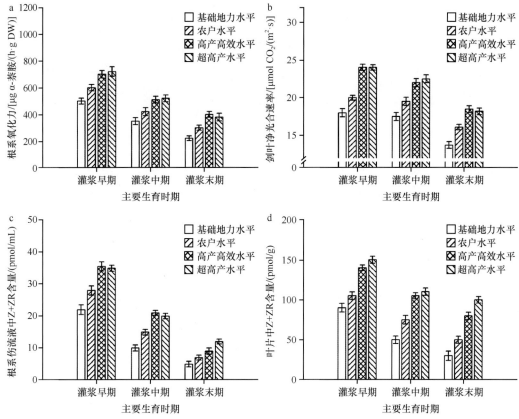

图 3-16 不同栽培模式对水稻根系氧化力（a）、剑叶净光合速率（b）、根系伤流液中 Z+ZR 含量（c）和叶片中 Z+ZR 含量（d）的影响

表 3-27 各处理籽粒中蔗糖合酶及腺苷二磷酸葡萄糖焦磷酸化酶的活性

处理	蔗糖合酶活性/[μmol/(g FW·min)]			腺苷二磷酸葡萄糖焦磷酸化酶活性/[μmol/(g FW·min)]		
	12DAH	24DAH	36DAH	12DAH	24DAH	36DAH
ISP	6.83c	4.79c	3.78c	5.97b	3.72c	2.04c
FP	8.15b	5.75b	4.58b	5.57b	4.68b	3.75b
HH	11.1a	7.75a	5.39a	7.67a	5.43a	4.67a
SH	11.5a	7.54a	5.16a	7.54b	5.75a	4.94a

注：DAH 表示抽穗后天数，同列不同小写字母表示处理间在 0.05 水平差异显著

通过相关分析可知，水稻根系氧化力、根系伤流液中 Z+ZR 含量与剑叶净光合速率、叶片中 Z+ZR 含量、籽粒中蔗糖合酶活性及腺苷二磷酸葡萄糖焦磷酸化酶活性呈极显著正相关关系（图 3-17）。上述结果说明，一方面 HH 与 SH 较 FP 显著增加了整个灌浆期的根系活性，健壮的根系促进了地上部生物量和库容的形成，为地上部提供了充足的养分、水分和植物激素，改善了地上部的生长；另一方面，地上部良好的生长可以保证充足的碳水化合物向根部输送，为培育健壮根系提供营养保证。据此推测，根系生理活性的提高是 HH 与 SH 两种栽培模式获得高产高效或超高产的重要生理基础。

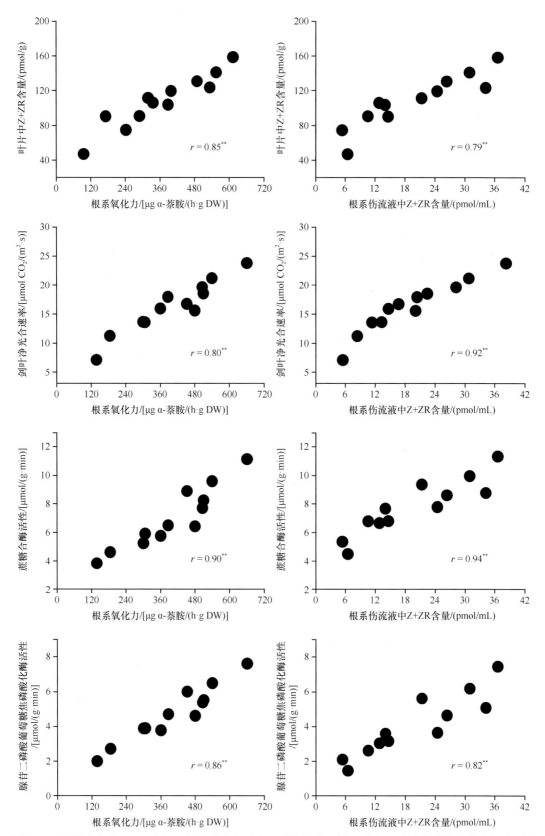

图 3-17　水稻叶片中 Z+ZR 含量、剑叶净光合速率、蔗糖合酶活性、腺苷二磷酸葡萄糖焦磷酸化酶活性
与根系氧化力和根系伤流液中 Z+ZR 含量之间的关系

（三）南方水稻光照辐射利用效率和氮肥利用效率协同提升机制解析

1. 光照辐射利用高效提升机制

在水稻生育期，动态检测冠层的光照辐射截获与利用，发现冠层透光率与播种后天数呈幂函数关系，以透光率 10% 为界限，将生育期划分为群体构建期（透光率≥10%）和群体干物质累积期（透光率＜10%）。利用品种与栽培措施（主要是密度）调制不同冠层发育样本，通过模型测定冠层构建期（图 3-18），研究表明在温光资源配置中，冠层构建期单位有效积温截获光照辐射与最终干物质积累量和产量呈正相关，这表明，在相同条件下缩短冠层构建期、提早封行能够提高水稻群体干物质积累量。

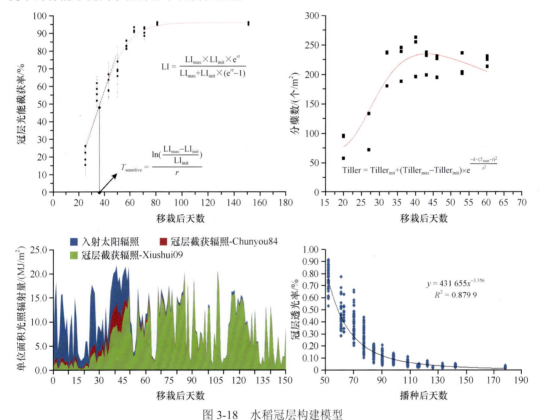

图 3-18　水稻冠层构建模型

LI：冠层光能截获率；LI_{max}：冠层最大光能截获率；LI_{init}：冠层初始光能截获率；r：生长曲线的斜率，与品种相关；
t：移栽后天数；$T_{sensitive}$：冠层构建敏感期；Tiller：分蘖数；$Tiller_{init}$：初始分蘖数；$Tiller_{max}$：最大分蘖数；
k 和 T_{max} 为品种参数

在产量层次差异研究中，解析发现高光能截获率是高产高效水平（HH）和超高产水平（SH）具有高生物量的主要原因，虽然 HH 和 SH 在孕穗至成熟的整个生殖生长期间的光能截获率与农户水平（FP）无显著差别，但 HH 处理苗期和拔节期的光能截获率明显高于 FP（表 3-28，图 3-19）。由此说明，通过适度增密，培育壮秧，促进前期早生快发，缩短冠层构建期，促使水稻提前封行，提高营养生长期的光能拦截量是促使水稻产量从农户水平向高产高效水平和超高产水平提升的途径之一。

表 3-28　农户水平（FP）和高产高效水平（HH）光能截获率比较

处理	光能截获率/%				
	苗期	拔节期	孕穗始期	齐穗期	成熟期
HH	13.82a	53.27a	76.57a	97.07a	0.84a
FP	11.49a	46.96b	73.10a	96.50a	0.86a

注：同列不同小写字母表示处理间在 0.05 水平差异显著

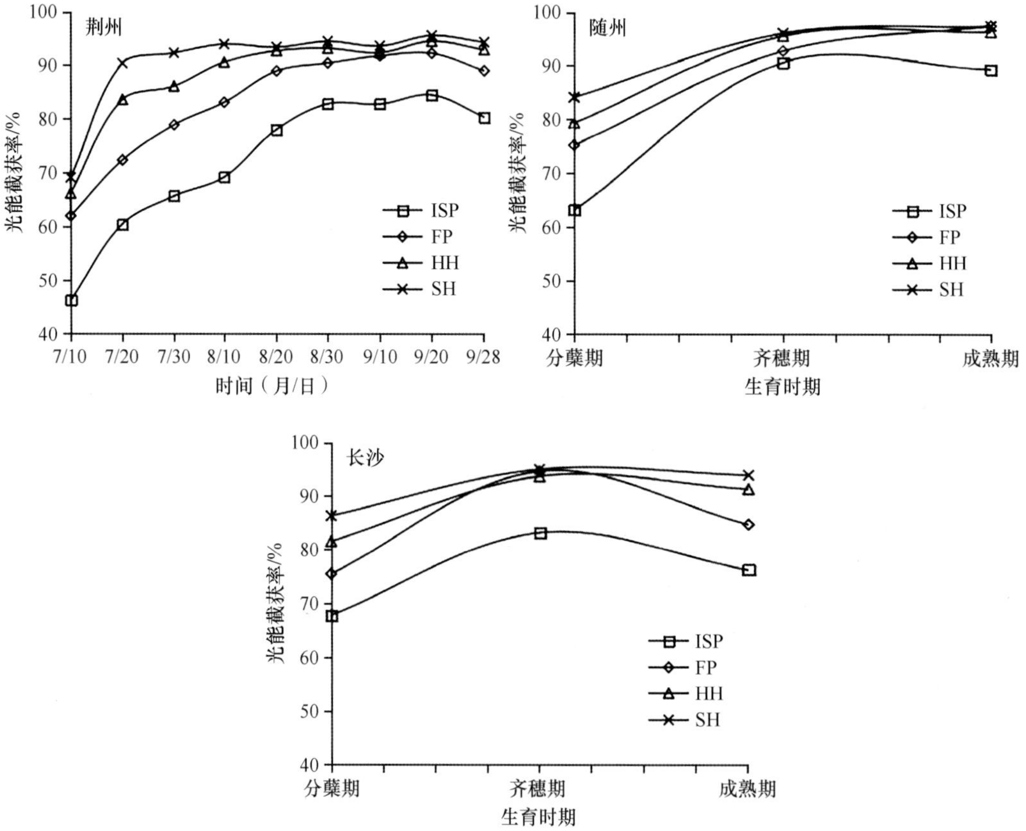

图 3-19　产量层次差异水稻的光能截获率动态变化

2. 氮肥利用高效提升机制

目前，我国水稻氮肥的施用多采取基肥、分蘖肥、穗肥的形式分次施用，因此，不同栽培处理和品种间氮肥利用的差异也必将反映在分次施用肥料的吸收、转运及转化上。2016～2018 年，我们筛选出 3 个氮肥利用差异的常规籼稻品种，其中'沪科 3 号'（HK3）为氮肥低吸收利用效率品种，'齐粒丝苗'（QL）和'特青双朝 25'（TQS25）为氮肥高吸收利用效率品种，利用 ^{15}N 分别示踪 3 个水稻品种对基肥、分蘖肥和穗肥氮的吸收效率。结果分析如下。

1）不同生育时期施用肥料的吸收效率不同，基肥 N 和分蘖肥 N 的吸收效率低于穗肥 N。基肥 N 的吸收效率为 10%～36%，植株地上部所积累的 N 中有 6.4%～28.9% 来自基肥 N；分蘖肥 N 的吸收效率为 13%～42%，植株地上部所积累的 N 中有 4%～16% 来自分蘖肥 N；穗肥 N 的吸收量占施用量的 32%～68%，植株地上部所积累的 N 中有 9.5%～18.1% 来自穗肥 N。

2）品种间氮肥利用效率的差异主要表现在对基肥 N 的吸收上，基肥 N 的吸收差异是导致水稻品种间氮肥吸收利用效率差异的主要原因。研究表明，氮肥低吸收利用效率的品种对基肥 N 的吸收明显低于氮肥高吸收利用效率的品种，氮吸收低效的品种 HK3 吸收的基肥 N 仅占施 N 量的 10.2%～14.8%，而 S25 和 QL 为 24.5%～36.3%。虽然 HK3 所吸收的分蘖肥 N 和穗肥 N 的比例低于高氮吸收利用效率品种 S25 和 QL，但品种间的差距小于基肥 N。相关分析表明（表 3-29），肥料 N 吸收效率与基肥 N 吸收效率呈显著正相关（P＜0.01），肥料 N 吸收效率与分蘖肥 N 吸收效率呈显著正相关（P＜0.01），但肥料 N 吸收效率与穗肥 N 吸收效率之间没有显著相关性。由此说明，肥料 N 吸收效率受基肥和分蘖肥吸收的影响大于穗肥，基肥 N 的吸收差异是导致 N 吸收效率差异的主要原因。

表 3-29　N 吸收效率与 N 积累量的相关分析（n=12）

性状	肥料 N 吸收效率	基肥 N 吸收效率	分蘖肥 N 吸收效率	穗肥 N 吸收效率	成熟期 N 积累量	齐穗期 N 积累量
肥料 N 吸收效率	1					
基肥 N 吸收效率	0.8573**	1				
分蘖肥 N 吸收效率	0.8276**	0.5117	1			
穗肥 N 吸收效率	0.5482	0.1468	0.5856*	1		
成熟期 N 积累量	−0.0917	0.3277	−0.3492	−0.6379*	1	
齐穗期 N 积累量	−0.1391	0.2555	−0.3109	−0.6652*	0.9644**	1

注：* 表示显著相关（P＜0.05），** 表示极显著相关（P＜0.01）

早生快发是提高基肥 N 吸收效率的有效措施。过去二十年来，人们以 ^{15}N 示踪对水稻对肥料氮的吸收进行了大量的研究，研究表明基肥氮的吸收主要发生在分蘖期到拔节期之间，分蘖肥氮的吸收主要发生在穗分化之前，基肥氮和分蘖肥氮的主要作用是促进早期生长与增加分蘖数。我们的研究表明，与低肥料 N 吸收效率品种相比，高肥料 N 吸收效率品种分蘖出现早而快，具有的最大分蘖数明显高于低肥料 N 吸收效率品种（图 3-20、图 3-21）。可以用分蘖发生速率来衡量分蘖产生的快慢：分蘖发生速率 [个/(m^2·d)]=(单位面积的最大分蘖数−移栽时的分蘖数)/移栽至分蘖数达到最大时的天数。在我们的研究中，高肥料 N 吸收效率品种 S25 和 QL 的分蘖发生速率分别比低肥料 N 吸收效率品种 HK3 高 12.7% 和 42.1%，高、低肥料 N 吸收效率品种的分蘖发生速率差异显著。由此说明，早生快发、建立前期的大群体是提高肥料 N 和基肥 N 吸收效率的有效措施。

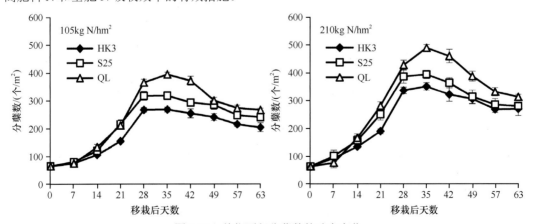

图 3-20　单位面积分蘖数的动态变化

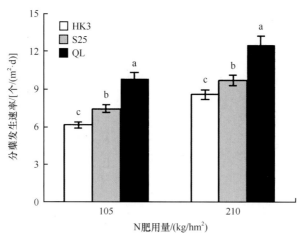

图 3-21　不同氮肥用量下水稻的分蘖发生速率

基于在水稻分期施肥中，基肥 N 吸收利用效率低，而穗肥 N 吸收利用效率高，有学者提出氮肥后移，即降低基肥 N 和分蘖肥 N 的比例，而相应地增加穗肥 N 的氮肥施用策略。然而，这种施肥方法没有考虑到每次施肥时残留在土壤中的肥料氮（残留土壤氮），以及即使是在大量施肥时，植物也从土壤中吸收大量的氮的事实。我们用 ^{15}N 标记尿素示踪基肥 N、分蘖肥 N 和穗肥 N 的去向，结果表明（图 3-22），施用的肥料 N 能被水稻植株回收的占 21%～36%，另有 15% 的肥料 N 保持在 0～20cm 土壤深度内。虽然穗肥 N 在植株中的回收率（33%～58%）高于基肥 N 和分蘖肥 N（13%～29%），但 90% 以上残留在土壤中的 N 源自基肥 N，说明基肥 N 是土壤 N 的重要来源。水稻收获期，植株和土壤中的基肥 ^{15}N、分蘖肥 ^{15}N 及穗肥 ^{15}N 的回收率分别为 70%、29% 和 46%，基肥 N 的回收率高于穗肥 N 和分蘖肥 N，说明植株的基肥 N 的低吸收并不意味着高的基肥 N 流失，减少基肥 N 而增加穗肥 N 的施肥策略并不可取。

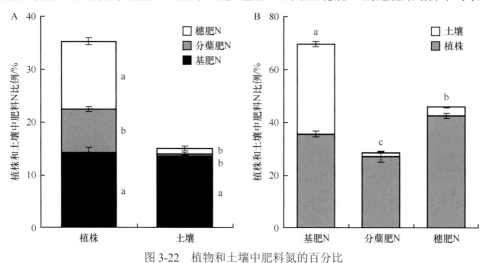

图 3-22　植物和土壤中肥料氮的百分比

图 A 中柱旁的不同小写字母表示不同时期施用的肥料 N 在土壤或植株中的比例存在显著差异（$P < 0.05$）；
图 B 中柱上方的不同小写字母表示不同时期施用的肥料 N 在土壤和植株的总比例存在显著差异（$P < 0.05$）

3. 水稻产量和效率的协同提升

由以上的研究可知，水稻生长前期早生快发、建立较大的群体结构是提高水稻光照辐射和氮肥利用效率的有效措施，也是增加水稻生物量的可行途径。以此为目标，建立水稻产量和效率的协同提升途径，具体措施包括培育壮秧、适度增密、基肥深施等，且在增加密度的同时，适度减少氮肥，可以进一步提高氮肥利用效率。

2016～2017 年，我们以杂交籼稻'内 2 优 6 号'为材料，在两种不同肥力的土壤上进行直播密度试验，研究结果（表 3-30）表明，播种密度为 25cm×17cm 的处理的产量比 25cm×23cm 增加 10% 以上。2018 年在此种植密度上设置高产高效处理，将其和农户传统种植相比，其中高产高效处理的播种密度为 25cm×17cm、1.57 万穴/亩，施氮量为 14.2kg/亩，基蘖穗肥比例为 50：25：25，基肥为缓释控释掺混肥料，基肥在播种的同时深施于土下 5～8cm；农户传统种植播种密度为 25cm×20cm、1.33 万穴/亩，氮肥用量为 16.25kg/亩，基蘖穗肥比例为 50：20：30，基肥为普通复合肥，基肥于播种前一天撒施于土表；为计算氮肥利用效率，同时设置空白对照——施氮量为 0kg/亩，播种密度为 25cm×20cm、1.33 万穴/亩。

表 3-30　不同直播密度下的水稻产量

地点	播种密度	产量/(kg/hm²)	
		2016 年	2017 年
地点 1	25cm×15cm	7804c	7842c
	25cm×17cm	8348a	8573a
	25cm×19cm	8152ab	8218b
	25cm×21cm	7892bc	8121b
	25cm×23cm	7938b	8140b
地点 2	25cm×15cm	9133b	9380b
	25cm×17cm	9433a	9611a
	25cm×19cm	8801c	8942c
	25cm×21cm	8437d	8831c
	25cm×23cm	8311d	8582d
方差分析			
密度		*	*
地点		*	*
密度×地点		*	*

注：同一地点同列不含有相同小写字母的表示不同播种密度之间在 0.05 水平产量差异显著，* 表示方差分析差异显著（P＜0.05）

在水稻收获期，选取了机直播高产高效技术示范片有代表性的 3 个田块，农户传统种植技术和空白对照田块各 1 块，按农业部（现农业农村部）水稻验收办法机割实收。测产结果（表 3-31）表明，在减氮 12.6% 下，通过适度增加密度和基肥深施，水稻产量较农户传统种植技术增产 2.8%，氮肥偏生产力提高了 18.0%，说明适度增密和基肥深施，建立良好的苗期群体结构，可以使产量和效率协同提高。

表 3-31　密度增加和基肥深施对产量与氮肥利用效率的影响

田块类型		实收面积/亩	毛谷重/kg	含水率/%	折合亩产/kg	氮肥偏生产力/(kg/kg)	氮肥农学利用率/(kg/kg)
高产高效处理	田块 1	0.90	729.4	24.0	718.0	50.6	11.8
	田块 2	0.89	710.4	24.2	708.0	49.9	11.1
	田块 3	0.82	675.1	24.6	726.1	51.1	12.4

续表

田块类型	实收面积/亩	毛谷重/kg	含水率/%	折合亩产/kg	氮肥偏生产力/(kg/kg)	氮肥农学利用率/(kg/kg)
农户传统种植	0.87	690.3	24.8	698.0	42.8	9.1
空白对照	0.86	534.8	24.3	550.0		

2018 年和 2019 年，以常规稻、杂交稻品种为材料，分别在浙江、湖北、江西、广东和广西开展氮肥与密度联合试验，结果表明，增密减氮对常规稻和杂交稻都是一种有效的途径，在基本苗充足的情况下，适量减氮仍可获得同等高产，且氮肥利用效率大幅度提高（表 3-32，图 3-23）。在当前 180kg/hm² 的施肥量下，常规稻完全可以在减少氮肥施用量 20%～30% 时，通过增加 30% 密度保持高产，穗数和颖花数较高是常规稻增密减氮下产量较高的主要原因。

表 3-32　常规稻和杂交稻施氮量、密度和产量互作

品种	N0			N1			N2			N3		
	D1	D2	D3	D1	D2	D3	D1	D2	D3	D1	D2	D3
黄华占	4.35b	4.55b	5.36bc	8.56a	9.60a	10.46a	10.25a	9.79a	9.59a	10.35a	9.69a	9.14a
粤农丝苗	4.65b	4.57b	5.28c	9.59a	9.91a	10.45a	10.30a	9.75a	9.60a	10.44a	9.70a	9.48a
Y 两优 900	7.73ab	8.47a	8.67a	9.77a	10.13a	10.43a	9.53a	10.03a	10.13a	9.90a	9.60a	10.43a
荃两优 681	8.01a	7.90a	8.73a	9.53a	9.67a	10.43a	8.77a	8.80a	9.73a	9.07a	8.73a	9.63a
品种（V）	**											
施氮量（N）	**											
密度（D）	*											
V×N	**											
V×D	ns											
N×D	ns											
V×N×D	ns											

注：常规稻和杂交稻因生长差异分别采取不同的氮肥和种植密度处理，常规稻的氮肥处理（N0、N1、N2、N3）分别为 0kg N/hm²、135kg N/hm²、180kg N/hm²、225kg N/hm²，杂交稻的氮肥处理分别为 0kg N/hm²、180kg N/hm²、225kg N/hm²、270kg N/hm²；常规稻的种植密度处理（D1、D2、D3）分别为 74 穴/m²、83.2 穴/m²、95.2 穴/m²，杂交稻的种植密度处理分别为 37 穴/m²、41.6 穴/m²、47.6 穴/m²。同列不含有相同小写字母的表示品种间差异显著（P＜0.05）；* 表示 P＜0.05，** 表示 P＜0.01，ns 表示无显著差异。下同

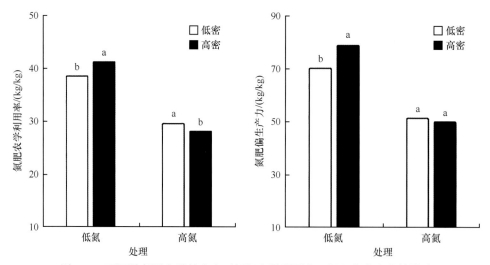

图 3-23　不同施氮量和种植密度对氮肥农学利用率、氮肥偏生产力的影响

第二节　东北粳稻产量与效率层次差异形成机理

水稻作为全世界 50% 以上人口的主要粮食作物，也是我国的三大粮食作物之一，近 5 年我国水稻的种植面积占全国粮食总种植面积的 28%，水稻总产占全国粮食总产的 34%。东北地区水稻面积近 530 万 hm^2，在我国水稻生产中占据重要地位。粮食产量的提高主要是通过增加粮食的播种面积和单产，但因目前对水和土地等资源无限制无保护地开发与利用，使原本有限的资源逐步走向枯竭，如果继续增加耕地面积就意味着需要开发利用肥力贫瘠、生态脆弱的土地，这不仅需要耗费大量的人力、物力，而且对生态环境的稳定也是一种破坏。因此，未来粮食总产的提升主要依靠粮食单产提高来实现。在水稻的实际生产过程中，农户田间生产的实际产量依然停留在较低的水平，与田间可获得的最大产量相比仍存在较大差距，其提升还存在很大的上升空间。如何缩小农户产量与潜在产量的差是提高区域稻谷产量的重要手段。同时，由于化肥的过量施用以及肥料管理的不恰当，在增加农户生产成本的同时也造成了严重的环境污染等问题。因此，在保证东北粳稻产量的同时减少肥料施用量，协同提高产量和资源利用效率，对于保障我国粮食安全具有重要意义。

一、东北粳稻产量与效率层次差异定量解析

（一）东北粳稻东北地区气候条件及气候限制因子分析

东北水稻种植区具有生长季光照充足、雨热同季等有利条件，生长季中太阳辐射及降水分布：东北地区太阳辐射呈经向分布，由东北向西南递增，太阳辐射的高值区集中在黑龙江西南部的齐齐哈尔、肇源，吉林西部的长岭、农安、松原，以及辽宁西部建平、彰武、绥中等地；低值区集中在西南部地区，包括辽宁西南的大连、丹东地区，以及吉林东部的临江、通化等地。降水量的分布趋势则与太阳辐射分布相反，呈由东南向西北逐渐减少的趋势，高值区降水量大于 550mm，主要集中在辽宁和吉林东部地区，由此线向西北逐渐减少；低值区出现在黑龙江西南部、吉林西北部和辽宁西部地区，降水量仅为 350～450mm。

但由于东北地区地处中高纬度地区，生长季中热量资源有限，生长季中积温分布规律如下：东北三省的积温总体呈现纬向分布，高值区基本分布在辽宁大部分地区，≥10℃的积温为 3500～4000℃·d，其中辽宁的阜新、辽阳、鞍山、营口、瓦房店以南地区积温大于 4000℃·d，由此线向东北递减，黑龙江大部分地区积温为 2500～3000℃·d，最低值区集中在黑龙江北部的嫩江、呼玛等地，积温为 1500～2000℃·d。同时水稻生长发育和产量形成对温度条件反应敏感，因此易发生水稻低温冷害，低温冷害是东北地区水稻主要的农业气象灾害。水稻生长季出现持续性低温，生长发育和灌浆、成熟缓慢，则发生延迟型冷害；夏季 7～8 月水稻生殖生长关键期出现短期强降温天气，结实率下降，则发生障碍型冷害。

1. 东北地区水稻低温冷害空间分布

东北地区水稻延迟型冷害存在明显的空间分布差异，主要表现为由南向北增加的纬向分布。水稻延迟型冷害发生的高值区主要分布在黑龙江北部地区，冷害发生频率大于 40% 的区域位于黑龙江西北部。辽宁是延迟型冷害的低发区，其南部沿海地区的冷害发生频率低于 17%，为冷害发生频率的低值区。

东北地区水稻障碍型冷害也存在明显的空间分别差异，总体呈现由南到北逐渐增加的趋势。水稻障碍型冷害的高值区位于黑龙江北部和吉林东部，大部分地区发生频次为 20～50，

其中黑龙江北部嫩江、孙吴等地冷害频次在 50 以上；辽宁、吉林中西部及黑龙江南部的大部分地区为低值区，障碍型冷害发生频次均低于 10。

2. 试验期间气象灾害发生情况

在 2017～2020 年试验期间，东北地区 5～9 月温度距平值及冷害发生情况如图 3-24 所示。试验期间 5～9 月大部分地区温度距平值高于多年平均，整体热量情况较好，但 2019 年中北部地区热量低于其他年份，其中黑龙江低于多年平均。从延迟型冷害发生情况看，2017 年、2018 年、2020 年生长季中热量条件较好，冷害仅发生在北部和东部的冷凉地区，且发生较少；2019 年，吉林和黑龙江热量不足，冷害发生多于辽宁，特别是黑龙江生长季内发生持续低温，延迟型冷害的站次比也明显高于其他年份。从障碍型冷害发生情况看，障碍型冷害多发于东北地区北部的黑龙江，各年均有发生，其中 2019 年发生的站次比较高，抽穗开花期障碍型冷害发生频率均明显高于孕穗期，吉林、辽宁鲜有发生。

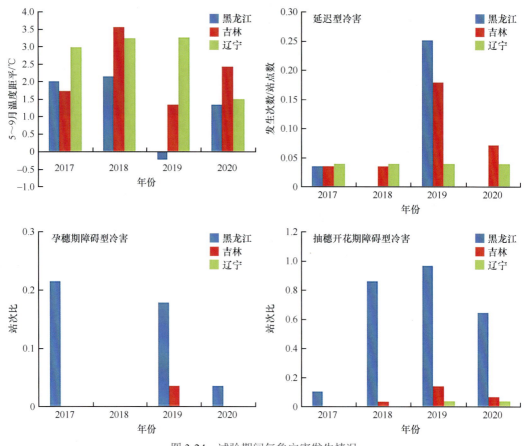

图 3-24　试验期间气象灾害发生情况

（二）东北粳稻区不同层次产量差的空间分布特征

通过农户调研对农户产量水平与区域产量潜力比较发现（图 3-25），辽宁稻区农户产量总体上实现区域产量潜力的 42.7%，其中辽南、辽中、辽北稻区分别实现区域产量潜力的 43.8%、42.3%、41.9%；吉林稻区农户产量总体上实现区域产量潜力的 45.6%，其中黑土稻区、盐碱稻区分别实现区域产量潜力的 49.9%、44.1%；黑龙江稻区农户产量总体上实现区域产量潜力的 50.5%，其中第一积温带、第二积温带、第三积温带分别实现区域产量潜力的 43.9%、54.4%、53.3%。从总体上看，产量潜力随纬度的提高呈逐渐降低的趋势，但农户产量与区域产量潜力差随纬度的提高呈逐渐缩小的趋势。

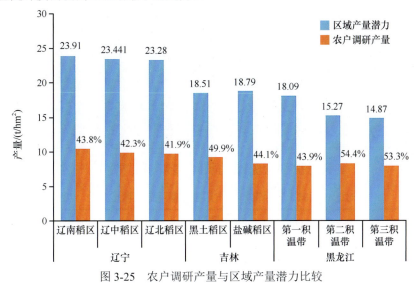

图 3-25　农户调研产量与区域产量潜力比较

（三）东北粳稻实际产量和效率的年际间、区域间、处理间变化

为了探明东北粳稻产量和效率层次差异形成的生理机制，我们在辽宁（辽南稻区、辽中稻区、辽北稻区）、吉林（盐碱稻区、黑土稻区）和黑龙江（第一积温带稻区、第二积温带稻区、第三积温带稻区）共选择 8 个共性试验点，设置超高产水平（SH）、高产高效水平（HH）、农户水平（FP）和基础地力水平（ISP）共 4 个水平的共性试验，对农田群体生产性能和资源利用性能指标进行定量解析，结合光温生产潜力分析，系统分析了不同产量水平农田群体生产性能指标和资源利用性能指标的差异性与关联性，明确了产量层级递变过程中群体指标的趋变规律及量化特征。

1. 东北粳稻区产量的年际间、区域间、处理间变化

从产量来看，受环境条件等影响每个生态区产量在年际间存在一定的变异幅度（图 3-26），总体上 2018 年和 2019 年产量水平较高，2020 年产量水平较低，这主要受低温和台风等极端天气的影响，造成前期生育进程延迟，后期光照多雨导致倒伏等。处理间产量为 SH＞HH＞FP＞ISP，高产年份处理间产量差异增大。针对区域间比较，对于 ISP 产量，辽南明显大于吉林和黑龙江。对于 FP 产量，辽宁和吉林的产量要显著高于黑龙江，年际差异与产量总体差异趋势一致。对于 HH 产量，以辽宁南部产量最高，吉林盐碱稻区次之，这得益于盐碱稻区的少雨多日照的自然环境条件，黑龙江稻区以第二积温带最高。对于 SH 产量，以辽宁 2019 年的辽南稻区产量最高，达到了 12.82t/hm²，总体表现 2019 年＞2018 年＞2020 年和 2017 年，4 年平均产量吉林最高，达到 11.74t/hm²，辽宁为 11.57t/hm²，黑龙江为 9.77t/hm²。

从 4 年平均值来看，FP 与 ISP 的产量差以吉林（3.77t/hm²）＞辽宁（3.37t/hm²）＞黑龙江（2.75t/hm²），辽宁以辽北差异最大，辽中最低，吉林盐碱稻区差异大于黑土稻区，黑龙江以第一积温带差异最小（2.51t/hm²）；HH 与 FP 的产量差以黑龙江（1.29t/hm²）＞吉林（1.09t/hm²）＞辽宁（0.95t/hm²）；SH 与 HH 的产量差以吉林（1.20t/hm²）＞黑龙江（1.09t/hm²）＞

辽宁（0.95t/hm²），其中辽宁稻区以辽中稻区差异最大（1.18t/hm²），吉林以黑土稻区差异较大（1.46t/hm²），而黑龙江稻区以第一积温带稻区差异最大（1.92t/hm²）。

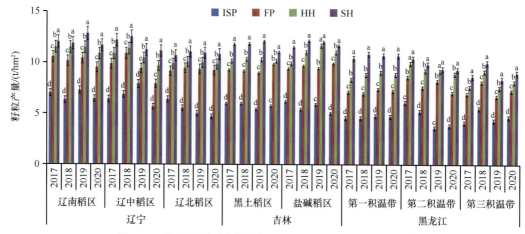

图 3-26　东北粳稻区产量的年际间、区域间、处理间变化

图柱上不同小写字母表示同一稻区同一年份不同处理间差异显著（$P<0.05$），下同

2. 东北粳稻区潜在产量及不同模式产量潜力实现率

从区域潜在产量（图 3-27）来看，辽宁（23.54t/hm²）＞吉林（18.65t/hm²）＞黑龙江（16.08t/hm²），辽宁稻区 SH 实现了潜在产量的 40%～57%，HH 实现了潜在产量的 37%～53%，

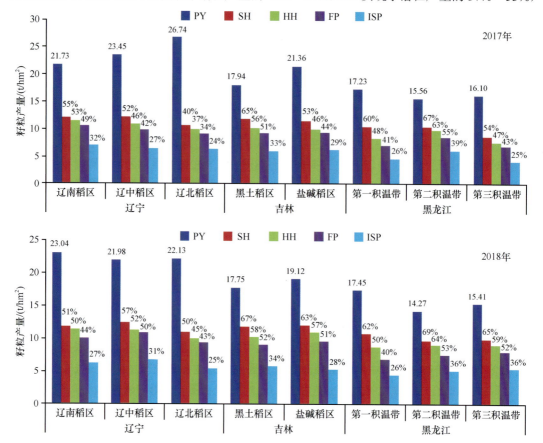

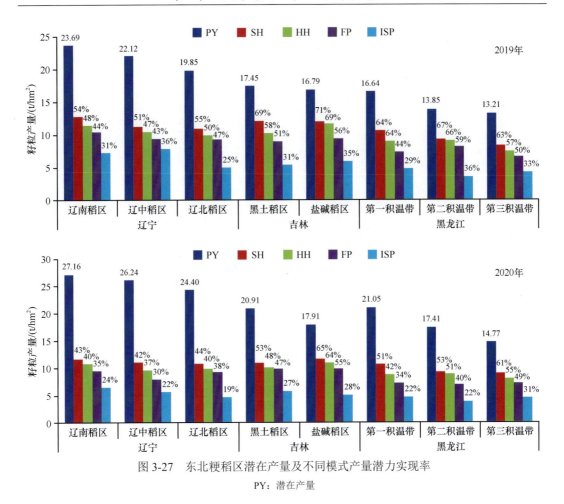

图 3-27　东北粳稻区潜在产量及不同模式产量潜力实现率

PY：潜在产量

FP 实现了潜在产量的 30%～50%，ISP 实现了潜在产量的 19%～36%；吉林稻区 SH 实现了潜在产量的 53%～71%，HH 实现了潜在产量的 46%～69%，FP 实现了潜在产量的 44%～56%，ISP 实现了潜在产量的 27%～35%；黑龙江 SH 实现了潜在产量的 51%～69%，HH 实现了潜在产量的 42%～66%，FP 实现了潜在产量的 34%～59%，ISP 实现了潜在产量的 22%～39%。由此可见，SH、HH、FP 与潜在产量的产量差或者说其产量进一步提升的空间都为辽宁＞黑龙江＞吉林。

3. 东北粳稻区水稻氮肥偏生产力的年际间、区域间、处理间变化

从氮肥偏生产力（PFP$_N$，图 3-28）来看，处理间比较，总体上为 HH＞SH＞FP，HH 的氮肥偏生产力与其他两个产量水平的 PFP$_N$ 差异均达到了显著水平，HH 和 FP 只在个别年份差异未达到显著水平。年际间比较，PFP$_N$ 以 2018 年显著高于其他 3 个年份，与产量的变化趋势相近。区域比较，从 4 年平均值来看，吉林（59.57kg/kg）＞黑龙江（54.10kg/kg）＞辽宁（44.52kg/kg），FP、HH 和 SH 也呈吉林＞黑龙江＞辽宁的趋势；辽宁稻区呈现辽北稻区＞辽中稻区＞辽南稻区，吉林盐碱稻区大于黑土稻区，而黑龙江则呈现第二积温带＞第三积温带＞第一积温带，但差异不显著。由此可见，辽宁的缩差潜力要大于黑龙江和吉林，辽南和辽中的 FP 与 SH 缩差潜力更大。

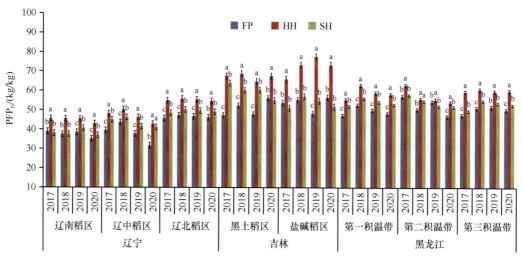

图 3-28　东北粳稻区水稻氮肥偏生产力（PFP$_N$）的年际间、区域间、处理间变化

4. 东北粳稻区水稻热量利用效率的年际间、区域间、处理间变化

从热量利用效率（heat use efficiency，HUE）（图 3-29）来看，产量提升过程中 HUE 增加，但是除辽北稻区的 FP 与 HH 之间 HUE 差异不显著外，其他各处理间差异均达到了显著水平。年际间比较，HUE 以 2017 年＞2018 年＞2019 年＞2020 年。区域间比较，HUE 总体上呈随纬度的提高而呈增加趋势，黑龙江显著高于吉林和辽宁稻区，辽宁稻区呈辽北稻区＞辽南稻区＞辽中稻区，吉林黑土稻区高于盐碱稻区，黑龙江呈现第三积温带＞第二积温带＞第一积温带。

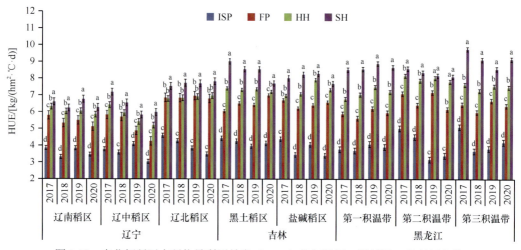

图 3-29　东北粳稻区水稻热量利用效率（HUE）的年际间、区域间、处理间变化

5. 东北粳稻区水稻光能利用效率的年际间、区域间、处理间变化

从光能利用效率（photosynthetic efficiency，PUE）（图 3-30）来看，产量提升过程中 PUE 增加，呈 SH＞HH＞FP＞ISP，除了辽北稻区 FP 与 HH 差异不显著，其他各处理之间差异均达到了显著水平。年际比较，PUE 呈 2019 年＞2018 年＞2017 年＞2020 年。区域间比较，PUE 以吉林（1.68%）高于黑龙江（1.41%）和辽宁（1.3%），辽宁稻区呈现辽中稻区＞辽南

稻区＞辽北稻区，吉林黑土稻区高于盐碱稻区，黑龙江呈第一积温带＞第二积温带＞第三积温带。缩差潜力最大的区域为辽宁，特别是 FP 和 HH。

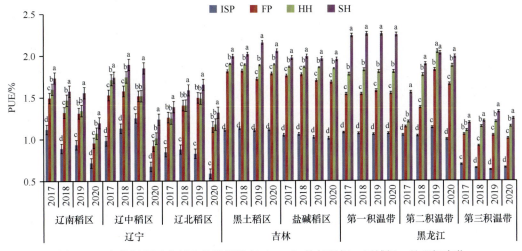

图 3-30　东北粳稻区水稻光能利用效率（PUE）的年际间、区域间、处理间变化

6. 东北粳稻区水稻水分利用效率的年际间、区域间、处理间变化

东北粳稻区水稻水分利用效率的年际间、区域间、处理间变化见图 3-31。从年际看，WUE 呈 2018 年＞2017 年＞2019 年＞2020 年，与产量变化趋势基本一致。从区域看，WUE 呈现辽宁＞黑龙江＞吉林，辽宁稻区呈现辽南稻区＞辽北稻区＞辽中稻区，吉林黑土稻区高于盐碱稻区，黑龙江呈第二积温带＞第三积温带＞第一积温带。缩差潜力较大的区域为黑龙江和吉林。从处理看，除黑龙江第二和第一积温带表现为 HH＞SH＞FP＞ISP 外，其他种植区域均变化为 SH＞ HH＞FP＞ISP，各处理间差异达显著水平（图 3-31）。

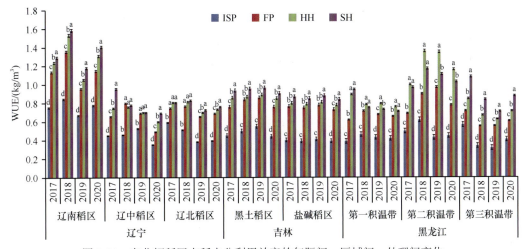

图 3-31　东北粳稻区水稻水分利用效率的年际间、区域间、处理间变化

（四）东北粳稻产量与效率提升过程中的趋变规律

1. 东北粳稻区产量与效率的回归分析

回归分析结果显示（图 3-32），产量与热量利用效率（heat use efficiency，HUE）、光能利

用效率（photosynthetic efficiency，PUE）、水分利用效率（water use efficiency，WUE）均呈极显著正相关，而 PFP_N 与产量无显著相关性。因此产量提升的过程中这些资源利用效率也随之提升。

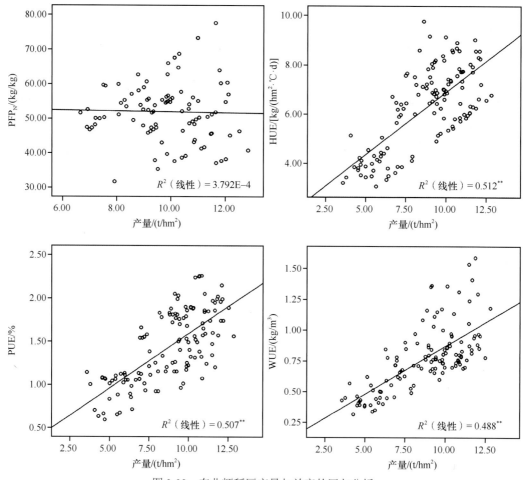

图 3-32　东北粳稻区产量与效率的回归分析

2. 水稻产量与穗数、穗粒数、千粒重和收获指数的相关性

进一步分析发现，东北稻区水稻产量主要受控于有效穗数和穗粒数（图 3-33）。由此说明区域内通过增穗增粒和提高收获指数能协同提高东北粳稻产量与资源利用效率。

3. 水稻穗数和穗粒数与氮肥利用效率的相关性

由东北粳稻区穗数和穗粒数与 PFP_N 的相关性分析可知，PFP_N 并未随穗粒数和穗数的提高而提高（图 3-34）。

4. 生物量和收获指数与氮肥利用效率的相关性

东北粳稻区生物量和收获指数与氮肥利用效率的相关性并不显著，这表明东北粳稻区增加生物量同时提高收获指数并未能提高水稻氮肥利用效率（图 3-35）。

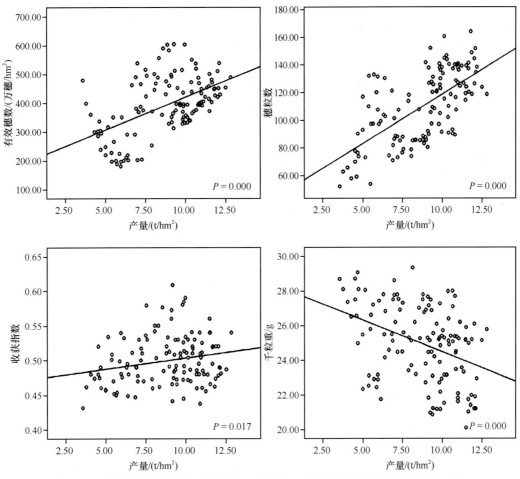

图 3-33　东北粳稻区产量与有效穗数、穗粒数、收获指数和千粒重的相关性分析

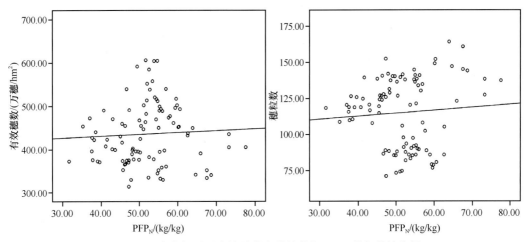

图 3-34　东北粳稻区有效穗数和穗粒数与 PFP_N 的相关性分析

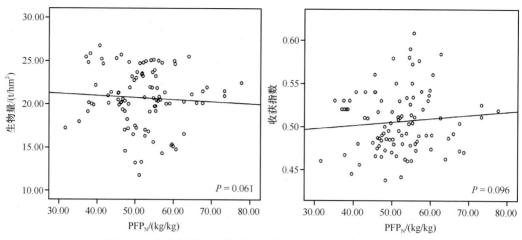

图 3-35　东北粳稻区生物量和收获指数与 PFP$_N$ 的相关性分析

5. 2017～2020 年东北粳稻不同模式产量性能指标变化

由表 3-33 可知，从 ISP 到 FP、FP 到 HH 以及 HH 到 SH 的产量提升的过程中，各区域都表现为依靠增加穗数和穗粒数，从而提高生物量，进而提高籽粒产量。

表 3-33　不同模式产量构成因素变化

区域		处理	籽粒产量/ （t/hm²）	有效穗数/ （万穗/hm²）	穗粒数	结实率/%	千粒重/g	生物量/ （t/hm²）	收获指数
	辽南稻区	ISP	6.75d	205.16b	104.02b	91.91a	27.69a	13.86c	0.49b
		FP	10.15c	414.90a	113.38a	86.46b	25.00b	19.24b	0.53a
		HH	11.32ab	428.93a	118.77a	88.89b	25.17b	20.78b	0.55a
		SH	12.09a	452.1a	121.19a	88.89b	25.52b	25.69a	0.53a
辽宁	辽中稻区	ISP	6.70d	240.82c	115.87b	86.03ab	25.07a	14.71d	0.45b
		FP	9.52c	378.87b	115.40b	84.90b	24.20a	20.22c	0.47ab
		HH	10.58b	405.13a	129.20a	83.52b	24.45a	22.4b	0.49a
		SH	11.75a	427.87a	131.64a	87.36a	24.46a	25.20a	0.48a
	辽北稻区	ISP	5.40c	260.92c	96.32b	90.49a	25.64a	11.94c	0.47b
		FP	9.30b	366.08ab	126.82b	85.51b	24.90a	20.24b	0.47b
		HH	9.94b	346.23b	136.70a	87.79b	25.32a	20.28b	0.52a
		SH	10.86a	389.57a	138.57a	85.25b	25.26a	22.68a	0.49b
	黑土稻区	ISP	5.76d	190.70c	126.14b	92.34a	23.02a	11.67d	0.50a
		FP	9.31c	326.46b	143.31a	85.45b	22.05ab	19.74c	0.47b
		HH	10.21b	341.42b	149.25a	90.34a	22.75a	21.15b	0.48b
		SH	11.67a	449.99a	151.61a	88.59ab	21.84b	24.74a	0.47b
吉林	盐碱稻区	ISP	5.61c	218.03c	111.79c	85.96a	22.27a	11.26d	0.50ab
		FP	9.60b	391.37b	125.86b	83.88a	21.11b	19.68c	0.49b
		HH	10.88a	408.17b	131.54b	86.45a	21.84ab	21.25b	0.51a
		SH	11.81a	508.18a	140.13a	79.92b	20.89b	24.51a	0.48b

续表

区域		处理	籽粒产量/ （t/hm²）	有效穗数/ （万穗/hm²）	穗粒数	结实率/%	千粒重/g	生物量/ （t/hm²）	收获指数
黑龙江	第一积温带	ISP	4.63c	297.14d	74.67c	88.46a	28.34a	11.85d	0.49b
		FP	7.14b	378.84c	86.17b	90.44a	27.10a	17.17c	0.50a
		HH	8.72b	464.03b	86.64b	89.43a	27.10a	20.01b	0.52a
		SH	10.64a	524.08a	91.16a	89.74a	27.30a	24.94a	0.48b
	第二积温带	ISP	4.64c	387.07c	71.55c	94.52a	28.07a	12.92d	0.48c
		FP	7.81b	447.60b	92.02b	94.24a	27.86a	18.18c	0.53b
		HH	9.26a	507.72a	92.72b	92.73b	27.21a	20.87b	0.57a
		SH	9.70a	526.46a	100.84a	92.26b	26.89a	22.89a	0.54b
	第三积温带	ISP	4.62c	337.53c	59.41d	90.40a	26.56a	8.64d	0.47c
		FP	7.21ab	466.28b	73.35c	89.16ab	24.47b	13.20c	0.52b
		HH	8.06a	501.36b	78.90b	88.43b	25.13b	15.09ab	0.54a
		SH	8.98a	583.81a	87.72a	87.09b	23.79c	16.30a	0.51b

注：同一区域内同列 4 个产量水平不含有相同小写字母的表示在 0.05 水平差异显著

二、东北粳稻产量与效率层次差异主控因子/限制因子

通过对东北粳稻区域内的 1111 户农户调查发现，东北粳稻产量和效率提升的限制因子如下（表 3-34 和图 3-36）。

表 3-34　东北粳稻区不同省份产量和效率及其限制因子分析

省份	生态区	非生物因素	市场因素	栽培因素	生物因素
辽宁	东南沿海稻区	土壤盐碱化	稻谷价格低 人工成本高	苗期管理不当 氮肥过量	穗颈瘟较重
	辽河三角洲稻区	抽穗前后阴雨低温	稻谷价格低 人工成本高	苗期管理不当 氮肥过量	苗期恶苗病 中后期穗颈瘟
	中部平原区	抽穗前后阴雨低温	稻谷价格低 人工成本高	氮肥施用不当	稻瘟病、稻飞虱及水 葱等恶性杂草
	辽北平原稻区	灌浆期低温	稻谷价格低 人工成本高	品种选择不当 氮肥施用过量	稻瘟病较重
	东部山区	季节性缺水 灌浆期低温	稻谷价格低 人工成本高	品种单一 施肥不当引起倒伏	纹枯病重
吉林	黑土稻区	孕期低温 分蘖期低温 抽穗前后光照不足	稻谷价格低 农药、化肥价格高 人工成本高	品种选择不当 化肥过量，插秧过稀 水分管理不当 苗期管理不当	稻瘟病及慈姑、泽泻、 水葱等恶性杂草
	盐碱稻区	土壤盐渍化 抽穗前后阴雨低温 分蘖期低温	稻谷价格低 化肥价格高 农药价格高	品种选择不当 水肥管理不当 苗期管理不当	稻瘟病及慈姑、泽泻、 水葱等恶性杂草
黑龙江	第一积温带	孕穗期低温	稻谷价格低 人工成本高	倒伏 品种选择不当	二化螟、负泥虫，粒 褐变
	第二积温带	孕穗—抽穗期低温 苗期冷害	人工成本高 化肥价格偏高	品种选择不当 苗期管理不当	稻瘟病，穗褐变
	第三积温带	分蘖期低温	人工成本高 稻谷价格低	品种越区种植	苗期恶苗病 后期稻瘟病、纹枯病

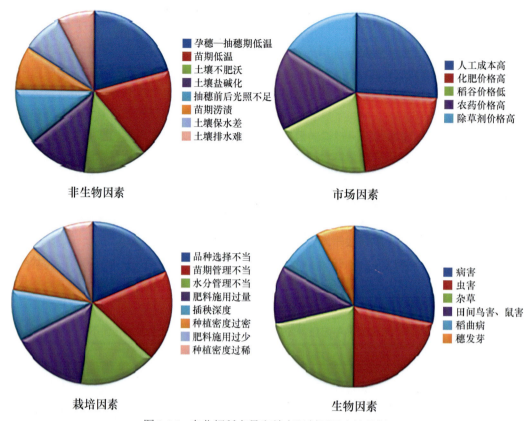

图 3-36　东北粳稻产量和效率限制因子占比分析

非生物因素：①低温冷害；②抽穗前后光照不足；③土壤盐渍化。

市场因素主要有：①人工成本高；②稻谷价格低；③化肥与农药价格高。

栽培因素：①品种选择不当；②氮肥施用过量及管理不当；③苗期管理不当；④水分管理不当；⑤倒伏。

生物因素：①稻瘟病；②恶苗病；③恶性杂草；④纹枯病；⑤二化螟；⑥负泥虫。

综合分析来看，气象因素、水肥投入与管理不合理以及土壤盐渍化在各因素中占比较大。此外，传统施肥方式和移栽密度导致肥料利用效率与生产效率低，也限制了东北粳稻产量和效率的进一步提升。

三、东北粳稻产量与效率层次差异形成机理解析

（一）不同模式产量和效率差异机理

1. 群体物质生产与转运

（1）不同产量层次群体各生育时期物质生产比较

由表 3-35 可见，东北稻区粳稻不同产量水平群体各生育时期的干物质积累量及其比例在不同生态区域表现并不完全一致，但从总体上看，SH 产量水平下，无论是齐穗期前还是齐穗期后均具有较高的干物质积累量，生物量均大于 HH 和 FP 产量水平。HH 产量水平下各生育时期的干物质积累量均高于 FP 产量水平的水稻群体。由此可见，在东北稻区粳稻产量的进一步提升一定要增加水稻各生育时期的物质生产能力，特别是齐穗期前的物质生产能力，这将

有利于水稻前期的群体迅速建成，提高水稻群体对温度和光能的利用效率。

表 3-35　不同产量水平下水稻主要生育时期干物质积累量及其比例

| 区域 | 产量水平 | 播种期—分蘖期 | | 分蘖期—拔节期 | | 拔节期—齐穗期 | | 齐穗期—成熟期 | | 地上部干物质积累总量/（t/hm²） |
		干物质积累量/（t/hm²）	比例/%	干物质积累量/（t/hm²）	比例/%	干物质积累量/（t/hm²）	比例/%	干物质积累量/（t/hm²）	比例/%	
辽南稻区	ISP	0.41	3.06	3.55	26.73	5.24	39.45	3.96	29.82	13.29
	FP	0.89	4.43	5.50	27.51	5.68	28.41	7.80	39.02	19.98
	HH	1.13	4.53	6.02	24.06	6.30	25.2	11.43	45.71	25.00
	SH	1.22	4.64	6.81	25.9	5.98	22.73	12.16	46.26	26.29
辽中稻区	ISP	0.525	3.739	2.14	15.241	3.394	24.169	7.984	56.852	14.04
	FP	0.958	4.337	3.055	13.831	7.061	31.963	11.016	49.869	22.09
	HH	1.003	4.154	3.906	16.177	9.025	37.376	10.212	42.293	24.15
	SH	1.267	5.012	4.617	18.263	8.35	33.028	11.047	43.697	25.28
辽北稻区	ISP	0.15	1.30	3.11	26.01	6.06	50.75	2.62	21.95	11.94
	FP	0.19	0.92	5.46	26.98	7.49	37.01	7.10	35.09	20.24
	HH	0.18	0.87	6.44	31.77	6.00	29.57	7.67	37.80	20.28
	SH	0.21	0.94	6.97	30.71	7.11	31.33	8.40	37.02	22.68
吉林黑土稻区	ISP	0.68	6.20	1.58	14.35	3.86	34.97	4.91	44.47	11.04
	FP	1.13	7.18	2.37	15.08	6.59	41.82	5.66	35.91	15.75
	HH	1.42	7.95	2.61	14.59	5.56	31.04	8.32	46.42	17.91
	SH	2.14	8.58	3.22	12.88	7.62	30.48	12.00	48.06	24.98
吉林盐碱稻区	ISP	0.94	10.76	1.62	18.49	2.69	30.83	3.49	39.91	8.74
	FP	1.67	10.32	2.40	14.83	5.61	34.67	6.50	40.17	16.18
	HH	2.15	12.29	3.11	17.77	5.46	31.20	6.78	38.74	17.50
	SH	2.42	9.66	5.33	21.28	9.10	36.33	8.20	32.73	25.05
黑龙江第一积温带	ISP	0.71	6.00	1.79	15.11	6.36	53.81	2.96	25.08	11.82
	FP	1.22	6.92	4.43	25.15	7.59	43.05	4.42	24.89	17.67
	HH	1.23	6.00	5.16	25.09	9.55	46.43	4.67	22.49	20.61
	SH	1.67	6.56	5.93	23.29	9.96	39.07	7.95	31.08	25.51
黑龙江第二积温带	ISP	0.60	4.68	1.79	13.84	6.06	46.89	5.51	42.65	12.92
	FP	1.41	7.76	4.13	22.73	6.59	36.24	6.07	33.39	18.18
	HH	1.53	7.23	4.66	21.96	7.55	35.59	7.47	35.22	21.21
	SH	2.07	8.93	5.33	22.99	7.76	33.44	8.09	34.87	23.20
黑龙江第三积温带	ISP	0.60	6.61	1.86	20.45	3.11	34.24	4.05	44.55	9.08
	FP	0.70	6.13	2.60	22.79	3.76	32.94	4.91	42.98	11.42
	HH	1.40	8.83	4.50	28.37	4.89	30.81	6.34	39.95	15.86
	SH	2.00	11.55	5.24	30.25	5.23	30.20	6.82	39.37	17.32

（2）不同产量层次群体水稻抽穗期至成熟期各器官干物质转运

干物质积累是产量提高的物质基础。在本试验范围内，在东北粳稻区不同器官对籽粒产量的贡献率在不同试验区表现并不一致（表3-36），但从总体上看，提高茎、叶、鞘等器官的干物质对穗的贡献能力，可以提高区域水稻产量，表明本试验范围内灌浆期（抽穗期—成熟期）光合同化协同提高茎、叶、鞘等器官的转运能力是东北粳稻产量缩差的主要技术途径之一。

表 3-36　不同产量水平水稻抽穗期至成熟期各器官的干物质转运

区域	产量水平	茎鞘		叶片		穗部干物质增加量/(t/hm²)	干物质转运对穗的贡献率/%
		干物质转运量/(t/hm²)	干物质转运率/%	干物质转运量/(t/hm²)	干物质转运率/%		
辽南稻区	ISP	0.47	7.56	0.39	30.03	5.58	19.59
	FP	0.85	13.08	0.62	30.10	7.42	20.24
	HH	1.20	20.31	0.92	35.10	8.38	25.62
	SH	1.31	32.01	1.09	38.26	9.45	26.03
辽中稻区	ISP	0.47	9.53	0.43	30.57	5.82	15.41
	FP	0.52	7.91	0.71	22.61	8.49	14.46
	HH	1.49	17.58	1.19	32.24	9.09	29.46
	SH	1.80	18.82	1.12	33.02	10.89	26.83
辽北稻区	ISP	0.99	16.67	0.62	31.02	4.24	29.01
	FP	0.04	0.50	0.66	18.60	7.80	7.30
	HH	0.70	9.17	0.55	16.58	8.91	11.82
	SH	0.05	0.55	0.71	18.45	9.16	6.80
吉林黑土稻区	ISP	0.41	5.26	0.66	27.02	6.79	10.08
	FP	0.44	5.88	0.75	31.36	7.33	14.67
	HH	0.61	6.36	1.02	35.97	8.79	15.38
	SH	1.22	13.51	1.33	39.17	10.33	16.77
吉林盐碱稻区	ISP	0.45	6.51	0.63	28.76	7.08	9.40
	FP	0.47	6.61	0.76	30.49	7.67	10.37
	HH	0.68	7.14	1.03	32.12	9.67	14.33
	SH	1.32	14.66	1.31	40.28	11.41	15.82
黑龙江第一积温带	ISP	1.28	29.29	0.53	37.10	4.13	43.92
	FP	1.25	21.30	1.31	45.68	6.79	37.78
	HH	0.73	11.20	1.79	51.08	7.39	34.01
	SH	0.53	6.89	1.92	48.67	9.23	26.54
黑龙江第二积温带	ISP	0.93	28.48	0.19	9.80	5.09	7.89
	FP	0.48	6.23	0.79	31.95	7.90	34.92
	HH	0.86	11.00	0.56	23.29	10.06	25.79
	SH	1.04	11.61	0.76	26.06	10.53	21.77

续表

区域	产量水平	茎鞘		叶片		穗部干物质增加量/(t/hm²)	干物质转运对穗的贡献率/%
		干物质转运量/(t/hm²)	干物质转运率/%	干物质转运量/(t/hm²)	干物质转运率/%		
黑龙江第三积温带	ISP	0.52	8.52	0.28	30.49	4.82	14.16
	FP	0.59	12.30	0.60	32.23	7.11	14.50
	HH	0.70	13.18	0.71	29.71	7.74	15.00
	SH	0.63	14.16	0.81	29.63	8.39	14.34

2. 光合性能指标参数

（1）不同产量层次群体叶面积指数

水稻产量主要来自作物光合作用，在一定范围内适当提高作物光合面积有利于提高作物干物质生产能力。东北稻区水稻产量与齐穗期和生理成熟期的叶面积指数呈显著正相关（图3-37）。不同产量水平齐穗期的叶面积指数均大体呈现 SH＞HH＞FP＞ISP（图3-38），同时随着灌浆的持续进行，各产量层次的水稻群体叶面积指数降低，至生理成熟期达较低水平，但各产量层次群体叶面积指数均大体呈现 SH＞HH＞FP＞ISP（图3-38），这是水稻剑叶随生育进程的加快而逐渐衰老所致。因此，适当提高作物叶面积指数是东北稻区粳稻缩差的途径之一。

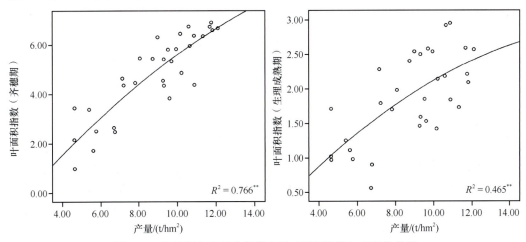

图 3-37 齐穗期和生理成熟期水稻叶面积指数与产量的关系

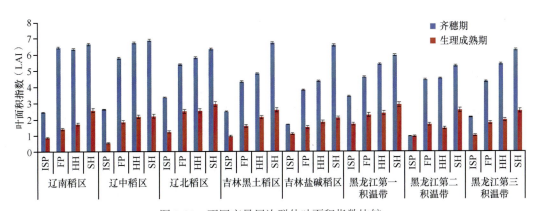

图 3-38 不同产量层次群体叶面积指数比较

（2）不同产量层次齐穗期至灌浆期群体净光合速率差异

东北稻区水稻产量与齐穗期（full heading stage）和灌浆期（filling stage）的剑叶净光合速率呈显著正相关（图 3-39）。总体上，不同产量水平齐穗期的水稻群体剑叶净光合速率均呈现 SH＞HH＞FP＞ISP（图 3-40），而随着灌浆的持续进行各产量层次的水稻群体剑叶净光合速率逐渐下降，各产量层次群体剑叶净光合速率仍然呈现 SH＞HH＞FP＞ISP 的趋势（图 3-40）。因此，提高叶片净光合速率并协同提高群体叶面积指数是东北稻区粳稻缩差的途径之一。

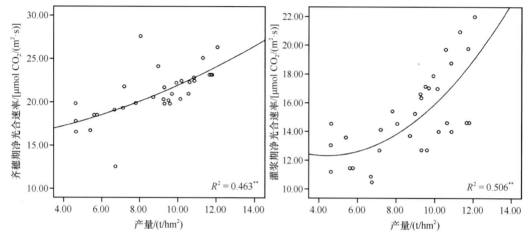

图 3-39　齐穗期和灌浆期水稻剑叶净光合速率与产量的关系

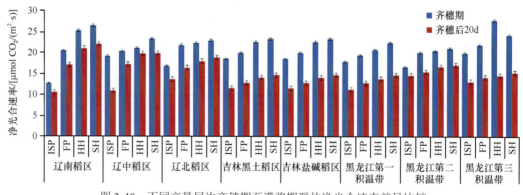

图 3-40　不同产量层次齐穗期至灌浆期群体净光合速率差异比较

（3）不同产量层次齐穗期至生理成熟期群体光合势差异

光合势是指单位面积上植物全生长期或某阶段生长期中总共有多少平方米的叶面积在进行干物质生产。光合势与籽粒产量呈显著正相关（图 3-41），表明光合势越大，稻谷生产则越多，产量也越高。从东北稻区不同产量层次群体齐穗期至生理成熟期每平方米光合势的差异比较上看，东北稻区的各生产区域均表现为 SH＞HH＞FP＞ISP（图 3-42）。从区域比较上看，总体表现为辽宁＞吉林＞黑龙江。因此，适当提高作物叶面积指数和净光合速率并协同提高光合势是东北稻区粳稻缩差的重要途径。

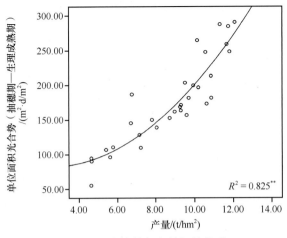

图 3-41　光合势与产量间的关系

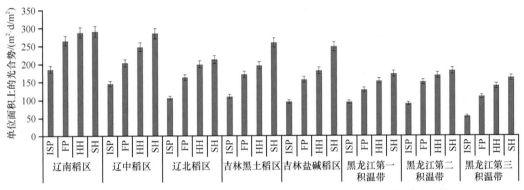

图 3-42　不同产量层次齐穗期至生理成熟期每平方米群体光合势差异比较

（二）主控因子作用机制

1. 秸秆炭化还田（生物炭）提高盐碱地水稻产量和氮素利用效率

苏打盐碱土就是以 Na_2CO_3 和 $NaHCO_3$ 为主要成分，交换性 Na^+ 含量高，pH 高，土壤分散性强，渗透性和结构性差，养分含量低。苏打盐碱胁迫除了离子毒害、渗透胁迫、高 pH 胁迫，还直接损伤作物，引起代谢紊乱，降低矿质元素利用率，抑制根系生长和土壤生物活性，制约盐碱地稻区水稻产量和效率的提升。课题组在吉林省大安市舍力镇的苏打盐碱地稻田开展秸秆炭化还田（生物炭）的定位试验。试验采用随机区组设计，设 4 个还田量处理，各处理施用量分别为 0t/hm²、33.75t/hm²、67.50t/hm²、101.25t/hm²。通过明确秸秆炭化还田（生物炭）对苏打盐碱稻田土壤特性和养分含量、根系生长及物质生产与氮素利用等的影响，阐明了秸秆炭化还田（生物炭）消减盐碱胁迫提升盐碱地水稻产量与氮肥利用效率的机理。

（1）土壤理化性质及养分含量

生物炭处理显著影响了土壤全氮和碱解氮含量（表 3-37）。与无生物炭处理（B0）相比，两年内的土壤全氮含量显著提高，而碱解氮含量显著降低。2017 年，与 B0 相比，B3 下全氮含量增加 91.30%，B2 增加 69.57%，B1 增加 30.43%。此外，生物炭处理之间存在显著差异，而生物炭处理与种植年限对土壤全氮含量有显著的交互作用。B1 处理碱解氮含量比 B0 降低了 8.02%，B2 处理降低了 16.00%，B3 处理降低了 19.98%，但各处理间差异不显著。2018 年与 B0 相比，B1、B2、B3 三个生物炭处理全氮含量分别提高了 33.33%、66.67%、123.81%，碱解氮含量分别降低了 20.76%、24.55% 和 30.21%。生物炭处理和种植年限显著降低了盐碱化稻田土壤 NH_4^+-N 含量。两年生物炭处理的含量依次为 B3＜B2＜B1＜B0，且各处理间的差异均达到了显著水平。各生物炭处理土壤 NH_4^+-N 含量随种植年限呈下降趋势。与 B0 相比，两年中施用生物炭后 NO_3^--N 含量均显著降低（表 3-37），顺序为 B3＜B2＜B1＜B0。生物炭处理之间的差异显著。

表 3-37 不同生物炭处理对不同种植年限土壤养分和化学性质的影响

土壤养分及化学参数	年份	生物炭处理				方差分析		
		0t/hm² (B0)	33.75t/hm² (B1)	67.50t/hm² (B2)	101.25t/hm² (B3)	处理	年份	处理×年份
全氮含量/(g/kg)	2017	0.23±0.02d	0.30±0.03c	0.39±0.02b	0.44±0.02a	**	NS	*
	2018	0.21±0.02d	0.28±0.03c	0.35±0.04b	0.47±0.03a			
碱解氮含量/(mg/kg)	2017	26.32±0.94a	24.21±0.67b	22.11±0.58b	21.06±1.01b	**	NS	NS
	2018	30.92±1.07a	24.50±0.75b	23.33±0.64b	21.58±0.99b			
铵态氮含量/(mg/kg)	2017	13.96±0.62a	8.60±0.32b	7.28±0.38c	5.57±0.75d	**	**	**
	2018	10.09±0.24a	6.52±0.05b	5.89±0.06c	4.75±0.20d			
硝态氮含量/(mg/kg)	2017	2.41±0.29a	1.52±0.27b	1.34±0.20c	1.00±0.15d	**	NS	**
	2018	2.03±0.09a	1.80±0.07b	1.58±0.05c	1.37±0.03d			
有机质含量/%	2017	0.71±0.03d	1.14±0.11c	1.63±0.10b	2.68±0.21a	**	**	NS
	2018	0.86±0.02d	1.14±0.06c	1.94±0.07b	2.77±0.14a			
碳氮比	2017	17.63±1.17d	22.30±2.27c	24.12±1.72b	35.47±1.34a	**	**	**
	2018	19.53±0.20d	24.83±1.07c	34.00±0.44b	38.17±0.47a			
有效磷含量/(mg/kg)	2017	7.29±0.31d	9.84±0.40c	13.51±1.00b	21.33±1.79a	**	NS	NS
	2018	5.20±0.72d	10.16±1.37c	15.18±0.99b	19.20±3.66a			
速效钾含量/(mg/kg)	2017	123.68±14.39d	179.96±5.44c	303.82±30.40b	416.79±31.16a	**	*	NS
	2018	105.27±9.06d	170.54±14.93c	269.76±18.13b	390.96±24.70a			
钠钾比	2017	10.54±1.23a	3.07±0.29b	2.06±0.50c	1.55±0.11d	**	**	**
	2018	9.36±1.123a	3.22±0.51b	2.09±0.31c	1.49±0.23d			

注：同一年份同行不同小写字母表示处理间在 0.05 水平差异显著。方差分析的显著性表示如下：NS 表示无显著差异，* 表示在 0.05 水平差异显著，** 表示在 0.01 水平差异显著。下同

土壤有机质（SOM）含量两年均表现为 B3＞B2＞B1＞B0（表 3-37）。2017 年，B1、B2、B3 的 SOM 含量分别比 B0 提高了 60.56%、129.58%、277.46%。2018 年 3 个生物炭处理 B1、B2、B3 的 SOM 含量分别比 B0 增加了 32.56%、125.58%、222.09%。两年中各处理间的差异均达到显著水平。2018 年的 SOM 含量高于 2017 年。生物炭处理和种植年限均显著提高了土壤 C/N（表 4-5）。生物炭处理与种植年限具有显著的交互效应，且随生物炭施用量和种植年限的增加而增加。两年中各处理间存在显著差异。2018 年 3 个生物炭处理土壤碳氮比平均比 2017 年提高 17.09%。

从表 3-37 可以看出，这两年盐碱化稻田土壤有效磷含量随着生物炭施用量的增加而增加。从平均来看，与 B0 相比，2017 年按不同用量添加生物炭（33.75t/hm²、67.50t/hm² 和 101.25t/hm²）使土壤有效磷含量增加 36.21%～192.59%，2018 年增加 95.38%～269.23%。生物炭处理对土

壤速效钾含量有极显著影响（$P<0.01$），种植年限对土壤速效钾含量有显著影响（$P<0.05$）。然而，生物炭处理与种植年限之间没有显著的交互作用。施用生物炭后，盐碱化稻田土壤速效钾含量在两年内均显著增加，且随着生物炭施用量的增加而增加。生物炭处理与 B0 之间存在显著差异，生物炭处理之间也存在显著差异。2018 年土壤速效钾含量低于 2017 年，且无交互效应。

生物炭的应用大大降低了土壤 Na^+/K^+（表 3-37）。2017 年，与 B0 相比，B1 降低了70.87%，B2 降低 80.46%，B3 减少了 85.29%。此外，生物炭处理之间存在显著差异。2018 年，3 种生物炭处理（$33.75t/hm^2$、$67.50t/hm^2$ 和 $101.25t/hm^2$）Na^+/K^+ 较无生物炭处理（B0）分别降低了 65.60%、77.67% 和 84.08%。生物炭处理与种植年限对土壤 Na^+/K^+ 的交互作用显著。2017 年和 2018 年，不同生物炭施用量（$33.75t/hm^2$、$67.50t/hm^2$ 和 $101.25t/hm^2$）使土壤 Na^+/K^+ 分别降低了 69.56%、79.73% 和 85.91%。土壤 Na^+/K^+ 的降低有助于降低盐碱胁迫。

（2）土壤酶活性

生物炭处理和种植年限对过氧化氢酶与碱性磷酸酶活性均有显著影响（表 3-38）。随着生物炭施用量的增加，过氧化氢酶和碱性磷酸酶活性增加，两年均为 B3>B2>B1>B0。平均而言，与 B0 相比，单独添加不同用量的生物炭（$33.75t/hm^2$、$67.50t/hm^2$ 和 $101.25t/hm^2$）可使过氧化氢酶活性提高 20%~54.76%，碱性磷酸酶活性提高 17.54%~21.13%。生物炭处理的过氧化氢酶和碱性磷酸酶活性随种植年限延长而增加。双因素方差分析结果表明，生物炭处理与种植年限之间存在显著的过氧化氢酶和碱性磷酸酶活性交互作用，即不同种植年限不同用量生物炭对过氧化氢酶和碱性磷酸酶活性的影响存在差异。生物炭处理和种植年限对脲酶活性有显著影响，但对脲酶活性无交互作用（表 3-38）。两年中，B2 脲酶活性最高，B3 次之，B0 最低。各生物炭处理之间存在显著差异。2017 年，不同用量生物炭（$33.75t/hm^2$、$67.50t/hm^2$ 和 $101.25t/hm^2$）使脲酶活性提高了 40%~53.33%，2018 年提高了 47.06~58.82%。不同生物炭处理的脲酶活性随种植年限显著增加。施用生物炭显著提高了蔗糖酶活性，呈 B3>B2>B1>B0 的趋势。2017 年，与 B0 相比，B3、B2 和 B1 的蔗糖酶活性分别提高了 52.19%、40.98% 和 14.75%。2018 年，3 个生物炭处理 B3、B2 和 B1 的蔗糖酶活性分别比 B0 提高了54.42%、44.50% 和 21.18%。

表 3-38　不同生物炭处理对不同种植年限土壤酶活性的影响

土壤酶活性	年份	生物炭处理				方差分析		
		0t/hm² (B0)	33.75t/hm² (B1)	67.50t/hm² (B2)	101.25t/hm² (B3)	处理	年份	处理×年份
过氧化氢酶活性/[mg/(g·min)]	2017	0.30±0.04d	0.36±0.02c	0.42±0.04b	0.53±0.01a	**	**	*
	2018	0.29±0.02d	0.42±0.02c	0.49±0.03b	0.61±0.02a			
碱性磷酸酶活性/[mg/(g·d)]	2017	0.28±0.01b	0.31±0.02a	0.32±0.01a	0.32±0.02a	**	**	**
	2018	0.29±0.01b	0.36±0.01a	0.39±0.02a	0.40±0.03a			
脲酶活性/[mg/(g·d)]	2017	0.15±0.02b	0.21±0.02a	0.23±0.01a	0.22±0.02a	**	**	NS
	2018	0.17±0.01b	0.25±0.02a	0.28±0.00a	0.27±0.01a			
蔗糖酶活性/[mg/(g·d)]	2017	3.66±0.19d	4.20±0.20c	5.16±0.21b	5.57±0.32a	**	NS	NS
	2018	3.73±0.22d	4.52±0.31c	5.39±0.19b	5.76±0.27a			

（3）土壤盐碱特性

由表 3-39 可见，施用生物炭增加了苏打盐碱稻田土壤 pH，表现为 B3＞B2＞B1＞B0，但生物炭处理较 B0 均未达到显著差异水平。土壤阳离子交换量（CEC）随着生物炭施用量的增加而增加，两年 B1、B2、B3 处理较 B0 处理平均增加了 7.86%、17.30%、24.03%。电导率（EC）随着生物炭施用量的增加而显著提高。土壤碱化度（ESP）随着生物炭施用量的增加而显著降低，且生物炭处理间均达显著水平，两年生物炭处理较 B0 分别降低了 34.60%～58.77%。钠吸附比（SAR）随生物炭施用量的提高而显著降低，且年际间存在显著效应。综上，可知生物炭施入苏打盐碱稻田土壤后，显著改善了土壤的化学性质，但对土壤 pH 的改变较小。

表 3-39　不同生物炭处理对不同种植年限土壤盐碱特性的影响

变量	pH	电导率/(dS/m)	阳离子交换量/(cmol/kg)	碱化度/%	土壤钠吸附比/(mmol/L)$^{1/2}$
年份					
2017	9.94±0.05a	42.43±2.79a	13.44±0.31a	22.39±0.37a	85.34±7.01a
2018	9.95±0.08a	42.68±3.05a	13.39±0.43a	21.66±1.46a	81.28±8.64a
处理					
0t/hm^2（B0）	9.89±0.09a	38.94±2.47c	11.95±0.33d	33.77±0.99a	251.34±10.37a
33.75t/hm^2（B1）	9.92±0.04a	42.15±2.49b	12.89±0.33c	20.13±0.68b	35.71±2.37b
67.50t/hm^2（B2）	9.96±0.08a	43.55±2.74b	14.01±0.24ab	16.52±1.08c	28.67±4.49c
101.25t/hm^2（B3）	10.01±0.07a	45.57±3.97a	14.82±0.60a	12.68±0.12d	16.29±1.19d
方差分析					
处理	NS	**	**	**	**
年份	NS	NS	NS	*	*
处理×年份	NS	NS	NS	NS	NS

（4）水稻根系形态及生理功能

施用生物炭对苏打盐碱地水稻根系形态特征具有明显的效应（表 3-40）。生物炭处理的水稻单株主根长在不同生育时期均高于对照，其中分蘖期、拔节期和抽穗期均表现为 B3＞B2＞B1＞B0，随生物炭施用量的增加呈逐渐增长的趋势，在灌浆期的表现与之前略有不同，表现为 B3＞B1＞B2＞B0；但 B3 的主根长在生育期均高于其他处理；生物炭各处理与 B0 大体上差异显著。由此可见，在水稻生育期，生物炭有利于苏打盐碱地水稻植株根系下扎，促进根系纵向生长，加大养分吸收面积。

表 3-40　生物炭对不同生育时期水稻根系形态特征的影响

性状	处理	分蘖期	拔节期	抽穗期	灌浆期
主根长/cm	B0	10.95b	14.50b	16.33b	16.70b
	B1	14.50a	16.10a	17.85ab	17.75a
	B2	14.75a	16.35a	20.65a	17.25a
	B3	18.35a	18.50a	21.55a	18.35a
根体积/cm^3	B0	4.10c	14.20b	35.10c	36.50c
	B1	7.40b	19.60a	50.70b	41.30b
	B2	9.30a	21.10a	65.50b	50.70b
	B3	11.50a	21.50a	95.30a	53.50a

续表

性状	处理	分蘖期	拔节期	抽穗期	灌浆期
根鲜重/g	B0	3.81c	12.85c	17.58c	15.59c
	B1	7.01b	16.82b	20.74b	17.30b
	B2	8.45a	16.25b	21.25b	18.33b
	B3	9.25a	20.12a	34.27a	23.92a

注：同一指标同列不同小写字母表示处理间在 0.05 水平差异显著

施用生物炭对苏打盐碱地水稻根体积产生了重要影响（表 3-40）。生物炭处理的根体积均大于对照，各个生育时期根体积均表现为 B3＞B2＞B1＞B0，随施炭量的增加而逐渐增大；B3 处理的根体积在抽穗期达到最大值，约是对照的 3 倍；施用生物炭后各处理与 B0 差异均达显著水平，施用生物炭作用明显。由此可见，生物炭处理有利于苏打盐碱地水稻根体积的增大，并在生育期内保持较高水平的根体积，从而延缓根系衰老，有利于满足后期地上部对养分的需求。

施用生物炭对苏打盐碱地水稻的根鲜重也有重要影响（表 3-40）。生物炭处理的水稻根鲜重在生育期均高于对照，并随施炭量的增加而增加，生育期高施炭量处理（B3）最高。分蘖期，根鲜重表现为 B3＞B2＞B1＞B0，差异显著，施用生物炭处理平均增幅达 200% 以上；拔节期表现为 B3＞B1＞B2＞B0，抽穗期和灌浆期表现为 B3＞B2＞B1＞B0，均表现为随施炭量的增加而增加；施用生物炭处理与 B0 差异均达显著水平，但增幅随施炭量增加而有所降低。

总体上看，施用生物炭对苏打盐碱地水稻主根长、根体积与根鲜重的影响较大，添加生物炭能有效促进苏打盐碱地水稻根系生长，改善水稻根系形态指标，增加水稻根系对养分的吸收利用。

施用生物炭对苏打盐碱地水稻根系氧化能力也产生了重要影响（图 3-43）。在分蘖期，生物炭处理的苏打盐碱地水稻根系氧化能力均高于对照，表现为 B1＞B2＞B3＞B0，根系氧化能力随施炭量增加而减小；而在拔节期和抽穗期，生物炭处理的根系氧化能力仍高于对照，表现为 B3＞B2＞B1＞B0，随施炭量增加而提高；在水稻灌浆期表现为 B2＞B3＞B1＞B0，施用生物炭仍有助于苏打盐碱地水稻维持一定的根系氧化能力。

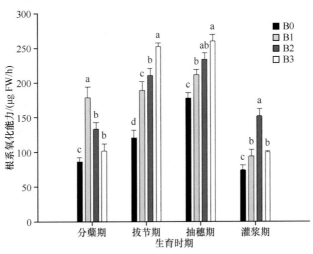

图 3-43　生物炭对不同生育时期水稻根系氧化能力的影响

　　总体来看，添加生物炭能明显增强水稻生育期的根系氧化能力，尤其在水稻生长后期仍能维持较高的氧化能力，这将有利于水稻对营养物质的吸收转运，促进水稻的籽粒灌浆，从而提高水稻产量。

　　在水稻生育期生物炭处理的根系总吸收面积均表现为 B3＞B2＞B1＞B0（表 3-41），随施炭量的增加而逐渐增大，生物炭处理与 B0 差异显著，对苏打盐碱地水稻根系总吸收面积的提升作用明显。根系活跃吸收面积与总吸收面积表现出相似趋势，生育期生物炭处理的水稻根系活跃吸收面积均显著大于 B0，在分蘖期、拔节期和抽穗期均表现为 B3＞B2＞B1＞B0，随施炭量的增加而增大；而灌浆期表现为 B2＞B3＞B1＞B0，与 B0 相比差异均达到显著水平。

表 3-41　生物炭对不同生育时期水稻根系总吸收面积与活跃吸收面积的影响　　　　　（单位：m²）

处理	根系总吸收面积				根系活跃吸收面积			
	分蘖期	拔节期	抽穗期	灌浆期	分蘖期	拔节期	抽穗期	灌浆期
B0	29.21b	56.39b	84.66b	89.17b	16.46b	27.84b	35.42c	36.08b
B1	34.77a	72.71a	99.27a	106.13a	22.17a	34.35a	41.60a	43.39a
B2	37.47a	74.81a	101.43a	110.36a	23.57a	35.13a	43.89a	47.89a
B3	37.94a	76.44a	103.55a	111.01a	25.27a	37.46a	45.34a	46.91a

注：同列不同小写字母表示处理间在 0.05 水平差异显著

　　从总体上看，生物炭处理的苏打盐碱地水稻根系总吸收面积与活跃吸收面积在生育期呈不断上升趋势，其中 B3 处理的提升幅度较大。苏打盐碱地水稻生育期生物炭处理明显提高了根系总吸收面积与活跃吸收面积，根系保持了相对较高的总吸收面积和活跃吸收面积，有利于增强根系对水分、养分等物质的持续吸收，提高物质转运效率，降低盐碱胁迫的危害。

　　生物炭对苏打盐碱地水稻根系伤流速度具有显著影响（图 3-44）。苏打盐碱土壤施用生物炭后，水稻根系伤流速度均高于对照。在分蘖期，根系伤流速度表现为随施炭量的增加而下降；在拔节期，各处理根系伤流速度达到生育期最大水平，表现为 B2＞B1＞B3＞B0，施用生物炭后苏打盐碱地水稻根系伤流速度平均提高了 49.81%；在抽穗期，根系伤流速度表现为 B3＞B2＞B1＞B0，随施炭量的增加而增大，其中 B3 伤流速度最大，比对照高了 54.98%，效果显著；在灌浆期，苏打盐碱地水稻根系伤流速度则表现为 B2＞B3＞B1＞B0，施炭量处理与对照差异显著，作用明显。

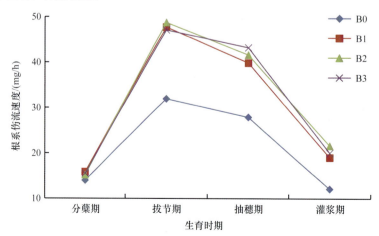

图 3-44　生物炭对不同生育时期水稻根系伤流速度的影响

从总体上看，施用生物炭处理后的苏打盐碱地水稻根系伤流速度能明显加快，各施用生物炭处理与对照间差异显著，施用生物炭作用明显。在苏打盐碱地水稻的生长前期，生物炭提高了根系伤流速度，有利于提升根系对营养物质的输送速率，促进地上部分生长。而在生长后期，生物炭在延缓根系衰老的同时，和对照相比仍保持了相对较高的根系伤流速度，有利于根系对营养物质的积累、分配及最终促进产量形成。

（5）水稻器官离子积累及细胞膜透性效应

不同生物炭处理对不同器官 Na^+ 浓度、K^+ 浓度和 Na^+/K^+ 的影响如图 3-45 所示。生物炭显著影响苏打盐碱化水稻土中生长的水稻叶片、茎、鞘和穗的 Na^+ 浓度、K^+ 浓度、Na^+/K^+。与非施用生物炭对照相比，叶片、茎、叶鞘和穗的 Na^+ 浓度、Na^+/K^+ 显著降低，而 K^+ 浓度显著升高。结果表明，与对照相比，在盐碱化水稻土中添加生物炭降低了 Na^+ 浓度，但增加了 K^+ 浓度，从而显著降低了 Na^+/K^+。

生物炭对叶片水分状况的影响如图 3-46 所示。添加生物炭处理的水稻抽穗期和灌浆期叶片水势（ψ_w）显著高于不添加生物炭处理（B0）（$P<0.05$）；在两个生育时期，其表现为 B2＞B3＞B1＞B0。抽穗期 B2、B3、B1 叶片水势比 B0 分别提高了 35.36%、26.27%、20.61%；灌浆期 B2、B3、B1 叶片水势较 B0 分别增加了 53.08%、52.33%、34.93%。灌浆期叶片生长速率大于抽穗期。

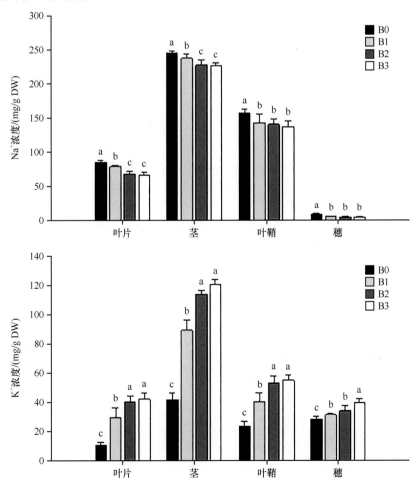

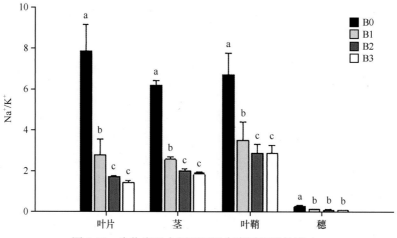

图 3-45　生物炭对水稻不同器官离子积累的影响

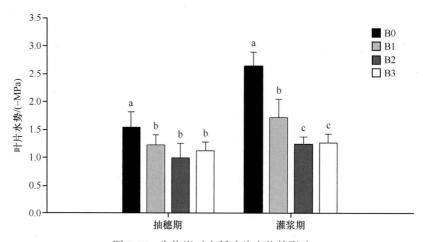

图 3-46　生物炭对水稻叶片水势的影响

生物炭处理显著影响水稻叶片相对电导率（图 3-47）。叶片相对电导率呈 B2＜B1＜B3＜B0 趋势，在抽穗期和灌浆期，所有的生物炭处理与 B0 相比差异达显著水平（$P<0.05$），但各生物炭处理间差异不显著。

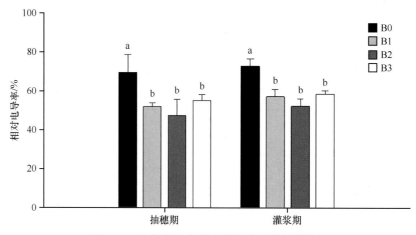

图 3-47　生物炭对水稻叶片相对电导率的影响

（6）干物质积累

不同生物炭处理对水稻干物质积累具有一定的影响（表 3-42）。成熟期干物质积累总量由高到低依次为 B2＞B3＞B1＞B0，B1、B2、B3 处理干物质积累总量分别比对照高 15.44%、29.01%、24.17%，并与对照有显著性差异。其中叶、鞘、茎、穗均表现为 B2 最高，其次是 B3、B1，B0 最低，并且除叶的 B1 与对照差异不显著外，其余各处理均差异显著。根的干物质积累量表现为 B1＞B3＞B1＞B0，并且各处理与对照差异显著。

表 3-42　生物炭对水稻成熟期干物质积累量的影响　　　　（单位：g/穴）

部位	B0	B1	B2	B3
叶	9.05b	9.80ab	10.95a	10.60a
鞘	15.35c	16.35b	18.10a	17.70ab
茎	16.30b	18.01a	19.55a	18.05a
穗	43.05c	51.22b	60.60a	56.91a
根	8.50c	11.11a	9.81b	10.30ab
总	92.25c	106.49b	119.01a	114.56ab

注：同一指标同行不含有相同小写字母的表示处理间在 0.05 水平差异显著

B1、B2、B3 处理叶的干物质积累量分别比 B0 高 8.28%、20.99%、17.13%，鞘的干物质积累量分别高 6.51%、17.92%、15.31%，茎的干物质积累量分别高 10.49%、19.94%、10.74%，穗的干物质积累量分别高 18.98%、40.77%、32.20%，根的干物质积累量分别高 30.71%、15.41%、21.18%。由此可以看出，生物炭处理对于水稻营养器官的建造和籽粒的物质积累具有一定效果，进而保证了水稻的产量。

（7）氮肥偏生产力

图 3-48 表明，施用生物炭显著提高了苏打盐碱地水稻氮肥偏生产力（PFP$_N$），总体上呈 B2＞B3＞B1＞B0 的趋势，生物炭处理与 B0 差异达显著水平，但各生物炭处理（B3、B2、B1）间差异未达到显著水平。

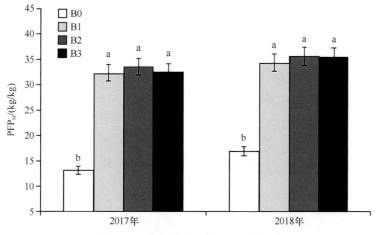

图 3-48　生物炭对水稻 PFP$_N$ 的影响

（8）产量及产量构成因素

表 3-43 为施用生物炭对苏打盐碱稻田水稻产量及产量构成因素的效应。施用生物炭可显著提高各产量构成因素（有效穗数、穗粒数、千粒重、结实率）。生物量表现为B3＞B2＞B1＞B0，籽粒产量则表现为B2＞B3＞B1＞B0。所有生物炭处理与B0（零生物炭）处理之间差异显著（$P<0.05$），而生物炭处理之间大体上差异不显著。

表 3-43 生物炭对水稻产量及产量构成因素的影响

变量	生物量/(t/hm²)	籽粒产量/(t/hm²)	有效穗数/(万穗/hm²)	穗粒数	千粒重/g	结实率/%
年份						
2017	11.81±1.63a	5.59±0.44b	387.25±27.57a	67.16±2.69a	25.34±0.51a	84.15±0.03b
2018	12.84±1.39a	6.13±0.47a	385.84±24.70a	68.67±3.22a	25.78±0.40a	91.46±0.02a
处理						
B0	7.84±1.44b	3.03±0.18b	293.34±19.12c	64.39±2.06d	24.14±0.66b	75.58±0.02c
B1	13.41±2.27a	6.67±0.62a	397.84±21.73b	66.05±2.66c	25.95±0.52a	90.97±0.04b
B2	13.85±1.25a	6.92±0.58a	430.00±38.34a	69.05±4.70b	26.18±0.22a	92.50±0.02a
B3	14.21±1.08a	6.81±0.44a	425.00±25.36a	72.16±2.41a	25.97±0.42a	92.16±0.02ab
方差分析						
处理	**	**	**	**	**	**
年份	NS	*	NS	NS	NS	**
处理×年份	NS	NS	NS	NS	NS	*

注：同列不含有相同小写字母的表示处理间在 0.05 水平差异显著

2. 通过合理施用钾肥协调光合产物的积累，减轻孕穗期低温胁迫对粳稻产量和效率的影响

东北粳稻区冷害发生频繁，每3～5年发生一次大的冷害，对粳稻产量影响较大。为了明确冷害对粳稻产量和温度利用效率的影响及其调控机制，研究了孕穗期不同天数的低温胁迫对粳稻干物质生产、枝梗及颖花形成及产量与温度利用效率的影响，并揭示了钾肥用量对低温胁迫下粳稻产量和温度利用效率的调控效应。

（1）孕穗期低温胁迫对粳稻产量和效率的影响机制

与对照相比，孕穗期低温胁迫下粳稻最大叶面积指数、抽穗期高效叶面积指数和高效叶面积率及抽穗期—成熟期光合势下降，且品种间存在差异。低温胁迫3～6d粳稻成熟期最大叶面积指数及光合势显著下降；低温胁迫9～15d粳稻最大叶面积指数、高效叶面积指数和高效叶面积率显著下降，导致光合势显著下降（表3-44）。

与对照相比，孕穗期低温胁迫下粳稻抽穗至成熟期各主要生育时期干物质积累量、抽穗后干物质积累量及其占生物产量的比例、群体生长率和净同化速率大体上显著下降，且随低温胁迫时间的延长其降幅逐渐增大，品种间存在差异。'东农428'（耐冷性强）抽穗期最大叶面积指数和高效叶面积指数相对较高，最大叶面积衰减速率较低，光合功能持续时间较长，这是其生育中后期干物质稳定积累，收获指数及产量显著高于'松粳10'（耐冷性弱）的关键特征（表3-45和表3-46）。

表 3-44 孕穗期低温胁迫对寒地粳稻叶面积的影响

| 品种 | 处理 | 最大叶面积指数 | | | | | 抽穗期 | | 抽穗期—成熟期 | |
		抽穗期	齐穗期	乳熟期	蜡熟期	成熟期	高效叶面积指数	高效叶面积率/%	光合势/(m²·d)	最大叶面积衰减率/(LAI/d)
东农 428	D0	7.13a	7.24a	6.53a	5.14a	3.37a	5.27a	73.81a	272.82a	0.073a
	D3	6.94ab	7.01ab	6.43b	4.63b	3.11b	4.91b	70.71b	261.21b	0.074a
	D6	6.81abc	6.91abc	6.33bc	4.41bc	2.94c	4.34c	63.78c	253.50c	0.075a
	D9	6.42bc	6.51bc	6.24c	4.21c	2.52d	4.08d	63.51d	232.40d	0.075a
	D12	6.34c	6.45c	6.13c	4.12c	2.42d	4.01d	63.20d	227.59e	0.076a
	D15	6.27c	6.36c	6.05	4.01c	2.31d	3.93d	62.66d	222.99f	0.076a
松粳 10	D0	7.08a	7.15a	6.44a	5.16a	3.31a	5.21a	73.63a	270.05a	0.073b
	D3	6.81a	6.87a	6.23b	4.34b	2.94b	4.84b	71.08b	253.45b	0.075ab
	D6	6.55ab	6.66ab	6.14c	4.08bc	2.64c	4.21c	64.36c	238.90c	0.075ab
	D9	6.11bc	6.19bc	5.41d	3.92cd	2.14d	3.85d	63.04d	214.42d	0.077a
	D12	5.90c	5.93c	5.20e	3.82cd	1.93de	3.69de	62.51d	203.37e	0.077a
	D15	5.79c	5.84c	5.04e	3.74d	1.82e	3.48e	60.11e	197.74f	0.077a
方差分析	品种	5.69*	6.71*	25.31**	4.92*	7.98**	2.05	0.75	6.12*	0.81
	处理	23.41**	22.34**	9.85**	49.18**	66.19**	83.22**	380.01**	35.96**	2.00
	品种×处理	0.56	1.02	1.19	7.70**	1.31	6.81**	1.75	11.21**	1.52

注：D0、D3、D6、D9、D12、D15 分别代表低温处理 0d、3d、6d、9d、12d、15d。同一品种同列不含有相同小写字母的表示处理间在 0.05 水平差异显著。下同

表 3-45 孕穗期低温胁迫对粳稻群体干物质积累的影响

| 品种 | 处理 | 干物质积累量/(kg/hm²) | | | | | 收获指数 |
		抽穗期	齐穗期	乳熟期	蜡熟期	成熟期	
东农 428	D0	13 003.97a	13 214.76a	15 173.19a	18 986.07a	19 728.87a	0.50a
	D3	12 623.85b	12 784.37b	15 082.72b	18 204.51b	18 322.80b	0.49ab
	D6	12 170.05c	12 375.51c	13 328.41c	16 482.97c	16 600.64c	0.47b
	D9	11 525.67d	11 747.76d	12 162.45d	14 674.17d	14 748.59d	0.43c
	D12	11 243.80e	11 487.76e	11 707.61e	13 265.16e	13 422.27e	0.38d
	D15	11 215.12e	11 395.96e	11 698.53e	12 117.40f	12 306.34f	0.36d
松粳 10	D0	13 366.61a	13 609.66a	15 523.63a	18 963.13a	19 523.66a	0.48a
	D3	12 763.06b	12 915.80b	13 575.19b	17 634.84b	17 779.94b	0.45b
	D6	11 755.60c	12 012.26c	12 542.98c	15 425.32c	15 880.55c	0.44b
	D9	11 350.58d	11 567.24d	11 912.79d	13 121.16d	13 425.77d	0.37c
	D12	10 556.14e	10 660.38e	11 043.11e	11 262.57e	11 637.93e	0.36c
	D15	10 332.60f	10 522.54f	10 614.30f	10 625.46f	10 956.04f	0.36c
方差分析	品种	4.50*	4.56*	0.49	3.49	2.62	3.63
	处理	82.95**	81.86**	180.56**	210.07**	246.91**	98.53**
	品种×处理	25.16**	30.36**	7.11**	29.32**	37.48**	3.95**

表 3-46　孕穗期低温胁迫对粳稻抽穗后干物质生产的影响

品种	处理	积累量/(kg/hm²)	占生物产量比例/%	群体生长率/[g/(m²·d)]	净同化速率/[g/(m²·d)]	产量/(kg/hm²)
东农 428	D0	5800.57a	29.72a	11.18a	2.25a	8882.01a
	D3	5655.91a	30.76a	10.90a	2.29a	8459.51b
	D6	4010.72b	24.52b	7.73b	1.69b	7448.53c
	D9	2529.95c	17.54c	4.88c	1.17c	6214.71d
	D12	1997.78cd	14.59c	3.85cd	0.96cd	5444.57e
	D15	1268.19d	9.85d	2.45d	0.62d	4969.03f
松粳 10	D0	5432.59a	29.05a	10.47a	2.29a	8008.60a
	D3	4953.77b	27.77b	9.55b	2.10b	6743.81b
	D6	4273.54b	26.83b	8.23b	1.96b	5911.51c
	D9	2090.52c	15.62c	4.03c	1.08c	5141.38d
	D12	831.25d	7.31d	1.60d	0.46d	4501.66e
	D15	526.58d	4.87e	1.02d	0.30d	4043.53f
方差分析	品种	1.79	2.15	1.79	1.18	15.77**
	处理	284.16**	201.24**	283.81**	261.61**	45.91**
	品种×处理	7.27**	14.43**	7.25**	11.20**	5.29**

与对照相比，孕穗期低温胁迫下粳稻实粒/叶和粒重/叶下降，且随着胁迫时间的延长其降幅逐渐增加，'东农 428'实粒/叶和粒重/叶显著高于'松粳 10'，且在 D6 处理下两品种差距最大，说明孕穗期低温胁迫下'东农 428'仍能维持较高的叶源负荷，光合能力相对稳定，有利于群体干物质积累及产量形成（表 3-47）。

表 3-47　孕穗期低温胁迫对粳稻粒叶比的影响

品种	处理	粒叶比		
		颖花/叶/(个/cm²)	实粒/叶/(个/cm²)	粒重/叶/(mg/cm²)
东农 428	D0	0.58a	0.54a	13.71a
	D3	0.58a	0.53a	13.19a
	D6	0.56a	0.51ab	11.04b
	D9	0.58a	0.52ab	9.53bc
	D12	0.57a	0.49b	8.42cd
	D15	0.56a	0.48b	7.66d
松粳 10	D0	0.58a	0.53a	13.53a
	D3	0.55ab	0.50ab	11.67b
	D6	0.52b	0.47bc	10.71b
	D9	0.52b	0.46bc	8.39c
	D12	0.52b	0.46bc	6.91cd
	D15	0.52b	0.45c	6.69d

续表

品种	处理	粒叶比		
		颖花/叶/(个/cm²)	实粒/叶/(个/cm²)	粒重/叶/(mg/cm²)
方差分析	品种	56.92**	35.19**	1.12
	处理	1.05	4.85**	71.52**
	品种×处理	0.58	0.66	0.26

孕穗期低温胁迫对粳稻成熟期叶片所占比例的影响大于抽穗期，而对各时期茎鞘和穗所占比例的影响均较大。与对照相比，孕穗期低温胁迫下粳稻抽穗期和成熟期穗比例下降；成熟期茎鞘比例显著上升，且随着低温胁迫时间的延长其增减幅度逐渐增大。与对照相比，D15处理下，成熟期'东农428'和'松粳10'叶片比例分别上升8.86%和19.25%；茎鞘比例分别上升25.73%和23.72%；穗比例分别下降25.40%和25.24%（表3-48）。

表3-48　孕穗期低温胁迫下粳稻生育中后期干物质在不同器官的分配情况

品种	处理	叶片比例/%		茎鞘比例/%		穗比例/%	
		抽穗期	成熟期	抽穗期	成熟期	抽穗期	成熟期
东农428	D0	19.28b	7.56c	67.11c	44.61e	13.61a	47.83a
	D3	20.66a	7.85b	69.35b	44.65e	9.99b	47.50a
	D6	20.62a	7.56c	70.92b	48.53d	8.46c	43.91b
	D9	19.53ab	8.20ab	73.08a	51.41c	7.39d	40.39c
	D12	19.36b	8.40a	73.91a	54.03b	6.73e	37.57d
	D15	19.48ab	8.23ab	74.05a	56.09a	6.47e	35.68d
松粳10	D0	20.45ab	7.69b	71.18c	44.57c	8.37a	47.74a
	D3	20.08b	7.77b	72.82bc	48.23b	7.10b	44.00b
	D6	21.15ab	7.40b	73.85ab	48.25b	5.00c	44.35b
	D9	20.57ab	8.17b	74.52ab	54.06a	4.91c	37.77c
	D12	21.53a	9.25a	75.09a	55.27a	3.38d	35.48c
	D15	21.73a	9.17a	75.52a	55.14a	2.75e	35.69c
方差分析	品种	10.18**	1.08	15.02**	1.15	20.38**	2.11
	处理	1.36	20.25**	28.51**	107.55**	24.78**	116.19**
	品种×处理	12.81**	3.95**	7.71**	10.62**	5.98**	5.65**

与对照相比，孕穗期低温胁迫下粳稻总枝梗分化数和现存数显著下降，退化数和退化率显著上升，且随着低温胁迫时间的延长其变化幅度逐渐增大；孕穗期低温胁迫对二次枝梗和二次颖花的影响大于一次枝梗和一次颖花，且品种间存在差异。

孕穗期低温胁迫持续时间越长，粳稻产量降幅越大。D3处理下，'东农428'的有效穗数、穗粒数、结实率和千粒重与对照差异不显著；其余处理下，'东农428'的有效穗数、穗粒数、结实率和千粒重均显著低于对照。与对照相比，孕穗期低温胁迫显著降低了'松粳10'的有效穗数、穗粒数、结实率和千粒重。孕穗期低温胁迫对产量构成因素的影响表现为结实率＞千粒重＞穗粒数＞有效穗数，结实率的显著下降是导致产量降低的另一个重要原因（表3-49）。

表 3-49　孕穗期低温胁迫对粳稻产量及产量构成因素的影响

品种	处理	有效穗数/(万穗/hm²)	穗粒数	结实率/%	千粒重/g	产量 测定值/(kg/hm²)	产量 相对 D0 百分比/%
东农 428	D0	329.57a	114.65a	92.18a	25.50a	8882.01a	100.0a
	D3	328.53a	113.76a	91.71a	24.95a	8459.51b	95.24b
	D6	325.49b	111.93b	88.30b	23.15b	7448.53c	83.86c
	D9	323.36bc	109.77c	84.91c	20.62c	6214.71d	69.97d
	D12	321.43cd	108.75c	80.59d	19.33d	5444.57e	61.30e
	D15	320.36d	107.41d	78.10e	18.49e	4969.03f	55.94f
松粳 10	D0	326.71a	105.55a	91.91a	25.27a	8008.60a	100.0a
	D3	322.70b	104.17b	87.77b	22.86b	6743.81b	84.21b
	D6	320.74c	100.90c	85.17c	21.45c	5911.51c	73.81c
	D9	319.37d	98.80d	82.33d	19.79d	5141.38d	64.20d
	D12	318.31e	96.61e	79.59e	18.39e	4501.66e	56.21e
	D15	316.77f	95.51f	77.27f	17.30f	4043.53f	50.49f
方差分析	品种	61.75**	49.92**	3.00*	3.76**	18.58**	4.06*
	处理	10.82**	14.62**	95.07**	121.65**	41.32**	133.08**
	品种×处理	7.09**	4.91**	4.85**	6.79**	15.87**	10.52**

孕穗期低温胁迫持续时间越长，粳稻温度利用效率及热量利用效率降幅越大，品种和处理间差异显著。与对照相比，D15 处理下，'东农 428'和'松粳 10'温度利用效率分别下降 38.41% 和 44.75%，热量利用效率分别下降 44.92% 和 50.37%（表 3-50）。

表 3-50　孕穗期低温胁迫对粳稻温度利用效率和热量利用效率的影响

品种	处理	温度利用效率/[g/(m²·℃·d)]	热量利用效率/[kg/(hm²·℃·d)]
东农 428	D0	1.64a	7.39a
	D3	1.50b	6.93b
	D6	1.36c	6.10c
	D9	1.21d	5.09d
	D12	1.10e	4.46e
	D15	1.01f	4.07f
松粳 10	D0	1.62a	6.67a
	D3	1.46b	5.53b
	D6	1.30c	4.84c
	D9	1.10d	4.21d
	D12	0.95e	3.69e
	D15	0.90f	3.31f
方差分析	品种	42.51**	85.23**
	处理	56.59**	29.28**
	品种×处理	8.12**	5.96**

（2）钾肥用量对孕穗期低温胁迫下粳稻产量和温度利用效率的调控效应

孕穗期低温胁迫下粳稻产量随着钾肥用量的增加呈先增加后下降的变化趋势，当钾肥用量为 100kg K_2O/hm^2（K4）时粳稻产量最高，'东农 428'可达到正常灌溉水平（CK）的 93%，'松粳 10'可达到正常灌溉水平的 82%。通过方差分析可知，孕穗期低温胁迫下施用钾肥对粳稻产量构成因素的影响具体表现为结实率＞有效穗数＞穗粒数＞千粒重。

与孕穗期低温胁迫相比，当钾肥施用量为 100kg K_2O/hm^2 时，可在一定程度上提高粳稻抽穗后各主要生育时期的干物质积累量，但仍显著低于正常灌溉水平，且品种间存在差异；K4 处理可显著提高'东农 428'抽穗后各生育时期的干物积累量及收获指数，虽然 K4 处理可提高'松粳 10'抽穗后各生育时期的干物质积累量及收获指数，但其与低温胁迫处理差异不显著。由方差分析可知，K4 处理下'东农 428'和'松粳 10'群体干物质积累量在乳熟期后存在显著差异，说明施用最适用量钾肥后，由于不同品种灌浆中后期籽粒干物质积累量不同，因此群体干物质积累量存在显著差异。综上所述，孕穗期低温胁迫下施用最适用量钾肥可在一定程度上提高粳稻生育中后期（抽穗期—成熟期）群体干物质积累量，且'东农 428'增幅较为明显；施用最适用量钾肥后'东农 428'收获指数（0.48）高于'松粳 10'（0.46），表明孕穗期低温胁迫下施用最适用量钾肥'东农 428'群体干物质积累较为稳定，为库容的充实和产量的形成奠定了坚实的物质基础。

由表 3-51 可知，与孕穗期低温胁迫相比，施用最适用量钾肥可提高粳稻抽穗期—成熟期群体生长速率，但仍显著低于正常灌溉水平。孕穗期低温胁迫下施用最适用量钾肥后'东农 428'抽穗期—成熟期群体生长速率高于'松粳 10'，'东农 428'抽穗后群体生长速率较'松粳 10'提高 22.4%。说明当钾肥施用量为 100kg K_2O/hm^2 时，'东农 428'抽穗后光合能力提高且光合功能持续时间延长，进而提高光合产物的积累量；同时，最适用量钾肥处理下'东农 428'产量达 8260.93kg/hm^2，'松粳 10'为 6247.13kg/hm^2，较孕穗期低温胁迫处理分别增加 32.51% 和 19.12%，差异显著。

表 3-51　孕穗期低温胁迫下施用最适用量钾肥对粳稻群体抽穗后干物质生产的影响

品种	处理	抽穗期—成熟期		实测产量/(kg/hm²)
		群体生长速率/[g/(m²·d)]	净同化速率/[g/(m²·d)]	
东农 428	正常灌溉	10.76a	3.21a	8702.67a
	低温胁迫	6.542c	1.91c	6234.03c
	低温胁迫+K4	9.70b	2.21b	8260.93b
松粳 10	正常灌溉	10.17a	3.14a	7576.92a
	低温胁迫	7.70b	1.69c	5244.45c
	低温胁迫+K4	7.93b	2.16b	6247.13b
方差分析	品种	0.32	0.45	15.20**
	处理	38.51**	28.46**	7.58**
	品种×处理	36.52**	15.86**	10.18**

正常灌溉水平下粳稻抽穗期—成熟期群体净同化速率最高，且与其他处理差异显著。与低温胁迫处理相比，最适用量钾肥处理可以使抽穗期—成熟期群体净同化速率显著升高，'东农 428'群体净同化速率上升幅度为 15.71%，'松粳 10'为 27.81%。上述结果表明，施用最

适用量钾肥可使齐穗后群体保持较高的净同化速率，这是其产量显著高于低温胁迫处理的关键原因之一。

与孕穗期低温胁迫相比，施用最适用量钾肥可提高粳稻茎鞘干物质积累量，但其茎鞘干物质积累量仍低于正常灌溉水平。与孕穗期低温胁迫相比，施用最适用量钾肥后‘东农 428’的茎鞘干物质最大输出量增加，使其能够发挥灌浆后期优势，提高生物量和经济产量，进而提高抗低温胁迫能力。

由图 3-49 可知，‘东农 428’和‘松粳 10’的温度利用效率分别为 1.35g/(m²·℃·d) 和 1.31g/(m²·℃·d)，差异不显著。不同处理间温度利用效率差异显著，具体表现为正常灌溉＞低温胁迫+K4＞低温胁迫，‘东农 428’各处理温度利用效率高于‘松粳 10’，低温胁迫+K4 处理下其差异最大 [0.08g/(m²·℃·d)]。与孕穗期低温胁迫相比，最适用量钾肥处理下‘东农 428’和‘松粳 10’的温度利用效率增幅分别为 13.1% 和 7.9%。处理对温度利用效率影响极显著，品种以及品种和处理间互作对温度利用效率影响不显著（表 3-52）。

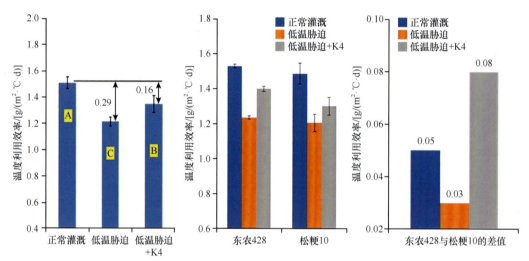

图 3-49　孕穗期低温胁迫下施用最适用量钾肥对粳稻温度利用效率的影响

A、B、C 表示处理间在 0.01 水平差异显著

表 3-52　粳稻温度利用效率方差分析

变异来源	F 值	P 值
品种	0.452	0.584
处理	48.536	0.000
品种×处理	3.189	0.072

施用最适用量钾肥对温度利用效率差的贡献率为 7.2%。孕穗期低温胁迫下施用最适用量钾肥构建的粳稻群体生育期的叶面积指数较低温胁迫处理增加了 18.4%，这使得最适用量钾肥处理下粳稻抽穗期—成熟期群体生长率较低温胁迫处理增加 23.8%，净同化速率增加 21.4%，温度利用效率提高 11.0%。这是孕穗期低温胁迫下施用最适用量钾肥模式能够缩减产量差和温度利用效率差的根本原因（图 3-50）。

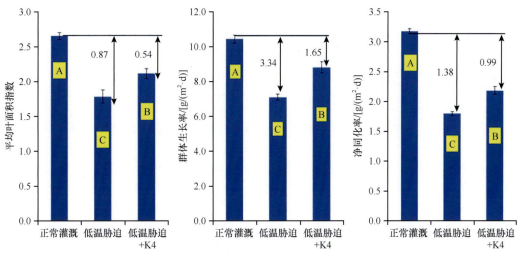

图3-50　孕穗期低温胁迫下施用最适用量钾肥对粳稻群体质量的影响

A、B、C表示处理间在0.01水平差异显著

3. 增密减氮通过协调生育期的群体结构，保障库源平衡，实现东北粳稻高产高效

（1）物质生产与转运

从物质生产来看，氮密互作条件下，水稻生育前中期干物质积累量均以高氮高密组合N4D3最高，最终干物质积累量最高的则是N3D3减氮增密组合，这可能是因高氮高密导致水稻后期群体内部竞争加剧。由此可见，水稻生育期中齐穗期至成熟期是水稻群体干物质积累量迅速提升的重要阶段。在保证生育前期干物质生产量在适宜范围的基础上，通过提高齐穗后高效干物质生产量，保证水稻在齐穗后干物质持续生产，以高效率的干物质生产形成高质量的水稻高产群体，但要实现水稻总干物质量的提高不能盲目依靠增氮增密，减氮增密可以协调好生育期的群体结构，维持中期干物质生产，增加生育后期干物质生产，显著优化群体结构。

从干物质转运来看，各施氮处理下，茎干物质输出量均为负值，随施氮量增加，输出量逐渐增加，说明茎干物质在后期仍有所积累，且低氮处理高于高氮处理，而鞘的干物质则始终向外输出，叶、鞘部干物质转化率在N4D3处理下最高，叶、鞘部干物质输出率在N3D3处理下最高且干物质转化率维持在较高水平。由此可知，水稻最终生物量及产量的形成并不基于某一特定时期某项或多项指标表现很高，而是协调好整体的生育环境及群体结构，使物质的积累、转运与光合同化相互协调配合形成一个良性的循环。本研究中适量减氮配合增大移栽密度（施氮量150kg/hm²、33.3万穴/hm²）能够创建高产群体，保证向籽粒输出更多的光合产物，有利于源库关系的协调，在扩大库容的基础上，又保证了"源"的供给，达到了更高水平的库源平衡，实现了产量的最大化。

（2）产量及产量构成因素

从产量构成因素看，施氮量和穴距及其互作效应均对水稻穗数影响显著。穗数随着施氮量的增加呈先增后降的趋势，但随着穴密度增加而不断增加。与N0处理相比，穗数在两年内分别增加了51.59%～77.84%和37.13%～47.26%。两年间均在N3D3处理下最高，分别为413.3万穗/hm²和395.9万穗/hm²。与穗数变化规律不同，增加施氮量和穴密度导致穗粒数的增加。N4 的每穗颖花数最高，与 N0 相比，两年间分别增加了 15.5% 和 33.0%。与穗粒数相反，结实率和千粒重均随施氮量的增加而降低，而在各施氮处理下，结实率均随穴密度增加而增加，千粒重变化规律则与之相反，但各穴密度处理间差异不显著。由此可见，穗数增加是 N3D3 产量高的主要原因。

（3）光合相关参数

从光合特征参数来看，施氮量和穴距对灌浆盛期水稻剑叶光合特征参数的影响达极显著水平。两年间光合特征参数变化趋势较为一致。随施氮量增加，灌浆盛期水稻剑叶净光合速率、气孔导度和蒸腾速率均先升后降，表现为 N3＞N4＞N2＞N1＞N0，且随穴密度增加，灌浆盛期水稻剑叶净光合速率、气孔导度和蒸腾速率均呈上升趋势，表现为 D3＞D2＞D1。而胞间 CO_2 浓度与另外几个指标的变化规律则与之相反。与 N0 处理相比，两年间灌浆盛期水稻剑叶净光合速率、气孔导度和蒸腾速率分别增加了 6.95%～16.66% 和 5.32%～11.63%、7.04%～17.55% 和 7.82%～22.29%、12.23%～35.71% 和 5.34%～21.17%。在氮密互作方面，两年水稻灌浆盛期剑叶净光合速率、气孔导度和蒸腾速率均在 N3D3 处理下取得最大值，分别为 23.38μmol CO_2/(m²·s) 和 23.13μmol CO_2/(m²·s)，0.77mol H_2O/(m²·s) 和 0.98mol H_2O/(m²·s) 与 7.59mmol H_2O/(m²·s) 和 7.84mmol H_2O/(m²·s)。由此可见，灌浆盛期剑叶净光合速率、气孔导度和蒸腾速率的提高有助于产量的提高。

参 考 文 献

曹开蔚, 黄大山, 黄农荣, 等. 2010. 江西省水稻"三控"施肥技术试验示范. 广东农业科学, (12): 27-28.

陈友订, 万邦惠, 张旭. 2005. 华南双季超级稻产量构成模式探讨. 作物学报, 31(3): 323-329.

冯阳春, 魏广彬, 李刚华. 2009. 水稻主茎出叶动态模拟研究. 中国农业科学, 42(4): 1172-1180.

傅友强, 钟旭华, 邓铭光, 等. 2020. 湛江水稻产业发展现状及对策分析. 中国稻米, 26(3): 106-110.

黄农荣, 胡学应, 钟旭华, 等. 2010. 水稻"三控"施肥技术的示范推广进展. 广东农业科学, (5): 21-23.

梁广成, 李侠涛, 杜敏. 2009. 水稻"三控"施肥技术在汕头市的示范应用效果. 广东农业科学, (3): 29-30.

凌启鸿. 2000. 作物群体质量. 上海: 上海科学技术出版社: 12-44.

刘琦, 周伟, 任万军. 2018. 1986—2015 年四川省杂交籼稻品种的产量构成因素与适应机插栽培的演进分析. 四川农业大学学报, 36(1): 7-14.

孟德璇, 郭亚晶, 刘杨, 等. 2010. 水稻分蘖形成的生理特性及其基因调控. 辽宁农业科学, (4): 41-44.

田卡, 钟旭华, 黄农荣. 2010. "三控"施肥技术对水稻生长发育和氮素吸收利用的影响. 中国农学通报, 26(16): 150-157.

徐明岗, 卢昌艾, 李菊梅. 2009. 农田土壤培肥. 北京: 科学出版社: 92-143.

袁隆平. 1997. 杂交水稻超高产育种. 杂交水稻, 12: 1-3.

曾家焕. 2013. 水稻三控施肥技术试验. 中国农业信息, (6S): 107.

钟旭华, 黄农荣, 胡学应. 2012. 水稻"三控"施肥技术. 北京: 中国农业出版社.

Fagada S O, De Datta S K. 1971. Leaf area index, tillering capacity, and grain yield of tropical rice as affected by plant density and nitrogen level. Agronomy Journal, 63: 503-506.

Gravois K A, Helms R S. 1992. Path analysis of rice yield and yield components as affected by seeding rate. Agronomy Journal, 84: 1-4.

Huang M, Zou Y B, Jiang P, et al. 2011. Relationship between grain yield and yield components in super hybrid. Agricultural Sciences in China, 10: 1537-1544.

Jiang C, Hirasawa T, Ishihara K. 1988. Physiological and ecological characteristic of high yielding varieties in rice plant. I. Yield and dry matter production. Japanese Journal of Crop Science, 57: 132-138.

Katsura K, Maeda S, Horie T, et al. 2007. Analysis of yield attributes and crop physiological traits of Liangyoupeijiu, a hybrid rice recently bred in China. Field Crops Research, 103: 170-177.

Li G H, Zhang J, Yang C D, et al. 2014. Optimal yield-related attributes of irrigated rice for high yield potential based on path analysis and stability analysis. Crop Journal, 4: 235-243.

Li H W, Liu L J, Wang Z Q, et al. 2012. Agronomic and physiological performance of high-yielding wheat and rice in lower reaches of Yangtze River of China. Field Crops Research, 133: 119-129.

Liang K, Zhong X, Huang N, et al. 2017. Nitrogen losses and greenhouse gas emissions under different N and water management in a subtropical double-season rice cropping system. Science of the Total Environment, 609: 46-57.

Miller B C, Hill J E, Roberts S R. 1991. Plant population effects on growth and yield in water-seeded rice. Agronomy Journal, 83: 291-297.

Ottis B V, Talbert R E. 2005. Rice yield components as affected by cultivar and seedling rate. Agronomy Journal, 97: 1622-1625.

Saitoh K, Shimoda H, Ishihara K. 1993. Characteristics of dry matter production process in high-yield rice varieties. VI. Comparisons between new and old rice varieties. Japanese Journal Crop Science, 62: 509-517.

Wu G W, Wilson L T, McClung A M. 1998. Contribution of rice tillers to dry matter accumulation and yield. Agronomy Journal, 90: 317-323.

Yin X Y, Kropff M J. 1996. The effect of temperature on leaf appearance in rice. Annals of Botany, 77: 215-221.

第四章　小麦产量与效率层次差异形成机理

第一节　黄淮海冬小麦产量与效率层次差异形成机理

近几十年来，气候变暖已成为全球关注的焦点问题，持续变化的气候已直接影响到农业生产和粮食安全，如何通过提高单位面积粮食产量来提高作物总产，成为未来农业领域的热点问题。小麦是世界主要粮食作物之一，我国是小麦生产大国，也是小麦消费大国，其中黄淮海平原作为我国最大的小麦主产区，在保障我国粮食安全方面起着关键作用。过去几十年，黄淮海平原冬小麦的潜在产量呈下降趋势，而实际产量却呈增加趋势，主要是由于品种更替和管理措施改善抵消了气候变化的不利效应。目前小麦育种进入了瓶颈期，而为了提升产量，黄淮海平原的水肥投入已经远远超过了冬小麦生长发育所需的水分和养分。灌溉以及肥料施用量成倍增长，使得农民的生产投入增加，相应的经济收入降低，同时还带来了严重的环境问题，导致农业管理对环境的负面影响日益加剧，如地下水位降低、土壤板结、水污染和农业温室气体排放加剧等。因此，在保证冬小麦产量的同时减少灌溉和肥料施用量，协同提高产量和水肥利用效率，对于保证我国粮食安全具有重要意义。

一、黄淮海冬小麦产量与效率层次差异定量解析

（一）黄淮海冬小麦不同水平产量差和效率差的空间分布特征

为了明确当前黄淮海平原冬小麦生产中产量差和效率差的大小及空间分布特征，我们通过模型模拟并结合农户调研数据综合分析发现，黄淮海平原冬小麦潜在产量与农户产量的产量差在 $1743 \sim 3745 kg/hm^2$，平均为 $2565 kg/hm^2$。模拟的黄淮海平原冬小麦高产高效产量与农户产量的产量差在 $72 \sim 1773 kg/hm^2$，平均为 $736 kg/hm^2$。较高的产量差出现在黄淮海平原中部和山东东部，产量差较低的地区主要分布在天津、河北西南部、山东中部和河南大部分地区。模拟的黄淮海平原冬小麦潜在产量与农户产量的产量差平均下降率为 $563.1 kg/(hm^2 \cdot 10a)$，模拟的黄淮海平原冬小麦高产高效产量与农户产量的产量差平均下降率为 $229.1 kg/(hm^2 \cdot 10a)$。潜在产量与农户产量的产量差在除山东中西部部分区域和河南省濮阳市外的区域均降低，且 76% 的区域显著降低。高产高效产量与农户产量的产量差在除河北中部、山东东部和中西部部分地区升高外，其余地区均降低，且 52% 的区域显著降低。产量差的逐渐缩小说明了农户产量在不断提高。

黄淮海平原冬小麦潜在水平与农户水平的水分利用效率差平均为 $0.04 kg/m^3$，高产高效水平与农户水平的水分利用效率差平均为 $0.18 kg/m^3$。其中，潜在水平与农户水平的水分利用效率差 $> 0.2 kg/m^3$ 的区域主要分布在河北省廊坊市、衡水市和邯郸市，山东西北部，河南省平顶山市、濮阳市和济源市；高产高效水平与农户水平的水分利用效率差 $> 0.3 kg/m^3$ 的区域主要分布在河北东部，山东省滨州市和泰安市，河南省新乡市与郑州市。黄淮海平原冬小麦潜在水平与农户水平的氮肥偏生产力差平均为 $10.9 kg/kg$，高产高效水平与农户水平的氮肥偏生产力差平均为 $19.3 kg/kg$。潜在水平与农户水平的氮肥偏生产力差 $> 10 kg/kg$ 的区域主要分布在河北大部、山东西部、河南东北部和西南部；高产高效水平与农户水平的氮肥偏生产力差 $> 20 kg/kg$ 的区域主要分布在河北中部、山东西北部和南部、河南南部和北部部分地区。

（二）黄淮海冬小麦实际产量和效率的年际间、区域间、处理间变化

为了探明黄淮海冬小麦产量和效率层次差异形成的生理机制，我们在黄淮海北部、中部和南部共选择 10 个共性试验点，设置超高产水平（SH）、高产高效水平（HH）、农户水平（FP）和基础地力水平（ISP）共 4 个水平的共性试验，对农田群体生产性能指标和资源利用性能指标进行定量解析，结合光温生产潜力，系统分析了不同产量水平农田群体生产性能指标和资源利用性能指标的差异性与关联性，明确了产量层级递变过程中群体指标的趋变规律及量化特征。

首先，从产量（图 4-1）来看，年际间变异较大，总体为 2020 年＞2019 年＞2017 年＞2018 年，2018 年产量最低主要是由于小麦播种前降雨较多，播期推迟，冬前和春季遭遇冻害，生育后期降雨较多致倒伏等。处理间产量为 SH＞HH＞FP＞ISP，高产年份处理间产量差异增大。区域间比较，对于 ISP 产量，黄淮海北部和中部明显大于南部，但随着不施肥的时间延长，小麦产量有下降的趋势，以北部和中部表现尤为明显。对于 FP 产量，仅 2018 年南部低于北部和中部，其他年份区域间平均产量差异不显著。对于 HH 产量，2018 年为北部和中部＞南部，2019 年则表现为南部显著高于北部，而 2017 年和 2020 年区域间平均产量差异不显著。对于 SH 产量，2017 年和 2019 年区域间平均产量差异不显著，2018 年为北部和中部＞南部，2020 年为中部＞北部和南部，4 年内产量最高值以中部最高，达 11.45t/hm²，北部和南部产量最高值分别为 10.27t/hm² 和 10.56t/hm²。从 4 年平均值来看，FP 与 ISP 的产量差为南部（4.01t/hm²）＞北部（1.65t/hm²）＞中部（1.57t/hm²），HH 与 FP 的产量差为中部（0.89t/hm²）＞北部（0.76t/hm²）＞南部（0.75t/hm²），SH 与 HH 的产量差为中部（0.95t/hm²）＞北部（0.69t/hm²）＞南部（0.38t/hm²）。

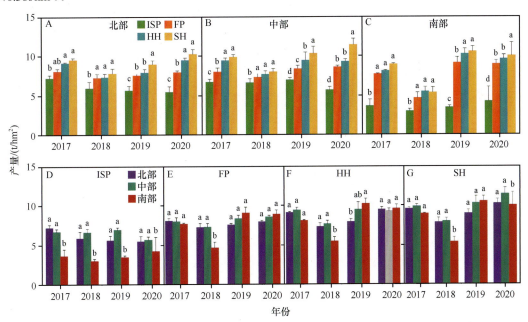

图 4-1　黄淮海冬小麦产量的年际间（A～G）、处理间（A～C）、区域间（D～G）变化

同一年份图柱上不含有相同小写字母的表示在 0.05 水平差异显著，下同

从区域潜在产量（图 4-2）来看，北部（13.9t/hm²）＞中部（13.4t/hm²）＞南部（12.3t/hm²），

北部 SH 实现了潜在产量的 57%～74%，HH 实现了潜在产量的 53%～68%，FP 实现了潜在产量的 53%～58%，ISP 实现了潜在产量的 39%～52%；中部 SH 实现了潜在产量的 60%～85%，HH 实现了潜在产量的 57%～71%，FP 实现了潜在产量的 55%～64%，ISP 实现了潜在产量的 43%～52%；南部 SH 实现了潜在产量的 44%～82%，HH 实现了潜在产量的 45%～78%，FP 实现了潜在产量的 38%～73%，ISP实现了潜在产量的 24%～52%。由此可见，SH、HH、FP 与潜在产量的产量差或者说其产量进一步提升的空间都为北部＞中部＞南部。

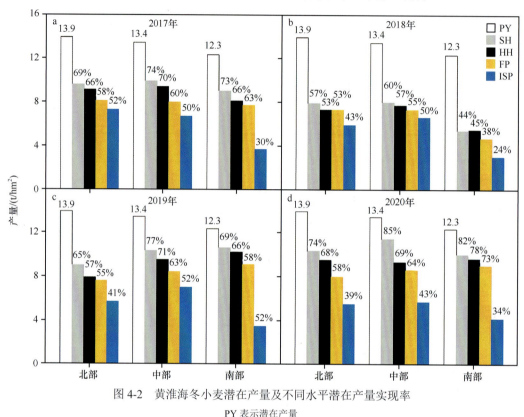

图 4-2　黄淮海冬小麦潜在产量及不同水平潜在产量实现率

PY 表示潜在产量

　　从水分利用效率（图 4-3）来看，处理间比较，总体上为 HH＞SH＞FP＞ISP，但 SH 与 HH 的水分利用效率差异不显著。年际间比较，水分利用效率为 2019 年＞2017 年＞2018 年，与产量的变化趋势相近。区域间比较，ISP 的水分利用效率在 3 个年份均为北部和中部显著大于南部；FP 的水分利用效率在 2017 年和 2019 年区域间无显著差异，2018 年为北部和中部显著大于南部；HH 和 SH 的水分利用效率均在 2017 年区域间无显著差异，2018 年为北部和中部显著大于南部，2019 年为南部显著大于北部和中部。3 年北部、中部、南部的水分利用效率最高值分别达 2.07kg/m³、2.12kg/m³、2.54kg/m³，且高产年份 SH 和 HH 与 FP 的水分利用效率差增大。从 3 年平均值来看，HH 与 FP 的水分利用效率差为中部（0.36kg/m³）＞南部（0.35kg/m³）＞北部（0.27kg/m³），HH 与 SH 的水分利用效率差为北部（0.11kg/m³）＞中部（0.09kg/m³）＞南部（0.02kg/m³）。由此可见，北部 HH 与 SH 的缩差潜力更大，中部 HH 与 FP 的缩差潜力更大。

　　从氮肥偏生产力（图 4-4）来看，处理间比较，总体上为 HH＞SH＞FP。年际间比较，2018 年显著低于其他 3 个年份，与产量的变化趋势相近。区域间比较，FP 的氮肥偏生产力在

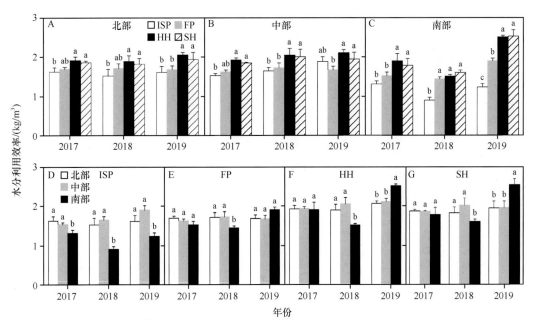

图 4-3 黄淮海冬小麦水分利用效率的年际间（A～G）、处理间（A～C）、区域间（D～G）变化

2017 年区域间无显著差异，2018 年以北部和中部显著大于南部，2019 年和 2020 年为南部显著大于北部和中部；HH 的氮肥偏生产力在 2019 年区域间无显著差异，2017 年为中部＞北部和南部，2018 年为北部和中部显著大于南部，2020 年为北部显著大于中部和南部；SH 的氮肥偏生产力在 2018 年为北部和中部显著大于南部，2017 年、2019 年和 2020 年区域间无显著差异，由此可见，高产年份区域间氮肥偏生产力的差异也缩小。3 年北部、中部、南部的氮肥偏生产力最高值分别达 41.3kg/kg、46.4kg/kg、42.4kg/kg。从 3 年平均值来看，HH 与 SH 的氮肥偏生产力差为北部（7.9kg/kg）＞中部（7.3kg/kg）＞南部（6.9kg/kg），HH 与 FP 的氮肥偏生产力差也为北部（14.7kg/kg）＞中部（14.1kg/kg）＞南部（8.6kg/kg）。由此可见，北部氮肥偏生产力的缩差潜力最大，其次是中部，南部最小。

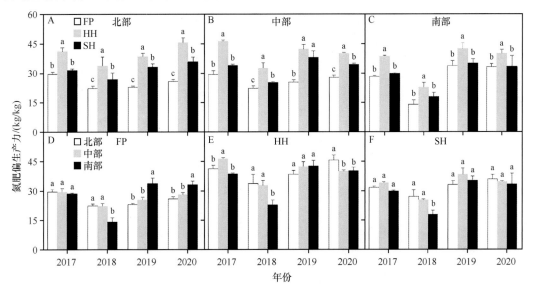

图 4-4 黄淮海冬小麦氮肥偏生产力的年际间（A～F）、处理间（A～C）、区域间（D～F）变化

从辐射利用效率（图 4-5）来看，产量提升过程中辐射利用效率增加，但除了 2019 年南部 FP 显著低于 HH 和 SH，3 年内 FP 与 HH 和 SH 之间的辐射利用效率差异不显著。年际间比较，辐射利用效率为 2017 年＞2019 年＞2018 年。区域间比较，辐射利用效率为中部地区显著高于北部和南部地区。

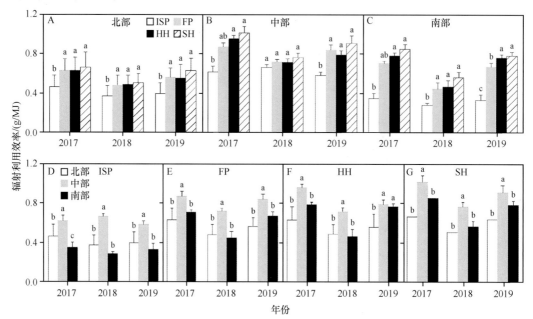

图 4-5　黄淮海冬小麦辐射利用效率的年际间（A～G）、处理间（A～C）、区域间（D～G）变化

从热量利用效率（图 4-6）来看，产量提升过程中热量利用效率增加，但 3 年内 FP 与 HH 和 SH 之间热量利用效率差异不显著。年际间比较，热量利用效率为 2017 年＞2019 年＞2018 年。区域间比较，热量利用效率为中部地区显著高于北部和南部地区，与辐射利用效率变化趋势相近。

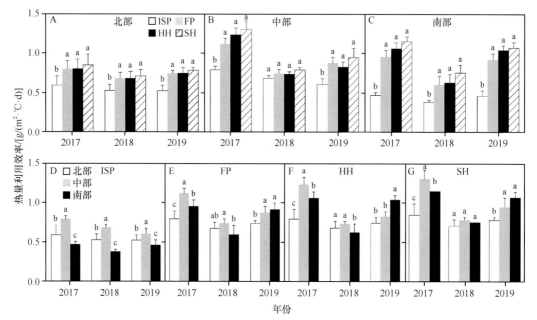

图 4-6　黄淮海冬小麦热量利用效率的年际间（A～G）、处理间（A～C）、区域间（D～G）变化

（三）黄淮海冬小麦产量与效率提升过程中的趋变规律

回归分析（图 4-7）显示，产量与水分利用效率、氮肥偏生产力、辐射利用效率、热量利用效率均呈极显著正相关关系，因此产量提升的过程中这些资源效率也有望提升。

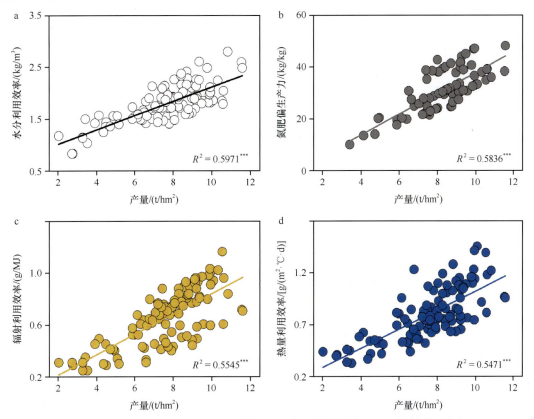

图 4-7　黄淮海冬小麦产量与水分利用效率（a）、氮肥偏生产力（b）、辐射利用效率（c）、
热量利用效率（d）的相关性

进一步分析发现，产量主要受控于群体总穗数和生物量（图 4-8）。增穗增粒能协同提高冬小麦产量和水氮利用效率（图 4-9），增加生物量的同时提高 HI 能协同提高冬小麦产量和水氮利用效率（图 4-10）。

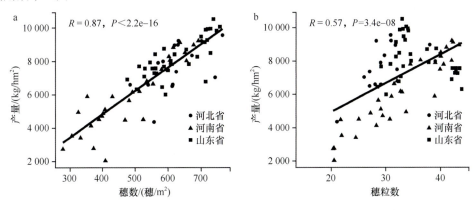

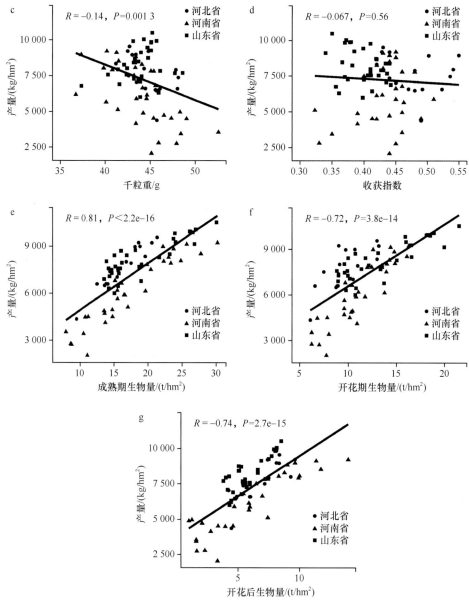

图 4-8　黄淮海冬小麦产量与穗数（a）、穗粒数（b）、千粒重（c）、收获指数（d）、成熟期生物量（e）、
开花期生物量（f）、开花后生物量（g）的相关性

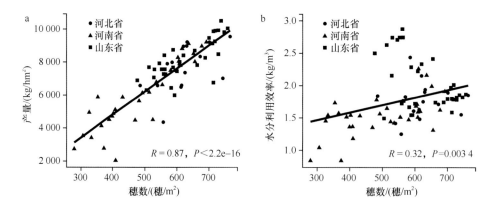

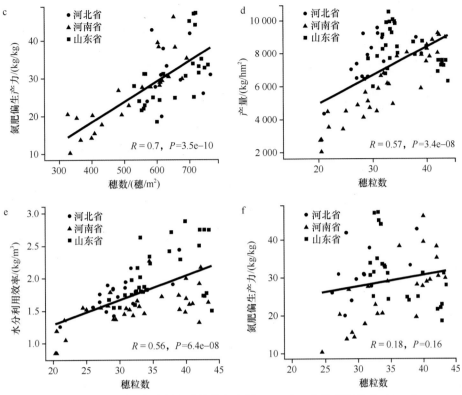

图 4-9 黄淮海冬小麦穗数和穗粒数与产量（a、d）、水分利用效率（b、e）、氮肥偏生产力（c、f）的相关性

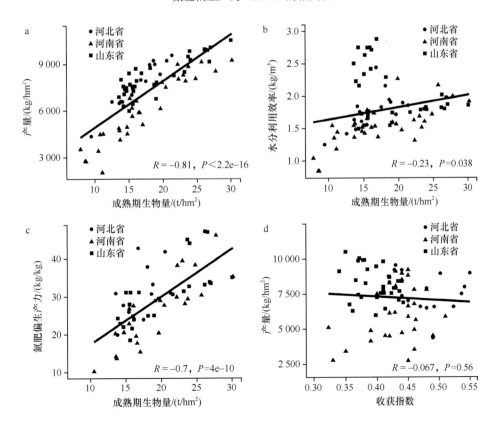

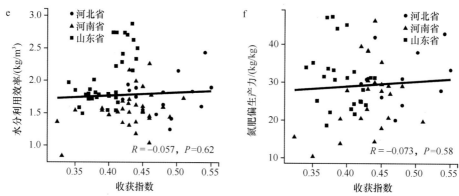

图 4-10　黄淮海冬小麦成熟期生物量和收获指数与产量（a、d）、水分利用效率（b、e）、
氮肥偏生产力（c、f）的相关性

由表 4-1 可知，从 ISP 到 FP 产量提升的过程中，各区域都表现为依靠增加穗数和穗粒数，扩库强源，提高 LAI 和净同化速率，从而提高生物量，进而提高籽粒产量。

表 4-1　2016/2017～2018/2019 年度不同模式产量性能变化

处理		籽粒产量/（t/hm²）	穗数/（穗/m²）	穗粒数	千粒重/g	平均叶面积指数	平均净同化速率/（g/m²）	生育期/d	成熟期生物量/（t/hm²）	收获指数
北部	SH	9.0	687	32.4	43.5	4.8	1.3	241	20.1	0.46
	HH	8.5	645	34.2	44.2	4.6	1.3	242	18.4	0.45
	FP	7.8	638	33.1	43.3	4.5	1.1	241	18.3	0.44
	ISP	6.8	575	29.6	46.4	3.6	1.1	242	13.8	0.45
中部	SH	9.5	703	35.7	44.6	5.0	1.2	246	23.3	0.41
	HH	9.2	669	35.0	44.0	4.8	1.2	246	21.7	0.38
	FP	8.0	660	34.1	41.6	4.8	1.1	246	20.1	0.39
	ISP	6.8	564	31.7	45.9	3.9	0.9	246	15.8	0.39
南部	SH	7.8	568	39.3	42.3	5.8	1.1	223	22.4	0.46
	HH	7.2	572	37.0	43.5	5.6	1.3	223	20.5	0.44
	FP	6.7	528	36.0	45.5	5.4	1.2	223	17.3	0.46
	ISP	3.5	432	23.2	47.3	3.2	0.7	223	9.8	0.44

从 FP 到 HH 产量提升过程中，不同地区的途径略有差异，北部麦区主要靠增加穗数（1.1%）、穗粒数（3.4%）、千粒重（2.2%）、平均 LAI（1.5%）、平均净同化速率（17.6%）和 HI（1.5%），从而提高籽粒产量；中部麦区主要依靠增加穗数（1.3%）、穗粒数（2.6%）、千粒重（5.8%）、平均净同化速率（9.4%）和生物量（7.8%），从而提高籽粒产量；南部麦区主要依靠增加穗数（8.4%）、穗粒数（2.7%）、平均 LAI（3.7%）、平均净同化速率（8.6%）和生物量（18.5%），从而提高籽粒产量。

从 HH 到 SH 产量提升过程中，北部麦区主要依靠增加穗数（6.4%）、平均 LAI（3.6%）、生物量（9.1%）和 HI（3.7%），从而进一步提高籽粒产量；中部麦区主要依靠增加穗数（5.1%）、穗粒数（1.9%）、千粒重（1.4%）、平均 LAI（3.5%）、生物量（7.5%）和 HI（7.9%），从而进一步提高籽粒产量；南部麦区主要依靠增加穗粒数（6.1%）扩库，同时提升平均 LAI

（4.2%）、生物量（9.1%）和 HI（3.8%），从而进一步提高籽粒产量。

二、黄淮海冬小麦产量与效率层次差异主控因子/限制因子

通过农户调查发现，黄淮海冬小麦产量和效率提升的限制因子中，社会经济因素主要有：①投入大，成本高；②粮价低，效益差；③化肥价格高且不稳定。栽培管理因素有：①水肥投入过多；②种植方式不合理；③农技推广不到位；④品种选择不合理。生物因素有：①蚜虫；②地下害虫；③赤霉病；④白粉病；⑤锈病。非生物因素有：①干旱；②高温热害；③低温冷害。综合分析来看，气象因素和水肥投入不合理在各因素中占比较大。此外，长期旋耕导致的土壤耕层变浅也限制了小麦产量和效率的进一步提升。

我们进一步通过模型模拟了黄淮海冬小麦各区域气候限制程度和水氮限制程度。

（一）气候限制因子

黄淮海平原冬小麦受干旱影响最严重，全区气象干旱的发生频率整体较高，大部分地区干旱灾害的发生频率在 50%～80%，最高时几乎达一年一遇，其中河南北部、河北南部及山东西部为干旱重灾区。干热风对冬小麦的影响程度仅次于干旱，全区大部分地区干热风灾害的发生频率为 20%～40%，其中干热风重灾区位于河北中部及山东西部。黄淮海平原冬小麦受晚霜冻灾害的影响相对较小，且灾害的发生与拔节期具有一定的相关性，全区晚霜冻灾害的发生频率大多处于 5%～25%。在仅考虑气候限制因子的情况下，干旱对冬小麦产量影响最大，为黄淮海平原冬小麦生产的主要气象限制因子。

1. 冬小麦干旱灾害发生频率

黄淮海平原中部地区为干旱灾害发生频率的高值区，尤其是河南北部、河北南部；频率小于 48% 的区域主要在河北东北部、山东南部及河南南部。总体来看，冬小麦干旱灾害的发生区域差异较小，整体呈中部地区偏高，南北部地区及山东南部地区偏低，灾害发生频率大部分处于 48%～58%。

2. 冬小麦干热风灾害发生频率

冬小麦干热风灾害的发生情况在不同区域差异显著，其中干热风灾害发生频率大于 50%的区域主要在河北中部，危害最重，频率最大值达 65.7%（邢台）；干热风灾害发生频率的低值区位于河南南部、山东东部及河北东北部，发生频率低于 10%，危害较轻。总体来看，黄淮海平原冬小麦干热风灾害发生频率以河北中部高值区为中心，向四周呈辐散式降低。

3. 冬小麦晚霜冻灾害发生频率

冬小麦晚霜冻灾害的发生情况在区域上差异较大，其中黄淮海平原北部地区发生频率较低。频率低于 10% 的地区主要在河北、北京及山东部分地区，天津大部及河北部分地区未监测到灾害；黄淮海平原南部大部分地区发生频率较高。结合拔节期数据可以看出，晚霜冻灾害发生情况与拔节期的出现时间具有一定的相关性，河南地区拔节期出现最早，晚霜冻灾害发生情况最严重，而河北、北京、天津地区拔节期出现较晚，晚霜冻灾害发生情况较轻。

4. 试验期间气象灾害发生情况

从发生阶段（图 4-11）来看，黄淮海平原北部冬小麦播种—越冬期存在水分胁迫，整个黄淮海平原返青—拔节期水分胁迫最为严重，其次为开花—成熟期。

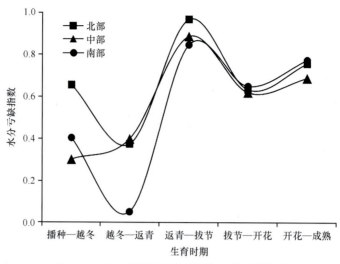

图 4-11　冬小麦不同生育时期的水分亏缺指数

在试验期间，北部的水分亏缺指数最高，2018 年和 2019 年比 2017 年水分胁迫更严重（图 4-12）。越冬冻害在北部和中部地区比南部更为严重，其中 2018 年较 2017 年和 2019 年更为严重。拔节期霜冻主要在中部较为严重，而干热风灾害年际间差异较大。

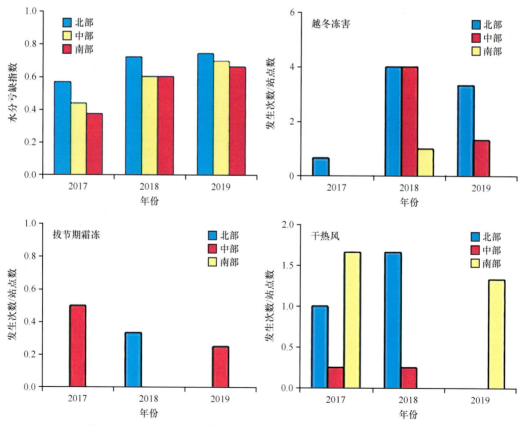

图 4-12　2017～2019 年黄淮海平原冬小麦生育期的主要气候限制因子

综上，研究区的主要气候限制因子如表 4-2 所示。

表 4-2　黄淮海平原冬小麦高产的气候限制因子

区域	气候限制因子
黄淮海北部	越冬冻害
	播种—越冬期干旱
	返青—拔节期干旱
	灌浆期干旱
	干热风
黄淮海中部	越冬冻害
	拔节期霜冻
	返青—拔节期干旱
	灌浆期干旱
	干热风
黄淮海南部	返青—拔节期干旱
	拔节期霜冻
	灌浆期干旱
	干热风

（二）水氮限制因子

1. 农户水平到潜在水平的冬小麦水氮限制程度

相比农户水平的水分利用效率和氮肥偏生产力，黄淮海平原冬小麦潜在水平的水分利用效率、氮肥偏生产力可分别增加 4.7%、43%，其中，河北省廊坊市和衡水市及山东省滨州市的水分利用效率可增加 20% 以上，在河北中部和南部、山东中部和西部、河南北部和南部南阳市的氮肥偏生产力可增加 40% 以上。从农户水平到潜在水平，主要在河北西南部、山东北部和南部以及河南北部需增加灌溉；在河南西部和东南部需增施氮肥；在河北北部、山东东南部均需增水增氮。此外，实际农户水平的冬小麦灌溉次数一般为 3～4 次，而达到黄淮海平原潜在水平时，平均需要进行 5～6 次灌溉。

2. 农户水平到高产高效水平的冬小麦水氮限制程度

如果产量仅达到潜在产量的 80%，即达到高产高效水平，需要在当前黄淮海平原农户的灌溉水平（242mm）和施氮肥水平（267kg N/hm^2）下平均减少灌溉量 127mm、减少施氮量 89kg/hm^2，此时黄淮海平原冬小麦高产高效水平的水分利用效率和氮肥偏生产力分别增加 9.4% 和 77%。其中，河北东部部分地区、山东省滨州市和泰安市以及河南中部偏北区域的水分利用效率可增加 15% 以上，河北中部和南部邯郸市、山东北部和南部、河南南部南阳市和北部的氮肥偏生产力可增加 75% 以上。此外，黄淮海平原冬小麦的灌溉制度要从实际农户常规在播种期/越冬期、拔节期和开花期灌溉 3 次或 4 次改变为在拔节期和开花期灌溉两次。

从不同农艺措施对小麦产量的贡献（图 4-13）来看，灌溉次数对产量的贡献为 17.4%～28.9%，施氮量对产量的贡献为 13.9%～27.1%，增加密度对产量的贡献为负值，由此可见水氮管理对产量的贡献更大。

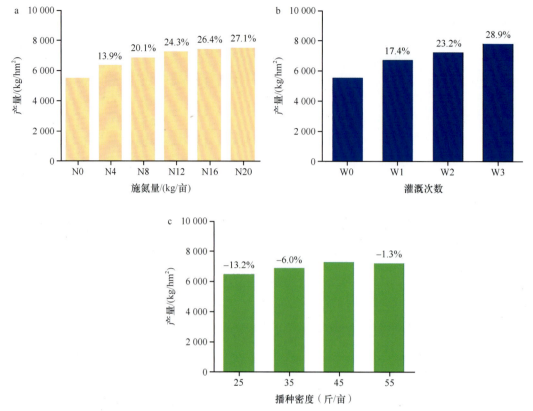

图4-13　施氮量（a）、灌溉次数（b）和播种密度（c）对小麦产量的贡献率

1斤=500g

三、黄淮海冬小麦产量与效率层次差异形成机理解析

（一）不同模式产量和效率差异机理

1. 群体结构

从群体结构（图4-14）来看，HH和SH处理具有更为合理的群体结构，表现为群体内个体间差异小，无效分蘖少，分蘖成穗率高，SH相对于HH分蘖成穗率和穗长进一步增加，群体均匀性进一步增强，这是SH和HH相对于FP具有较高的开花期干物质量的重要原因。

相关性分析显示，小麦籽粒产量和群体的分蘖成穗率和单株分蘖数都呈线性正相关（图4-15），所以，提高单株分蘖数和分蘖成穗率有利于高产群体创建。不同产量水平群体氮

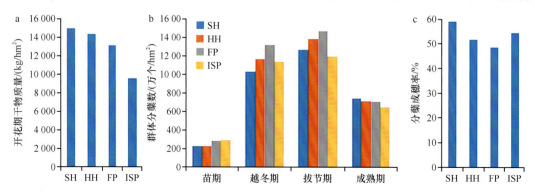

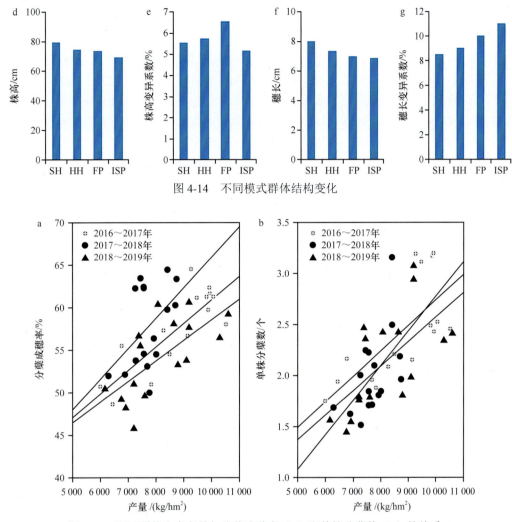

图 4-14 不同模式群体结构变化

图 4-15 不同群体小麦产量与分蘖成穗率（a）和单株分蘖数（b）的关系

肥偏生产力与穗数并无显著相关性；但氮肥偏生产力与分蘖成穗率和单株分蘖数呈显著的二次项关系（图 4-16），群体的单株分蘖数越高，氮肥偏生产力越高。但是氮肥偏生产力却在分蘖成穗率为 0.58 时达到最大，之后随分蘖成穗率的增加开始降低。因此，群体结构的控制实际是协调群体与个体的矛盾的问题。解决好群体与个体的矛盾，必须根据群体动态变化规律，

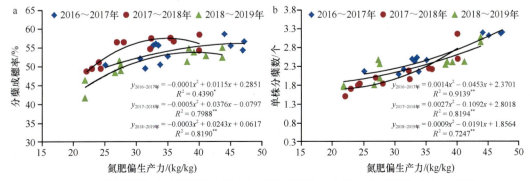

图 4-16 不同群体小麦氮肥偏生产力与分蘖成穗率（a）和单株分蘖数（b）的关系

采取相应的栽培措施，控制群体大小，促进个体发育，协同提高产量和氮肥利用效率。

2. 物质生产

由图 4-17 可见，不同产量水平小麦花前、花后及生育期的生物量在区域间表现不一致，但总的来说，SH 处理下花前积累的干物质量和花后积累的干物质量都大于 HH 和 FP 处理。在南部，HH 处理花前积累的干物质量和花后积累的干物质量都大于 FP；在中部，HH 和 FP 处理有相近的花前干物质积累量和花后干物质积累量；在北部，HH 和 FP 处理有相近的花前干物质积累量，但 HH 处理花后积累的干物质量小于 FP 处理。

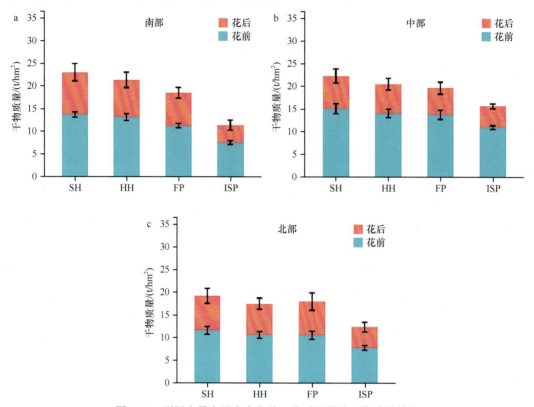

图 4-17　不同产量水平小麦花前、花后积累的干物质量差异

不同产量水平冬小麦的籽粒产量与最终生物量（$y=1.7651x+235.86$，$R^2=0.7605^{**}$）和开花期生物量（$y=2.8516x-2615.1$，$R^2=0.8589^{*}$）都存在着显著的正相关关系。干物质积累是产量提高的物质基础。在本试验范围内，冬小麦产量与花后干物质积累对籽粒的贡献率呈显著正相关，而与再转运物质对籽粒的贡献率呈负相关，3 年趋势表现一致（图 4-18），表明本试验范围内灌浆期光合同化仍是产量提升的主要限制因素。

从冬小麦灌浆期旗叶的净光合速率来看，不同产量水平群体之间无明显差异，但随着灌浆的进行，在花后 10d（10 days after anthesis，10DAA）之后 FP 处理小麦旗叶净光合速率开始迅速下降（图 4-19a）。在灌浆前期（0～10DAA），旗叶 SOD 活性表现为 FP 大于 HH 和 SH，而 HH 和 SH 处理间无明显差异；随着灌浆进行，各处理旗叶 SOD 活性和 MDA 含量迅速增加，但 SH 和 HH 增长速度小于 FP 处理；20DAA 后，旗叶 MDA 含量表现为 FP 大于 SH 和 HH，而 SOD 活性开始明显下降；30DAA 时，SOD 活性以 SH 高于 HH 和 FP 处理，而 MDA 含量以 FP 处理显著高于 SH 和 HH 处理（图 4-19b、c），说明灌浆后期 FP 处理叶片衰老更快。这可能是其花后干物质积累量低于 HH 和 SH 处理的重要原因。

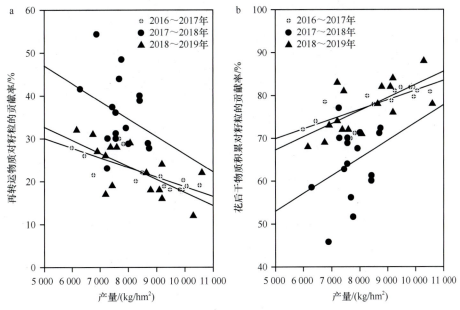

图 4-18　冬小麦产量与物质来源之间的关系

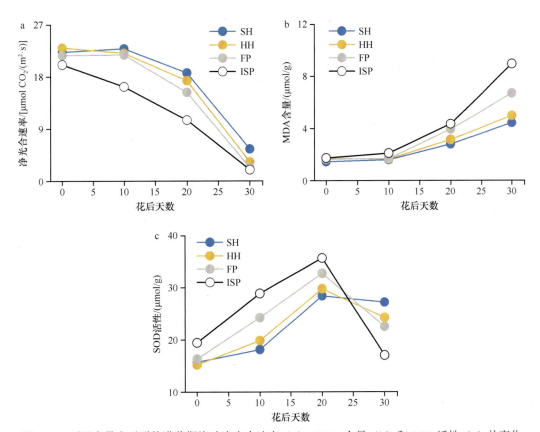

图 4-19　不同产量水平群体灌浆期旗叶净光合速率（a）、MDA 含量（b）和 SOD 活性（c）的变化

回归分析显示，冬小麦的产量与抽穗期叶面积指数（leaf area index，LAI）呈抛物线关系，

与灌浆期 LAI 呈线性正相关，与灌浆期 LAI 衰减速度呈线性负相关（图 4-20a～c）。综合三年度试验结果可知，在保证抽穗期适当 LAI 的基础上，超高产和高产高效群体灌浆期具有较大的功能叶面积，且其衰老速率较缓慢。SH 抽穗期和灌浆期的 LAI 分别为 6.2～7.3 和 4.1～5.3，HH 分别为 5.8～6.5 和 3.9～4.8。

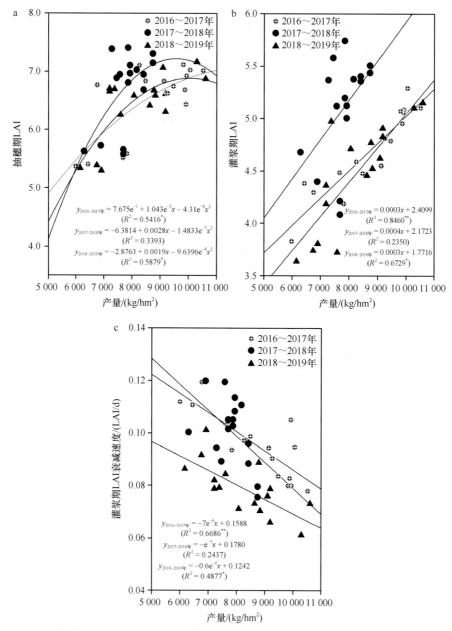

图 4-20　产量与抽穗期 LAI（a）、灌浆期 LAI（b）和灌浆期 LAI 衰减速度（c）的关系

3. 水氮吸收和利用

试验期间不同产量水平冬小麦植株体内氮素积累量与生物量表现出一致的趋势，SH 处理的花前氮素积累量、花后氮素吸收量和生育期内氮素总积累量都明显大于 HH 和 FP 处理；HH 和 FP 处理花后氮素吸收量和生育期内氮素总积累量年际间以及生态点间存在差异，但 HH 处

理的花后氮素吸收量要明显大于 FP 处理（图 4-21a、b）。

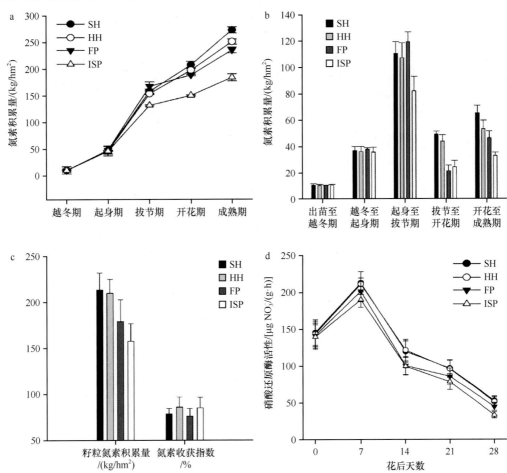

图 4-21　不同产量水平群体氮素积累量及旗叶硝酸还原酶活性

小麦籽粒中的氮素主要有两个来源：一个是花前积累的氮素再转运到籽粒中，另一个是花后直接吸收的氮素。从表 4-3 可以看出，不同产量水平小麦籽粒花前积累氮素再转运及花后吸收的氮素都存在显著的差异，以 SH 处理大于 HH 处理和 FP 处理。花前积累氮素再转运对籽粒的贡献以 FP 和 SH 处理明显大于 HH 处理，而花后氮素吸收量对籽粒的贡献以 HH 处理明显高于 FP 和 SH 处理。由此可见，HH 处理具有较高的氮肥利用效率主要是由于增加了花后氮素吸收量对籽粒的贡献。

表 4-3　不同产量水平小麦籽粒氮素来源

处理	2016～2017 年				2017～2018 年				2018～2019 年			
	花前转运量/(kg/hm²)	对籽粒贡献/%	花后吸收量/(kg/hm²)	对籽粒贡献/%	花前转运量/(kg/hm²)	对籽粒贡献/%	花后吸收量/(kg/hm²)	对籽粒贡献/%	花前转运量/(kg/hm²)	对籽粒贡献/%	花后吸收量/(kg/hm²)	对籽粒贡献/%
ISP	120.60	73.14	44.30	26.86	105.45	72.89	39.23	27.11	75.42	70.14	32.10	29.86
FP	142.40	74.36	49.10	25.64	117.97	75.64	37.99	24.36	98.65	74.45	33.86	25.55
HH	156.70	72.88	58.30	27.12	118.86	72.57	44.92	27.43	108.56	71.26	43.78	28.74
SH	178.50	74.69	60.50	25.31	133.99	74.05	46.96	25.95	109.28	76.52	33.52	23.48

从阶段性氮素积累（图4-21b）来看，起身至拔节期FP处理积累了大量的氮素，但后期积累量却下降，最终成熟期总氮素积累量与籽粒氮素积累量都低于SH和HH处理，这可能是由于拔节至开花期FP氮素积累平缓，无效分蘖带走部分氮素。SH和HH处理下旗叶硝酸还原酶（NR）活性在花后0～28d都明显高于FP处理，且灌浆中后期FP处理叶片较早衰老，NR活性下降速度远高于SH和HH，氮素代谢能力降低，氮素收获指数明显低于SH和HH（图4-21c、d）。

从图4-22可以看出，SH和HH处理冬小麦深层分布的根干重大于FP处理（图4-22），而深层分布的根干重和比例与产量和氮素积累量呈显著正相关（表4-4），因此，通过栽培技术增加深层根系含量和比例，有利于提高产量和氮素利用效率。

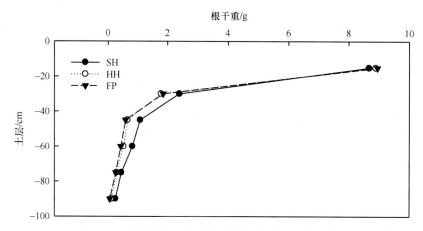

图4-22　不同冬小麦产量水平群体花后20d根系分布

表4-4　根系分布与产量和氮素积累量之间的相关性

相关性	土层				
	0～20cm	20～40cm	40～60cm	60～80cm	80～100cm
根干重与产量	0.432	0.684*	0.798**	0.833**	0.912**
根干重占比与产量	−0.899**	0.361	0.754**	0.899**	0.901**
根干重与氮素积累量	0.331	0.499*	0.815*	0.892*	0.877*
根干重占比与氮素积累量	−0.618*	0.435	0.781**	0.727**	0.859**

注：* 表示在0.05水平显著相关；** 表示在0.01水平显著相关

（二）主控因子作用机制

为了明确主控因子对冬小麦产量和效率的影响，我们设置了灌水次数和灌水时期、施氮量、不同水肥施用模式与不同耕作模式试验，从物质生产、源库关系、碳氮代谢、资源吸收与利用角度分析了其对冬小麦产量和效率的影响，并揭示了适宜管理模式提升冬小麦产量和效率的生理机制。

1. 畦灌下减少灌溉次数、调整灌溉时期通过协调源库关系同步提升冬小麦产量和水分利用效率

华北平原水资源严重短缺，迫切需要提高水分利用效率。为了明确灌水次数与灌水时期对冬小麦产量和水分利用效率的影响及其机理，本研究以冬小麦品种'济麦22'为材料，在畦灌下设置灌溉 3 次（起身水+孕穗水+灌浆水，TBM；拔节水+开花水+灌浆水，JAM）、2次（拔节水+开花水，JA）、1 次（拔节水，W_J）和不灌水（W0）处理以及不同灌水时期组合（每次灌水 750m³/hm²）。结果（图 4-23，图 4-24，表 4-5）表明，拔节期和开花期灌水（JA）可同步获得较高的产量和水分利用效率；与拔节水+开花水处理相比，3 次灌溉处理的产量与之无显著差异，但是显著降低了水分利用效率，不利于节水；与不灌水处理（W0）和拔节水（W_J）处理相比，拔节水+开花水处理的花后干物质积累量和库容量较高，源库关系更加协调；W_J 水分利用效率与 JA 无显著差异，其花后干物质积累量限制了产量的提高；与2 次和 3 次灌溉处理相比，不灌水处理的产量同时受到群体源和库的限制，但仍通过增加花前干物质转运量，获得了较高的产量和水分利用效率。总耗水量表现为 W0＜W_J＜JA＜JAM和 TBM，开花到成熟过程中耗水比例也随着灌溉次数的增加而增加，以 JAM 处理最高。W_J、JA 和 JAM 的群体叶面积指数显著高于 W0，显著低于 TBM。开花期干物质积累量表现为TBM＞JAM、JM、W_J＞W0，成熟期干物质积累量表现为 TBM＞JAM、JM＞W_J＞W0，花后干物质积累量随着灌水量的增加而增加，JAM 花后干物质积累量最高，花前干物质转运量表现为 W_J＞W0＞JA＞TBM、JAM。W_J、JA 和 JAM 的粒叶比显著高于 TBM，但显著低于W0；W_J、JA、JAM 和 TBM 结实效率之间无显著差异，但显著高于 W0；W_J、JA、JAM 的结实力、穗指数显著高于 W0 和 TBM；JA 和 JAM 的库容量显著高于 W0、W_J 及 TBM。因此，足墒播种后不灌溉、拔节期单次灌溉以及拔节期+开花期两次灌溉，可作为华北不同水资源条件下的节水丰产灌溉模式。

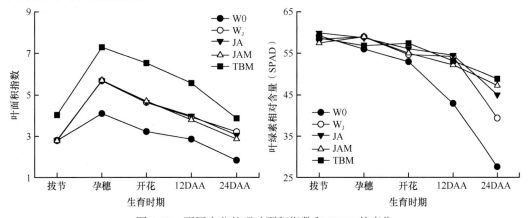

图 4-23　不同水分处理叶面积指数和 SPAD 的变化

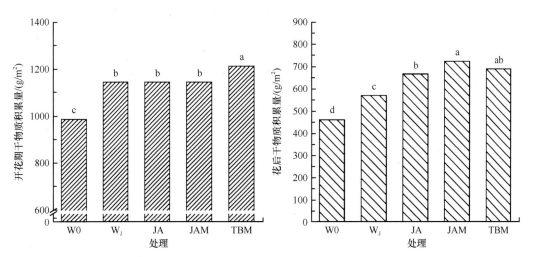

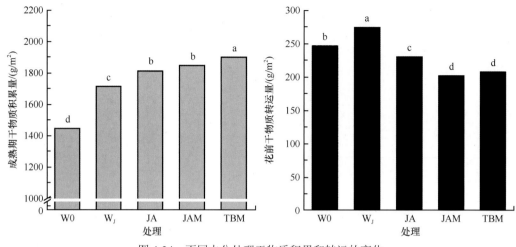

图 4-24　不同水分处理干物质积累和转运的变化

表 4-5　不同水分处理下产量和源库指标及水分利用的变化

处理	产量/ （kg/hm²）	穗数/ （万穗/ hm²）	穗粒数	千粒 重/g	粒叶比 （粒/m²）	结实 效率/ （粒/g）	结实力/ （粒/g）	穗指数	收获 指数	总耗 水量/ mm	播种— 开花 耗水 比例/%	开花 到成熟 耗水 比例/%	WUE/ （kg/m³）
W0	7219.7c	594.9c	30.2d	47.2b	4354.7a	103.1b	18.2b	0.177b	0.488b	384.0d	67.5a	32.5d	1.88b
W$_J$	8653.1b	663.0b	34.6b	44.9c	3915.5b	109.5a	20.1a	0.183a	0.492a	426.3c	65.0b	35.0c	2.03a
JA	9267.6a	676.6b	35.0a	46.6b	4039.4b	113.0a	20.7a	0.183a	0.495a	458.8b	60.6c	39.4b	2.02a
JAM	9370.6a	680.3b	35.1a	47.1b	4074.6b	113.9a	20.9a	0.183a	0.490ab	493.2a	56.0d	44.0a	1.90b
TBM	9262.6a	726.2a	31.2c	48.3b	3062.5c	114.1a	18.7b	0.163c	0.471c	503.4a	61.5c	38.5b	1.84b

注：同列不同小写字母表示处理间在 0.05 水平差异显著，下同

　　为了验证单次灌溉（灌溉量 75mm）条件下高产高效的灌溉时期，设置了灌起身水（W$_T$）、拔节水（W$_J$）、孕穗水（W$_B$）、开花水（W$_A$）、灌浆水（W$_M$）处理及不灌水处理（W0），考察了源库性能变化，结果（图 4-25，图 4-26，表 4-6）表明，拔节期之前灌溉有利于促库，但开花后供源不足，相对库大源小，产量受源限制；孕穗之后灌溉有利开花后增源，但库容不足，相对源大库小，产量受库限制；在拔节期或拔节至孕穗期灌溉，库容量和源供应能力较高，源库关系协调，籽粒产量和水分利用效率最高。随着灌水时期延后，总耗水量有下降趋势，开花到成熟耗水比例以 W$_J$、W$_B$、W$_A$ 和 W$_M$ 高于 W0 与 W$_T$。W$_J$ 开花期上三叶大小和群体叶

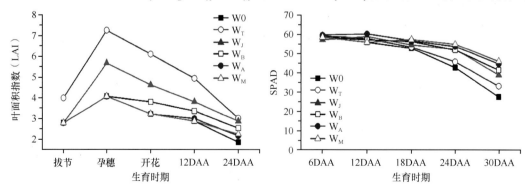

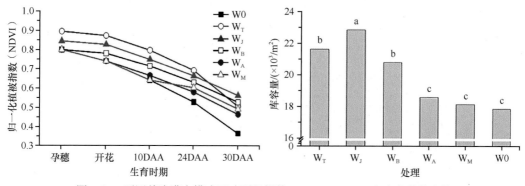

图 4-25 不同单次灌水模式下叶面积指数、SPAD、NDVI 和库容量的变化

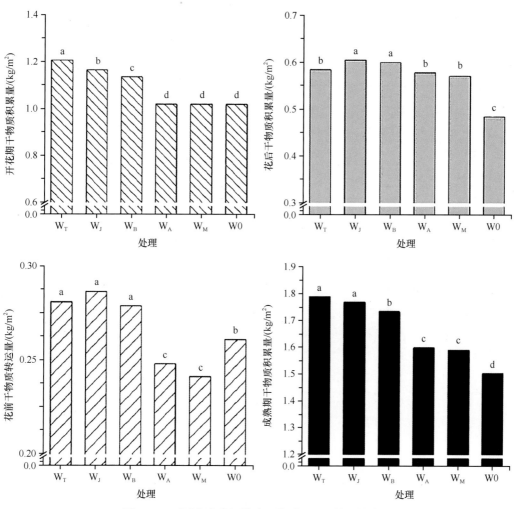

图 4-26 不同单次灌溉模式干物质积累和转运的变化

面积指数，显著高于 W0 和拔节之后的灌溉处理，但低于 W_T 处理；W_J 和 W_B 开花后期上三叶 SPAD 值显著高于 W_T 与 W0，低于 W_A 和 W_M；W_J 和 W_B 花后干物质积累量显著高于其余处理，W_J 花前干物质转运量显著高于 W0、W_A 和 W_M。W_J 粒叶比显著高于 W_T，但低于 W0、W_B、W_A 和 W_M，结实效率显著高于 W0、W_B 和 W_M，与 W_T 和 W_A 无显著差异，W_J 结实力和

穗指数大体上显著高于其余处理，其中 W_J 与 W_B 的穗指数之间无显著差异。W_J 的库容量最高，W0 的库容量最低，W_T 和 W_B 的库容量之间无显著差异，但是显著高于 W_A 和 W_M。W_J 和 W_B 产量与水分利用效率较高，显著高于 W0、W_T、W_A 和 W_M。因此，单次灌溉应选择灌拔节水或孕穗水。

表 4-6　单次灌水模式对冬小麦产量和源库指标及水分利用的影响

处理	产量/（kg/hm²）	穗数/（万穗/hm²）	穗粒数	千粒重/g	粒叶比/（粒/m²）	结实效率/（粒/g）	结实力/（粒/g）	穗指数	收获指数	总耗水量/mm	播种至开花耗水比例/%	开花至成熟耗水比例/%	WUE/（kg/m³）
W_T	8129.5b	716.0a	28.7d	46.8c	2935.2e	109.8a	18.4c	0.168c	0.469e	430.8a	69.2a	30.8c	1.93b
W_J	8690.5a	676.4b	32.5a	46.5c	3915.5d	109.5a	20.1a	0.183a	0.492d	421.3ab	65.0b	35.0b	2.12a
W_B	8526.3a	646.5c	30.8b	50.2a	5146.1a	104.9b	19.1b	0.182a	0.496c	412.8bc	63.4bc	36.6ab	2.11a
W_A	7775.6c	611.8d	29.4c	51.0a	4574.5b	108.3a	19.1b	0.177b	0.508a	404.3c	62.0c	38.0a	1.97b
W_M	7634.7c	613.2d	28.8cd	50.4a	4403.1c	104.2b	18.4c	0.177b	0.501b	400.1c	62.7bc	37.3a	1.96b
W0	7089.2d	608.3d	28.5d	48.8b	4354.7c	103.1b	18.2c	0.177b	0.488d	371.4d	67.5ab	32.5c	1.94b

为了验证两次灌溉条件下高产高效的灌溉组合，设置了拔节水+开花水（JA）、拔节水+灌浆水（JM）、起身水+孕穗水（TB）、起身水+开花水（TA）、起身水+灌浆水（TM）和孕穗水+灌浆水（BM）组合，每次灌水 75mm，考察了源库性能变化，结果（图 4-27，图 4-28，表 4-7）表明，拔节期和开花期灌溉组合模式与其他两次灌溉组合模式相比，表现出较高的群体库容量和后期干物质生产能力，源库关系更为协调，产量（9727.2kg/hm²）和水分利用效率（2.16kg/m³）最高。第一水为拔节水的灌溉组合模式（JA 和 JM）与孕穗水+灌浆水的灌溉组合模式总耗水量和开花前阶段耗水比例低于第一水为起身水的灌溉组合模式（TB、TA 和

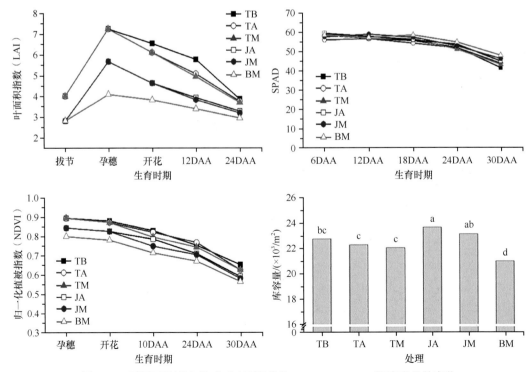

图 4-27　不同两次灌水模式下叶面积指数、SPAD、NDVI 和库容量的变化

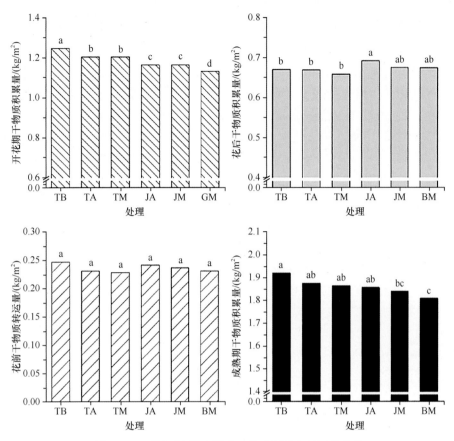

图 4-28 不同两次灌水模式干物质积累和转运的变化

TM），JA 开花后阶段耗水比例最高。TB、TA 和 JM 倒二叶 SPAD 值自开花后 24d 以及倒三叶 SPAD 值自开花后 6d 显著低于 JA、JM 和 BM；JA 花后干物质积累量最高，花前干物质转运量各处理之间无显著差异。JA 和 JM 粒叶比显著高于 TB、TA 和 TM，但是显著低于 BM；JA 和 JM 结实效率显著高于 BM，与其余灌溉组合模式之间无显著差异，JA 结实力、穗指数和收获指数显著高于 TA、TB、TM，第一水为拔节水的灌溉组合模式的结实力和穗指数之间大体上无显著差异。JA 的库容量最高，与 JM 之间无显著差异，但是显著高于 TB、TA、TM和 BM。JA 产量和水分利用效率最高。因此，灌两水的最佳组合为拔节水+开花水。

表 4-7 两次灌水模式对冬小麦产量和源库指标及水分利用的影响

处理	产量/（kg/hm²）	穗数/（万穗/hm²）	穗粒数	千粒重/g	粒叶比/（粒/m²）	结实效率/（粒/g）	结实力/（粒/g）	穗指数	收获指数	总耗水量/mm	播种至开花耗水比例/%	开花至成熟耗水比例/%	WUE/（kg/m³）
TB	9470.5ab	729.9a	31.2c	49.0b	3053.9c	113.8a	18.7b	0.163c	0.473c	475.7a	64.5ab	35.5c	1.99b
TA	9227.7b	718.1a	31.0c	49.2b	2994.3c	112.0a	18.8b	0.168b	0.473c	467.6ab	63.8b	36.2bc	1.97b
TM	9144.3b	716.0a	30.8c	49.0b	2965.4c	110.9a	18.6b	0.168b	0.466d	457.2bc	65.2a	34.8c	2.00ab
JA	9727.2a	674.3b	35.1a	48.4c	4039.4b	113.0a	20.7a	0.183a	0.495a	451.8bc	60.6c	39.4a	2.16a
JM	9436.7ab	666.0b	34.8a	48.1c	3961.7b	110.8a	20.3a	0.183a	0.486b	443.4cd	61.7c	38.3ab	2.13ab
BM	9245.3b	636.1c	33.0b	52.4a	5179.8a	105.6b	19.1b	0.182a	0.491ab	434.2d	60.3c	39.7a	2.13ab

2. 适量减氮通过优化根构型，稳定叶片碳氮同化能力，实现冬小麦高产和氮肥高效利用

小麦生产中氮肥施用量往往过高，但氮肥利用效率却较低，在保障小麦产量的同时大幅度提升氮肥利用效率是我们需要解决的问题。课题组在河南开封市八里湾乡的黏土和郑州市惠济区的砂壤土上布置了氮肥定位试验，设 N0、N180、N240、N300（即 0kg N/hm²、180kg N/hm²、240kg N/hm²、300kg N/hm²）4 个处理，考察了产量构成、干物质和氮素的积累与转运、叶片的碳氮同化能力、根系生长及氮素利用特性等，并揭示了适量减氮提升冬小麦产量和氮肥利用效率的生理机理。

（1）干物质和氮素的积累与转运

从干物质积累动态（图 4-29a）来看，从返青期开始，各施氮处理干物质积累量均高于不施氮处理，拔节期后表现尤为明显，成熟期干物质积累量以 N240＞N300＞N180＞N0。在黏土上，减施氮肥后，花前干物质转运量对籽粒产量的贡献显著提高了，N180 相对于 N300 提高了 20.4%；砂壤土上减施氮肥，对花前干物质转运量对籽粒产量的贡献无显著影响，而花后干物质积累量有增加趋势（表 4-8）。

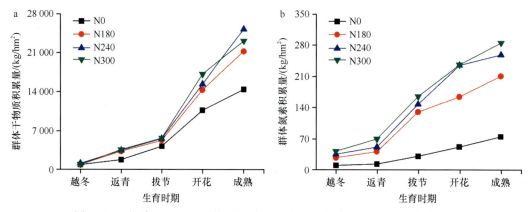

图 4-29　不同氮肥处理下群体干物质积累（a）和氮素积累（b）的动态变化

表 4-8　不同氮肥处理下冬小麦干物质积累与转运及其对产量的贡献

土壤类型	处理	花前干物质转运量/(kg/hm²)	花前干物质转运率/%	花前干物质转运量对产量的贡献率/%	花后干物质积累量/(kg/hm²)	花后干物质积累量对产量的贡献率/%
黏土	N0	2350c	22.7c	40.7d	3423c	59.4a
	N180	4815a	31.9a	53.7a	4180b	46.4d
	N240	4859a	30.0ab	48.8b	5124a	51.3c
	N300	4147b	27.4b	44.6c	5171a	55.4b
砂壤土	N0	963b	16.8c	30.9b	2149c	69.1a
	N180	3099a	28.9a	38.7a	4897a	61.4b
	N240	2938a	24.2b	38.5a	4712a	61.5b
	N300	3073a	26.0ab	40.7a	4349b	59.3b

注：同一土壤类型同列不含有相同小写字母的表示处理间在 0.05 水平差异显著，下同

从氮素积累动态（图 4-29b）来看，随着施氮量增加，植株氮素积累量持续增加，各时期

均以 N300 较高。成熟期植株氮素分配比例，黏土上以籽粒＞茎鞘＞颖壳+穗轴＞叶片，砂壤土上以籽粒＞茎鞘＞叶片＞颖壳+穗轴，而且籽粒氮素分配比例为黏土明显高于砂壤土，茎鞘氮素分配比例为砂壤土明显高于黏土（表 4-9）。由此可见，砂壤土上种植的小麦籽粒的氮素分配比例低主要是由于茎鞘中残留氮素相对较多。氮素处理间比较，减氮处理 N180 和 N240籽粒氮素分配比例高于 N300，可见施氮过多，籽粒氮素积累量反而下降，过多的氮素贮存在茎叶等营养器官中。

表 4-9 不同氮肥处理下成熟期植株各器官氮素积累量（kg/hm²）与分配比例（%）

土壤类型	处理	茎鞘		叶片		颖壳+穗轴		籽粒	
		氮素积累量	分配比例	氮素积累量	分配比例	氮素积累量	分配比例	氮素积累量	分配比例
黏土	N0	19.30	14.80	4.80	3.70	8.50	6.50	98.20	75.10
	N180	39.50	16.60	8.50	3.60	14.00	5.90	175.30	73.90
	N240	49.10	16.50	10.60	3.60	17.90	6.00	220.30	74.00
	N300	50.70	18.00	11.10	3.90	18.60	6.60	201.60	71.50
砂壤土	N0	20.90	24.40	3.20	3.70	3.80	4.50	57.70	67.40
	N180	56.30	23.50	13.60	5.70	9.10	3.80	160.60	67.00
	N240	56.00	20.30	24.20	8.80	13.10	4.80	182.60	66.20
	N300	54.90	21.80	25.40	10.10	14.20	5.60	157.20	62.50

进一步分析旗叶和倒 1 茎氮素转移发现，适量减少施氮能增加植株氮素的再分配利用。在灌浆期，不施氮肥（N0）、中氮（N180，180kg/hm²）和高氮（N300，300kg/hm²）处理中花前氮素转移率以 N0 处理最高，但 N180 的氮素转移量和转移量对籽粒氮的贡献率最高（表 4-10），表明适量减氮提高了氮素转移量及其对籽粒氮的贡献率。

表 4-10 旗叶和倒 1 茎花前氮素转移量对籽粒氮的贡献率

处理	旗叶		倒 1 茎		籽粒氮素积累量/mg	转移量对籽粒氮的贡献率/%		
	转移量/mg	转移率/%	转移量/mg	转移率/%		旗叶+倒 1 茎	旗叶	倒 1 茎
N0	0.34c	79.02a	0.92b	73.60a	19.62c	6.40c	1.71c	4.69b
N180	3.33a	61.98b	1.72a	57.93b	28.41b	17.78a	11.74a	6.05a
N300	2.60b	55.88c	1.62a	25.25c	34.23a	12.34b	7.61b	4.74b

注：花前氮素转移量=器官成熟期氮素积累量-器官开花期氮素积累量；花前氮素转移率=花前氮素转移量/器官开花期氮素积累量；转移量对籽粒氮的贡献率=转移量/籽粒氮素积累量。本表是按单茎生物量进行计算。同列不同小写字母表示处理间在 0.05 水平差异显著

（2）叶片碳氮同化能力

碳氮代谢是小麦源库关系的基础，影响小麦产量和水肥利用效率。分析花后小麦源库间碳氮代谢及其相关酶活性，对揭示籽粒产量形成规律具有重要意义。小麦灌浆期籽粒碳氮主要来自两个途径：一是花后的吸收和光合同化，二是花前、花后叶片、茎秆等其他部分贮藏物质的再动员。

本研究发现，当施氮量由 300kg/hm² 降为 240kg/hm² 或 180kg/hm² 时，3 个施氮处理之间小麦灌浆期旗叶的净光合速率、硝酸还原酶（NR）活性和谷氨酰胺合成酶（GS）活性均没有显著差异（图 4-30），表明适量减氮对小麦光合作用与碳氮同化能力没有产生显著影响，且能

维持灌浆期较高的"源库活力"，保证干物质合成和粒重形成，并在小麦成熟期达到较高干物质积累量和产量。

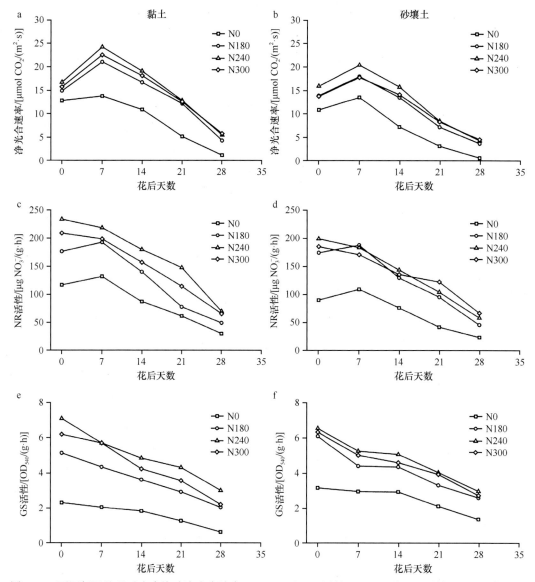

图 4-30　不同氮肥处理对小麦旗叶净光合速率（a、b）及 NR 活性（c、d）和 GS 活性（e、f）的影响

（3）根系生长与根冠比

根系作为植株吸收和转运养分的器官，其生长发育及在不同土层中的构型分布直接影响对肥料的吸收利用。大田剖面挖根调查表明，不同施氮处理根系生长发育及分布存在显著差异。与 N0 处理相比，N240 和 N180 根长密度平均分别增加了 36.0% 和 19.6%；但过多施氮（N300）又导致根长密度显著降低，与 N240 相比，N300 根长密度下降了 7.4%。同时发现，适量施氮处理（N240 和 N180）显著提高了小麦拔节期、开花期及成熟期的根重密度与 40～100cm 的根长密度（图 4-31 和图 4-32），进而提高了小麦根冠比（图 4-33）。由此表明适量施氮有利于优化根群构型分布，促进根系伸长，进而提高对肥料的吸收利用。

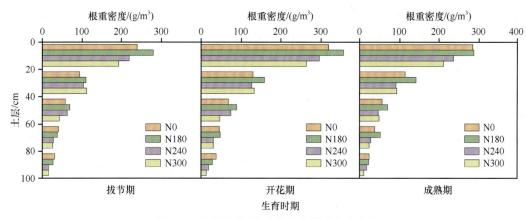

图 4-31 不同氮肥处理的小麦根重密度分布

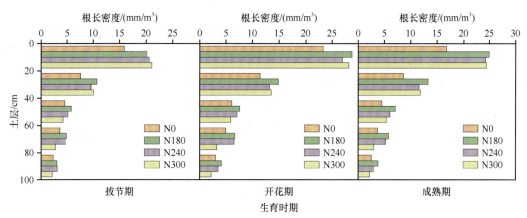

图 4-32 不同氮肥处理的小麦根长密度分布

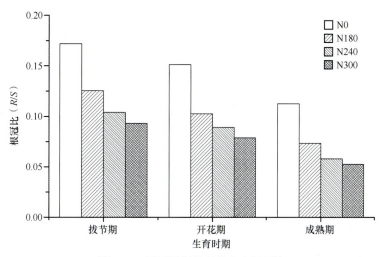

图 4-33 不同氮肥处理的小麦根冠比

（4）产量及产量构成

从多年产量变化（图 4-34）来看，黏土上仅 2014 年、2015 年和 2020 年的 N180 产量显著低于 N240 与 N300，其他年份施氮处理间产量差异不显著。因此，总体来看，N180 可以维持相对较高的产量。

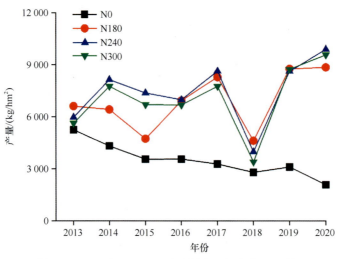

图 4-34　不同氮肥处理下产量的年际间变化（开封）

从产量构成（表 4-11）来看，黏土上 N180 产量低于 N240 主要是穗粒数下降引起的，继续增加施氮量到 N300，产量则有降低趋势；砂壤土上 N180 与 N240 产量差异不显著，但二者显著高于 N300。由此可见，过多施氮不利于产量的提升，黏土上以 N240 产量最高，砂壤土上 N180 即可实现较高的产量。

表 4-11　不同氮肥处理下产量及产量构成的变化

土壤类型	处理	产量/(kg/hm²)	穗数/(万穗/hm²)	穗粒数	千粒重/g
黏土	N0	3449d	508b	29.5c	47.6a
	N180	7192c	630a	33.3b	45.6ab
	N240	8097a	658a	35.2a	44.2b
	N300	7729b	654a	35.2a	44.0b
砂壤土	N0	4079c	297b	27.7c	46.8a
	N180	6609a	586a	31.5b	44.7b
	N240	6711a	607a	34.3a	44.1b
	N300	6244b	577a	34.0a	42.7c

多年定位试验联合分析发现，在产量低于 8250kg/hm² 时，籽粒产量与粒数呈显著正相关关系（R^2=0.618）（图 4-35），粒数可分解为穗数和穗粒数两个因子，表明在由低产向高产提升的过程中，穗数与穗粒数对产量的增加有重要贡献。穗粒数与物质积累量的相关性分析显示，穗粒数与植株氮素积累量和干物质积累量均呈显著正相关关系，其中与开花期的氮素积累量和干物质积累量相关系数分别最高（表 4-12）。由此表明较高的花前氮素积累量和干物质积累量有助于穗粒数的提高。

在河南生态条件下，产量高于 8250kg/hm² 时，产量与千粒重呈极显著正相关（r=0.440[**]，P<0.01），而与穗数呈显著负相关（r=-0.346[*]，P<0.05），与穗粒数的相关性未达到显著水平（r=-0.267），说明小麦由高产向更高产的转变主要通过提高千粒重的途径来实现。进一步分析得到，高产水平的千粒重与氮素收获指数呈极显著正相关（r=0.534[**]）。对千粒重与干物质和氮素转运参数之间的相关性进行分析发现，千粒重与花后干物质积累量呈显著正相关，

其与花后氮素积累量对籽粒产量的贡献率之间呈极显著正相关（图4-36）。

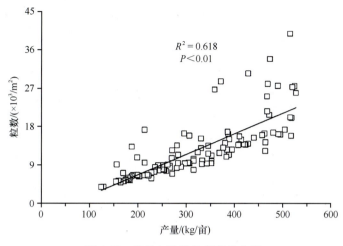

图4-35　产量与粒数的相关性分析

表 4-12　穗粒数与花前物质积累量之间的相关性

物质积累量	越冬期	返青期	拔节期	孕穗期	开花期	越冬至拔节期	拔节至孕穗期	拔节至开花期
氮素	0.052	0.336**	0.431**	0.427**	0.605**	0.535**	0.210	0.346**
干物质	-0.004	0.096	0.411**	0.406**	0.649**	0.533**	0.248*	0.399**

注：* 表示在 0.05 水平显著相关；** 表示在 0.01 水平显著相关。下同

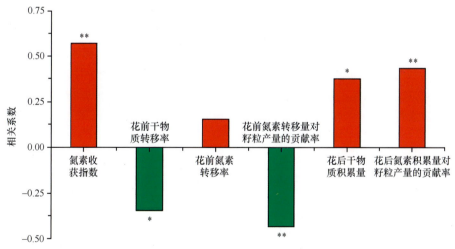

图4-36　千粒重与物质变化之间的相关性

　　旗叶和倒1茎是灌浆期主要的营养转运器官，对粒重与灌浆期旗叶、倒1茎和籽粒中的全氮、硝态氮、铵态氮及氨基酸含量进行相关性分析发现，随灌浆期后移，除粒重与籽粒中硝态氮含量和旗叶中铵态氮含量的相关性较弱外，粒重与籽粒内各指标的相关性随灌浆进程的推进逐渐升高，尤其与籽粒内氨基酸含量的相关系数在花后25d、30d分别达到0.982、0.993（表4-13），表明灌浆后期充足的氮源是形成高粒重的重要保障。

表 4-13　粒重与小麦植株器官内不同形态氮含量之间的相关性

指标	器官	花后天数					
		5d	10d	15d	20d	25d	30d
全氮	旗叶	0.141	0.140	0.739	1.000**	0.992*	0.904
	倒 1 茎	0.122	0.264	0.780	0.999*	0.961	0.985
	籽粒	−0.582	0.211	0.828	0.992*	0.862	0.993*
硝态氮	旗叶	−0.493	−0.448	−0.789	−0.667	−0.990*	−0.910
	倒 1 茎	0.625	−0.857	−0.950	0.773	−0.940	0.697
	籽粒	−0.420	−0.431	−0.066	0.505	0.256	−0.688
铵态氮	旗叶	0.607	0.912	0.921	−0.531	0.489	0.781
	倒 1 茎	−0.974	−0.156	−0.078	0.988*	0.965	0.957
	籽粒	0.261	0.870	0.901	0.904	0.927	0.939
氨基酸	旗叶	−0.063	−0.400	0.775	0.974	0.976	0.918
	倒 1 茎	−0.874	0.781	0.626	0.963	0.933	1.000**
	籽粒	0.747	−0.554	−0.869	−0.376	0.982	0.993*

总之，调整氮肥的基追比，能显著增加花后干物质的合成和氮素的吸收，提高灌浆期氮素从营养器官向籽粒的转移效率，有助于提高千粒重，实现更高产。

（5）氮素利用

硝态氮是小麦吸收利用的主要氮源，土壤中硝态氮的积累量是评价植株对氮肥吸收与利用的重要指标。本研究表明，施氮增加了成熟期 0～100cm 土层硝态氮（NO_3^--N）积累量和各土层 NO_3^--N 积累量，而且随施氮量的增加，土层 NO_3^--N 积累量的最高点逐渐下移，加剧了未被利用的 NO_3^--N 向根层以外土层淋洗的风险（图 4-37）。但是施氮量由 300kg/hm² 降为 240kg/hm² 或 180kg/hm² 时，土壤中硝态氮残留（成熟期积累）、损失率在黏土上分别降低了 31.2%～49.3%、19.1%～42.4%，在砂壤土上分别降低了 42.2%～54.6%、20.6%～36.2%（图4-38）；氮素利用效率和氮肥农学利用率则分别提高了 27.1%～58.1% 和 33.4%～47.6%（黏土），31.1%～50.6% 和 45.7%～72.8%（砂壤土）（表 4-14）。高氮处理下砂壤土的硝态氮淋溶更严重，损失率更高。在两种土壤类型下，适量减氮均提高了小麦根系对氮素的吸收，减少了氮素淋溶损失，提高了氮肥利用效率，在砂壤土麦田的效果更显著。

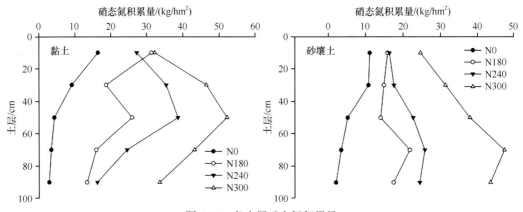

图 4-37　各土层硝态氮积累量

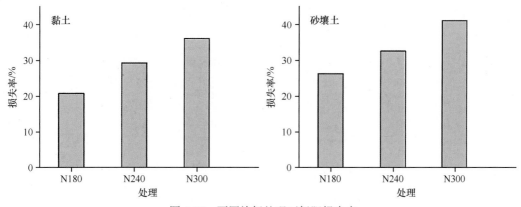

图 4-38　不同施氮处理下氮肥损失率

表 4-14　不同施氮处理下小麦植株的氮素利用效率和氮肥农学利用率

处理	氮素利用效率		氮肥农学利用率	
	黏土	砂壤土	黏土	砂壤土
N180	24.23a	19.93a	12.15a	21.95a
N240	19.48b	17.35b	10.98b	18.50b
N300	15.33c	13.23c	8.23c	12.70c

注：同列不同小写字母表示处理间在 0.05 水平差异显著

综合考虑产量和氮肥利用效率及其对环境的影响，本研究认为 N180 为更适宜的施氮量。适量减氮通过优化根群构型，促进根系生长，稳定叶片碳氮同化能力，促进花前碳氮转运，降低土壤中氮素残留量与损失率，实现冬小麦高产和氮肥高效利用。

3. 适宜微喷水肥一体化模式，协调促进花后水氮吸收和物质生产，实现冬小麦高产高效

为了在有限水肥供给下进一步提高冬小麦产量和水氮利用效率，我们引进了微喷水肥一体化技术（于拔节期、孕穗期、开花期、灌浆期分别进行灌溉和追肥，底施氮肥 105kg N/hm²，追施氮肥每次 22.5kg N/hm²，采用水肥一体化，与灌水一同施入），以冬小麦品种'济麦 22'为材料，设置了微喷灌 60mm（MI60，每次灌 15mm）、90mm（MI90，每次灌 22.5mm）、120mm（MI120，每次灌 30mm）、150mm（MI150，每次灌 37.5mm）和畦灌 120mm 对照（TI120，拔节期和开花期各 60mm，拔节期追施纯氮 90kg/hm²），考察了微喷水肥一体化技术的节水效果。结果表明（表 4-15），与畦灌处理 TI120 相比，微喷条件下，灌溉水减少 50%（MI60），产量和水分利用效率有降低趋势；灌溉水减少 25%（MI90），产量和水分利用效率都无显著变化；灌溉水相同时（MI120），产量和水分利用效率显著提高；灌溉水继续增加 25%（MI150），产量和水分利用效率也显著增加了，但 MI150 产量与 MI120 无显著差异，且 MI150 水分利用效率显著低于 MI120，因此，微喷水肥一体化条件下，灌溉量减少 25% 即 MI90 可实现稳产和维持较高的水分利用效率，同时实现真实节水，而 MI120 通过改变水肥施用方式，产量和水分利用效率显著提高。

与 TI120 相比，MI120 和 MI150 对穗数与穗粒数基本上无显著影响，但显著增加了千粒重，从而提高了籽粒产量；MI60 和 MI90 对穗粒数基本上无显著影响，但穗数显著降低，千粒重显著增加，MI90 处理千粒重的增加弥补了因穗数下降而造成的产量损失，因此 MI90 产量与

TI120 相近，而 MI60 处理千粒重的增加未能补偿穗数的下降，从而导致籽粒产量的显著下降（表 4-15）。

表 4-15　微喷水肥一体化下不同灌溉量对冬小麦产量和水分利用效率的影响

年份	处理	穗数/(万穗/hm²)	穗粒数	千粒重/g	产量/(kg/hm²)	总耗水量/mm	水分利用效率/(kg/m³)
2016～2017	TI120	825.9b	27.7a	43.6c	8503.7b	441.0a	1.93c
	MI60	766.0d	27.9a	44.9b	7366.2c	411.9c	1.79d
	MI90	801.5c	27.9a	46.7a	8453.9b	426.2b	1.98c
	MI120	830.4b	27.8a	46.7a	9786.4a	429.2b	2.28a
	MI150	844.5a	27.6a	47.1a	9842.3a	446.8a	2.20b
2017～2018	TI120	677.8a	30.3b	42.7c	6940.2b	431.1a	1.61c
	MI60	614.8c	31.0a	43.4b	6587.5c	405.5c	1.62c
	MI90	654.5b	30.4b	44.2b	6843.5b	417.3b	1.64c
	MI120	674.5a	30.2b	45.4a	7710.7a	418.7b	1.84a
	MI150	677.3a	30.0b	45.4a	7733.9a	433.9a	1.78b
方差分析	Y	***	***	***	***	***	***
	I	***	***	***	***	***	***
	Y×I	NS	**	*	***	**	***

注：同年份同列不同小写字母表示处理间在 0.05 水平差异显著。方差分析的显著性表示如下：NS 表示不显著，* 表示在 0.05 水平差异显著，** 表示在 0.01 水平差异显著，*** 表示在 0.001 水平差异显著。下同

从两年的干物质生产结果来看，年型（Y）、灌溉（I）及二者的交互作用（Y×I）对开花期干物质积累量、花后干物质积累量、花后干物质转运量对产量的贡献率、成熟期干物质积累量和收获指数均有显著的影响（表 4-16）。与 TI120 相比，微喷相同灌溉量（MI120）或 75% 的灌溉量（MI90）处理降低了开花期干物质积累量，但增加了花后干物质积累量，提高了花后干物质积累对产量的贡献率，从而保证或增加了籽粒产量；50% 灌溉量处理（MI60）花前、花后干物质积累量都降低了，最终使得籽粒产量显著下降；继续增加灌溉量（MI150），产量与 MI120 无显著差异。从收获指数（HI）来看，与 TI120 相比，MI150 和 MI120 处理显著提高了收获指数，而 MI90 与 TI120 之间无显著差异，MI60 显著增加了 HI。

表 4-16　微喷水肥一体化下不同灌溉量对冬小麦干物质积累和收获指数的影响

年份	处理	DMA	DMM	DMPA	CR	HI
2016～2017	TI120	15 805.3a	21 684.0b	5 878.7c	67.2c	0.423b
	MI60	13 468.7d	18 464.9c	4 996.2d	67.3c	0.409c
	MI90	14 650.9c	20 867.1b	6 216.2b	72.5b	0.419b
	MI120	15 384.0b	23 794.7a	8 410.7a	84.3a	0.439a
	MI150	15 820.9a	24 228.0a	8 407.1a	83.6a	0.434a
2017～2018	TI120	12 653.3a	17 214.6b	4 835.6b	67.1c	0.413c
	MI60	11 699.8c	15 912.5c	4 212.6c	62.6d	0.423b
	MI90	12 258.2b	17 488.9b	4 956.4b	69.7b	0.414c
	MI120	12 425.1b	17 962.4a	5 537.3a	71.4a	0.432a
	MI150	12 672.4a	18 098.9a	5 426.4a	69.8b	0.430a

续表

年份	处理	DMA	DMM	DMPA	CR	HI
方差分析	Y	***	***	***	***	*
	I	***	***	***	***	***
	Y×I	***	***	***	**	***

注：DMA 为开花期干物质积累量；DMM 为成熟期干物质积累量；DMPA 为花后干物质积累量；CR 为花后干物质转运量对产量的贡献率；HI 为收获指数

通过对 2016～2018 年冬小麦花后旗叶叶绿素含量（每隔 5d）的调查发现，花后 10d（DAA10）的旗叶叶绿素含量逐渐下降，成熟期达到最低。然而，不同处理间旗叶叶绿素含量差异显著（图 4-39）。在 2016～2017 年生长季，MI90、MI120 和 MI150 处理花后 15d（DAA15）后叶绿素含量显著高于 TI120 和 MI60，而 MI60 旗叶的叶绿素含量最低，表明其衰老最快。在 2017～2018 年生长季，灌浆后期叶绿素含量下降的速度比 2016～2017 年慢，这可能是由于 2017～2018 年花后降水量增加。总之，除了灌溉量较少的 MI60，微喷水肥一体化技术显著延缓了花后 15d 旗叶的衰老，这也是微喷条件下花后干物质生产较多和取得较高产量的主要原因。

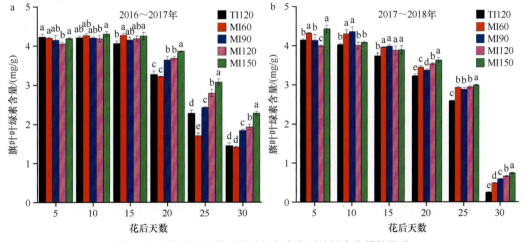

图 4-39　微喷不同灌溉量对冬小麦花后叶绿素含量的影响

2016～2017 年和 2017～2018 年两个生长季的根系分布结果表明，根长密度（RLD）均随土层深度的增加而降低，即上层土壤 RLD 较大，深层土壤 RLD 较小（图 4-40）。2016～2017 年生长季，TI120、MI150、MI120、MI90 和 MI60 处理 0～60cm 土层根长密度分别占 RLD 总量的 84.9%、86.2%、81.6%、78.7% 和 76.5%，且 TI120 和 MI150 处理的上层土壤的根长密度高于其他处理；在 80～200cm 土层中，MI60（23.5%）、MI90（21.3%）和 MI120（18.4%）的根系分布比例显著地高于 TI120（15.1%）和 MI150（13.8%）处理。总之，两年的试验结果表明，微喷减少了灌水量，促进根系向深层生长，提高深层根系分布比例。

由于气象条件差异较大，两年试验中冬小麦关键生育时期 2m 土层土壤水分含量有一定的差异，但总体规律一致（图 4-41）。

在 2016～2017 年生长季，孕穗期时，TI120 处理 0～100cm 土层土壤含水量明显高于微喷处理，而微喷处理则表现为随灌水量的减少土壤含水量下降的趋势，100cm 以下土层 TI120、MI150、MI120 和 MI90 处理间土壤水分含量无显著差异，但 MI60 处理 100～160cm

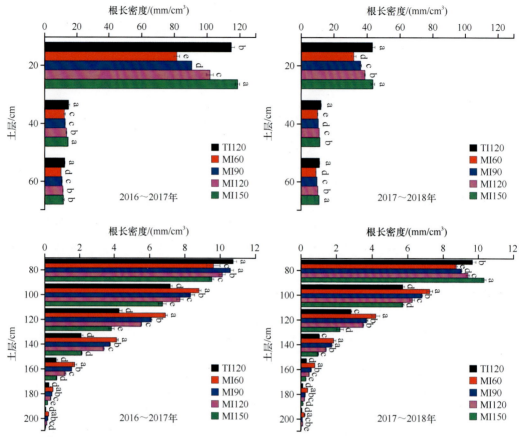

图 4-40　微喷不同灌溉量对 2016～2017 年和 2017～2018 年生长季冬小麦 0～60cm 与
80～200cm 土壤土层中根长密度的影响

土层土壤含水量显著低于其他处理，说明 MI60 处理对深层土壤水消耗更多。开花期时，与
TI120 相比，MI120 和 MI150 处理 0～60cm 土层中的土壤含水量显著提高，80cm 土层以下处
理间无显著差异；MI90 和 MI60 处理表层土壤含水量与 TI120 无显著差异，深层土壤含水量
明显低于 TI120，且灌水越少深层土壤耗水越多。成熟期时，MI120 和 MI150 处理上层土壤
含水量高于 TI120，而 MI120 处理 160cm 以下土层土壤含水量低于 TI120 和 MI150；MI60 和
MI90 处理 100cm 以下土壤含水量均显著低于 TI120 处理。

　　在 2017～2018 年生长季，孕穗期时，由于降雨的发生，上层土壤含水量明显高于 2016～
2017 年，0～20cm 土层中除了 MI60 其他处理之间无显著差异，20～80cm 土层土壤含水量表
现为 TI120＞MI150＞MI120＞MI90＞MI60，而 100～120cm 土层中除了 MI60 和 MI90 含水
量显著降低，其他处理之间无显著差异。开花期，与 TI120 相比，MI150 处理 0～100cm 土
层的土壤含水量明显提高，而 100cm 以下无显著变化；MI120 处理 0～60cm 土壤含水量高于
TI120，而 80～160cm 土壤含水量低于 TI120；MI60 和 MI90 处理 0～40cm 土层土壤含水量高
于 TI120，60～160cm 土壤含水量降低，特别是 MI60 处理降低幅度较大。灌浆期时，TI120
处理 0～40cm 土层土壤含水量明显高于微喷处理，微喷处理间差异较小，60～120cm 表现为
TI120 土壤含水量最高，微喷处理随着灌溉水的减少而土壤含水量有降低的趋势，MI60 处理
最低，160cm 以下土壤含水量处理间无显著差异。成熟期时，MI150 处理 0～160cm 土壤含
水量高于其他处理，而 MI120 处理 0～100cm 土层中土壤含水量高于 TI120 处理，100cm 以

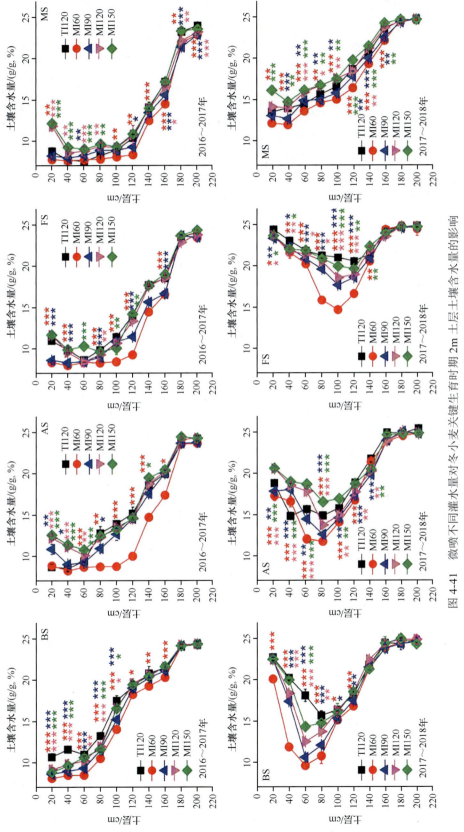

图 4-41 微喷不同灌水量对冬小麦关键生育时期 2m 土层土壤含水量的影响

BS: 孕穗期; AS: 开花期; FS: 灌浆期; MS: 成熟期

下无显著差异，MI60 和 MI90 处理 100～160cm 土壤含水量显著低于 TI120 处理。从成熟期不同土层的耗水量也可以看出，微喷减少灌溉水后，显著地增加了 80cm 土层以下的土壤耗水（图 4-42）。总之，减少灌溉水后，促进了植株对深层水分的吸收和利用，而增加灌水量对深层土壤水分的利用减少。

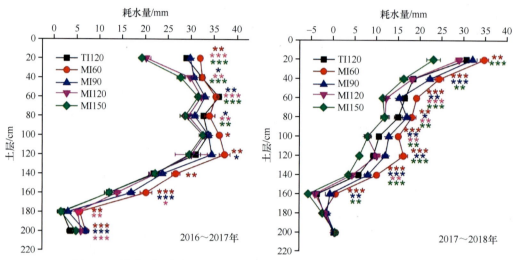

图 4-42　微喷不同灌水量对冬小麦成熟期 2m 土壤不同土层耗水量的影响

总之，微喷条件下，增加 25% 的灌溉水（MI150）的产量与 MI120 相比没有得到显著提高，灌溉水利用效率显著地降低，但二者产量和水分利用效率显著高于畦灌处理（TI120）；减少 25% 灌溉水处理（MI90）取得的籽粒产量和水分利用效率与 TI120 相近，二者没有达到显著性差异；减少 50% 灌溉水处理（MI60）产量和水分利用效率低于 TI120 处理，但灌溉水利用效率显著提高。相比于 TI120，MI90、MI120 和 MI150 处理维持了较高的旗叶叶绿素含量，显著提高了花后的干物质生产及其对籽粒产量的贡献率，提高了粒重，因而确保或提高了籽粒产量。此外，微喷下减少灌溉水后，上层土壤根系分布量减少，而深层土壤根系分布量增加，促进了对深层土壤水分的吸收和利用，提高了水分利用效率。总之，与 TI120 相比，微喷水肥一体化条件下，相同灌溉量（MI120）可以实现冬小麦的高产高效生产，而通过减少 25% 灌溉水（MI90）可以稳定冬小麦的籽粒产量，同时维持较高的水分利用效率。

4. 耕层优化等深匀播通过促进根系生长，延缓叶片衰老，实现根冠协调，促进产量和效率进一步提升

为了解决目前小麦生产中耕整地质量差、镇压不实等造成的播种质量不高、苗弱苗不匀、群体稳产性差等问题，我们提出了"耕层优化等深匀播"缩差增效技术，该技术以苗带旋耕创造良好种床、振动深松打破犁底层促进根系下扎、肥料分层深施提高养分利用效率、播前苗床镇压、等深双行匀播和播后镇压培育壮苗为核心，并研制出了配套机具，实现了复式作业一次完成，减少了物力和人工投入，提高了作业效率、作业质量和水肥利用效率，实现了苗全、苗齐、苗匀、苗壮，为稳产群体质量调控奠定了良好的基础。

为明确耕层优化等深匀播技术对冬小麦产量的影响，我们比较分析了耕层优化技术（SRT-SS-DF）和深翻+肥料撒施技术（PT-SF）及旋耕+肥料撒施技术（RT-SF）的效果差异。播前 0～20cm 土壤含有机质 11.11g/kg²、全氮 123.40mg/kg²、碱解氮 74.20mg/kg²、速效磷 23.11mg/kg、速效钾 99.20mg/kg；选用当前小麦主推品种'济麦 22'，基本苗为 225 万株/hm²。RT-SF 作业流程为玉米秸秆粉碎还田→基肥撒施地表→旋耕机旋耕 2 遍（深度 15cm）→耙地 2 遍→筑埂打畦→播种机播种（等行距种植，行距 20cm）；PT-SF 作业流程在基肥撒施地表之后用铧式犁耕翻（深度约 25cm），其余作业流程同 RT-SF 处理；SRT-SS-DF 作业使用 2BMZS-12-6 "耕层优化"免耕小麦播种机（山东郓城县工力有限公司生产）。前茬玉米秸秆全部粉碎还田，使用免耕小麦播种机一次性完成苗带旋耕和振动深松打破犁底层（25～30cm），基肥按照 5∶5 比例分层深施（10～13cm 和 17～20cm），圆盘开沟器等深匀播（宽窄行播种，平均行距 20cm，宽行行距 25cm，窄行行距 15cm）。

结果表明，不同耕作方式影响了小麦群体的分蘖动态（图 4-43a）。在基本苗一致的情况下，SRT-SS-DF 处理较 PT-SF 和 RT-SF 显著提高了小麦的分蘖数及分蘖成穗能力，小麦最大分蘖数在 SRT-SS-DF 处理下比 PT-SF 和 RT-SF 分别提高了 1.27% 和 5.90%，有效分蘖数分别提高了 2.92% 和 8.03%，分蘖成穗率分别增加了 0.80% 和 0.98%。

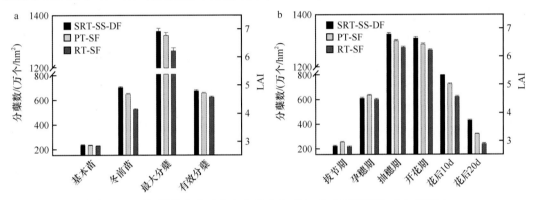

图 4-43 不同耕作方式对小麦分蘖动态（a）及叶面积指数（b）的影响

叶面积指数（LAI）在一定程度上反映了群体光合面积的大小。不同耕作方式下，小麦的 LAI 在抽穗期达到了最大，之后开始缓慢下降（图 4-43b）。不同耕作方式对拔节期及孕穗期小麦的 LAI 并无显著影响。但 SRT-SS-DF 处理增加了小麦抽穗后 LAI，尤其是在灌浆后期，如花后 20d 时，SRT-SS-DF 处理下小麦 LAI 较 PT-SF 和 RT-SF 处理分别高出 15.1% 和 29.0%，表明耕层优化可以减缓小麦叶片的衰老，延长其功能期。

从根干重密度（表 4-17）来看，拔节期和开花期各土层根干重密度分布特点相似，0～15cm 土层表现为 RT-SF＞SRT-SS-DF＞PT-SF，15～75cm 土层大体上表现为 SRT-SS-DF 显著高于 PT-SF 和 RT-SF，75～90cm 土层各处理间无显著差异。花后 20d，0～15cm 土层 RT-SF 和 SRT-SS-DF 无显著差异，均显著大于 PT-SF 处理，15～60cm 土层表现为 SRT-SS-DF＞PT-SF＞RT-SF，60～90cm 土层 SRT-SS-DF 显著高于 PT-SF 和 RT-SF。由此表明 SRT-SS-DF 处理增加了深层根系根干重密度，尤其在 15～30cm 的施肥层表现明显。

表 4-17 不同处理对冬小麦根干重密度垂直分布的影响 （单位：kg/cm³）

生育时期	处理	土层					
		0～15cm	15～30cm	30～45cm	45～60cm	60～75cm	75～90cm
拔节期	SRT-SS-DF	52.2b	13.2a	9.5a	5.4a	2.9a	1.2a
	RT-SF	53.4a	8.8b	6.4c	3.6c	1.2b	1.2a
	PT-SF	48.3c	11.6a	7.5b	4.5b	1.8b	1.0a

生育时期	处理	土层					
		0～15cm	15～30cm	30～45cm	45～60cm	60～75cm	75～90cm
开花期	SRT-SS-DF	86.7b	23.9a	10.8a	7.7a	4.5a	2.0a
	RT-SF	88.9a	12.8c	6.6c	5.2c	2.9b	1.1a
	PT-SF	79.5c	18.5b	7.9b	6.3b	3.6ab	1.6a
花后20d	SRT-SS-DF	69.6a	27.9a	12.8a	9.6a	7.7a	2.8a
	RT-SF	67.9a	16.2c	7.2c	5.9c	3.2b	1.1b
	PT-SF	63.4b	24.5b	8.3b	6.5b	4.4b	1.7b

注：同生育时期同列不含有相同小写字母的表示处理间在 0.05 水平差异显著，下同

　　根长密度均以 0～15cm 土层明显高于其他土层，且根长密度于开花期达最大，之后下降（表 4-18）。处理间比较，3 个时期 0～15cm 土层根长密度均表现为 SRT-SS-DF 与 RT-SF 无显著差异，而二者显著大于 PT-SF；15～30cm 土层根长密度均表现为 SRT-SS-DF 与 PT-SF 无显著差异，而二者显著大于 RT-SF；30～60cm 土层根长密度均表现为 SRT-SS-DF＞PT-SF＞RT-SF；60～90cm 土层拔节期和花后 20d 根长密度差异明显缩小，但开花期 SRT-SS-DF 根长密度仍然高于其他两个处理。从开花期至花后 20d，SRT-SS-DF 处理根长密度增加 1.81cm/cm^3，远大于 PT-SF（1.69cm/cm^3）和 RT-SF（0.89cm/cm^3）。由此说明 SRT-SS-DF 处理增加了深层土壤根长密度的分布，同时增加了生育后期较深土层根系的生长量。

表 4-18　不同处理对冬小麦根长密度垂直分布的影响　　　　　（单位：cm/cm^3）

生育时期	处理	土层					
		0～15cm	15～30cm	30～45cm	45～60cm	60～75cm	75～90cm
拔节期	SRT-SS-DF	3.49a	1.29a	0.49a	0.13a	0.02a	0.01a
	RT-SF	3.45a	1.03b	0.22c	0.05c	0.02a	0.01a
	PT-SF	3.21b	1.18a	0.31b	0.08b	0.02a	0.01a
开花期	SRT-SS-DF	6.20a	2.11a	0.92a	0.41a	0.21a	0.09a
	RT-SF	6.18a	1.32b	0.34c	0.20c	0.14b	0.03b
	PT-SF	5.59b	2.01a	0.52b	0.34b	0.17b	0.04b
花后20d	SRT-SS-DF	4.78a	2.85a	1.92a	0.84a	0.39a	0.13a
	RT-SF	4.73a	1.86b	0.93b	0.45c	0.26b	0.15a
	PT-SF	4.29b	2.74a	1.12b	0.72b	0.32ab	0.16a

　　不同生育时期小麦根系总吸收面积和活跃吸收面积都随土层深度的增加而降低，不同处理在不同生育时期的变化趋势一致（图 4-44）。0～15cm 土层，除活跃吸收面积在花后 20d 处理间无显著差异外，根系总吸收面积和活跃吸收面积在 RT-SF 处理下达最大，而 PT-SF 和 SRT-SS-DF 处理间无显著差异；15～90cm 土层，小麦根系总吸收面积和活跃吸收面积都表现为 SRT-SS-DF＞PT-SF＞RT-SF，处理间达显著差异，尤其在 15～45cm 土层表现明显。30～45cm 土层，SRT-SS-DF 处理下小麦根系总吸收面积和活跃吸收面积在花后 20d 较 PT-SF 和 RT-SF 处理分别高 66.3%、56.5% 和 75.9%、59.8%。由此表明 SRT-SS-DF 处理可增加较深土层根系的吸收面积，尤其在 15～30cm 的施肥层及邻近 30～45cm 土层。

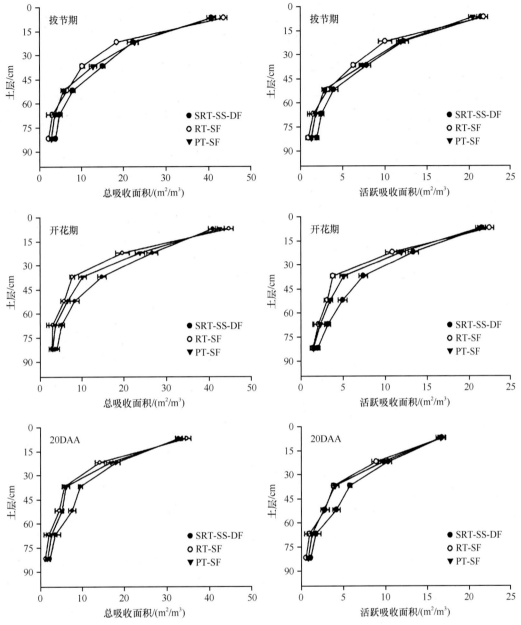

图 4-44　不同处理对冬小麦根系总吸收面积与活跃吸收面积垂直分布的影响

20DAA：花后 20d

　　拔节期和开花期，0～15cm 土层 RT-SF 处理根系活力最高，其次是 SRT-SS-DF 和 PT-SF；而在 15～45cm 土层则为 SRT-SS-DF＞PT-SF＞RT-SF，且处理间差异显著；45～90cm 土层中，SRT-SS-DF 处理根系活力显著高于 PT-SF 和 RT-SF，PT-SF 与 RT-SF 处理间无显著差异（图 4-45）。花后 20d，各土层根系活力较开花期显著下降，但 SRT-SS-DF 处理根系活力从开花期至花后 20d 下降幅度远小于 PT-SF 和 RT-SF 处理，如在 15～30cm 土层，SRT-SS-DF 小麦根系活力降低速度（开花期至花后 20d）较 RT-SF、PT-SF 分别减少 28.5%、14.9%。最终 0～15cm 土层根系活力在 3 个处理间无显著差异，而 15～90cm 各土层的根系活力，SRT-SS-DF 显著大于 PT-SF 和 RT-SF 处理，尤其是 15～60cm 土层表现明显。由此表明 SRT-SS-DF 处理不仅可以提高较深土层的根系活力，而且同时延缓了根系活力的下降。

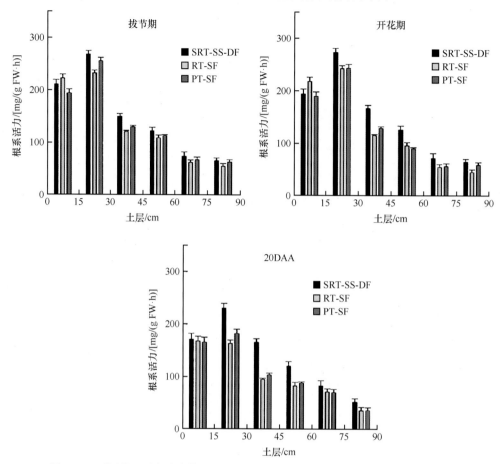

图 4-45 不同处理对冬小麦拔节期、开花期和花后 20d 根系活力垂直分布的影响

花后 20d，随土层深度的增加，小麦根系 SOD 活性逐渐提高。3 个处理对 0～15cm 土层根系 SOD 活性无显著影响（图 4-46）。与 PT-SF 和 RT-SF 相比，SRT-SS-DF 显著提高了 15～90cm 土层根系 SOD 活性，15～30cm 土层增加最为显著，较 PT-SF、RT-SF 分别提高了 20.6%、10.9%。花后 20d，根系 MDA 含量均随土层深度的增加而下降，0～15cm 根系

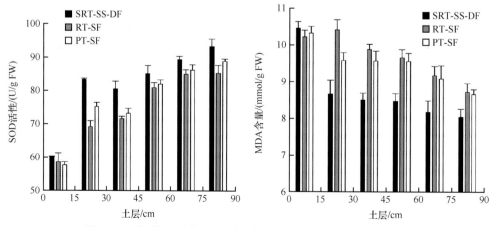

图 4-46 不同处理对花后 20d 根系 SOD 活性和 MDA 含量的影响

MDA 含量在处理间无显著差异；除 15～30cm 土层 RT-SF 处理 MDA 含量显著高于 PT-SF 外，30～90cm 根系 MDA 含量在 RT-SF 和 SRT-SS-DF 处理间无显著差异，而 SRT-SS-DF 处理 15～90cm 土层根系 MDA 含量显著低于 RT-SF 和 PT-SF。由此表明：在生育后期，SRT-SS-DF 处理可以降低小麦深层根系膜透性，同时促进深层根系保持较高的抗氧化能力。

从产量和产量构成（表 4-19）来看，2018～2019 年耕层优化处理使产量达 10 320kg/hm²，比传统种植模式提高 8.2%，产量提高主要是由于生物量和收获指数同步提高，促进了穗数和千粒重的提升。2019～2020 年，耕层优化处理产量达 9899～10 572kg/hm²，比传统种植产量提高 11.3%～17.3%。两年氮肥偏生产力平均提高 41.2%，生物量提高 4.7%，收获指数提高 7.1%。

表 4-19 不同处理间产量、产量构成及氮肥利用效率差异

年份	试点	处理	穗数/ (万穗/hm²)	穗粒数	千粒重/g	产量/ (kg/hm²)	氮肥偏生产力/ (kg/kg)	生物量/ (kg/hm²)	收获 指数
2018～2019	兖州	传统种植	720.0b	34.1a	42.9b	9 533b	28.4b	22 698b	0.42b
		耕层优化	837.5a	34.5a	43.8a	10 320a	38.21a	23 455a	0.44a
2019～2020	齐河	传统种植	694.0b	30.7b	42.3b	8 896b	26.17b	20 688b	0.43b
		耕层优化	828.5a	31.3a	43.6a	9 899a	36.6a	21 998a	0.45a
2019～2020	兖州	传统种植	715.5b	29.4b	42.4b	9 011b	26.9b	21 978b	0.41b
		耕层优化	811.6a	33.8a	43.2a	10 572a	40.3a	23 493a	0.45a
平均		传统种植	709.8b	31.4b	42.9b	9 147b	27.2b	21 778b	0.42b
		耕层优化	841.9a	32.9a	43.8a	10 264a	38.4a	22 808a	0.45a

注：同年份同试点同列不同小写字母表示处理间在 0.05 水平差异显著

总之，耕作方式通过影响土壤的物理性状进而影响作物的生长发育及产量。相对于旋耕和深翻后肥料撒施，耕层优化等深匀播技术振动深松打破犁底层、肥料分层深施、双行匀播、播后镇压同时完成，促进了肥水向深层扩散，有利于根系下扎，最终 30cm 以下土层根长密度和根干重密度均大于深翻与旋耕，尤其是在灌浆后期，提高了根系可利用资源的范围。底肥的分层深施，使得根系在养分充足的区域富集，活跃生长。这也是小麦苗带旋耕–间断深松–分层施肥技术促使小麦根系在下层土壤中分布的重要原因。苗带旋耕–间断深松–分层施肥处理显著增加 15cm 以下尤其是 30～45cm 土层的小麦根系总吸收面积和活跃吸收面积。与深翻和旋耕之后肥料撒施相比，苗带旋耕–间断深松–分层施肥技术在花后 20d 深层土壤的根系总吸收面积和活跃吸收面积仍保持较高水平，同时提高了深层土壤（开花期的 30～60cm，花后 20d 的 0～75cm）的根系活力，减缓了从开花期到花后 20d 根系活力的降低速率，使小麦深层根系在生育后期仍保持较高活力，利于冬小麦生育后期对养分、水分的吸收，提高小麦产量和资源利用效率，起到了缩差增效作用。

5. 垂直深旋耕通过改善土壤理化特性，提高籽粒产量和水氮利用效率

华北平原 20 余年来普遍推行旋耕（15cm）和联合收割机等跨区作业，导致农田耕层普遍变浅，杂草、病虫害频发，倒伏现象增多，蓄水保墒性能降低，犁底层上移，作物根系难以下扎，难以利用深层土壤水分和养分，严重地影响了小麦产量和资源利用效率的提高。为了解决这一问题，我们引进了垂直深旋耕（粉垄深旋耕）技术，通过大马力履带式拖拉机驱动 6 个并排的"螺旋型钻头"垂直入土 30～60cm，高速旋磨切割粉碎土壤，一次性完成传统耕作的秸秆粉碎、犁、耙、糖等作业，能使土壤长时间保持疏松状态，增产效果显著。为阐明其增产增效机理，我们进行了不同耕作模式试验。

于 2016～2017 年（S1）、2017～2018 年（S2）和 2018～2019 年（S3）冬小麦生长季在河北栾城实验站进行 3 年定位研究试验，采用裂区设计，主区为两种耕作模式：垂直深旋耕（DVRT）和常规旋耕（CT），两种耕作模式的具体耕作处理方案见表 4-20，副区为 4 种产量水平：SH，超高产水平；HH，高产高效水平；FP，农户水平；ISP，基础地力水平。研究不同耕作模式在 4 种产量水平下对冬小麦产量、农艺性状、干物质积累、氮素积累及分配、籽粒灌浆过程和资源利用效率等的调控。播种量为 150～225kg/hm²。两种耕作模式下各产量水平处理的施肥与灌溉方案分别见表 4-21 和表 4-22。灌溉用水每次用量为 900m³/hm²。在任一产量水平下，DVRT 和 CT 模式除耕作处理在 2016 年 6 月不同外，其他管理措施完全一样。

表 4-20　2016～2018 年冬小麦和夏玉米种植前耕作处理方案

耕作模式	耕作处理时间和轮作作物种类					
	2016 年 6 月第一茬玉米	2016 年 10 月第二茬小麦	2017 年 6 月第三茬玉米	2017 年 10 月第四茬小麦	2018 年 6 月第五茬玉米	2018 年 10 月第六茬小麦
DVRT	DVRT	CT	NT	CT	NT	CT
CT	CT	CT	NT	CT	NT	CT

注：DVRT，垂直深旋耕，耕作深度约 45cm；CT，常规旋耕，耕作深度约 15cm；NT 表示无耕作处理。下同

表 4-21　2016～2019 年冬小麦生长季肥料施用方案

产量水平	肥料用量					
	氮肥（N）		P_2O_5/(kg/hm²)	K_2O/(kg/hm²)	有机肥/(t/hm²)	锌肥/(kg/hm²)
	总量/(kg/hm²)	底追比				
SH	270	5∶5	150	150	15	2.25
HH	210	6∶4	120	120	0	0
FP	330	6∶4	120	120	0	0
ISP	0	0	0	0	0	0

注：SH，超高产水平；HH，高产高效水平；FP，农户水平；ISP，基础地力水平。底追比：底肥施用量与追肥施用量之比

表 4-22　2016～2019 年冬小麦生长季灌溉方案

产量水平	第一次灌溉		第二次灌溉	第三次灌溉
	播前	播后	拔节期	灌浆期
SH	S2	S1，S3	S1，S2，S3	S1，S2，S3
HH	S2	S1，S3	S1，S2，S3	S3
FP	S2	S1，S3	S1，S2，S3	S1，S2，S3
ISP	S2	S1，S3	S1，S2，S3	S1，S2，S3

注：S1 代表 2016～2017 年，S2 代表 2017～2018 年，S3 代表 2018～2019 年，3 年灌水时间略有不同，每次灌水 900m³/hm²

（1）耕作模式对土壤容重和土壤水分的调控

土壤容重是土壤理化特性的常用表征量，土壤容重小，表明土壤结构合理、渗透性好、土壤阻力小，有利于冬小麦的根系生长与合理分布，也有利于土壤对水分的储存。

本研究连续 3 年（2016～2019 年）对冬小麦返青期土壤水分、开花期土壤水分、收获期土壤水分和土壤容重进行测定，结果显示：相对于常规旋耕（CT），垂直深旋耕（DVRT）总体上降低了收获期土壤容重，增加了开花期耕层的土壤质量含水率（图 4-47），特别是对上层

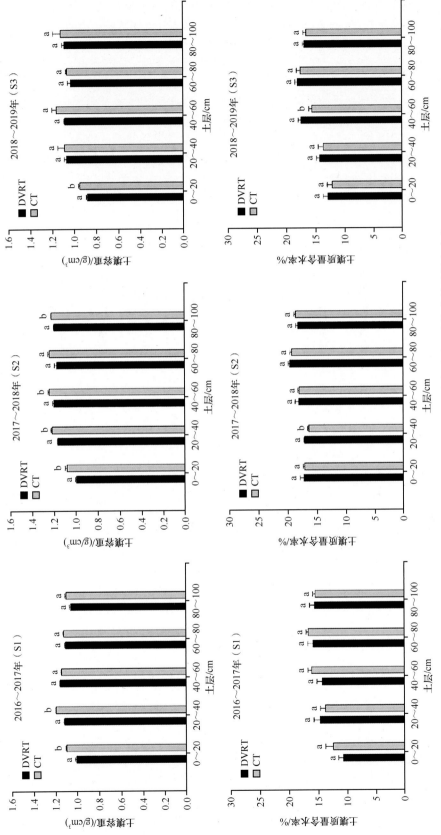

图 4-47　不同耕作模式冬小麦收获期土壤容重和开花期土壤质量含水率

0~40cm 土壤容重和水分影响显著。这种土壤结构和理化性质的优化可增强冬小麦根系对土壤水分的吸收，支撑开花期冬小麦旺盛的生长需求，从而能保证后期产量的形成。

（2）耕作模式对冬小麦产量及产量构成的调控

由图 4-48 和表 4-23 可以看出，相对于 CT，3 年间 DVRT 下不同产量水平上冬小麦籽粒产量（GY）均有所提高，平均来看，SH 提高了 8.4%，HH 提高了 16.0%，FP 提高了 25.2%，ISP 提高了 55.4%。2016~2017 年，4 种产量水平下冬小麦 GY 均显著提高，平均增产率达到 28.72%；2017~2018 年，在 HH 和 ISP 上冬小麦 GY 呈显著性提升；2018~2019 年，耕地经 DVRT 模式处理后第六茬冬小麦 GY 在 FP 上依然有显著性提高，而且随着基础地力的降低，垂直深旋耕的增产率逐渐提高。因此，该技术对于缩小产量差有重要贡献。

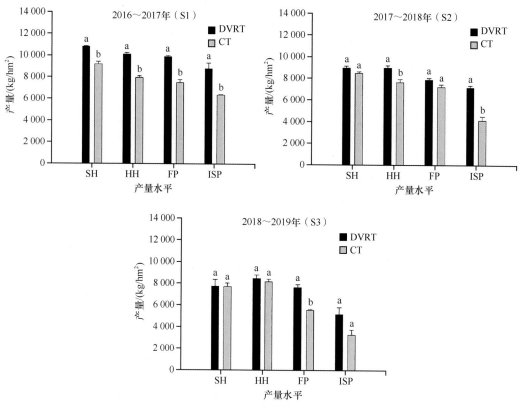

图 4-48　不同产量水平下冬小麦产量对不同耕作模式的响应

表 4-23　不同处理下冬小麦产量及产量构成的变化

生长季	产量水平	耕作模式	籽粒产量/(kg/hm²)	千粒重/g	穗粒数	穗数/(穗/m²)
2016~2017 年	SH	DVRT	10 757.0a	49.8a	37.9a	631.7a
		CT	9 166.8b	50.9a	36.9a	589.2a
	HH	DVRT	10 077.9a	49.5a	36.3a	629.2a
		CT	7 909.1b	50.1a	37.7a	564.7a
	FP	DVRT	9 835.2a	49.8a	34.4a	594.7a
		CT	7 454.1b	48.1a	34.0a	512.5a

续表

生长季	产量水平	耕作模式	籽粒产量/(kg/hm²)	千粒重/g	穗粒数	穗数/(穗/m²)
2016~2017 年	ISP	DVRT	8 757.0a	51.4a	35.2a	539.7a
		CT	6 337.4b	50.7a	30.4b	483.9a
2017~2018 年	SH	DVRT	8 927.5a	43.4a	39.1a	695.0a
		CT	8 419.1a	41.7a	37.4a	676.7a
	HH	DVRT	8 935.4a	44.4a	40.8a	657.3a
		CT	7 592.1b	44.0a	37.1b	667.7a
	FP	DVRT	7 857.7a	47.8a	30.8a	635.3a
		CT	7 192.6a	48.2a	27.5a	652.7a
	ISP	DVRT	7 138.2a	46.1a	35.7a	547.7a
		CT	4 149.8b	44.0a	33.9b	444.7a
2018~2019 年	SH	DVRT	7 717.6a	44.3a	37.8a	561.7a
		CT	7 681.8a	45.8a	37.6a	617.2a
	HH	DVRT	8 427.0a	46.9a	42.4a	588.9a
		CT	8 147.5a	47.6a	41.9a	585.6a
	FP	DVRT	7 608.9a	44.9a	39.7a	576.6a
		CT	5 564.4b	45.1a	37.2a	432.8b
	ISP	DVRT	5 166.4a	46.1a	36.9a	413.9a
		CT	3 315.1a	46.1a	26.6b	331.1b
与产量的相关性				0.316	0.470*	0.803**

注：同年份同列不同小写字母表示处理间在 0.05 水平差异显著；* 表示在 0.05 水平显著相关，** 表示在 0.01 水平显著相关。下同

从产量构成因素千粒重（TGW）、穗粒数（GN）和每平方米穗数（SN）（表 4-23）来看，在相同年份相同产量水平上，DVRT 与 CT 处理 TGW 差异不大；GN 总体上是 DVRT 大于 CT，在 ISP（S1、S2 和 S3 年）和 HH 上（S2 年）有显著性差异；SN 总体上也是 DVRT 大于 CT，在 ISP（S3 年）和 FP（S3 年）上有显著性差异。TGW、GN 和 SN 与冬小麦 GY 均有一定的正相关性，相关性程度为 SN（0.803**）＞GN（0.470*）＞TGW（0.316）。因此，在河北省小麦生产中，在产量构成三要素中穗数（分蘖）调控作用是第一位的，穗粒数是第二位的，千粒重是第三位的。垂直深旋耕主要通过增加穗数和穗粒数来提高产量。

（3）耕作模式对冬小麦物质生产能力的影响

由表 4-24 可以明显看出，随着产量水平的提高，其花前干物质积累量、花后干物质积累量和总干物质积累量都有不同程度的提高趋势。总体来看，垂直深旋耕明显提高了不同产量水平下的花前干物质积累量、花后干物质积累量和总干物质积累量。相关分析表明，小麦产量与不同时期的干物质积累量都呈显著正相关，其大小顺序是花后干物质积累量（0.823**）＞总干物质积累量（0.778**）＞花前干物质积累量（0.509*）。收获指数在处理间差异较小。由此可见，垂直深旋耕主要通过增加干物质积累量来提高小麦产量。

表 4-24　不同处理下冬小麦干物质积累量和收获指数的变化

生长季	产量水平	耕作模式	干物质积累量/(kg/hm²)			收获指数
			花前	花后	总	
2016~2017 年	SH	DVRT	9 559.2a	11 391.1a	20 950.3a	0.54a
		CT	9 022.1a	9 591.7b	18 613.8b	0.53a
	HH	DVRT	9 085.2a	10 964.3a	20 049.5a	0.51a
		CT	7 714.1b	10 342.0a	18 056.1a	0.50a
	FP	DVRT	9 892.2a	8 258.7a	18 150.9a	0.49b
		CT	7 468.9b	7 277.5a	14 746.4a	0.53a
	ISP	DVRT	9 067.3a	7 256.1a	16 322.4a	0.50a
		CT	7 387.4b	5 231.8b	12 618.2b	0.50a
2017~2018 年	SH	DVRT	10 703.0a	9 522.5b	20 224.5a	0.51a
		CT	10 637.2a	11 472.8a	22 109.0a	0.49a
	HH	DVRT	9 115.0a	10 584.1b	19 698.1b	0.50a
		CT	9 739.0a	11 649.5a	21 387.6a	0.51a
	FP	DVRT	10 999.8a	7 510.6a	18 509.4a	0.48b
		CT	11 460.8a	7 920.0a	19 379.9a	0.51a
	ISP	DVRT	8 171.2a	6 025.3a	14 195.5a	0.52a
		CT	7 013.9a	2 980.2b	9 993.1a	0.49a
2018~2019 年	SH	DVRT	11 259.5b	8 280.0a	19 538.5a	0.45a
		CT	12 931.2a	6 509.4b	19 439.6a	0.48a
	HH	DVRT	12 307.8a	10 479.3a	22 786.1a	0.48a
		CT	11 617.4a	11 103.1a	22 719.6a	0.47a
	FP	DVRT	10 476.1a	10 404.1a	20 879.2a	0.46a
		CT	9 004.7a	5 927.2b	14 930.8b	0.47a
	ISP	DVRT	7 844.6a	3 345.1a	13 578.3a	0.50a
		CT	5 578.1b	2 098.4a	8 313.1b	0.44b
与产量的相关性			0.509*	0.823**	0.778**	0.470*

对 2018~2019 年不同模式下冬小麦株高进行连续观测发现（表 4-25），不同耕作模式和不同产量水平下冬小麦的株高变化是有一定差异的。在返青期和成熟期，不同产量水平冬小麦的株高在 DVRT 模式与 CT 模式之间均无显著性差异。在拔节期，在 SH 水平下冬小麦的株高是 DVRT 模式显著高于 CT 模式。在开花期，FP 和 ISP 水平下冬小麦的株高是 DVTR 模式显著高于 CT 模式。这些结果表明，相比于 CT，在营养生长前期 DVRT 能促进不同产量水平群体冬小麦株高均保持较快增长，当群体株高较矮时促进株高增长，群体株高相对较高时则不再促进其增长。

冬小麦叶片是接收光辐射进行物质合成的关键器官，不同耕作模式下不同生长时期冬小麦叶面积和叶面积指数（LAI）对产量形成有重要影响。由图 4-49 可知，在 SH 水平下，DVRT 模式冬小麦拔节期（播种后 176d）LAI 明显高于 CT 模式，并且灌浆后期（播种后

表 4-25　不同处理下冬小麦株高的变化（2018～2019 年）

生育时期	耕作模式	株高/cm			
		SH	HH	FP	ISP
返青期	DVRT	10.9a	11.4a	14.0a	11.3a
	CT	10.3a	12.1a	10.8a	11.3a
拔节期	DVRT	28.4a	28.2a	27.4a	28.7a
	CT	24.8b	28.6a	25.7a	28.6a
开花期	DVRT	63.2a	64.3a	64.3a	55.5a
	CT	63.3a	62.4a	61.5b	53.9b
成熟期	DVRT	61.0a	62.3a	62.0a	47.5a
	CT	60.8a	61.9a	57.5a	49.0a

注：同时期同列不同小写字母表示处理间在 0.05 水平差异显著，下同

230d 左右）LAI 下降速度较慢，利于冬小麦持续的光合作用。在 HH 水平下，DVRT 模式冬小麦开花期（播种后 206d）LAI 明显大于 CT 模式，并且在开花期后保持较慢的下降速度。在 FP 水平下，DVRT 模式冬小麦 LAI 从拔节期开始就一直保持大于 CT 模式的规律，有益于冬小麦生育期的光合作用，从而保证了 2018～2019 年 DVRT 模式冬小麦籽粒产量显著大于 CT 模式。

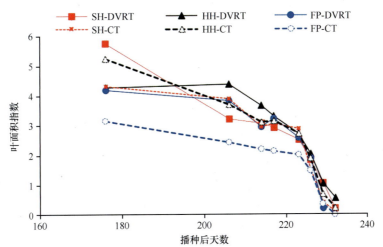

图 4-49　小麦叶面积指数对不同耕作模式的动态响应（2018～2019 年）

从单茎绿叶叶面积的动态变化（图 4-50）来看，在 SH、HH 和 FP 水平下，DVRT 模式冬小麦灌浆期绿叶面积保持时间较 CT 模式下长，绿叶衰老较慢，这有利于冬小麦灌浆后期光合作用和籽粒灌浆的持续进行。

叶片中叶绿素含量是冬小麦光合功能、生理活性特征、胁迫状态以及衰老的重要指标。叶绿素含量下降，叶片变黄，意味着叶片逐渐衰老，叶片光合能力减弱，生物量积累逐渐停止，从而终止产量形成过程。因此，延缓叶片衰老、维持绿叶面积、功能性保绿是提高生育期叶片光合速率、光能利用效率、氮肥利用效率以及粮食产量的有效途径。

在 2018～2019 年对冬小麦不同生长阶段叶片叶绿素含量进行动态监测（图 4-51）发现，冬小麦苗期（播种后 42d）、返青期（播种后 158d）叶片叶绿素含量是 DVRT 模式高于 CT 模

式，拔节期（播种后 179d）和开花期（播种后 207d）是 CT 模式高于 DVRT 模式。灌浆中后期（花后 24d），在 SH、HH 和 FP 水平下，DVRT 模式旗叶叶绿素含量又逐渐表现为大于 CT 模式（表 4-26），说明 DVRT 模式下冬小麦旗叶衰老较缓慢。

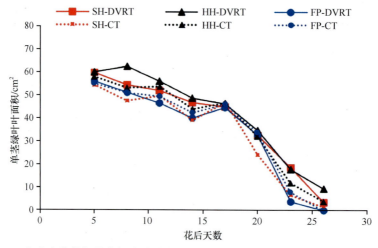

图 4-50　冬小麦灌浆期单茎绿叶叶面积对不同耕作模式的动态响应（2018～2019 年）

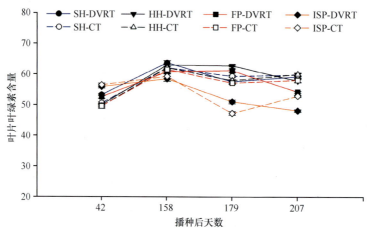

图 4-51　冬小麦叶片叶绿素含量对不同耕作模式的动态响应（2018～2019 年）

表 4-26　冬小麦灌浆期旗叶叶绿素含量对不同耕作模式的动态响应（2018～2019 年）

花后天数	耕作模式	叶绿素含量（SPDA 值）		
		SH	HH	FP
6	DVRT	61.7b	64.2a	64.4a
	CT	65.2a	62.8a	65.3a
12	DVRT	61.0b	62.1a	65.3a
	CT	64.3a	60.4a	62.3b
24	DVRT	32.8a	46.3a	31.6a
	CT	26.7b	23.7b	22.8b

从光合参数（图 4-52）来看，冬小麦旗叶净光合速率在不同产量水平上表现不一致，在

SH 和 HH 水平下表现为 DVRT＞CT，在 FP 和 ISP 水平下表现为 DVRT＜CT，但均无显著差异。旗叶蒸腾速率、气孔导度和胞间 CO_2 浓度总体表现为 DVRT＞CT，以 SH 和 FP 水平下表现明显。

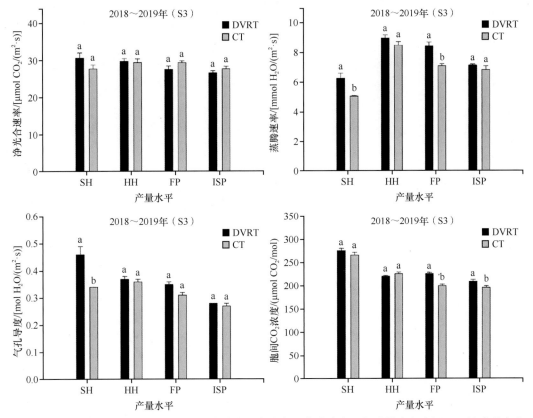

图 4-52 不同耕作模式下冬小麦开花期旗叶净光合速率、蒸腾速率、气孔导度和胞间 CO_2 浓度的变化

（4）耕作模式对冬小麦氮素积累的调控

从成熟期植株氮素积累（表 4-27）来看，在 2016～2017 年冬小麦生长季，在 SH、HH、FP、ISP 水平下 DVRT 模式相对于 CT 模式植株氮素积累量分别增加了 10.3%、20.3%、33.2%、28.9%，但未表现出显著差异，籽粒氮素积累量分别提高了 8.8%、19.2%、34.2%、31.4%，且表现出显著差异，说明 DVRT 模式促进了冬小麦籽粒的氮素吸收。在 2017～2018 年和 2018～2019 年生长季，DVRT 对第四茬和第六茬冬小麦植株氮素积累与籽粒氮素积累的作用表现出两种趋势，在 SH 和 HH 水平下低于 CT，在 FP 和 ISP 水平下高于 CT，并表现出明显差异。总的来说，在 FP 和 ISP 水平下，DVRT 模式 3 年冬小麦植株氮素积累量平均值相比 CT 模式分别提高了 26.8% 和 70.3%，籽粒氮素积累量平均值分别提高了 26.6% 和 71.2%。冬小麦氮素收获指数（NHI）在不同耕作模式下无显著变化。相关性分析表明，冬小麦籽粒产量与籽粒氮素积累量呈显著正相关（相关系数为 0.435）。

从不同时期植株氮素积累动态（图 4-53）来看，在 FP 水平下，从拔节期到开花期再到成熟期，DVRT 模式下冬小麦植株氮素积累量均高于 CT 模式，表明 DVRT 更能促进冬小麦植株对过量施用的氮肥的吸收。在 SH 和 HH 水平下，由于氮肥施用较合理，拔节期到开花期 DVRT 同样促进植株积累更多氮素，但在成熟期则减少了植株中的氮素积累量，可能是增加了冬小麦籽粒对氮素的利用效率或者减少了不必要氮素在植株中的积累。

表 4-27　不同耕作模式下冬小麦成熟期群体、籽粒氮素积累量和氮素收获指数

生长季	产量水平	耕作模式	群体氮素积累量/(kg/hm²)	籽粒氮素积累量/(kg/hm²)	氮素收获指数
2016～2017 年	SH	DVRT	179.2a	163.1a	0.91a
		CT	162.5a	149.9b	0.92a
	HH	DVRT	165.8a	148.4a	0.90a
		CT	137.8a	124.5b	0.90a
	FP	DVRT	150.2a	138.5a	0.92a
		CT	112.7a	103.2b	0.92a
	ISP	DVRT	104.8a	94.8a	0.90a
		CT	81.3a	72.1b	0.89a
2017～2018 年	SH	DVRT	251.9a	207.3a	0.82a
		CT	273.4a	218.3a	0.80a
	HH	DVRT	222.9a	185.8a	0.83a
		CT	241.4b	203.8b	0.84a
	FP	DVRT	230.3a	188.6a	0.82a
		CT	197.9b	159.4b	0.81a
	ISP	DVRT	150.2a	127.1a	0.85a
		CT	83.1b	72.1b	0.87a
2018～2019 年	SH	DVRT	239.7a	199.9a	0.83a
		CT	251.7a	213.5a	0.85a
	HH	DVRT	279.2a	237.6a	0.85a
		CT	309.2a	257.5a	0.83a
	FP	DVRT	257.5a	212.5a	0.83a
		CT	192.5b	163.7b	0.85a
	ISP	DVRT	167.9a	147.1a	0.88a
		CT	84.0b	71.4b	0.85a
与产量的相关性			0.382	0.435*	0.205

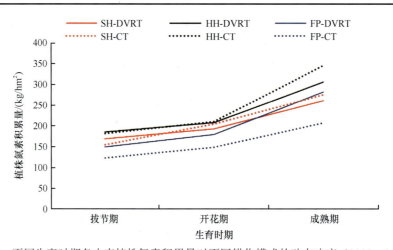

图 4-53　不同生育时期冬小麦植株氮素积累量对不同耕作模式的动态响应（2018～2019 年）

（5）耕作模式对冬小麦光、温、水、肥利用效率的调控

从光温利用效率（表 4-28）来看，在 SH、HH、FP 和 ISP 水平下，相比于 CT，DVRT 分别使冬小麦光能利用效率（LUE）三年平均提高了 8.6%、16.3%、25.0% 和 52.6%；DVRT 分别使冬小麦热量利用效率（HUE）三年平均提高了 8.6%、16.2%、25.1% 和 52.4%。

表 4-28　2016～2017 年、2017～2018 年和 2018～2019 年生长季冬小麦光能利用效率与热量利用效率

生长季	产量水平	耕作模式	光能利用效率/%	单茎热量利用效率/[g/(株·℃·d)]	热量利用效率/[kg/(hm²·℃·d)]
2016～2017 年	SH	DVRT	0.64	391.9	5.7
		CT	0.55	409.5	5.6
	HH	DVRT	0.60	352.3	6.2
		CT	0.47	351.4	6.0
	FP	DVRT	0.59	376.5	5.6
		CT	0.45	395.2	4.1
	ISP	DVRT	0.52	415.6	3.8
		CT	0.38	543.0	2.4
2017～2018 年	SH	DVRT	0.54	454.1	6.8
		CT	0.51	404.4	6.4
	HH	DVRT	0.54	441.0	6.8
		CT	0.46	412.5	5.7
	FP	DVRT	0.47	453.6	5.9
		CT	0.43	445.0	5.4
	ISP	DVRT	0.43	507.0	5.4
		CT	0.25	551.5	3.1
2018～2019 年	SH	DVRT	0.43	390.2	8.3
		CT	0.43	409.7	7.1
	HH	DVRT	0.47	406.2	7.8
		CT	0.46	404.8	6.1
	FP	DVRT	0.43	424.1	7.6
		CT	0.31	449.8	5.8
	ISP	DVRT	0.29	427.5	6.8
		CT	0.19	496.9	4.9
与产量的相关性			0.992**	−0.674**	0.324

不同耕作模式引起的冬小麦 LUE 差异年平均值为 0.09%，在不同产量水平上变化范围为 0.04%～0.14%；不同耕作模式引起的冬小麦 HUE 差异年平均值为 1.16kg/(hm²·℃·d)，在不同产量水平上变化范围为 0.55～1.83kg/(hm²·℃·d)。不同耕作模式下冬小麦籽粒产量与 LUE 呈显著性正相关，与 HUE 呈正相关，而与单茎 HUE 呈显著的负相关。

对 2018～2019 年冬小麦拔节期—开花期光能利用效率相关的各指标进行计算与分析发现（表 4-29），在 SH、HH 和 FP 水平下，DVRT 模式冬小麦光能利用效率均低于 CT 模式，平均

截获率高于 CT 模式；在 ISP 水平下，冬小麦光能利用效率和平均截获率均高于 CT 模式。相关性分析表明，冬小麦籽粒产量与该期间的干物质积累量、平均截获率及辐射截获量呈显著正相关，而与该期间的 RUE 相关性不大。

表 4-29　2018～2019 年冬小麦拔节期—开花期光能利用效率相关指标

生长季	产量水平	耕作模式	干物质积累量/(kg/hm²)	平均截获率/%	辐射截获量/(MJ/m²)	光能利用效率/%
2018～2019 年	SH	DVRT	6005.6	66.8	188.5	0.32
		CT	9390.1	57.8	163.2	0.58
	HH	DVRT	6819.8	64.4	181.6	0.38
		CT	6699.5	55.7	157.3	0.43
	FP	DVRT	5328.0	60.6	171.0	0.31
		CT	5495.3	50.7	143.0	0.38
	ISP	DVRT	5187.7	42.8	120.7	0.43
		CT	3132.8	35.8	101.1	0.31
与产量的相关性分析			0.737[*]	0.927[**]	0.927[**]	0.265

从水分利用效率（图 4-54）来看，不同产量水平处理表现为 HH＞SH＞FP＞ISP。垂直深旋耕和传统耕作相比，多数处理都能够提高水分利用效率。在 SH、HH、FP、ISP 水平下，冬小麦 DVRT 模式水分利用效率均高于 CT 模式，3 年平均水分利用效率分别提高了 6.6%、

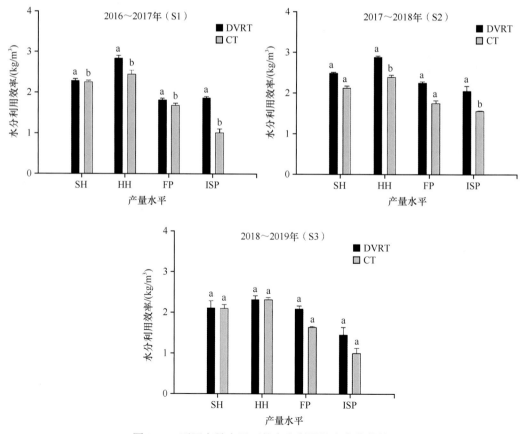

图 4-54　不同产量水平下的水分利用效率变化趋势

12.8%、20.9%、50.1%。两种耕作模式引起的冬小麦水分利用效率差异的年平均值为 0.34kg/m³，在 4 个产量水平上的变化范围为 0.13～0.58kg/m³。相关性分析显示，冬小麦产量与水分利用效率的相关系数为 0.891，在 0.01 水平呈显著正相关。DVRT 模式和 CT 模式下，冬小麦产量与水分利用效率的相关系数分别为 0.860 和 0.890，均在 0.01 水平呈显著正相关。因此，冬小麦产量与水分利用效率可以同步提高。

从氮肥偏生产力来看，HH 最高，其次是 SH，最后是 FP（图 4-55）。垂直深旋耕 3 个年度能够持续提高不同产量水平的氮肥偏生产力。冬小麦 3 年平均氮肥偏生产力分别提高了 8.5%、16.0%、25.2%。不同耕作模式引起的冬小麦氮肥偏生产力差异年平均值为 4.6kg/kg，在不同产量水平上变化范围为 2.6～6.0kg/kg。相关性分析表明，冬小麦产量与氮肥偏生产力的相关性较强，相关系数为 0.715，在 0.01 水平具有显著相关性。因此，产量与氮肥偏生产力可协同提升。

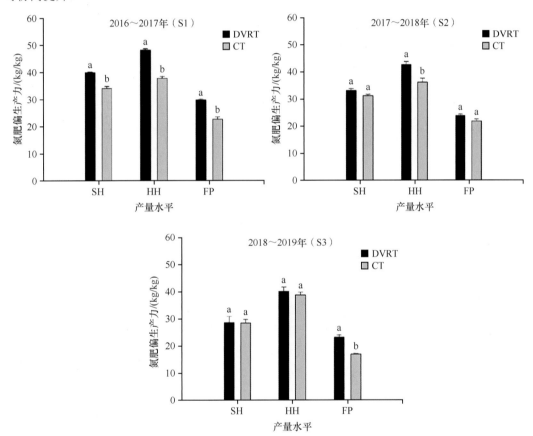

图 4-55　不同产量水平下的氮肥偏生产力变化趋势

冬小麦氮肥生理利用效率（PE_N）在 SH 和 HH 水平下总体表现出 DVRT 模式＞CT 模式，在 FP 水平下呈相反趋势（表 4-30）。冬小麦氮肥农学利用率（AE_N）在 SH 水平下总体表现出 DVRT 模式＞CT 模式，在 HH 水平下表现出相反趋势，在 FP 水平下差异较小。冬小麦氮肥吸收利用效率（RE_N）在 SH 和 HH 水平下总体表现为 DVRT 模式＜CT 模式，在 FP 水平下差异较小。相关性分析显示，在本试验条件下 PE_N、AE_N 和 RE_N 与冬小麦产量相关性不大。

表 4-30　不同产量水平下冬小麦氮肥利用效率指标对不同耕作模式的响应

生长季	产量水平	耕作模式	PE_N/(kg/kg)	AE_N/(kg/kg)	RE_N/%
2016～2017 年	SH	DVRT	54.6a	11.0a	20.1b
		CT	36.7b	9.7b	26.5a
	HH	DVRT	21.7b	6.3a	29.1a
		CT	27.8a	7.5a	26.9b
	FP	DVRT	23.7b	3.3a	13.8a
		CT	35.5a	3.4a	9.5b
2017～2018 年	SH	DVRT	21.5a	7.4a	34.5b
		CT	7.4b	4.7b	63.7a
	HH	DVRT	48.1a	9.1b	18.9b
		CT	28.0b	11.6a	41.2a
	FP	DVRT	17.6b	2.5b	14.3a
		CT	47.1a	6.1a	13.0a
2018～2019 年	SH	DVRT	36.0a	12.2a	33.7b
		CT	21.9b	12.8a	58.4a
	HH	DVRT	39.1a	16.9b	43.1b
		CT	20.6b	19.7a	95.4a
	FP	DVRT	39.6a	8.2a	20.9b
		CT	18.6b	4.7b	25.4a
与籽粒产量的相关性			0.228	0.078	-0.06

总之，相对于长期实施 CT 模式，田间一次实施 DVRT 模式通过改善土壤的理化性质和结构，降低了土壤容重，增加了冬小麦开花期土壤含水量，不同程度地影响了 4 种产量水平下的冬小麦穗粒数、单位面积穗数、千粒重、株高、叶面积指数、叶片叶绿素含量等农艺性状，从而提高了冬小麦产量和水氮利用效率。DVTR 在 3 年内有效缩减了当前已存在的产量差和效率差，克服了土壤限制因素，为河北省冬小麦有效利用当地农业资源和保持产量稳定提供了一种有效的途径。综合采纳 DVRT 模式和 HH 水平下的管理措施能促进产量与资源利用效率的协同提升，可最大程度缩减冬小麦田间实际产量与潜在产量的差异。

第二节　南方稻茬麦产量与效率层次差异形成机理

稻茬小麦是指稻田收获水稻后种植的小麦，在我国年种植面积为 400 万～470 万 hm^2，主要分布在长江中下游冬麦区、黄淮海冬麦区南部和西南冬麦区，其中以江苏、安徽、四川和湖北等省份面积较大，约占我国稻茬小麦总种植面积的 80%。除了中国，稻茬小麦主要分布在印度、孟加拉国、巴基斯坦和日本等。中国的稻茬小麦种植面积、单产、总产远高于上述国家，说明我国稻茬小麦的生产和发展对我国与世界粮食安全具有重要的作用。目前我国稻茬小麦生产上也存在一些问题，如品种多而杂、气候条件复杂多变、栽培管理措施不到位、重视度不高、劳动力不足等，但这同时也说明稻茬小麦生产有较大的增产潜力，研究长江中下游地区稻茬小麦产量差对稳定稻茬小麦面积、增加小麦总产、确保粮食安全具有重大意义。

一、南方稻茬麦产量与效率层次差异定量解析

（一）南方稻茬麦各层次产量差异调研

对江苏、安徽、四川、湖北四省主要稻茬麦区的各层级产量差（高产纪录、高产示范、农户产量各层级差）情况进行调查统计分析，明确了各层次产量差异。

江苏省是我国稻茬小麦主要产区之一，小麦年种植面积为 220 万 hm^2 左右，其中 73% 左右为稻茬麦，占全国稻茬麦种植面积的 44.3%。项目实施期间（2016～2020 年）对江苏省小麦主产县市区的生产情况开展了入户调查，调查结果表明，产量在 6000～6750kg/hm^2 的农户数量占总数的 30% 以上，代表了农户产量的普遍水平，高产农户水平（产量水平占总体的前 10%）在 8250～9000kg/hm^2，而低产农户水平（产量水平占总体的后 10%）在 3750～4500kg/hm^2。

安徽省稻茬麦常年种植面积为 106 万～120 万 hm^2，占全省小麦种植面积的 40% 左右。根据光、温、水等气候生态因子及地形与土壤、小麦品种生态型等，安徽稻茬麦主要分为沿淮平原稻茬麦、江淮丘陵稻茬麦、沿江江南稻茬麦（以下简称沿江稻茬麦）3 个亚区，稻茬麦产量从北往南递减，总体平均产量呈现沿淮地区＞江淮地区＞沿江地区。对安徽省怀远、天长、凤台、六安、铜陵等稻茬小麦主产县市区进行调研，统计表明，一般农户的产量在 3237.0～4798.2kg/hm^2，高产示范的产量在 4018.5～5413.5kg/hm^2，高产攻关田产量在 5095.5～7116.0kg/hm^2，高产攻关田与一般农户之间的产量差变幅为 1618.5～2328.0kg/hm^2，平均产量差为 1975.5kg/hm^2。全省尺度稻茬小麦平均产量差达 2637kg/hm^2，区域内产量差分别为 2778kg/hm^2、2502kg/hm^2、1575kg/hm^2。

四川省是我国稻茬小麦主要产区之一，主要分布于成都平原和盆地浅丘区，小麦年种植面积为 70 万 hm^2 左右，其中 50% 左右为稻茬麦，占全国稻茬麦种植面积的 10%。对四川省的小麦主产县市区生产情况开展了入户调查，调查结果表明，产量主要分布于 5250～6750kg/hm^2，占到了调查总数的 71.9% 以上，代表了农户产量的普遍水平，高产农户水平（产量水平占总体的前 10%）在 7500～9600kg/hm^2（平均 8378kg/hm^2），而低产农户水平（产量水平占总体的后 10%）主要在 3000～5250kg/hm^2（平均 4602kg/hm^2）。四川盆地最高单产维持在 9750～10 500kg/hm^2，平均 10 284kg/hm^2。

湖北省稻麦周年种植模式逐年扩大，作为湖北省第二大粮食作物，小麦种植面积每年均在 100 万 hm^2 以上，其中稻茬种植小麦面积占 1/3 以上，主要分布在江汉平原，含荆州、仙桃、荆门、襄阳、随州、宜昌等地。项目实施期间（2016～2020 年）对湖北省小麦主产县市区的生产情况开展了入户调查，调查结果表明，该区域稻茬小麦普通农户产量水平为 3750～4200kg/hm^2，高产农户产量水平为 4500～5200kg/hm^2。

（二）不同层次的产量定量化差异解析

2016～2019 年分别在江苏的苏北、苏中、苏南，安徽沿江、沿淮、江淮，四川广汉、江油及湖北荆州，共计 10 个试验点开展联合共性试验。通过种植密度、氮肥用量、氮肥运筹等技术构建无肥模式（ISP）、农户模式（FP）、高产高效模式（HH）和超高产模式（SH），比较分析了南方稻茬小麦不同栽培模式产量形成的差异，3 年间 SH 与 HH 的产量差为 636～793.5kg/hm^2，HH 与 FP 的产量差为 838.5～1020kg/hm^2。江苏省 SH 和 HH 的产量差为 567～789kg/hm^2，HH 和 FP 的产量差为 943.5～1257kg/hm^2；安徽省 SH 和 HH 的产量差为

717～817.5kg/hm^2，HH 和 FP 的产量差为 619.5～925.5kg/hm^2；四川省 SH 和 HH 的产量差为 606～817.5kg/hm^2，HH 和 FP 的产量差为 382.5～982.5kg/hm^2；湖北省 SH 和 HH 的产量差为 915～2005.5kg/hm^2，HH 和 FP 的产量差为 537～2190kg/hm^2。安徽省和四川省的两个层级差异不大，江苏省和湖北省差较大的为 FP 与 HH 的差异。整体上，HH 可以实现 SH 产量的 90.1%～91.2%，FP 可以实现 SH 产量的 76.4%～80.8%，说明 HH 与 SH 的产量水平相差不大，而 FP 与 HH 的产量水平有一定差距，需要通过合理的措施协调产量构成因素，这是缩小 FP 与 HH 产量差的主攻方向（图 4-56）。

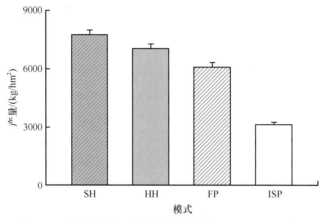

图 4-56　南方稻茬麦不同层级产量差异（2016～2019 年）

农户模式到高产高效模式主要是通过提高有效穗数和穗粒数，提高群体籽粒数量增加库容，增加各期叶面积来提高生物量。与 FP 相比，HH 通过增源扩库来实现产量提高，平均叶面积指数增加 14.12%，群体穗粒数增加 14.91%，总库容增加 10.38%，生物量增加 10.08%，穗粒数增加 8.64%，有效穗数增加 5.67%。从高产高效模式到超高产模式要继续强源扩库，同时提高经济系数。与 HH 相比，SH 总库容增加 10.70%，平均叶面积指数增加 15.8%，经济系数增加 7.14%，穗粒数增加 6.51%，有效穗数增加 3.90%，生物量增加 4.73%（表 4-31）。

表 4-31　安徽省稻茬小麦共性试验主要产量性状汇总表（2016～2020 年）

地点	处理	产量/(kg/hm^2)	有效穗数/(万穗/hm^2)	穗粒数	千粒重/g	经济系数	生物量/(kg/hm^2)
铜陵	SH	6 767.25	444.90	36.50	42.59	0.44	15 329.55
	HH	6 122.55	415.05	35.06	42.07	0.41	14 915.55
	FP	5 259.30	402.30	31.49	42.59	0.41	12 939.00
	ISP	2 988.15	298.80	25.50	41.31	0.38	8 460.00
	SH-HH	644.85	29.85	1.45	0.52	0.03	414.15
	HH-FP	863.25	12.90	3.57	-0.52	0.00	1 976.55
	FP-ISP	2 271.00	103.50	5.98	1.28	0.03	4 479.00
长丰	SH	7 005.60	476.85	33.29	43.80	0.44	15 855.90
	HH	6 177.15	457.80	31.53	43.66	0.43	15 093.75
	FP	5 370.45	419.40	29.40	43.42	0.41	13 704.90
	ISP	2 376.30	318.90	19.29	39.29	0.38	7 458.15
	SH-HH	828.45	19.05	1.76	0.14	0.01	762.15
	HH-FP	806.55	38.55	2.13	0.25	0.02	1 388.85
	FP-ISP	2 994.15	100.35	10.11	4.13	0.03	6 246.75

续表

地点	处理	产量/(kg/hm²)	有效穗数/(万穗/hm²)	穗粒数	千粒重/g	经济系数	生物量/(kg/hm²)
	SH	8 155.05	559.50	34.27	44.58	0.47	17 580.90
	HH	7 354.20	552.75	31.11	44.93	0.43	16 556.40
	FP	6 718.80	527.55	29.05	45.01	0.42	15 657.00
龙亢	ISP	2 955.15	381.60	19.04	42.56	0.38	8 159.55
	SH-HH	800.85	6.75	3.16	−0.35	0.03	1 024.50
	HH-FP	635.40	25.20	2.07	−0.09	0.01	899.40
	FP-ISP	3 763.65	145.95	10.01	2.45	0.04	7 497.45
	SH	7 309.35	493.80	34.69	43.66	0.45	16 255.50
	HH	6 551.25	475.20	32.56	43.55	0.42	15 521.85
	FP	5 782.80	449.70	29.98	43.67	0.41	14 100.30
总平均	ISP	2 773.20	333.15	21.27	41.05	0.38	8 025.90
	SH-HH	758.10	18.60	2.12	0.10	0.03	733.50
	HH-FP	768.45	25.50	2.59	−0.12	0.01	1 421.55
	FP-ISP	3 009.60	116.55	8.70	2.62	0.03	6 074.40

注：表中数据为2016～2020年的平均值。SH-HH表示SH与HH的差，以此类推。下同

产量构成三要素中对小麦产量的作用由大到小为有效穗数>千粒重>穗粒数，由此可知，在晚播稻茬麦生产中提高有效穗数对增产效果最好，其次是千粒重。因此，选用穗多、千粒重高的小麦品种更适合晚播稻茬麦。从籽粒总库容与容重模型的分析结果看，总库容对产量影响更大，增加总库容可以更好地提高产量；从产量构成四因素模型分析结果看，对小麦产量提高起主要作用的是有效穗数，其他3个性状对产量的作用依次为单籽粒体积>穗粒数>容重。但是由于有效穗数通过穗粒数和单籽粒体积的负向间接作用，减弱了有效穗数的作用，因此在增加有效穗数的同时要协调好穗粒数和单籽粒体积，这样才能获得更高的产量（表4-32）。

表 4-32　产量与相关性状的通径分析

模型	性状	直接通径系数	间接通径系数				与产量的相关系数
			x1	x2	x3	x4	
产量模型1	有效穗数 x1	0.8067		−0.0379	−0.117		0.65**
	穗粒数 x2	0.294	−0.1041		0.0005		0.19*
	千粒重 x3	0.468	−0.2018	0.0003			0.27**
产量模型2	群体总库容 x1	0.8841		0.1041			0.99**
	容重 x2	0.1883	0.4889				0.67**
产量模型3	有效穗数 x1	0.7869		−0.064	0.0558	−0.1273	0.65**
	穗粒数 x2	0.496	−0.1015		0.0613	−0.2652	0.19**
	容重 x3	0.2395	0.1833	0.127		0.1241	0.67**
	单籽粒体积 x4	0.627	−0.1597	−0.2098	0.0474		0.32**

注：模型1，产量=有效穗数×穗粒数×千粒重；模型2，产量=群体总库容×容重；模型3，产量=有效穗数×穗粒数×单籽粒体积×容重。* 表示在0.05水平显著相关，** 表示在0.01水平显著相关

湖北荆州地区 2018~2019 年超高产模式（SH）产量达 6120kg/hm²，高产高效模式（HH）产量为 4115kg/hm²，产量差与 2016~2017 年一致；进一步分析产量构成因素，SH 较 HH 有较多穗数和穗粒数，表明由 HH 到 SH 缩差的关键是穗数，其次为穗粒数。该年度农户模式（FP）产量为 3579.5kg/hm²，与该区域近 10 年的历史平均产量水平 3750kg/hm² 持平，与 HH 产量差为 535.5kg/hm²，与 SH 产量差为 2540.5kg/hm²，FP 产量水平提高空间巨大，与 2016~2017 年、2017~2018 年结论一致，主控因子穗数和穗粒数是缩小 FP 与 SH 产量差的关键，穗数提升空间达 41%，穗粒数提升空间达 16%。

（三）效率层次差定量分析

不同产量层次差异下，各模式间的氮肥利用效率亦存在差异，HH 的氮肥偏生产力最高，其次是 SH，最后是 FP（图 4-57）。其中，江苏 SH 与 HH 氮肥偏生产力层次差、FP 与 HH 层次差均是 5.5kg/kg；安徽 SH 与 HH 层次差为 2.8kg/kg，FP 与 HH 层次差是 2.0kg/kg；四川 SH 与 HH 层次差为 2.6kg/kg，FP 与 HH 层次差是 18.5kg/kg；湖北 SH 与 HH 层次差是 2kg/kg，FP 与 HH 层次差是 7.4kg/kg。

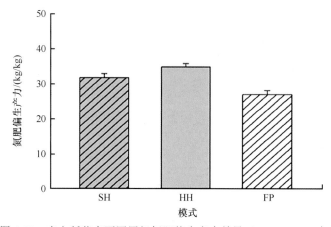

图 4-57　南方稻茬麦不同层级氮肥偏生产力差异（2016~2019 年）

江苏苏中地区 3 年相同模式处理氮肥利用效率有较大的差异，不同试验点的氮肥利用效率也有所差异。2016~2017 年兴化、高邮、扬州 3 个试验点的氮肥农学利用率、氮肥偏生产力均表现为 SH、HH 较 FP 差异显著，SH 与 HH 差异不显著。2017~2018 年，SH、HH 较 FP 的氮肥表观利用率、氮肥农学利用率达到显著差异，且 SH 与 HH 差异不显著。2018~2019 年，氮肥农学利用率、氮肥偏生产力、氮肥表观利用率均以 HH 最高，其次为 SH，FP 最低，而氮肥生理利用效率以 SH 最高，其次为 FP。氮肥农学利用率、氮肥偏生产力、氮肥表观利用率与产量呈显著正相关关系，进一步说明提高氮肥利用效率有利于同步提升产量水平（表 4-33）。

表 4-33　不同模式氮肥利用效率

年份	地点	处理	氮肥农学利用率/(kg/kg)	氮肥偏生产力/(kg/kg)	氮肥表观利用率/%	氮肥生理利用效率/(kg/kg)
2016~2017	扬州	FP	13.24bc	24.66de	29.74c	44.51b
		HH	19.28a	33.56a	32.99b	58.44a
		SH	18.30a	30.99abc	37.16a	49.25b

续表

年份	地点	处理	氮肥农学利用率/(kg/kg)	氮肥偏生产力/(kg/kg)	氮肥表观利用率/%	氮肥生理利用效率/(kg/kg)
2016~2017	兴化	FP	8.10e	21.84e	19.72e	41.07c
		HH	12.65bc	29.83bc	24.53d	51.59b
		SH	12.05cd	27.32cd	20.65e	58.34a
	高邮	FP	10.02de	25.13de	24.20d	41.42c
		HH	14.58b	33.47ab	33.27b	43.84c
		SH	14.32b	31.11ab	33.85b	42.31c
2017~2018	扬州	FP	9.08bc	21.27c	23.84c	38.08e
		HH	14.72a	29.96ab	32.09a	45.88b
		SH	14.27a	27.82b	33.72a	42.33c
	兴化	FP	7.13c	21.38c	21.49d	33.16f
		HH	13.64a	31.45a	31.84a	42.82c
		SH	13.62a	23.76c	34.11a	39.94de
	高邮	FP	10.02b	22.83c	22.52c	44.49bc
		HH	13.85a	29.87ab	27.29b	50.75a
		SH	13.24a	27.48ab	29.06b	45.58b
2018~2019	扬州	FP	17.21d	30.91d	38.89bc	43.33d
		HH	23.65a	40.77a	41.28a	40.57e
		SH	18.43c	33.66c	39.70b	47.39c
	兴化	FP	15.31f	28.82e	26.34de	54.41b
		HH	22.29b	39.18b	38.42c	46.02c
		SH	16.12e	31.13d	28.14d	59.20a

注：同年份同地点同列不含有相同小写字母的表示处理间在 0.05 水平差异显著

（四）南方稻茬麦产量与效率层次差异主控因子

南方稻茬小麦光、温、水资源丰富，自然生态条件适宜小麦生长，但稻茬小麦产量水平难以获得实质性突破。影响作物产量的因素有很多，根据不同的研究目标和研究尺度，作物产量的影响因素大致分为三类：一是气候因素，二是品种、栽培管理及土壤因素，三是社会因素。对江苏、安徽、四川、湖北四省主要稻茬麦区的小麦产量提升限制的主控因子进行了调查分析。在气候因子方面：低温冷害、涝渍、季节性干旱是主要限制因子；在栽培技术措施方面：品种选择不合理、播种质量差、出苗质量低和农机农艺不配套是主要限制因子；在土壤因子方面：土壤不肥沃、土壤耕层浅、土壤质地差为主要限因子。此外，各种不利环境因子也会导致严重病害（如赤霉病、纹枯病等）。

气候因素如温度、降雨、光照等是决定该区域产量潜力的主要因素之一。在小麦生产实践中，常因天气、土壤、机械以及茬口等导致小麦不能在最适宜的播期下播种。随着播期推迟，小麦生长发育过程中的温光资源及小麦对土壤养分的吸收与利用发生变化，造成播种质量差，小麦出苗迟，冬前分蘖少或无分蘖，冬前生长量不足，分蘖成穗率低，干物质积累量下降，难以形成高产群体从而影响产量。且伴随着开花期推迟，植株在生育进程中更容易遭遇温度逆境（拔节期低温冷害、灌浆期高温热害等），水分逆境的概率增加（不同生育时期遭遇渍水逆境的风险加大），是产量提升的重要障碍因子。

品种选择不合理、播种质量较差、农机农艺不配套等也是该区域稻茬小麦产量提升的主要栽培技术限制因子。选用优良品种是提高稻茬麦产量最经济有效的措施之一，不同品种对环境条件的适应性差异很大。播种质量高是形成壮苗的首要条件，但是在稻茬小麦生产中播期推迟导致晚播小麦出苗迟、整齐度差、苗小苗弱，随着播期的推迟，分蘖期推迟，有效分蘖期缩短，造成稻茬晚播小麦分蘖较少甚至无分蘖。因此，稻茬麦种植时应选择高产抗逆小麦品种，提高整地质量为小麦出苗创造良好的土壤环境。晚播条件下小麦可在种子催芽露白后，晾干适墒播种，适当浅播。同时建好田间排灌工程，降低田间水位，开好厢沟、腰沟、边沟，做到沟渠配套，有效防涝。

二、南方稻茬麦产量与效率层次差异形成机理解析

（一）群体结构差异

1. 茎蘖动态

合理的群体结构是保证小麦稳产、高产的基础，合理的栽培措施能够优化群体结构，协调个体与群体的矛盾，实现小麦稳产、增产。SH、HH虽然降低了小麦的基本苗数，但是最终穗数和FP无显著差异，由此说明适当降低基本苗数有助于小麦构建良好的群体结构，减少无效分蘖的发生，茎蘖成穗率和分蘖成穗率增加，有利于产量的增加。对不同生育时期茎蘖数与产量的关系分析，进一步说明FP拔节期茎蘖数偏高、无效分蘖多、茎蘖成穗率低是产量不高的原因。稻茬小麦要获得7500kg/hm²的产量，越冬期、拔节期、开花期的茎蘖数分别为最终穗数的1.1～1.2倍、2.2～2.4倍、1.2～1.4倍，茎蘖成穗率为41%左右。FP应适当降低基本苗数，拔节期茎蘖数在适宜范围内，适当提高分蘖成穗率获得适宜的穗数是缩小产量差的重要调控思路，HH通过提高群体茎蘖成穗率来缩小与SH的差值以提高产量（图4-58）。

2. 干物质积累

农户模式（FP）小麦孕穗期以前虽然能有较高的干物质积累量，但花后干物质积累量低是其产量不高的原因，同时说明SH模式和HH模式主要是提高群体后期的干物质积累量，特别是增加花后干物质积累量，有助于提高小麦产量。实现稻茬小麦7500kg/hm²以上产

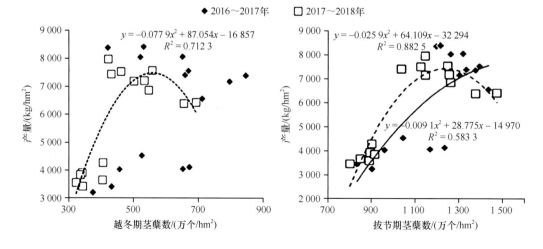

◆ 2016～2017年　　□ 2017～2018年

左图：
$y = -0.077\ 9x^2 + 87.054x - 16\ 857$
$R^2 = 0.712\ 3$
横轴：越冬期茎蘖数/(万个/hm²)
纵轴：产量/(kg/hm²)

右图：
$y = -0.025\ 9x^2 + 64.109x - 32\ 294$
$R^2 = 0.882\ 5$
$y = -0.009\ 1x^2 + 28.775x - 14\ 970$
$R^2 = 0.583\ 3$
横轴：拔节期茎蘖数/(万个/hm²)
纵轴：产量/(kg/hm²)

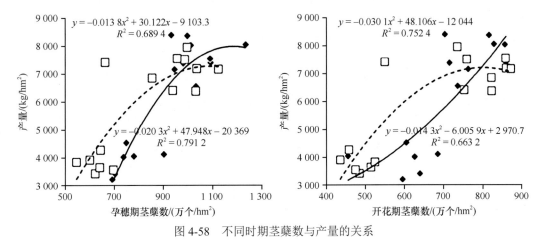

图 4-58　不同时期茎蘖数与产量的关系

量，开花期、成熟期、花后的干物质积累量及收获指数分别为 13 000kg/hm²、19 000kg/hm²、6500kg/hm²、0.46（图 4-59）。

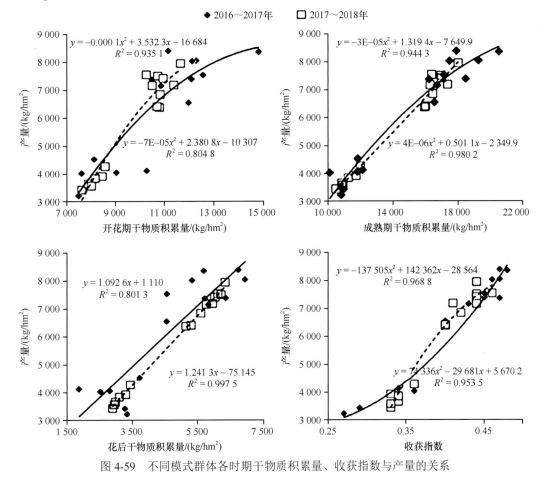

图 4-59　不同模式群体各时期干物质积累量、收获指数与产量的关系

3. 叶片衰老

适宜的叶面积指数（LAI）是小麦高产群体质量的基础指标。不同栽培模式群体在不同生育时期的 LAI 变化动态均为先增加后减小，于孕穗期达到最大值，随后开始下降，FP、SH、

HH 均显著高于 ISP，FP 较 SH、HH 有显著差异，SH 与 HH 无显著差异。由叶面积参数层次差与产量差的通径分析（表 4-34）可知，对产量差影响最大的为孕穗期—开花期的叶面积持续时间差，孕穗期叶面积指数差和开花期—乳熟期的叶面积持续时间差对产量差的影响其次，乳熟期的叶面积指数差值最小。因此，缩小产量差的调控目标是增加孕穗期的叶面积指数，延长孕穗期—开花期和开花期—乳熟期的叶面积持续时间。由花后抗氧化酶活性层次差与产量差的通径分析表明，POD 酶活性层次差对产量差的影响最大，其次是 CAT 酶活性层次差。因此，提高 CAT 和 POD 酶活性、降低 FP 花后剑叶 MDA 含量是缩小 FP 与 SH、HH 产量差的途径之一（表 4-35）。

表 4-34　叶面积指数（LAI）、叶面积持续时间（LAD）与产量差的通径分析

因子	直接作用	间接作用			
		孕穗期 LAI	乳熟期 LAI	孕穗期—开花期 LAD	开花期—乳熟期 LAD
孕穗期 LAI	0.5936		0.3067	1.2370	−0.2749
乳熟期 LAI	0.3958	−0.4600		1.0023	−0.2928
孕穗期—开花期 LAD	1.4055	−0.5224	0.2823		−0.3353
开花期—乳熟期 LAD	0.3555	−0.4590	0.3260	1.3255	

注：叶面积持续时间（leaf area duration，LAD）=$(L1+L2)×(T2−T1)/2$，其中 $L1$、$L2$ 分别为前后两次测定的叶面积指数，$T2−T1$ 表示两次叶面积测定的间隔时间（d）

表 4-35　剑叶衰老指标层次差与产量差的通径分析

因子	直接作用	间接作用			
		CAT	POD	SOD	MDA
CAT（7d）	0.3086		0.0793	0.0171	−0.0499
POD（14d）	0.5706	0.0429		0.0626	0.0653
SOD（0d）	0.0926	−0.0569	−0.3861		0.0287
MDA（28d）	−0.394	−0.0391	0.0945	−0.0068	

（二）氮肥利用层次差异形成机理

1. 氮素积累差异

对开花期、成熟期和花后的氮素积累量与产量进行相关性分析，可以看出开花期与成熟期的氮素积累量与产量呈极显著正相关关系，花后氮素积累量与产量除 2016～2017 年外呈极显著正相关（图 4-60）。由此可知，适当增加开花期与成熟期的氮素积累量以及增加开花期—成熟期这一阶段的氮素积累量有助于提高籽粒产量。由氮素积累量差与产量差的通径分析可知，孕穗期、开花期的氮素积累量差对产量差影响较大（表 4-36），因此，缩小 FP 孕穗期和开花期的氮素积累量差是缩小产量差的主要目标之一。拔节期—孕穗期、孕穗期—开花期生育阶段氮素积累量对产量差的影响较大，其次是开花期—成熟期这个生育阶段。因此，FP 应该适当降低出苗期—越冬期的氮素积累量、提高孕穗期—开花期的氮素积累量，可有效缩小产量差（表 4-36）。

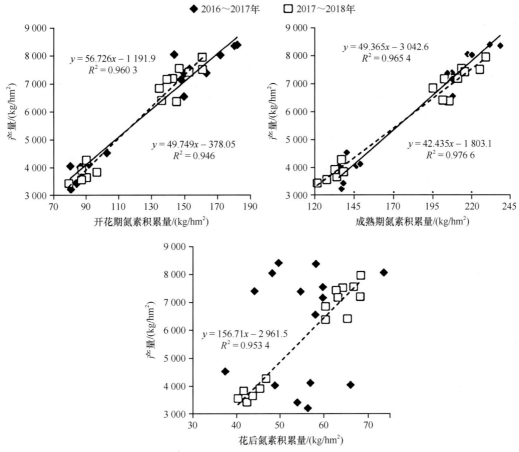

图4-60　不同模式开花期、成熟期及花后的氮素积累量与产量的关系

表 4-36　不同生育时期氮素积累量差与产量差的通径分析

因子	直接通径系数	间接通径系数				
		越冬期	拔节期	孕穗期	开花期	成熟期
越冬期	0.3642		-0.3273	-0.6234	1.2287	-0.0417
拔节期	0.4958	-0.2404		-0.9859	0.0989	-0.0012
孕穗期	4.7441	-0.0479	-0.1030		-4.0427	0.0897
开花期	4.1333	0.1083	0.0119	-4.6401		0.0452
成熟期	0.2360	0.2560	-0.3450	-0.3480	0.1755	

2. 氮代谢相关酶活性

硝酸还原酶、谷氨酰胺合成酶、谷氨酸合成酶是氮素同化过程中的关键酶，由图4-61可知，兴化、高邮、扬州 3 个试验点不同栽培模式开花期的硝酸还原酶、谷氨酰胺合成酶、谷氨酸合成酶活性均表现为 SH＞HH＞FP＞ISP，分析不同地点不同栽培模式开花期至乳熟期的下降速率可知，FP 下降速率最大，SH 次之，HH 最小，由此说明提高开花期和乳熟期剑叶硝酸还原酶、谷氨酰胺合成酶、谷氨酸合成酶活性有助于植株氮素的积累。

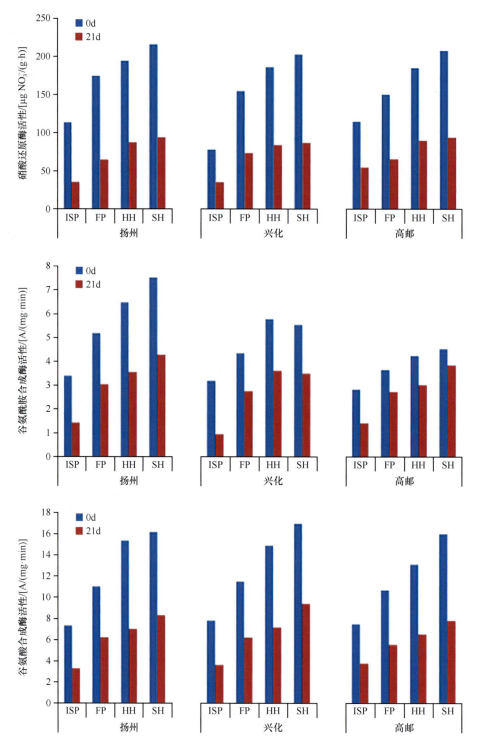

图 4-61　不同模式开花期（0d）和乳熟期（21d）剑叶氮代谢相关酶活性的差异（2017～2018 年）

三、南方稻茬麦生产的栽培措施的调控效应

小麦产量的提高受多种因素的制约，在由品种、栽培措施与环境交织构成的小麦生产体系中，除品种因素外，栽培措施在小麦高产栽培中扮演重要角色。不同的耕作方式、播种时间、

播种量以及氮肥运筹模式等是小麦生长发育过程中重要的技术调控环节，通过影响和调节小麦产量构成因素，决定小麦产量的高低。

（一）稻茬麦高产品种筛选

选用优良品种是提高稻茬麦产量最经济有效的措施。目前生产上推广的小麦品种较多，与一般产量潜力品种相比，高产潜力品种产量平均为 9422kg/hm²，比一般产量潜力品种高 14.3%，主要是高产潜力品种具有较高的生物量或收获指数。适应四川盆地暖湿、寡照生态区的 9000kg/hm² 产量潜力小麦品种的形态生理指标，即株高 85～90cm，株型相对紧凑，开花期至灌浆期旗叶 SPAD 值 50 以上，群体光合速率 25～30μmol CO_2/(m²·s)，成熟期茎鞘干重所占比例约 30%、叶片 10% 以下、麸壳 11% 以下。花后冠层叶绿素含量和群体光合速率较高，以及合理的物质分配，是高产潜力品种获得高产的生理基础（吴晓丽等，2017）。

2016～2020 年，对安徽大面积生产的稻茬小麦品种的产量进行多点联合试验，按高产样本占 25%、低产样本占 25%、中产样本占 50% 进行统计，结果表明不同参试品种高产组与低产组的产量差不尽一致。低产年份如 2018 年，品种间产量差异小，其他年份品种间产量差异较大。总体来看，品种间的产量差为高产品种比低产品种增产 1174.02kg/hm²，增幅 21.71%；高产品种比中产品种增产 601.47kg/hm²，增幅 10.06%。品种间产量差主要由有效穗数造成，其次是穗粒数（表 4-37）。

表 4-37　品种比较试验产量分组统计结果

试验概况	产量及产量构成	不同产量类型品种平均数			不同产量类型品种层级差		
		HV	MV	LV	HV-MV	MV-LV	HV-LV
2016 年品种联合展示，4 点，10 个品种	产量/(kg/hm²)	6696.3	6142.8	5637.15	553.5	505.65	1059.15
	有效穗数/(万穗/hm²)	532.2	521.85	520.95	10.2	0.9	11.1
	穗粒数	37.29	37.19	35.69	0.1	1.5	1.6
	千粒重/g	39.97	38.63	38.46	1.33	0.17	1.5
2017 年品种大面积展示，42 个品种	产量/(kg/hm²)	6557.55	5338.95	4446.15	1218.6	892.8	2111.4
	有效穗数/(万穗/hm²)	563.4	506.55	354.75	56.85	151.8	208.65
	穗粒数	31.5	29.93	31.51	1.57	-1.58	-0.01
	千粒重/g	36.97	38.34	40.78	-1.37	-2.44	-3.81
2018 年品种联合展示，4 点，10 个品种	产量/(kg/hm²)	5322.9	5100.3	4804.05	222.6	296.25	518.85
	有效穗数/(万穗/hm²)	500.4	477.3	505.8	22.95	-28.35	-5.4
	穗粒数	36.83	38.28	35.98	-1.45	2.29	0.84
	千粒重/g	37.97	37.89	38.86	0.07	-0.97	-0.89
2019 年品种联合展示，4 点，38 个品种	产量/(kg/hm²)	6739.05	6154.35	5565.15	584.7	589.2	1173.9
	有效穗数/(万穗/hm²)	577.2	566.1	560.1	11.1	6.15	17.25
	穗粒数	32.93	32.95	31.22	-0.02	1.73	1.71
	千粒重/g	41.43	40.42	40.45	1	-0.03	0.97
2020 年品种联合展示，4 点，39 个品种	产量/(kg/hm²)	7586.25	7158.3	6579.45	427.95	579	1006.8
	有效穗数/(万穗/hm²)	475.05	468.75	463.65	6.3	4.95	11.4
	穗粒数	38.59	38.1	37.87	0.49	0.24	0.72
	千粒重/g	45.16	45.89	44.23	-0.73	1.66	0.93

注：HV 代表高产样本，MV 代表中产样本，LV 代表低产样本

（二）不同播种方式对小麦产量的调控效应

播种方式显著影响稻茬小麦出苗质量。2016～2018 年，在四川省广汉市开展的不同耕作播种方式的试验结果表明，与深旋耕播种（DRT）方式相比，浅旋耕播种（SRT）和免耕带旋播种（NT）处理提高了小麦分蘖、成穗能力（表 4-38）。2016～2017 年，处理间产量无显著差异；2017～2018 年，NT 处理产量显著高于 DRT，增幅 10.9%（表 4-39）。耕作播种方式还会影响稻茬土壤水分和硝态氮含量，孕穗期以前 NT 和 SRT 处理耕层土壤含水量高于 DRT，而硝态氮含量低于 DRT。NT 处理下植株对氮的吸收量高于 DRT，平均增幅 9.9%，而 DRT 氮收获指数高于 NT；各处理植株磷吸收量差异不显著；NT 处理对钾的吸收量显著高于 DRT。综上，与传统的深旋耕播种方式相比，免耕带旋播种处理可提高稻茬小麦的播种质量，增强土壤保墒能力，降低氮淋溶风险，是提高稻茬小麦产量和养分吸收的有效途径（李朝苏等，2020）。

表 4-38　耕作播种作业相关信息

处理	播种前农艺措施			播种作业	
	秸秆处理	旋耕整地	镇压	机型	基肥施用方式
DRT	机械粉碎还田	旋耕 2 次，旋耕深度 15～20cm	镇压 1 次	2BJK-6 型宽幅精量播种机	第 2 次旋耕前撒施
SRT	机械粉碎还田			2BF-8 型浅旋耕播种机	播种施肥同步进行
NT	机械粉碎还田			2BMF-6 型免耕带旋播种机	播种施肥同步进行

表 4-39　不同耕作播种方式对稻茬小麦播种效率、产量和氮素生产效率的影响

年份	处理	播种效率/(h/hm²)	产量/(kg/hm²)	地上部氮素吸收量/(kg/hm²)	氮素生产效率/(kg/kg)
2016～2017	DRT	21.2	8925a	204.4a	44.0a
	SRT	10.0	8453a	202.7a	42.1a
	NT	7.5	8930a	209.3a	43.0a
2017～2018	DRT	21.2	7339b	128.6b	57.4a
	SRT	9.6	8108a	144.0ab	56.4a
	NT	8.4	8137a	151.1a	54.0a

注：同年份同列不含有相同小写字母的表示处理间在 0.05 水平差异显著

（三）播期对稻茬小麦产量的调控效应

适期播种难度较大是稻茬小麦生产栽培中存在的主要问题，江苏地区稻茬小麦晚播问题尤为突出。据统计，2012 年以来江苏省晚播小麦比例每年均超过江苏省小麦种植面积的 40%，其中 2016 年晚播小麦比例达到了 60%。近年来，随着农业技术不断发展以及稻茬小麦种植面积逐渐扩大，直播稻仍有一定种植面积，更易造成稻茬小麦不能适期播种。水稻收获期一般在 10 月中旬到 12 月中下旬，在这一情况下小麦播种适期与水稻收获期相同，也容易造成种麦出现时期冲突，很难实现稻茬小麦适期播种（方世年，2015）。

播期推迟，稻茬小麦出苗所需天数延长；播种至出苗期间日均温与出苗所需天数呈极显著负相关，出苗率与出苗所需天数呈显著负相关，出苗率与播后连续无雨日数呈极显著负相关。错过最佳播期，产量和效益随播期推迟逐渐下降。选用'皖麦 33''皖麦 41''皖麦 44''皖麦 48''郑麦 9023''豫麦 18'共 6 个小麦品种进行分期播种试验，研究发现随播种

期推迟 10~20d，各品种抽穗期延迟 5~10d，生育期缩短 7~15d。播种期在 11 月 5~15 日，产量无显著差异，当播种期推迟到 11 月 26 日，各品种产量下降明显。

2017~2019 年在沿淮稻茬麦区怀远龙亢农场开展了播期试验。播期设置 3 个处理，每个播期间隔 15d，播种时间分别是 10 月 30 日（SD1）、11 月 14 日（SD2）、11 月 29 日（SD3）。供试品种为 20 个安徽省生产上大面积推广的品种和新审定的品种。结果表明 10 月 30 日后种植稻茬麦，随着播期的推迟，产量不断下降，且各播期间的产量差异显著。年度间下降幅度不尽一致，2018 年、2019 年 11 月 29 日播种比 10 月 30 日播种，产量分别减少 1147.35kg/hm²、341.4kg/hm²。综合分析两年数据，播期间隔 30d 产量降低 744.3kg/hm²，平均每推迟 1d 播种减产 24.81kg/hm²，11 月 29 日播种比 10 月 30 日播种减产 11.25%（图 4-62）。

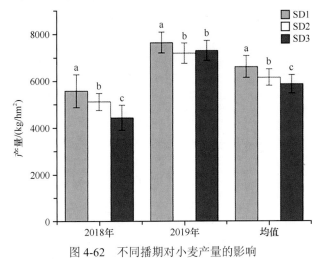

图 4-62　不同播期对小麦产量的影响
SD1、SD2、SD3 分别表示播种时间为 10 月 30 日、11 月 14 日、11 月 29 日

以江苏淮北麦区主推的半冬性小麦'淮麦 33'和弱春性小麦'周麦 21'为材料，设计 6 个播期试验，研究发现 10 月 26 日播期处理小麦群体茎蘖消长平稳，最终成穗率较高，且中后期小麦群体能够具有充足光合源，至成熟期叶面积指数仍达 0.5 左右，花后干物质积累量高，最终获得的籽粒产量高于其他处理。随着播期的推迟，稻茬小麦株高、叶面积指数和群体冠层光截获量降低，进一步导致了各个生育时期干物质积累同化量和稻茬小麦产量降低。

稻茬小麦晚播条件下，产量大于 6750kg/hm² 的小麦高产群体的平均穗数、穗粒数、千粒重分别为 516 万穗/hm²、36、39.8g。通径分析表明，穗数对产量的影响最大，穗粒数与千粒重的影响较小。稻茬晚播小麦在拔节期、开花期茎蘖数在 1350 万~2700 万/hm²，茎蘖成穗率为 38% 左右；开花期的干物质积累量为 13 500kg/hm² 左右，成熟期的干物质积累量为 18 500kg/hm² 以上，花后干物质积累量大于 5300kg/hm²；孕穗期、开花期、乳熟期的叶面积指数分别控制在 7.5、5.5、3.5 左右（张明伟等，2018）。

（四）密度对稻茬小麦产量的调控效应

种植密度对构建适宜的群体结构起着重要的作用，是作物达到高产丰收的必要条件，也是提高小麦产量和缩小产量差距的最相关管理因素之一。在江淮地区由于播种时多为阴雨天气，土壤质地较黏，播种操作难以进行，稻茬小麦晚播在江淮地区已经无法避免。为筛选适宜南方晚播稻茬中筋小麦高产高效栽培的密肥组合，在江苏淮南地区晚播（11 月 20 日之后种植）条件件下，以稻茬小麦种植密度315万株/hm² 下获得的籽粒产量最高，达 6721.65~7884.91kg/hm²，效益达 3783.6~5111.55 元/hm²。

2016~2017 年，兴化点因播期连阴雨天气，一直到 12 月 10 日才播种，尽管播种量较适期播种大幅度增加，基本苗达到 390 万株/hm²，产量较 11 月 15 日播种的模式仍低 1000kg/hm² 左右。2018~2019 年试验结果表明，播期和密度显著影响了小麦的产量及其构成因素。11 月 1 日播种，基本苗 225 万株/hm² 处理产量达到 9015.20kg/hm²，播期推迟至 12 月 1 日，产量为 7071.07kg/hm²，差值达 1944.13kg/hm²，说明超出适播期范围则产量下降，播期越迟，减产越多。晚播条件下当基本苗增加至 375 万株/hm²，产量增加至 8056.14kg/hm²，仍低于适期播种处理的产量，由此说明，播期推迟，可以通过增加密度在一定程度上弥补因播期晚造成的产量下降，但不能完全弥补因播期的推迟造成的产量损失。因此，生产中应积极争取适期播种，是获得高产、更高产的前提（表 4-40）。

表 4-40　播期对小麦产量的影响（2016~2017 年）

地点和播种时间（月/日）	处理	穗数/(万穗/hm²)	穗粒数	千粒重/g	理论产量/(kg/hm²)	实际产量/(kg/hm²)	较 FP 增产幅度/%
扬州（11/15）	ISP	349.33e	27.16f	37.05cd	3514.91	3223.33f	
	FP	545.33ab	38.93bcd	36.48de	7745.65	7396.67ab	
	HH	537.33ab	46.30a	34.29l	8531.55	8053.33a	8.88
	SH	553.00ab	47.16a	33.89k	8837.03	8366.53a	13.11
兴化（12/10）	ISP	361.33de	35.46de	36.41ef	4545.38	4056.56de	
	FP	561.54ab	35.52cde	35.42i	7057.69	6553.33bc	
	HH	526.33ab	40.88bc	36.26fg	7801.41	7160.17b	9.25
	SH	563.66ab	39.87bcd	35.75hi	8035.17	7376.67ab	12.5

注：同地点同列不含有相同小写字母的表示处理间在 0.05 水平差异显著

（五）氮肥对稻茬小麦产量的调控效应

营养器官氮素转运量随施氮量增加而增加，随追肥比例增加先增后降；氮素转运率及其对籽粒氮素的贡献率则随施氮量和追肥比例增加而下降。相关分析表明，提高花后干物质积累量是提高小麦产量的重要途径，而促进花前营养器官贮存氮素向籽粒的转运是提高小麦蛋白质含量的重要措施。增加施氮量和基肥比例显著增加了氮素的表观损失量并降低了氮素利用效率。

2017~2019 年，以'郑麦 9023'为材料，在中肥力和高肥力土壤条件下开展氮肥运筹田间试验，研究了不同氮肥运筹对江汉平原稻茬小麦产量、干物质积累量、氮素积累量与运转量及氮肥利用效率的影响。结果表明，开花期到成熟期小麦旗叶 SPAD 值和 LAI 均随着施氮量的增加与氮肥基追比的降低而提高。施氮量相同时，干物质积累量在苗期以氮肥全部底施的 M1 处理最高，拔节期到开花期以基追比为 7：3 的 M2 处理最高，成熟期为氮肥均衡施用（1/3 底肥+1/3 冬肥+1/3 拔节肥）的 M3 处理最高；氮肥基追比相同时，干物质积累量随施氮量的增加而增加。以上指标在中、高肥力点变化趋势表现一致。在相同施氮量下，小麦产量、有效穗数和穗粒数均表现为 M1＜M2＜M3；当氮肥基追比相同时，不同施氮量间产量表现为 N1（低氮）＜N2（中氮）＜N3（高氮），有效穗数和穗粒数随施氮量的增加显著提高，千粒重呈下降趋势。土壤肥力对小麦产量和氮肥利用效率的影响大于施氮量。高肥力点小麦的产量、氮肥表观利用率、氮肥农学利用率和氮素生产力均高于中肥力点。在 135～225kg/hm² 施氮量范围内，小麦开花期和成熟期的植株氮素积累量、氮肥表观利用率和氮肥农学利用率均随着施氮量的增加与追肥时期的后移显著提高。在本试验条件下，中肥力点小麦在施氮量为 225kg/hm²、基追比例为 1∶1∶1 处理下获得最高产量和氮肥利用效率。高肥力点小麦在施氮量为 180kg/hm²、基追比例为 1∶1∶1 处理下可获得较高的产量和氮肥农学利用率（表 4-41）。这两种氮肥运筹模式可作为江汉平原小麦在中肥力和高肥力土壤条件下兼顾高产与高氮肥利用效率的氮肥运筹模式（薛轲尹等，2020）。

表 4-41　氮肥运筹对稻茬小麦产量及产量构成因素的影响

试验点	施氮量	基追比	有效穗数/(万穗/hm²)	穗粒数	千粒重/g	产量/(kg/hm²)	收获指数
中肥力	N0		174g	23.9i	43.18cd	1289.6f	0.39de
	N1	M1	256f	32.3h	44.86a	3149.8e	0.37e
		M2	281ef	34.3g	44.38ab	3720.0de	0.38de
		M3	311cd	34.5fg	43.11cd	3839.5d	0.42bc
	N2	M1	289de	35.4ef	44.99a	3905.8d	0.40cd
		M2	330bc	36.2de	44.62ab	4594.3c	0.40cd
		M3	340b	37.0cd	43.06cd	4631.3c	0.45a
	N3	M1	335bc	37.5bc	44.08b	4773.0bc	0.38de
		M2	380a	38.1b	43.78bc	5415.2b	0.39de
		M3	405a	39.8a	42.96d	6224.0a	0.44ab
高肥力	N0		180e	27.1g	43.33bc	1413.2f	0.44ab
	N1	M1	259d	32.6f	45.39a	3212.9e	0.43ab
		M2	310c	34.9e	44.88ab	4183.7cde	0.43ab
		M3	328c	35.4de	44.72ab	4291.8cd	0.44ab
	N2	M1	312c	36.1d	44.24ab	4097.8de	0.43ab
		M2	356b	37.4c	44.18ab	5089.3bc	0.44ab
		M3	369b	38.3bc	43.87ab	5415.2ab	0.45a
	N3	M1	362b	38.5b	43.76abc	5342.0ab	0.42b
		M2	399a	39.4b	43.40bc	5705.5ab	0.44ab
		M3	415a	40.6a	42.03c	6257.7a	0.45a

注：N0，不施氮；N1，低氮；N2，中氮；N3，高氮。相同试验点同列不含有相同小写字母的表示处理间差异显著（$P<0.05$）

（六）主要栽培因子互作对稻茬小麦产量的影响

定量分析了近 21 年来（1998～2018 年）主要栽培措施（播期、施氮量和种植密度）对中国冬小麦产量及产量构成因素影响的综合效应，结果表明：晚播、早播与适播相比，都显著降低了冬小麦产量，其平均降低幅度为 12.54%。减少氮肥与常规施氮量相比，显著降低了冬小麦产量，其平均降低幅度为 8.34%；过量增施氮肥并没有提高冬小麦产量，反而小幅下降。降低密度与常规播种密度相比，产量下降幅度为 6.03%，过量增加密度与常规播种密度相比，产量变化幅度较小，其降低幅度为 1.96%。影响冬小麦产量的栽培因子以播期最为显著，施氮量和种植密度次之。对小麦产量及产量构成因素的栽培措施进行重要性分析，结果表明：播期、施氮量及种植密度对小麦产量及产量构成因素均有一定的影响，通过比较各变量因素的重要性可知，其中播期对产量、穗数和穗粒数的重要性最大，施氮量次之，种植密度对产量及产量构成因素重要性最小，另外氮肥对千粒重的重要性最大（图4-63）。

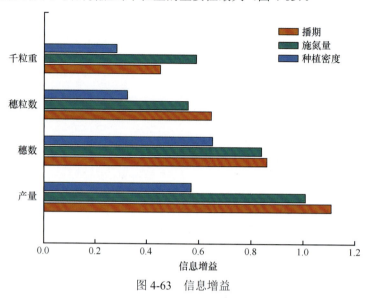

图 4-63　信息增益

通过研究三因素（播期、施氮量和种植密度）等多种组合模式对稻茬小麦'光明麦1号'的影响，其中播期10月28日至11月2日，种植密度160万～180万株/hm²，施氮量200kg/hm²的组合，其产量6800～7200kg/hm²；播期10月21～27日，种植密度120万～150万株/hm²，施氮量190～225kg/hm²的组合，其产量6200～7000kg/hm²。播期11月3～11日，种植密度210万～240万株/hm²，施氮量190～210kg/hm²的组合，其产量为5900～7250kg/hm²（徐晖等，2016）。

以两个播期（适播和晚播）、3个种植密度、两个不同氮肥基追比和3个施氮水平构建不同群体，研究稻茬麦不同栽培措施下的群体结构差异。研究结果表明，当播期较适播推迟21d后，产量和穗数下降幅度分别为8.71%和7.39%。适当增加种植密度可以提高单位面积穗数，产量和穗数随着施氮量的增加而增加（图4-64）。因此，晚播大幅度降低了穗数和群体株数，导致产量下降，适当地增施氮肥和增加种植密度可以构建良好群体，有利于产量提高。

小麦开花期上三叶叶面积、群体叶面积、余叶叶面积随着播期的推迟显著降低，随着施氮量的增加而增加，在适播期下氮肥后移增加了开花期的上三叶叶面积和群体叶面积，而晚播下不同的氮肥基追比下开花期的叶面积差异较小。在氮肥和种植密度试验中处理间小麦余叶叶面积差异较小，由此反映出上三叶叶面积对小麦群体生长发育影响较大，增施氮肥和增加种植密度均能促进小麦群体生长发育。

不同栽培措施对上三叶光截获率影响较大，处理间余叶光截获率差异较小。冠层光截获率在年度之间存在差异，2018～2019年相对于2017～2018年上三叶光截获率无显著差异，余叶光截获率呈现增大的趋势；不同部位的光截获率随着播期的推迟均表现为降低，种植密度和氮肥的增加提高了上三叶光截获率与余叶光截获率；氮肥后移提高了上三叶光截获率和余叶光截获率。

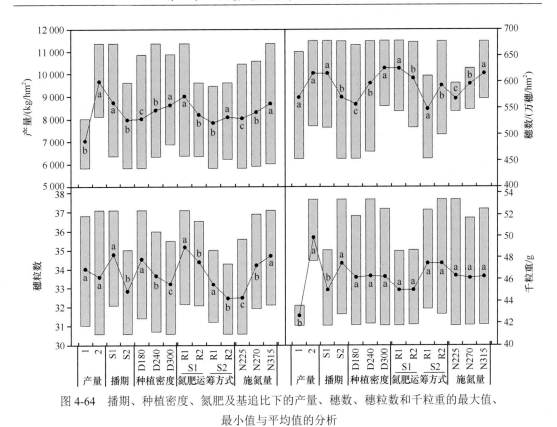

图 4-64　播种期、种植密度、氮肥及基追比下的产量、穗数、穗粒数和千粒重的最大值、
最小值与平均值的分析

1：2017～2018 年，2：2018～2019 年；S1：适播，S2：晚播；D180：180 万株/hm²，D240：240 万株/hm²，D300：300 万株/hm²；
N225：施氮量 225kg/hm²，N270：施氮量 270kg/hm²，N315：施氮量 315kg/hm²；R1：基追比 5：5，R2：基追比 7：3

　　在适播期下群体光合速率随着种植密度和施氮量的增加呈先增加后降低，在种植密度为 240 万株/hm²、施氮量为 270kg/hm² 时群体光合速率达到最大值；呼吸速率随着播期的推迟而显著下降，在低密度和低氮水平下降趋势更为明显。群体呼吸速率随着种植密度和施氮量的增加而增加，主要是由于增施氮肥和增加种植密度增加了单位面积上的群体株数，提高了单位面积上的呼吸速率。在晚播下低密度水平群体的光合速率随着施氮量的增加而增加，在高密度 300 万株/hm² 下，群体光合速率随着施氮量的增加呈先增加后下降，群体呼吸速率随着氮肥和密度的增加而增加。

　　与常规施氮量 240kg/hm² 相比，当氮肥增施到 270kg/hm² 时，拔节期茎蘖数提高了 4.36%，增施氮肥大幅度提高了开花期上三叶叶面积指数、余叶光截获量，分别提高了 26.75%、10.65%；开花期群体光合速率、呼吸速率分别提高了 7.99%、11.59%，产量、穗数、穗粒数分别提高了 3.32%、5.03%、5.27%，千粒重随着施氮量的增加而降低；当施氮量增加到 315kg/hm² 时，产量、穗数、穗粒数分别提高了 8.04%、8.47%、6.79%。增施氮肥提高了小麦的成穗率、冠层光截获率和叶面积指数，增加了单位面积上的呼吸速率和光合速率，进而提高了稻茬小麦产量。因此，适当增施氮肥有利于协调群体性状和稻茬晚播小麦产量。

　　随着播期的推迟，小麦干物质及氮素积累量、花前干物质及氮素转运量、花后干物质和氮素积累量均表现下降趋势，晚播 21d 与适宜播期相比，成熟期干物质积累量、氮素积累量分别下降了 20.20%、6.02%。播期的推迟，降低了氮肥农学利用率和氮素吸收效率，提高了氮素利用效率。密度的增加，提高了冬小麦花后干物质积累贡献率、花后氮素积累贡献率和氮素利用效率，降低了花前营养器官干物质积累贡献率、花前营养器官氮素积累贡献率及氮肥农学利用率。与常规种植密度（220万～240万株/hm²）相比，密度减少60万株/hm²，成熟期干物质积累量和氮素积累量分别降低了5.63%和2.36%；密度增加60万株/hm²，成熟期干物质积累量和氮素积累量分别增加了2.52%和2.57%。氮肥的增加，提高了各生育时期干物质积累量、氮素积累量、花前干物质积累贡献率和氮素吸收效率，降低了花后干物质积累贡献率、花后氮素积累贡献率及氮肥农学利用率和氮素利用效率。

在不同生育时期单株和群体氮素含量均呈现显著差异，相比2017～2018年，2018～2019年不同生育时期的单株氮素含量和群体氮素含量都有显著提高；不同生育时期单株氮素含量和群体氮素含量随着播期的推迟而降低；不同生育时期单株氮素含量和群体氮素含量在种植密度试验中表现相反的趋势，单株氮素含量随着种植密度的增加而降低，而群体的氮素含量呈现增加趋势；氮肥后移降低了拔节期的单株和群体氮素含量，显著提高开花期与成熟期的单株和群体氮素含量（表4-42）。

表4-42　不同播期、种植密度及施氮量对小麦不同生育时期单株、群体氮素含量的影响

处理		单株（单茎）氮素含量/mg			群体氮素含量/(kg/hm²)		
		拔节期	开花期	成熟期	拔节期	开花期	成熟期
年份	2017～2018	31.54b	26.46b	34.08b	72.76b	150.28b	193.83b
	2018～2019	33.74a	31.71a	41.24a	77.74a	194.64a	253.10a
播期	S1	36.58a	29.47a	38.28a	83.88a	181.44a	235.90a
	S2	28.70b	28.70b	37.03b	66.62b	163.48b	211.04b
种植密度	D180	40.67a	30.47a	39.08a	73.21b	169.84c	218.31c
	D240	32.00b	28.77b	37.37b	76.79a	172.10b	223.58b
	D300	25.25c	28.02c	36.53c	75.75a	175.45a	228.50a
基追比	R1	30.01b	30.01a	38.42a	69.34b	175.92a	225.55a
	R2	35.26a	28.17b	36.90b	81.16a	169.00b	221.38b
施氮量	N225	28.58c	27.29c	36.17c	66.48c	154.99c	205.25c
	N270	32.96b	28.97b	37.62b	75.60b	172.94b	224.21b
	N315	36.38a	30.99a	39.19a	83.67a	189.46a	240.93a

注：单独进行年份、播期、种植密度、基追比、施氮量下的数据分析，不同小写字母代表差异显著（$P<0.05$）。下同

氮肥农学利用率和氮素利用效率在年度之间存在差异，而氮素吸收效率差异较小。播期的推迟，降低了氮肥农学利用率、氮素吸收效率和氮素利用效率；加大种植密度，降低了小麦的氮肥农学利用率和氮素吸收效率，但提高了氮素利用效率；氮肥后移提高了氮素吸收效率，而对氮肥农学利用率和氮素利用效率影响较小。氮肥农学利用率和氮素利用效率随着施氮量的增加而降低，而氮素吸收效率提高（表4-43）。

表4-43　不同播期、种植密度和施氮量对小麦氮肥吸收利用效率的影响

处理		氮肥农学利用率/(kg/kg)	氮素吸收效率/%	氮素利用效率/(kg/kg)
年份	2017～2018	11.44b	31.75a	36.44b
	2018～2019	17.20a	31.07a	38.31a

续表

处理		氮肥农学利用率/(kg/kg)	氮素吸收效率/%	氮素利用效率/(kg/kg)
播期	S1	15.22a	35.09a	36.99a
	S2	13.42b	27.73b	35.34b
种植密度	D180	14.75a	32.18a	36.70b
	D240	14.42ab	30.40b	37.65a
	D300	13.78b	31.66ab	37.78a
基追比	R1	14.58a	32.27a	37.30a
	R2	14.06a	30.55b	37.45a
施氮量	N225	15.70a	29.87b	39.11a
	N270	13.99b	31.71a	36.97b
	N315	13.27b	32.66a	36.04c

参 考 文 献

方世年. 2015. 稻茬小麦生产中主要问题及高产配套栽培技术. 安徽农学通报, 21(5): 50-51.

李朝苏, 李明, 吴晓丽, 等. 2020. 耕作播种方式对稻茬小麦生长和养分吸收利用的影响. 应用生态学报, 31(5): 1435-1442.

吴晓丽, 李朝苏, 汤永禄, 等. 2017. 四川盆地 9000kg/hm² 产量潜力小麦品种的花后冠层结构、生理及同化物分配特性. 作物学报, 43(7): 1043-1056.

徐晖, 崔怀洋, 张伟, 等. 2016. 播期、密度和施氮量对稻茬小麦光明麦 1 号氮肥表观利用率的调控. 作物学报, 42(1): 123-130.

薛轲尹, 杨蕊, 张程翔, 等. 2020. 氮肥运筹对江汉平原稻茬小麦产量及氮效率的影响. 麦类作物学报, 40(7): 806-817.

张明伟, 马泉, 丁锦峰, 等. 2018. 稻茬晚播小麦高产群体特征分析. 麦类作物学报, 38(4): 445-454.

第五章　玉米产量与效率层次差异形成机理

第一节　东北春玉米产量与效率层次差异形成机理

一、东北春玉米产量与效率层次差异定量解析

（一）不同生态区春玉米产量层次的差异特征

在东北平原不同生态区设置 15 个共性产量平台试验（基础产量水平 ISP、农户水平 FP、高产高效水平 HH 与超高产水平 SH）。不同生态区间，东北平原西部灌区产量潜力最高，HH 与 SH 的差异也是西部和北部较大，产量差异平均为 1.3t/hm²，FP 与 HH 的差异也为北部与西部较大（图 5-1）。产量水平方面，HH 实现了 SH 的 90%，FP 实现了 SH 的 70%，ISP 实现了 SH 的 50%；ISP 与 FP 的产量差平均为 2.5t/hm² 左右，FP 与 HH 的产量差平均为 1.5t/hm² 左右，而 HH 与 SH 的产量差平均为 1.2t/hm² 左右（图 5-1）。

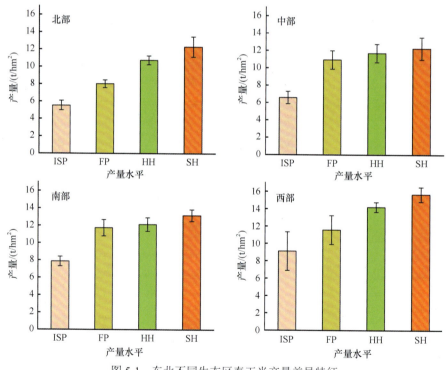

图 5-1　东北不同生态区春玉米产量差异特征

（二）不同生态区春玉米氮素及光温效率的差异特征

在氮素利用效率方面，HH 相比 SH，北部、中部、南部、西部分别提高了 25%、20%、15%、12%；HH 相比 FP，北部、西部、中部、南部分别提高了 65%、28%、16%、15%（图 5-2）。

采用反距离权重（IDW）插值法，明确了不同生态区春玉米产量及效率差异的空间分布特征。不同生态区光、温等资源的利用效率与其产量变化趋势基本一致（图 5-3、图 5-4）。

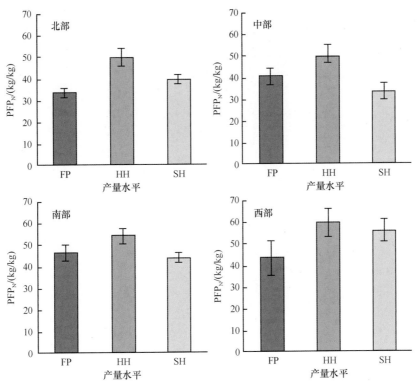

图 5-2　东北春玉米不同产量层次的氮肥偏生产力（PFP$_N$）

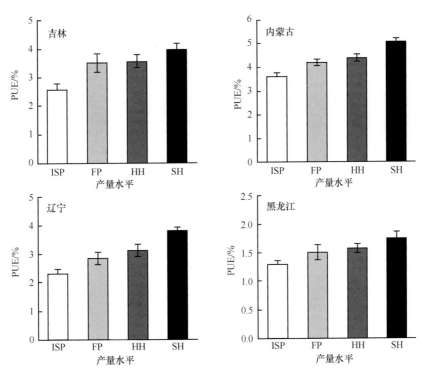

图 5-3　东北不同生态区 4 个产量水平的光能利用效率（PUE）

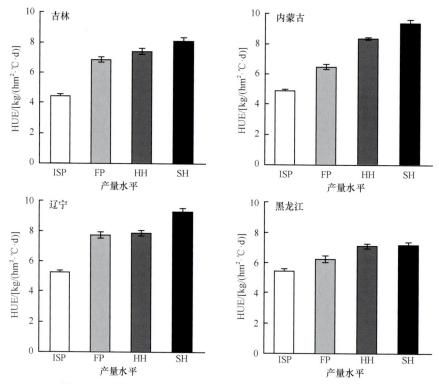

图 5-4 东北不同生态区 4 个产量水平的热量利用效率（HUE）

（三）确定了东北春玉米产量与效率的协同关系

由图 5-5 回归分析可知，高产高效水平和超高产水平产量与辐射利用效率（RUE）呈直线正相关，而基础产量水平和农户水平产量与 RUE 关系不密切；产量提升过程与氮素利用效率（NUE）均具有一定相关性，但产量水平大于 12 000kg/hm²，特别是超高产水平产量与 NUE 呈显著正相关。由此表明：春玉米产量提升的过程中，通过合理农艺综合管理措施，光能及氮素等资源利用效率也可协同提升。

（四）基于产量性能方程及产量资源关系的春玉米产量与效率差异分析

基于作物产量性能方程（$Y=MLAI \times D \times MNAR \times HI=EN \times GN \times GW$），进一步对东北区域雨养及灌溉区的产量构成 7 因子进行分析，结果表明，HH-FP 产量水平缩差来自 MLAI 及 EN 的

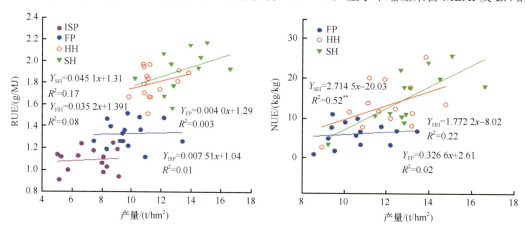

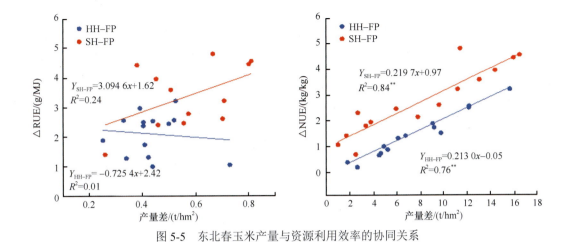

图 5-5 东北春玉米产量与资源利用效率的协同关系

同步增加（15%～20%），而 SH−HH 产量水平缩差来自 MLAI 提高与稳定 MNAR（8%～10%）（表 5-1）。

表 5-1 东北春玉米不同产量层次的产量性能分析

处理		MLAI	MNAR/[g/(m²·d)]	D	HI	EN/(万穗/hm²)	GN	GW/g
雨养区	ISP	2.8	6.0	120	0.46	6.30	530.8	283.8
	FP	3.1	5.5	121	0.49	6.10	547.9	301.3
	HH	3.5	5.3	122	0.51	6.90	551.5	297.5
	SH	4.0	5.2	122	0.51	8.30	497.6	288.9
灌溉区	ISP	3.1	5.0	130	0.53	5.90	554.2	327.9
	FP	3.3	5.2	131	0.53	5.80	592.0	349.4
	HH	3.7	5.1	133	0.54	7.00	571.1	339,2
	SH	4.0	5.1	133	0.55	8.10	565.0	328.2

注：MLAI 为平均叶面积指数；MNAR 为平均净同化速率；D 为生育期天数；HI 为收获指数；EN 为有效穗数；GN 为穗粒数；GW 为千粒重

基于作物产量资源关系 $Y=R_N \times C_N \times E_N \times HI$ 对效率差分析，结果表明，FP−HH 的氮肥截获率及转化率支撑产量和 NUE 提升，HH−SH 氮肥效率的提升受氮肥截获率的明显制约（表 5-2）。

表 5-2 东北春玉米不同产量层次的氮肥效率分析

处理		施氮量（R_N）/(kg N/hm²)	氮肥截获率（C_N）/(kg/kg)	氮肥转化率（E_N）/(kg/kg)	HI
雨养区	ISP				0.46
	FP	220.00	0.87	67.61	0.49
	HH	210.00	1.06	70.90	0.51
	SH	270.00	0.99	70.95	0.51
灌溉区	ISP				0.53
	FP	255.00	0.88	71.27	0.53
	HH	225.00	1.14	75.07	0.54
	SH	270.00	1.06	75.40	0.55

二、东北春玉米产量与效率层次差异主控因子/限制因子

（一）基于农户调研的产量与效率的主控因子

通过 2016 年和 2017 年联合农户调研，对获得的 448 份有效问卷进行分析后，确定了当前我国东北春玉米生产的 5 个主要栽培措施因子，即品种、种植密度、土壤耕作、养分管理和叶片病害防治。为了科学评估 5 个因子对春玉米产量的贡献，同时避免 5 个因子交互会造成试验量过大的问题，笔者参考 Ruffo 等（2015）的不完全因子设计，将 5 个栽培措施因子皆设 2 个水平，将 2 个水平分别与农户水平模式（FP）和超高产水平模式（SH）保持一致，即以 FP 和 SH 为双向对照，在 FP 基础上逐一优化各因子至 SH 水平（用"+"表示），并在 SH 基础上逐一恢复各因子至 FP 水平（用"−"表示）（表 5-3）。

表 5-3　田间不完全因子试验处理表

处理		栽培措施因子				
对照模式	增减措施	品种	种植密度	土壤耕作	养分管理	喷杀菌剂
农户水平模式		常规	低	旋耕	单施基肥	无
	+品种	耐密	低	旋耕	单施基肥	无
	+种植密度	常规	高	旋耕	单施基肥	无
	+土壤耕作	常规	低	深松深施肥	单施基肥	无
	+养分管理	常规	低	旋耕	优化施肥	无
	+养分管理	常规	低	旋耕	单施基肥	喷施
超高产水平模式		耐密	高	深松深施肥	优化施肥	喷施
	−品种	常规	高	深松深施肥	优化施肥	喷施
	−土壤耕作	耐密	低	深松深施肥	优化施肥	喷施
	−土壤耕作	耐密	高	旋耕	优化施肥	喷施
	−养分管理	耐密	高	深松深施肥	单施基肥	喷施
	−养分管理	耐密	高	深松深施肥	优化施肥	无

（二）基于文献分析的主要栽培措施对产量的贡献

1. 品种耐密性与种植密度对产量的贡献

如图 5-6a 所示，耐密品种和常规品种在种植密度为 4.9 万株/hm² 时，产量相当，低于这一临界密度时，以株型平展、稀植大穗为典型特征的常规品种可发挥单株生产优势（图 5-6b），高于此密度时，耐密品种群体籽粒产量显著高于常规品种。耐密品种获得最高产量 13.2t/hm² 时，种植密度为 10.0 万株/hm²，常规品种获得最高产量 11.1t/hm² 时，密度为 9.1 万株/hm²。杨锦忠等（2013）对我国玉米产量−密度关系进行 Meta 分析发现，最容易获得产量区间的核密度峰值，即目前农户田间管理下的安全生产密度为 6.7 万株/hm²。耐密品种和常规品种在安全生产密度为 6.7 万株/hm² 时的产量分别为 11.8t/hm²、10.7t/hm²，产量差为 1.1t/hm²，品种耐密性对产量的贡献率为 9.3%。

鉴于新一轮品种更替使当前生产中品种耐密性普遍增强，种植密度对产量的贡献应以耐密品种的产量−密度回归方程为基础进行分析（图 5-6a）。当前生产平均密度 6.7 万株/hm² 对

应的籽粒产量为 11.8t/hm²，与耐密品种密植最高产量 13.2t/hm² 相差 1.4t/hm²，种植密度对产量的贡献为 10.6%。

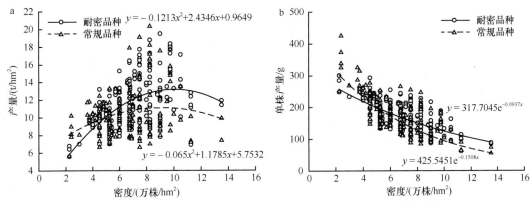

图 5-6　不同耐密型玉米品种产量（a）和单株产量（b）对密度的响应

2. 耕作措施和耕作深度对产量的贡献

我国东北春玉米区长期浅旋灭茬的耕作方式导致农田耕层明显变浅、土壤结构紧实，限制春玉米增产增效。通过深耕（深松或深翻）增加耕层深度、打破犁底层，可有效解决耕层障碍问题。分析 39 篇文献的产量结果发现，耕作方式对春玉米产量有显著影响（图 5-7a）。浅旋灭茬作业的产量区间为 4.9～15.2t/hm²，平均值为 9.6t/hm²；深耕处理的玉米产量区间为 6.0～7.0t/m²，平均值为 10.4t/m²。深耕处理的玉米产量较浅旋处理显著提高 0.8t/hm²，对产量的贡献率为 7.7%。

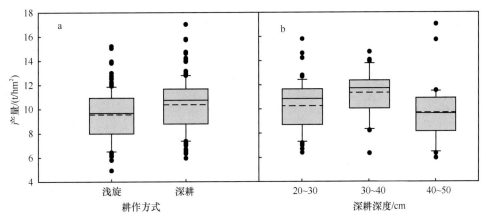

图 5-7　不同耕作措施（a）和不同深耕深度（b）下春玉米产量比较

箱线图中实线代表中位数，虚线代表平均值，箱上下边代表上下四分位。下同

不同耕作深度下玉米产量差异显著（图 5-7b）。耕深为 20～30cm 的玉米平均产量为 10.3t/hm²，耕深为 30～40cm 的平均产量为 11.4t/hm²，但将耕深增加到 40～50cm 时，其产量显著下降，与浅旋灭茬作业无显著差异。由此可见，适当加深耕作深度可以破除耕层障碍，显著提高玉米产量，但耕作过深不但耗费动力，而且会造成减产，因此耕深不宜大于 40cm。

3. 养分管理和叶片病害防治对产量的贡献

由图 5-8a 可见，生产上农户习惯施肥的产量区间为 5.0～12.4t/hm²，平均值为 8.9t/hm²；

优化养分管理的产量区间为 5.2～13.6t/hm²，平均值为 9.9t/hm²。与农户习惯施肥相比，优化养分管理可增产 1.0t/hm²，对产量的贡献为 10.1%。

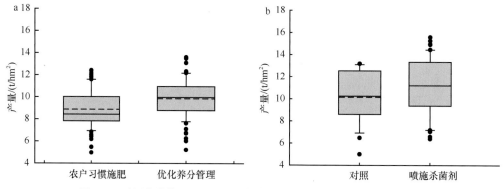

图 5-8　不同养分管理（a）及叶片病害防治（b）对玉米产量的影响

甲氧基丙烯酸酯类杀菌剂不仅能有效防治玉米叶片真菌病害，还具备延缓叶片衰老的功效。由图 5-8b 可知，喷施甲氧基丙烯酸酯类杀菌剂防治叶部病害的玉米平均产量为 11.2t/hm²；喷施清水（或不喷施）的对照产量平均为 10.2t/hm²，喷施杀菌剂防病可增产 1.0t/hm²，对玉米产量的贡献为 8.9%。

（三）基于大田管理因子替换的主要栽培措施对产量的贡献

东北平原西部试验结果（表 5-4）表明，栽培措施因子间互作影响单个因子对产量的贡献，在 FP 管理水平下，各因子对产量的贡献率明显高于其在 SH 管理水平下的贡献率，说明在 FP 基础上优化某一因子会高估其对产量的贡献，而在 SH 基础上则会明显低估，因此二者平均值将较为客观地估计各因子对产量的贡献率。在 FP 基础上，增加种植密度或优化养分管理措施分别可增产 1.8t/hm²、1.1t/hm²，对产量的贡献分别为 15.7%、9.2%；而在 SH 基础上，将种植密度或养分管理水平替换成 FP，则分别减产 1.9t/hm²、1.0t/hm²，对产量的贡献分别为 13.6%、7.4%。将 FP 和 SH 下替换种植密度或养分管理的产量差平均，种植密度和养分管理造成的产量差分别为 1.9t/hm²、1.0t/hm²，对产量的贡献分别为 14.7%、8.3%。在 FP 基础上选用耐高密品种、防病、优化土壤耕作措施分别可增产 0.6t/hm²、0.5t/hm²、0.4t/hm²，对产量的贡献分别为 5.1%、4.3%、4.0%；而在 SH 基础上使用常规品种、去除防病措施、劣化土壤耕作措施，则分别减产 0.5t/hm²、0.5t/hm²、0.4t/hm²，对产量的贡献分别为 3.3%、3.3%、2.6%。将 FP 和 SH 下替换品种、防病、土壤耕作的产量差平均，品种、防病、土壤耕作造成的产量差分别为 0.5t/hm²、0.5t/hm²、0.4t/hm²，对产量的贡献分别为 4.2%、3.8%、3.3%。综上可见，种植密度和养分管理是限制玉米产量的关键因子，对产量的贡献分别为 14.6%、8.3%，其次产量的限制因子依次是品种（4.2%）、防病（3.8%）、土壤耕作（3.3%）。

表 5-4　2017～2018 年替换栽培措施因子对玉米产量差的影响及其对产量的贡献率

对照模式	增减措施因子	包头		赤峰		平均值	
		产量差/(t/hm²)	贡献率	产量差/(t/hm²)	贡献率	产量差/(t/hm²)	贡献率
		较农户水平增减					
农户水平	+土壤耕作	0.6	4.6%	0.3	3.5%	0.4	4.0%
	+养分管理	1.4*	10.7%*	0.8	7.8%	1.1	9.2%

续表

对照模式	增减措施因子	包头		赤峰		平均值	
		产量差/(t/hm²)	贡献率	产量差/(t/hm²)	贡献率	产量差/(t/hm²)	贡献率
		较农户水平增减					
农户水平	+品种	0.7	5.1%	0.5	5.1%	0.6	5.1%
	+种植密度	2.1*	16.2%*	1.5*	15.3%*	1.8*	15.7%*
	+防病	0.6	5.0%	0.4	3.6%	0.5	4.3%
		较超高产水平增减					
超高产水平	+土壤耕作	−0.5	−3.0%	−0.3	−2.1%	−0.4	−2.6%
	+养分管理	−1.1*	−7.6%*	−0.9	−7.1%	−1.0	−7.4%
	+品种	−0.5	−3.0%	−0.4	−3.7%	−0.5	−3.3%
	+种植密度	−2.0*	−13.4%*	−1.7*	−13.8%*	−1.9*	−13.6%*
	+防病	−0.6	−3.6%	−0.4	−3.1%	−0.5	−3.3%
农户水平与超高产水平比较		2.3*	15.7%*	2.2*	19.8%*	2.3*	17.8%*

注: * 表示与同组对照间差异达 5% 显著水平

（四）主要栽培因子对春玉米产量与效率的优先序及贡献率解析

1. 主要栽培因子对春玉米产量贡献的分析

在东北中部区域 2018 年和 2019 年的试验表明，农户模式下优化耕作方式、氮肥管理、种植密度均表现为增产；在超高产模式下，劣化各技术措施因子均表现为减产（图 5-9）。农户模式和高产高效模式下两年技术措施贡献优先序均表现为种植密度排在首位，氮肥管理次之；超高产模式下技术贡献率年份间表现有所不同，2018 年表现为耕作方式居首，明显优于其他措施，而 2019 年则表现为种植密度居首，这可能与 2018 年降水量比 2019 年少有关，在干旱年份下耕作方式对高密度正向调控作用更明显（图 5-9），相关结论还需要进一步验证。以内蒙古不同生态区域为例，进一步分析地域差异因素、可控因素（大量资源投入、优化栽培措施、当前农艺水平）以及当前不可控因素对春玉米产量与效率的影响，表明不同生态区域优化栽培措施对产量的贡献为 15%～20%，而对效率的贡献为 16%～40%（表 5-5）。

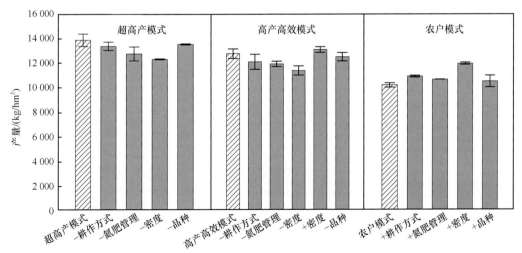

图 5-9　主要栽培因子对春玉米产量贡献的优先序

表 5-5 栽培措施因子对产量差异的贡献分析

技术模式	增减措施因子	2017 年		2018 年	
		产量差/(kg/hm²)	贡献率/%	产量差/(kg/hm²)	贡献率/%
农户模式（FP）	+土壤耕作	523.6	5.2	361.9	3.5
	+氮肥管理	770.8	7.6	449.0	4.4
	+密度	960.0	9.5	1050.5	10..3
	+品种	205.7	2.1	294.6	2.9
高产高效模式（HH）	−土壤耕作	−348.0	−3.0	−1094.0	−8.7
	−氮肥管理	−313.7	−2.7	−356.2	−2.83
	−密度	−1079.0	−9.3	−1209.3	−9.6
	++密度	683.9	5.9	1260.6	10.0
	+品种	50.2	0.4	434.5	3.5
超高产模式（SH）	−土壤耕作	−1182.7	−9.3	−498.5	−3.6
	+氮肥管理	−623.4	−4.9	−371.6	−2.7
	−氮肥管理	−833.1	−6.6	−1114.1	−8.0
	−密度	−808.3	−6.4	−1507	−10.9
	+品种	199.2	1.6	357.4	2.6

注：在农户模式中，"+土壤耕作"表示耕作方式为夏季深松，秋季收获后深翻；"+氮肥管理"表示总施氮量为225kg/hm²，分别于播前、拔节期、大喇叭口期、吐丝期按比例2∶3∶3∶2施入；"+密度"表示种植密度为7.5万株/hm²；"+品种"代表供试品种为'翔玉998'。在高产高效模式中，"−土壤耕作"表示耕作方式为灭茬浅旋；"−氮肥管理"表示总施氮量为270kg/hm²，采用"一炮轰"施肥方式；"−密度"表示种植密度为6.0万株/hm²；"++密度"表示种植密度为9.0万株/hm²；"+品种"代表供试品种为'翔玉998'。在超高产模式中，"−土壤耕作"表示耕作方式为灭茬浅旋；"−氮肥管理"表示总施氮量为270kg/hm²，采用"一炮轰"施肥方式；"+氮肥管理"表示总施氮量为225kg/hm²，分别于播前、拔节期、大喇叭口期、吐丝期按比例2∶3∶3∶2施入；"−密度"表示种植密度为7.5万株/hm²；"+品种"代表供试品种为'翔玉998'

2. 不同技术模式及增（减）技术因子对玉米氮肥偏生产力的影响

由图 5-10 可知，不同技术模式的氮肥偏生产力（PFP$_N$）在两年均表现为 HH 显著高于 FP 和 SH，而 FP 和 SH 差异不明显，其中 2017 年 HH 的 PFP$_N$ 比 FP、SH 分别高 47.9%、45.5%，2018 年 HH 的 PFP$_N$ 比 FP、SH 分别高 40.9%、46.2%。

3. 栽培技术因子对春玉米产量及效率贡献的优先序

如图 5-11 所示，东北平原中部不同产量水平下，不同栽培技术因子对玉米产量和效率的贡献率存在较大差异。将两年技术措施贡献率的结果平均，FP 中栽培措施对产量贡献的优先序：氮肥管理、种植密度、土壤耕作、品种，贡献率分别为 9.9%、6.0%、4.4%、2.5%；HH 中栽培措施对产量贡献的优先序：种植密度、土壤耕作、氮肥管理、品种，贡献率分别为 7.7%、5.2%、4.5%、3.5%；SH 中栽培措施对产量贡献的优先序：种植密度、氮肥管理、土壤耕作、品种，贡献率分别为 8.9%、7.3%、6.5%、4.0%。FP 中栽培措施对氮肥偏生产力贡献的优先序：氮肥管理、种植密度、土壤耕作、品种，贡献率分别为 30.5%、6.0%、4.4%、2.5%；HH 中栽培措施对氮肥偏生产力贡献的优先序：氮肥管理、种植密度、土壤耕作、品种，贡献率分别为 19.7%、7.7%、4.7%、4.5%；SH 中栽培措施对氮肥偏生产力贡献的优先序：氮肥管理、种植密度、土壤耕作、品种，贡献率分别为 25.4%、8.3%、6.5%、4.5%。

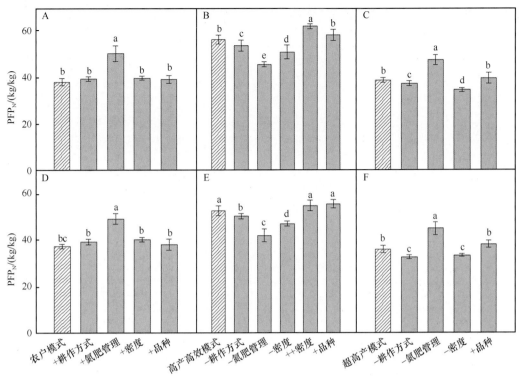

图 5-10　不同技术模式及增（减）技术因子对氮肥偏生产力（PFP_N）的影响

A、B、C 图分别代表 2017 年农户模式、高产高效模式、超高产模式及增（减）技术因子的 PFP_N；

D、E、F 图分别代表 2018 年农户模式、高产高效模式、超高产模式及增（减）技术因子的 PFP_N

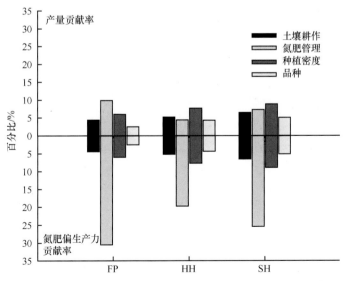

图 5-11　技术因子对玉米产量及氮肥偏生产力贡献的优先序

（五）基于产量性能的春玉米产量差形成的原因解析

将田间因子替换试验各处理的产量差与其产量性能参数进行相关分析可知，产量差与群体生物量差及单位面积总粒数差呈显著正相关，而与收获指数差和千粒重差无显著相关性，说明各措施因子对玉米产量差的影响主要通过影响群体物质生产能力和群体库容量实现（图 5-12）。由图 5-12 可见，产量差与平均叶面积指数（mean leaf area index，MLAI）差呈"线性+平台"关系，当 MLAI 差低于 0.53 时，随着 MLAI 差的增加，产量差增大，说明此时群体容量不够导致叶面积指数不足是产量差存在的主要因素，当 MLAI 差达到 0.53 以上时，随 MLAI 继续增加，产量差则不再增大，说明群体增加到一定程度后叶源量饱和，继续增大群体对产量无益。而此时产量差与群体平均净同化速率差呈显著负相关（图 5-12），说明当群体容量饱和后，优化群体同化性能、提高光能利用效率和单位叶面积籽粒生产效率具有很大空间，是缩差增产的关键。

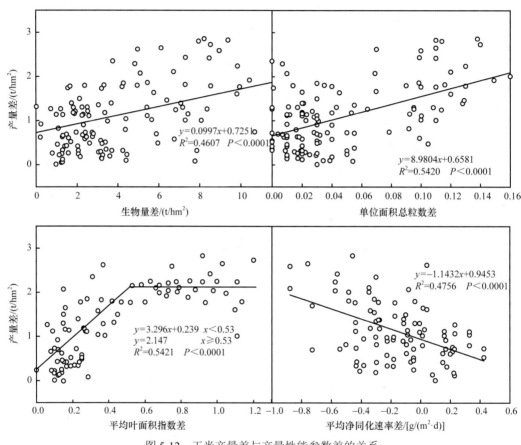

图 5-12　玉米产量差与产量性能参数差的关系

三、东北春玉米产量与效率层次差异形成机理解析

（一）揭示优化栽培措施对玉米冠层结构、籽粒灌浆及同化物运输的调控机制

1. 优化栽培措施对玉米群体冠层结构及产量形成的调控效应

选择耐密高产品种'中单 909'为供试材料，设置 4 种栽培模式：①传统旋耕（20cm），60cm 等行距种植为对照（RU，CK）；②深松耕作（35～40cm），60cm 等行距种植（SU，耕层优化模式）；③传统旋耕（20cm），80cm+40cm 宽窄行种植，7 展叶人工均匀叶面喷施浓度为 200mg/kg 的磷酸胆碱合剂（ECK）225kg/hm² （RWC，冠层优化模式）；④深松耕作，宽窄行种植，叶面喷施磷酸胆碱合剂（SWC，冠根协同优化模式）。相较于传统栽培模式（RU），

耕层优化模式（SU）冠层叶片更为繁茂，干物质增加，RWC、SWC 下玉米密植群体株高和穗位高降低 30cm 以上，但群体整齐度下降明显；RWC 和 SWC 处理，叶片垂直分布更似"纺锤型"，分布更为均匀，垂直高度 180～240cm 的光截获量显著低于传统栽培模式（−8%～37%），而穗位高（120～180cm）显著高于传统栽培模式（44%～129%）；冠根协同优化可显著地改良高密玉米群体冠层垂直结构，穗位及穗下叶片的叶绿素含量和净光合速率以及穗位叶的糖代谢酶活性均显著高于传统栽培模式，有效维持了生育后期冠层叶片的生理活性，从而奠定了籽粒产量差异形成的物质基础。

不同栽培模式下，春玉米群体冠层结构如下。

（1）冠层生物量的垂直分布

由图 5-13 可知，冠层优化模式（RWC）和冠根协同优化模式（SWC）较传统栽培模式（RU）与耕层优化模式（SU）穗位降低 30cm，群体内穗位分布整齐度也明显下降。干物质量随株高增加呈先升高后降低（穗位最高），其中冠层优化模式穗位层（RWC 和 SWC，120～150cm），干物质量占比较传统栽培模式（RU，150～180cm）增加 18%～19%，基部（0～90cm 除穗重部分）干物质量占比降低 20%～23%。穗位干物质量占比的增加和基部干物质量占比的减小，使群体生物量垂直分布更均匀，重心降低。

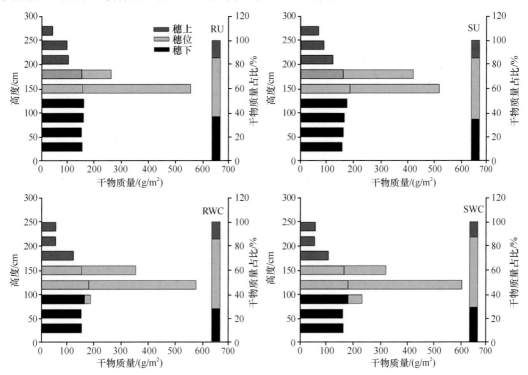

图 5-13　不同栽培模式春玉米群体冠层生物量垂直分布

RU 代表传统栽培模式（CK）；SU 代表耕层优化模式；RWC 代表冠层优化模式；SWC 代表冠根协同优化模式。
灰色柱代表果穗所在层干物质量及下层果穗重，黑色和深灰色柱分别代表穗下和穗上干物质量。下同

（2）群体冠层的光分布

叶片重量的垂直分布在处理间表现出显著差异。相较于传统栽培模式（RU），耕层优化模式（SU）冠层顶部叶片更加繁茂，这是由于改善耕层对冠层的间接作用。在化学调控剂的作

用下，冠层优化模式（RWC）和冠根协同优化模式（SWC）冠层顶部（160~270cm）叶片分布显著低于对照处理，但中部（70~160cm）叶片分布显著高于对照处理。冠层内透光率垂直分布与叶片分布趋势一致，传统栽培模式光截获主要集中在穗上叶层（180~240cm），耕层优化模式较传统栽培模式明显改善了穗位以下叶层的光能分布；冠层优化模式显著降低了群体穗上叶层的透光率，更多的光能辐射被穗位及穗位以下叶层所捕获（44%~129%）（图5-14）。

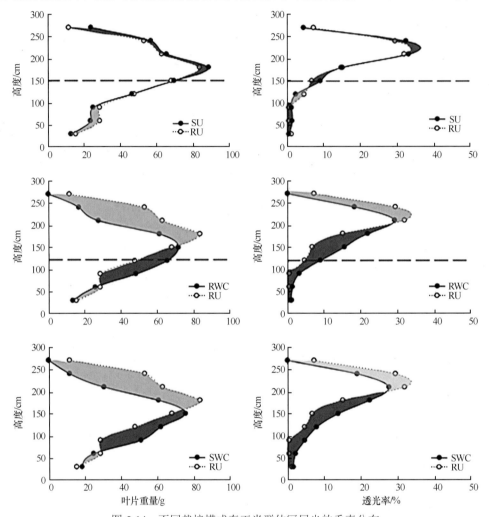

图 5-14　不同栽培模式春玉米群体冠层光的垂直分布

黑色区域表示优化处理绿叶重量和透光率高于对照（RU）部分；

灰色区域代表对照（RU）绿叶重量和透光率高于优化处理部分。虚线标注穗位所在高度

（3）不同栽培模式下叶绿素及光合速率

群体内的叶色值（SPAD 值）垂直分布在处理间趋势一致，随高度的增加逐渐升高，且穗位以上处理间差异不显著。RWC 和 SWC 处理的下层叶色值高于 RU 处理。玉米高密群体不同叶层中叶片的 P_n 垂直变化趋势与叶色值一致，且穗位以上不同栽培模式间没有明显差异，穗位及穗下叶片净光合速率（P_n）在冠层优化模式下显著高于传统模式。冠层优化模式可以提高下层叶色值和光合速率，延缓衰老，提高生产能力。

（4）碳代谢关键酶活性

蔗糖合成运转过程中蔗糖磷酸合成酶和蔗糖合酶起到关键性调节作用，其活性可进一步衡量叶片蔗糖合成代谢能力。灌浆期功能叶片中蔗糖磷酸合成酶和蔗糖合酶活性呈先升高再降低的变化趋势，其峰值出现在开花后30d左右。与对照相比，不同优化栽培模式均能显著提高穗位叶蔗糖磷酸合成酶和蔗糖合酶活性，且冠根协同优化模式处理最高，耕层优化模式和冠层优化模式处理相近，传统栽培模式处理最低（图5-15）。

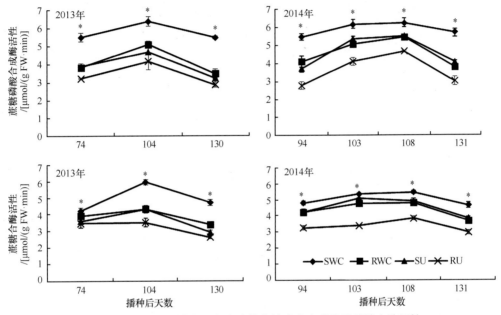

图5-15　不同栽培模式玉米叶片的蔗糖磷酸合成酶及蔗糖合酶活性

2. 氮密互作对玉米杂交种籽粒灌浆及同化物转运的调控机制

以紧凑型玉米品种'中单909'为试验材料，设置6.75万株/hm²（ND）和9万株/hm²（HD）两种植密度，氮肥梯度为纯氮0kg/hm²、150kg/hm²、300kg/hm²（N0、N150、N300）。施氮显著优化了大、小维管束结构，特别是穗粒系统中穗柄节和穗轴节小维管束占总维管束的比例显著增加。此外，在ND和HD下，氮素的施用显著提高了玉米的根系伤流量和物质转运效率，这表明氮素显著增加^{13}C光合产物在籽粒中的分配比例和花后干物质增长量。此外，施氮使ND、HD条件下的平均籽粒灌浆速率（G_{mean}）分别提高了30.0%、36.1%，籽粒灌浆速率的增加导致了籽粒灌浆期的库容得到明显提高。施氮显著优化了穗粒系统的维管束结构，提高了物质运输效率，并改善了光合产物在籽粒中的分配比例，最终提高了籽粒灌浆速率和籽粒产量。

A. 籽粒灌浆特性

根据灌浆参数，利用逻辑斯谛（Logistic）方程模拟了玉米的灌浆过程（图5-16）。氮输入显著增加了百粒重（库容），在籽粒灌浆第一阶段（定义了籽粒大小），籽粒重量增加了42.7%~46.3%，与N0相比，施氮使籽粒灌浆第一阶段的完成时间提前了3~7d。与ND相比，HD达到最高籽粒灌浆速率的时间延迟了1~5d。

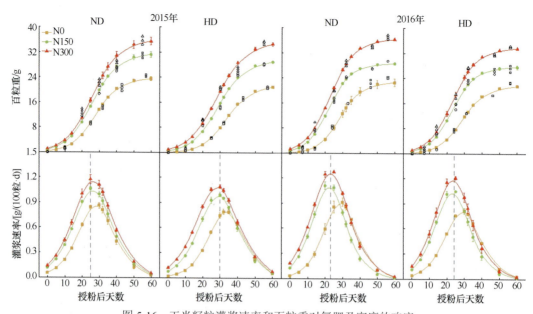

图 5-16　玉米籽粒灌浆速率和百粒重对氮肥及密度的响应

参考线代表达到籽粒灌浆速率高峰的时间。ND 和 HD 代表密度分别为 6.75 万株/hm² 和 9 万株/hm²，

N0、N150 和 N300 表示施氮量分别为 0kg/hm²、150kg/hm² 和 300kg/hm²。下同

B. 干物质积累及分配特性

种植密度和氮水平均对玉米的花期（R1）、灌浆期（R3）、成熟期（R6）的总干物质量有显著影响，氮肥及氮密互作均显著影响物质积累及物质转运。随着氮肥施用量的增加，总干物质量显著增加（$P < 0.05$），尤其是在 HD 条件下，R1 增加了 33.0%，R3 增加了 59.0%，R6 增加了 87.1%。类似地，与 N0 相比，氮肥施用量增加使花后干物质积累量显著增加，即从 R1 到 R3 的干物质积累量增加 218.1%，从 R3 到 R6 的干物质积累量增加 161.4%，以及从 R1 到 R6 增加 170.3%。然而，氮输入使营养器官的干物质转运从 R1 到 R3 和从 R3 到 R6 的干物质转运效率分别降低了 45.1% 和 56.7%（图 5-17）。

C. ¹³C 光合产物分配比例

总体来说，在 ¹³C 标记 24h 后，花期在茎秆中 ¹³C 光合产物的分配比例最高，然后发现其他叶片、鞘、轴和穗位叶的 ¹³C 光合产物分配比例较低。有趣的是，在 ND 和 HD 条件下，N0 处理在茎中的 ¹³C 光合产物分布高于 N300 处理。在收获期，HD 条件下 N300 处理的籽粒中 ¹³C 光合产物分配比例最高，分别为 48.3% 和 57.3%。与 N0 相比，N300 处理中的 ¹³C 光合产物在籽粒中的分配比例增加了 0.7%～10.5%（图 5-18）。

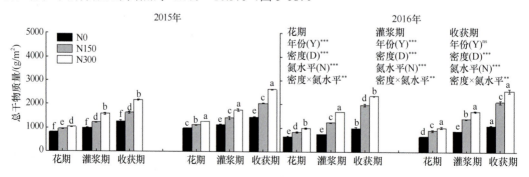

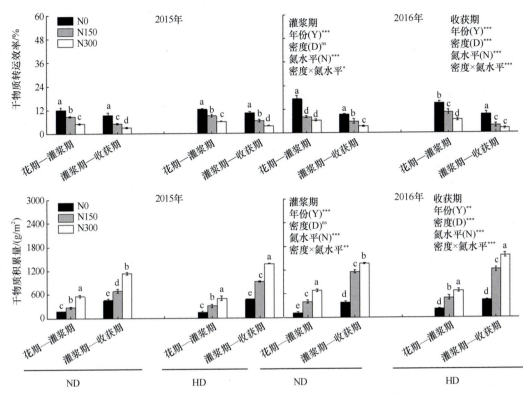

图 5-17　玉米干物质积累和分配对氮肥及密度的响应

不同处理间显著性差异为 5% 水平。ns 表示无显著性，*、** 和 *** 分别表示在 0.05、0.01 和 0.001 水平差异显著。下同

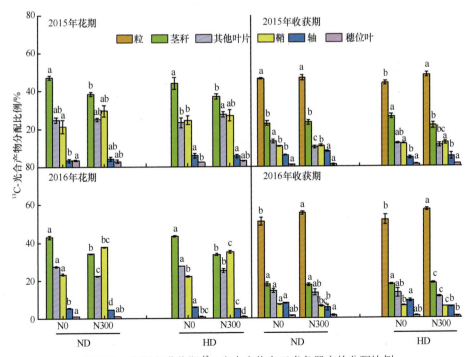

图 5-18　花期和灌浆期 ^{13}C 光合产物在玉米各器官的分配比例

D. 维管束结构特性

种植密度和氮肥水平显著影响韧皮部与木质部的维管束，包括维管束总面积（TAVB）以及大维管束面积和小维管束面积占总维管束面积的比例（PBVB、PSVB）。基部茎节 PBVB（0.36）和穗位节 PBVB（0.45）的平均值均低于其 PSVB（0.64 和 0.55）。然而，在穗轴节，单个小维管束平均面积减少，而单个大维管束平均面积增加，导致穗柄节 PBVB（0.45）和穗轴节 PBVB（0.30）均高于其 PSVB（0.55 和 0.70）。氮肥的施用增加小维管束的面积，特别是增加穗柄和穗轴节的 PSVB。在穗柄节和穗轴节中，单个小维管束的平均面积分别增加了 53.4% 和 102.6%。此外，穗柄节和穗轴节韧皮部小维管束面积分别增加 34.8% 和 35.0%，而在木质部中，穗柄节和穗轴节小维管束面积分别只增加 27.4% 和 18.4%（表 5-6）。

表 5-6 玉米灌浆期不同器官的大、小维管束面积对氮肥和密度的响应

部位	种植密度/(株/hm²)	氮肥/(kg/hm²)	大维管束面积/(×10⁻³mm²)			小维管束面积/(×10⁻³mm²)			TAVB/mm²	PBVB	PSVB
			总面积	韧皮部	木质部	总面积	韧皮部	木质部			
基部茎节	60 000	N0	63.1d	7.3c	26.4c	48.8c	2.4b	11.7b	33.7d	0.30c	0.70a
		N150	89.9bc	9.3b	32.3b	62.9a	2.5b	10.3b	49.8b	0.30c	0.70a
		N300	122.6a	13.5a	49.8a	63.8a	3.4a	15.6a	61.9a	0.37b	0.63b
	90 000	N0	79.0cd	5.4c	31.0b	47.2c	2.3b	9.7b	33.0d	0.34b	0.66b
		N150	97.3b	6.0c	29.8bc	48.2c	2.6bc	9.4b	41.1c	0.42a	0.58c
		N300	135.4a	13.1a	51.0a	53.0b	2.3b	14.4a	53.5b	0.44a	0.56c
穗位节	60 000	N0	59.8c	5.3c	17.4c	40.4b	1.7b	6.9a	20.3d	0.41bc	0.59ab
		N150	77.1b	5.9bc	17.0c	40.8b	2.2a	7.1a	24.2c	0.44bc	0.56ab
		N300	89.0a	8.2a	20.9a	46.3a	2.2a	7.5a	33.0a	0.45b	0.55b
	90 000	N0	76.9b	6.1bc	13.2d	37.1c	0.5c	5.3b	16.1e	0.56a	0.44c
		N150	83.0ab	6.5b	19.8ab	42.6b	2.0ab	6.8a	22.4cd	0.44bc	0.56ab
		N300	85.3a	6.9b	18.1bc	46.2a	2.1ab	7.0a	28.5b	0.40c	0.60a
穗柄节	60 000	N0	83.3cd	13.7d	23.3d	24.1c	2.2c	4.6c	13.7c	0.58b	0.42c
		N150	77.3d	15.2cd	26.5c	24.2c	2.6bc	4.7c	17.3c	0.49c	0.51b
		N300	109.3a	18.6b	30.0b	45.9a	3.5a	6.8a	32.8a	0.45d	0.55a
	90 000	N0	85.7bc	18.2b	22.6d	19.2d	2.1c	4.2c	12.9de	0.68a	0.32d
		N150	92.6b	17.0bc	28.9bc	22.3c	2.4c	4.8c	12.3e	0.59b	0.41c
		N300	113.7a	21.4a	41.7a	39.7b	3.1ab	6.1b	29.8b	0.52c	0.48b
穗轴节	60 000	N0	82.8d	12.7c	29.8b	22.3e	2.9c	6.3c	7.6c	0.73a	0.27c
		N150	152.7b	17.3b	41.6a	47.3b	3.5bc	6.8bc	17.b	0.69b	0.31b
		N300	169.6a	19.6b	45.1a	58.6a	4.6ab	8.1a	24.5a	0.65c	0.35a
	90 000	N0	121.2c	19.1b	22.7c	21.7e	2.8c	6.2c	8.5c	0.76a	0.24c
		N150	144.5b	18.1b	44.7a	28.1d	3.3bc	7.5ab	9.6c	0.69b	0.31b
		N300	176.7a	23.6a	43.0a	44.7b	4.0b	7.2b	17.9b	0.66bc	0.34ab

注：TAVB 代表维管束总面积；PBVB 代表大维管束面积占总维管束面积的比例；PSVB 代表小维管束占总维管束面积的比例。相同部位同一密度下同列不含有相同小写字母的表示差异显著（$P<0.05$）

E. 物质转运特性

种植密度（D）和氮水平（N）显著影响根系伤流量，氮水平和 D×N 显著影响物质转运效率（material transfer efficiency，MTE）。与 N0 相比，施氮显著增加了 ND 与 HD 条件下根系伤流量和 MTE（$P<0.05$），根系伤流量分别增加了 93.0% 和 89.3%，MTE 分别增加了16.3% 和 30.4%。在 N300 处理中在 HD 下获得 MTE 最高值 [23.1mg/(mm^2·h)]。与 ND 相比，HD 在 N300 条件下使 MTE 增加了 11.6%（图 5-19）。

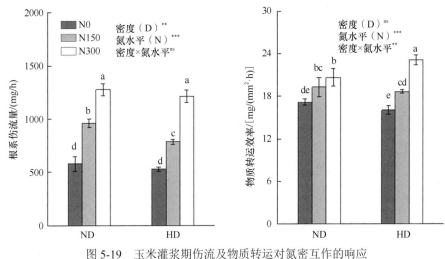

图 5-19　玉米灌浆期伤流及物质转运对氮密互作的响应

F. 相关性

维管束结构、物质转运效率（MTE）、花后干物质积累量（PDM）和平均籽粒灌浆速率（G_{mean}）之间的相关分析表明，MTE 与 PDM 和 G_{mean} 正相关（$R_{MD}=0.86$，$R_{MG}=0.82$），并且 PDM和 G_{mean} 均与 KNP 和 TKW 正相关（$R_{DKN}=0.85$，$R_{DKW}=0.77$；$R_{GKN}=0.90$，$R_{GKW}=0.88$）。相关性分析表明，穗柄节和穗轴节中小维管束面积占总维管束面积的比例（PSVBP、PSVBC）以及穗柄节和穗轴节中小维管束的数量（ASP、ASC）均与 MTE 呈显著正相关（$R_{PM}=0.70$，$R_{CM}=0.78$；$R_{APM}=0.67$；$R_{ACM}=0.73$）。此外，穗柄节小维管束面积（PASP）与 TKW 正相关（$R_{SM}=0.82$）（图 5-20）。

3. 进一步揭示了氮素供给对春玉米籽粒蔗糖韧皮部运输的调控机制

以'郑单 958'和'先玉 335'为试验材料，设置 0kg/hm^2（N0）、150kg/hm^2（N150）、300kg/hm^2（N300）3 个氮素处理，采用大田春播种植（6 万株/hm^2）。进行了花后各器官蔗糖含量、胞间连丝超微结构观察、碳代谢相关酶活性及关键酶蛋白表达的比较研究。结果表明，随氮素供给的增加，叶片中蔗糖含量增加（'先玉 335'增幅低于'郑单 958'）；适宜供氮（N1）下，相较于'先玉 335'，灌浆中期'郑单 958'叶片和茎秆中积累更多的蔗糖，灌浆初期籽粒中蔗糖含量显著低于'先玉 335'（图 5-21）。缺氮处理'先玉 335'胞间连丝数量下降更为显著；适宜供氮（N1）下灌浆期细胞酸性转化酶和中性转化酶活性在品种间差异不显著。

相较于灌浆初期限制氮素处理（N0-0），氮素供给（N1-150 和 N3-300）上调了灌浆中期、末期叶片和灌浆初期、末期籽粒中玉米蔗糖转化酶家族基因的相对表达量，但降低了灌

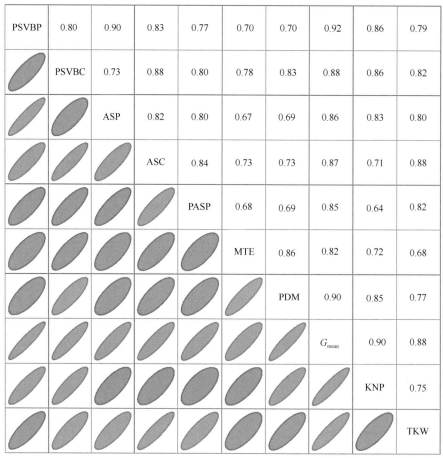

图 5-20　氮密互作条件下玉米花后干物质积累、产量构成、维管束结构与籽粒灌浆参数的相关性

PSVBP 代表穗柄节小维管束面积占总维管束面积的比例；PSVBC 代表穗轴节小维管束面积占总维管束面积的比例；ASP 代表穗柄节中小维管束的数量；ASC 代表穗轴节中小维管束的数量；PASP 代表穗柄节小维管束面积；MTE 代表物质转运效率；G_{mean} 代表平均灌浆速率；PDM 代表花后干物质（R1～R6）积累量；TKW 代表千粒重；KNP 代表穗粒数

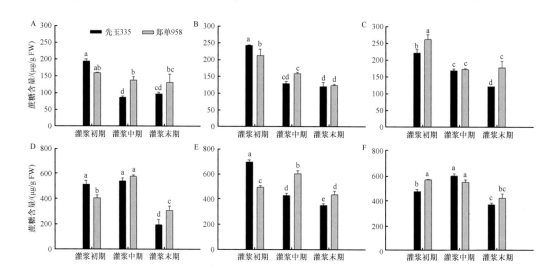

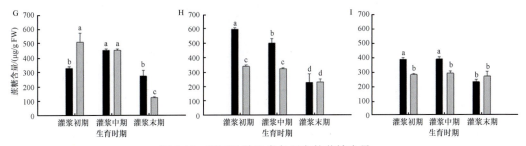

图 5-21　不同品种玉米各器官的蔗糖含量

A、B、C 为叶片；D、E、F 为茎秆；G、H、I 为籽粒；A、D、G 为 N0 处理；B、E、H 为 N1 处理；C、F、I 为 N3 处理

浆中期籽粒中的蔗糖转化酶基因相对表达量。相较于灌浆初期限制氮素处理（N0-0），氮素供给（N1-150 和 N3-300）上调了灌浆中期、末期叶片和灌浆初期、末期籽粒中玉米蔗糖转运蛋白基因的相对表达量（除了 *ZmSUT4*），但降低了灌浆中期籽粒中的玉米蔗糖转运蛋白基因的相对表达量。氮素供给显著调控玉米籽粒蔗糖韧皮部卸载，卸载关键酶和蛋白的基因转录、表达受氮素供给调控显著，不同基因型品种可能存在不同的卸载策略倾向（图 5-22，图 5-23）。

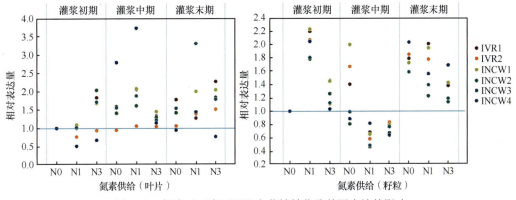

图 5-22　氮素对玉米不同器官蔗糖转化酶基因表达的影响

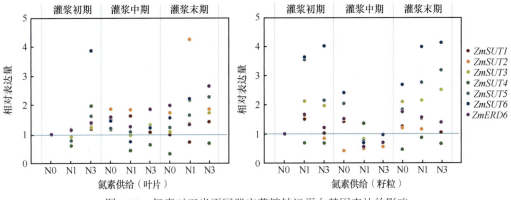

图 5-23　氮素对玉米不同器官蔗糖转运蛋白基因表达的影响

（二）明确了化学调控对玉米籽粒灌浆及资源利用效率的调控效应

籽粒灌浆是玉米产量形成过程中重要的生育阶段，在高密度栽培条件下化学调控可有效调控籽粒灌浆过程，缩短了达到最大灌浆速率时的天数，显著提高了平均灌浆速率和最大灌浆速率，促进了同化物的积累和籽粒灌浆进程。化控处理显著提高了籽粒生长素（IAA）、细胞分裂素（CTK）和脱落酸（ABA）的含量，在灌浆过程中呈先升高后降低的趋势，均于吐丝后25d达到最大值，从而促进了胚乳细胞分裂，增加了库活性，促进了同化物向籽粒库的运输。灌浆前期和中期籽粒 IAA、CTK 和 ABA 含量与灌浆速率显著正相关，且在花后10～30d，化控处理显著提高了 IAA、CTK 和 ABA 含量，灌浆速率提高，从而促进籽粒灌浆，为产量形成奠定基础。化控和200kg/hm² 施氮处理有利于提高高密度下玉米光能利用效率、热量利用效率和水分利用效率。

1. 高密度化学调控和氮肥处理对叶片净光合速率及最大光化学效率的影响

由图 5-24 可知，叶片净光合速率（P_n）和最大光化学效率（F_v/F_m）在两年中随玉米的生长发育呈先升高后降低的趋势，均在灌浆初期达到最大值。随着施氮量的增加，P_n 和 F_v/F_m 先升高后降低，表现为 N200 ＞ N300 ＞ N100，其中 P_n 在 N200 下比 N100、N300 分别高 21.9%～22.4%、7.9%～9.4%，F_v/F_m 在 N200 下比 N100、N300 分别高 17.2%～22.8%、4.4%～5.5%。化控处理显著提高了各氮肥水平下叶片 P_n、F_v/F_m，在两年中分别提高了 9.4%～14.5%、5.1%～9.3%。在化控和氮肥共同作用下，N200+Y 处理下的 P_n 和 F_v/F_m 最高。

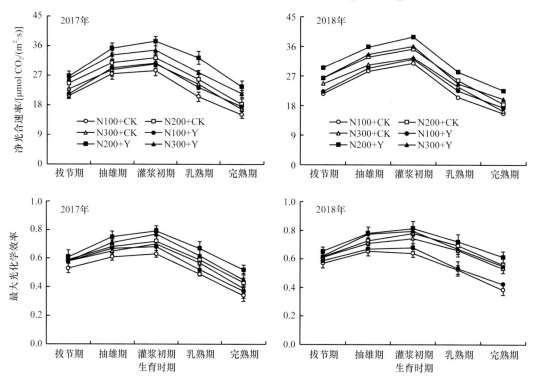

图 5-24　高密度下化学调控和氮肥处理对叶片净光合速率及最大光化学效率的影响

N100、N200、N300 分别代表施氮量 100kg N/hm²、200kg N/hm²、300kg N/hm²；CK 表示喷清水，Y 表示化学调控剂

2. 高密度下化学调控和氮肥处理对花后玉米籽粒激素含量的影响

由图 5-25 可以看出，籽粒生长素和细胞分裂素含量在灌浆过程中呈先升高后降低的趋势，均于花后 25d 达到最大值。随着施氮量的增加，生长素和细胞分裂素含量先升高后降低，化控处理显著提高了各氮肥水平下的籽粒生长素和细胞分裂素含量，在化控和氮肥共同作用下，N200+Y 处理下籽粒生长素和细胞分裂素含量最高。籽粒赤霉素含量在灌浆过程中呈降低趋势，随着施氮量的增加，赤霉素含量先升高后降低，化控处理显著提高了各氮肥水平下籽粒赤霉素含量，在化控和氮肥共同作用下，N200+Y 处理下籽粒赤霉素含量最高。籽粒脱落酸含量在灌浆过程中先升高后降低，在花后 25d 达到最大值。不同氮肥处理下，N200 的脱落酸含量最高，化控处理显著提高了各氮肥水平下籽粒脱落酸含量，在化控和氮肥共同作用下，N200+Y 处理下籽粒脱落酸含量最高。

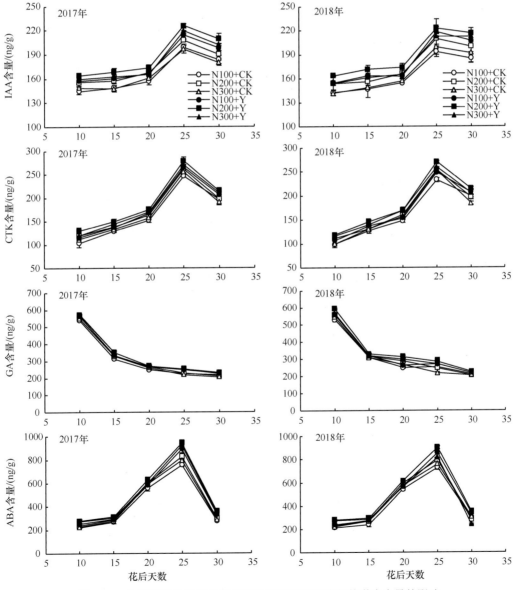

图 5-25　高密度下化学调控和氮肥处理对花后玉米籽粒激素含量的影响

3. 高密度下化学调控和氮肥处理对籽粒灌浆参数的影响

以开花后天数为自变量，开花后每隔 5d 测得的百粒重为因变量，用 Logistic 方程模拟籽粒灌浆过程。由表 5-7 可以看出，随着施氮量的增加，最大灌浆速率和平均灌浆速率先升高后降低，在 N200 处理达到最大。施用化控剂减少了各氮肥水平下籽粒达到最大灌浆速率时的天数（T_{max}），更快达到最大灌浆速率，并提高了最大灌浆速率（V_{max}）和平均灌浆速率（V_m），而对灌浆活跃期（P）影响不显著。在化控和氮肥共同作用下，N200+Y 的籽粒灌浆速率和灌浆活跃期最大且达到最大灌浆速率时的天数最短（表 5-7）。

表 5-7　高密度下化学调控和氮肥处理对玉米籽粒灌浆参数的影响

年份	处理	方程参数			籽粒灌浆参数			
		A	B	C	T_{max}/d	V_{max}/[g/(100 粒·d)]	V_m/[g/(100 粒·d)]	P/d
2017	N100+CK	32.30	47.86	0.1408	27.47	1.1370	0.5374	42.61
	N200+CK	33.84	44.48	0.1412	26.88	1.1946	0.5695	42.49
	N300+CK	31.12	53.52	0.1469	27.09	1.1429	0.5331	40.84
	N100+Y	33.09	41.39	0.1395	26.69	1.1540	0.5549	43.01
	N200+Y	36.39	40.18	0.1382	26.72	1.2573	0.6068	43.42
	N300+Y	32.89	40.84	0.1393	26.63	1.1454	0.5517	43.07
2018	N100+CK	30.61	60.83	0.1427	28.79	1.0920	0.5019	42.05
	N200+CK	34.16	53.91	0.1369	29.13	1.1691	0.5449	43.83
	N300+CK	34.50	51.45	0.1335	29.52	1.1514	0.5396	44.94
	N100+Y	32.75	54.24	0.1405	28.42	1.1503	0.5358	42.70
	N200+Y	37.00	42.72	0.1335	28.12	1.2349	0.5916	44.94
	N300+Y	34.64	46.71	0.1367	28.12	1.1838	0.5611	43.89

注：A 表示终极生长量；B 表示初值参数；C 表示生长速率参数；T_{max} 为达到最大灌浆速率时的天数；V_{max} 为最大灌浆速率；V_m 为平均灌浆速率；P 为灌浆活跃期

4. 高密度下籽粒灌浆速率与激素含量的相关性分析

利用 Logistic 方程模拟玉米籽粒灌浆过程，结合表 5-8 中各籽粒灌浆参数，计算出花后不同阶段玉米籽粒在不同处理下的灌浆速率，并与同一时期籽粒内源激素含量进行相关分析（表 5-8）。在 2017 年，玉米籽粒灌浆速率在花后 10～20d 与 IAA、CTK 和 ABA 含量均呈显著正相关；2018 年，籽粒灌浆速率在花后 10～30d 与 IAA 含量呈显著正相关，在花后 10～25d 与 CTK 含量呈显著正相关，在花后 10～20d 与 GA 含量呈显著正相关，在花后 10d、15d 和 25d 与 ABA 含量呈显著正相关。由此表明在灌浆前期和中期，其灌浆速率与 IAA、CTK、GA 和 ABA 含量密切相关，IAA、CTK、GA 和 ABA 含量越高，其灌浆速率就越快。

表 5-8　玉米籽粒灌浆速率与激素含量的相关性分析

年份	项目	IAA 含量	CTK 含量	GA 含量	ABA 含量
2017	花后 10d 灌浆速率	0.95**	0.90*	0.79	0.88*
	花后 15d 灌浆速率	0.97**	0.92**	0.79	0.92**
	花后 20d 灌浆速率	0.98**	0.89*	0.78	0.91*

续表

年份	项目	IAA 含量	CTK 含量	GA 含量	ABA 含量
2017	花后 25d 灌浆速率	0.74	0.80	0.54	0.65
	花后 30d 灌浆速率	0.54	0.46	0.30	0.46
2018	花后 10d 灌浆速率	0.83*	0.89*	0.95**	0.95**
	花后 15d 灌浆速率	0.90*	0.97**	0.93**	0.91*
	花后 20d 灌浆速率	0.92**	0.90*	0.91*	0.68
	花后 25d 灌浆速率	0.88*	0.93**	0.70	0.89*
	花后 30d 灌浆速率	0.81*	0.41	0.41	0.28

注：* 表示在 0.05 水平显著相关，** 表示在 0.01 水平显著相关

5. 高密度下化学调控和氮肥处理对玉米光热水利用效率的影响

由表 5-9 可知，随施氮量的增加，2017 年玉米光能利用效率逐渐增加，2018 年 RUE 呈先增加后降低趋势。2017～2018 年热量利用效率和水分利用效率均随施氮量增加而先增加后降低，N200 处理最大。化学调控显著增加了 2017～2018 年各氮肥水平下玉米的光能利用效率、热量利用效率和水分利用效率，分别提高了 2.2%～7.0%、8.7%～10.1% 和 8.7%～10.0%。在化学调控和氮肥共同作用下，N200+Y 处理的玉米光能利用效率、热量利用效率和水分利用效率最高。

表 5-9　高密度下化学调控和氮肥处理对玉米光热水利用效率的影响

处理	光能利用效率/%		热量利用效率/[kg/(hm²·℃·d)]		水分利用效率/[kg/(hm²·mm)]	
	2017 年	2018 年	2017 年	2018 年	2017 年	2018 年
N100+CK	2.42bc	2.43d	3.48b	2.95c	20.55c	19.14c
N200+CK	2.48b	2.57c	3.73ab	3.34ab	22.14abc	21.07bc
N300+CK	2.68a	2.47d	3.61b	3.05bc	21.44bc	19.33c
N100+Y	2.40c	2.62bc	3.69b	3.20bc	22.56abc	19.90bc
N200+Y	2.66a	2.70a	3.99a	3.65a	24.30a	24.03a
N300+Y	2.69a	2.67ab	3.71ab	3.34ab	23.22ab	22.03ab

注：同列不含有相同小写字母的表示差异显著（$P<0.05$），下同

6. 高密度下化学调控和氮肥处理对玉米产量及其构成因素的影响

由表 5-10 可知，在 2017 年和 2018 年不同处理下玉米产量基本一致。随着施氮量的增加，产量先升高后降低，N200 处理达到最大，化学调控显著提高了各施氮量下的产量。从产量构成因素来看，化学调控和氮肥对穗数影响不大，而对穗粒数和千粒重有显著影响，穗粒数和千粒重均随施氮量的增加而先升高后降低，化学调控显著增加了各施氮量下的穗粒数和千粒重。所有处理中，N200+Y 处理穗粒数和千粒重最大且产量最高，在 2017 年、2018 年产量分别达到 12 646kg/hm²、11 704kg/hm²。

表 5-10　高密度下化学调控和氮肥处理对玉米产量及其构成因素的影响

处理	穗数/(穗/hm²)		穗粒数		千粒重/g		产量/(kg/hm²)	
	2017 年	2018 年	2017 年	2018 年	2017 年	2018 年	2017 年	2018 年
N100+CK	81 078a	80 325a	541c	531c	332b	294c	10 511c	9 840bc

处理	穗数/(穗/hm²)		穗粒数		千粒重/g		产量/(kg/hm²)	
	2017 年	2018 年	2017 年	2018 年	2017 年	2018 年	2017 年	2018 年
N200+CK	81 654a	80 793a	568b	550bc	327b	298bc	11 548b	10 430b
N300+CK	81 782a	78 685b	560b	533c	316c	298bc	11 053bc	9 204c
N100+Y	81 657a	81 052a	571b	556abc	340ab	306bc	11 427b	9 990bc
N200+Y	81 683a	81 184a	591a	581a	351a	327a	12 646a	11 704a
N300+Y	82 150a	81 167a	570b	566ab	339ab	314ab	11 921b	10 732ab

7. 产量与光合及效率的协调性比较

探讨两年中高密度下化学调控对玉米叶片光合作用和群体光热水利用效率的调控效应，相关分析结果表明，除 2018 年 $F_\sqrt{}/F_m$ 和 2017 年 RUE 与产量相关性不显著外，两年中 P_n、$F_\sqrt{}/F_m$、RUE、HUE 和 WUE 均与产量呈显著或极显著正相关关系。说明高密度下通过提高叶片光合及荧光特性，提高群体光热水利用效率，可实现产量的提高。

（三）进一步研究揭示了春玉米产量与效率层次差异的耕层驱动机制

1. 明确了秸秆还田方式对春玉米水氮利用效率影响的差异

旋耕秸秆还田（RTS）较翻耕秸秆还田（PTS）显著提高了籽粒氮素回收率，但却降低了水分利用效率，旋耕秸秆还田具有更高的水分消耗，并且翻耕秸秆还田在不施氮条件下，仍能保持一定籽粒产量；随着施氮水平升高，氮素农学利用率显著下降；两种还田方式下，施氮在 N2 水平（187kg/hm²）可提高籽粒氮素回收率和氮素农学利用率，同时获得较高水分利用效率。秸秆还田与氮素对籽粒氮素回收率与水分利用效率有显著交互作用，年份因素对氮素及水分利用效率影响不一致（表 5-11）。

表 5-11　秸秆还田与施氮水平对玉米氮素回收率、氮素农学利用率及水分利用效率的影响

处理		氮素回收率/%		氮素农学利用率/(kg/kg)		水分利用效率/[kg/(hm²·mm)]	
		2016 年	2017 年	2016 年	2017 年	2016 年	2017 年
RTS	N0					14.3c	22.4c
	N1	41.7b	44.8b	28.7a	32.7a	21.8b	31.8b
	N2	54.9a	54.1a	23.9b	29.5a	24.1b	37.9a
	N3	45.3b	40.5b	21.9b	21.2b	27.4a	37.4a
	平均值	47.3A	46.4A	24.8A	27.8A	21.9B	32.4B
PTS	N0					19.1c	30.2c
	N1	21.3b	28.8b	15.8a	18.1a	22.8b	35.6b
	N2	45.5a	39.6a	15.5a	15.0b	26.2a	36.9ab
	N3	43.6a	30.8b	12.2b	11.8c	26.6a	38.3a
	平均值	36.8B	33.1B	14.5B	14.9B	23.7A	35.2A
方差分析							
秸秆还田（Ts）		85.3***		136.0***		37.2***	
施氮（N）		41.4***		16.8***		165.6***	

续表

处理	氮素回收率/%		氮素农学利用率/(kg/kg)		水分利用效率/[kg/(hm²·mm)]	
	2016 年	2017 年	2016 年	2017 年	2016 年	2017 年
年份（Y）	3.2[ns]		2.9[ns]		838.2***	
Ts×N	7.7**		1.5[ns]		13.9***	
Ts×Y	1.3[ns]		1.6[ns]		2.2[ns]	
N×Y	10.2**		1.3[ns]		2.2[ns]	
Ts×N×Y	2.1[ns]		0.9[ns]		3.5*	

注：同一处理同列不含有相同小写字母的表示在 0.05 水平差异显著，同列平均值后不含有相同大写字母的表示在 0.05 水平差异显著。ns 表示无显著差异，*、**、*** 分别表示 $P<0.05$、$0.05<P<0.01$、$P<0.01$

2. 揭示了秸秆还田方式对农田氮肥利用效率提升影响的微生态机制

（1）不同耕作与秸秆还田方式下根长及其分布

耕作和秸秆还田方式处理对吐丝期春玉米根系垂直根长分布、水平根长分布和总根长有显著影响，且两者交互效应显著（$P<0.05$，表 5-12）。从根长垂直分布看，在 0～30cm 土层，PTS 处理根长显著高于其他处理，两年分别高出 7.9%～43.2% 和 17.3%～41.5%；在 30～60cm 土层，秸秆条带还田处理（PSS 和 RSS）根长明显高于秸秆全层还田处理（PTS 和 RTS），两年平均分别高出 25.2% 和 12.3%。从根长水平分布可知，根长分布表现为以植株为中心由近及远递减，距植株 0～10cm 根长分布表现出 PTS 处理最高，RTS 处理最低；与旋耕处理相比，翻耕处理根长在距植株 10～20cm 分布时两年平均分别提高了 17.0% 和 9.8%。总根长两年均表现为 PTS＞PSS＞RSS＞RTS 的趋势，两年范围分别在 397.4～535.1m 和 649.7～780.9m，2017 年作物在垂直和水平方向的整体根长分布水平低于 2018 年。

表 5-12　耕作和秸秆还田方式对吐丝期春玉米根长及其分布的影响

年份	处理	垂直根长分布/m		水平根长分布/m			总根长/m
		0～30cm	30～60cm	0～10cm	10～20cm	20～30cm	
2017	PTS	454.8a	80.3b	290.7a	157.7a	80.3b	535.1a
	PSS	421.4a	102.5a	281.4a	133.5b	102.4a	523.9a
	RTS	317.6b	79.8b	209.3b	105.2c	82.9b	397.4b
	RSS	383.2ab	111.5a	280.3a	136.6b	99.8a	494.7a
2018	PTS	508.6a	272.4c	422.8a	189.7ab	168.4a	780.9a
	PSS	433.5b	301.0ab	369.2c	216.2a	149.1b	734.5b
	RTS	359.8d	289.9b	349.7d	169.3b	130.7b	649.7c
	RSS	391.4c	339.9a	381.6b	196.8ab	152.9a	731.3b
方差分析							
T		9.11**	7.05	0.25*	0.17**	21.25	35.65**
S		3.17*	1.98**	9.66*	2.39*	1.89**	26.36**
T×S		0.275**	8.14*	1.37*	1.94*	9.21*	5.32**

注：PTS 代表秸秆全层翻耕还田；PSS 代表秸秆条带翻耕还田；RTS 代表秸秆全层旋耕还田；RSS 代表秸秆条带旋耕还田；T 代表耕作因素效应；S 代表秸秆还田方式效应；T×S 代表耕作与秸秆还田方式交互效应。同年同列不含有相同小写字母的表示处理间在 0.05 水平差异显著。*、** 分别表示在 0.05、0.01 水平差异显著。下同

（2）不同耕作与秸秆还田方式下根干重

耕作和秸秆还田方式处理对吐丝期春玉米不同土层根干重的影响如图 5-26 所示，在 0～60cm 土层根干重水平随着土层深度增加呈递减趋势。2017 年，各处理对 0～60cm 土层根干重有显著影响（$P<0.05$）。在 0～10cm 土层，RTS 处理根干重最低，PTS、PSS、RSS 处理分别高出 36.5%、59.6%、17.3%，而在 20～60cm 土层 PTS 处理根干重最高；各处理在 0～10cm、20～60cm 土层每株春玉米根干重分别为 5.16～8.57g、0.16～2.23g。2018 年，各处理对 0～50cm 土层根干重有显著影响（$P<0.05$），对 50～60cm 土层根干重影响不显著。与 2017 年类似，在 0～10cm 土层，RTS 处理根干重最低，PTS、PSS、RSS 处理较之分别高出 32.4%、28.2%、23.9%；而在 20～60cm 土层，各处理根干重未体现出明显规律；各处理在 0～10cm、20～60cm 土层每株春玉米根干重分别为 7.10～9.39g、0.23～3.17g。

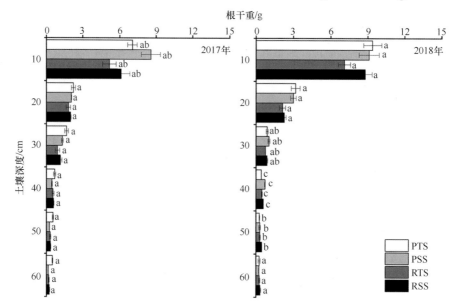

图 5-26　耕作和秸秆还田方式对吐丝期春玉米根干重的影响

（3）不同耕作与秸秆还田方式下比根长

在 0～60cm 各土层，吐丝期春玉米的比根长受耕作和秸秆还田方式影响显著（$P<0.05$），随着土层加深整体呈逐渐增加趋势（图 5-27）。在 0～10cm 和 10～20cm 土层，PTS 较其他处理显著提高了比根长，2017 年和 2018 年分别达 19.8%～73.8%、8.7%～51.2% 和 21.6%～44.7%、14.3%～41.9%（$P<0.05$）。在 20～30cm 土层，秸秆旋耕处理较秸秆翻耕处理显著降低了比根长，降幅达 20%～100%。在 30～60cm 土层，各处理对春玉米的比根长未体现出一致的显著影响，但 PSS、RTS 处理在 40～60cm 土层表现出较高的比根长，最高分别可达 79.3m/g、95.5m/g。

（4）不同耕作与秸秆还田方式下根表面积

耕作和秸秆还田方式对吐丝期春玉米的根表面积空间分布的影响如图 5-28 所示。2017 年，在 0～30cm 土层，春玉米根系在不同处理下的空间分布差异明显，RTS 处理根表面积最小，在水平方向具有较低的延展；在 30～60cm 土层，PTS、RSS 较 RTS、PSS 处理具有更大的根表面积，PTS 和 RSS 在垂直方向具有更深的根表面积分布特点。2018 年，秸秆翻耕处理（PTS、

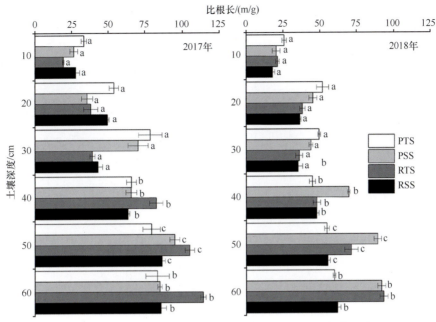

图 5-27 耕作和秸秆还田方式对吐丝期春玉米比根长的影响

PSS）较秸秆旋耕处理（RTS、RSS）具有更大的根表面积，同时在水平方向根表面积体现出更大的分布；与 2017 年类似，根表面积主要分布在 0～30cm 土层，并且 PTS 和 RSS 仍表现出在垂直方向具有更深的根表面积分布特点。总体而言，各处理的根表面积具有在 0～15cm 土层核心分布的特点；与 2017 年相比，2018 年根表面积分布线更加密集，说明根表面积随土层深度和植株水平距离的变化更为明显。

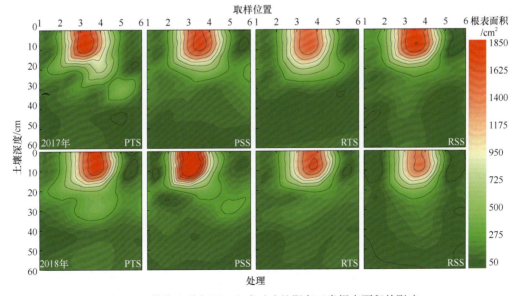

图 5-28 耕作和秸秆还田方式对吐丝期春玉米根表面积的影响

（5）不同耕作和秸秆还田方式下地上部干物质积累

由表 5-13 可见，耕作和秸秆还田方式处理对春玉米拔节期、吐丝期与成熟期地上部干物质积累的影响差异显著，两个因素对上述生育时期植株不同部分的影响差异显著，其交互效应对各调查生育时期的总地上部干物质积累具有显著影响（$P<0.05$）。在拔节期，RTS 较其他处理，2017 年植株茎鞘和总地上部干物质重分别降低约 19.2% 和 15.5%；而在 2018 年生长季，RTS 处理叶、茎鞘和总地上部干物质重均表现最低，秸秆条带还田（PSS 和 RSS）较秸秆全层还田（PTS 和 RTS）处理具有较高的茎鞘和总地上部干物质重的积累，平均分别高出 6.5% 和 4.6%。在吐丝期，2017 年各处理对总地上部干物质重具有显著影响，秸秆条带还田（PSS 和 RSS）较秸秆全层还田（PTS 和 RTS）处理总地上部干物质重平均高出 4.1%（$P<0.05$）；而 2018 年各处理对茎鞘、果穗和总地上部干物质重均具有显著影响（$P<0.05$），与 2017 年拔节期类似，RTS 处理的上述指标均低于其他处理。在成熟期，PTS 处理果穗和总地上部干物质重两年均高于其他处理，分别高出 3.6%~12.3% 和 2.7%~12.4%，其次为 PSS 和 RSS 处理，RTS 处理表现为最低。总体上，秸秆翻耕还田（PTS、PSS）较旋耕还田（RTS、RSS）处理在两年春玉米拔节期、吐丝期和成熟期均表现为地上部总干物质重增加，平均增加幅度分别为 3.9%~5.4% 和 3.7%~4.6%。

表 5-13　耕作和秸秆还田方式对春玉米不同生育时期地上部干物质的影响

年份	处理	拔节期地上部干物质重/(g/株)			吐丝期地上部干物质重/(g/株)				成熟期地上部干物质重/(g/株)			
		叶	茎鞘	总	叶	茎鞘	果穗	总	叶	茎鞘	果穗	总
2017	PTS	35.8a	34.7a	70.5a	48.5a	72.2a	33.8a	154.5a	45.5a	88.9a	220.3a	354.5a
	PSS	36.6a	34.3a	70.9a	50.7a	71.2a	31.2a	153.1a	42.2a	80.6a	209.6b	332.4ab
	RTS	32.5a	29.1b	61.6b	44.5a	68.6a	32.8a	145.9b	37.4b	71.5b	207.2b	315.6b
	RSS	38.0a	34.1a	72.1a	42.1a	76.1a	31.3a	149.5ab	42.9a	85.7a	213.6ab	342.3a
2018	PTS	45.9a	42.5b	88.4ab	46.9a	72.3a	50.4a	169.6a	68.2b	93.5a	233.9a	395.6a
	PSS	41.4a	53.9a	95.3a	48.2a	71.7a	43.5b	163.4a	65.3b	85.7ab	218.6ab	369.6b
	RTS	38.4b	40.8b	79.2b	46.5a	65.4b	41.9b	153.8b	60.8b	80.7b	210.4b	351.9b
	RSS	43.2a	52.9a	96.1a	48.0a	73.8a	44.4b	166.2a	78.1a	86.9ab	220.1a	385.1a
方差分析												
	T	3.15	0.87	10.32	0.69	12.87**	6.37*	19.56*	30.69	2.79*	10.27*	17.32*
	S	5.62	5.21*	8.65**	2.16*	8.21	4.15	25.21	12.16	1.17	6.71	4.65**

注：同年同列不含有相同小写字母的表示差异显著（$P<0.05$）。方差分析的显著性表示如下：* 表示在 0.05 水平差异显著，** 表示在 0.01 水平差异显著。下同

（6）不同耕作与秸秆还田方式下产量及产量构成因素

耕作和秸秆还田方式处理对春玉米产量与穗数具有显著影响，两处理因素交互作用显著（$P<0.05$），但对穗粒数的影响两年表现不一致（表 5-14）。2017 年，各处理间春玉米产量趋势表现为 PSS＞PTS＞RSS＞RTS，范围在 9128.8~9812.2kg/hm²；2018 年则表现为 PTS＞RSS＞PSS＞RTS，范围在 9209.5~10 100.5kg/hm²。各处理对穗数的影响与产量类似，RTS 较其他处理均表现为显著降低穗数，两年降幅分别为 2.9%~9.1%、7.0%~9.7%。两年各处理对春玉米百粒重的影响差异不显著（$P>0.05$）。

表 5-14　耕作和秸秆还田方式对春玉米产量及其构成因素的影响

年份	处理	穗数/(穗/hm²)	穗粒数	百粒重/g	产量/(kg/hm²)
2017	PTS	65 741a	497a	31.2a	9 762.9a
	PSS	66 056a	500a	30.5a	9 812.2a
	RTS	60 574c	495a	29.4a	9 128.8b
	RSS	62 352b	508a	30.4a	9 418.3ab
2018	PTS	67 364a	513a	36.8a	10 100.5a
	PSS	65 741b	509a	35.9a	9 981.3a
	RTS	61 420c	486b	36.2a	9 209.5b
	RSS	66 660ab	508a	34.7a	9 994.9a
方差分析					
	T	3.341**	0.254	0.126	6.326**
	S	0.487*	0.311	0.177	5.275
	T×S	0.297**	0.754	0.266	0.222*

3. 揭示秸秆还田与耕作方式对春玉米农田地力提升的贡献机制

如图 5-29 所示，T1S1、T2S1 较 T1S0、T2S0 显著提高了氨氧化细菌（AOB）的基因拷贝数，T1S1 显著增加了反硝化微生物 *nirK*、*nirS*、*nosZ* 基因拷贝数；T2S1 较 T1S1 显著降低了 *nirK*、*nirS* 基因拷贝数。T1S1、T2S1 较 T1S0 显著提高了 AOB 以及反硝化微生物的物种多样性指数（Chao1）和群落多样性指数（Shannon），T2S1 较 T1S1 显著降低了 *nosZ* 相关的物种多样性指数。说明秸秆还田处理较不还田处理具有提高土壤氮循环微生物物种和种群多样性的作用，同时条带还田较全层还田处理表现出可降低氨氧化和反硝化作用过程，有利于土壤氮素利用效率提升。

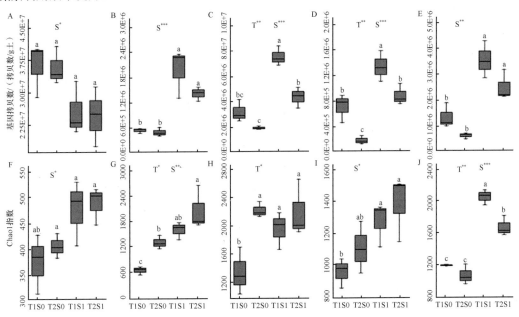

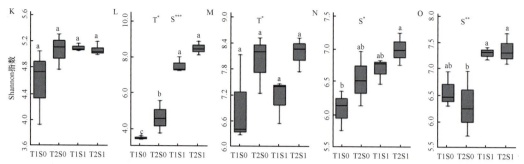

图 5-29　秸秆还田方式对土壤硝化与反硝化微生物基因拷贝数、Chao1 指数和 Shannon 指数的影响

A、F、K 图为 AOA 微生物群落多样性；B、G、L 图为 AOB 微生物群落多样性；C、H、M 图为 *nirK* 微生物群落多样性；D、I、N 图为 *nirS* 微生物群落多样性；E、J、O 图为 *nosZ* 微生物群落多样性。T1S0、T2S0、T1S1、T2S1 分别代表全层旋耕秸秆不还田、条带旋耕秸秆不还田、全层旋耕秸秆还田、条带旋耕秸秆还田处理。下同

　　对不同秸秆还田处理下土壤理化指标与微生物群落结构多样性指标进行主成分分析与置换多元方差分析，结果表明：T1S1、T2S1 较 T1S0、T2S0 显著提高了土壤含水量、土壤硝态氮含量、土壤有机碳含量、土壤全氮含量等，秸秆还田、耕作方式对土壤理化性质指标变化作用分别占比为 60.6%、13.7%（图 5-30），同样对土壤氨氧化过程、反硝化过程相关微生物的物种和群落多样性具有显著增强作用，秸秆还田、耕作方式对土壤微生物群落结构属性作用分别占比为 60.3%、5.5%（图 5-31）。由此说明秸秆还田较秸秆不还田处理对土壤理化特性和微生物结构特性的改善提升作用明显。

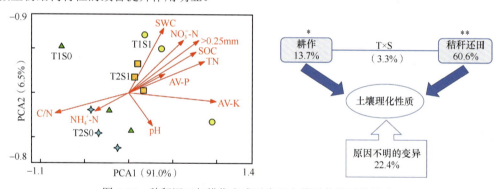

图 5-30　秸秆还田与耕作方式对农田土壤理化性质的影响

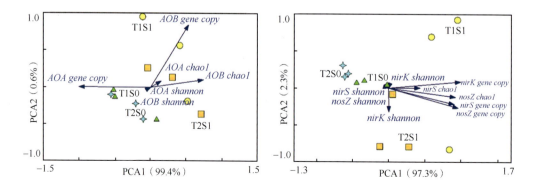

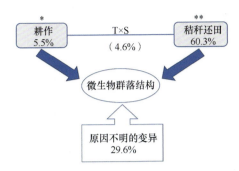

图 5-31　秸秆还田与耕作方式对农田土壤微生物群落多样性的影响

第二节　黄淮海夏玉米产量与效率层次差异形成机理

一、黄淮海夏玉米产量与效率层次差异定量解析

（一）黄淮海地区的气候条件

黄淮海地区是我国最大的夏玉米集中主产区，2018 年该区玉米播种面积和总产量分别达到 1151.8 万 hm² 和 7037.38 万 t（http://www.stats.gov.cn/），均占全国的 27% 左右，是中国玉米主要产区之一。黄淮海地区属暖温带半湿润、半干旱气候，以少雨年型为主，光温资源丰富。1980～2018 年黄淮海夏玉米生育期内≥10℃积温在空间上呈北低南高的趋势，39 年生育期平均≥10℃积温为 2485℃·d。以京津冀区域为主的北部地区≥10℃积温主要呈纬向分布，南北方向上最大积温差异可达 625℃·d；中部地区（主要指山东）≥10℃积温在 2300～2600℃·d，其中胶莱河以东区域是积温低值区；南部地区（主要指河南）整体积温条件较好，普遍在 2500～2700℃·d。夏玉米生育期平均降水量为 396mm，空间分布总体呈西北低东南高的趋势，区域内最大降水差异可达 376.4mm。北部地区降水差异最大达 215mm，其中西北部缺水特征明显；中部地区生育期平均降水量在 300～520mm；南部地区降水空间差异较大；西部局部区域仅 296mm，与东南部相比，最大相差 325mm。这种气候资源空间上的差异，对夏玉米品种布局影响显著。

（二）黄淮海夏玉米光温生产潜力

1961～2015 年黄淮海夏玉米生长季光温生产潜力范围在 15～24t/hm²，中部地区光温生产潜力较高，最高值分布在泰安—济南—德州—沧州一带，其光温生产潜力大于 23t/hm²。受辐射资源和热量资源变化的综合影响，近 55 年来夏玉米生长季光温生产潜力整体呈下降趋势，平均变化率为 −0.4t/(hm²·10a)，65.5%（$n=36$）的站点达到显著性水平（$P<0.05$）且均为负值。中部地区光温生产潜力下降幅度最大，大于 0.6t/(hm²·10a)（$P<0.05$）；山东东部和河北东北部光温生产潜力呈略微上升的趋势，变化趋势不显著。夏玉米光温生产潜力在不同时段呈现明显的下降趋势，与 P1 时段（1961～1980 年）相比，P2（1981～2000 年）和 P3（2001～2015 年）时段夏玉米光温生产潜力分别减少 0.1% 和 8.2%，其各等值线均发生非常明显的偏移。光温生产潜力高值区的面积随着时段推进不断减少，占黄淮海地区总面积的比例由 83.8% 减至 20.3%（杨鹏宇等，2018）。近 3 年全区平均光温生产潜力也呈现逐年下降的趋势，平均每年下降 0.2t/hm²，中部地区光温生产潜力始终高于全区平均水平，南部地区始终偏低，北部地区变幅较大（图 5-32）。

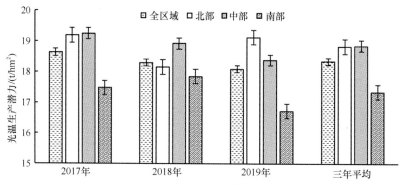

图 5-32　2017～2019 年黄淮海地区不同区域平均光温生产潜力

（三）黄淮海夏玉米产量与效率层次差异

1. 产量差异

作物产量变化在很大程度上受化肥施用、灌溉和气候条件的控制，缩小产量差距可以通过改变管理措施来实现，但具体措施需因地制宜（Mueller et al.，2012）。虽然黄淮海地区有着优越的光温条件，但产量差异较大，2005 年登海集团创造了 21.1t/hm² 的夏玉米高产纪录，而该区域平均产量仅在 5.7t/hm² 左右，提高该地区夏玉米的产量水平对我国粮食安全意义重大。研究表明，黄淮海地区 2005～2007 年玉米光温生产潜力相当于大田实际生产水平的 7 倍（李少昆和王崇桃，2010），2006～2015 年玉米平均单产仅达到光温理论产量的 27.5%（杨鹏宇等，2018），黄淮海地区蕴含巨大的增产潜力。我国农业生产以小农户种植为主，黄淮海地区农户夏玉米田块中有 51% 属于低产低效区组，而仅有 16.7% 为高产高效区组，夏玉米可实现产量差和可实现氮肥利用效率差分别为 3.7t/hm² 和 47.0kg/kg，分别占到平均产量和氮肥偏生产力的 35.2% 和 95.7%（陈广锋，2018）。概括来说，玉米田当季氮、磷和钾肥的利用率分别仅为 30%～35%、10%～25% 和 35%～50%，远低于发达国家的 50%～60%（张福锁等，2008）。近几十年产量的提升依赖于高产品种的选育和化肥的大量施用，但由于产量和效率的不协调发展，极大地限制了作物产量的提升。

2017～2019 年选择 9 个联合试验点，包括藁城、高碑店、馆陶、通州、莱州、泰安、淄博、驻马店和鹤壁，开展区域联合试验。在同一地块结合密度和肥水管理设置超高产、高产高效、农户和基础产量 4 种管理模式，分别模拟超高产水平（SH）、高产高效水平（HH）、农户水平（FP）和基础地力水平（ISP）4 个产量层次。

对不同地区各产量水平夏玉米产量作平均发现，南部地区光温生产潜力和基础水平产量最低，其余水平夏玉米产量均最高；北部地区光温生产潜力较高，基础水平产量最高，高产高效和超高产水平产量最低；中部地区光温生产潜力最高，而农户水平和基础水平夏玉米产量最低。采用变异系数作为产量稳定性指标，分析不同区域不同层次产量稳定性差异。由图 5-33 可见，不同地区不同产量水平间产量变异系数差别较大，这可能与试验年份黄淮海地区遭遇了不同程度的干旱、高温、大风倒伏等农业气象灾害有关。区域平均产量稳定性表现为 HH＞ISP＞SH＞FP；南部地区各层次产量稳定性总体偏差，中部地区超高产和高产高效水平产量稳定性较好。

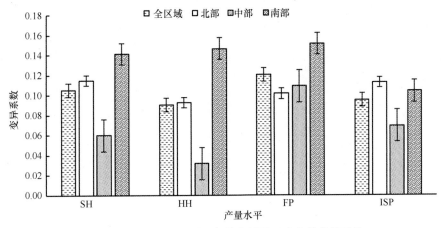

图 5-33 黄淮海地区不同产量水平夏玉米产量变异系数

黄淮海地区各级平均夏玉米产量差如图 5-34 所示。由图 5-34 可见，不同地区间各级夏玉米产量差大小规律各不相同。全区各级产量差大小关系为 YT-SH＞HH-FP＞FP-ISP＞SH-HH；全区平均 YT-SH 产量差为 6.1t/hm² 左右，北部地区和中部地区 YT-SH 产量差高于全区平均，主要是由光温生产潜力较高导致的；全区及各部分地区 SH-HH 产量差均在 1t/hm² 以下，超高产和高产高效水平产量缩差空间较小；全区平均 HH-FP 产量差约为 1.43t/hm²，可见提高田间管理水平可以有效提升产量，进而缩小高产高效和农户水平的产量差，北部 HH-FP 产量差最低，这是因为北部高产高效水平产量最低；全区平均 FP-ISP 产量差约为 1.39t/hm²，可见施肥可以有效缩小农户水平与基础水平的产量差，由于中部和南部地区基础水平产量较低，因此 FP-ISP 产量差均高于全区平均水平。

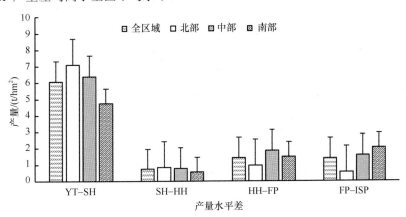

图 5-34 2017～2019 年黄淮海地区不同产量水平夏玉米平均产量差

YT：产量潜力

由不同产量水平的产量潜力实现率（表 5-15）可以看出，区域内 SH、HH、FP、ISP 分别实现了光温生产潜力的 68.5%、64.2%、56.5%、49.8%。SH、HH、FP、ISP 三年平均产量潜力实现率最高的分别有高碑店、淄博，最低的分别有藁城、泰安，SH 产量潜力实现率的最高值与最低值间差距最大，其次是 HH。各站点 2017～2019 年平均产量潜力实现率大部分在50%～75%（图 5-35），除基础水平外，其余水平产量潜力实现率平均值在各区域间表现为中部＞北部＞南部。

表 5-15　2017～2019 年黄淮海地区联合试验点不同产量水平产量潜力实现率（%）

站点	SH	HH	FP	ISP
藁城	49.8	48.7	46.0	43.2
高碑店	72.5	67.9	56.9	50.3
馆陶	68.9	63.2	54.1	50.3
通州	65.0	58.4	57.9	58.0
莱州	78.9	70.4	57.3	48.6
泰安	68.3	63.1	59.0	46.7
淄博	73.6	68.6	58.9	50.6
驻马店	64.0	59.6	55.2	40.6
鹤壁	67.0	65.5	58.9	49.6

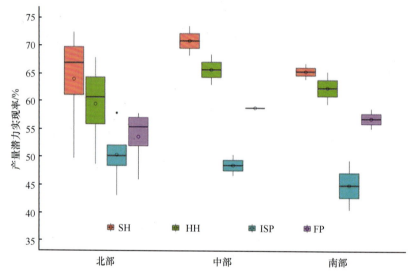

图 5-35　黄淮海地区不同区域不同产量水平夏玉米产量潜力实现率箱式图

2. 光温资源利用效率差异

光能是作物生产的主要能量来源，是物质生产的基础。光温利用效率反映了作物对光照和热量资源的转化能力，是评估作物生产能力及其潜力的重要参数。黄淮海区域 6 月 1 日至 10 月 10 日夏玉米生长季节平均气温 23.5℃，降水量 411.0mm，生育期光合有效辐射总量 1291.2MJ/m^2，≥10℃积温 2003.0℃·d。区域基础产量水平夏玉米平均光能利用效率 0.78g/MJ，农户、高产高效、超高产水平分别较其提高了 13.46%、27.67%、37.38%，高产高效、超高产水平分别较农户水平缩小了 12.52%、21.09% 的效率差距。温度利用效率差异与光能利用效率差异基本一致，区域基础产量水平夏玉米平均温度利用效率 4.73kg/hm^2/℃，农户、高产高效、超高产水平分别较其提高了 13.22%、27.32%、36.98%（图 5-36）。高产高效、超高产水平分别较农户水平缩小了 12.45%、20.99% 的效率差距。受产量限制，区域内南部农户水平的光能利用效率较低，而黄淮海北部的高产高效和超高产水平的光能利用效率较低。

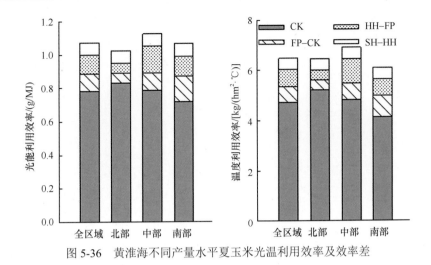

图 5-36 黄淮海不同产量水平夏玉米光温利用效率及效率差

3. 肥料资源利用效率差异

综合分析近 10 年黄淮海夏玉米产量与肥料利用效率的研究结果，夏玉米产量随施氮量的增加先升高后降低，氮肥利用效率则随着施氮量的增加呈递减趋势。但产量水平与氮肥利用效率之间则无明显的关联性（图 5-37）。由此说明，黄淮海夏玉米产量差与肥料利用效率差的缩减可以依靠优化施肥量。并且产量差和效率差相互独立，这为兼顾产量与肥料利用效率提供了可能。

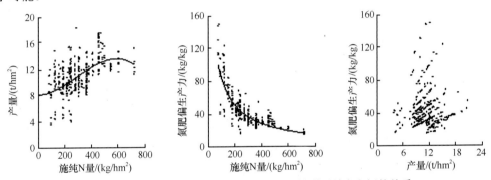

图 5-37 黄淮海夏玉米施 N 量与产量、肥料利用效率之间的关系

当前黄淮海夏玉米生产存在显著的 N、P、K 肥料利用效率差，尤其是超高产水平有较大的提升空间。就区域整体而言，农户的 N、P、K 肥料利用效率仅为 3.71kg/kg、4.86kg/kg、3.65kg/kg。通过优化栽培模式构建的高产高效夏玉米群体能够较农户水平缩小 N、P、K 肥料利用效率差距 20.8%、67.1%、32.3%。就黄淮海区域而言，区域中部农户和超高产水平的肥料利用效率较低，这与肥料投入量过高有关，相应的效率提升空间最大。北部农户的氮肥利用效率缩差空间较小，P、K 肥有较高的效率提升空间。中部农户的 N、P 肥料利用效率有较大的提升空间。

超高产水平较农户水平显著缩小了夏玉米的产量差，但 N、K 肥料利用效率较农户水平分别降低了 37.5%、21.9%，这难以兼顾产量与效率。高产高效水平则能有效缩小 33.1%、49.3%、69.5% 的 N、P、K 肥料利用效率差（图 5-38）。

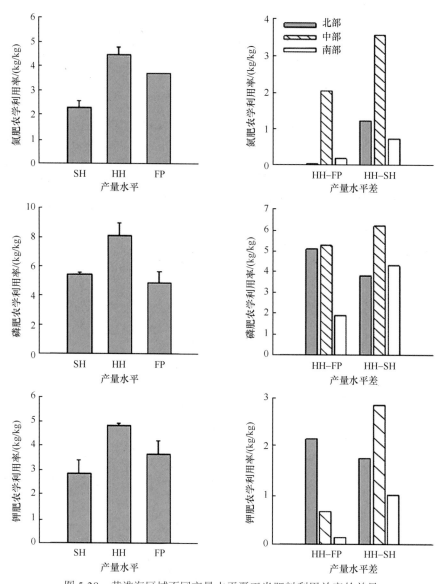

图 5-38　黄淮海区域不同产量水平夏玉米肥料利用效率的差异

二、黄淮海夏玉米产量与效率层次差异主控因子/限制因子

(一)热量资源

　　温度是影响玉米生长与发育的另一个主要因素，在低纬度地区，热量资源比较充足，适宜种植生育期较长的品种，而在高纬度地区，生长季前期温度低，后期温度下降快，热量资源有限，适宜种植短生育期品种。另外，单位热量资源影响玉米的生长发育，单位热量包括活动积温（≥10℃日平均温度之和）与有效积温（≥10℃日平均温度减去 10℃ 之后求和）。有研究表明，相同玉米品种生长所需要的单位热量是不变的，因此，当生长期间的温度较高时，玉米达到成熟时所需的有效积温的天数少，生育期缩短，反之则长。也有研究表明，玉米生长所需单位热量，尤其是吐丝前所需单位热量随着地点与年份不同而变化。由于我国玉米区跨度大，热量资源分布极不均匀，温度显著影响玉米的生长。对于同一品种，在北方春玉米

区随着纬度北移其营养生长期延长而生殖生长期缩短，吐丝前所需有效积温随纬度北移而增加，吐丝至成熟所需有效积温随纬度北移而降低，吐丝前地上部干物质重随着纬度北移而增加，吐丝后地上部干物质重随着纬度北移而下降，各生育阶段积温需求的变异表现不同，播种至出苗积温需求的变异幅度最大，播种至成熟的变异幅度最小，活动积温需求的变异幅度小于有效积温需求的变异幅度。黄淮海夏播玉米区为冬小麦–夏玉米一年两熟轮作，随着纬度的北移，热量资源越来越紧张，影响夏玉米产量。

分析黄淮海夏播玉米区生长季（6月10日至10月10日）≥10℃积温的空间变化发现：黄淮海夏播玉米区的生长季积温在时空分布上存在显著的变化，从空间分布来看，生长季积温由西南至东北呈递减的趋势，范围在1733～3084℃·d，平均值为2831.2℃·d，占全年积温的67.6%。从时间分布看，随着时间的推进，黄淮海夏播玉米区年积温显著增加，55年来年生长季平均积温增加了86.9℃·d，平均变化率为15.8℃·d/10a。

黄淮海夏播玉米区大部分地区生长季积温呈增加的趋势，其中山东东部、河北大部分地区生长季积温增长速率较大，高达20℃·d/10a，呈显著变暖趋势。

黄淮海夏播玉米区生长季（6月10日至10月10日）内积温平均值在年代间整体呈现上升趋势。1970s与1960s相比，积温平均值下降了31.9℃·d；1980s与1970s相比，积温平均值上升了16.6℃·d；1990s与1980s相比，积温平均值上升了57.8℃·d；2000s与1990s相比，积温平均值降低了3.5℃·d；2011～2015年的积温平均值与2000s相比上升了10.2℃·d（表5-16）。

表5-16 不同年代生长季积温

时间段	1960s	1970s	1980s	1990s	2000s	2001～2015年
平均值/(℃·d)	2820.5	2788.6	2805.2	2863.0	2859.5	2869.7

玉米的生长对热量条件的要求因品种而异，根据玉米生育期长短以及对热量条件的要求，玉米可以分为早熟、中熟和晚熟品种。品种熟期与热量资源的匹配是提高玉米产量的基础。研究表明，东北与华北地区由于气候变暖，如不更换品种则不能充分利用当地的光、热资源，玉米产量潜力下降，更换生育期比较长的品种以后能够保证光、热资源的充分利用，玉米产量潜力提高。

（二）水分

水分是影响玉米发育及产量形成的关键因素之一，产量对水分的敏感程度远高于肥料。作为C_4植物，玉米生育期需水量及耗水量均较大，根据河北栾城和河南新乡多年的研究结果表明，充足供水条件下，夏玉米的需水量一般在300～450mm，生育期轻旱或苗期重旱后玉米最高耗水量在250～260mm。就单株玉米耗水而言，华北地区夏玉米的总耗水量在50～80kg/株，在无长期干旱条件下，土壤水分不会对玉米单株耗水产生重大影响。一般情况下，耗水量随着灌水定额增加而增加，随着干旱程度的加重、灌水次数的减少、灌水时期的延迟以及阶段灌水的不连续性增加而降低；不同产量水平下的玉米耗水量差异明显，随着产量水平的提高耗水量增加。有研究认为，产量13 500kg/hm²的玉米耗水量为630mm，产量9000kg/hm²的玉米耗水量为490mm，而200mm是玉米经济产量形成的耗水临界期，产量与耗水量呈现抛物线关系。不同生育阶段，苗期玉米的需水量最少，日需水量最低为2～4mm，抽雄前后最高，抽雄到灌浆期需水强度最大，日需水量为5.02～5.93mm，之后夏玉米的日需水量逐渐降低。不同阶段的耗水量以灌浆—成熟期的耗水量最高，为51.8～114.3mm。

需水量（或耗水量）是生育期棵间蒸发和叶面蒸腾的总和，其数值大小取决于生理特性与环境的双重作用，除了与栽培品种、产量、土壤、栽培措施等因素密切相关，地域、气候条件、年际差异的影响也尤为明显，其中日照时数、风速等是影响玉米需水量和耗水量的重要因素，而气温、降水量等是影响玉米产量的主要气候因子。在黄淮海地区，夏玉米平均需水量是321.1mm，近50年呈现逐渐下降趋势，平均每10年减少8.3～24.3mm；夏玉米季缺水严重并呈现逐年增加的趋势，但盈亏指数增加不明显；就纬度变化而言，玉米需水量由北向南增加，关键期降水量多年平均表现为南部大于北部；不同阶段以播种到出苗期的水分亏缺指数和干旱发生概率最大，特旱等级发生概率最高，抽雄吐丝前后降水量较高，后期又表现为一定的水分亏缺。以山东和河北为例，黄淮海地区随着纬度的增加，玉米季降水量减少（图5-39），2001～2016年该地区降水量在200～650mm（图5-40），平均降水量为河北377.8mm、山东477.0mm，山东地区高于河北地区。在不考虑时空分配不均的前提下，该降水量可基本满足玉米生长的需水要求。但玉米不同生育阶段降水量分布不均，7月和8月旬降水量较多，平均旬降水量在40～70mm（图5-41），其中以7月下旬和8月上旬的降水量最高，与玉米的需水关键期基本一致，此期对玉米而言正值拔节—抽雄—灌浆期（而抽雄前10d和后20d对水分需求敏感），是需水临界期，较高的降水量供应可减少灌溉用水以满足其生育需求，但夏玉米生育前期和后期的降水量总体偏少，虽然玉米苗期的需水量较少，但总耗水量偏高，较少的降水可造成玉米的发育受阻和后期灌浆受抑等，限制了玉米高效生产。

根据玉米需水特性进行合理灌溉，调节田间土壤水分，是确保玉米高产高效生产的重要途径。在气候变化背景下，有效降水逐渐减少，已难以满足玉米不同生育阶段生长发育的需

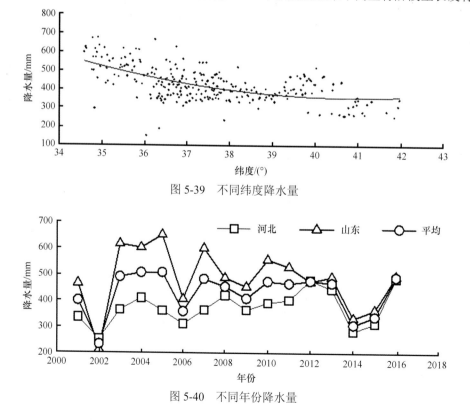

图 5-39　不同纬度降水量

图 5-40　不同年份降水量

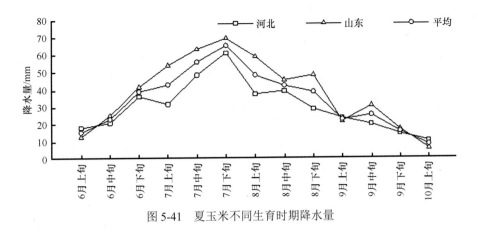

图 5-41　夏玉米不同生育时期降水量

水要求，较大的生育期降水量时空变化成为限制夏玉米产量的主要因子之一，因此，该地区玉米水分管理应在兼顾发育需求和高产的前提下根据不同降水年型，适当调节玉米的灌水方式和灌水量等以满足不同阶段的水分需求与消耗，保障玉米关键生育时期的水分需求。

夏玉米需水较多，同时也是耐旱作物。土壤水分达到田间持水量的 45% 左右时即可保证产量的形成，80% 时是最佳产量形成的水分临界期。但玉米对水分亏缺反应敏感，因干旱减产占玉米受自然灾害影响而减产的 60% 左右。苗期和拔节期土壤相对含水量大于 55% 时对玉米的生长发育及干物质形成影响不大，但土壤含水量低于 50% 时会对玉米的生长发育及干物质形成造成不良影响。水分亏缺后玉米生长受到抑制，其中对玉米茎叶的影响大于根系，造成根冠比增加，同时生物体内的激素、抗氧化酶系统、渗透调节物质、新陈代谢系统（包括光合作用、呼吸作用、氮代谢等）等均发生相应的干旱生态响应。不同生育阶段，苗期对水分亏缺的反应敏感，水分亏缺后 ABA 积累，叶片收缩，光合速率降低，严重时可造成叶片的膜脂过氧化程度加剧。而适当的水分亏缺，根毛区皮层厚度减小，皮层薄壁细胞减小变形，内皮层木质化、栓质化程度增加，水分在根系中的径向运输阻力减小，根毛总表面积增大，水分的吸收能力增强，即拔节以前适当水分亏缺不仅不会造成产量降低，而且玉米的抗倒伏能力和抗旱性提高。但拔节以后土壤水分持续减少 10d 后其生理变化表明玉米受到胁迫，20d 后生物积累受到抑制，而 30d 左右形态特征受到胁迫。吐丝期严重水分亏缺促进了叶片急剧衰老，叶片干物质向果穗转移的比例增加，而茎秆的转移比例减少。而花后水分亏缺引起了叶绿素荧光动力学参数显著变化，光能转化受到抑制，穗部性状变劣，空秆增加，产量降低，其中以吐丝到成熟期的水分亏缺对产量影响最高，较正常灌水的产量降低 19.7%，其次为吐丝到灌浆中期，同时水分亏缺造成了子房败育，对不同部位籽粒的主要表现为对上部籽粒的影响大于中下部，造成秃尖明显，穗粒数降低。

（三）土壤耕层

黄淮海平原是我国重要的夏玉米产区。由长期单一化耕作方式、现代农业大型机械的碾压和不合时宜的农田管理导致的玉米田土壤紧实胁迫日益加剧。根据 2008 年国家玉米产业技术体系调查显示，黄淮海玉米产区耕层土壤容重平均为 1.38g/m³，犁底层土壤容重平均为 1.52g/cm³，远远超过了玉米生长的最适土壤耕层容重指标 1.2～1.3g/cm³。

根据本项目的调查结果，农田平均耕层深度 13.7cm，犁底层厚度 11.0cm。低产田耕层深度 12.8cm，犁底层厚度 11.7cm；高产田耕层深度 17.6cm，犁底层厚度 8.3cm（表 5-17）。

表 5-17　不同产量水平下耕层深度和犁底层厚度

测试内容	统计项目	低产田	中产田	高产田
耕层深度/cm	平均值	12.8±2.6	17.9±2.8	17.6±2.7
	最大值	18.5	19.3	20.0
	最小值	7.3	10.0	13.3
犁底层厚度/cm	平均值	11.7±3.4	9.5±3.0	8.3±3.1
	最大值	19.5	14.0	13.9
	最小值	6.0	5.5	4.8

农田 0～40cm 土层平均土壤容重为 1.45g/m³。低产田土壤容重平均为 1.46g/cm³，高产田土壤容重平均为 1.38g/cm³（表 5-18）。

表 5-18　不同产量水平下 0～40cm 土层土壤容重　　　　（单位：g/cm³）

土层深度	低产田	中产田	高产田
0～10cm	1.29±0.12	1.29±0.13	1.16±0.13
10～20cm	1.51±0.07	1.48±0.07	1.43±0.16
20～30cm	1.46±0.07	1.43±0.10	1.45±0.12
30～40cm	1.59±0.06	1.58±0.07	1.48±0.19

农田 0～40cm 土层平均有机质含量为 19.81g/kg。低产田土壤有机质、碱解氮、速效磷、速效钾平均含量分别为 19.32g/kg、76.34mg/kg、15.32mg/kg、120.66mg/kg，高产田土壤有机质、碱解氮、速效磷、速效钾平均含量分别为 21.34g/kg、82.31mg/kg、18.61mg/kg、135.88mg/kg（表 5-19）。

表 5-19　不同产量水平下 0～40cm 土层土壤肥力

成分	土层深度	低产田	中产田	高产田
有机质含量/(g/kg)	0～10cm	30.87±4.75	33.30±4.79	34.37±4.17
	10～20cm	19.40±4.42	20.99±3.26	22.03±4.45
	20～30cm	15.10±3.92	16.67±3.75	16.68±4.66
	30～40cm	11.90±2.36	12.72±1.59	12.28±0.93
碱解氮含量/(mg/kg)	0～10cm	120.51±11.29	116.69±13.60	133.99±6.02
	10～20cm	76.52±16.62	76.43±16.00	84.89±14.05
	20～30cm	60.65±16.84	59.23±14.91	66.44±18.17
	30～40cm	46.55±10.10	38.96±5.28	43.90±10.98
速效磷含量/(mg/kg)	0～10cm	33.73±10.28	33.92±11.30	42.18±7.04
	10～20cm	15.31±7.19	15.89±6.10	15.49±8.49
	20～30cm	8.11±6.06	7.71±3.91	11.83±9.21
	30～40cm	4.13±2.77	4.87±1.94	4.95±3.86
速效钾含量/(mg/kg)	0～10cm	169.00±51.61	190.21±45.67	211.31±43.53
	10～20cm	117.04±28.40	130.36±29.60	114.80±13.38
	20～30cm	101.13±26.63	107.14±16.44	115.90±35.30
	30～40cm	95.45±18.48	104.92±13.85	101.53±29.89

农田耕层土壤不同理化性状对产量的贡献由大到小依次为耕层深度、犁底层厚度、有机质含量、土壤容重、速效钾含量、速效磷含量、碱解氮含量（表5-20）。由于近年来配方施肥和秸秆还田的推广，多数农田的土壤肥力已达到高产田的养分标准，肥力低不再是限制夏玉米产量的主要土壤因素，限制夏玉米产量的主要土壤因素是物理性状差。因此，影响夏玉米丰产高效的关键农田土壤限制因子为耕层深度、犁底层厚度和土壤容重。

表 5-20　作物产量和 0～40cm 土壤理化指标的相关性分析

指标	产量	土壤容重	耕层深度	犁底层厚度	碱解氮含量	速效磷含量	速效钾含量	有机质含量
产量	1	−0.372**	0.565**	−0.474**	0.027	0.318*	0.326*	0.430**
土壤容重		1	−0.094	0.158	−0.292*	−0.294*	−0.397**	−0.262*
耕层深度			1	−0.498*	0.084	0.144	0.215	0.169
犁底层厚度				1	0.012	−0.028	−0.166	−0.283*
碱解氮含量					1	0.262*	0.252	0.245
速效磷含量						1	0.308**	0.377*
速效钾含量							1	0.188
有机质含量								1

注：* 表示在 0.05 水平显著相关；** 表示在 0.01 水平显著相关

（四）品种

品种是影响作物产量的主要因素（Ma et al.，2020）。品种选择不当是制约玉米产量提高的重要因素。根据农户调查资料，该区域共使用216个玉米品种。'郑单958'（2000年中国审定）仍是该地区的主栽品种，占农户调查数据的16.8%。'登海605'（2010年中国审定）位居第二，占农户调查数据的14.6%。'先玉335'（2004年中国审定）位居第三，占农户调查数据的4.1%（图5-42）。品种的多样性及其生理特性的不同，导致物候期的变化和相应的栽培管理措施的改变，增加了农业技术推广的复杂性，对大面积提高农民产量产生了负面影响。

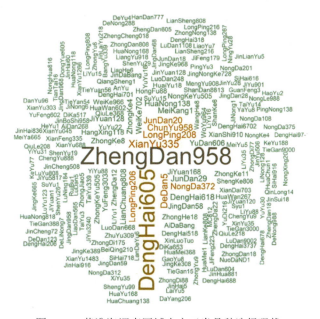

图 5-42　黄淮海调查区域农户玉米品种选择现状

（五）栽培管理

实现作物高产对于解决粮食安全问题具有重要意义，玉米作为第一大作物，其高产研究具有重要科学价值，玉米高产研究始于 20 世纪初的"全美玉米高产竞赛"，经过 100 多年的不断探索，美国于 2002 年创造了 27.75t/hm² 的玉米高产纪录（李少昆与王崇桃，2010），2013 年美国玉米种植者协会发布美国新的玉米高产纪录，达到 28.56t/hm²。在我国，1980 年以来，随着农业生产条件改善和技术水平不断提高，在新疆、陕西、内蒙古、吉林、河北、北京和山东等省（自治区、直辖市）陆续创造出了春玉米与夏玉米单季亩产吨粮（15t/hm²）的高产典型，2017 年我国玉米高产纪录达到 22.76t/hm²（新疆奇台），这些都为高产田建设提供了初步的经验。

1. 种植密度

作物产量的形成是基因型、环境和栽培措施多方面相互作用的结果，资源利用效率亦然。产量差与光温资源利用效率差呈显著正相关，说明两者之间有较强的关联性，在缩小光温资源利用效率差的同时可以实现产量的协同提升。光能利用效率是由群体对光能的截获量和转化率两方面决定的。夏玉米本身具有高光效的特性，提升夏玉米群体的光能截获量是提高光能利用效率进而增加产量的根本途径。因此，群体叶面积指数可能是限制光温资源利用效率差和产量差协同缩减的重要因素。

在水和氮供应不受限制，以及不考虑其他生物或非生物胁迫的情况下，采用 DSSAT-CERES-Maize 模型模拟分析玉米产量对种植密度的响应，发现其呈 Logistic 生长曲线模式（图 5-43）。随着种植密度的增加，粮食产量开始持续增长，当群体达到 10 株/m²（行距为 60cm）时，产量几乎完全停止增长，此时产量已达到 15.03t/hm²。在较高的种植密度下，植物生物量的增加被收获指数的急剧下降所抵消，并不能实现粮食产量的进一步提高（Zhang et al.，2019）。大田试验表明，高密度可能达到更高的上限产量极限，但受当地气候条件影响，高密

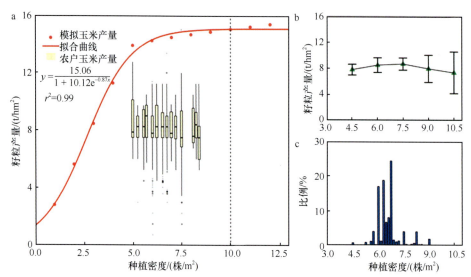

图 5-43　DSSAT-CERES-Maize 模型模拟的华北平原夏季玉米产量、农民田间产量和
大田试验产量与种植密度的关系

利用 DSSAT-CERES-Maize 模型模拟玉米产量对种植密度的响应。红色实心直线（a）为拟合产量值的线性回归，绿色三角形（b）为 2017～2019 年大田试验玉米产量对种植密度的响应。蓝条（c）为农户调查数据中农民种植密度的选择现状

度种植的产量稳定性下降,产量变化幅度较大。因此,黄淮海夏玉米适宜的种植密度为 7.5～9 株/m²。然而,黄淮海区域有 85.32% 的农户种植密度小于 7 株/m²,这是限制农户产量提升的重要原因。从农户玉米产量与种植密度的关系可以看出,虽然部分农户采取了相对较高的密度,但平均产量并未得到提升。这主要有两个原因:一是品种的耐密性,即栽培品种是否适应高密度群体(Ma et al.,2020);二是高密度栽培对农业技术要求更高,需要更精准的管理措施(Zhang et al.,2019)。由此可见,种植密度和配套农艺管理是造成玉米生产潜力与农户产量差异的主要原因。

玉米产量的提高受品种遗传和栽培技术的影响,其中密植是提高玉米产量的重要栽培措施之一。玉米适度密植而高产是增加生物量的结果,归功于增加群体叶面积指数以截获更多光能的潜力。农户水平夏玉米群体密度低,冠层晚发早衰,叶面积指数不足。其生育期最大 LAI 只有 4.53,较超高产水平和高产高效水平夏玉米分别相差 51.4% 和 28.0%(图 5-44a)。群体漏光损失导致了 8.1% 的光能浪费(图 5-44b)。

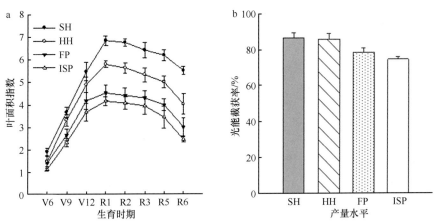

图 5-44 不同产量水平夏玉米叶面积指数发育动态及光能截获率的差异

V6、V9、V12、R1、R2、R3、R5、R6 分别表示玉米的拔节期、小喇叭口期、大喇叭口期、吐丝期、灌浆期、乳熟期、蜡熟期、完熟期,下同

2. 肥料投入

对于夏玉米,13 个调查区不同农户田间玉米产量和氮肥投入变化很大。平均氮肥投入为 224.25kg N/hm²,总样本变异系数(CV)大于 48.64%。平均产量为 8.39t/hm²,总样本的 CV 大于 14.42%。这一结果表明,农户间玉米产量与氮肥投入之间存在明显的不一致性,产量的变化远小于氮肥投入的变化。氮肥投入对作物产量的影响因地区和作物而异,较高的氮肥投入不一定获得较高的产量。以山东为例,超过 56% 的受访农户施氮量在 200kg N/hm² 以上,但其平均产量低于施氮量在 200kg N/hm² 以下的农户的产量,且其产量 CV 较高。结果表明,玉米产量与氮肥投入的错位导致部分地区玉米生产中氮肥投入过剩,增加了氮肥投入对经济和环境的影响(图 5-45)。

传统农户的产量、高产产量(HY)、可获得产量和潜在产量存在一定差距。在相同氮肥投入下,高产田和传统农户的玉米平均产量通常低于潜在产量。传统农户和高产田的夏玉米平均产量分别为潜在产量(14.56t/hm²)的 57.60% 和 77.72%,可获得产量(11.64t/hm²)的 72.01% 和 97.15%。由于环境和经济的制约,潜在产量与可获得产量之间的差距难以缩小。但值得注意的是,不同农户的田间产量差距较大,农民平均产量与可获得产量差距较大。在相同施氮

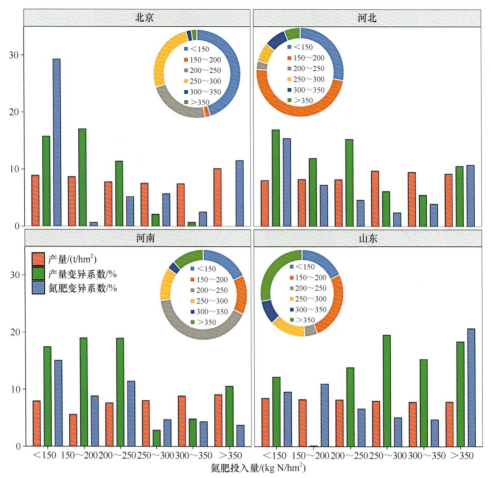

图 5-45　黄淮海调查区域夏玉米平均产量和氮肥投入量

氮肥是指整个玉米季的全氮施用量。圆圈图反映了不同施氮水平下农民的农田比例

量 203kg/hm² 的条件下，不同农田的玉米产量差距高达 7t/hm²。这些结果证实了氮肥并不是许多农民田间产量的限制因素。施用氮肥可以提高作物产量，但当氮肥投入超过一定水平时，氮肥对作物产量的贡献不再显著（Kubota et al.，2018）。在本研究中，当施氮量达到 203kg/hm²后，进一步提高施氮量不能继续提高玉米产量。玉米产量的关键是确定最佳施肥量，这需要考虑气候条件、环境风险、土壤养分、施肥方法、栽培技术和经济效益（Campanha et al.，2019；Li et al.，2019）。因此，作物施用的最佳施氮量因种植制度和地区而异（Campillo et al.，2010；Tan et al.，2017；Sela et al.，2018）。DNDC 模型和 DSSAT 模型的综合分析表明，东北地区兼顾产量和氮肥农学利用率的玉米最优施氮量为 180～210kg/hm²（Jiang et al.，2019）。Liu 等（2014）认为在中国西北，地膜覆盖条件下，250kg/hm² 是产量和环境效益最好的氮肥投入。在华北平原中，采用土壤-作物管理系统确定玉米最佳高产的氮肥施用量为 237kg/hm²；Zhang 等（2018）也发现，当氮肥投入为 240kg/hm² 时，夏玉米的产量和肥料效率更高。这些差异最有可能是由于环境条件如土壤湿度、良好的土壤供水量能有效提高氮素的吸收利用，因此最佳施氮量存在差异（Han et al.，2016；Zamora-Re et al.，2020）。

（六）高温热害

随着全球气候变暖，夏玉米高温热害发生频率高、持续时间长、影响面积广。高温热害已成为黄淮海夏玉米主要的常发性灾害，尤其以黄淮海南部区域高温热害发生最为严重。研究发现，1992～2013 年黄淮海夏玉米生长季内气温整体呈波动上升趋势，平均气温上升 0.2℃；而 2011～2014 年 7～8 月白天 13:30 过境的遥感反演地表温度（遥感温度）平均上升 1.66℃（中国气象网，2012～2014 年）。

气候变化易引起极端高温。黄淮海夏玉米进入抽雄期、吐丝期时，正处于该地区一年中温度最高的 7 月下旬或 8 月上旬，35℃以上的高温天气在此段时间常连续多日出现，有部分地区甚至出现 40℃以上的极端高温。

河南的高温天气主要集中在 7～8 月，2013 年高温天气达 30d，2017 年高温天气高达42d。8 月上旬高温天气发生频率最高，持续时间最长，此期正值夏玉米花期，严重影响夏玉米吐丝散粉。

以 33℃为玉米花期高温界限温度，河北吴桥历年来 6～8 月均有高温天气出现。其中，6月中旬高温天数最多（4～8d），7 月高温天数一般在 1～6d，8 月逐渐减少，8 月中下旬的高温天数多在 2d 内（图 5-46）。

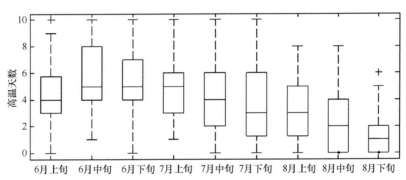

图 5-46　1961～2015 年 6～9 月各旬最高温≥33℃的平均天数（河北吴桥）

高温热害可以导致夏玉米雌雄穗生物学发育异常，进而导致授粉异常。高温导致雄穗分化受阻，长度缩短，小花数和花粉量减少，花药结构破坏，花粉粒破裂，花粉表面内陷，花粉活力下降。高温导致雌穗生长发育受阻，花丝生长速度降低，吐丝延迟，进而导致抽雄—吐丝的间隔期延长。高温还导致花丝绒毛数量减少，活力下降，夏玉米果穗受精结实率下降，产量降低。

三、黄淮海夏玉米产量与效率层次差异形成机理解析

在我国耕地面积刚性限制的情况下，只能通过增加单产来保障总产，以满足需求。玉米单产取决于单位面积穗数、穗粒数和千粒重。光合作用是作物生长发育及产量形成的重要生理过程，玉米光合作用受密度、种植方式、肥料等多方面的因素影响。深入了解不同栽培模式下玉米生育期内光合速率的变化规律及其影响因素，明确玉米产量与效率的形成机理及其关系，对进一步提高玉米产量具有重要意义。

（一）不同栽培模式夏玉米叶片光合作用特点

不同栽培模式夏玉米叶片净光合速率的测定结果表明（图 5-47），玉米叶片净光合速率在生育期内呈单峰曲线变化。在植株出苗后，随着植株生长发育，叶片净光合速率呈现增加的趋势，在吐丝期达到最大值，之后开始逐渐下降。不同栽培模式间，玉米吐丝后净光合速率的变化存在明显的差异。

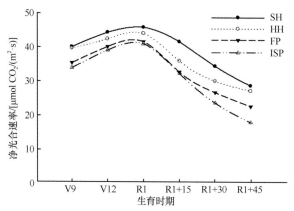

图 5-47　不同栽培模式夏玉米花后叶片净光合速率的变化动态

SH：超高产模式；HH：高产高效模式；FP：农户管理模式；ISP：基础地力栽培模式。
R1：吐丝期；R1+15：吐丝后 15d；R1+30：吐丝后 30d；R1+45：吐丝后 45d。下同

超高产模式（SH）的玉米叶片在生育期内净光合速率始终高于高产高效模式（HH）和农户管理模式（FP），且 HH 高于 FP。吐丝后 30d FP 净光合速率下降较快，SH、HH 下降较慢，且 SH、HH 群体净光合速率下降幅度要小于 FP，能够维持较长的光合高值持续期。

吐丝期（R1）及净光合速率下降幅度最大的吐丝后 30d（R1+30），不同处理间气孔导度（G_s）和胞间 CO_2 浓度（C_i）的变化特点如图 5-48 所示。在 R1 时期，SH、HH 的 G_s 较 FP 处理分别增大 18.36%、16.66%，C_i 分别降低 12.85%、7.34%；在 R1+30 时期，SH、HH 的 G_s 较 FP 处理分别增大 26.16%、10.74%，C_i 分别降低 14.08%、9.75%。数据表明，气孔导度影

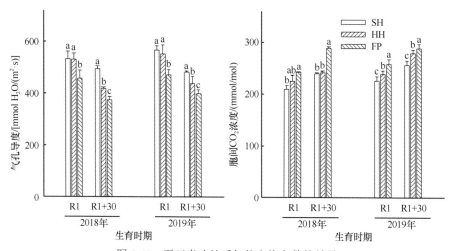

图 5-48　夏玉米吐丝后气体交换参数的差异

图柱上不含有相同小写字母的表示不同处理间在 0.05 水平差异显著，下同

响 CO_2 进入细胞过程，不是各处理间叶片光合速率差异的限制因素，其差异是由非气孔因素限制的。

（二）不同栽培模式夏玉米叶片叶绿体超微结构

决定夏玉米群体光能利用效率的因素有两个：一是植株叶片的净光合速率，二是群体的叶面积指数。由于栽培模式可通过影响植株发育状况而影响净光合速率，因此可以通过透射电子显微镜切片观察叶片叶绿体超微结构（图 5-49）。从叶绿体结构可以看出，超高产模式（SH）、高产高效模式（HH）的叶绿体呈现规则的"纺锤形"，且叶绿体膜结构完整清晰，有利于光合作用的进行，而农户管理模式（FP）和基础地力对照（ISP）的叶绿体出现缩短变圆的趋势，FP 的膜结构出现轻微破损，而 ISP 膜结构破损严重。针对叶绿体内部结构，SH、HH 类囊体排列整齐且类囊体膜结构清晰完整，基质片层数目较多。由此说明，SH、HH 群体叶片发育有利于光合作用的进行，而 FP 群体的叶绿体结构出现不利于光合作用的变化。

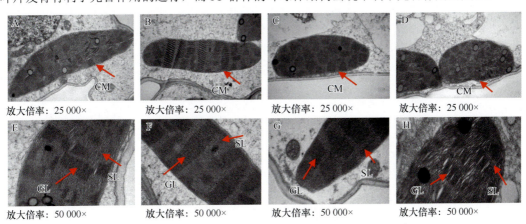

图 5-49　夏玉米吐丝期叶片叶绿体超微结构的特点

CM：叶绿体膜；GL：基粒片层；SL：基质片层。A、B、C、D 分别为超高产模式、高产高效模式、农户管理模式和基础地力对照的叶绿体外形；E、F、G、H 分别为超高产模式、高产高效模式、农户管理模式和基础地力对照的叶绿体内部结构

（三）不同栽培模式夏玉米叶片叶绿素荧光参数

栽培模式可影响夏玉米叶片 PSⅡ最大光化学效率（F_v/F_m）、PSⅡ反应中心吸收光能用于电子传递的量子产额（ϕ_{E0}）、以吸收光能为基础的性能指数（PI_{ABS}）、反应中心将电子传递到电子传递链光系统Ⅱ初级电子受体（Q_A）下游的其他电子受体的概率（ψ_0）。SH、HH 的 F_v/F_m 较 FP 显著提高，栽培模式可显著影响叶片 PSⅡ最大光化学效率（图 5-50）。

ϕ_{E0} 可用来反映 PSⅡ电子传递效率，不同处理之间 ϕ_{E0} 均表现为 SH＞HH＞FP。与 SH 相比，FP 在 R1 和 R1+30 时叶片的 PSⅡ电子传递效率分别下降 4.17%、6.94%；FP 在 R1+30 时叶片的 PSⅡ电子传递效率下降幅度增大（图 5-50）。ψ_0 可用来表示 PSⅡ向下游电子传递链传递电子的能力，不同处理间 ψ_0 均表现为 SH＞HH＞FP，SH、HH 在 R1 和 R1+30 时较 FP 分别提高 3.89%、1.55% 和 5.06%、3.39%。由此表明 SH、HH 群体夏玉米穗位叶 PSⅡ向下游 PSⅠ传递电子的能力显著提高（图 5-50）。不同处理叶片 PI_{ABS} 均呈现 SH＞HH＞FP 的趋势。W_k 是 PSⅡ供体侧相对可变荧光的比例，可用来反映放氧复合体（OEC）受损伤程度，V_j 是 PSⅡ受体侧有活性反应中心的关闭程度和 Q_A 被还原程度，W_k 和 V_j 增大分别表示叶片 PSⅡ供体侧和受体侧性能受损。不同处理间 W_k 和 V_j 均表现为 SH＜HH＜FP，FP 显著高于 SH、HH。R1 时，

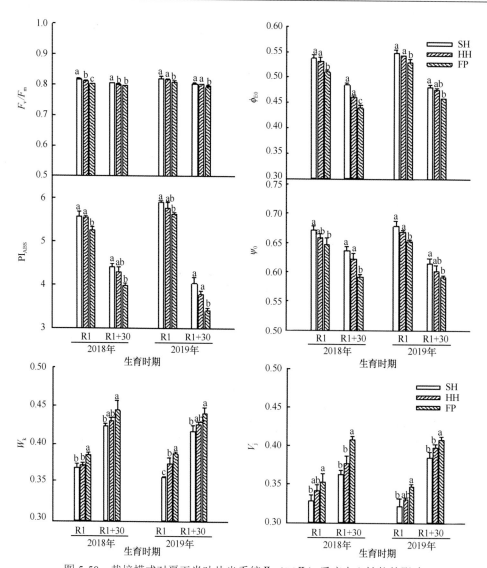

图 5-50　栽培模式对夏玉米叶片光系统Ⅱ（PSⅡ）反应中心性能的影响

SH、HH 叶片的 W_k 和 V_j 较 FP 分别降低 7.36%、3.41% 和 7.10%、3.91%；R1+30 时，SH、HH 群体叶片的 W_k 和 V_j 较 FP 分别降低 4.91%、3.23% 和 8.50%、4.99%（图 5-50）。由此可见，SH、HH 叶片的 PSⅡ供受体、受体侧性能较 FP 有所改善，且 SH 优于 HH；R1+30，栽培模式对供体侧的影响程度要大于受体侧。栽培模式对玉米叶片净光合速率的影响，是叶绿体结构发育及光系统性能综合作用的结果。

（四）不同栽培模式夏玉米叶面积指数、光合势

　　在夏玉米生育期内，叶面积指数呈现出超高产模式（SH）＞高产高效模式（HH）＞农户管理模式（FP）。吐丝期至吐丝后 30d，FP 的叶面积指数下降较快；吐丝后 30d 至成熟期，SH、HH 的叶面积指数下降幅度较大。综合分析，吐丝后夏玉米叶片的光能利用效率是单叶光合作用和叶面积指数综合作用的结果。与 FP 相比，SH、HH 群体能够维持较高的叶片净光合速率和叶面积指数，具有较高的光合势，其光能利用效率较高，有利于光合产物的积累（图 5-51，表 5-21）。

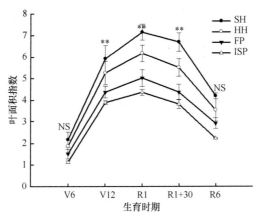

图 5-51　不同栽培模式下不同生育时期叶面积指数的变化

表 5-21　不同栽培模式下不同生育时期的光合势　　　　（单位：$m^2·d$）

处理	R1—R1+30	R1+30—R6	吐丝前	吐丝后
SH	211.0	201.7	198.3	381.7
HH	166.6	159.7	159.9	310.0
FP	148.0	149.1	137.3	277.1
ISP	119.5	117.4	114.9	228.1

注：SH，超高产模式；HH，高产高效模式；FP，农户管理模式；ISP，基础地力栽培模式。R1，吐丝期；R1+30，吐丝后30d；R6，成熟期。下同

（五）不同栽培模式碳代谢分配及产量

吐丝期，用含 ^{13}C 的 CO_2 标记玉米穗位叶，分别在标记后 24h 和成熟期取样。分析 ^{13}C 同位素在植株各器官中的分配比例（表 5-22），在吐丝期，^{13}C 主要集中在茎秆和叶片中，到成熟期，光合产物从茎秆和叶片中转运到籽粒中，^{13}C 在籽粒中分配比例增大。成熟期，超高产模式（SH）、高产高效模式（HH）籽粒中 ^{13}C 的分配比例高于农户管理模式（FP）。由此表明，吐丝期叶片光合作用产物对籽粒产量的贡献率为 SH＞HH＞FP。

表 5-22　吐丝期和成熟期 ^{13}C 在玉米植株各器官中的分配比例（%）

生育时期	处理	茎秆	叶片	雄穗	苞叶	雌穗	穗轴
吐丝期	SH	54.1	36.2	3.3	4.4	2.0	
	HH	53.9	34.1	3.1	6.3	2.6	
	FP	51.6	36.0	2.7	2.7	7.0	
	ISP	52.4	37.3	2.7	2.1	5.3	
成熟期	SH	20.6	14.3	0.4	3.0	55.6	6.1
	HH	22.3	14.0	0.6	2.7	54.7	7.1
	FP	27.4	14.6	0.8	4.3	45.0	7.8
	ISP	28.4	15.3	1.0	2.6	44.2	8.1

不同栽培模式夏玉米产量与净光合速率呈显著正相关（图 5-52），吐丝后 30d（R1+30）的净光合速率对籽粒产量影响效果显著。超高产模式（SH）、高产高效模式（HH）群体夏玉

米通过发育良好的叶绿体结构及改善光系统性能等提高了叶片的净光合速率，保持了较高的叶面积指数，群体有较高的光合势，从而促进了群体干物质积累。此外，光合产物向籽粒的转运效率是决定籽粒产量的关键因子（图5-53），与FP相比，SH、HH群体光合产物转运至籽粒的效率更高。综上所述，SH、HH叶片具有强的光合能力及较高的群体光能利用效率，是实现高产的重要因素之一。

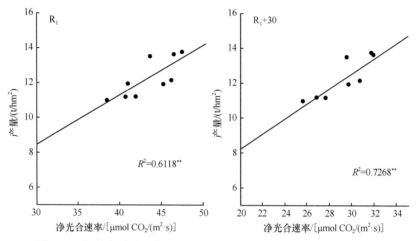

图 5-52　籽粒产量分别与吐丝期、吐丝后 30d 叶片净光合速率的关系

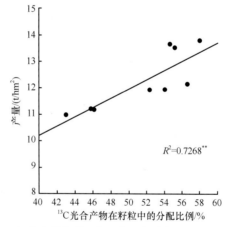

图 5-53　籽粒产量与 ^{13}C 在成熟期籽粒中的分配比例的关系

第三节　南方玉米产量与效率层次差异形成机理

一、南方玉米产量与效率层次差异定量解析

南方玉米种植区光、温、水、热资源丰富但分布不均，种植模式多样，产量和效率差异较大。近年来，为明确南方玉米进一步增产和资源利用效率提升的空间，在"十三五"国家重点研发计划项目"粮食作物产量与效率层次差异及其丰产增效机理"的支持下，开展了南方玉米产量与效率层次差异形成机制和丰产增效途径研究。通过定量化解析南方玉米产量与光、温、水、肥利用效率差异的区域特征，明确影响南方玉米产量与效率差异的主控过程，确定不同胁迫条件下玉米群体结构和功能特征，明确南方玉米产量与效率提升的主控因子及

相关生理生态机制，提出南方玉米缩差增产增效的技术途径。

（一）通过多年多点联合试验探明产量和效率层次差异

于 2017～2019 年在江苏、湖南及四川共 15 个联合试验点进行了基础地力、农户、高产高效和超高产 4 个产量和效率层次差异的定量试验，试验设计见表 5-23。

表 5-23　南方玉米产量差不同地点试验设计

地点	处理	品种	密度/ （万株/hm²）	施肥量与施肥方式		
				N/(kg/hm²)	P₂O₅-K₂O/(kg/hm²)	其他肥料/(kg/hm²)
宣汉 盐源 丹巴	基础地力	登海 605 先玉 696 凉单 10 号	6	0	0	0
	农户		6	300，基/拔（90/210）	基 90	0
	高产高效		7.5	375，基/拔/苞 （112.5/75/187.5）	基/拔（112.5/75）	基施有机肥 3 000（盐源）/ 12 000（宣汉）
	超高产		9	450，基/苗/拔/苞 （135/45/45/225）	基/苗/拔 （135/45/45）	基施有机肥 6 000（盐源）/ 15 000（宣汉）
长沙 安乡 宜章	基础地力	登海 618	6	0	0	0
	农户		6	218，基/拔/苞 （90/69/69）	基 90	0
	高产高效		7.5	195，控释肥	基 90	0
	超高产		9	342，基/拔/苞 （135/69/138）	基 135	0
仁寿 平昌 乐至	基础地力	成单 30 仲玉 30	5.25	0	0	0
	农户		5.25	240，基/苞（120/120）	67.2～76.8，基/苞 （1∶1）	0
	高产高效		6.75	270，基/苗/苞 （81/60/120）	基 138～188，基/苞 （1∶1）	苗 Zn 30
	超高产		6.75	450，基/苗/拔/苞 （150/60/60/180）	基 183～263，基/苞 （1∶1）	苗 Zn 30
邗江 睢宁 宿城	基础地力	江玉 877	6	0	0	0
	农户		6	300，基/拔 [90/210（撒）]	基 90	0
	高产高效		7.5	300，基/拔 [90/210（机）]	基 90	0
	超高产		9	450，基/拔/苞 （90/210/150）	基 90	0
大丰 东台 兴化	基础地力	苏玉 29 苏玉 30	5.25	0	0	0
	农户		6	180，基/拔（80/100）	基 90	0
	高产高效		6.75	240，基/拔（90/150）	基 90	0
	超高产		7.5	360，基/拔/苞 （75/75/110）	135，基/苞（1∶1）	0

注："基""拔""苞""苗"分别指基施肥料、拔节期追施肥料、大喇叭口期追施肥料、苗期追施肥料，前面的数字代表肥料总用量，后面的数字是不同生育时期的施肥量或比例。"撒""机"指施肥方式，分别代表人工撒施、机械深施。盐源点施用商品有机肥，宣汉点施用牛粪

（二）产量及产量差时空变化规律

南方玉米种植区跨度大，气候条件不一，品种、密度和施肥处理等存在显著差异。数据表明各生态区各层次产量水平时空差异较大。江苏所在的长江下游流域因生态条件限制，超高产水平相对较低，但农户水平产量和高产高效水平产量较高，且在 2017～2019 年，农户水平、高产高效水平和超高产水平产量均有所增加。四川地区各代表性生态区各产量层次差异较大：高海拔地区盐源及丹巴地区高产纪录水平可达到 19 824kg/hm²，但农户水平产量较低，仅能达到 7500～9000kg/hm²；低海拔地区的仁寿和平昌高产纪录水平较低，仅 10 305kg/hm²，但农户水平与高产高效水平产量与其差异较小。湖南各代表性生态区不同产量水平间均存在较大差异，长沙地区基础地力水平很低，各产量水平亦较低，说明其生产水平和产量潜力挖掘度均较低（图 5-54）。

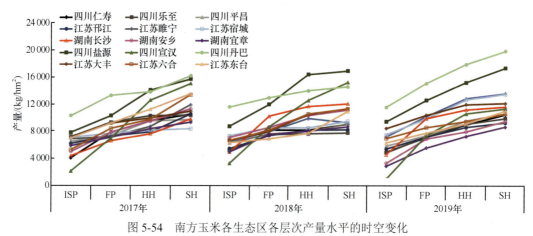

图 5-54　南方玉米各生态区各层次产量水平的时空变化

根据产量水平数据，可计算各个生态区不同层次产量水平间的产量差异（图 5-55）。数据表明在南方不同生态区，不同层次产量水平间的产量差变异非常大。2017～2019 年，与基础地力水平产量相比，农户水平下产量增幅在 7.4%～117.3%，以 2018 年湖南秋玉米最低，2018 年湖南春玉米最高。与农户水平产量相比，高产高效水平下籽粒产量增幅为 2.4%～52.5%，以 2018 年四川套作玉米最低，2018 年湖南秋玉米最高。与高产高效水平产量相比，超高产水平下籽粒产量增幅为 1.5%～29.1%，以 2019 年江苏春玉米最低，2017 年湖南春玉米最高。

分析表明，江苏徐州、盐城、扬州的夏玉米高产高效水平产量与高产纪录水平间差异较小，表明该地区产量潜力可挖掘空间较小；基础地力水平产量与农户水平产量差异较大，说明农户技术水平较高；农户水平产量与高产高效水平产量间仍有较大差异，说明该地区整体上产量有很大提升空间。四川的丹巴和盐源山地玉米基础地力水平产量与农户水平差异较小，说明农户生产技术水平很低；农户水平产量与高产高效水平间差异不大，但与高产纪录水平差异非常大，说明该地区光温潜力可挖掘空间很大，但该地区成熟的相关挖潜技术储备较少，进一步提升产量难度较大。仁寿和平昌地区的套作玉米产量差水平则显示相关挖潜技术储备较好，但技术推广度较低。湖南地区的产量差主要集中在农户水平和高产高效水平产量间，也表明了该地区挖潜技术储备较好，但技术推广度较低。

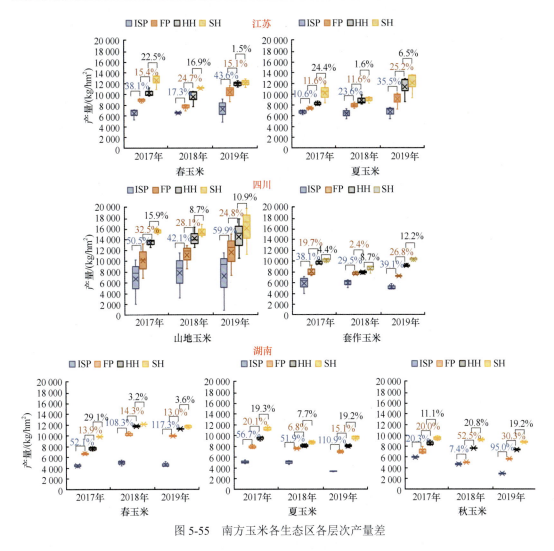

图 5-55　南方玉米各生态区各层次产量差

（三）效率及效率差时空变化规律

偏生产力是体现养分元素效率的重要指标之一。课题综合分析了各代表性生态区的氮肥偏生产力差异及年度变化（图 5-56）。2017～2019 年氮肥偏生产力潜力最高的地区为四川丹巴（59.7kg/kg），最低的地区为江苏邗江（14.1kg/kg）。与农户水平相比，高产高效水平下氮肥偏生产力在湖南长沙、湖南宜章、四川丹巴点降低，在四川仁寿、四川乐至、江苏大丰、江苏六合以及江苏东台差异不显著，其他点升高，升幅为 7.8%（四川平昌）～33.7%（四川宣汉）。与高产高效水平相比，超高产处理下氮肥偏生产力在各试验点均降低，降幅为 9.8%（四川宣汉）～38.2%（江苏大丰）。分析不同试点间氮肥偏生产力发现，四川丹巴和湖南长沙农户水平、高产高效水平及超高产水平的氮肥偏生产力均较高，而四川盐源、湖南安乡则主要是高产高效水平及超高产水平下的氮肥偏生产力较高。在生产力水平较高的江苏地区效率均较低，表明该地区在提升效率上存在较大空间，同时也表明该地区的低效率可能与该地区生态条件的限制或相对较高的产量目标有关。

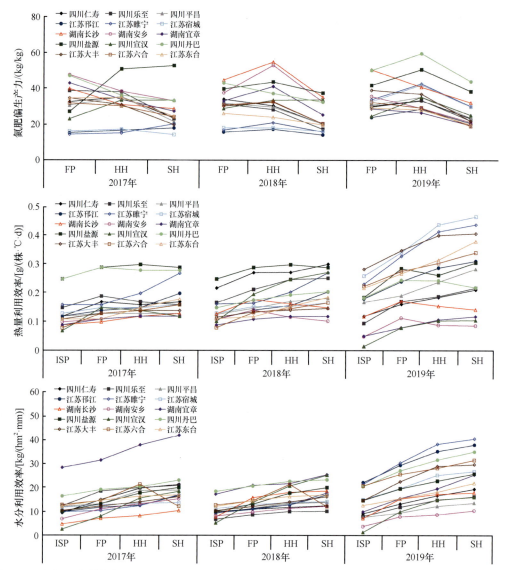

图 5-56 南方玉米各生态区各层次产量水平下氮肥偏生产力、水分利用效率和热量利用效率的时空变化

热量利用效率和水分利用效率随着产量水平的提高逐渐增加，不同区域间热量利用效率以江苏宿城最高，四川宣汉最低；不同区域间水分利用效率以湖南宜章最高，四川宣汉最低。

分析 2017~2019 年不同生态区各产量水平下氮肥偏生产力、热量利用效率和水分利用效率的差异可知，2017~2019 年，湖南春、夏玉米各处理的氮肥偏生产力较高，江苏较低；2019 年江苏地区的热量利用效率显著高于四川和湖南，2017 年湖南秋玉米及 2019 年江苏夏玉米种植区域的水分利用效率显著高于其他地区。资源利用效率与不同年份不同区域的气候特点紧密相关，其是造成效率差异的主要原因。

二、南方玉米产量与效率层次差异限制因子

通过对江苏、湖南、四川等南方区域的 2977 户农户进行调研，明确了南方玉米产量与效率层次差异的主要限制因子。社会经济因素中，以玉米价格低、投入大、成本高的影响较大。

栽培因素中，以种植密度不合理、品种选择不合理、倒伏的影响较大。病虫危害因素中，虫害以玉米螟为第一大害虫，其次是地下害虫，近两年发生的草地贪夜蛾也是主要的虫害之一。病害在江苏和湖南以锈病和大、小斑病为主，在四川以纹枯病和茎腐病为主。土壤因素中，土地不够肥沃为第一因素。气象因素中，四川玉米以干旱和大风冰雹为主，湖南以高温热害和干旱为主，江苏则表现为干旱、涝渍和高温热害并重（表5-24）。

表5-24　南方玉米产量与效率限制因子排序

区域	江苏	湖南	四川
产量/(kg/hm^2)	7920.0	6693.0	8199.0
社会经济因素	1. 玉米价格低、效益差 2. 种植方式不适应	1. 玉米价格低、效益差 2. 投入大、成本高	1. 玉米价格低、效益差 2. 投入大、成本高
栽培管理因素	1. 玉米种植密度较高或较低 2. 品种选择不合理	1. 玉米种植密度较高或较低 2. 品种选择不合理	1. 品种选择不合理 2. 倒伏影响
生物因素	病害 1. 锈病 2. 大、小斑病 虫害 1. 玉米螟 2. 地下害虫	病害 1. 大、小斑病 2. 锈病 虫害 1. 玉米螟 2. 地下害虫	病害 1. 纹枯病 2. 茎腐病 虫害 1. 地下害虫 2. 玉米螟
非生物因素	土壤条件 1. 土壤不够肥沃 2. 土壤质地差 气候因素 1. 干旱 2. 涝渍 3. 高温热害	土壤条件 1. 土壤不够肥沃 2. 土壤质地差 气候因素 1. 高温热害 2. 干旱	土壤条件 1. 土壤不够肥沃 气候因素 1. 干旱 2. 大风冰雹

根据本区域两年调研结果，结合研究进展，明确了本区域产量和效率提升的技术途径：①选择高产、耐密、多抗、耐瘠品种，合理密植，提升群体质量；②秸秆还田、深松深翻、配施有机肥，优化耕层结构，改良土壤质地，提升土壤肥力；③加强抗逆（干旱、高温）栽培技术研究，实现抗逆稳产；④推广种子包衣，防治地下害虫，生物防治玉米螟，加强病害预测预报，综合防控，减轻病虫危害；⑤推广全程机械化栽培管理技术，降低人力成本，增加种植效益。

三、南方玉米产量与效率层次差异形成机理解析

（一）南方玉米密肥调控增产增效机制

调研结果表明，品种、密度和土壤地力是限制南方玉米产量与效率提升的重要因子。为进一步挖掘南方各生态区玉米生产潜力，在3个省6个试验点开展了7个密肥调控课题层面上的大田共性试验研究。试验采用两因素裂区设计，设置2个种植密度（因素A，A1：6万株/hm^2，生产中推荐的高产密度；A2：7.5万株/hm^2，创高产密度）和5个施氮水平（因素B，B1：0kg/hm^2；B2：225kg/hm^2，减氮处理；B3：300kg/hm^2，生产中推荐的高产施氮量；B4：375kg/hm^2，创高产施氮量；B5：300kg/hm^2，缓控释复合肥）。

对不同地点玉米实测产量 Y（kg/hm²）、施氮量 N（kg/hm²）及种植密度 S（株/hm²）进行二元二次双曲面方程拟合。

$Y_{四川丹巴}$=7219.58+16.40N-0.087S+0.006N^2+1.2×10⁻⁶S^2-1.47×10⁻⁴NS（R^2=0.51，F=240.97），当 N=375、S=75 000 时，Y 取得最大值 10 628.2。

$Y_{四川宣汉}$=5206.39+9.63N-0.072S-0.0058N^2+8.48×10⁻⁷S^2+1.27×10⁻⁴NS（R^2=0.69，F=116.36），当 N=375、S=75 000 时，Y 取得最大值 10 973.3。

$Y_{湖南}$=12 068.87+16.90N-0.117S-0.036N^2+7.77×10⁻⁷S^2+4.69×10⁻⁵NS（R^2=0.90，F=2678.13），当 N=277.48、S=66 927.49 时，Y 取得最大值 10 498.1。

$Y_{扬州大学}$=13 068.41+22.78N-0.13S-0.028N^2+8.23×10⁻⁷S^2-1.29×10⁻⁴NS（R^2=0.0.90，F=2678.13），当 N=277.17、S=60 000 时，Y 取得最大值 10 493.8。

$Y_{农农}$=4869.13-3.56N-0.049S+2.8×10⁻⁴N^2+9.11×10⁻⁷S^2+1.75NS（R^2=0.90，F=2678.13），当 N=375、S=75 000 时，Y 取得最大值为 9887.9。

$Y_{仁寿套作}$=8447.17+8.33N-0.080S-0.0069N^2+9.66×10⁻⁷S^2+5.29×10⁻⁵NS（R^2=0.031，F=134.93），当 N=309.78、S=75 000 时，Y 取得最大值为 8599.6。

$Y_{仁寿净作}$=10 075.47+9.32N-0.092S-0.021N^2+8.47×10⁻⁷S^2+1.46×10⁻⁵NS（R^2=0.90，F=1071.85），当 N=244.57、S=75 000 时，Y 取得最大值为 9238.2。

在本试验条件下，增密总的表现趋势为增产，7 个试验点从 6 万株/hm² 增加到 7.5 万株/hm² 平均增产 5.2%，高密条件下增施氮肥的增产作用显著，获得最高产量的氮肥用量为 375kg/hm²，较不施氮肥处理增产 35.7%，缓控释肥的增产作用明显，较不施氮处理增产 33.5%，与同等氮肥水平下 B3 处理的平均产量持平（B3：9352.6kg/hm²，B5：9390.47kg/hm²），表明用缓控释肥替代普通肥料、减少施肥次数以获取南方区域玉米高产是可行的（图 5-57）。

（二）缓释肥施用量影响玉米产量及氮肥利用效率的机制研究

肥料过量或不足施用对土壤和环境造成的不利影响引起了社会广泛关注。缓释肥一次性施用已广泛应用于玉米生产，并可显著提高玉米产量和氮肥利用效率。为进一步探讨缓释肥适宜施用量，于 2018～2019 年在江苏南通江心沙农场大田试验条件下，选用'苏玉 30'和'江玉 877'为试验材料，设置 7 个施肥处理：缓释肥施氮量 0～405kg N/hm²（F0、SF225、SF270、

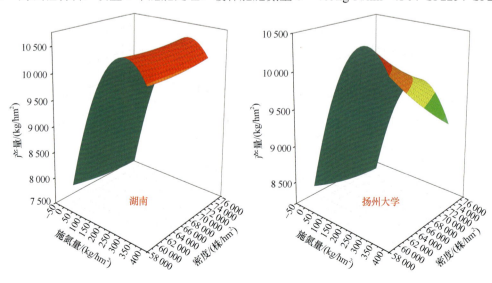

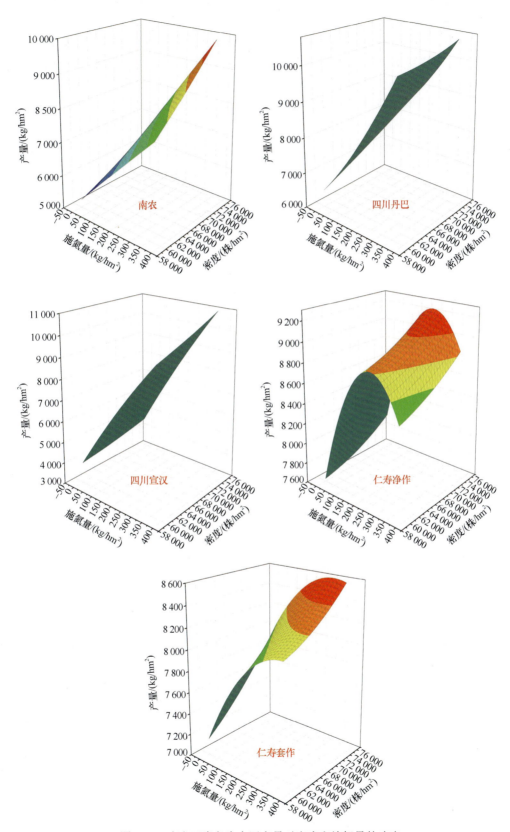

图 5-57　南方玉米各生态区产量对密度和施氮量的响应

SF315、SF360、SF405）和常规肥 405kg N/hm² （CF405）（基施普通复合肥 135kg N/hm²，拔节期追施尿素 225kg N/hm²，开花期追施尿素 45kg N/hm²）。研究缓释肥施用量对春玉米产量、干物质积累和氮素积累、碳氮代谢酶活性、氮肥利用率和经济效益的影响。结果表明，两个品种在 SF360 处理下均获得最高的籽粒产量、氮肥利用率和经济效益。碳氮代谢酶活性、花前花后干物质积累量和氮素积累量均随缓释肥施用量的增加而增加，以 SF360 和 SF405 处理下较高。SF360 和 SF405 处理的产量差异不显著，但 SF360 的氮肥偏生产力、氮肥农学利用率和氮肥利用效率分别比 SF405 高 9.8%、6.6% 和 8.9%。本研究结果还表明，SF405 处理的籽粒产量、氮肥利用效率和经济效益分别比 CF405 高 5.2%、12.3% 和 18.1%。综上所述，实际生产中施氮量从 405kg/hm²（常规肥）减到 360kg/hm²（缓释肥），可显著缩小实际产量与产量潜力间的差异，施氮量减少 11.1%，但产量、氮肥利用效率以及经济效益分别提高 3.2%、22.2% 和 17.5%，在江苏省春玉米实际生产中创造了一种轻简、高效、经济的种植方式（表 5-25，图 5-58，图 5-59）。

表 5-25 缓释肥施用量对玉米产量及其构成因素的影响

品种	处理	2018 年			2019 年		
		穗粒数	千粒重/g	产量/(kg/hm²)	穗粒数	千粒重/g	产量/(kg/hm²)
苏玉 30	F0	361d	257d	5 921e	382f	273d	6 648e
	SF225	467c	301c	8 978d	471e	306c	9 188d
	SF270	482c	307bc	9 433c	496d	315b	9 960cd
	SF315	517b	313b	10 314b	525c	320ab	10 710c
	SF360	569ab	326a	11 822a	575ab	327a	11 987a
	SF405	582a	323a	11 984a	587a	328a	12 274a
	CF405	577a	316b	11 623ab	565b	317b	11 418b
江玉 877	F0	387e	275c	6 777e	389f	281c	6 968e
	SF225	455d	302b	8 753d	495e	313b	9 877d
	SF270	489c	309b	9 639c	521d	319b	10 595c
	SF315	527b	317ab	10 655b	552c	323ab	11 366bc
	SF360	575ab	325a	11 836a	595ab	331a	12 555a
	SF405	584a	323a	12 030a	613a	332a	12 974a
	CF405	569ab	322a	11 715a	588b	319b	11 958b
方差分析 AVOVA		穗粒数		千粒重		产量	
年份（Y）		0.9		246.5**		52.9*	
品种（V）		0.6		0.1		3.4	
施肥处理（F）		38.5**		19.3**		46.7**	
Y×V		2.0		0.6		1.9	
Y×F		0.4		4.7**		2.3	
V×F		1.2		2.3		0.6	
Y×V×F		0.4		2.5		1.3	

注：同一品种同列不含有相同小写字母的表示差异显著（$P<0.05$）；方差分析的显著性，* 表示在 0.05 水平差异显著，** 表示在 0.01 水平差异显著。下同

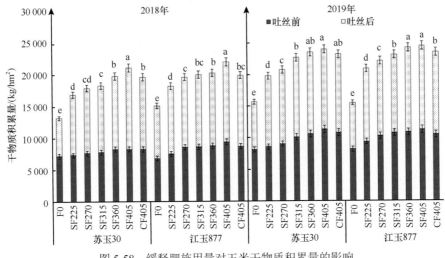

图 5-58 缓释肥施用量对玉米干物质积累量的影响

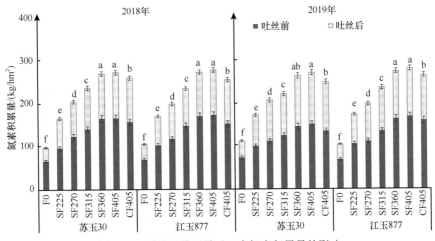

图 5-59 缓释肥施用量对玉米氮素积累量的影响

（三）有机物料还田提升地力绿色增产增效机理

针对南方玉米生产存在的土壤瘠薄、秸秆利用率低等问题，以培肥地力为目标，开展了秸秆过腹还田代替无机养分施入对玉米产量和地力肥力的提升研究，结果表明：羊粪替代一半化肥处理的玉米产量和地上部生物量显著高于无磷处理，与化学肥料无显著差异，且羊粪处理产量相较化肥处理有升高的趋势；证明用羊粪替代部分无机磷肥可以维持玉米产量在正常水平。其机理在于羊粪的施入显著提高了收获期地上部各部位的磷含量和吐丝期叶片的磷含量，说明用部分羊粪代替化学磷能够维持玉米的正常生长，同时该处理能显著提高玉米根系生物量。低磷促进根系表聚，而施羊粪提高套作玉米磷素利用效率主要得益于促进根系生长，特别是表层土壤的根系分布比例，进而促进植株吸收磷素（图 5-60，图 5-61）。

（四）逆境胁迫下玉米产量与效率差异形成机理

随着气候变暖，近些年各种天气系统的活动更强烈、更频繁，干旱、洪涝、高温、冷害等气象灾害发生的频率呈增加的趋势，南方玉米种植区属亚热带和热带湿润气候区，气候多

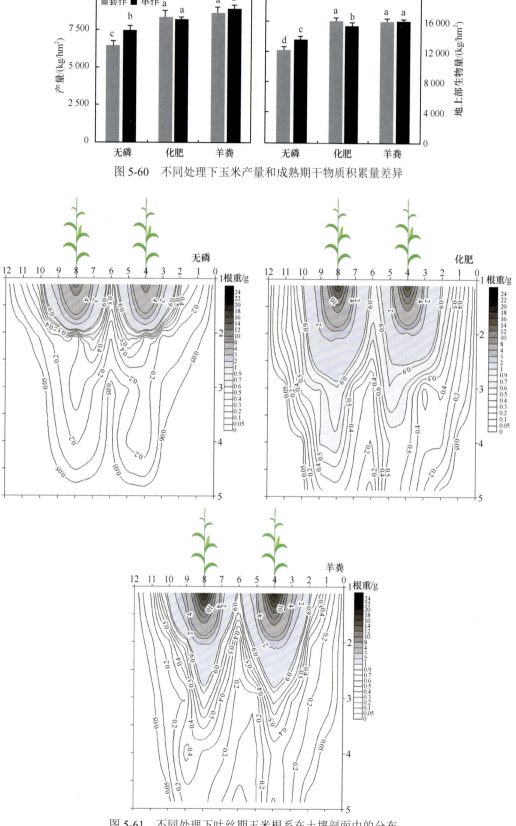

图 5-60　不同处理下玉米产量和成熟期干物质积累量差异

图 5-61　不同处理下吐丝期玉米根系在土壤剖面中的分布

变，易发生高温、干旱、涝渍、台风等自然灾害，加强研究不同气象灾害对玉米生长发育、产量和品质影响的生理过程、危害机制及规律，明确极端性天气对玉米产量和品质形成的作用机制，提出与之相适应的抵御途径、关键技术和措施，对有效避免和减轻气象灾害有重要意义。

南方地区春玉米在灌浆结实期（6～7月）常经历梅雨季节，多雨寡照易造成光照不足，限制光合生产能力，使植株生长发育受到不同程度的影响，最终影响籽粒发育，导致产量降低。2016～2017年在江苏扬州，通过可移动遮阳网设置不同程度弱光胁迫，选择'郑单958''江玉877''苏玉29''苏玉30'4个普通玉米品种为试验材料，从产量及物质积累转运、叶片光合及衰老、籽粒灌浆3个方面研究结实期不同程度弱光胁迫影响玉米产量形成的生理机制。研究表明结实期弱光胁迫显著减少穗粒数和千粒重，导致产量损失。4个供试品种中'苏玉30'在弱光胁迫下产量表现较好，'郑单958'产量下降较多。弱光胁迫下植株花后干物质积累量和氮素积累量减少，叶片光合生产能力下降，籽粒灌浆进程受到抑制，降低籽粒产量，重度弱光胁迫下影响加剧（图5-62）。

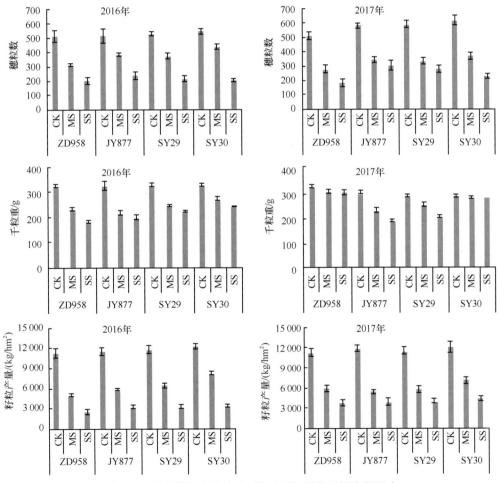

图 5-62　结实期弱光胁迫对玉米产量及其构成因素的影响

CK：自然对照，MS：中度弱光胁迫，SS：重度弱光胁迫。

ZD958：'郑单958'，JY877：'江玉877'，SY29：'苏玉29'，SY30：'苏玉30'

　　高温干旱是影响南方玉米生长发育的关键环境因子，随着全球极端暖干性气候发生频率增多，高温干旱影响作物产量形成的生理生化机制受到广泛关注。2017～2018 年在江苏扬州，利用智能温室进行控温，采用称重法控制土壤含水量，研究花后高温干旱胁迫对糯玉米植株花后物质积累转运、叶片光合、衰老、抗氧化酶系统及内源激素含量的影响。结果表明，花后高温干旱胁迫降低了玉米穗粒数、粒重，造成减产，高温干旱胁迫下花后干物质积累量、花后营养器官同化物转运量和花后营养器官同化物转运量对籽粒产量的贡献率均显著降低，穗位叶含水率、光合速率、蒸腾速率、气孔导度降低，胞间 CO_2 浓度升高，同时各叶位叶片光合酶活性降低，活性氧（ROS）、MDA 含量显著上升，叶片抗氧化酶活性显著降低，造成干物质积累总量及产量的降低。高温与干旱的双重胁迫对产量的影响有显著叠加效应。

参 考 文 献

陈广锋. 2018. 华北平原小农户小麦/玉米高产高效限制因素及优化体系设计研究. 北京: 中国农业大学博士学位论文.

李少昆, 王崇桃. 2010. 玉米高产潜力·途径. 北京: 科学出版社.

杨锦忠, 陈明利, 张洪生. 2013. 中国 1950s 到 2000s 玉米产量–密度关系的 Meta 分析. 中国农业科学, 46(17): 3562-3570.

杨鹏宇, 胡琦, 马雪晴, 等. 2018. 1961—2015 年华北平原夏玉米生长季光热资源变化及其影响. 中国农业气象, 39: 431-441.

张福锁, 王激清, 张卫峰, 等. 2008. 中国主要粮食作物肥料利用率现状与提高途径. 土壤学报, 45(5): 915-924.

Campanha M M, Oliveira A D D, Marriel I E, et al. 2019. Effect of soil tillage and N fertilization on N_2O mitigation in maize in the Brazilian cerrado. Science of the Total Environment, 692: 1165-1174.

Campillo R, Jobet C, Undurraga P. 2010. Effects of nitrogen on productivity, grain quality, and optimal nitrogen rates in winter wheat cv. kumpa-inia in andisols of southern Chile. Chilean Journal of Agricultural Research, 70(1): 122-131.

Han K, Han X, Curtis D J, et al. 2016. Impact of irrigation, nitrogen fertilization, and spatial management on maize. Agronomy Journal, 108: 1794-1804.

Jiang R, He W, Zhou W, et al. 2019. Exploring management strategies to improve maize yield and nitrogen use efficiency in northeast China using the DNDC and DSSAT models. Computers & Electronics in Agriculture, 166: 104988.

Kubota H, Iqbal M, Quideau S, et al. 2018. Agronomic and physiological aspects of nitrogen use efficiency in conventional and organic cereal-based production systems. Renewable Agriculture and Food Systems, 33: 443-466.

Li S, Lei Y, Zhang Y, et al. 2019. Rational trade-offs between yield increase and fertilizer inputs are essential for sustainable intensification: a case study in wheat-maize cropping systems in China. Science of the Total Environment, 679: 328-336.

Liu J, Zhu L, Luo S, et al. 2014. Response of nitrous oxide emission to soil mulching and nitrogen fertilization in semi-arid farmland. Agriculture, Ecosystems & Environment, 188: 20-28.

Ma D, Li S, Zhai L, et al. 2020. Response of maize barrenness to density and nitrogen increases in Chinese cultivars released from the 1950s to 2010s. Field Crops Research, 250(1): 107766.

Mueller N D, Gerber J S, Johnston M, et al. 2012. Closing yield gaps through nutrient and water management. Nature, 490: 254-257.

Ruffo M L, Gentry L F, Henninger A S, et al. 2015. Evaluating management factor contributions to reduce corn yield gaps. Agronomy Journal, 107(2): 495-505.

Sela S, van Es H M, Moebius-Clune B N, et al. 2018. Dynamic model-based recommendations increase the precision and sustainability of N fertilization in midwestern US maize production. Computers and Electronics in Agriculture, 153: 256-265.

Tan Y, Xu C, Liu D, et al. 2017. Effects of optimized N fertilization on greenhouse gas emission and crop production in the North China Plain. Field Crops Research, 205: 135-146.

Zamora-Re M I, Dukes M D, Hensley D, et al. 2020. The effect of irrigation strategies and nitrogen fertilizer rates on maize growth and grain yield. Irrigation Science, 38: 461-478.

Zhang D, Wang H G, Li D X, et al. 2019. DSSAT-CERES-Wheat model to optimize plant density and nitrogen best management practices. Nutrient Cycling in Agroecosystems, 114(1): 19-32.

Zhang Y, Wang H, Lei Q, et al. 2018. Optimizing the nitrogen application rate for maize and wheat based on yield and environment on the Northern China Plain. Science of the Total Environment, 550(7677): 469.

第六章 作物产量和效率协同提高的生理生态机制

第一节 作物高产栽培生物学特征和产量潜力提升的生物学途径

作物产量和资源利用效率层次差异的研究目标：一方面要不断缩小低产田与高产田之间的差距，另一方面也要突破作物的产量和效率进一步提升的潜力。生物学改良可以调控作物的生长发育、促进碳氮代谢、提高产量和品质。

一、水稻高产栽培的特征及产量潜力提升的途径

在创建高产与超高产水稻群体的基础上，比较分析了这两种水稻群体在产量构成要素方面的差异，揭示了高产与超高产水稻产量差异的生理生态机制。与高产水稻相比，超高产水稻有效穗数、穗粒数显著增加，进而增加了产量。密植是水稻增产增效的重要栽培调控途径，可使不同水稻品种产量增加 9.4%～18.4%。单位面积穗数增加导致库容的增大及较高的氮素利用效率和光能利用效率是产量增加的主要原因（图 6-1）。

品种	处理	产量/(t/hm²)	
JLYHZ	LNHD	10.90a	11.1%
	FPLD	9.81b	1.09t/hm²
QLY1	LNHD	11.79a	18.4%
	FPLD	9.96b	1.83t/hm²
HHZ	LNHD	8.92a	14.7%
	FPLD	7.78b	1.14t/hm²
HKX1	LNHD	8.28a	9.4%
	FPLD	7.57a	0.71t/hm²

图 6-1　不同库容水稻品种的产量比较（华中农业大学李勇　供图）

LNHD：增密处理；FPLD：农户低密度种植

此外，品种的库容是影响水稻实现超高产的重要因素，'甬优 4949' 比其他品种增产 3.2%～22.7%；氮素籽粒生产效率提高了 5.3%～20.7%。每穗颖花数多和颖花的分化数高，单茎干重、氮素积累量和作物生长速率高是 '甬优 4949' 产量与效率更高的原因。

通过应用杂交稻，以及生物学改良的手段可提高穗粒数、千粒重，从而进一步增大"库"的容量，提高水稻的产量潜力；通过鉴定和调控光合同化物转运体的表达，从而进一步使"流"更加通畅，提高水稻同化物向库的供给能力；通过增强叶片的光合能力，从而增强"源"的碳同化能力，为产量的形成提供物质基础。

二、小麦高产栽培的特征及产量潜力提升的途径

对超高产栽培和高产栽培条件下超高产小麦 '济麦 22' 的大田生理生态学参数进行了比较与分析。连续两年的观测结果发现，超高产栽培相对高产栽培平均提高单产 16% 以上，超高产栽培单位面积穗数提高了 15%，而单位面积穗数的提高同时改善了田间生态微环境，单位面积的总生物量提高了 7%，收获指数基本不变（图 6-2）（Ma et al.，2021）。

优化肥料投入是小麦实现超高产的重要栽培途径，与高产栽培小麦相比，超高产栽培小

麦施肥量增加 50% 且施用有机肥，叶片持绿性好，叶绿素含量提高 11%～20%，光合效率提高 10%～20%，为产量提升提供了物质来源（图 6-3）。

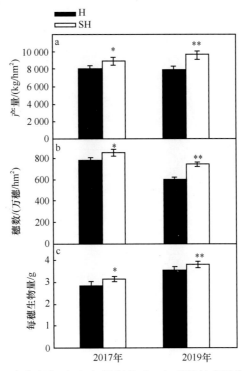

图 6-2　小麦高产（H）与超高产（SH）栽培的产量构成比较

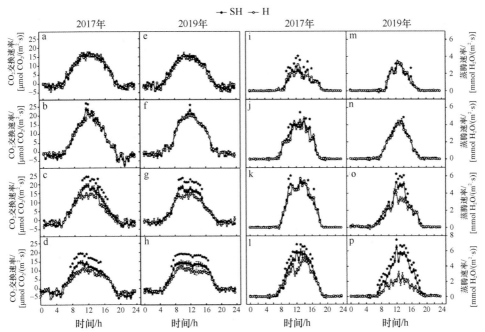

图 6-3　高产（H）与超高产（SH）小麦旗叶光合参数的日变化

小图 a、e、i、m 为开花期测定的结果；小图 b、f、j、n 为开花后 8d 测定的结果；

小图 c、g、k、o 为开花后 16d 测定的结果；小图 d、h、l、p 为开花后 24d 测定的结果灌溉也是提高小麦产量的重要途径，在开花期增加一次灌水可调节田间微环境。与高产栽培小麦相比，超高产栽培小麦土壤含水量高，土壤温度低，叶片蒸腾速率提高 0.76～2 倍，有利于降低叶片温度而促进光合作用，小麦光能利用效率提高 20%，灌浆速率也显著提高（图 6-4）。

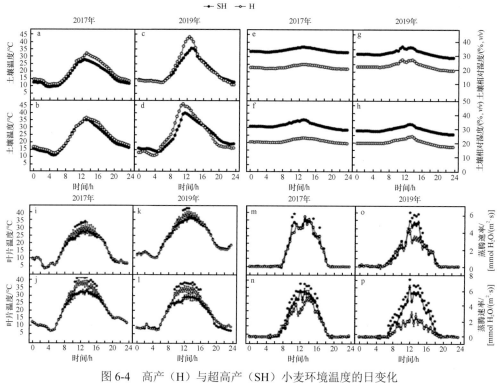

图 6-4　高产（H）与超高产（SH）小麦环境温度的日变化

小图 a、c、e、g、i、k、m、o 为开花后 16d 测定的数据；小图 b、d、f、h、j、l、n、p 为开花后 24d 测定的数据

三、玉米高产栽培的特征及产量潜力提升的途径

密植是玉米增产增效的重要栽培调控途径，然而增加种植密度后导致叶片的气孔开度下降。覆膜栽培是半干旱地区雨养条件下玉米丰产增效的重要途径，通过'郑单 958'和'先玉 335'等玉米品种在不同种植密度下覆膜与不覆膜的处理比较，研究发现覆膜增加了叶片气孔密度和开度，提高了光合速率和暗呼吸速率，同时覆膜增大了玉米的根夹角和成熟期根系活力，进而促使籽粒产量增加（Niu et al.，2020）。代谢组分析表明，'先玉 335'对覆膜的响应程度大于'郑单 958'，较高的种植密度缩小了覆膜与不覆膜处理间叶片代谢组的差异。在覆膜条件下，可减少光呼吸产物积累，并且减轻光抑制的蛋氨酸、N-乙酰基天冬氨酸等代谢物的水平整体呈升高趋势。相关性分析表明，抗氧化作用及能量代谢相关的代谢物在提高产量过程中有重要贡献（牛丽等，2021）。因此，覆膜通过提高叶片的气孔开度和抗氧化物质含量，减轻光抑制，使灌浆期叶片净光合速率提高 25%～50%，密植条件下玉米的产量提高 8%～19%（图 6-5）。

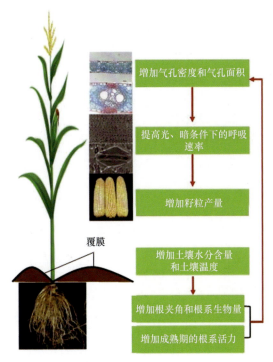

增加气孔密度和气孔面积

提高光、暗条件下的呼吸速率

增加籽粒产量

增加土壤水分含量和土壤温度

增加根夹角和根系生物量

增加成熟期的根系活力

覆膜

图 6-5　覆膜使高产玉米品种耐密增产的机理

第二节　作物资源高效利用品种的特征和效率提升的生物学途径

一、光能利用效率提升的生物学途径

（一）水稻气孔大小对气孔张开速率及光能利用效率的影响

气孔对外界环境变化的敏感性是植物适应能力的重要体现。本试验选取了 8 个栽培稻品种和 8 个野生稻品种为试验材料，系统地研究了水稻气孔对光照变化的响应过程，量化气孔结构对光能利用的影响。

移栽 40d 后对 16 个水稻材料进行动态光合作用的测定。根据气孔对光照瞬时变化的响应模型将气孔的响应过程进行量化，得到两个重要参数：初始气孔延迟时间（λ）和气孔最快响应速率（$\mathrm{Sl}_{\max}$）。结果显示，对于本试验所选的 16 个水稻材料，气孔结构（气孔大小和密度）、气孔导度与对光合作用的响应速率在品种间存在显著差异。气孔大小对气孔导度的响应速率存在两方面的影响。首先，小气孔材料在气孔响应光照变化的初始阶段有着更长的 λ，但是在气孔导度快速增长阶段，气孔越小的材料通常会表现出更低的 $\mathrm{Sl}_{\max}$。对气孔大小对 λ 作用的原因进行分析时我们发现，不同水稻材料初始气孔延迟时间主要受制于在低光条件下的初始气孔导度值（$G_{\mathrm{s,\ initial}}$），$G_{\mathrm{s,\ initial}}$ 越大的材料，其 λ 通常越短。

对气孔导度响应过程中的这两个参数（λ 和 $\mathrm{Sl}_{\max}$）与气孔的绝对响应速度（气孔导度增加到最大气孔导度的 50% 时所需要的时间，$T_{50\%G_{\mathrm{s}}}$）进行分析时发现，当叶片处于很低的背景光条件下，$T_{50\%G_{\mathrm{s}}}$ 主要取决于 λ。同时我们根据模型计算出不同材料从低光向高光转变后核酮糖-1,5-双磷酸羧化酶/加氧酶（Rubisco）的激活速率（$1/\tau$）。结果显示，$1/\tau$ 受限于气孔导度的响应速率。进一步分析发现，气孔导度的响应速率会影响从低光向高光转变后胞间 CO_2 浓度

（C_i）的下降速率，而前人的研究和我们本试验的结果同样证明光合作用的响应过程中，C_i 的下降速率会直接影响 $1/\tau$（图 6-6）。

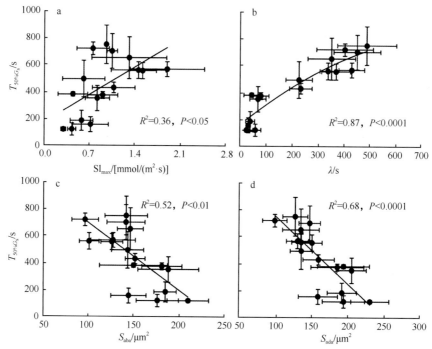

图 6-6　16 个水稻品种气孔对光照变化的响应（Zhang et al.，2019）

S_{aba}、S_{ada} 分别表示叶片背面、正面气孔大小

（二）波动光影响作物光能利用效率的生理生态机制

波动光（fluctuating light，FL）是自然界中最常见的光环境，目前很多研究在恒定光强下进行，不能真实反映大田作物所面对的高度变化的波动光环境。已有研究表明，短期波动光处理会抑制植物的光系统Ⅰ（PSⅠ），然而在长期波动光处理下，作物如何协调不同生理学过程使生长适应波动光环境，其机理尚不明确。

通过比较恒定光下和不同天数波动光处理下水稻的生长与生理变化发现，长期波动光处理降低了水稻植株的株高和生长速率。短期波动光处理主要抑制 PSⅠ活性，而光系统Ⅱ（PSⅡ）由于受到非光化学猝灭（NPQ）的保护而受影响较小。随着波动光处理时间的延长，PsbS 蛋白表达增加，叶黄素循环组分玉米黄质大量积累，类囊体腔内的酸化（ΔpH）程度增加，共同诱导较高的非光化学猝灭。长期波动光处理使 PSⅠ受体侧限制增加，而 NPQ 的增加降低了 PSⅡ 的效率，电子传递速率在 PSⅠ 和 PSⅡ 均下降，表明长期波动光处理使 PSⅠ 和 PSⅡ 活性均受到抑制。进一步研究发现，长期波动光处理使类囊体膜质子梯度下降，说明 ATP 合酶活性下降。叶绿体超微结构观察显示，长期波动光处理下叶绿体类囊体基粒数增加而基粒厚度降低，免疫印迹分析表明光合相关蛋白积累均降低。通过叶片气孔结构分析和光合气体交换测定，发现长期波动光处理使气孔导度下降主要是因气孔开度的减小，进一步限制了 CO_2 的同化，最终导致水稻生长受到抑制。这些结果表明，光强的波动同样会对植物生长产生影响。解析并改良水稻对波动光的适应性可能是进一步提高水稻产量和资源利用效率的有效途径（图 6-7）（Wei et al.，2021）。

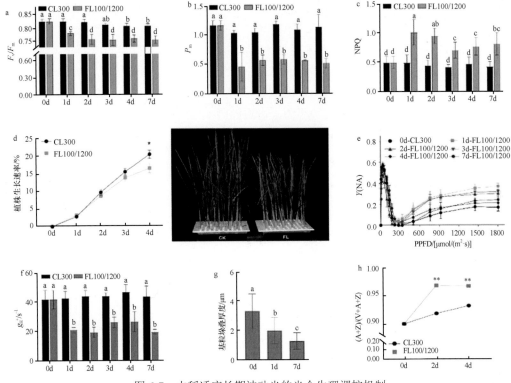

图6-7 水稻适应长期波动光的光合生理调控机制

P_m：光系统Ⅰ从还原态变为氧化态的最大变化值；$Y(NA)$：受体侧限制导致的光系统Ⅰ非光化学猝灭的产量；g_H^+：跨膜质子梯度；$(A+Z)/(V+A+Z)$：叶黄素循环中环氧玉米黄素（A）和玉米黄质（Z）的比例，V代表紫黄质。CL300：恒定光照强度300μmol/(m²·s)；FL100/1200：波动光光强度为100/1200μmol/(m²·s)；0d-CL300：恒定光照强度300μmol/(m²·s)，处理0d；1d-FL100/1200：波动光光强度为100/1200μmol/(m²·s)，波动光处理1d；2d-FL100/1200：波动光光强度为100/1200μmol/(m²·s)，波动光处理2d；3d-FL100/1200：波动光光照强度为100/1200μmol/(m²·s)，波动光处理3d；4d-FL100/1200：波动光光照强度为100/1200μmol/(m²·s)，波动光处理4d；7d-FL100/1200：波动光光照强度为100/1200μmol/(m²·s)，波动光处理7d

二、温度利用效率提升的生物学途径

温度是影响光合作用的主要因素之一，研究光合作用的温度适应性对于提高光合作用的抗高温和低温胁迫能力具有重要的意义。光合作用进行碳同化之前，CO_2需要首先从外界大气经过气孔传输到细胞间隙，然后再依次经过细胞壁、细胞膜、细胞质、叶绿体膜和叶绿体基质等阻力到达Rubisco（卡尔文循环的关键酶）的羧化位点。CO_2从细胞间隙到达Rubisco羧化位点的传导度（阻力的倒数）称为叶肉导度（G_m），它是限制光合作用的主要因素之一。在全球气候变暖的背景下，研究叶肉导度对温度的响应规律及机理对于提高光合作用的抗高温能力具有重要的意义。前人的研究发现不同植物之间叶肉导度对温度的响应规律不同，有的植物（如水稻和烟草等）叶肉导度随着温度的升高而升高，但是有的植物（如小麦和拟南芥等）叶肉导度对温度不敏感。目前，国际上对这种差异缺乏合理的解释。

蒸腾速率随着温度的升高而升高，从而可能导致叶片水势（Ψ_{leaf}）下降。因为光合作用和叶肉导度都随着叶片水势的降低而降低，所以如果高温下叶片水势降低，那么光合作用和叶肉导度对温度响应的程度将显著降低。但是，关于叶片水势对温度的响应是否存在物种间差异，以及这种差异是否会导致叶肉导度对温度响应的不同还缺乏系统的认识。本研究以水稻和小麦为材料，研究水稻和小麦光合作用、叶肉导度及叶片水势对温度响应的差异，并通过测定两个温度下的叶肉导度与叶片水势之间的关系，阐明叶片水势是否参与调控叶肉导度对温度的响应。

结果表明，小麦品种'Mace'和水稻品种'Wenlu-4'的 $\varPsi_{leaf}$ 都随着温度的升高显著降低，但是'Mace'的降低幅度显著高于'Amaroo'（图6-8）。同时，水稻品种'Wenlu-4'的 $\varPsi_{leaf}$ 对温度不敏感。水稻和小麦的净光合速率（P_n）都随着温度的升高呈现先增长后下降的趋势，但是水稻对温度的响应程度明显高于小麦。水稻叶肉导度（G_m）随着温度的升高显著提高，但是小麦的叶肉导度对温度不敏感。

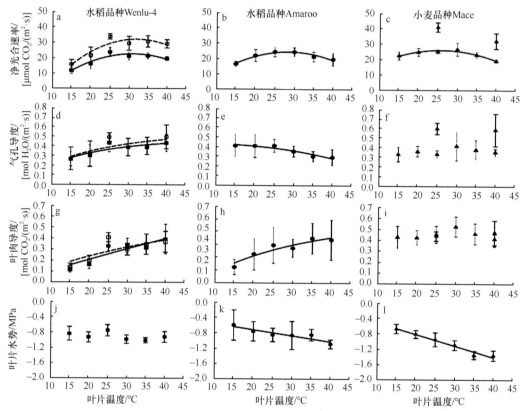

图6-8　温度对水稻（Amaroo 和 Wenlu-4）和小麦（Mace）净光合速率、气孔导度、叶肉导度及叶片水势的影响（Li et al., 2020b）

净光合速率、气孔导度和叶肉导度都随着叶片水势的下降而降低。在相同的水势下，35℃下小麦的叶肉导度和净光合速率均显著高于15℃（图6-9）。图6-8i 和图6-9f 之间的差异表明，小麦叶肉导度对温度不敏感是因为高温下叶片水势降低。该研究对于提高作物热量利用效率具有重要的意义。

此外，冷害和干旱是东北玉米苗期遭受的常见胁迫。比较干旱处理、冷害处理、干旱与冷害联合胁迫处理发现，相对于对照组，单一冷害或干旱处理下，光系统Ⅱ最大电子传递效率（ΦPSⅡ）、电子传递速率［ETR(Ⅱ)］均下降。其中，单一冷害处理下，ΦPSⅡ 和 ETR(Ⅱ) 值下降得最严重。有趣的是，冷害和干旱联合胁迫处理的植株光系统Ⅱ最大电子传递效率（ΦPSⅡ）、电子传递速率［ETR(Ⅱ)］值显著高于单一冷害胁迫下的 ΦPSⅡ 和 ETR(Ⅱ) 值，在三组胁迫处理下，联合胁迫处理的叶绿素荧光测定值最接近于未做处理的对照组。说明单一冷害对光系统造成了不可恢复的损伤，然而，在干旱和冷害联合胁迫下，干旱缓解了冷害对光合系统的损伤（图6-10）。

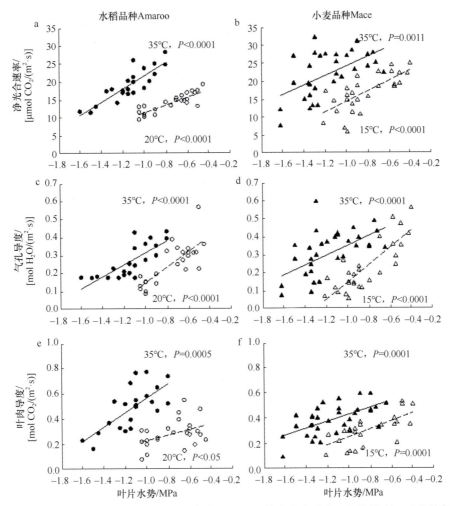

图 6-9　两个温度下水稻'Amaroo'和小麦'Mace'的净光合速率、气孔导度、叶肉导度与
叶片水势的关系（Li et al.，2020b）

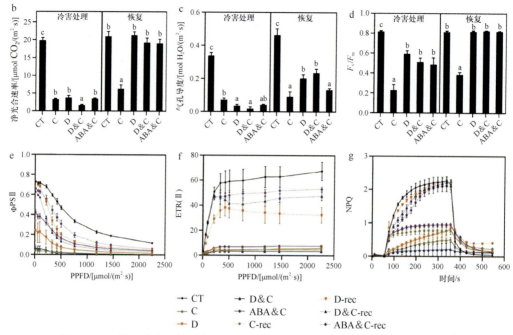

图 6-10　干旱、冷害及其联合胁迫处理下的生长及生理表型（Guo et al.，2021）

CT：对照；C：冷害处理；D：干旱处理；D&C：冷害和干旱联合胁迫；ABA&C：冷害下施 ABA；C-rec：冷害恢复；
D-rec：干旱恢复；D&C-rec：干旱和冷害联合胁迫后恢复；ABA&C-rec：冷害下施 ABA 后恢复

　　利用 HPLC 测定植物激素脱落酸（ABA）、水杨酸（SA）、茉莉酸（JA）及生长素（IAA）水平的研究结果表明，相对于对照组，单一干旱处理组和单一冷害处理组的 ABA 与 IAA 水平均显著提高，而 SA、JA 水平显著降低。推测植物激素脱落酸（ABA）和生长素（IAA）可能参与了植物响应并适应联合胁迫的过程，在缓解冷害胁迫的过程中具有重要的作用。值得注意的是，在恢复阶段，单一干旱组 ABA 水平下降到对照组水平，联合胁迫组 ABA 平也明显下降到与对照组相近的水平。然而，单一干旱组的 ABA 水平下降不明显，依然显著高于对照组。由此可见，干旱和冷害联合胁迫可诱导脱落酸（ABA）水平上调和响应相关糖类合成上调，光合相关基因表达下调，从而缓解冷害对幼苗造成的损伤（Guo et al.，2021）。

三、氮素利用效率提升的生物学途径

　　减氮处理能够显著促进水稻根系伸长生长，进而提高氮肥吸收利用效率。研究结果表明：在无氮素处理的情况下，外源细胞分裂素（CK）合成抑制剂（lovatatin）处理抑制水稻种子根伸长生长，外源 CK［激动素（KT）和玉米素（Z）］处理也抑制水稻种子根伸长生长。该结果说明水稻种子根快速生长需要一定阈值的 CK，过高或过低的 CK 都抑制水稻种子根伸长生长。进一步研究不同氮素处理对水稻种子生长、种子根内源 CK［Z、二氢玉米素（DZ）、异戊烯基腺嘌呤（IP）］代谢及含量的影响。结果表明：氮素处理浓度越高，种子根中 CK 含量越高，种子根就越短（图 6-11）；氮素处理浓度与内源玉米素（Z）的含量呈正相关，减氮处理能显著降低水稻种子中 Z 的含量来促进根系生长；减氮处理通过抑制 CK 合成基因（*OsIPTs*）表达并且促进 CK 降解基因（如 *OsCKX4*）表达（图 6-11），进而通过抑制 CK 合成并且促进 CK 降解来降低水稻种子根中 CK 含量。

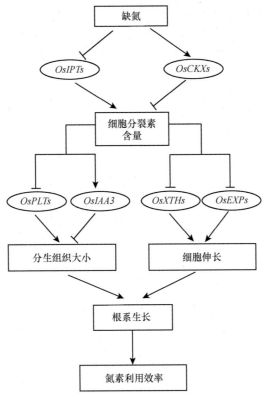

图 6-11　减氮促根增效的生理生态机制（Wang et al.，2020）

根部细胞形态的研究结果表明：减氮处理能够通过降低水稻根系中 CK 含量，进而通过增加分生区细胞数目来促进细胞增殖，并且通过促进伸长区细胞伸长来增加细胞的长度。该研究结果证实了减氮处理通过降低水稻根系中 CK 含量，进而通过促进根系细胞增殖和伸长生长来促进根系生长。此外，大田试验数据表明，减氮处理能够通过促进根系生长来提高氮肥吸收利用效率。

减氮诱导的 CK 含量的降低不仅能够上调 OsPLTs 基因表达和下调 OsIAA3 基因表达，进而通过增加根分生区细胞数目来提高细胞的增殖速率，还能够上调根特异性 OsXTHs 和 OsEXPs 基因表达来促进根细胞的伸长。减氮通过促进水稻根伸长生长来增加根系吸收面积，进而提高氮肥吸收利用效率。

以上研究结果表明：一定阈值的 CK 是水稻根系快速生长所必需的，过高或过低的 CK 都抑制水稻根系生长。氮素处理浓度过高则合成过量的 CK，过量的 CK 通过抑制水稻根系生长来降低氮肥吸收利用效率；减氮处理可以降低 CK 含量，促进水稻根系细胞增殖和细胞伸长，进而通过促进水稻根系生长来提高氮肥吸收利用效率。该研究结果为减氮促根增效提供了理论支持和实践指导。

第三节　作物高产高效协同的生理生态机制

一、提高叶片光合能力使作物产量和光能利用效率协同提高

研究表明核编码的转录因子 GOLDEN2-LIKE（GLK）对植物的叶绿体发育有促进作用。

外源表达 OsGLK1 可以激活水稻维管束鞘细胞的叶绿体合成（Wang et al.，2013）。通过在水稻中转入玉米基因 *ZmGLK1* 和 *ZmG2*，可显著提高叶片色素及光合蛋白含量并提高水稻光合作用效率，同时通过积累 D1 蛋白及增加热耗散以减轻中午或波动光下的光抑制程度。研究结果表明，通过增加 GLK 转录因子的表达，可提高大田水稻的叶片净光合速率和气孔导度，提高光合作用效率；通过提高强光条件下叶黄素循环中的玉米黄素和叶黄素的含量，提高强光下的 NPQ，从而耗散 PSⅡ 吸收的过多光能（图 6-12）。

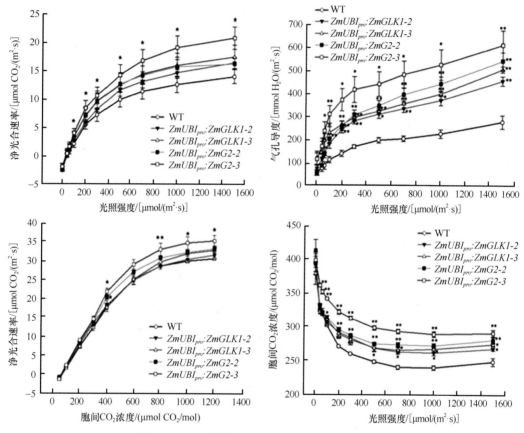

图 6-12　叶片结构改良水稻的气体交换能力提高

WT 指野生型，另外 4 个是过表达 *ZmGLK1* 和 *ZmG2* 的不同转基因系

在北京和海南两地进行的大田试验，均表明生物学改良水稻的地上部干重及籽粒产量均较野生型有显著提高。不管是在北京还是海南，过表达 *ZmG2* 基因的水稻的地上部干重均显著或极显著高于野生型。由产量结果可知，过表达基因 *ZmGLK1* 和 *ZmG2* 的水稻单株产量分别较野生型提高 16%～25% 和 33%～49%，小区产量的结果也与之类似，过表达基因 *ZmGLK1* 和 *ZmG2* 的水稻在北京可分别增产 13%～15% 和 28%～32%，在海南分别增产 14%～18% 和 34%～45%。说明在水稻中过表达基因 *ZmGLK1* 和 *ZmG2*，可提高其抵御高光抑制的能力，从而大幅提高水稻的生物量以及产量（图 6-13）（Li et al.，2020a）。

二、调控群体光质分配使作物产量和光能利用效率协同提高

密植是作物生产中增加单产的重要途径。种植密度增加后，地上部叶片的相互遮荫会降低红光（R）与远红光（FR）的比值，从而激发避荫反应：表型包括下胚轴与节间伸长，叶

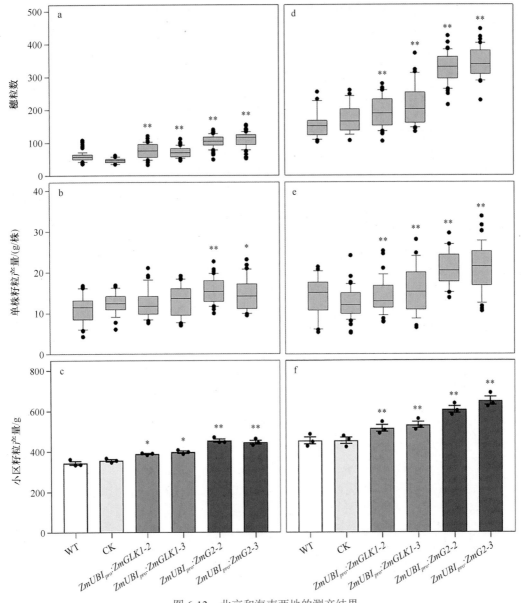

图 6-13　北京和海南两地的测产结果

片与茎夹角变小，抑制分枝，提前开花等。生长素、细胞分裂素、独角金内酯等植物激素参与了避荫反应的调控（Wang and Wang，2015）。

　　光信号的感知是由光敏色素（phytochrome）介导的，可调控植物的种子萌发、下胚轴/茎秆伸长、地上部分枝、生物钟、开花时间等多方面的生长与发育过程。de Wit 等（2018）利用 [14]C 标记的实验研究表明，降低红光（R）与远红光（FR）的比值（模拟遮荫）会增加碳向胚轴（类似茎）的部位分配，从而促进其伸长。光敏色素互作因子（phytochrome-interacting factor，PIF）家族基因是植物体内响应遮荫和糖信号的主要调控因子。PIF 属于 bHLH 转录因子家族，拟南芥中共有 7 个 PIF，都可以与光敏色素 B（phyB）的 N 端直接互作，水稻中 *OsPIF13/14* 和 *OsPIF15/14* 分别为 *AtPIF4* 和 *AtPIF3* 的同源基因。PIF7 则是正向调控植物避荫反应的关键因子（Nakamura et al.，2007；Li et al.，2012；Casal，2013）。此外，光敏色素基因家族与光受体、下游信号转导因子和激素信号的基因网络互作共同参与避荫反应的调控；控制生长素流入（*AUX*）和流出（*PIN*）的基因，与禾本科中控制腋部分枝的 *MAX* 基因可调控密植遮荫后的分枝发育（Kebrom and Brutnell，2007）。

Pereira 等（2017）的研究结果表明，向日葵在密植条件下自动调整倾斜方向，充分利用行间辐射资源。光信号的改变可以被光敏色素受体感知，从而改变茎的生长角度，调整植株的生长方向。"遮荫处理"和"远红光处理"证明了红光与远红光的比例是调控茎倾斜的原因。而田间试验的结果表明，与强制扶直的植株相比，自我调整的植株产油量增加 19%～47%（Pereira et al.，2017）。此外，在理解密植与株型关系的基础上，还可以通过基因编辑进行株型改良。例如，Tian 等（2009）的研究表明，可以利用紧凑株型调控基因在玉米中的自然变异调控叶舌区域的发育、油菜素内酯的含量，使叶片与茎秆之间的夹角变小。大田试验结果表明，通过这种基因调控无论在 W22 还是农大 108 背景下，都可以使叶夹角变小，株型更加直立，使得高密度种植条件下单株产量和群体产量都显著高于对照植株（Tian et al.，2019）。

三、间套作使作物产量和养分利用效率协同提高

间套作（intercropping）是我国传统精耕细作农业的重要组成部分，既可以提高复种指数，又可以减少肥料投入，提高光热资源的利用效率，对促进农业可持续发展具有重要作用（雍太文等，2012）。间套作体系中，不同作物之间的互作不仅包括地上部互作——充分利用不同层次的光照资源，而且存在地下部根系之间的互作。不同物种之间的间套作效果也有所不同：有的作物之间竞争根际养分，而有的作物之间互利共赢，可以同时增产。

间作可以提高作物对氮、磷等大量元素的利用效率。Li 等（2016）研究发现了玉米根分泌物促进蚕豆结瘤固氮的调控机制。通过田间根系分隔的方法，研究者证明了玉米与蚕豆间作能使蚕豆的结瘤量提高 32%，固氮量提高 36%，从而使蚕豆生物量和产量显著提高。通过提取不同禾本科作物根分泌物处理蚕豆根系，发现玉米根分泌物可特异性地促进蚕豆结瘤，小麦和大麦的根分泌物则不能促进蚕豆结瘤。玉米根分泌物可诱导蚕豆根中与结瘤和固氮相关的基因表达上调（Li et al.，2016）。此外，间作条件下，不仅玉米对蚕豆有增产作用，蚕豆对玉米的磷吸收也有帮助。在缺磷土壤上，与单作种植方式相比，间作可使玉米产量提高 49%，蚕豆产量提高 22%。用溴甲酚紫显色法研究根际 pH 变化，结果证明蚕豆具有很强的根际酸化能力，玉米的根际则呈碱性。根际土壤中有机酸含量的测定表明，蚕豆能分泌更多的苹果酸和柠檬酸，有助于活化土壤中的磷，从而提高间作条件下的玉米根际磷的有效性，最终使得在缺磷土壤上，玉米产量大幅度提高（Li et al.，2007）。

四、化学调控使作物产量和光能利用效率、水分利用效率及品质协同提高

海藻糖（trehalose）是生物界广泛存在的一种代谢物，其前体海藻糖六磷酸（T6P）是一种不可或缺的糖信号物质，可以调控植物体内糖利用、碳平衡以及植株生长发育。在"源"器官叶片中，T6P 可调控蔗糖的合成；在"库"器官中，T6P 则调控蔗糖的消耗，从而调节蔗糖的浓度；在光照的叶片中，T6P 通过对磷酸烯醇丙酮酸羧化酶和硝酸还原酶的翻译后调控来影响光合同化产物向蔗糖、有机酸及氨基酸之间的分配；在黑暗条件下，T6P 则调控叶片中储备的淀粉再活化形成蔗糖（Figueroa and Lunn，2016）。对叶片外源施加海藻糖可以在 30min 内诱导淀粉合成。通过转基因和生物化学方法研究表明，T6P 在细胞质中合成，可根据细胞质中糖的水平对质体代谢起调控作用，最终使得植物叶片可以不依赖于光照独立合成淀

粉（Kolbe et al.，2005）。通过转基因方法在玉米穗中过表达 T6P 磷酸酶（TPP），可以提高小穗中的蔗糖浓度，增加结实率和收获指数。多年多点的田间试验证明，转基因玉米在非干旱或轻度干旱条件下增产 9%～49%，在重度干旱条件下可增产 31%～123%（Nuccio et al.，2015）。

应用人工合成小分子化控物质促进作物生长和产量提升是生产中常用的栽培措施。Griffiths 等（2016）研究发现，T6P 不能被植物直接吸收，因此他们研发合成了植物可以直接吸收的、能被阳光激活在植物体内释放 T6P 的"T6P 类似物信号前体"。对小麦喷施这种合成化控可使籽粒变大，籽粒产量和淀粉含量均提高 10%～20%；在干旱胁迫以及剪叶等逆境条件下，喷施这种合成化控剂可以显著提高小麦恢复生长的能力（Griffiths et al.，2016）。因此，化控剂不仅能够提高作物的产量和品质，而且可以增强作物的抗逆性，对自然灾害条件下稳产同样具有重要意义。

华北平原是我国夏玉米的主产区，多年创全国玉米高产纪录。但受温带季风性气候和水肥过量的影响，近年来玉米生育期内存在严重的倒伏问题。新型植物生长调节剂乙胺盐（DHEAP）可有效提高玉米的抗倒伏性能（图 6-14）。对不同抗倒性玉米品种进行多年试验，结果表明，DHEAP 不仅能缩减节间高度有效抗倒伏，而且可改善玉米穗位叶的光合性能，进而保证玉米在高密度条件下产量的提升，其中对'郑单 958'与'先玉 335'的产量提升分别高达 22.28% 和 43.14%（Huang et al.，2021）。

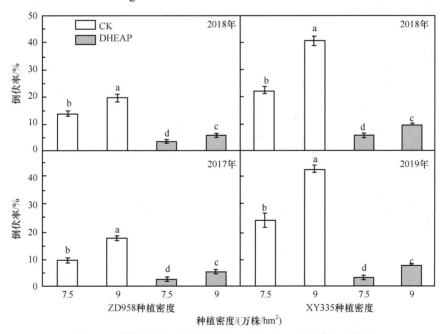

图 6-14　化控剂对不同种植密度下的玉米田间倒伏率的影响

此外，化控剂按比例混合使用的增产增效效果更好。玉黄金化控剂（EDAH）[含有27% 的乙烯利和 3% 的胺鲜酯（DA-6）]已被证明可抑制玉米节间伸长，促进茎增粗，增加机械强度和维管束数量。DA-6 可以提高植物的光合作用能力，促进细胞分裂和生长。将两种调节剂分别在玉米的拔节期和抽雄期喷施，可在前期控制基部节间的长度和质量，抽雄期提高玉米穗位叶的光合能力，增加同化物积累和转运。2018～2019 年夏季玉米试验结果表明，EDAH+DA-6 组合处理的玉米株高、穗位高和重心高度分别降低了 10.18%、16.77%和 13.21%；叶面积和叶面积指数也分别显著下降 24.11% 和 60.15%（P＜0.001）；与对照相比，平均叶片倾斜角显著增加了 16.72%（$P < 0.001$），这表明 EDAH+DA-6 可以塑造更紧凑的株型。与对照相比，EDAH+DA-6 组合处理的玉米倒伏率降低了 6.95%，籽粒产量提高了 15.51%。此外，EDAH+DA-6 组合处理显著提高了玉米基部茎秆的质量，改善了基部茎秆的机械性能，使茎秆的抗压折强度提高了 22.23%；半纤维素含量、纤维素含量和木质素含量分别增加了 6.93%、3.87% 和 30.21%。综上所述，EDAH+DA-6 组合处理可以通过优化玉米的植株形态和群体光合作用来提高夏玉米的产量（Gong et al.，2021）。

参 考 文 献

牛丽, 白文波, 李霞, 等. 2021. 地膜覆盖对两种密度下两个品种玉米叶片代谢组的影响. 作物学报, 47(8): 1551-1562.

雍太文, 杨文钰, 向达兵, 等. 2012. 不同种植模式对作物根系生长、产量及根际土壤微生物数量的影响. 应用生态学报, 23(1): 125-132.

Casal J J. 2013. Photoreceptor signaling networks in plant responses to shade. Annual Review of Plant Biology, 64(1): 403-427.

de Wit M, George G M, Ince Y Ç, et al. 2018. Changes in resource partitioning between and within organs support growth adjustment to neighbor proximity in Brassicaceae seedlings. Proceedings of the National Academy of Sciences of the United States of America, 115(42): E9953-E9961.

Figueroa C M, Lunn J E. 2016. A tale of two sugars: trehalose 6-phosphate and sucrose. Plant Physiology, 172(1): 7-27.

Gong L S, Qu S J, Huang G M, et al. 2021. Improving maize grain yield by formulating plant growth regulator strategies in north China. Journal of Integrative Agriculture, 20(2): 622-632.

Guo Q, Li X, Niu L, et al. 2021. Transcription-associated metabolomic adjustments in maize occur responding to combined drought and cold stress. Plant Physiology, 186(1): 677-695.

Griffiths C A, Sagar R, Geng Y, et al. 2016. Chemical intervention in plant sugar signaling increases yield and resilience. Nature, 540: 574-578.

Huang G, Liu Y, Guo Y. 2021. A novel plant growth regulator improves the grain yield of high-density maize crops by reducing stalk lodging and promoting a compact plant type. Field Crops Research, 260: 107982.

Kebrom T H, Brutnell T P. 2007. The molecular analysis of the shade avoidance syndrome in the grasses has begun. Journal of Experimental Botany, 58(12): 3079-3089.

Kolbe A, Tiessen A, Schluepmann H, et al. 2005. Trehalose 6-phosphate regulates starch synthesis via posttranslational redox activation of ADP-glucose pyrophosphorylase. Proceedings of the National Academy of Sciences of the United States of America, 102(31): 11118-11123.

Li B, Li Y Y, Wu H M, et al. 2016. Root exudates drive interspecific facilitation by enhancing nodulation and N_2 fixation. Proceedings of the National Academy of Sciences of the United States of America, 113(23): 6496-6501.

Li L, Li S M, Sun J H, et al. 2007. Diversity enhances agricultural productivity via rhizosphere phosphorus facilitation on phosphorus-deficient soils. Proceedings of the National Academy of Sciences of the United States of America, 104(27): 11192-11196.

Li L, Ljung K, Breton G, et al. 2012. Linking photoreceptor excitation to changes in plant architecture. Genes and Development, 26(8): 785-79.

Li X, Wang P, Li J, et al. 2020a. Maize *GOLDEN2-LIKE* genes enhance biomass and grain yields in rice by improving photosynthesis and reducing photoinhibition. Communications Biology, 3(1): 151.

Li Y, Song X, Li S, et al. 2020b. The role of leaf water potential in the temperature response of mesophyll conductance. New Phytologist, 225(3): 1193-1205.

Ma M, Liu Y, Zhang Y, et al. 2021. *In situ* measurements of winter wheat diurnal changes in photosynthesis and environmental factors reveal new insight into photosynthesis improvement by super-high-yield cultivation.

Journal of Integrative Agriculture, 20(2): 527-539.

Nakamura Y, Kato T, Yamashino T, et al. 2007. Characterization of a set of phytochrome-interacting factor-like bHLH proteins in *Oryza sativa*. Bioscience, Biotechnology, and Biochemistry, 71(5): 1183-1191.

Niu L, Yan Y, Hou P, et al. 2020. Influence of plastic film mulching and planting density on yield, leaf anatomy, and root characteristics of maize on the Loess Plateau. The Crop Journal, 8(4): 548-564.

Nuccio M, Wu J, Mowers R, et al. 2015. Expression of trehalose-6-phosphate phosphatase in maize ears improves yield in well-watered and drought conditions. Nature Biotechnology, 33(8): 862-869.

Pereira M L, Sadras V O, Batista W, et al. 2017. Light-mediated self-organization of sunflower stands increases oil yield in the field. Proceedings of the National Academy of Sciences of the United States of America, 114(30): 7975-7980.

Tian J, Wang C L, Xia J L, et al. 2019. Teosinte ligule allele narrows plant architecture and enhances high-density maize yields. Science, 365(6454): 658-664.

Wang H, Wang H. 2015. Phytochrome signaling: time to tighten up the loose ends. Molecular Plant, 8(4): 540-551.

Wang P, Fouracre J, Kelly S, et al. 2013. Evolution of *GOLDEN2-LIKE* gene function in C_3 and C_4 plants. Planta, 237: 481-495.

Wang Q, Zhu Y C, Zou X, et al. 2020. Nitrogen deficiency-induced decrease in cytokinins content promotes rice seminal root growth by promoting root meristem cell proliferation and cell elongation. Cells, 9(4): 916.

Wei Z, Duan F, Sun X, et al. 2021. Leaf photosynthetic and anatomical insights into mechanisms of acclimation in rice in response to long-term fluctuating light. Plant Cell & Environment, 44(3): 747-761.

Zhang Q Q, Peng S B, Li Y. 2019. Increase rate of light-induced stomatal conductance is related to stomatal size in the genus *Oryza*. Journal of Experimental Botany, 70(19): 5259-5269.

第二篇

技术篇

第七章　水稻丰产增效技术途径

第一节　南方水稻丰产增效技术途径

一、长江上游中稻再生稻区

（一）长江上游中稻超高产栽培技术途径与案例分析

1. 超高产栽培技术途径

（1）选择高产抗倒品种，经济产量和生物产量协同提高

针对不同的生态区域光温、土壤、排灌条件以及种植习惯等差异，选种适应性强、生育期适中、耐密植的高产抗倒品种，充分利用光热资源，追求超高产。收获产量要超过 12t/hm²，成熟期相应的生物产量均超过 22t/hm²，如'天优华占''隆两优 1206''内优 506'等（表 7-1）。

表 7-1　长江上游中稻超高产品种产量和成熟期干物质积累量　　　　（单位：t/hm²）

品种	产量			干物质积累量		
	绵竹市	中江县	富顺县	绵竹市	中江县	富顺县
安优 5819	10.31	10.63	10.90	15.94	19.42	22.03
宜香 2115	10.45	11.06	8.82	17.67	20.25	18.48
泰优 390	10.46	10.51	9.87	16.56	19.43	21.15
天优 863	10.46	11.29	8.63	18.34	21.57	18.99
德优 4727	10.49	11.94	10.65	18.45	21.61	21.64
成丰优 188	10.56	10.04	10.23	18.72	19.71	19.62
隆两优 1146	10.69	10.26	11.10	18.35	18.17	21.72
C 两优华占	10.81	10.56	10.23	18.24	18.08	20.21
蓉 7 优 523	10.87	10.12	10.23	18.97	19.65	19.74
龙两优 018	10.89	10.53	10.13	18.59	18.51	20.30
Ⅱ优 602	10.92	10.37	9.55	19.42	19.60	20.43
晶两优华占	10.93	10.57	9.74	18.90	19.41	18.31
蓉 18 优 189	10.96	10.35	11.19	19.07	18.29	21.35
内 5 优 39	11.14	10.65	9.96	19.96	19.14	19.33
旌 3 优 177	11.15	11.83	10.82	19.00	22.50	21.17
内优 506	11.15	12.07	9.20	18.73	22.30	18.18
C 两优 018	11.28	10.88	9.87	19.49	18.04	19.59
德优 4923	11.38	11.10	10.25	20.40	20.50	19.93
德香 4103	11.39	11.63	10.06	19.98	21.16	20.71
绿优 4923	11.43	11.65	11.24	20.05	21.42	19.57
泸优 727	11.48	12.00	11.39	21.01	21.46	20.79
蜀优 217	11.49	11.88	10.82	20.51	20.55	20.68

品种	产量			干物质积累量		
	绵竹市	中江县	富顺县	绵竹市	中江县	富顺县
晶两优 1377	11.54	10.51	9.94	20.14	18.82	20.52
Y 两优 973	11.69	11.38	10.63	20.40	20.48	21.56
蓉 18 优 622	11.72	10.80	10.50	20.87	19.80	19.04
F 优 498	11.79	11.92	11.18	20.82	21.87	20.96
Y 两优 1 号	11.85	10.62	9.65	21.10	18.26	19.66
内 5 优 5399	11.95	12.36	8.82	21.72	22.08	18.21
隆两优 1206	12.03	11.59	9.65	22.24	21.68	19.65
天优华占	12.28	12.39	11.50	22.43	22.23	22.46

（2）适时早播早栽，构建超高产大群体

根据不同生育期的气候特点，适当早播早移栽，有利于延长生育期，增加干物质积累量，提高有效穗数和千粒重，促进水稻获得高产。川西平原区（绵竹市）一般在 4 月上旬播种，川中丘陵区（中江县）一般在 4 月中旬播种，有利于促进分蘖成穗，提高生物产量和稻谷产量（表 7-2）。

表 7-2　播期对长江上游中稻分蘖动态、干物质积累及产量的影响

地点	播期 （月/日）	品种	分蘖数/(万个/hm²)				干物质积累量/(t/hm²)					籽粒产量/ (t/hm²)
			苗期	拔节期	孕穗始期	齐穗期	苗期	拔节期	孕穗始期	齐穗期	成熟期	
绵竹市	3/27	蜀优 217	49.1	485.9	443.0	379.1	0.2	6.2	7.1	13.8	20.8	11.7
		Ⅱ 优 602	46.5	418.8	371.0	321.5	0.2	5.9	6.9	13.8	20.6	11.6
		天优华占	45.8	415.2	382.5	293.6	0.2	5.4	6.3	12.2	18.6	10.6
		平均值	47.2	440.0	398.9	331.4	0.2	5.8	6.7	13.3	20.0	11.3
	4/3	蜀优 217	52.8	475.1	427.8	378.3	0.2	6.1	6.9	14.8	21.1	12.2
		Ⅱ 优 602	48.8	424.3	351.1	328.6	0.2	5.7	6.5	14.6	20.7	11.8
		天优华占	46.8	451.1	417.8	312.1	0.2	5.8	6.6	12.8	19.5	11.1
		平均值	49.5	450.2	398.9	339.7	0.2	5.8	6.7	14.1	20.4	11.7
	4/10	蜀优 217	59.7	489.6	419.6	365.3	0.2	5.7	6.5	12.5	19.3	11.2
		Ⅱ 优 602	49.3	453.1	380.3	297.4	0.2	5.4	6.1	12.2	18.7	10.9
		天优华占	47.9	437.6	362.5	278.0	0.2	5.1	5.8	11.2	17.3	10.1
		平均值	52.3	460.1	387.5	313.5	0.2	5.4	6.1	12.0	18.4	10.7
中江县	4/9	蜀优 217	79.7	430.1	420.8	336.8	0.2	5.8	6.6	12.4	18.6	11.1
		Ⅱ 优 602	73.6	363.1	322.8	275.8	0.2	5.7	6.4	11.6	19.1	11.2
		天优华占	67.4	356.8	314.1	265.9	0.2	5.6	6.2	10.6	17.6	10.3
		平均值	73.6	383.3	352.6	292.8	0.2	5.7	6.4	11.5	18.4	10.9
	4/16	蜀优 217	81.0	471.7	418.9	362.3	0.2	6.0	6.7	14.0	20.4	12.2
		Ⅱ 优 602	74.3	434.8	357.2	294.0	0.2	5.5	6.2	14.0	19.7	11.8
		天优华占	64.6	454.7	367.8	307.1	0.2	5.3	6.0	13.3	18.3	10.6
		平均值	73.3	453.7	381.3	321.1	0.2	5.6	6.3	13.7	19.5	11.6

续表

地点	播期(月/日)	品种	分蘖数/(万个/hm²)				干物质积累量/(t/hm²)					籽粒产量/(t/hm²)
			苗期	拔节期	孕穗期	齐穗期	苗期	拔节期	孕穗始期	齐穗期	成熟期	
中江县	5/23	蜀优217	74.9	474.5	371.1	321.9	0.2	5.6	6.3	11.9	18.4	11.4
		Ⅱ优602	73.6	448.3	360.5	279.8	0.2	5.4	6.0	11.2	17.5	10.4
		天优华占	69.4	446.0	359.2	274.1	0.1	5.1	5.7	10.4	16.9	9.8
		平均值	72.6	456.3	363.6	291.9	0.1	5.4	6.0	11.2	17.6	10.5

2. 超高产栽培典型

通过选用穗粒兼顾品种、增密增苗提高群体起点、水肥调控改善群体质量，配套培肥地力和病虫草高效绿色防控技术，2019年我们在绵竹创造了机插秧20亩攻关田平均亩产870.3kg的超高产纪录。

该田块位于绵竹市金星村（31.26°N、104.22°E），持续3年连续施用商品有机肥[400kg/（亩·季）]和冬季种豆科类绿肥相结合进行地力培肥。相比邻近的农户稻田，超高产田块耕层有机质含量提升35.5%，碱解氮含量提升38.9%，有效磷含量提高35.7%，速效钾含量提高28.8%（表7-3）。较高的土壤地力为超高产提供了基础保障，也是养分充分且平衡供应的基础。

表7-3　产量水平间土壤基础地力

田块类型	有机质含量/%	pH	全氮含量/%	全磷含量/(g/kg)	全钾含量/(g/kg)	碱解氮含量/(mg/kg)	有效磷含量/(mg/kg)	速效钾含量/(mg/kg)
高产高效	3.1b	5.90a	0.242b	0.64b	12.2b	117.3b	20.7b	146b
超高产	4.2a	5.96a	0.286a	0.83a	15.1a	163.0a	28.1a	188a

注：同列中不同小写字母表示田块类型之间差异显著（$P<0.05$）

（1）技术要点

1）优选品种。选用超高产抗倒伏品种，如'天优华占''隆两优1206''内5优5399''内优506'等。

2）培育壮秧。3月下旬，机插秧选用9寸黑色育秧硬盘，每盘播种50~70g，叠盘后暗化催芽，"旱地宽厢"培育壮秧，秧龄30~35d，苗高不超过18cm，茎基部宽厚。人工移栽采用旱育秧，培育秧龄30~35d、4~5叶带蘖壮秧。

3）增加密度。4月下旬移栽，机插秧行距为30cm，株距为16cm，每穴2~3苗。人工移栽采用宽窄行栽培，栽插穴数不低于20万穴/hm²。

4）平衡施肥。依据水稻超高产养分需求规律，有机、无机肥配合施足底肥，返青后及时追施分蘖肥，分次施用穗肥。底肥施用商品有机肥200kg/亩，复合肥（N-P₂O₅-K₂O=15-15-15）26.7kg/亩，钾肥（K₂O含量≥60%）10kg/亩；插秧后7~10d追施腐植酸尿素5kg/亩；封行时追施钾肥（K₂O含量≥60%）4kg/亩、神创复合肥300~600g/亩；晒田复水后第1天、拔节后第17天、拔节后第21天分别追施腐植酸尿素3.25kg/亩，齐穗后1周内喷施一次氨基酸类叶面肥。

5）水分管理。浅水插秧，秧苗返青后实行以干湿交替灌溉为主的水浆管理方式。当田间苗数达到1.2万株/亩（6月5日左右）时，开始排水晒田。晒田复水后采用间隙灌溉，抽穗扬花期保持浅水层，之后干湿交替，直至成熟前 7d 断水。

6）病虫害及杂草防控。旱育保姆或迈舒平拌种包衣。移栽前，每亩用福戈 12g+爱苗 20mL 兑水 45L 喷雾。移栽后 10d，每亩吡嘧磺隆 10g+韩秋好 60mL 兑水 45L 喷雾除草。移栽后，每亩 20～30d 福戈 12g+爱苗 20mL+井冈蜡芽菌 400mL 兑水 45L 喷雾，防控病虫害。晒田复水后，每亩福戈 12g+爱苗 20mL+井冈蜡芽菌 400mL 兑水 45L 喷雾，防控病虫害。破口期，每亩福戈 12g+爱苗 20mL+井冈蜡芽菌 400mL 兑水 45L 喷雾，防控病虫害。

（2）群体特征

超高产水平（SH）水稻实际产量为 12.62t/hm^2，较当地高产高效水平（HH）高出 9.9%（表 7-4）。超高产栽培条件下，叶面积指数苗期为 0.22，拔节期为 5.86，孕穗始期为 6.38，齐穗期为 7.80，成熟期为 5.26（表 7-5）；苗期干物质积累量为 0.10t/hm^2，拔节期为 6.15t/hm^2，孕穗始期为 7.15t/hm^2，齐穗期为 14.76t/hm^2，成熟期为 22.30t/hm^2（表 7-6）。超高产水平水稻剑叶光合速率、辐射截获率、辐射截获量及辐射量均明显高于高产高效水平。

表 7-4　长江上游中稻超高产和高产高效水平的产量及产量构成（绵竹，2017）

产量水平	有效穗数/（万穗/hm^2）	穗粒数	结实率/%	千粒重/g	实际产量/（t/hm^2）
超高产	339.17a	173.68 a	83.71a	26.01a	12.62a
高产高效	311.28b	175.45a	83.12a	26.02a	11.48b

注：同列中不同小写字母表示产量水平之间差异显著（$P<0.05$），下同

表 7-5　长江上游中稻超高产和高产高效水平的 LAI 动态（绵竹，2017）

产量水平	苗期	拔节期	孕穗始期	齐穗期	成熟期
超高产	0.22a	5.86a	6.38a	7.80a	5.26a
高产高效	0.18a	5.74a	6.27a	7.59a	4.89a

表 7-6　长江上游中稻超高产和高产高效水平的干物质积累量（绵竹，2017）　　（单位：t/hm^2）

产量水平	苗期	拔节期	孕穗始期	齐穗期	成熟期
超高产	0.10a	6.15a	7.15a	14.76a	22.30a
高产高效	0.10a	5.71b	6.57b	13.00b	20.12b

与高产高效水平相比，超高产水平水稻齐穗期剑叶光合速率平均提高 10.0%，各生育阶段光合速率、辐射截获率分别平均提高 3.9%、6.4%（表 7-7～表 7-9）。由此可见，在高产高效水平的基础上选择高产抗倒品种，适当提前播栽，配合适当增密和加强养分管理，可提高有效穗数和叶面积指数，塑造合理的群体结构，以达到缩减高产高效水平和超高产水平之间产量差距的目的，是实现长江上游水稻超高产的有效措施。

表 7-7　长江上游中稻超高产和高产高效水平的剑叶光合速率（绵竹，2017）

［单位：μmol CO$_2$/(m^2·s)］

产量水平	齐穗期	齐穗后 15d	齐穗后 30d
超高产	30.65a	26.18a	21.27a
高产高效	29.81a	24.89b	17.45b

表 7-8　长江上游中稻超高产和高产高效水平的辐射截获率（%）（绵竹市，2017）

产量水平	苗期	拔节期	孕穗始期	齐穗期	成熟期
超高产	13.65a	57.58a	81.65a	97.17a	0.89a
高产高效	13.82a	53.27a	76.57b	97.07a	0.84a

表 7-9　长江上游中稻超高产和高产高效水平的辐射截获量及辐射量（绵竹市，2017）

| 产量水平 | 辐射截获量/(MJ/m²) | | | | | 辐射量/[MJ/(m²·d)] |
	移栽—苗期	苗期—拔节期	拔节期—孕穗期	孕穗期—齐穗期	齐穗期—成熟期	
超高产	11.65b	200.17a	94.58a	516.08a	290.39a	1.62a
高产高效	14.02a	176.96b	74.57b	503.39a	270.40b	1.38b

（二）长江上游再生稻超高产栽培技术途径与案例分析

1. 超高产栽培技术途径

（1）选择适宜品种

根据各生态区光热资源特征，选择生育期适宜的超高产品种。再生稻最适区（富顺县）选择'天优华占''F优498''德香4103'等品种，中稻产量达 10t/hm² 以上，再生季产量达 4t/hm² 以上，中稻+再生稻产量达 14t/hm² 以上；再生稻适宜区（荣县）选择'泸香优104''天优华占''F优498'等，中稻产量达 10.5t/hm² 以上，再生季产量达 3.7t/hm² 以上，中稻+再生稻产量达 14.2t/hm² 以上；再生稻次适宜区（简阳市）选择'川种两优94''内5优玉香1号''岳优9113'等品种，中稻产量达 8.4t/hm² 以上，再生季产量达 3t/hm² 以上，中稻+再生稻产量达 11.4t/hm² 以上（表 7-10）。

表 7-10　长江上游不同生态区中稻、再生稻产量差异　　　　　　（单位：t/hm²）

| 品种 | 中稻 | | | 再生稻 | | |
	富顺县	荣县	简阳市	富顺县	荣县	简阳市
川种两优94	9.44	9.11	9.28	3.21	3.40	3.31
内5优玉香1号	9.37	9.12	9.08	3.67	3.50	3.77
岳优9113	8.70	8.71	8.47	3.27	3.06	3.08
川优1725	8.06	8.81	8.08	1.74	2.75	1.80
川作8727	7.83	8.17	8.93	1.53	2.05	1.80
盛泰优9712	8.91	9.05	8.49	2.73	3.22	2.83
盛泰优018	8.38	8.16	9.05	2.56	2.47	2.64
五山丝苗	9.03	9.16	9.74	2.26	2.82	2.85
黄华占	9.20	8.61	9.74	2.98	2.29	2.93
泸优9803	8.91	9.11	9.96	3.02	2.31	1.63
泸香优104	10.60	10.28	10.63	3.71	3.84	0.83
泸香658	8.50	8.49	9.26	3.11	2.72	0.67
天优华占	11.27	10.90	11.63	4.35	3.83	0.70
F优498	10.15	10.57	10.77	4.01	3.78	

品种	中稻			再生稻		
	富顺县	荣县	简阳市	富顺县	荣县	简阳市
旌优 127	10.05	10.15	10.60	2.96	3.37	
旌 3 优 177	10.97	10.78	11.08	3.56	0.52	
德香 4103	10.21	10.20	10.41	4.02	0.55	
德优 4727	10.69	10.60	11.18	3.49	0.40	
内 5 优 5399	9.11	9.32	10.46	2.99	0.36	

（2）协调头季和再生季光热资源分配

四川盆地水稻季温光资源有限，种植再生稻需要选择生育期适宜的品种，并协调头季稻和再生稻光热资源分配，实现两季高产高效。再生稻最适区域（富顺县）选择'天优华占''旌3优177'等150d左右的品种，适当调节两季温光资源的分配（再生季积温≥1600℃·d，日照时数≥180h），进一步发掘两季的产量潜力；再生稻较适宜区域（荣县）则可选择生育期缩短5～10d的品种，对温光资源进一步合理调配（再生季积温≥1350℃·d，日照时数≥160h），实现两季增产；在再生稻次适宜区域（简阳），则应选择140d左右的品种进行再生稻生产，以保障再生季充足的温光资源（再生季积温≥1600℃·d，日照时数≥150h）（表7-11）。

（3）协调头季和再生季肥料分配

中稻+再生稻种植是以两季收获总产作为目标，协调头季和再生季氮肥投入来调控两季产量形成是超高产的关键调控措施。头季稻氮肥向再生季转移，能够提高再生稻关键结实期剑叶碳氮代谢酶活性、籽粒中碳代谢酶活性，促进茎叶中较多的非结构性碳水化合物转运到籽粒（表7-12～表7-14），进而取得超高产。

2. 超高产典型

2019年在四川省泸县、富顺县、荣县技术示范基地实施以"头季、再生季资源优化配置"为核心的一季中稻+再生稻超高产栽培技术，通过配套品种、生育期和肥料施用，优化配置头季、再生季温光与肥料资源，增施再生稻粒芽肥等栽培技术，再对攻关田测产，结果显示，中稻平均亩产超过650kg，再生季平均亩产超过300kg，两季合计亩产超过950kg。

（1）技术要点

1）因地制宜，栽培良种。选用生育期适宜的再生稻超高产品种，如'天优华占''旌3优177'。

2）适期播种，培育壮秧。在春季3月上中旬平均气温升至12℃时抢晴天播种，采用旱育秧技术，稀播匀播，培育带蘖壮秧。每100m² 播种4kg，播后覆盖塑料薄膜保温，盖膜期防止低温冻害和高温烧苗，2～3叶期在晴暖天气揭膜炼苗，秧田用5% 多效唑15g 兑水稀释喷洒，促进分蘖，控制苗高，培育4～5叶带蘖壮秧。

3）适龄移栽，合理密植。中稻+再生稻要实现超高产，适期移栽很重要。适期移栽充分利用低位分蘖成穗，促进大穗形成，发足更多苗数，多产生再生腋芽。4月上旬，4～5叶龄，采用宽窄行栽培，移栽宽行35～40cm，窄行25～27cm，穴距14～18cm，栽插密度为18万～20万穴/hm²，每穴栽2苗。宽窄行栽培改善稻株的光照条件，合理解决个体与群体之间的矛盾，优化群体结构。

表 7-11　再生稻生育阶段温光资源和产量

品种	富顺县							荣县							简阳市						
	两季产量/(t/hm²)	头季稻		再生稻		生育期/d		两季产量/(t/hm²)	头季稻		再生稻		生育期/d		两季产量/(t/hm²)	头季稻		再生稻		生育期/d	
		积温/(℃·d)	日照时数/h	积温/(℃·d)	日照时数/h	头季稻	再生稻		积温/(℃·d)	日照时数/h	积温/(℃·d)	日照时数/h	头季稻	再生稻		积温/(℃·d)	日照时数/h	积温/(℃·d)	日照时数/h	头季稻	再生稻
川神两优 94	12.65	3020	644	1556	240	136	55	12.51	3271	823	1473	236	135	59	12.59	3330	768	1605	163	136	67
内 5 优玉香 1 号	13.03	2899	600	1582	282	132	55	12.63	3158	801	1516	254	134	59	12.85	3302	765	1622	163	135	67
岳优 9113	11.97	3020	644	1509	240	136	53	11.77	3271	823	1516	238	136	61	11.54	3359	772	1639	163	137	68
川优 1725	9.80	2899	600	1309	241	132	44	11.55	3158	801	1197	222	133	45	9.88	3273	759	1655	163	134	65
川作优 8727	9.36	2813	580	1374	267	129	46	10.22	3068	775	1197	222	131	45	10.73	3302	765	1673	163	135	65
盛泰优 9712	11.63	2989	632	1516	250	135	53	12.27	3245	816	1399	228	137	55	11.32	3446	785	1548	146	140	66
盛泰优 018	10.94	2989	632	1516	250	135	53	10.63	3245	816	1267	213	140	49	11.70	3477	795	1616	146	141	70
五山丝苗	11.29	3243	715	1500	182	143	55	11.98	3459	865	1307	195	142	53	12.59	3530	801	1645	149	143	72
黄华占	12.18	3243	715	1522	182	143	56	10.90	3459	865	1381	198	143	57	12.67	3556	804	1645	149	144	72
泸优 9803	11.93	3338	735	1524	176	146	57	11.42	3547	885	1394	180	143	60	11.58	3388	767	1660	149	144	73
泸香优 104	14.32	3338	735	1648	189	146	58	14.12	3547	885	1378	180	145	59	11.46	3614	822	1582	132	146	73
泸香 658	11.60	3400	750	1548	179	148	58	11.21	3607	899	1389	166	148	61	9.93	3637	822	1553	128	149	75
天优华占	15.62	3497	772	1611	189	151	59	14.73	3695	926	1361	161	149	62	12.33	3702	822	1525	123	150	75
F 优 498	14.16	3497	772	1634	187	151	60	14.25	3695	926	1346	161	150	61	10.77	3726	823			151	
旌优 127	13.01	3497	772	1567	148	151	62	13.52	3607	899	1405	166	152	62	10.60	3772	823			153	
旌 3 优 177	14.53	3601	778	1599	155	155	66	11.30	3805	951	1273	121	154	66	11.08	3820	833			155	
德香 4103	14.23	3683	778	1599	155	158	66	10.75	3876	951	1273	121	155	61	10.41	3845	843			156	
德优 4727	14.18	3654	778	1599	155	157	66	11.00	3853	951	1273	121	155	61	11.18	3845	843			156	
内 5 优 5399	12.09	3626	778	1599	155	156	66	9.68	3830	951	1273	121	156	61	10.46	3870	843			157	

表 7-12　氮肥运筹对再生稻头季和再生季产量的影响　（单位：t/hm²）

氮肥运筹	头季产量	再生季产量	头季+再生季
传统模式	10.26a	3.27b	13.53b
再生季增氮模式	10.02a	4.34a	14.36a

注：传统模式指头季稻施氮量为 180kg/hm²，再生季为 90kg/hm²，基肥、分蘖肥、穗肥、促芽肥、再生季苗肥的比例为 8∶2∶2∶4∶2；增氮模式指头季稻施氮量为 150kg/hm²，再生季为 120kg/hm²，基肥、分蘖肥、穗肥、促芽肥、再生季苗肥的比例为 6∶2∶2∶6∶2。同列中不同小写字母表示差异显著（P<0.05）。下同

表 7-13　氮肥运筹对再生稻齐穗后 10d 叶片碳氮代谢的影响

氮肥运筹	蔗糖合酶活性/U	蔗糖磷酸合成酶活性/U	二磷酸核酮糖羧化酶活性/U	可溶性糖含量/（mg/g）	硝态氮含量/（mg/kg）	铵态氮含量/（mg/kg）	谷氨酸脱氢酶活性/U	谷氨酸合成酶活性/U	谷氨酰胺合成酶活性/U	硝酸还原酶活性/U
再生季增氮模式	11.73a	9.54a	9.74a	24.07a	220.13a	48.81a	26.02a	13.48b	0.39a	24.52a
传统模式	10.49b	6.51b	8.05b	18.06b	194.72b	41.18b	31.82b	14.48a	0.30b	17.98b

表 7-14　氮肥运筹对再生稻齐穗后 10d 籽粒碳代谢的影响

氮肥运筹	可溶性糖含量/（mg/g）	淀粉含量/（mg/g）	蔗糖合酶活性/U	蔗糖磷酸合成酶活性/U	可溶性淀粉合成酶活性/U	结合态淀粉合成酶活性/U	淀粉分支酶活性/U
再生季增氮模式	64.44b	23.03b	7.75a	8.37a	1.03a	0.99a	9.39a
传统模式	81.36a	28.65a	3.36b	3.29b	0.72b	0.84b	5.60b

4）平衡施肥，重施催芽肥和壮苗肥。中稻季氮肥、钾肥、磷肥和锌肥平衡施用，齐穗后重施催芽肥，再生季巧施促芽肥。中稻施用纯氮 150kg/hm²、P₂O₅ 90kg/hm²、K₂O 180kg/hm²、硫酸锌 30kg/hm²。基肥施用尿素 195kg/hm²、磷肥 750kg/hm²、钾肥 150kg/hm² 和硫酸锌 30kg/hm²，于移栽前 1d 施入，并用钉耙将肥料捣混入 0～10cm 土层；移栽后 7～10d 施尿素 65kg/hm²；拔节后第 5～7 天，施用尿素 65kg/hm² 和氯化钾 150kg/hm²，壮秆强流，促进幼穗分化和促大穗；齐穗后 7～12d，根据田块地力、植株长势、天气情况，施用尿素 195kg/hm² 作为促芽肥，保花增粒，延长功能叶光合时间，提高粒重，促进再生季腋芽分化伸长。中稻收割后 3d 内，结合灌溉，再施尿素 65kg 作为壮苗肥，促进再生芽生长、出苗整齐，达到抽穗扬花、提高结实率的目标。

5）科学灌排，壮秆抗倒。浅水栽秧，薄水返青，浅水分蘖，适时控苗，保水孕穗，齐穗至成熟间歇性灌溉，带水层收获。移栽时应做到浅水移栽，薄水护苗返青，分蘖期田间保持薄水层促进分蘖发生。当田间总苗数达到计划穗数的 80% 时应及时排水晒田，促根、壮秆，控制最高苗数，减少无效和低效生长，提高成穗率。晒田要求晒到分蘖停止，叶片直立，秧苗白根露面，田边微裂，最高苗数控制在 330 万～350 万株/hm²。孕穗至抽穗扬花期保持浅水层，不脱水为主。灌浆结实期间歇性灌溉，以利养根保叶，切忌断水过早，以免结实率和千粒重下降。在收获前 1～2d 灌 3cm 以上水层，防止收获时无水层，影响再生稻发苗。

6）加强再生季管理。一是中稻在主穗基部仅 2～3 颗谷粒为青粒，主茎倒 3 节位腋芽伸长达 2cm 以上，彻底成熟后收割；收割时留桩应保留至倒 2 节位腋芽，通常留桩高度为 30～45cm，确保再生稻安全齐穗和高产。二是中稻收割时田面保持 3～5cm 浅水层，并及时将稻草带离稻田，扶正稻桩；收割后 3d 内施用尿素 65～80kg/hm² 作为促芽肥。三是做好蓄水保水，中稻收割后田面建立 5～7cm 水层。四是再生稻抽穗 60%～70% 时喷施赤霉酸（85%

赤霉酸 A₃ 粉末 1～2g 兑水 100kg），减少包颈，提早齐穗，增加籽粒充实度，提高产量。

7）预防为主，综合防治病虫害。根据中稻+再生稻区病虫害的特点，以防治纹枯病、稻瘟病、稻螟虫和稻飞虱为主，兼顾预防稻曲病、稻蓟马和稻纵卷叶螟。一是种子催芽前晒种 6～8h，强氯精消毒或咪鲜胺浸种，播种前用吡虫啉或迈舒平拌种。二是清除杂草、散落稻草，打捞菌核。三是 3～4 叶期用 90% 晶体敌百虫 1000 倍液喷雾防治稻蓟马；移栽前 3～5d，用 20% 三环唑可湿性粉剂 750g/hm² 兑水喷施，防治苗瘟，确保秧苗带药移栽。四是大田叶瘟发病初期和孕穗末期至始穗期，用 75% 三环唑可湿性粉剂 450g/hm² 兑水 1500kg 各喷施 1 次；穗颈瘟严重时，间隔 10d 再施药 1 次。分蘖盛期和孕穗破口期用 20% 井冈霉素可溶性粉剂 300g/hm² 兑水 1150kg 喷施，防控纹枯病。五是头季稻分蘖期、孕穗破口期和再生稻发苗 12～16d 分别喷施 20% 氯虫苯甲酰胺悬浮剂（150mL/hm² 兑水 750～900kg）。头季稻齐穗后，当每窝达到 10～12 只时用 48% 毒死蜱 1200mL/hm² 兑水 750kg，喷雾于水稻中下部，防治稻飞虱。

（2）群体特征

超高产栽培再生稻产量、中稻+再生稻产量分别达到 4.67t/hm²、16.43t/hm²，较当地农户水平高出 56.71%、35.23%（表 7-15）。超高产栽培条件下，再生稻苗期叶面积指数为 0.39，齐穗期为 4.28，成熟期为 2.61（表 7-16）；成熟期分蘖数达 3.75×10⁶ 个/hm²（表 7-15），苗期干物质积累量为 0.32t/hm²，齐穗为 5.92t/hm²，成熟期为 9.67t/hm²（表 7-17）。由此可见，长江上游再生稻产量从高产高效向超高产水平递进时需要有效穗数、穗粒数和结实率协同提高。

表 7-15　长江上游再生稻超高产和农户水平的产量及产量构成

处理	有效穗数/(万穗/hm²)	穗粒数	结实率/%	千粒重/g	实际产量/(t/hm²)	中稻+再生稻产量/(t/hm²)
超高产	374.96a	69.35a	76.08a	23.29a	4.67a	16.43a
农户水平	257.80b	73.49a	67.73b	23.76a	2.98b	12.15b

注：同列中不同小写字母表示处理间差异显著（P＜0.05），下同

表 7-16　长江上游再生稻超高产和农户水平的 LAI 动态

处理	苗期	齐穗期	成熟期
超高产	0.39a	4.28a	2.61a
农户水平	0.29b	3.24b	1.73b

表 7-17　长江上游再生稻超高产和农户水平的干物质积累量　　　（单位：t/hm²）

处理	苗期		齐穗期			成熟期		
	茎	叶	茎	叶	穗	茎	叶	穗
超高产	0.15a	0.17a	3.13a	2.65a	0.14a	2.90a	2.44a	4.33a
农户水平	0.13a	0.13a	2.44b	1.80b	0.17a	2.27b	1.64b	2.91b

（三）长江上游中稻高产高效栽培技术途径与案例分析

1. 高产高效栽培技术途径

（1）选择高产高效品种

选用生育期 145～150d、分蘖力强、氮高效的品种。

（2）提高秧苗素质，促进早生快发

3月中下旬，采用9寸黑色硬盘育秧，每盘播种50～70粒，叠盘暗化催芽，硬地宽厢育秧，秧龄控制在30～35d，苗高不超过18cm，茎基部宽厚（表7-18）。人工移栽采用旱育秧，栽插秧龄控制在30～35d，4～5叶带蘖壮秧。秧苗素质高，移栽后活棵快，分蘖发生早，分蘖成穗率高，茎秆粗壮。

表7-18　品种和播期对移栽后15d秧苗素质的影响（绵竹，2017）

播期（月/日）	品种	茎宽/mm	茎厚/mm	株高/cm	最长根长度/cm	根数/（条/株）	地上部干重/（mg/株）	根部干重/（mg/株）	根冠比	发根力/（条/株）
3/27	蜀优217	0.85a	0.51a	49.71a	18.30a	26.70a	350.23a	73.00a	0.21cd	7.67b
	Ⅱ优602	0.88a	0.48ab	47.41ab	17.58ab	22.00c	320.83a	61.00b	0.19d	6.93cd
	天优华占	0.79b	0.53a	47.80ab	17.32b	24.50bc	301.90b	54.33c	0.18d	6.56d
	平均值	0.84	0.51	48.31	17.73	24.40	324.32	62.78	0.19	7.05
4/3	蜀优217	0.81b	0.42b	47.89ab	18.16a	23.82bc	280.44bc	71.11a	0.25b	7.91b
	Ⅱ优602	0.80b	0.48ab	46.00b	15.73b	21.33cd	260.97cd	59.68b	0.23b	7.44bc
	天优华占	0.66	0.50ab	45.19b	14.29c	21.71c	246.33d	43.37d	0.18d	6.67d
	平均值	0.76	0.47	46.36	16.06	22.29c	262.58	58.05	0.22cd	7.34
4/10	蜀优217	0.63d	0.41b	40.19c	16.98b	20.60c	255.86d	68.62a	0.27a	8.64a
	Ⅱ优602	0.69c	0.42b	42.90bc	13.22c	19.00c	221.67de	52.17c	0.24bc	8.28ab
	天优华占	0.70c	0.39b	39.88c	11.07d	17.60e	205.19e	41.56d	0.22cd	8.00b
	平均值	0.67	0.41	40.99	13.76	19.07	227.57	54.12	0.24c	8.31

注：同一播期同列中不同小写字母表示不同品种间差异显著（$P < 0.05$）

（3）适当密植，减施氮肥

4月中下旬移栽，机插秧插行距为30cm，株距为16～18cm，每穴2～3苗。人工移栽可选用等行距或宽窄行栽培，栽插穴数不低于18万穴/hm²。适当增加栽插密度，利用低位分蘖的早生快发，可以快速构建高产群体，配合适当减施氮肥，不仅可以减轻病虫害，增加群体通风透光能力，增强后期群体光合能力，还能降低倒伏风险（表7-19）。

表7-19　长江上游不同施氮方式和种植密度下水稻产量及成熟期干物质积累差异

品种	氮肥类型	氮肥用量/（kg/hm²）	种植密度/（万株/hm²）	光能利用效率/%	产量/（t/hm²） 绵竹市	产量/（t/hm²） 中江县	产量/（t/hm²） 富顺县	干物质积累量/（t/hm²） 绵竹市	干物质积累量/（t/hm²） 中江县	干物质积累量/（t/hm²） 富顺县
天优华占	普通尿素	144	15.90	1.20a	10.33b	9.30b	10.24b	19.16b	16.72b	17.23c
			18.30	1.27a	10.89ab	9.83b	11.44a	20.04ab	17.31ab	20.15a
			20.85	1.30a	11.25a	11.04a	11.70a	20.81ab	18.88a	19.86ab
			平均值	1.26A	10.82A	10.06B	11.13AB	20.00A	17.6C4	19.08A
	增效尿素	144	15.90	1.17b	10.68b	10.73b	10.74b	19.63b	19.00b	18.18b
			18.30	1.22ab	10.96ab	11.24b	12.45a	19.97ab	19.69ab	20.99a
			20.85	1.33a	11.92a	12.03a	11.50a	21.73a	20.14a	19.66ab
			平均值	1.24AB	11.19A	11.33A	11.56A	20.44A	19.61B	19.61A

续表

品种	氮肥类型	氮肥用量/(kg/hm²)	种植密度/(万株/hm²)	光能利用效率/%	产量/(t/hm²)			干物质积累量/(t/hm²)		
					绵竹市	中江县	富顺县	绵竹市	中江县	富顺县
天优华占	普通尿素	180	15.90	1.20a	11.07ab	10.72b	9.51b	20.11b	19.62b	17.03ab
			18.30	1.26a	11.73a	11.03b	10.42ab	21.05a	19.48b	17.95a
			20.85	1.11a	10.53b	12.25a	11.14a	19.40c	21.88a	18.67b
			平均值	1.19B	11.11A	11.33A	10.36B	20.19A	20.33A	17.88B
蜀优217	普通尿素	144	15.90	1.05a	9.34b	9.23b	7.75b	15.60b	16.59b	13.86c
			18.30	1.07a	9.86ab	10.14a	10.19a	16.29ab	17.84ab	17.20b
			20.85	1.09a	10.64a	10.49a	10.65a	17.91a	18.45a	17.98a
			平均值	1.07B	9.95B	9.95B	9.53A	16.60B	17.63B	16.35A
	增效尿素	144	15.90	1.21a	10.38b	9.26c	7.69b	17.18b	16.56b	14.33b
			18.30	1.22a	10.71ab	10.56b	10.87a	18.51ab	17.72b	17.94a
			20.85	1.27a	11.14a	12.02a	9.54a	19.92a	20.31a	17.23a
			平均值	1.23A	10.74A	10.61A	9.37A	18.54A	18.20AB	16.50A
	普通尿素	180	15.90	1.18b	9.86b	9.53b	8.74b	18.02b	18.29b	14.45b
			18.30	1.32a	11.09a	11.23a	9.95a	19.97a	19.47a	16.62a
			20.85	1.18b	10.99a	11.54a	9.61ab	19.48b	19.94a	16.12a
			平均值	1.23A	10.65A	10.77A	9.43A	19.16A	19.23A	15.73A

注：相同品种相同供氮水平同列不含有相同小写字母的表示差异显著（$P<0.05$），小写字母表示各重复之间的差异，大写字母表示平均值之间的差异。下同

2. 高产高效典型

长江上游中稻高产高效栽培以"氮高效品种+缓释肥+机械侧深施"为技术核心，配套适龄壮秧、适当增密及间隙灌溉等技术，实现亩产 700kg 以上，氮肥利用效率提高 10%～15%，劳动生产率提高 20%～30%。

（1）技术要点

1）选择适宜品种。选用生育期 145～150d、分蘖力强、氮高效的品种。

2）培育适龄壮秧。3月下旬，机插秧选用 9 寸黑色育秧硬盘，每盘播种 50～70g，叠盘后暗化催芽，"旱地宽厢"培育壮秧，秧龄 30～35d，苗高不超过 18cm，茎基部宽厚。人工移栽采用旱育秧，培育秧龄 30～35d、4～5 叶带蘖壮秧。

3）适时密植，构建大群体。4月中下旬移栽，栽插规格为 30cm×16cm，每穴 3～4 苗，利用较高的栽插密度提高群体起点，快速构建大群体。

4）科学施肥。依据水稻品种特性、稻田地力和肥料类型，合理安排施肥量，促进早生快发，增强生育中后期的抗倒伏能力。基肥施用复合肥 40kg/亩、过磷酸钙（P_2O_5 含量≥12%）10kg/亩、钾肥（K_2O 含量≥60%）2.5kg/亩，移栽前基肥撒施并耙入 0～5cm 土壤，或机插秧时选用颗粒复合肥进行机械侧深施用；机插后 7～10d 追施含腐植酸尿素 3.5kg/亩；拔节后第17 天追施含腐植酸尿素 1.93kg/亩。

5）水分管理。浅水插秧，秧苗返青后实行以干湿交替灌溉为主的水浆管理方式。当田间苗数达到 1.2 万株/亩（6月 5 日左右），开始排水晒田。晒田复水后采用间歇灌溉，抽穗扬花

期保持浅水层，之后干湿交替，直至成熟前 7d 断水。

6）病虫害及杂草防控。旱育保姆或迈舒平拌种包衣。移栽前每亩用福戈 12g+爱苗 20mL 兑水 45L 喷雾。移栽后 10d，每亩吡嘧磺隆 10g+韩秋好 60mL 兑水 45L 喷雾除草。移栽后 20～30d，每亩福戈 12g+爱苗 20mL+井冈蜡芽菌 400mL 兑水 45L 喷雾，防控病虫害。晒田复水后，每亩福戈 12g+爱苗 20mL+井冈蜡芽菌 400mL 兑水 45L 喷雾，防控病虫害。破口期，每亩福戈 12g+爱苗 20mL+井冈蜡芽菌 400mL 兑水 45L 喷雾，防控病虫害。

（2）群体特征

绵竹市、中江县、富顺县 3 个生态区高产高效水平实际产量分别达到 11.48t/hm²、11.24t/hm²、10.79t/hm²，较当地农户水平分别高出 12.1%、17.1%、17.7%（表 7-20）。高产高效栽培条件下，苗期叶面积指数为 0.18～0.26，拔节期为 5.48～5.83，孕穗始期为 5.92～6.27，齐穗期为 7.38～7.62，成熟期为 4.63～4.89（表 7-21）；苗期干物质积累量为 0.10～0.22t/hm²，拔节期为 5.45～5.92t/hm²，孕穗始期为 6.51～6.82t/hm²，齐穗期为 13.00～14.20t/hm²，成熟期为 18.70～20.12t/hm²（表 7-21）。高产高效水平水稻剑叶光合速率、辐射截获率、辐射截获量及辐射量均明显高于农户水平，高产高效水平水稻灌浆结实期剑叶光合速率比农户水平平均提高 13.3%，各生育阶段辐射截获率、辐射截获量及辐射量平均提高 7.3%、10.4%、7.3%（表 7-22～表 7-24）。可见，在农户水平栽培基础上选择氮高效品种，栽插适龄壮秧，配合适当增密和侧深施肥，可提高有效穗数和叶面积指数，塑造合理的群体结构，以达到缩减农户水平和高产高效水平之间产量差距的目的，是实现长江上游水稻高产高效的有效措施。

表 7-20　长江上游中稻高产高效和农户水平的产量及产量构成

地点	处理	有效穗数/(万穗/hm²)	穗粒数	结实率/%	千粒重/g	实际产量/(t/hm²)
绵竹市	高产高效	311.28a	175.45b	83.12a	26.02a	11.48a
	农户水平	280.58b	190.12a	79.18b	24.05a	10.24b
中江县	高产高效	269.54a	232.00a	68.72a	26.17a	11.24a
	农户水平	257.41a	241.75a	62.27b	25.13a	9.60b
富顺县	高产高效	231.71a	209.57a	80.23a	25.97a	10.79a
	农户水平	188.22b	217.27a	82.01a	26.68a	9.17b

注：同一地点同列不同小写字母表示处理间差异显著（P<0.05），下同

表 7-21　长江上游中稻高产高效和农户水平的 LAI 动态及干物质积累量

地点	处理	LAI					干物质积累量/(t/hm²)				
		苗期	拔节期	孕穗始期	齐穗期	成熟期	苗期	拔节期	孕穗始期	齐穗期	成熟期
绵竹市	高产高效	0.18a	5.74a	6.27a	7.59a	4.89a	0.10a	5.71a	6.57a	13.00a	20.12a
	农户水平	0.18a	5.69a	6.25a	7.52a	4.30a	0.09a	4.78b	6.05b	12.59b	17.58b
中江县	高产高效	0.20a	5.83	6.07a	7.38a	4.74a	0.17a	5.92a	6.82a	14.20a	19.51a
	农户水平	0.19a	4.83	5.32b	7.26a	4.63a	0.16a	5.10b	6.15b	13.98a	18.78b
富顺县	高产高效	0.26a	5.48a	5.92a	7.62a	4.63a	0.22a	5.45a	6.51a	13.31a	18.70a
	农户水平	0.24a	4.62b	5.33b	7.28a	4.29a	0.20a	4.52b	5.97b	12.93a	17.46b

表 7-22　长江上游中稻高产高效和农户水平的剑叶光合速率（绵竹市）［单位：μmol CO$_2$/(m^2·s)］

处理	齐穗期	齐穗后 15d	齐穗后 30d
高产高效	29.81a	24.89a	17.45a
农户水平	27.18b	22.05b	14.88b

注：同列不同小写字母表示处理间差异显著（P<0.05），下同

表 7-23　长江上游中稻高产高效和农户水平的辐射截获率（绵竹市）（单位：%）

处理	苗期	拔节期	孕穗期	齐穗期	成熟期
高产高效	13.82a	53.27a	76.57a	97.07a	0.84a
农户水平	11.49b	46.96b	73.10a	96.50a	0.86a

表 7-24　长江上游中稻高产高效和农户水平的辐射截获量及辐射量（绵竹市）

处理	辐射截获量/(MJ/m^2)					辐射量/ ［MJ/(m^2·d)］
	移栽—苗期	苗期—拔节期	拔节期—孕穗期	孕穗期—齐穗期	齐穗期—成熟期	
高产高效	14.02a	176.96a	74.57b	503.39a	270.40a	1.38a
农户水平	11.36b	140.19b	85.08a	481.86b	252.02b	1.31a

（四）长江上游再生稻高产高效栽培技术途径与案例分析

1. 高产高效栽培技术途径

（1）选择高产高效再生稻品种

选择生育期适宜、高产高效的品种。

（2）增密减氮，构建高产高效群体

水稻通过合理密植可以快速构建高产群体，适当减少氮肥用量可以减轻病虫害和倒伏的发生，因此适当增密减氮是实现高产高效的重要途径。四川盆地再生稻种植区域密度偏低是制约该区域中稻+再生稻高产最关键的因素。经大田试验表明，种植密度由 15.90 万株/hm^2 增加至 18.30 万株/hm^2，再生稻产量提升 9.84%～40.48%，而种植密度进一步提高，再生稻产量增加却不明显；普通尿素替代增效尿素，施氮量从 300kg/hm^2 减少至 240kg/hm^2，再生稻产量仅减产 1.33%～2.84%（表 7-25）。因此，高产高效再生稻栽培最佳的种植密度为 18.30 万株/hm^2，氮肥选用增效尿素，中稻施纯氮 144kg/hm^2，再生稻施用纯氮 96kg/hm^2（促芽肥和促苗肥各占 50%）。

表 7-25　密度和施氮量对不同品种再生稻产量及产量构成的影响

品种	施氮量/(kg/hm^2) (头季稻+再生稻)	种植密度/ (万株/hm^2)	有效穗数/ (万穗/hm^2)	穗粒数	结实率/%	千粒重/g	实际产量/ (t/hm^2)
天优华占	普通尿素（144+96）	15.90	198.08c	76.08a	73.76a	22.87a	2.76b
		18.30	284.28b	72.09a	72.05a	22.89a	3.52a
		20.85	374.53a	65.10b	64.29b	22.89a	3.58a
		平均值	285.63C	71.09B	70.03A	22.88A	3.29B
	增效尿素（144+96）	15.90	220.56c	90.01a	57.79a	23.84a	2.96b
		18.30	376.05b	81.48b	58.12a	22.67b	4.01a
		20.85	420.13a	76.53b	55.04a	23.16ab	3.99a
		平均值	338.92B	82.67A	56.98BC	23.22A	3.65A

续表

品种	施氮量/(kg/hm²)（头季稻+再生稻）	种植密度/（万株/hm²）	有效穗数/（万穗/hm²）	穗粒数	结实率/%	千粒重/g	实际产量/（t/hm²）
天优华占	普通尿素（180+120）	15.90	324.48b	73.92b	55.11a	24.05a	3.02b
		18.30	423.15a	85.19a	53.51ab	23.02b	4.17a
		20.85	426.65a	75.15b	49.97b	24.23a	4.09a
		平均值	391.43A	78.09AB	52.86C	23.77A	3.76AB
	0	15.90	153.83c	71.14a	64.46a	23.67a	1.83b
		18.30	217.75b	65.96a	60.31ab	22.64b	2.01ab
		20.85	250.47a	64.38a	58.96b	23.47ab	2.24a
		平均值	207.35D	67.16C	61.24B	23.26A	2.03C
蜀优217	普通尿素（144+96）	15.90	198.08c	70.18a	67.75a	28.19a	2.53b
		18.30	238.96b	68.11a	65.61a	27.92a	3.04a
		20.85	294.76a	61.06b	64.02a	27.38a	3.29a
		平均值	243.93B	66.45A	65.79B	27.83A	2.95A
	增效尿素（144+96）	15.90	230.74c	67.55a	65.91b	27.20b	2.52b
		18.30	278.97b	64.41a	71.07a	28.36a	3.54a
		20.85	305.34a	62.57a	69.72ab	28.76a	3.57a
		平均值	271.68A	64.84A	68.90AB	28.11A	3.21A
	普通尿素（180+120）	15.90	249.83c	70.00a	69.70a	28.27a	2.70b
		18.30	280.72b	61.86b	72.86a	28.10ab	3.39a
		20.85	321.35a	58.38b	72.68a	27.30b	3.67a
		平均值	283.97A	63.42A	71.75A	27.89A	3.25A
	0	15.90	173.48c	58.84a	59.08a	27.88a	1.62b
		18.30	203.62b	62.68a	54.72a	27.97a	1.98a
		20.85	224.77a	58.71a	59.36a	27.72a	1.95b
		平均值	200.62C	60.07A	57.72B	27.86A	1.85B

2. 高产高效典型

采用"头季稻增密减氮增腋芽，再生季温光协调促大穗"为核心的再生稻高产高效栽培技术模式。该高产高效栽培再生稻产量、中稻+再生稻产量分别达到3.94t/hm²、14.73t/hm²，较当地农户水平分别高出32.21%、21.23%。

（1）技术要点

1）因地制宜，栽培良种。选用生育期适宜的再生稻品种，如'天优华占''旌3优177'。

2）适期播种，培育壮秧。在春季3月上中旬平均气温升至12℃时抢晴天播种，采用旱育秧技术，稀播匀播，培育带蘖壮秧。每100m²播种4kg，播后覆盖塑料薄膜保温，盖膜期防止低温冻害和高温烧苗，2～3叶期于晴暖天气揭膜炼苗，秧田用5%多效唑15g兑水稀释喷洒，促进分蘖，控制苗高，培育4～5叶带蘖壮秧。

3）适龄移栽，合理密植。中稻+再生稻要实现高产高效，适期移栽很重要。适期移栽充分利用低位分蘖成穗，促进大穗形成，发足更多苗数，多产生再生腋芽。4 月上旬，4～5 叶龄叶，采用宽窄行栽培，移栽宽行 35～40cm，窄行 25～27cm，穴距 14～18cm，栽插密度为 18 万～20 万穴/hm²，每穴栽 2 苗。宽窄行栽培改善稻株的光养供给条件，合理解决个体与群体之间的矛盾，优化群体结构。

4）平衡施肥。中稻季氮肥、钾肥、磷肥和锌肥平衡施用，齐穗后重施催芽肥，再生季巧施促芽肥。中稻施用纯氮 180kg/hm²、P_2O_5 90kg/hm²、K_2O 180kg/hm²、硫酸锌 30kg/hm²。基肥施用尿素 260kg/hm²、磷肥 750kg/hm²、钾肥 150kg/hm² 和硫酸锌 30kg/hm²，于移栽前 1d 撒施；移栽后 7～10d 施尿素 65kg/hm²；拔节后第 5～7 天，施用尿素 65kg/hm² 和氯化钾 150kg/hm²，壮秆强流，促进幼穗分化和促大穗；齐穗后 7～12d，根据田块地力、植株长势、天气情况，施用尿素 130kg/hm² 作为促芽肥，保花增粒，延长功能叶光合时间，提高粒重，促进再生季腋芽分化伸长。中稻收割后 3d 内，结合灌溉，再施尿素 65kg 作为壮苗肥，促进再生芽生长、出苗整齐，达到抽穗扬花、提高结实率的目标。

5）科学灌排，壮秆抗倒。浅水栽秧，薄水返青，浅水分蘖，适时控苗，保水孕穗，齐穗至成熟间歇性灌溉，带水层收获。移栽时应做到浅水移栽，薄水护苗返青，分蘖期田间保持薄水层促进分蘖发生。当田间总苗数达到计划穗数的 80% 时应及时排水晒田，促根、壮秆，控制最高苗数，减少无效和低效生长，提高成穗率。晒田要求晒到分蘖停止，叶片直立，秧苗白根露面，田边微裂，最高苗数控制在 330 万～350 万株/hm²。孕穗至抽穗扬花期保持浅水层，不脱水为主。灌浆结实期间歇性灌溉，以利养根保叶，切忌断水过早，以免结实率和千粒重下降。在收获前 1～2d 灌 3cm 以上水层，防止收获时无水层，影响再生稻发苗。

6）加强再生季管理。一是中稻在主穗基部仅 2～3 颗谷粒为青粒，主茎倒 3 节腋芽伸长达 2cm 以上，彻底成熟后收割；收割时留桩应保留至倒 2 节位腋芽，通常留桩高度为 30～45cm，确保再生稻安全齐穗和高产。二是中稻收割时田面保持 3～5cm 浅水层，并及时将稻草带离稻田，扶正稻桩；收割后 3d 内施用尿素 65～80kg/hm² 作为促芽肥。三是做好蓄水保水，头季稻收割后田面建立 5～7cm 水层。四是再生稻抽穗 60%～70% 时喷施赤霉酸（85% 赤霉酸 A_3 粉末 1～2g 兑水 100kg），减少包颈，提早齐穗，增加籽粒充实度，提高产量。

7）预防为主，综合防治病虫害。根据中稻+再生稻区病虫害的特点，以防治纹枯病、稻瘟病、稻螟虫和稻飞虱为主，兼顾预防稻曲病、稻蓟马和稻纵卷叶螟。一是种子催芽前晒种 6～8h，强氯精消毒或咪鲜胺浸种，播种前用吡虫啉或迈舒平拌种。二是清除杂草、散落稻草，打捞菌核。三是 3～4 叶期用 90% 晶体敌百虫 1000 倍液喷雾防治稻蓟马；移栽前 3～5d，用 20% 三环唑可湿性粉剂 750g/hm² 兑水喷施，防治苗瘟，确保秧苗带药移栽。四是大田叶瘟发病初期和孕穗末期至始穗期，用 75% 三环唑可湿性粉剂 450g/hm² 兑水 1500kg 各喷施 1 次；穗颈瘟严重时，间隔 10d 再施药 1 次。分蘖盛期和孕穗破口期用 20% 井冈霉素可溶性粉剂 300g/hm² 兑水 1150kg 喷施，防控纹枯病。五是头季稻分蘖期、孕穗破口期和再生稻发苗 12～16d 各喷施 20% 氯虫苯甲酰胺悬浮剂（150mL/hm² 兑水 750～900kg）。头季稻齐穗后，当每窝达到 10～12 只时用 48% 毒死蜱 1200mL/hm² 兑水 750kg，喷雾于水稻中下部，防治稻飞虱。

（2）群体特征

高产高效栽培条件下，再生稻苗期叶面积指数为 0.33，齐穗期为 3.65，成熟期为 2.08；苗期干物质积累量为 0.30t/hm²，齐穗期为 4.42t/hm²，成熟期为 7.51t/hm²；成熟期穗数达

316.46万穗/hm^2（表7-26）。再生季分蘖快速发生和叶面积扩展，有利于水稻捕获更多光能，合成更多干物质（表7-27）。由此可见，长江上游再生稻产量从农户水平向高产高效水平递进，有效穗数和结实率提高是核心。

表7-26　高产高效和农户水平的再生稻产量及产量构成

处理	有效穗数/(万穗/hm^2)	穗粒数	结实率/%	千粒重/g	再生稻产量/(t/hm^2)	中稻+再生稻产量/(t/hm^2)
高产高效	316.46a	73.61a	72.77a	22.72a	3.94a	14.73a
农户水平	257.80b	73.49a	67.73b	23.76a	2.98b	12.15b

注：同列中不同小写字母表示处理间差异显著（$P<0.05$），下同

表7-27　高产高效和农户水平的再生稻茎蘖数、叶面积指数和干物质积累量

处理	茎蘖数/(万个/hm^2)		LAI			干物质积累量/(t/hm^2)		
	苗期	齐穗期	苗期	齐穗期	成熟期	苗期	齐穗期	成熟期
高产高效	369.24a	352.77a	0.33a	3.65a	2.08a	0.30a	4.42a	7.51a
农户水平	322.27b	277.22b	0.29a	3.24b	1.73b	0.27b	3.89b	6.13b

二、长江中下游单季稻区

（一）超高产栽培技术途径与案例分析

2018年在湖北省随州市曾都区何店镇天星村示范基地测产，超高产栽培产量达到13.1t/hm^2。试验基地位于湖北省北部，属于丘陵地貌，北纬31°58′、东经113°35′，海拔101m，年平均降水量865～1070mm，年光照时数2010～2060h，年平均气温15.5℃。

1. 技术要点

1）秧苗期（秧龄33～35d）：选用大穗型'Y两优900'超高产品种，采用水育秧技术，秧田翻耕后施用45%复合肥600kg/hm^{2}和氯化钾112.5kg/hm^{2}作底肥，4～5d后平整秧厢，适宜4月中旬播种，秧田播种量150kg/hm^2，匀播稀播，培育适龄多蘖壮秧，3叶后在秧床施尿素60kg/hm^{2}促苗，及时补水防旱，播种后10d防治苗期稻蓟马等害虫。

2）移栽返青期（移栽后7～10d）：6.2～6.8叶龄，单株带蘖2～3个移栽，每亩穴数为1.5万，基本苗数为6.5万～7万株/亩。移栽前施用基肥，氮肥施用量为300kg/hm^2，按基肥：分蘖肥：穗肥：粒肥=5：2：2：1的比例施用。氮肥的基肥以45%复合肥为肥源、追肥以尿素为肥源，钾肥施用量250kg/hm^2，以氯化钾作为肥源，其中50%作为基肥，50%在幼穗分化期作追肥施用，磷肥和锌肥分别以过磷酸钙和硫酸锌为肥源作基肥施入，施用量分别为180kg/hm^{2}和5kg/hm^2，一次性施用农家肥15t/hm^2。移栽后水分管理以浅水湿润为主。

3）分蘖期（移栽后25～35d）：采用"湿、晒、浅、间"控制性节灌技术，在分蘖前期先保持2cm浅水1～2d，再落干露田3d，再次浅水，在分蘖盛期晒田控苗，一般晒至田块开小裂，脚踏不下陷、叶片直立、叶色褪淡为止，秧苗长势旺的田块适度重晒，以减少无效分蘖，提高成穗率。分蘖前期氮肥的20%以尿素作分蘖肥施用。

4）拔节孕穗期（移栽后44～56d）：采用干湿交替灌溉方式，2～3cm浅水灌溉，在晒田复水后氮肥的20%以尿素和钾肥的50%作穗肥施用。拔节前8d用立丰灵（5%调还酸钙泡腾片）和液体硅钾肥兑水，进行叶面均匀喷施，增加水稻抗倒伏能力，重点防治纹枯病、稻纵卷叶螟。

5）抽穗期（移栽后 70～82d）：保持 2～3cm 浅水灌溉，氮肥的 10% 以尿素作粒肥施用，在开花期再次叶面喷施液体硅钾肥，提高结实率，重点防治稻曲病、纹枯病和稻瘟病。

6）灌浆结实期（移栽后 83～115d）：采用干湿交替的灌溉方式提升根系活力，在收割前 5～7d 水稻进入完熟期时排水晒田断水。注意防治稻飞虱。

2. 群体特征

1）超高产群体库大源强。高库容是超高产水稻的重要特征之一，库的有效充实是超高产水稻的生理基础。在一般情况下，有效穗数与穗粒数呈负相关，穗粒数与结实率呈负相关。超高产的关键在于协同产量构成因素，实现高库容和库有效充实的统一，即缓和有效穗数与穗粒数、穗粒数与结实率之间的矛盾。在超高产水平下，产量达到了 13.1t/hm² （表 7-28），有效穗数和穗粒数较农户水平分别增加了 17.4% 和 16.3%，而结实率和收获指数较农户水平相差不大，大穗形成高库容实现了超级杂交稻产量构成因素在超高产水平上的协同。穗大粒多是高库容的表现，是超高产群体的基本特征，也是超级杂交稻发挥产量潜力的基础。

表 7-28　超高产和农户水平的产量及产量构成

处理	产量/(t/hm²)	有效穗数/(穗/m²)	穗粒数	结实率/%	千粒重/g	收获指数
超高产	13.1a	270.9a	290.8a	84.7b	25.1a	48.3b
农户水平	10.8b	230.8a	250.1b	86.9a	25.4a	49.2a

超高产和农户水平在有效穗数与产量的相关性上无明显差异，而超高产水平在穗粒数和产量的相关性上显著高于农户水平（图 7-1），因此，超高产的关键在于穗粒数的大幅度增加，在适宜穗数的基础上攻取大穗，进一步提高库容量是实现超高产潜力的一条有效途径。

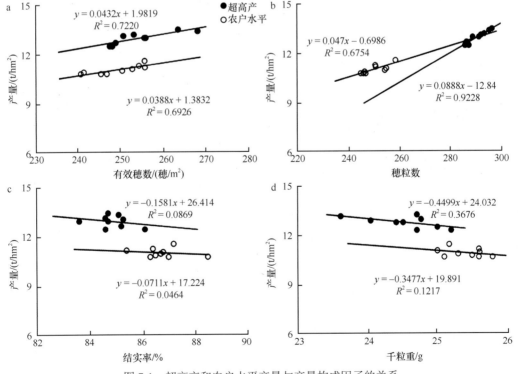

图 7-1　超高产和农户水平产量与产量构成因子的关系

2）超高产群体成穗率高。超级杂交稻不仅在群体数量上平衡生长，而且在群体质量上协调，促进了超高产群体的建成。超高产水平的基本苗较农户水平要多 13.7%，最高分蘖数却较农户水平减少 14.1%，而生育中期有效穗数和成穗率比农户水平分别高出 17.4% 和 36.6%（表 7-29）。群体茎蘖数发展的起点较高，够苗期提前，部分分蘖不能成穗，导致有效分蘖率下降。水稻超高产栽培前期应压缩群体，稳定有效分蘖的早发；在有效分蘖临界叶龄期（N-n 叶龄期）精确够苗，为中后期适宜穗数和高库容奠定基础；中期控制无效分蘖的生长，形成合理群体冠层结构，促进壮秆大穗的形成。

表 7-29　超高产和农户水平模式下的分蘖调查

处理	基本苗/(株/m²)	最高分蘖数/(个/m²)	有效穗数/(穗/m²)	分蘖率/%	成穗率/%
超高产	100.3a	375.6b	270.9a	374.5b	72.1a
农户水平	88.2b	437.5a	230.8b	496.0a	52.8b

3）超高产群体生物量高。生物量和收获指数共同决定产量，产量的提高可以通过增加生物量、收获指数或两者共同增加来实现。过去水稻品种的增产主要依靠收获指数的提高，现代水稻品种更依靠生物量获得高产。超高产水平下的分蘖期干物质积累量较农户水平低 7.9%，而成熟期干物质积累量比农户水平高 10.1%（图 7-2）。超高产水平花前干物质积累量较农户水平低 1.8%，而花后干物质积累量较农户水平高出 24.2%，超高产群体干物质积累优势主要体现在中、后期。超高产群体干物质积累以稳步形成拔节前的适宜干物质量为基础，在生育中期通过营养生长与生殖生长的协同增长，在保证形成较高群体粒叶比的同时增加群体干物质积累量。

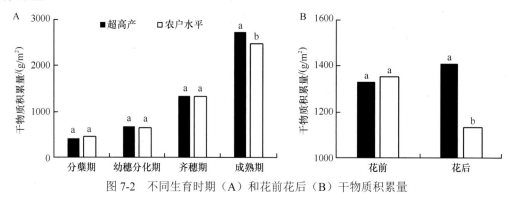

图 7-2　不同生育时期（A）和花前花后（B）干物质积累量

4）超高产群体受光能力强。作物产量是作物群体拦截的太阳辐射量、辐射利用效率和收获指数三者的乘积，超高产和农户水平在辐射利用上的差异主要表现在干物质量不同。超高产在辐射量、辐射截获率、辐射截获量和辐射利用效率上均显著优于农户水平（表 7-30），辐射截获量、辐射利用效率分别达到了 1560.3MJ/m²、1.51g/MJ，较农户水平分别高出 4.6%、7.1%，由此可见，超高产栽培的辐射利用效率明显得到了提高。辐射利用效率在超级杂交稻超高产栽培中扮演着更重要的角色，超高产水平更高的群体受光能力和物质转化能力提高了库容充实度。

表 7-30 超高产和农户水平模式下的辐射利用效率

处理	辐射量/(MJ/m²)	辐射截获率/%	辐射截获量/(MJ/m²)	干物质量/(g/m²)	辐射利用效率/(g/MJ)
超高产	1835.3a	0.85a	1560.3a	2340.5a	1.51a
农户水平	1819.5a	0.82b	1492.0b	2088.8b	1.40b

通过几年的试验研究和超高产田块调查分析，根据长江中下游单季稻品种特点和超高产栽培实践，提出湖北省单季中稻超高产栽培的产量结构和群体质量指标：单季超级稻生育期≥145d，成熟期干物质量≥29t/hm²，有效穗数≥270穗/m²，穗粒数≥280，结实率≥85%，千粒重≥25.1g，光能截获率≥85%，辐射利用效率≥1.5g/MJ，齐穗期叶面积指数≥8.5，齐穗期有效叶面积率≥80%，齐穗期高效叶面积率≥90%，分蘖成穗率≥75%。

（二）高产高效群体的特征与案例分析

2018 年在湖北省荆州市荆州区华中农业大学科技示范园示范基地测产，高产高效栽培施氮量 170t/hm²，比农户水平减少 19%，产量达到 11.9t/hm²。试验基地位于湖北中南部，属于平原地貌，北纬 30°31′、东经 112°06′，海拔 32m，年平均降水量 1100～1300mm，年日照总时数 1800～2000h，年平均气温 16.3℃。

1. 技术要点

1）秧苗期（秧龄 20～25d）：选用 'Y 两优 900' 等高产高效品种，生育期为 135d，采用秧盘育秧。播种量为 3.0～3.5kg/亩，秧盘 35～40 个。每个秧盘需营养土 1.5kg 左右，与过筛的腐熟有机肥混合，加入壮秧剂进行培肥、消毒、调酸及化控。用精量播种器播种，播种后出苗前膜内温度控制在 35℃以内。

2）返青期（机械移栽后 7～10d）：秧苗 20～25d 秧龄时进行移栽，采取机插移栽，1.6 万穴/亩，基本苗数为 7.5 万～8.5 万株/亩。移栽前施用基肥，氮肥 80kg/hm² 及 45% 复合肥作基肥，分蘖肥、穗肥和粒肥按照叶片 SPAD 值进行实时实地氮肥管理。钾肥施用量为 180kg/hm²，以氯化钾作为肥源，其中 50% 作基肥、50% 于幼穗分化时期作追肥施用，磷肥和锌肥分别以过磷酸钙和硫酸锌为肥源作基肥施入，施用量分别为 100kg/hm² 和 5kg/hm²。移栽后水分管理以浅水湿润为主。

3）分蘖期（移栽后 20～35d）至拔节孕穗期（移栽后 40～50d）：采用"湿、晒、浅、间"控制性节灌技术，在分蘖前期先保持 2cm 浅水 1～2d，再落干露田 3d，再次浅水，在分蘖盛期晒田控苗，一般晒至田间开小裂，脚踏不下陷、叶片直立、叶色褪淡为止，秧苗长势旺的田块适度重晒，以减少无效分蘖，提高成穗率。根据平均 SPAD 值决定是否施肥和追肥用量：若 SPAD<36，追施纯氮 40kg/hm²；若 36<SPAD<38，追施纯氮 30kg/hm²；若 SPAD>38，追施纯氮 20kg/hm²。

4）抽穗期（移栽后 70～80d）：保持浅水灌溉，适度晒田 1～2d。若 SPAD<43，追施纯氮 20kg/hm²；若 SPAD>43，则不需追肥。叶面喷施液体硅钾肥，提高结实率。重点防治稻飞虱、稻纵卷叶螟、二化螟、稻曲病和纹枯病。

5）灌浆结实期（移栽后 80～110d）：采用干湿交替的灌溉方式促进根系活力，在收割前5～7d 水稻进入完熟期时排水晒田断水。防治稻飞虱。

2. 群体特征

1）合理增密控肥，实现高产高效。在杂交水稻生产实践中，从农户水平到高产高效水平主要以有效穗数增加为主（表 7-31）。农户生产中为了壮个体移栽过稀，增加了肥料施用量和前期施肥的比例，造成了肥料利用效率下降。减氮 30% 增密 30% 的处理较农户水平增产14.4%，同时氮肥农学利用率、氮肥偏生产力均显著高于农户水平。因此，适当合理密植、减少氮肥投入，从而提高氮素利用效率是高产高效栽培的有效措施之一。

表 7-31 高产高效和农户水平下的产量、产量构成及氮素利用效率

处理	产量/ (t/hm²)	有效穗数/ (穗/m²)	穗粒数	结实率/%	千粒重/g	氮肥农学利用率/ (kg/kg)	氮肥偏生产力/ (kg/kg)
农户水平	10.4d	242.9d	266.6b	78.8c	23.1a	4.3c	37.4c
N$_{-15\%}$D$_{+15\%}$	11.00c	257.5c	272.3a	80.5b	23.8a	7.0b	44.6b
N$_{-15\%}$D$_{+30\%}$	11.4ab	264.3ab	253.0c	80.1b	23.8a	5.0c	42.4b
N$_{-30\%}$D$_{+15\%}$	11.5ab	270.8ab	242.3d	81.8a	23.8a	9.3a	56.3a
N$_{-30\%}$D$_{+30\%}$	11.9a	280.1a	235.1e	82.5a	23.5a	9.4a	58.0a

2）提高高效叶面积率，促进物质转运积累。叶面积指数是反映作物群体大小的动态指标。在高产高效水平下（表 7-32），最大叶面积指数可达 8.10，而农户水平最大叶面积指数为 7.20，表明高产高效水平下水稻具有较大的光合叶面积。高产高效下水稻高效叶面积率和有效叶面积率分别为 90.3%、73.7%，均显著高于农户水平。从颖花数来看，高产高效水平下水稻总颖花数比农户水平提高了 11.7%。粒叶比是衡量水稻群体库源协调的重要指标。高产高效水平下水稻粒叶比相比于农户水平提高，说明在该栽培模式下库的增加超过叶量的增加，同时提高了叶源的质量，增加了叶源对产量的贡献。

表 7-32 高产高效和农户水平冠层群体叶面积指数

处理	最大叶面积指数	总颖花数/m²	粒叶比/（粒/cm²）	高效叶面积率/%	有效叶面积率/%
高产高效	8.10a	48 717.0a	0.512a	90.3a	73.7a
农户水平	7.20b	43 615.0b	0.436b	85.5b	65.4b

3）延缓叶片衰老，保证后期光合能力。水稻叶片叶绿素含量的多少反映了水稻的健康状态，叶绿素含量过低会降低水稻光合速率，影响干物质的积累与转运。在水稻灌浆结实期间，叶片是主要的源，稻穗是主要的库，源向库转化会导致叶片衰老。叶片的迅速衰老发生在齐穗 10d 以后，且光合速率显著降低。高产高效和农户水平下水稻叶绿素含量（SPAD）与净光合速率在齐穗后 10d 明显降低，但高产高效水平叶绿素含量和净光合速率下降幅度要明显低于农户水平（图 7-3）。这表明高产高效水平下由于氮肥后移，保持了根系活力，提高了剑叶的叶绿素含量，延长了叶绿素的缓降期，使植株在生育后期能保持较高的绿叶面积，同时延长光合速率高值持续期，有利于增加植株的干物质积累量和籽粒产量。因此，在高产高效栽培中，氮肥适当后移和干湿交替灌溉方法有利于保持后期根系活力，延缓后期功能叶的衰老和叶绿素含量的降低，使后期的光合产物进一步积累并向籽粒转运，从而获得高产高效。

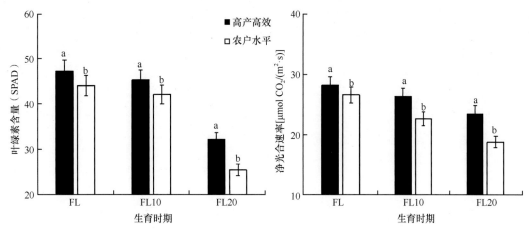

图 7-3　高产高效和农户水平在灌浆期的叶绿素含量和净光合速率的变化

FL、FL10 和 FL20 分别代表齐穗期、齐穗后 10d 和齐穗后 20d

4）提高花后干物质积累，稳定收获指数。高产高效水平产量的增加主要依靠生物量的增加，高产高效和农户水平在不同生育时期的干物质积累量差异明显（表 7-33）。农户水平由于基肥和分蘖肥的比例较高，在生长前期有较高的干物质积累量，而高产高效水平在生长中期物质积累与转运明显高效，在齐穗期和成熟期的干物质积累量分别比农户水平高 17.64% 和 10.35%。因此，提高干物质积累量的同时，保证收获指数的稳定是获得高产高效的有效途径之一。

表 7-33　高产高效和农户水平不同生育时期干物质积累量和收获指数

处理	干物质积累量/(g/m²)				收获指数
	分蘖期	幼穗分化期	齐穗期	成熟期	
高产高效	429.2b	699.6a	1080.9a	2108.2a	0.465a
农户水平	465.8a	626.1b	918.8b	1910.4b	0.469a

成熟期群体大小受抽穗后干物质积累量的影响，提高抽穗后干物质积累量及其比例是高产高效的途径。高产高效和农户水平的花后干物质积累量与产量有显著的相关性（图 7-4），花后干物质积累有利于产量的形成。因此，在高产高效生产上，应注重氮肥适当后移，保持开花后的光合能力，促进花后干物质积累与转运，从而获得高产。

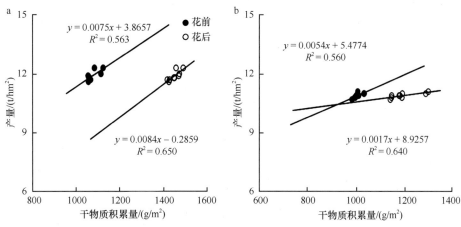

图 7-4　高产高效水平（a）和农户水平（b）花前、花后干物质积累量与产量的相关关系

　　5）提高生长前期光能截获能力，保证辐射利用效率。水稻群体冠层是截获和转化太阳辐射的体系，群体受光能力和群体内部光分布特征是决定杂交稻产量的主要特征。高产高效群体生长前期光能截获率与产量显著相关（图7-5），到了生长中期和后期，光能截获量和截获率对产量影响更为显著，由此可见，生长前期更高的光能截获率对高产高效水平实现高产目标尤为重要，适当增密减氮技术可以创造出更加适宜的冠层结构，促进水稻群体的提早封行，从而增加叶面积指数和辐射利用效率，而到了生长中后期，冠层结构趋于平稳。因此，合理增加栽插密度、控制氮肥施用是高产高效群体实现高产的主要途径。

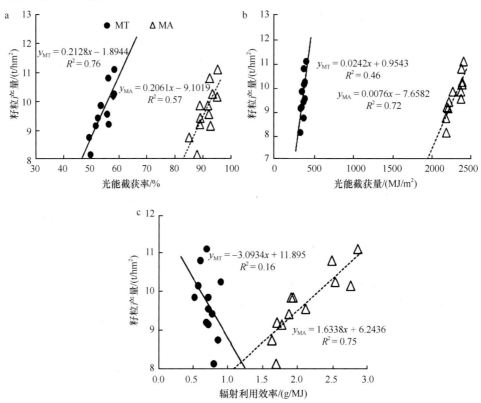

图7-5　高产高效水平光能截获率、光能截获量及辐射利用效率与产量的关系

MT：分蘖中期；MA：成熟期

　　长江中游单季稻高产高效栽培的产量结构和群体质量指标：产量＞11.0t/hm^2，有效穗数＞280万穗/hm^2，穗粒数≥230，结实率≥80%，千粒重≥25g，茎蘖分蘖力≥350%，分蘖成穗率≥80%，抽穗期叶面积指数≥7.5，高效叶面积率≥90%，有效叶面积率≥75%，成熟期干物质量≥21t/hm^2，粒叶比≥0.50cm^2，收获指数≥0.48，抽穗期叶绿素含量（SPAD值）≥45。

三、长江中下游双季稻区

（一）超高产栽培技术途径与案例分析

1. 品种选择与搭配

　　良种是实现水稻高产的关键，早晚稻品种搭配则是双季稻生产技术体系的核心，因此根据区域光温资源选择高产高抗的早晚稻品种并合理搭配是实现长江中下游双季稻超高产的前提。在全球气候变暖的大背景下，在保证晚稻安全齐穗的前提下，早稻、晚稻品种尽可能选择生育长的超级杂交稻品种，充分发挥双季超级杂交稻的增产潜力，早晚稻品种搭配可选择"中熟早稻+迟熟晚稻"模式，两季生育期控制在230～235d；也可选择"早籼+晚粳"模式，充分发挥粳稻后期耐低温、温光利用效率高、产量潜力大的优势，粳稻耐低温可适当延迟收获，两季生育期可延长到240d左右。

2. 选择良田

要获得双季稻超高产，良种、良法、良田三者缺一不可，因此选择排灌方便、日照充足、土壤肥沃、通透性好、保水保肥能力强的田块非常重要。一般要求土壤有机质含量大于35g/kg，pH不低于6.0，碱解氮及速效钾含量为150～200mg/kg。

3. 早播早栽、壮秧促早发

双季稻超高产品种搭配模式周年生育期长、季节紧，特别是晚稻生育期长，易受寒露风影响，因此早稻可采用室内或大棚保温育秧，提早播种移栽，为早稻早收、晚稻早栽提供时间。"秧好一半禾""秧苗好半年粮"，水稻产量的高低与秧苗素质有着极其密切的关系，壮秧增产幅度一般在10%～25%，因此在安排合理的播种量下培育壮秧是获得高产的前提和基础。

4. 合理密植与施肥

根据品种特性、土壤条件，以产量推导密度，一般要求早稻不少于2万穴/亩，晚稻不少于1.8万穴/亩，秧龄短的抛栽田可适当增加抛栽密度。施肥采用有机无机肥配施，有机肥占20%～30%（全部深施作基肥），并按测土配方施肥，注意补施中微量元素，并适当增施硅钾钙镁肥，早稻一般总施N量为12～13kg/亩，晚稻总施N量为14～15kg/亩（粳稻16～18kg/亩），N：P：K=2：1：2，氮钾肥按基肥：分蘖肥：穗肥：粒肥为5：2：2：1的比例分配，后期视长势施用叶面肥和抗倒伏剂，提高结实率。

5. 科学管水、湿润灌溉

早晚稻田水分管理均实行干湿交替，好氧灌溉，以促根壮秆。返青期保持浅水层，分蘖期湿润灌溉，苗数达到穗数的80%～90%时开始露田和晒田，采取多次轻晒，并通过水控、肥控、化控"三控"结合以控制无效分蘖，促进根系下扎生长和壮秆健株。穗分化后灌水并保持浅水层至抽穗扬花期，灌浆成熟期间歇灌溉、干湿交替，收获前7d左右断水。

6. 病虫草害防治

病虫草害防治坚持"预防为主、综合防治"的方针，加强预测预报，及时开展化学和生物防治，基本保证不受病虫危害。秧苗期注意防治稻蓟马、稻飞虱、二化螟，栽前打好"送嫁药"；早稻大田结合病虫情报，注意及时防治二化螟、稻纵卷叶螟、纹枯病，晚稻大田注意及时防治二化螟、稻纵卷叶螟、稻飞虱、纹枯病和稻曲病。

7. 适时收获

早稻在成熟度90%～95%时及时收获，及时整地，为晚稻早插争取时间；晚稻根据成熟度视天气和落粒性适时收获，晚粳可适当迟收，以提高结实率、增加千粒重。

8. 双季稻超高产案例

2019年江西省崇仁县粮丰项目示范区创双季亩产1295.1kg的超高产。超高产田块位于江西省崇仁县郭圩乡贯村，面积2.05亩。早稻品种为'中嘉早17'，亩产618.2kg；晚稻种植的品种为'甬优1538'，亩产676.9kg。

崇仁县属亚热带湿润季风气候区，四季分明。年平均气温17.5℃，日照时数1743.2h，年平均无霜期为266d，年平均降水量1773.6mm。降水量的时空分布不均匀，5～6月雨量集中且强度大。示范田土壤通透性好、排灌方便，pH为6.03，有机质、碱解氮、有效磷、速效钾含量分别为30.4g/kg、168mg/kg、18.6mg/kg、192mg/kg，土壤容重为1.227g/cm³。

早晚稻采用"早籼+晚粳"搭配模式，早稻品种为'中嘉早17'，抛栽2万穴/亩；晚稻品种为'甬优1538'，抛栽1.75万穴/亩。早稻于3月29日播种、4月21日抛栽、6月11日始穗、6月17日齐穗、7月17日收获，生育期110d；晚稻于6月26日播种、7月19日抛栽、9月13日始穗、9月19日齐穗、11月3日收获，生育期130d；两季生育期共240d。在肥水管理上，冬种紫云英翻压还田，早稻亩施45%三元复合肥（N、P₂O₅、K₂O含量分别为15%、15%、15%）30kg作基肥，抛插后7d亩施45%三元复合肥15kg、尿素5kg作分蘖肥，穗粒肥为插秧后35～40d亩施45%三元复合肥15kg、氯化钾5kg。晚稻亩施45%三元复合肥（N、P₂O₅、K₂O含量分别为15%、15%、15%）40kg、硅钙肥25kg（SiO₂≥15%）作基肥，抛插后7d和14d分别施用尿素6kg/亩、4kg/亩作分蘖肥，穗肥为插秧后30～35d亩施尿素10kg、氯化钾8kg，粒肥为移栽后45～55d亩施尿素3kg并喷施磷酸二氢钾叶面肥一次。水分管理以湿润灌溉为主，抛栽期浅水插秧，返青期保持浅水层，分蘖期以薄露灌溉为主，并多次露田促蘖促根，田间苗达90%左右时开始晒田控制无效分蘖，拔节期至抽穗期建立浅水层，确保"有水抽穗扬花"，灌浆结实期保持田间湿润、干湿交替，收获前7d左右断水。

该超高产典型的产量结构如下：早稻品种'中嘉早17'，抛栽2万穴/亩，有效穗数25.1万穗/亩，每穗颖花数126.7朵，结实率84.2%，千粒重26.2g，实收稻谷618.2kg/亩；晚稻品种'甬优1538'，抛栽1.75万穴/亩，有效穗数18.1万穗/亩，每穗总粒数216.7粒，结实率85.3%，千粒重23.1g，实收稻谷676.9kg/亩；双季亩产1295.1kg。

（二）高产高效栽培技术途径与案例分析

1. 选用良种

选用通过审定、抗病抗逆性强、生育期适宜的优质高产组合或品种，直播栽培宜选择早发性好、分蘖力强、秆矮、株型紧凑、抗逆性强的早、中熟品种。注意根据区域光温资源做好早晚稻的品种搭配。长江中下游地区晚稻产量与品质普遍高于早稻，因此早晚稻品种搭配可选择"早熟+迟熟"或"中熟+迟熟"模式，两季生育期控制在225～230d。

2. 适时播种、培育壮秧

采用早直播晚抛秧、双季抛栽或早机插晚抛秧等种植方式。抛栽田早稻于日平均气温稳定通过12℃的初日，抓住冷尾暖头，抢晴播种；晚稻根据安全抽穗期和秧龄，适时播种，早稻秧田宜选择背风向阳、地势较高、透水性好、质地疏松、土壤肥沃、灌排方便的旱地或菜园地，培育成旱育秧专用苗床，并施用壮秧剂。机插稻提倡使用专用育秧基质集中育秧，保温育秧的早稻播种期要求日平均温度稳定通过10℃，露天育秧要求日平均温度稳定通过12℃，晚稻播种期根据早稻收获期、晚稻安全齐穗期和秧龄进行推算。直播稻播种时应保持田面湿润、无积水，播种后应注意防止鸟、鼠、福寿螺危害，早稻适宜播种期在3月下旬至4月初。

3. 土壤调酸培肥

针对当前长江中下游区中低产田面积较大、土壤酸化加剧、土壤养分失调、土壤质量下降等问题，要实现长江中下游区双季稻高产高效，培肥地力是关键。因此，在双季稻生产中宜通过平衡施肥、稻草还田、冬种绿肥、增施石灰和有机肥等措施来提高稻田土壤肥力。

4. 增密节氮、平衡施肥

针对当前农民种稻种植密度偏低（主要为抛栽田）、氮肥施用过多的现象，推行增密节氮、因种因地平衡施肥。抛栽、机插早稻 2 万～2.2 万穴/亩，晚稻 1.8 万～2.0 万穴/亩；直播早稻大田每亩用种量为常规稻 5.0～6.0kg 稻种，杂交稻 2.0～3.0kg 稻种。根据品种特性和土壤肥力平衡施肥，特别是中微量元素，中等肥力田块一般按早稻施氮量 10kg/亩（20% 有机肥深施作基肥）、晚稻施氮量 12kg/亩（20% 有机肥深施作基肥）施用，N∶P∶K=2∶1∶2。机插稻一次性侧深施肥（30% 缓控释肥）；抛栽稻有机肥、磷肥全作基肥，化学氮钾肥按基肥∶分蘖肥∶穗肥∶粒肥为 5∶2∶2∶1 的比例分配，并按比例施用氮肥增效剂（双氰胺）以提高氮肥利用效率。生长后期视长势施用叶面肥防早衰。注意补施中微量元素，提倡测土配方施肥。

5. 科学管水、湿润灌溉

抛栽田实行浅水抛秧，栽后 5～7d 薄水返青活棵，分蘖期湿润灌溉，苗数达到穗数的 80%～90% 时开始露田和晒田，并通过晒田控制无效分蘖，穗分化后灌水并保持浅水层至抽穗扬花期，灌浆成熟期间歇灌溉、干湿交替，收获前 7d 左右断水。直播稻水分管理按"湿润出苗、浅水分蘖、多次轻搁、间歇灌溉"的原则，播种后沟灌，湿润出苗，严防田面积水，播种至三叶期前保持土壤湿润、不淹水。三叶期后建立浅水层，促进分蘖发生，分蘖盛期及时排水露田，多次轻搁晒田，控制无效分蘖和促进根系生长，以防早衰，增强抗倒伏能力；孕穗期保持 2～3cm 浅水层养穗，抽穗后以间歇灌溉为主，收获前 7d 断水。

6. 病虫草害绿色防控

坚持"预防为主、综合防治"的方针，实行绿色植保、统防统治，原则上优先采用农业防治、生物防治、物理防治方法，化学防治按照"选用农药品种准、用药时期准、用药量准、用药方法准"的"五准"减量用药的要求。

7. 收获

应及时收获。为了减少机收损失，应选择性能优良的国产或进口收割机，在叶面无露水或水珠时进行作业，留茬高度在 10cm 左右。

8. 高产高效案例

2019 年江西省临川区湖南乡春光村下湖东组双季稻双季亩产 1105.9kg（早稻品种'株两优 171'亩产 545.4kg，晚稻品种'软华优 1179'亩产 560.5kg），较邻近土壤生态条件相当的田块农民习惯栽培增产 5.58%，节本增收 223.3 元/亩，氮肥农学利用率提高 16.76%（表 7-34）。

表 7-34　高产高效田产量与效率情况表（临川区，2019）

类别	供试品种	栽培密度与施氮量	产量/（kg/亩）	双季增产/%	投入成本/（元/亩）	年种植效益/（元/亩）	氮肥农学利用率/（kg/kg）	氮肥农学利用率增加比例/%
高产高效	早稻：株两优 171	亩栽 2 万穴，施 N 10.33kg	545.4	5.58	1703.0	840.6	21.46	16.76
	晚稻：软华优 1179	亩栽 1.8 万穴，施 N 12.53kg	560.5					

续表

类别	供试品种		栽培密度与施氮量	产量/ （kg/亩）	双季 增产/%	投入 成本/ （元/亩）	年种植 效益/ （元/亩）	氮肥农学 利用率/ （kg/kg）	氮肥农学 利用率增加 比例/%
农民 水平	早稻：	株两优 171	亩栽 1.8 万穴，施 N 12.33kg	513.7		1792.0	617.3	18.38	
	晚稻：	软华优 1179	亩栽 1.65 万穴，施 N 14.73kg	533.8					

　　该高产高效田位于江西东部赣抚平原区，属中亚热带季风型气候，年平均气温 17.6℃，无霜期 263～278d，年平均无霜期 270d 左右，年平均日照总时数 1780h，年平均降水量 1700mm 左右，雨季集中在 4～6 月。土壤为中潴乌潮沙泥田，土壤 pH 5.10、有机质含量 33.4g/kg、碱解氮含量 185.3mg/kg、有效磷含量 21.8mg/kg、速效钾含量 86mg/kg。

　　早稻于 2019 年 3 月 25 日播种、4 月 22 日移栽、6 月 9 日始穗、6 月 14 日齐穗、7 月 13 日成熟收获，生育期 110d。晚稻于 6 月 26 日播种、7 月 19 日移栽、9 月 11 日始穗、9 月 16 日齐穗、10 月 21 日成熟收获，生育期 117d。两季生育期共 227d。在肥水管理上，冬种紫云英春季翻压还田，早稻亩施生石灰 50kg、48% 三元复合肥（N、P_2O_5、K_2O 含量分别为 20%、10%、18%）40kg、尿素 5kg，其中基施复合肥 25kg/亩、追施分蘖肥为复合肥 5kg/亩、尿素 5kg/亩，穗粒肥为施配方肥 10kg/亩。晚稻亩施 50% 三元复合肥（N、P_2O_5、K_2O 含量分别为 22%、9%、19%）40kg、尿素 8kg，其中基施复合肥 25kg/亩，追施分蘖肥为复合肥 5kg/亩、尿素 8kg/亩，穗粒肥为施配方肥 10kg/亩。早稻、晚稻水分管理均实行干湿交替，好氧灌溉。即栽后 5～7d 薄水返青、分蘖期湿润灌溉，苗数达到穗数的 80%～90% 时开始露田和晒田，并通过晒田控制无效分蘖，穗分化后灌水并保持浅水层至抽穗扬花期，灌浆成熟期间歇灌溉、干湿交替，收获前 7d 左右断水。

　　该高产高效田块的产量结构如下：早稻品种'株两优 171'，抛栽 2 万穴/亩，有效穗数 24.9 万穗/亩，每穗颖花数 123.0 朵，结实率 85.0%，实收稻谷 545.4kg/亩；晚稻品种'软华优 1179'，抛栽 1.8 万穴/亩，有效穗数 21.1 万穗/亩，每穗颖花数 171.0 朵，结实率 80.6%，千粒重 23.0g，实收稻谷 560.5kg/亩；双季亩产 1105.9kg。

四、华南双季稻区

（一）华南双季稻超高产栽培技术途径与案例分析

　　华南双季稻农户实际产量与当地光温潜在产量（即理论产量）之间存在巨大差距，挖掘和创建本稻区超高产栽培技术途径对缩小这一差距、进一步提高产量具有重要的现实意义。水稻超高产水平通常受品种特性、土壤类型、生态环境和栽培措施等因素的影响。由于生态环境如太阳辐射、光照、温度和降水量等因素是不可控的，因此选用超高产抗逆性强的水稻品种，通过合理密植、氮肥运筹和水分管理等技术的集成优化，调控根层小环境、改善水稻群体结构、协调"源-库-流"关系，最终实现超高产目标，是最主要的技术途径。自 2016 年开始，根据华南双季稻的生态气候、耕作制度等特征，连续多年开展了华南双季稻超高产栽培技术研究。根据在广东和广西多地多年多点（次）的试验结果，并参考本稻区其他超高产技术研究结果，创建了"以穗粒协调型超高产抗病品种、合理密植、优控水肥"为核心的华南双季稻超高产栽培技术途径，制定了以"超高产品种、合理密植、氮肥运筹和干湿交替灌溉"等为主要内容的技术规程（表 7-35）。该技术已在广东兴宁和广西桂平等地示范应用，稻谷产量可达 10.5t/hm^2 以上，增产增收效果显著。

表 7-35　华南双季稻超高产栽培技术规程

关键措施	技术参数	技术效果
品种要求	具备超高产潜力的中迟熟品种，早稻、晚稻的生育期分别为 125～135d、115～125d，分蘖力中强，抗倒性强，抗稻瘟病和白叶枯病，千粒重≥25g	最高苗数 480 万～525 万株/hm²，抽穗期叶面积指数 6.0～7.0，成穗率≥60%，有效穗数 300 万～350 万穗/hm²，穗粒数≥150，结实率≥80%，收获指数≥0.5，稻谷产量≥10.5t/hm²，AE_N≥18kg/kg，RE_N≥45%，PFP_N≥50kg/kg，RUE＞1.50g/MJ
培育壮秧	适时播种，早稻在日平均气温稳定通过 12℃时播种，晚稻在 7 月上中旬播种。按机插秧要求育秧，秧田：大田=1：（80～100）比例准备秧田。按秧盘定量播种，播后蹋谷、营养土覆盖，早稻播种后盖塑料薄膜或放入温室保温促芽	
种植密度	早稻秧龄 20～30d，晚稻秧龄 15～20d。采用机插秧，栽插规格 30cm×（12～14）cm，每穴 3～5 苗，插植基本苗 23.8 万～27.8 万穴/hm²	
肥料运筹	秧苗期施肥：按机插秧要求，用营养土作基质育秧，不出现脱肥一般不施肥；移栽前 3～4d 看苗施用"送嫁肥"，施用尿素 5～10kg/亩。 本田期施肥：氮肥（N）、磷肥（P_2O_5）、钾肥（K_2O）施用比例为 1：0.3：（0.8～1.0），总用量分别为 165～180kg/hm²、45kg/hm² 和 180kg/hm²。其中，氮肥施用比例为基蘖肥：穗粒肥=6：4。实施方案（按公顷计算）如下。（1）深施基肥：施过磷酸钙 225～375kg/hm²，尿素 135kg/hm²。（2）施壮蘖肥：早稻插秧后 17～20d，施尿素 75～90kg/hm²、氯化钾 135kg/hm²；晚稻插秧后 15d，施尿素 90kg/hm²、氯化钾 135kg/hm²。（3）施穗肥：①促花肥（一般在早稻插秧后 35～40d，晚稻插秧后 30～35d，主茎幼穗分化 Ⅱ 期即初见苞毛，倒 3 叶露尖）：施尿素 90kg/hm²、氯化钾 135～150kg/hm²；②保花肥（移栽后 45～55d，穗分化 Ⅴ 期，倒二叶露尖）：施尿素 60～75kg/hm²。（4）施粒肥（破口期）：破口期时叶色偏淡且天气好，施尿素 30～45kg/hm²，叶色偏绿或天气不好不施；早稻一般不施	
水分管理	采用"干湿交替+中期晒田"方式进行灌溉。（1）泥皮水插秧、浅水分蘖：移栽后 10d 建 5cm 水层，安装水势仪观察水位；（2）水位自然落干至地下 15cm 不见水，再灌水至 5cm，如此循环；（3）够苗晒田（移栽后早稻 25d、晚稻 20d 左右）：每穴茎蘖数 10 条苗时打开田基上水口晒田；（4）当田面出现裂缝，就灌水建 2～5cm 水层（降雨后有水就不用灌），此后按（2）进行管理；（5）见穗期（抽穗 1%）建立 5cm 水层，维持 7d 田面有水，此后仍按（2）进行灌溉，收割前 7d 排干水。 注：施肥前如田面无水，先灌水 1～2cm 再施肥	
病虫害防治	以防为主，按当地植保部门病虫测报及时防治病虫害。遵循"三个必打"原则：（1）秧苗期打"送嫁药"，防治稻飞虱、叶蝉、稻蓟马和叶瘟等，一般在移栽前 3d 喷药；（2）中期防治纹枯病和稻飞虱，一般在移栽后 40～50d（群体最大时）进行；（3）抽穗期防治"三虫三病"，在破口期防治稻瘟病、纹枯病、白叶枯病、稻纵卷叶螟、三化螟和稻飞虱等病虫害。其他时间据植保部门病虫测报及时防治	
注意事项	（1）本技术适用于耕作层深厚 30cm 以上、地力产量 5.0～6.0t/hm² 的田块。（2）扣除前作的肥料残效，如果前作是蔬菜，要扣除前作的肥料残效。前作氮、磷、钾肥的残效按其施肥量的 20% 计，在当季水稻的总施肥量中给予扣除。（3）施用了农家肥、绿肥和有机肥的，要根据使用量和养分含量计入总施肥量中，在确定化肥用量时予以扣除	

2019 年在华南双季稻高产区域广东兴宁和广西桂平开展早稻、晚稻超高产栽培技术途径的生产验证，取得了很好的效果，特别是在广西桂平点早稻、晚稻种植，在高密度群体条件下，冠层结构合理，叶片形态有利于光辐射截获且光能利用效率高，中后期叶片转色顺畅且表现青枝蜡秆，谷粒金黄色，经实割测产验收，早稻超高产栽培技术示范的产量为 11.26t/hm²，氮肥偏生产力为 59.6kg/kg；晚稻示范产量为 10.91t/hm²，创造当地稻谷高产纪录。早稻、晚稻的产量和效率指标如表 7-36 所示。2019 年该技术在广西桂平示范取得成功，该案例的主要管理措施、关键技术指标和植株形态特征等技术要素汇总于表 7-37。

表 7-36　华南双季稻超高产栽培技术途径的典型案例

种植季节	示范地点	品种	产量/(t/hm²)	氮肥偏生产力/(kg/kg)	辐射利用效率/(g/MJ)
2019 年早稻	广西桂平	Y 两优 143	11.26	59.6	1.80
2019 年晚稻	广西桂平	聚两优 751	10.91	66.1	1.83

（二）华南双季稻高产高效栽培技术途径创建与生产验证

对国家数据网（http://data.stats.gov.cn）水稻单产资料进行统计，结果表明，华南双季早稻、晚稻农户统计单产分别比全国平均值低 15%、20%，比本稻区试验站产量低 40% 以上，且化肥过量使用、利用率低和环境污染严重等问题突出。因此，开展水稻节水省肥高产高效技术研究及其应用具有重要的现实意义。在选择高产抗病优质品种的基础上，通过开展合理密植、氮肥运筹和水分管理等单项技术攻关与集成优化，创建了适于华南双季稻区应用的高产高效栽培技术途径，制定了以"选用良种、适度密植、优化施肥和合理灌溉"为主要内容的高产高效栽培技术规程（表 7-38）。

表 7-38　华南双季稻高产高效栽培技术规程

关键措施	技术参数	技术效果
品种要求	具有高产潜力的中迟熟品种，早稻、晚稻的生育期分别为 125～135d、115～125d，分蘖力中等，抗倒性强，抗稻瘟和白叶枯病，千粒重 ≥25g	最高苗数 420 万～480 万株/hm²，抽穗期叶面积指数 5.0～6.0，成穗率 ≥60%，有效穗数 270 万～300 万穗/hm²，穗粒数 ≥150，结实率 ≥80%，收获指数 ≥0.50，稻谷产量 ≥8.0t/hm²，AE_N ≥15kg/kg、RE_N ≥40%、PFP_N ≥55kg/kg，RUE >1.35g/MJ
培育壮秧	适时播种，早稻在日平均气温稳定通过 12℃时播种，晚稻在 7 月中旬播种。机插秧育秧方式，按秧田：大田=1：（80～100）的比例准备秧田。按秧盘定量播种，播后蹋谷，早稻播种后盖塑料薄膜或放入温室保温促芽	
种植密度	早稻秧龄 20～30d，晚稻秧龄 15～20d。采用机插秧，栽插规格 30cm×（14～16）cm，每穴 3～5 苗，插植基本苗 21.0 万～23.8 万穴/hm²	
肥料运筹	秧苗期施肥：按机插秧要求，用营养土作基质育秧，育秧期间不出现脱肥一般不施肥；移栽前 3～4d 看苗施用"送嫁肥"，施用尿素 5～10kg/亩。本田期施肥：氮肥（N）、磷肥（P_2O_5）、钾肥（K_2O）施用比例为 1：0.3：（0.8～1.0），总用量分别为 135～150kg/hm²、30～45kg/hm² 和 135kg/hm²。其中，氮肥施用比例为基蘖肥：穗粒肥=6：4。实施方案如下。①基肥深施：过磷酸钙 225～375kg/hm²，尿素 112.5kg/hm²；②施壮蘖肥（移栽后 15～	

关键措施	技术参数	技术效果
肥料运筹	20d）：施尿素 75kg/hm²、氯化钾 112.5kg/hm²；③施穗肥（移栽后 35～40d，主茎幼穗分化Ⅱ期，倒 3 叶露尖时施用）：施尿素 90～120kg/hm²、氯化钾 112.5kg/hm²；④施粒肥（破口期）：根据叶色和长势而定，早稻一般不施粒肥；晚稻若叶色偏淡，光照充足，则每亩用磷酸二氢钾 200g（根据叶色浓淡加尿素 100～200g）兑水 150 斤（1 斤=500g）喷施	
水分管理	采用"干湿交替+中期晒田"方式进行灌溉。①泥皮水插秧、浅水分蘖，移栽后 10d 建 5cm 水层，安装水势仪观察水位；②水位自然落干至地下 15cm 不见水，再灌水至 5cm 水层，如此循环；③够苗晒田（移栽后早稻 25d，晚稻 20d 左右）：每穴茎蘖数 10 条苗时打开田基的水口晒田；④田面出现裂缝，就灌水至 2～5cm 水层（降雨后田面有水就不用灌），此后仍按②进行管理；⑤见穗期（抽穗 1%）灌 5cm 水层，维持 7d 田面有水，此后仍按②进行灌溉，收割前 7d 排干水。注：施肥时如果田面无水，先灌水 1～2cm 再施肥	
病虫害防治	以防为主，按当地植保部门病虫测报及时防治病虫害，并遵循"三个必打"原则：①秧苗期打"送嫁药"，防治稻飞虱、叶蝉、稻蓟马和叶瘟等，一般在移栽前 3～4d 打药；②中期防治纹枯病和稻飞虱，一般在移栽后 40～50d 进行；③抽穗期防治"三虫三病"，破口期防治稻瘟病、纹枯病、白叶枯病、稻纵卷叶螟、三化螟和稻飞虱等病虫害。其他时间根据植保部门病虫测报及时防治	
注意事项	①如果前作是蔬菜或马铃薯，要扣除前作肥料残效。前作氮、磷、钾肥的残效按其施肥量的 20% 计，在当季水稻总施肥量中给予扣除。②施用了农家肥、绿肥和秸秆还田等有机肥，要根据使用量和养分含量计入总施肥量中，在确定化肥用量时予以扣除。③本技术规程适于中高产肥力田块	

为验证高产高效栽培技术途径的应用效果，2018 年在广东惠城、2019 年在广东兴宁和广西桂平分别开展了水稻高产高效栽培技术途径的连片示范。这些示范片都表现出显著的节本增产增收效果。特别是 2018 年早稻季，在广东惠城种植高产品种'聚两优 751'，稻谷产量 9.03t/hm²，氮肥偏生产力（PFP$_N$）75.25kg/kg；2019 年分别在广西桂平和广东兴宁进行示范验证，种植品种均为'聚两优 751'。桂平示范点的产量为早稻 8.56t/hm²，晚稻 8.43t/hm²；兴宁示范点晚季产量为 8.70t/hm²；3 个示范点的 PFP$_N$ 分别为 68.76kg/kg、62.44kg/kg 和 72.50kg/kg（表 7-39）。与农户水平相比，该技术途径的示范应用既表现出高产和高氮肥利用率的优点，各生育时期的植株形态良好，后期青枝蜡秆，叶片转色顺畅，谷粒熟色好，且技术稳定性好、适应性广、操作简单，在华南双季稻区有广阔的应用前景。将华南双季稻高产高效栽培技术途径的主要技术措施、关键技术指标和植株形态特征等主要特征汇总于表 7-40。

表 7-39　华南双季稻高产高效栽培技术途径示范的典型案例

案例	时间	季别	地点	品种	产量/(t/hm²)	PFP$_N$/(kg/kg)
典型案例 1	2018 年	早稻	广东惠城		9.03	75.25
典型案例 2	2019 年	早稻	广西桂平	聚两优 751	8.56	68.76
典型案例 3	2019 年	晚稻	广西桂平		8.43	62.44
典型案例 4	2019 年	晚稻	广东兴宁		8.70	72.50

表 7-37 华南双季稻超高产栽培技术途径案例分析（广西桂平，2019）

	秧苗期	整地移栽期	分蘖盛期	幼穗分化始期	抽穗灌浆期	成熟期
品种要求	超高产抗病品种：早稻为Y两优143，晚稻为聚两优751					
主要指标	超高产产量：稻谷产量≥10.5t/hm²，收获指数≥0.50，抽穗期LAI在6~7	生育期：早稻134d，晚稻123d；干粒重分别为29.3g和25.2g		氮肥利用效率：PFP_N≥50kg/kg，辐射利用效率：RUE≥1.80g/MJ，有效穗数：300万~350万穗/hm²，穗粒数≥150，结实率≥80%		
生育时期 早稻	3月2日播种	4月1日	4月20~30日	5月12日	始穗期：6月10日	7月13日
生育时期 晚稻	7月14日播种	8月1日	8月10~20日	9月9日	始穗期：10月5日	11月15日
主攻方向	培育壮秧	机插秧、合理密植、插足基本苗	早生快发，及早够苗，控制无效分蘖	保穗攻粒，培育强壮根系和大穗	养根保叶，籽粒充实度高	适时收获
技术指标	秧苗齐、匀、壮	叶龄3.5~4.5移栽，27.8万穴/hm²	返青快，分蘖早，最高茎蘖数在有效穗数的1.4倍以下	群体通风透光好，形成大穗，成穗率高，无病虫害	顶部3片功能叶直挺，叶片转色好，不早衰	青枝蜡秆，籽粒饱满，90%以上谷粒黄熟时收割
技术要点	1. 选用良种，亩用种量2.5kg。 2. 适时播种，早稻3月上旬播种，盖膜保温。晚稻7月中旬播种，用多菌灵消毒。 3. 按机插秧要求进行育秧，秧播匀稀播，秧田：本田1：（80~100）。秧盘育秧种，播后盖塑料薄膜。 4. 施送嫁肥：移栽前3~4d亩施肥，施尿素5~10kg/亩，打送嫁药：防治稻飞虱、叶瘟、稻蓟马等，移栽前3~4d喷施	1. 整地：冬耕翻耙晒田，春耕翻碎土施基肥，上水后耙平。晚稻在早稻收割后及时翻耕，插秧前施基肥。 2. 施基肥：过磷酸钙225~375kg/hm²，尿素135kg/hm²，氯化钾135kg/hm²。 3. 适龄移栽：早稻秧龄20~30d。晚稻秧龄15~20d，叶龄3.5左右。 4. 合理密植，插足基本苗：栽插规格30cm×（12~14）cm，每穴3~5苗	1. 施分蘖肥：早稻插秧后17~20d，施尿素75~90kg/hm²，氯化钾135kg/hm²；晚稻插秧后15d，施尿素90kg/hm²，氯化钾135kg/hm²。 2. 水分管理：寸水回青，浅水分蘖，当全田茎数达到目标穗数的80%~90%时，排水晒田20~25d。	1. 施穗肥：（1）促花肥（早晚稻插后30~40d，主茎幼穗分化Ⅱ期，倒3叶露尖）施尿素90kg/hm²，氯化钾135~150kg/hm²；（2）保花肥（栽后45~55d，倒1叶露尖，Ⅴ期，倒1叶露尖）施尿素60~75kg/hm²。 2. 水分管理：倒二叶抽出期（插秧后40~45d）停止晒田，此后保持浅水层至抽穗。 3. 病虫防治：稻瘟病、纹枯病、三化螟、稻纵卷叶螟等	1. 看苗补施粒肥：叶色偏浓，施尿素45kg/hm²；叶色偏绿或天气不好不施，早稻一般不施。 2. 水分管理：干湿交替，收割前7d断水。 3. 病虫防治：破口期防治稻瘟病、白叶枯病、稻纵卷叶螟、三化螟病，和稻飞虱等病虫害	适时收割：当90%以上谷粒黄熟时抢晴天及时收割，切忌提早收割

表 7-40　华南双季稻高产高效栽培技术途径案例分析（广西桂平、广东兴宁）

项目	秧苗期	整地移栽期	分蘖盛期	幼穗分化始期	灌浆结实期	收获期
品种要求	高产抗病优质品种：聚两优 751；早稻，晚稻的生育期分别为 125～135d，115～125d。					
主要指标	产量：8.0～9.0t/hm²，收获指数：≥0.50，氮肥利用效率：PFP_N ≥50kg/kg，辐射利用效率：RUE ≥1.50g/MJ，有效穗数 270 万～300 万穗/hm²，穗粒数 ≥150，结实率 ≥80%，抽穗期 LAI 在 5～6					
生育时期　早稻	2 月 28 日至 3 月 2 日播种	4 月 1～5 日	4 月 20～30 日	5 月 10～15 日	始穗期：6 月 8～11 日	7 月 10～12 日
生育时期　晚稻	7 月 15～20 日播种	8 月 1～6 日	8 月 10～20 日	9 月 6～10 日	始穗期：10 月 3～6 日	11 月 10～15 日
主攻方向	培育壮秧	机插、合理密植、足苗	早生快发、按时够苗、控制无效分蘖	保叶保粒、强根系、大蘖	养根保叶、籽粒充实好	适时收获
稻株主要形态特征（技术指标）	秧苗齐、匀、壮	基本苗 21.0 万～23.8 万穴/hm²	回青早、分蘖快、最高茎数在有效穗数的 1.4 倍以下	群体通风透光好，大蘖足，成穗率 60%，没有病虫为害	顶部 3 片功能叶直挺，叶片转色好、不早衰	青枝蜡秆、籽粒饱满，90% 以上谷粒黄熟时收割
技术要点	（1）选用良种，保证用种量：亩用种量 2.0kg。 （2）适时播种：早稻 2 月底至 3 月上旬播种、盖膜保温。晚稻 7 月中下旬播种，多菌灵消毒。 （3）稀播匀播，秧田：本田=1：（80～100）。备足秧田。秧盘定量播种、播后保温催芽。 （4）早稻播种后保温促壮，移栽前 3～4d 施"送嫁肥"，施尿素 5～10kg/亩，喷施"送嫁药"	（1）整地：冬耕翻垡晒田，春耕翻耙碎土施基肥，上水秒平。连作晚稻田在早稻收割后及时翻耕，插秧前施基肥。 （2）基肥：施过磷酸钙 225～375kg/hm²，尿素 112.5kg/hm²。 （3）适龄移栽：早稻秧龄 20～30d，晚稻秧龄 15～20d。 （4）合理密植，插足基本苗：规格 30cm×(14～16) cm，每穴 3～5 苗	（1）壮蘖肥：早稻插后 17～20d，施尿素 75kg/hm²；氯化钾 112.5kg/hm²；晚稻插后 15d，施尿素 90kg/hm²，氯化钾 135kg/hm²。 （2）寸水回青，施用除草剂。浅水分蘖，茎数达到目标穗数的 80%～90% 时（早稻插后 25～30d，晚稻 20～25d）排水晒田至脚不沾泥。其余时间干湿交替灌溉	（1）施穗肥（早晚稻）：插后 30～40d、主茎倒 3 叶露尖）；幼穗分化 II 期，插后 15d。施尿素 90～120kg/hm²，氯化钾 112.5kg/hm²。 （2）倒二叶抽出期（插秧后 40～45d）停止晒田，此后保持水层至抽穗。 （3）病虫防治：防治稻瘟病、纹枯病，白叶枯病、稻纵卷叶螟，三化螟等。插后约 45d 预防纹枯病一次	（1）看苗补施粒肥：破口期，叶色偏淡，施尿素 30～45kg/hm²，叶色偏绿或天气不好不施。 （2）水分管理：干干湿湿、养根保叶，收割前 7d 左右断水。不要断水过早。 （3）病虫防治：破口期、防治稻瘟病、纹枯病，稻飞虱，三化螟和稻纵卷叶螟等	适时收割：当 90% 以上谷粒黄熟时抢晴天及时收割，切忌提早总收割。

第二节　东北粳稻丰产增效技术途径

一、东北粳稻超高产栽培技术途径与案例分析

根据东北粳稻超高产氮肥需求特征，以分段多次氮肥高效施用为主推技术，通过适当减少底施氮肥，底肥增施有机肥、硅锌肥和枯草芽孢杆菌，增施促蘖肥，控制穗肥，花后喷施叶面肥，肥药一体，实施工厂化钵毯盘育壮秧、合理移栽基本苗、中度胁迫控制灌水、绿色综合防治病虫草害等配套技术，增强水稻根系活力，增强茎秆强度，塑造高光效群体结构，增加光截获量，提高花后干物质运转速率，延长后期功能叶的光合时间，在足够的单位面积穗数的基础上，提高了水稻成粒率和千粒重，促进了水稻健康生长。目前，已获得的超高产栽培案例如下。

（一）辽宁水稻平衡施肥超高产案例分析

针对辽宁稻区水稻超高产生产技术和绿色丰产增效目标需求，在辽宁省盘锦市大洼区西安镇上口子村示范 15hm² 水稻超高产示范田，实施平衡施肥超高产绿色提质丰产增效栽培技术，主要技术要点如下。

1）选用肥力高的示范田。上口子村土壤基础地力中上等，其中有机质含量 3.84%、碱解氮含量 139.9mg/kg、速效磷含量 37.1mg/kg、速效钾含量 276.6mg/kg，土壤质地为黏土，pH 7.56。

2）选用丰产优质多抗优良品种'盐丰 47'。该品种分蘖力强、分蘖成穗率高，属穗粒兼顾型品种，耐盐性突出，抗倒性强，抗寒性和抗病能力强，品质达国家二级优质米标准，其中直链淀粉含量 15.3%，整精米率 66.2%，达到国家优质稻谷标准 2 级。适应性强，适合辽宁省中晚熟稻区及滨海地区种植。

3）采用工厂化钵毯盘育壮秧。采用比重法精选稻种，亮盾包衣浸种。栽培前 1 周，采用"三带法"（即带磷、带药、带植物生长调节剂）进行秧苗处理，提高秧苗的抗逆能力、移栽后返青速率和分蘖能力。

4）适期机械化早插秧，合理密植。在日平均温度稳定通过 15℃时开始插秧。采用 30cm×16.5cm 行穴距，机械插秧，每穴 4～5 苗，确保基本苗达 90 万株/hm² 左右。

5）合理施肥。根据测土结果和斯坦福施肥量估算公式，中上等地力产优质稻谷 12t/hm² 的施肥标准如下：金满田生物有机肥 750kg，施肥量：纯 N 315kg/hm²，P_2O_5 90kg/hm²，K_2O 105kg/hm²，生物硅锌肥 60kg/hm²，氮肥施入比例（底肥：分蘖肥：拔节肥：孕穗肥：粒肥）为 45：20：20：10：5，其中磷钾硅锌肥全部插前底施，分蘖肥在秧苗返青后结合复硝酚钠均匀施入；孕穗肥在水稻倒 2 叶及粒肥在水稻灌浆始期采用适量尿素配合稻瘟灵、三环唑、戊唑醇、康宽、吡蚜酮、吡虫啉等高效低毒杀菌杀虫剂等，采用无人机叶面喷施，减少人工大田喷施对水稻群体的破坏，同时做到肥药一体化，提高劳动生产率。

6）科学灌水。根据水稻的需水规律，除插秧缓苗期、孕穗前后的 15～20d 及施除草剂时，需建立水层外，其余时间均可采用干干湿湿，前水不见后水的节水灌溉技术。具体要求：插秧至分蘖阶段实行浅水灌溉，分蘖盛期采用浅、湿灌溉，分蘖末期适当晾田，控制无效分蘖；孕穗至出穗开花阶段保持 3～5cm 水层，有利于出穗和受精，灌浆后期采取浅、湿、干间歇灌溉，有利于灌浆；生长后期不易断水过早，防止早衰（图 7-6）。

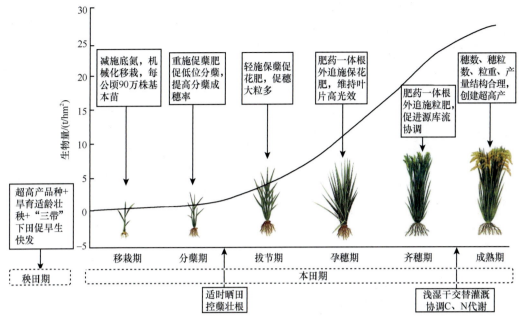

图 7-6　辽宁水稻均衡施肥超高产栽培技术途径

7）全程绿色防控。浸种前用亮盾拌种预防恶苗病和立枯病；秧苗移栽前 1 周喷施康宽，预防本田期稻水象甲和二化螟；水稻移栽前 1 周施用噁草酮、丙草胺和移栽 1 周后施用丁草胺、苯噻酰草胺及氯吡嘧磺隆，预防禾本科、阔叶草及莎草等杂草。水稻花粉母细胞减数分裂期喷施"一喷综防多效"（噻呋酰胺/三环唑/戊唑醇/噻虫胺）1～2 次，预防二化螟、稻瘟病、稻曲病和纹枯病，灌浆始期喷施吡蚜酮和吡虫啉，预防稻飞虱，进而达到延长功能叶寿命，促进库健康和水稻灌浆能力，提高粒重。

课题组对示范田不同生育时期的群体特征进行调查发现，超高产田块分蘖成穗率、有效穗数、齐穗期叶面积指数、生物量等性状明显高于农户对照，特别是花后生物量增加显著，熟相好，未受病虫危害。2019 年 10 月 11 日进行实地测产，超高产群体特征：穗数 489.60 穗/m²，每穗实粒数 102.22 粒，千粒重 25.78g，产量高达 12.81t/hm²。农户对照田穗数 439.35 穗/m²，每穗实粒数 94.41 粒，千粒重 25.11g，产量为 10.50t/hm²。超高产田比农户对照田增产 2.31t/hm²，增产率达 22.0%。

超高产群体在拔节期的单位面积茎蘖数为 569.31 万个/hm²，农户水平为 547.82 万个/hm²，生育中后期农户处理茎蘖数下降较快，超高产仍维持较高水平。超高产群体成熟期有效穗数为 489.61 万穗/hm²，农户水平为 439.34 万穗/hm²，分蘖成穗率分别为 86.0% 和 80.19%。超高产群体生物量从拔节期开始明显高于农户水平，成熟期达 26.67t/hm²，比农户水平的 20.01t/hm² 高 33.28%（图 7-7）。

（二）吉林粳稻超高产案例分析

针对吉林黑土稻区粳稻抗逆超高产生产技术和绿色提质增产增效目标需求，在吉林省梅河口市海龙镇建立了 10hm² 超高产示范田，超高产绿色提质增产增效栽培主要技术要点如下。

1）选用吉林省超级稻品种'吉粳 88'。

2）选用高肥力的示范田，并精细整地。稻田土壤秋季深翻，深度 15～25cm，春季泡田打浆，并进行插秧前封闭除草（用乙草胺等）。

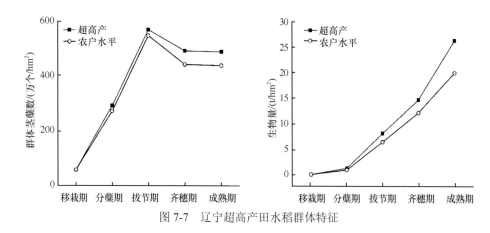

图 7-7 辽宁超高产田水稻群体特征

3）育秧方式：采用旱育苗稀植育秧方式，每平方米播种 150g 芽种，秧苗整体达到壮秧标准，每棵秧苗带 1～2 个分蘖。

4）移栽方式：栽插密度为 30cm×13.2cm，每穴 4～5 苗；插后 5～7d 进行二次封闭药除草。

5）施肥量：纯 N 200kg/hm^2、P$_2$O$_5$ 75kg/hm^2、K$_2$O 80kg/hm^2、生物有机肥 150kg/hm^2、有机硅肥 75kg/hm^2。

科学养分运筹主要包括以下几个方面。①底肥：整地之前施底肥，施全氮肥的 40%，即 80kg/hm^2 纯氮；施用 P$_2$O$_5$ 75kg/hm^2，即全磷一次性施用；施用全钾肥的 60%，即 48kg/hm^2，生物有机肥 150kg/hm^2，有机硅肥 75kg/hm^2。②返青肥：插秧后 5～7d 施用，施全氮肥的 10%，即 20kg/hm^2。③分蘖肥：6 月 10～15 日施用，施全氮肥的 10%，即 20kg/hm^2。④穗肥：6 月 25～30 日施用，施全氮肥的 30%，即 60kg/hm^2 纯氮；施用全钾肥的 40%，即 32kg/hm^2。⑤粒肥：8 月 10 日左右，施全氮肥的 10%，即 20kg/hm^2 纯氮。

6）叶面肥：防治穗颈瘟时（齐穗期）喷施磷酸二氢钾 150kg/hm^2+水溶硅肥 22.5kg/hm^2，提高水稻抗病能力和抗倒伏能力。

7）病虫害防治：6 月上旬注意防治潜叶蝇、稻水象甲，可用辛硫磷乳油、毒死蜱、乙氰菊酯等防治，6 月下旬至 7 月上旬进行水稻二化螟防治，采用赤眼蜂进行绿色防控；7 月中旬（花前）防治稻瘟病和纹枯病（富士一号与井冈霉素）。7 月 30 日至 8 月 5 日，二次防治稻瘟病和纹枯病（三环唑等）。

8）水分管理：插秧后 3～5d 保持寸水，提高水温，提早返青。分蘖后期（6 月末），适当撤水晒田，不要有水层，以土壤不开裂为主，晒田 2～3d 后，适当给水，保证分蘖的数量，控制无效分蘖。出穗期保持 3～5cm 水层，若水层过深，水温较低，易导致水稻早衰。灌浆期采取间歇灌溉，干干湿湿，提高根部的透气性，同时保证灌浆所需水分，以湿为主。

超高产攻关田于 2019 年 4 月 10 日播种，5 月 15 日插秧，秧龄 35d；超高产水稻群体于 7 月 31 日齐穗，10 月 5 日收获。本田生育期 143d。实收测产最终产量为 12.06t/hm^2，穗数为 451.3 万穗/hm^2，穗粒数为 152，结实率为 90%，千粒重达到 21.9g。当地农户产量为 9.0t/hm^2，增产 34%。其中穗数和穗粒数的提高是其增产的主要因素。

（三）黑龙江水稻旱平垄作双侧双深超高产案例分析

针对现行稻田耕作制度导致土壤结构破坏、土壤板结，水整地、搅浆平地导致水资源严重浪费，全层施肥致使肥料利用率降低等问题，提出了"水稻旱平垄作双侧双深"超高产栽培技术途径，主要技术要点如下。

1）秋翻地或春翻地旱整平：翻地深度达到 20cm，翻地要求做到扣垡严密、深浅一致、不重不露、不留生格。旋耕深度在 14～16cm，然后旱整平，最好用激光平地机进行旱平地，若秋季雨水多则可在春季进行旋耕和旱整平。

2）旱起垄同时分层分类施肥：垄底宽 60cm（宽窄行插秧机可以在 50～60cm），垄面宽 40cm（宽窄行插秧机可以在 30～40cm），镇压后垄高达到 10cm 以上。旱起垄的同时将基肥+分蘖肥分层深施于垄中形成一深二浅共三条肥带，一条深肥带位于垄正中央，将肥施入距垄面 6～7cm 深处，要选择含缓效氮的肥料，两条浅肥带分别位于深肥带两侧水平距离 10.5～18.0cm 处（根据插秧机类型确定），将肥施入距垄面 2～3cm 深处，最好选择速效氮的肥料，且上下肥带肥量各占 50%，这样就形成了一垄三肥带（一深两浅），即实现了苗带双侧双深分层分类速缓结合的立体施肥方式（图 7-8）。

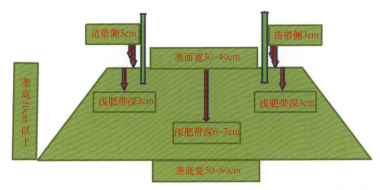

图 7-8　水稻"旱平垄作双侧双深"超高产栽培技术途径——垄型施肥图

3）泡田封闭除草：无论秋起垄还是春起垄，约在插秧前 10d 进行泡田，水面要没过垄面，水渗漏后要及时补充，待水位相对稳定后（一昼夜水层降低 1cm 时）再进行封闭除草。封闭除草的药剂选择同常规水稻生产，方法是在插秧前 5～7d 进行，采用毒土法、甩喷法（喷雾器须摘掉喷片）、弥雾机喷雾法施药均可，施药后应保持垄面有药水层 5～7d。

4）垄上机插双行：采用宽窄行高速插秧机进行垄上双行机械插秧，插秧机轮行走在垄沟中。常规高速插秧机行间距 30cm，宽窄行高速插秧机垄上双行间距 15～20cm，最好选择宽窄行高速插秧机，可实现高光效。

5）本田管理：本技术模式是双侧双深施肥，肥料利用率高。因此，不必施用分蘖肥，拔节肥占总氮量的 10% 左右，穗肥氮占总氮量的 10%～20%，穗肥钾占总钾量的 35%～45%。本田封闭除草时要注意水层没过垄台面，其他时期除草要求同常规生产。防病时期及防治措施同常规生产。寒地水稻的水分管理要注意以水调温，尤其是井水应采取晒水池增温、渠道增温等措施，晒水池的面积应为本田面积的 2%～3%，利用散水槽、长渠道、隔墙式晒水池、叠水板、渠道覆膜、回水灌溉等综合增温措施，最好采用地上池，池内水深 0.6m 左右。入田的井水要达到水稻不同生育时期对水温的最低要求，6 月水稻分蘖期水温要达到 15℃以上，7 月抽穗期水温要达到 17℃以上，减数分裂期水温要达到 18℃以上，8 月结实期水温要达到 20℃以上。

项目组在 859 农场开展水稻"旱平垄作双侧双深"超高产栽培技术途径研究发现，在该技术途径下产量达到 11 735.40kg/hm²，比对照增产 20.83%，增产的主要原因是增加了单位面积穗数。该技术途径对齐穗期 SPAD 的影响最为明显，较常规平作提高 7.05%；其提高了齐穗期的净光合速率、蒸腾速率、胞间 CO_2 浓度、气孔导度及水分利用效率，但年际净光合速率、蒸腾速率的增幅最为稳定，分别增加 19.37% 和 9.83%。旱平垄作双侧双深的氮肥农学利用率、氮肥贡献率、氮肥偏生产力与土壤氮素依存率均极显著高于常规平作，分别提高 63.55%、41.91%、23.87% 与 11.89%，垄作双深总体提高了氮肥利用效率。

二、东北粳稻高产高效栽培技术途径与案例分析

（一）寒地粳稻肥水耦合耐冷丰产高效栽培技术途径

针对东北寒地稻作区低温冷害发生频繁、氮肥运筹和灌溉方式不合理、资源利用效率低的问题，在共性试验的基础上，通过开展密度和氮肥互作、灌溉方式与氮肥运筹以及钾肥施用调控粳稻耐冷性等关键单项技术研究，集成组装了"寒地粳稻肥水耦合耐冷丰产高效栽培技术"。该项技术模式以高产高效品种为前提，选用高产且资源利用效率高的品种；以群体构建为核心，插秧密度为 30cm×13.3cm，每穴 3 苗；以施肥和灌溉技术为保障，在确定合理氮肥用量的情况下（150kg N/hm²），合理进行氮肥运筹（基肥：分蘖肥：穗肥：粒肥=5：3：1：1），增施钾肥（K_2O 75kg/hm²），采用浅干湿灌溉方式（除在关键生育时期建立浅水层，孕穗期深水灌溉，其余生育时期均采用干湿交替灌溉）。

该技术构建了合理的群体结构，实现了水肥的优化管理，优化了群体光合产物的生产、运输和分配，通过有效增加分蘖期—拔节期光合势（平均增幅为 23.0%），进而提高齐穗期比叶重（平均增幅为 3.14%）和齐穗期—成熟期光合势（平均增幅为 20.56%），使群体 MLAI 显著提高（平均增幅为 14.96%），进而提高光合产物生产能力，齐穗期—成熟期群体生长率显著提高（平均增幅为 13.36%），这为穗数及穗粒数的形成提供了坚实的物质基础。该技术与一般农户种植相比，有效地增加收获指数，通过提高穗数、稳定穗粒数，平均增产 22.11%，辐射利用效率增加 15.13%，温度利用效率提高 14.26%，氮肥偏生产力提高 18.07%，水分利用效率提高 22.81%（图 7-9）。

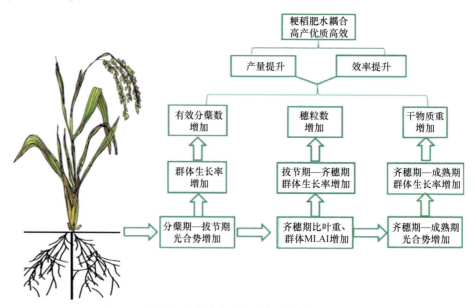

图 7-9　粳稻肥水耦合高产优质高效栽培技术效果图

（二）秸秆炭化还田（生物炭）调控苏打盐碱稻田土壤障碍缩差增效栽培技术途径

苏打盐碱稻田土壤冷凉、土壤贫瘠化、次生盐渍化逐年加重，盐碱稻区具有水资源浪费严重、秧苗素质差、肥料利用效率低等产量与效率限制因子问题。生物炭的多孔结构、较大的比表面积和电荷密度，可提高土壤团聚性和孔隙度，增强对土壤水分和营养元素的吸持能力，改善土壤的物理性状。生物炭类似于有机质，在盐碱土壤中施用可有效将 Na^+ 置换出来并将其排出，通过吸附水分降低渗透胁迫，并提供 K、Ca、Mg 等养分，从而提高作物产量。所以施用生物炭可改善盐碱稻田土壤理化性质和养分状况，提高根系活力，降低水稻器官 Na^+ 积累，维持细胞结构与其功能完整性，消减盐碱胁迫，提升物质生产与积累量，增加穗数和粒重，进而提高盐碱地水稻产量和肥料利用效率。

为此，我们集成了 4 项核心技术：①旱育稀植精量播种培育壮秧技术，提高水稻秧苗素质，提高抵抗苏打盐碱胁迫的能力；②利用反转旋耕机精细整地配施生物炭技术，提高整地质量，促进根系生长；③平衡施肥技术，氮肥减施 10%～15%，按基肥：分蘖肥：穗肥：粒肥=4：2：3：1 的比例运筹施入，提高肥料利用效率；④苏打盐碱稻田高效节水灌溉技术（在水稻各个生长发育时期分别控制水层：返青期 3～4cm、分蘖期 1.5～3cm、拔节孕穗期 4～5cm、抽穗期 3～4cm，黄熟期排水），构建了秸秆炭化还田（生物炭）调控苏打盐碱稻田土壤障碍缩差增效栽培技术，实现了苏打盐碱稻田土壤盐碱障碍消减、土壤培肥，改善了水稻生长发育状况和提高了肥料利用效率，优化了群体结构，为盐碱稻区水稻缩差增效提供了理论基础与技术途径。

选用丰产优质水稻品种'吉粳 88'，2018～2020 年项目组分别在吉林省白城市洮北区（轻度盐碱）和大安市舍力镇（重度盐碱）建立了试验示范基地。生物炭一次性施入 30t/hm²，纯氮较常规减施 20%，按基肥：分蘖肥：穗肥：粒肥=4：2：3：1 的比例运筹施入，水分采用高效节水灌溉技术，移栽密度调整为 30cm×13.2cm。轻度、重度盐碱稻区与示范田土壤全盐含量分别降低 12.11%、151.3%，碱化度分别降低 33.12%、212.3%，有机质含量分别提高 23.11%、146.88%。轻度盐碱稻区产量构成：穗数 401.3 万穗/hm²、穗粒数 145.11、结实率 92.3%、千粒重 21.2g，实收产量为 9811.5kg/hm²，较传统农户产量提高 16.88%，氮肥偏生产力提高 43.22%，生物产量提高 9.23%。重度盐碱稻区水稻产量较当地传统种植产量提高 110.3%（图 7-10）。

（三）寒地水稻旱直播稳产高效栽培技术途径

目前，黑龙江省水稻种植主要以旱育稀植插秧栽培为主，需要经过育秧、整地和插秧等繁杂的过程，劳动强度大，生产成本高。随着社会经济的发展，农村劳动力大量转移，从事稻作生产的劳动力老龄化现象日趋严重，很多地区的稻农对水稻轻简化栽培的需求非常迫切。旱直播作为一项轻简化栽培技术，因其用工少、效益高而日益受到稻农的青睐。

为此，我们创新、发展了寒地水稻旱直播稳产高效栽培技术（发明专利号：ZL20161018 7418.7），并制定了黑龙江省水稻机械旱直播栽培地方标准（标准号：DB23/T 1874—2017）。本技术是不经育苗移栽而直接将水稻种子播种于旱整地的栽培方式，在黑龙江省的湿润区一般可以通过应用精细整地、精控播深和播后镇压等技术手段，播后不灌水，利用北方特有的冻土层的返浆水直至出苗，一般在 3 叶期再进行灌水的一种新型稻作技术，有别于传统的和其他稻区的水稻旱直播技术。

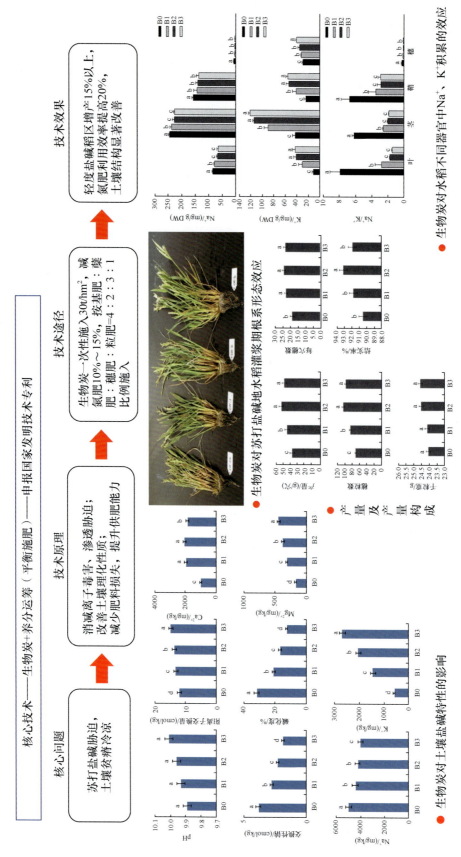

图 7-10 秸秆炭化还田（生物炭）调控苏打盐碱稻田土壤障碍缩差增效栽培模式

B0: 不施生物炭；B1: 施用生物炭 33.75t/hm²；B2: 施用生物炭 67.50t/hm²；B3: 施用生物炭 101.25t/hm²

寒地水稻旱直播稳产高效栽培技术主要包括选地整地（选择非盐碱地，整地达到地平土碎）、品种选择（早熟、抗倒）、种子处理（晒种、包衣剂）、播种技术（条播或穴播，播量150～225kg/hm²，播深2cm）、水分管理（播种镇压保墒、苗期旱长、3叶后建立水层）、肥料运筹（纯N 120～150kg/hm²、P_2O_5 60～75kg/hm²、K_2O 60～75kg/hm²，氮肥分基肥、离乳肥、分蘖肥和孕穗肥4次施入，施入比例为3∶2∶3∶2，100%的磷肥和70%的钾肥作为基肥于春整地前一次性施入，其余30%的钾肥作为穗肥施入）、除草技术（遵循治早治小的原则，农艺防治、化学防治和人工防治相结合）及病虫害防治（遵循预防为主、综合防治的原则，重视稻摇蚊、稻水蝇、稻负泥虫、二化螟和潜叶蝇等虫害的防治，以及立枯病、绵腐病、纹枯病与稻瘟病等病害的防治）（图7-11）。

a. 旱整地后播种　　　　　　　　b. 播后镇压　　　　　　　　c. 镇压后土壤返浆

d. 3叶前旱长　　　　　　e. 3叶后建立水层　　　　　f. 后期水分管理同插秧田

图7-11　寒地水稻旱直播稳产高效栽培技术主要流程

寒地水稻旱直播稳产高效栽培技术于2019～2020年在黑龙江省典型湿润区的农垦建三江管理局七星农场进行示范，两年示范面积均为66.67hm²。示范区测产结果表明，2019年旱直播稻平均产量为6951kg/hm²，与旱直播田相邻的田块插秧田平均产量为7354.5kg/hm²，比插秧田低5.8%。2020年旱直播稻平均产量为7264.5kg/hm²，与旱直播田相邻的田块插秧田平均产量为7662kg/hm²，仅比插秧田低5.5%，但却比当地插秧田节省总成本2555元/hm²，节本15.86%，实际净利润比插秧田高1463元/hm²，节水30%以上。

根据研究与示范调查结果，产量达到7500kg/hm²以上的寒地水稻旱直播田表现为：穗数750万穗/hm²左右，主茎穗率70%左右，穗粒数70左右，一次枝梗结实率>70%。这表明在直播栽培生育期压力加大的条件下，发挥粒少、穗多的产量构成优势，对于实现直播稻的稳产和高产是有利的。然而，由于分蘖穗过多会延长生育期，因此寒地直播稻实现多穗的主要途径在于增加主茎数而不是增加分蘖数、提高成穗率，应适当增加播种量和提高播种质量，依靠主穗增产。

（四）宽窄行种植及平衡施氮高产高效栽培技术途径

针对东北粳稻生产上种植密度不适宜及肥料管理不当等问题，提出品种、肥料、密度、育苗方式、插秧方式等多项栽培技术整合的宽窄行种植及平衡施氮高产高效技术模式。主要技术措施：选择当地高产品种，主茎 11 片叶的高产水稻品种'龙粳 31'，该品种株型较收敛，分蘖能力强，秆强抗倒，活秆成熟。钵盘育苗，可以增强秧苗抗逆性，提高秧苗素质，且保水能力强，远距离运输过程中根坨不易零散，从而减少对根部的伤害。宽窄行栽培技术，行间距为（20～40）cm×13.3cm，增加行间距离可以有效改善水稻植株群体冠层结构，提高水稻植株的光合能力和群体通风透光性，增强光合作用，从而提高产量（图 7-12）。配套平衡施氮，

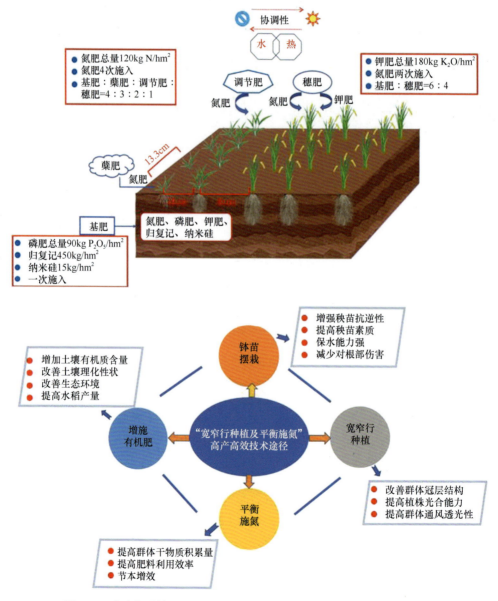

图 7-12　宽窄行种植及平衡施氮高产高效栽培技术途径示意图及增产机理

生育期施用纯氮 120kg/hm², 按照"前重、中轻、后补"的施氮原则, 氮肥分 4 次施入, 按基肥：分蘖肥：调节肥：穗肥为 4∶3∶1∶2 的比例施入; P_2O_5 为 90kg/hm², 磷肥作为基肥一次性施入; 氧化钾为 180kg/hm², 钾肥以基肥∶穗肥=6∶4 的比例施入。除此, 基肥增施有机肥 450kg/hm², 纳米硅肥 15kg/hm²。

本研究结果表明, 该技术模式下水稻理论产量为 11.5t/hm², 较对照提高 16.8%; 平均穗数为 643.2 穗/m², 较对照提高 23.7%; 平均穗粒数为 87.6, 较对照提高 17.2%。其增产的主要原因是每平方米穗数和穗粒数的提高。该模式下氮、磷、钾素全株积累量分别达到 218.0kg/hm²、182.7kg/hm² 和 330.0kg/hm², 均极显著高于对照。氮素吸收利用率、氮肥农学利用率和氮肥偏生产力较对照相比, 分别提高 69.8%、9.4% 和 17.5%。该技术模式可以促进植株吸收氮素, 从而有利于氮肥的高效吸收利用。

参 考 文 献

郭晓红, 吕艳东, 韩文革, 等. 2020. 一种水田全自动智能施肥装置: 2020101447164. 2020-05-29.

金峰, 华霜, 邵玺文, 等. 2019. 一种利用生物炭改良苏打盐渍化水田抗逆栽培方法: 201811117017.X. 2019-01-29.

辽宁省市场监督管理局. 2019. 辽宁省地方标准: DB21/T 1543—2019. 北京: 中国标准出版社.

张喜娟, 来永才, 孟英, 等. 2018. 一种水稻旱直播田土壤封闭除草剂: 201710896128.4. 2018-01-19.

Fu Y, Zhong X H, Zeng J H, et al. 2021. Improving grain yield, nitrogen use efficiency and radiation use efficiency by dense planting, with delayed and reduced nitrogen application, in double cropping rice in south China. Journal of Integrative Agriculture, 20(2): 565-580.

Lu J, Wang D, Liu K, et al. 2020. Inbred varieties outperformed hybrid rice varieties under dense planting with reducing nitrogen. Scientific Reports, 10: 8769.

Liu K, Yang R, Deng J, et al. 2020. High radiation use efficiency improves yield in the recently developed elite hybrid rice Y-liangyou 900. Field Crops Research, 253(5): 107804.

Wang D Y, Li X Y, Ye C, et al. 2021. Geographic variation in the yield formation of single-season high-yielding hybrid rice in southern China. Journal of Integrative Agriculture, 20(2): 438-449.

第八章　小麦丰产增效技术途径

第一节　黄淮海冬小麦丰产增效技术途径

一、黄淮海冬小麦超高产栽培技术途径与案例分析

通过前面共性试验和析因试验分析，我们提出黄淮海冬小麦超高产栽培技术途径：通过优化耕层，匀苗匀穗，定量供水肥，调控根叶活性，塑造高光效群体结构，提高物质生产能力，减少籽粒败育，增加穗粒数和粒重，从而提高小麦产量。目前，已获得的超高产栽培案例如下。

（一）河北小麦节水超高产案例分析

针对太行山山前平原小麦节水超高产生产技术和绿色提质增产增效目标需求，在河北新乐市木村乡中同村佳成合作社创建 1000 亩节水超高产示范田，节水超高产绿色提质增产增效栽培主要技术要点如下。

选用肥力高的示范田。土壤基础地力：有机质含量 1.86%，碱解氮含量 78.25mg/kg，速效磷含量 27.23mg/kg，可交换性钾含量 128.23mg/kg，土壤质地为轻壤，pH 7.6。

选用抗逆丰产良种‘石农 086’（冀审麦 2014001 号）。该品种抗倒性较强，抗寒性和抗病能力强，且是优质麦品种，其中粗蛋白质（干基）含量 14.64%，湿面筋含量 31.1%。该品种适合河北中南部冬麦区中高水肥地块种植，是一个节水、高产、优质、适应性广的优良品种。

播前深松蓄水，缩行匀株播种，播后镇压保墒。采用 15cm 等行距种植形式，播前深松、机械播深和落子均匀、播后镇压，提高小麦抗旱、节水、抗冻能力。

适期晚播，适宜播量。播期 10 月 12 日，播种量 202.5kg/hm²。

节水减次保灌。浇好底墒水（10 月 7 日灌水 50.5m³）和春季拔节水（4 月 5 日灌水 40.2m³），生育期灌水 2 次，总灌水量 90.7m³。

配方平衡施肥提高肥料养分利用率。生育期施用纯氮 232.5kg/hm²、五氧化二磷 79.5kg/hm²、氧化钾 108kg/hm²。其中，磷钾肥全部播前底施，氮肥底施和拔节期追施各占 1/2，追肥结合灌水实施。

全程绿色防控。播前拌种预防地下害虫和土传病害全蚀病。冬前无人机绿色防控杂草，春草秋治。生育后期"一喷综防多效"（扬彩/益施帮/噻虫高氯氟缓释剂）2 次，防病虫、扩库、延衰、促粒重，提升病虫防治效率和小麦籽粒灌浆能力。

项目组对示范田不同生育时期的群体特征进行调查发现，超高产田块分蘖数和穗数、生物量等农艺性状明显高于农户对照，特别是花后生物量增加显著。2020 年 6 月 18 日实打实收，超高产群体特征：穗数 934.76 穗/m²，穗粒数 26.23，千粒重 53.60g，收获指数 0.48，产量高达 11 001kg/hm²，打破了 2014 年河北省"粮丰工程"藁城示范区 100 亩高产攻关田 10 818kg/hm² 的小麦产量纪录，成为河北省"粮丰工程"项目的旗舰。农户对照田：穗数 906.55 穗/m²，穗粒数 24.82，千粒重 48.92g，产量 9039kg/hm²。超高产田比农户对照田增产 1962kg/hm²，增产率达 21.7%（图 8-1）。

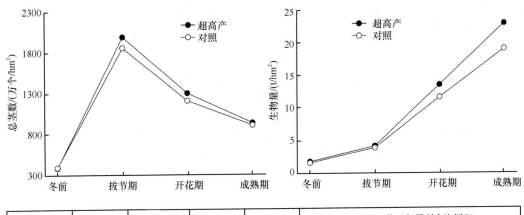

处理	产量/(t/hm²)	穗数/(万穗/hm²)	穗粒数	千粒重/g	阶段干物质积累所占比例/%		
					冬前—拔节期	拔节期—开花期	开花期—成熟期
超高产	11.0	935	26.23	53.60	10.4	40.8	40.9
对照	9.0	907	24.82	48.92	12.1	40.4	38.9

图 8-1　河北超高产田小麦群体特征和产量构成

（二）山东小麦超高产案例分析

为了实现超高产，项目组在山东烟台集成了滴灌水肥一体化小麦超高产栽培技术，主要技术环节如下。

有机肥为主，化肥为辅，种肥同播，肥料分层深施，提高土壤肥力。

深翻打破犁底层，优化耕层，促进根系下扎。

镇压与肥水促控结合，控旺促壮，建立合理高效的群体结构。播前镇压创造良好种床，播后镇压减少了土壤水分蒸发，提高了播种质量；水肥推迟，将拔节期水肥推迟到旗叶露尖期，有效控制了无效分蘖。

滴灌水肥一体化使耕层土壤在生育期疏松不板结。

后期"一喷三防"，防病虫药剂、叶面肥、防干热风生物制剂齐发力，保叶护根，延长灌浆。

高产攻关试验田位于山东省烟台市龙口市新嘉街道南屯村，面积 15 亩，土质为中壤，土层深厚、结构良好、供肥能力强、通气性与保水性良好。前茬糯玉米，糯玉米季亩施腐熟鸡粪 3000kg。小麦播前 0～20cm 土层土壤含碱解氮 83.07mg/kg、速效磷 101.48mg/kg、速效钾 427.4mg/kg、有机质 11.93mg/kg。试验田选用品种'济麦 23'，播种密度为基本苗 10 万株/亩，糯玉米秸秆还田，10 月 13 日整地后播种，先旋后深耕 30cm，按播幅 1.5m 的规格平播，每幅平播 7 行小麦（20-20-20-30-20-20-20cm），平均行距 21cm。

肥水管理： 种肥同播（史丹利 18-18-18，50kg/亩）。全田采用滴灌水肥一体化技术。每播幅铺设 2 条滴灌带，滴灌跟种水，滴灌水量约 80m³/亩。为避免化控对小麦存在副作用，采用首次春季肥水推迟到小麦旗叶露尖期进行，控制旺长。4 月 17～18 日滴灌水溶肥（20-20-20）10kg/亩，灌水量约 50m³/亩，4 月 28～29 日滴灌水溶肥（23-0-0）10kg/亩，灌水量约 100m³/亩，5 月 10 日滴灌水量约 50m³。叶面追肥 4 次，第一次在返青—起身期（3 月 3 日），结合防病加磷酸二氢钾、麦护、芸苔素内酯，第二次在 5 月 7 日，结合无人机飞防白粉病、蚜虫等加兑磷酸二氢钾，第三次在 5 月 20 日结合飞防白粉病、蚜虫等加兑磷酸二氢钾，第四次在 6 月 7 日，结合无人机喷施防干热风生物制剂 2 次加兑磷酸二氢钾。

病虫害防治：用酷拉斯（27% 苯醚·咯·噻虫）拌种，预防根腐病、全蚀病、纹枯病等病害，防治蚜虫、飞虱并兼治地下害虫。11 月 11 日，亩喷苯磺隆+鼓舞各 2 袋防除麦田杂草。5 月 7 日，飞防白粉病、蚜虫。5 月 20 日飞防白粉病、蚜虫。

攻关田于 2019 年 10 月 13 日播种，12 月 11 日进入越冬期，2020 年 2 月 22 日返青，3 月 20 日拔节，4 月 15 日旗叶露尖，4 月 21 日挑旗，5 月 1 日抽穗，5 月 7 日开花，6 月 22 日成熟收获。生育期 253d。实打验收最终产量为 12 034.5kg/hm²，穗数为 717.3 万穗/hm²，穗粒数为 35.8，千粒重达到 51.1g。

（三）河南小麦超高产案例分析

在 2018～2019 年小麦生长季，课题组在商水县不同栽培模式试验田，以品种'周麦 27'为材料开展小麦超高产攻关研究，并于 2019 年 6 月 1 日取样测产，结果亩产达到 768.4kg。

2019～2020 年小麦生长季，以强筋小麦新品种'中麦 578'为材料，在河南省修武县设置了 30 亩超高产攻关田。2020 年 6 月 1 日，课题组邀请山东省农业科学院、西北农林科技大学等单位专家组成实打验收组，对该田块进行了现场实打验收，结果平均亩产达 841.5kg。

上述实例表明，在河南不同生态条件下，选用适宜的小麦品种，通过合理的栽培技术途径和措施，可以实现亩产 700kg 以上的高产典型。

根据高产典型地块的调查结果，在产量达到 800kg/亩以上的麦田，多穗型品种产量组成三要素：穗数 59 万穗/亩左右，穗粒数在 30 以上，千粒重 55g 左右。此外，收获指数 0.45。穗数足、粒重高是实现超高产的关键。

在产量大于 700kg/亩的麦田，中大穗型品种产量组成三要素：穗数 41.13 万～48.9 万穗/亩，穗粒数 31.7～42.1，千粒重 49.5～52.0g。此外，收获指数为 0.44～0.46。该麦田千粒重较高且变幅较小，穗数有一定程度的变幅，但穗粒数变化较大。

河南超高产麦田群体动态变化：超高产小麦播种量为 12kg/亩，基本苗 20 万～23 万株/亩，冬前群体 60 万～95 万株/亩，春季最高群体 95 万～120 万株/亩，成穗数 45 万～60 万穗/亩。冬前生物量达 70～140kg/亩，拔节期生物量 188～220kg/亩，开花期生物量 960～1100kg/亩，成熟期生物量 1500kg/亩以上，收获指数 0.45～0.47。

根据超高产攻关经验总结河南冬小麦超高产栽培技术途径：一是选用丰产潜力大、综合抗性好的小麦品种，如'周麦 27''周麦 30''中麦 578''丰德存 20'等。二是打好播种基础，做到精细整地、足墒下种，实现一播全苗、匀苗、壮苗。三是优化施肥技术，播前施有机肥 200kg/亩；生育期施纯氮 20kg/亩左右，氮肥采取基施和拔节期追施，比例为 1∶1，小麦开花—灌浆期喷施叶面肥，做到植株光合能力强、不早衰，实现穗足粒多粒饱。四是优化灌水技术，在足墒播种的基础上，一般年份应结合追肥浇好起身—拔节水，中后期浇好孕穗—开花水，灌浆期注意田间病虫草害的综合防治，通过"一喷三防"延长叶片光合功能期，提高花后光合物质生产占比，并促进向穗部的运输，减少光合产物的消耗，进而提高生物产量和经济系数（图 8-2）。

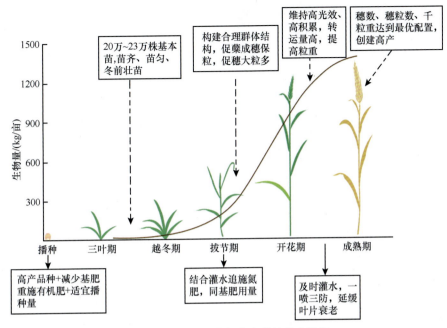

图 8-2　河南冬小麦超高产栽培技术途径

二、黄淮海冬小麦高产高效栽培技术途径与案例分析

通过共性试验和析因试验发现，实现高产高效需要塑造合理的群体结构，提高生物量和收获指数，通过扩库增源提高产量。具体的技术包括适当降低水肥投入，优化水肥管理，提高播种质量，做好倒春寒和晚霜冻的防御，关键时期灌水施肥。目前，已经集成的高产高效栽培技术途径如下。

（一）"健株稳粒增重"减氮高产增效栽培技术

为了解决高产田施氮过多、群体个体不协调、资源利用效率低的问题，栽培技术上适当降低了氮肥用量，调整基追比，同时优化 NPK 配比，以实现稳群体壮个体，维持后期高光效，提高积累物转运量，同步提升产量和效率。

在 2018～2019 年小麦生长季，河南开封试验田的高产高效模式施氮量为 16kg/亩，籽粒产量为 650.7kg/亩。与农户水平相比，该模式增产 14.7%，氮肥偏生产力提高 29.1%，实现了籽粒产量与氮素利用效率的协同提升。增加拔节期追肥，有效降低了无效分蘖的生长，减少了养分的损耗；单株分蘖数虽降低 5.3%，但成穗数增加 35.1%，成穗率提高了 42.4%。

总结得出河南小麦高产高效栽培技术途径：选用丰产稳产品种（'百农 207''丰德存 5号'等），施氮量由 20kg/亩减至 12～16kg/亩，氮肥基追比由农户水平的 10：0 调整为 6：4，改返青期灌水为拔节期灌水，有利于保障植株花前物质的积累，维持麦田生育中后期的养分需求，调控植株根系分布，提高植株光合能力，促进花后物质合成转运，以增加粒数和粒重，实现小麦节水省肥与高产高效的目标。

（二）微喷水肥一体化小麦高产优质高效栽培技术

在有限水肥常规管理模式下，产量和效率难以进一步提升，为此，在常规节水、高产水肥用量下（灌水 1200m³/hm²，施氮 195kg/hm²），在河北吴桥中国农业大学实验站，以冬小麦品种'济麦22'为材料，播前底施纯氮 105kg/hm²、P₂O₅ 120kg/hm²、K₂O 90kg/hm²，播种密度 277.5kg/hm²，春季尝试了微喷水肥一体化技术少量多次供应，即灌拔节水、孕穗水、开花水和灌浆水，每次灌水 300m³/hm²，每次灌水时追施氮肥 22.5kg/hm²。该技术优化了水氮供给，实现了根-水-肥同位和供需同步，延缓了花后叶片衰老，促进了花后水氮吸收和物质生产，增加了粒重和蛋白质含量，采用该技术产量最高可达 9.8t/hm²，相对于畦灌平均提高 14.1%，水分利用效率提高 17.7%，氮素利用效率提高 14.2%，蛋白质含量提高 8.0%。群体性能见图 8-3。该模式与畦灌相比，穗数、穗粒数无显著差异，主要增加了千粒重。水肥后移后，花后水氮吸收增加，灌浆后期旗叶叶绿素含量下降明显减缓，花后生物量显著增加，为籽粒灌浆后期粒重的增加奠定了基础。

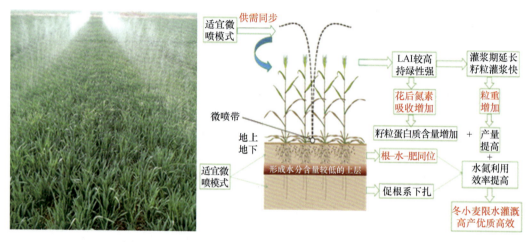

图 8-3　微喷水肥一体化冬小麦群体特征和水氮利用特性

（三）"耕层优化等深匀播"小麦缩差增效技术

群体质量差、水肥管理粗放是农户种植模式小麦产量低和效益差的主要原因。前茬秸秆还田质量差导致小麦播种质量下降，造成了田间缺苗断垄、苗弱、苗不全；而长期的旋耕或者深耕等机械作业容易在耕层下部形成较厚的犁底层，限制了土壤耕作层和心土层养分、水分的交换与小麦根系下扎，土壤养分表层富集化，不利于根系对深层水分和肥料的利用。生产上需要提高耕种质量和改进施肥方式，来培养健壮苗群，提高肥料利用效率。

为此，我们集成了以苗带旋耕创造良好种床、振动深松打破犁底层促进根系下扎、肥料分层深施提高养分利用效率、播前苗床镇压、等深双行匀播和播后镇压培育壮苗为核心的"耕层优化等深匀播"小麦缩差增效技术，并研制出了配套机具，实现复式作业一次完成，减少了物化和人工投入，提高了作业效率、作业质量和水肥利用效率，实现了苗全、苗齐、苗匀、苗壮，为高效群体构建奠定了良好的基础。

选用多穗型品种'济麦22'，2019～2020 年项目组在济宁兖州建立了 100 亩示范方。示范田群体结构如下：基本苗 15.6 万株/亩，冬前总茎数 46.5 万个/亩，起身—拔节最大总茎数 95.6 万个/亩；最终产量构成如下：穗数 54.2 万穗/亩，穗粒数 33.8，千粒重 43.2g，实收产量为 724.8kg/亩，较农民传统种植模式增产 17.3%，氮肥偏生产力提高 49.8%；生物量增加 6.8%，收获指数提高 9.7%（图 8-4）。

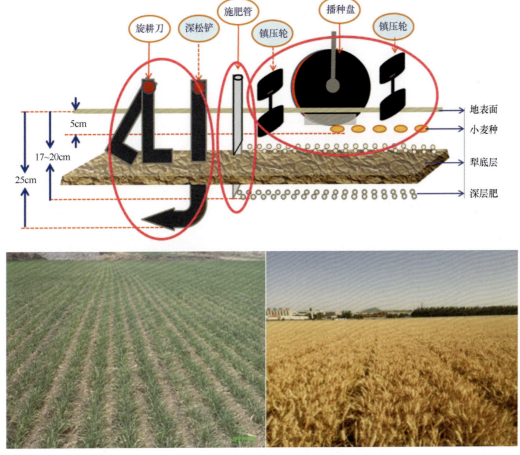

图 8-4 小麦耕层优化等深匀播栽培模式示意图

　　振动深松打破犁底层、肥料分层深施、等深匀播、播后镇压同时完成。在基本苗相同的情况下，耕层优化技术提高了群体的分蘖成穗率和单株分蘖率，宽窄行播种提高了群体的光能利用效率；打破犁底层和底肥分层深施，促进了肥水向深层扩散，有利于根系下扎，提高了 30cm 以下土层的根系分布和根系活力，从而提高了根系可利用资源的范围与根系吸收水分和养分的能力。在灌浆后期，花后 20d 深层土壤的根系总吸收面积和活跃吸收面积仍保持较高水平，延缓了生育后期小麦叶片和根系的衰老速度，使小麦叶片和深层根系在生育后期仍保持较高活性，提高了冬小麦灌浆期的光合同化能力，起到了缩差增效效果。

（四）冬小麦旋耕深松耕层优化绿色提质增产增效技术

　　针对华北平原耕层普遍变浅，创新了旋耕深松一体机耕作新技术，该技术兼具前旋耕（25cm）、后深松（40cm）和镇压多项复合功能，具有不打乱土层、旋耕深松土壤、打破犁底层等优点，起到蓄水保墒、活化土壤营养、改良盐碱地等中低产田、建设高标准农田、减少灌溉和化肥农药施用量、提高资源利用效率等作用，目前已经在全国各地示范推广，增产增效显著。

　　该技术于 2019～2020 年在山东陵城区友帮种植专业合作社的 8.67hm² 示范田进行示范。

　　土壤基础地力：有机质含量 14.8mg/kg，碱解氮含量 74mg/kg，速效磷含量 26.57mg/kg、速效钾含量 167mg/kg，pH 7.79。2019 年 6 月 26 日，深翻田（25cm）4.67hm² 和旋松耕层优化田（40cm）4hm²。2019 年 10 月 28 日播种，小麦品种为'济麦 60'，播种量为 195kg/hm²，小麦播前用酷拉斯拌种剂拌种，使用种肥同播技术，金正大小麦专用肥 450kg/hm² 作底肥，播后镇压。

冬前灌越冬水，深翻地用水量在 80～100m³/hm²，旋松用水量在 120～150m³/hm²；春天小麦返青一起身期灌水一次，两个不同耕作处理示范田用水量相差 10～15m³/hm²，用水量在 60～80m³/hm²，撒施尿素追肥 225～300kg/hm²。

小麦拔节期喷施小麦增产套餐一次，其主要成分是吡唑醚菌酯+芸苔素内酯（调节剂）+地衣芽孢杆菌+联菊啶虫脒；小麦扬花前喷施"一控三防"；小麦灌浆初期喷施小麦增产套餐一次，起到保叶、防病、杀虫、增产多项作用，延长绿色功能叶光合作用时期，加强灌浆性能，提高粒重和收获指数与商品性能。

通过对不同耕作处理示范田的群体特征结构调查表明（图 8-5），旋耕深松处理在各生育时期的分蘖数、穗数、株高、生物量等农艺性状明显高于深翻处理，株高增加 5cm 左右，单株分蘖数增加 2 个左右，增加一个绿色叶片，穗大粒多粒饱粒大，衰老落黄明显延后，产量潜力明显提高。测产结果显示：深翻田平均穗数 556.02 穗/m²，穗粒数 32.9，千粒重 42g（常年），理论产量 7.3t/hm²，折产系数 85%，折实产量 6453kg/hm²；旋松耕层优化田平均穗数 600.42 穗/m²，穗粒数 37.8，千粒重 45g（常年），理论产量 9.2t/hm²，折产系数 85%，折实产量 8007kg/hm²。旋松耕层优化田比深翻田增产 1554kg/hm²，增产率 24.1%（图 8-5）。

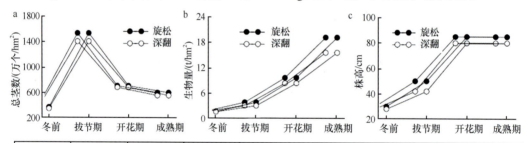

处理	产量/(t/hm²)	穗数/(万穗/hm²)	穗粒数	千粒重/g	阶段干物质积累所占比例/%		
					冬前—拔节期	拔节期—开花期	开花期—成熟期
旋松	9.2	600	37.8	45	0.48	11.5	30.2
深翻	7.3	556	32.9	42	0.47	9.4	34.1

图 8-5　不同耕作方式对小麦群体性能和产量构成的影响

该项技术为我国改良中低产田到高产田、适应气候变化栽培提供了绿色提质增产增效引领技术，将带动山东省现代农业新旧动能转换，为华北平原小麦缩小产量波动、实现绿色提质增产增效，以及藏粮于技、藏粮于地，保障国家粮食安全做出重要贡献。

（五）垂直深旋耕冬小麦-夏玉米周年高产高效栽培技术

针对黄淮海平原耕层普遍变浅、资源利用效率降低、地下水超采、气候变暖、干旱加剧、病虫害等自然灾害风险增大、产量和效益差距较大等生产问题，中国科学院遗传与发育生物学研究所农业资源研究中心粮丰工程项目组在河北、河南、山东、安徽等地区示范推广垂直深旋耕和旋耕深松一体机绿色提质增产增效技术 1333.3hm²。

垂直深旋耕技术主要是通过大马力履带式拖拉机驱动 6 个并排的"螺旋型钻头"垂直入土 30～60cm，高速旋磨切割粉碎土壤，一次性完成传统耕作的秸秆粉碎、犁、耙、糖等作业程序，达到播种或种植作物的整地标准，操作简便、省时省力，同时能使土壤长时间保持疏松状态（图 8-6），实现蓄水保墒，活化土壤营养，改良盐碱地等中低产田，建设高标准农田，减少灌溉和化肥农药施用量，提高资源利用效率，有持续增产和缩差增效功能。

图 8-6　垂直深旋耕（粉垄深旋耕）改良土壤效果

2016 年在河北省石家庄市栾城区示范推广垂直深旋耕 13.3hm²。土壤基础地力：有机质含量 1.52%、全氮含量 0.12%、速效磷含量 20.52mg/kg、速效钾含量 120.45mg/kg，土壤为褐壤土，pH 7.91。

自 2016 年夏季垂直深旋耕一次至今，在连续四年冬小麦-夏玉米轮作周年种植体系下，四年定位试验示范研究结果表明，该试验示范田实现了四年七作持续高产高效。2016～2017 年，小麦超高产示范区就获得了 10 819.5kg/hm² 的产量，比常规旋耕农户水平对照（7497kg/hm²）增产 3322.5kg/hm²，增产幅度为 44.38%。2017 年，玉米产量高达 11 715kg/hm²，比常规旋耕对照（9970.5kg/hm²）增产 20.8%，同时肥料利用效率和水分利用效率及纯收入明显增加（表 8-1，表 8-2）。2020 年 6 月 11 日，小麦季测产显示，垂直深旋耕（40cm）高产高效示范田实打实收面积 0.13hm²，产量达 9054kg/hm²；常规旋耕（15cm）农户产量水平处理实打实收面积 0.045hm²，产量为 8269.5kg/hm²；垂直深旋耕处理产量比常规旋耕高出 784.5kg/hm²，增产幅度为 9.49%。在 2019～2020 年，华北平原干旱少雨，春季冻害和灌浆期干热风严重发生的情况下，在节水灌溉条件下，取得以上增产结果实属不易。该技术为我国改良中高产田到超高产田、适应气候变化栽培提供了绿色提质增产增效引领技术。

表 8-1　不同处理的小麦-玉米周年产量比较

生长季	处理	常规旋耕/(kg/hm²)	垂直深旋耕/(kg/hm²)	增产幅度/%
2016 年夏玉米	N300	8 413.5	9 475.5	12.7
	N225	8 205.0	10 305.0	25.0
	N150	7 984.5	10 119.0	25.4
	N0	7 554.0	9 016.5	17.4
2016~2017 年冬小麦	超高产	9 220.5	10 819.5	17.3
	高产高效	7 954.5	10 137.0	27.4
	农户	7 497.0	9 892.5	31.9
	基础地力	6 373.5	8 808.0	38.2
2017 年夏玉米	N300	10 174.5	11 121.0	11.3
	N225	9 970.5	11 715.0	20.8
	N150	8 071.5	10 144.5	24.7
	N0	7 861.5	9 307.5	17.2
2017~2018 年冬小麦	超高产	8 467.5	8 979.0	6.0
	高产高效	7 636.5	8 988.0	17.7
	农户	7 234.5	7 903.5	9.2
	基础地力	7 483.5	7 069.5	-1.6

表 8-2　不同处理的小麦-玉米周年水氮利用效率及纯收入比较

生长季	耕作方式处理	产量/(kg/hm²)	水分利用效率/(kg/m³)	氮肥偏生产力/(kg/kg)	纯收入/(元/hm²)
2016 年夏玉米	T1（免耕）	8 205.8		36.5	9 100.5
	T2（免耕深松）	8 063.9		35.8	8 574.1
	T3（垂直深旋耕）	10 305.2		45.8	11 260.5
2016~2017 年冬小麦	PT1（常规旋耕）	7 955.0	2.15	37.9	13 108.5
	PT2（垂直深旋耕）	10 136.4	2.54	48.3	18 345.0
2017 年夏玉米	T1（免耕）	9 970.7	1.45	44.3	11 824.5
	T2（免耕深松）	10 971.5	1.62	48.8	13 126.5
	T3（垂直深旋耕）	11 714.6	1.75	52.1	14 314.5
2017~2018 年冬小麦	PT1（常规旋耕）	7 636.5	2.30	33.1	12 343.5
	PT2（垂直深旋耕）	8 988.0	2.65	42.8	15 334.5

第二节　南方稻茬麦丰产增效技术途径

我国稻茬麦主要分布于长江流域，属亚热带季风气候区，土壤多为冲积形成的水稻土，肥力高（平均有机质含量>2%），小麦生育期平均温度 9.5~11.5℃，旬最低温度>2℃，光温资源丰富，水资源充足，是我国小麦发展潜力最大的区域。但目前稻茬麦平均单产不足

5000kg/hm²，最高单产 10 000kg/hm² 左右，和黄淮海冬麦区有较大的差距。品种混杂、播种立苗差、病虫危害重、逆境多发是稻茬小麦产量提升的主要限制因素。

稻茬小麦新品种产量潜力、区域适应性、抗病抗逆性有较大差异，如果选择不当，难以发挥增产增效潜力。稻茬田秋季雨水多、土壤湿黏，于耕作整地极为不利，再加上大量稻草还田，进一步增加了整地播种难度。传统的翻耕/旋耕难以达到很好的整地效果，容易造成粗耕烂种。同为稻茬麦区，不同区域的生态条件差异明显，面临的生物和非生物逆境也有明显差异，长江上游的四川盆地小麦条锈病危害严重，低温冷害、穗发芽频发；而长江中下游麦区则面临渍害、赤霉病、穗发芽的严重影响。

为提升稻茬麦的产量和效率潜力，一是需要协同攻关，解决品种选择、播种质量提升等共性问题；二是开展专项技术创新，解决区域个性难题。基于国家重点研发计划课题"南方稻茬麦产量与效率层次差异形成机制与丰产增效途径"的相关研究，已基本明确了适应稻茬麦区的小麦品种特性，并筛选出了以'川麦 104''荃麦 725'等为代表的一系列高产、抗病、适应性强的新品种；研制集成了免耕带旋播种、精量化机械条播等系列技术，解决了稻茬麦品种选择和播种立苗的难题；同时通过技术创新解决区域小麦抗逆稳产、养分高效利用的难题。以上技术应用于实践，多次创造了＞10 000kg/hm² 的高产典型，生产效率提高 20% 以上，氮肥利用效率提高 15% 以上，综合效益提高 20% 以上。

一、南方稻茬麦超高产栽培技术途径与案例分析

（一）四川省南方稻茬麦超高产栽培技术途径与案例分析

技术指标：产量＞9000kg/hm²，氮肥偏生产力＞43kg/kg。

技术途径：优化耕作播种和田间管理技术，提高立苗质量，增加群体数量，改善群体和个体质量，穗数＞30 万穗/亩，穗粒数 36～42，千粒重 45～50g，干物质积累量＞1200kg/亩，经济系数＞0.45；延缓花后衰老，花后干物质积累量对产量的贡献＞80%。

关键技术：在四川盆地北部或东北部区域，选择土壤肥力高（有机质含量＞3%）、质地良好（壤土，耕层容重 1.20g/cm³）的田块；选择高产抗病抗逆品种'川麦 104'等；播前开好边沟、厢沟，做到沟沟相通，利于排水降湿，边沟宽 25～30cm、深 25～30cm，厢沟宽 20～25cm、深 20～25cm；稻草可全量还田，还田方法依播种方式而定，采用免耕露播稻草覆盖栽培方式的田块，收水稻时应留长草，以便播后盖种；采用带旋播种收水稻时应将稻草切碎抛撒；高产播期在 10 月 26 日至 11 月 5 日；播种量 135～165kg/hm²，保证基本苗 270 万～300 万株/hm²；如采用免耕带旋方式播种，播种、施肥、还草等工序一次性完成，如田间湿度过大可选择 2BJ-5 型半人力播种机播种，播后覆盖稻草；总施氮量 180～210kg/hm²，N：P：K 达到 1：0.5：0.5，其中氮肥 50% 作为底肥，20%～30% 作为苗期追肥，20%～30% 作为拔节期追肥，磷钾肥全部用作底肥；拔节期根据土壤墒情适时灌溉，同时喷施矮壮素延缓植株生长；重点防治蚜虫、条锈病和赤霉病；开花灌浆期喷施 2～3 次叶面肥；成熟后及时收获入仓。

案例分析：

2017～2018 年，四川省农业科学院作物研究所在江油市大堰镇实施稻茬小麦超高产技术攻关，总面积 0.1hm²。前茬水稻 9 月下旬收获，10 月 30 日采用免耕精量露播方式播种（机型：2BJ-5 型），播后撒施基肥，之后覆盖稻草。生育期施纯氮 180kg/hm²，其中 50% 纯氮以配比适宜的复合肥形式在播种后撒施，剩余纯氮以尿素的形式在分蘖期和拔节期分两次追施。

生育期防治 3 次病虫害。实测有效穗数 537 万穗/hm², 穗粒数 36.5, 千粒重 45.0g, 产量 9620kg/hm², 氮肥偏生产力 54.3kg/kg, 花后干物质积累量对产量的贡献为 90.0%（表 8-3）。

表 8-3 四川盆地稻茬麦 2017～2018 年超高产攻关田性能特征

田块类型	茎蘖变化			穗粒数	千粒重/g	产量/(kg/hm²)	干物质积累量/(kg/hm²)	经济系数	氮肥偏生产力/(kg/kg)
	基本苗/(万株/hm²)	最高苗/(万株/hm²)	有效穗数/(万穗/hm²)						
超高产田	314	1 338	537	36.5	45.0	9 620	17 115	0.49	54.3
农民田	372	1 115	513	34.8	48.1	7 581	12 957	0.51	50.5

（二）安徽省稻茬麦超高产栽培技术途径与案例分析

产量指标： 沿淮稻茬麦区达到 600kg/亩, 江淮稻茬麦区达到 550kg/亩, 沿江稻茬麦区达 450kg/亩。

技术途径： 在稳定穗数和千粒重的基础上提高穗粒数, 扩大群体库数量和总库容, 并提高容重（扩库提质）。超高产的核心问题是平均穗粒数偏少, 大多数品种的穗粒数在 40 以下, 产量三要素在较高水平上难协调, 且时常出现倒伏、早衰等现象。

技术原理： 穗数增加到一定范围后, 继续增穗有可能导致穗粒数和千粒重下降, 并加大倒伏和病害风险。小麦穗粒数增加潜力大, 每穗分化的小花多, 结实小、花少, 通过遗传改良和栽培技术优化提高穗粒数是有可能的。如果穗粒数增加, 群体总粒数有可能相应增加, 重点是要在保持穗数和粒重的基础上, 建立高质量群体, 减少不孕小花数, 提高结实率, 增加穗粒数。

关键技术： 选用大穗重穗型品种; 加深耕层, 提高整地质量, 播后遇旱浇水以提高苗、穗均匀度; 适期追施拔节肥, 后期进行 2 次以上 "一喷三防"。

案例分析：

2020 年, 在怀远县盛世兴农家庭农场建立了 2000 亩 '荃麦 725' 超高产示范片, 所用品种 '荃麦 725' 分蘖力强, 易获取穗数, 千粒重在 40g 以上。水稻秸秆粉碎后深耕, 播种后灌水确保一播全苗, 冬季温度偏高有利于分蘖, 3 月 5 日起身—拔节前机械撒施肥料, 小麦开花期进行 2 次 "一喷三防"。示范田群体动态和产量构成见表 8-4。2020 年 5 月 31 日, 专家组进行实测产, 实收 6.8 亩, 扣水扣杂后亩产为 567.43kg。此外, 在长丰试种了一个小麦新品系 '皖科 290', 该品系为 '皖麦 50' '百农 64' '济麦 22' 的后代, 聚合了上述品种的一些优点——株型紧凑、抽穗早、穗层整齐、穗大粒多, 据产量三要素测定, 穗数 52.0 万穗/亩, 穗粒数 40.05, 千粒重 46.2g, 在后期没有防治病虫害的情况下, 1.5m² 小麦实产达 2.165kg, 折合亩产 962.27kg, 按 0.7 系数剔除边际效应, 亩产达 673.6kg。因此, 通过品种创新和技术集成完全有可能使稻茬麦产量再上新台阶。

表 8-4 '荃麦 725' 超高产示范片群体特征（怀远, 2020）

指标	生育时期	数值
叶面积指数	越冬	1.26
	拔节	2.19
	开花	4.32
	生育期平均	2.15

续表

指标	生育时期	数值
干物质积累量/(kg/hm²)	越冬	811.5
	拔节	9 024.0
	开花	12 272.4
	成熟	19 886.7
产量/(kg/hm²)		8 511.45
有效穗数/(万穗/hm²)		705
穗粒数		31.3
千粒重/g		43.2
容重/(g/L)		816
群体库数量/(×10⁶粒/hm²)		220.67
群体总库容/(L/hm²)		10 430.7
经济系数		0.45
氮肥偏生产力/(kg/kg)		33.978
辐射利用效率/(kg/MJ)		1.452
光能利用效率/%		0.622
温度利用效率/[kg/(hm²·℃·d)]		3.871

二、南方稻茬麦高产高效栽培技术途径与案例分析

(一)四川省稻茬麦高产高效栽培技术途径与案例分析

技术指标：产量 7500~9000kg/hm²，氮肥偏生产力＞45kg/kg，通过改进耕作播种技术，生产效率较农民传统模式提高 20%，种植效益提高 15%。

技术途径：优化耕作播种和田间管理技术，提高立苗质量，增加群体数量，改善群体和个体质量，穗数＞28 万穗/亩，穗粒数 38~42，千粒重 46~50g，干物质积累量＞1000kg/亩，经济系数＞0.45；延缓花后衰老，花后干物质积累量对产量的贡献＞70%。

关键技术：水稻收获后期注意排水晒田；播前开好边沟、厢沟，做到沟沟相通，利于排水降湿，边沟宽 25~30cm、深 25~30cm，厢沟宽 20~25cm、深 20~25cm；稻草可全量还田，还田方法依播种方式而定，采用免耕露播稻草覆盖栽培方式的田块，收水稻时应留长草，以便播后盖种；采用带旋播种或者浅旋耕播种的田块收水稻时应将稻草切碎抛撒；选择高产抗病抗逆品种'川麦 104'等；高产播期在 10 月 26 日至 11 月 5 日；播种量 135~165kg/hm²，保证基本苗 270 万~300 万株/hm²；如采用免耕带旋方式播种，播种、施肥、还草等工序一次性完成，如田间湿度过大可选择 2BJ-5 型半人力播种机播种，播后覆盖稻草；如果选用浅旋耕播种，须将地块整平、踏实；总施氮量 150~180kg/hm²，其中 60% 作为底肥，40% 作为拔节期追肥，N:P:K 达到 1:0.5:0.5，磷钾肥全部用作底肥；重点防治蚜虫、条锈病和赤霉病；拔节期根据土壤墒情进行适量灌溉；成熟后及时收获入仓。

案例分析：

2018~2019 年，四川省农业科学院作物研究所在广汉市连山镇实施稻茬麦高产高效生产技术示范，总面积 140 hm²。前茬水稻 10 月上旬收获，10 月中旬将秸秆进行机械粉碎，10 月

底至 11 月初采用免耕带旋播种技术播种（机型：2BMF-10、2BMF-12 型，播种施肥同步进行）。生育期施纯氮 150kg/hm²，其中 60% 纯氮以配比适宜的复合肥形式在播种时施用、40% 纯氮在拔节期以尿素的形式追施。生育期防治两次病虫害。实测有效穗数 439 万穗/hm²，穗粒数 42.4，千粒重 49.3g，产量 7877kg/hm²，氮肥偏生产力 52.5kg/kg，花后干物质积累量对产量的贡献为 84.9%。与当地农民常规模式（秸秆粉碎 1 次+旋耕 1~2 次+旋耕播种机播种）相比，播种成本降低 60% 以上，出苗率提高 30%~50%，成熟期有效穗数增加 31.8%，产量增加 10.0%，氮肥偏生产力增加 43.1%，种植效益增加 48.8%（表 8-5）。

表 8-5 四川盆地稻茬麦 2018~2019 年高产高效示范田性能特征

田块类型	茎蘖变化			穗粒数	千粒重/g	产量/(kg/hm²)	干物质积累量/(kg/hm²)	经济系数	氮肥偏生产力/(kg/kg)
	基本苗/(万株/hm²)	最高苗/(万株/hm²)	有效穗数/(万穗/hm²)						
高产高效田	217	641	439	42.4	49.3	7877	16 549	0.48	52.5
农民田	170	435	333	38.0	52.2	7161	16 550	0.43	36.7

（二）江苏省稻茬麦高产高效栽培技术途径与案例分析

技术指标：产量 450~600kg/亩，氮肥偏生产力＞30kg/kg，以高效耕作和精量播种施肥技术突破为核心，实现节种减肥，较传统播种方式节种 15%~20%，减肥 5%~10%，较大面积生产增产 5%~10%，增效 15% 以上。

技术途径：选择区域适宜的优质高产小麦品种，主抓耕播与施肥，提升播种质量和氮肥利用效率，构建合理的群体结构，配合应用适宜的抗逆技术，实现小麦优质高产高效。

关键技术：稻茬小麦精量化机械条施（肥）条播（种）新技术、密氮耦合技术。

配套技术：抗逆技术、种子药剂处理技术、杂草"封杀结合"技术和"一喷三防"技术。其中重视沟系配套，防渍防涝；重点防治白粉病、纹枯病和赤霉病；成熟后及时收获入仓。

案例分析：

根据江苏农业生产区域划分，选取江苏省及周边具有相同气候的代表性生态区，选取当地种植技术水平高且愿意积极配合的种植农户，确定高产高效生产模式示范田块，其中包括江苏省内 26 个生态点（徐淮农业区 5 个、里下河农业区 2 个、沿江农业区 8 个、沿海农业区 4 个、宁镇扬农业区 2 个、太湖农业区 5 个）以及靠近江苏省且小麦种植情况相似的江淮丘陵农业区 4 个，共计 30 个生态点。通过对各地种植户及作物栽培站提供的往年种植调研数据以及当地气候、土壤肥力等因素进行综合分析，建立适合当地实施的高产高效生产模式进行示范，其中选取姜堰穆家湾、金坛沙湖、盱眙进行技术完全集成，包括稻茬小麦精量化机械条施（肥）条播（种）新技术、密氮耦合技术、抗逆技术配套种子药剂处理技术、杂草"封杀结合"技术和"一喷三防"技术，其余示范点在农户种植方式的基础上进行单项技术调整与优化，分析示范田块与农户常规种植田块的产量和效益，明确高产高效水平与常规产量水平缩差技术途径。

从产量对比情况可以看出（表 8-6），优化技术模式后，里下河农业区增产较为显著，达到 18.6%，且徐淮农业区、宁镇扬农业区、沿海农业区、沿江农业区都有一定的增产效果，增幅分别为 6.5%、8.0%、5.6%、8.0%。其中技术完全集成的姜堰穆家湾、盱眙和金坛沙湖增产分别为 21.6%、17.3%、8.8%。从示范点种植效益看，其中有 12 个点增效 50% 以上，4 个点增效 25%～50%，3 个点增效 5%～25%，里下河农业区增效最显著。

表 8-6　不同示范点高产高效与常规产量及其构成三要素的差异

地点	模式	播种量/ （kg/hm²）	基肥施用量/ （kg/hm²）	出苗率/%	穗数/ （万穗/hm²）	穗粒数	千粒重/g	理论产量/ （kg/hm²）	实际产量/ （kg/hm²）
姜堰	农户常规模式	187.5	375	47.6	483	36.6	43.9	7770	6600
	示范模式一	135	300	57.4	505.5	42.0	46.1	9780	8010
	示范模式二	120	375	60.7	486	44.3	44.5	9585	7830
盱眙	农户常规模式	375	750	53.5	528	25.3	43.9	5865	5340
	示范模式一	225	450	71.8	477	34.8	42.1	6990	6255
	示范模式二	180	525	70.6	472.5	33.6	38.9	6165	5940
金坛	农户常规模式	255	375	51.1	454.5	41.9	39.3	7485	6465
	示范模式一	135	300	71.3	420	44.8	41.3	7770	7020
	示范模式二	120	375	78.1	417	43.7	40.1	7305	6495

注：示范模式一、示范模式二分别代表高产高效模式一、高产高效模式二

高产高效生产模式能在增加稻茬小麦产量的同时有效降低生产成本，具体实施措施应立足于各个农区的气候特征及土壤基础情况进行技术调控和生产结构调整。根据产量与效益综合分析，稻茬麦应重点提高播种质量，研发和推行稻茬小麦精量化播种技术、密氮耦合技术，配合镇压技术，在气象灾害较为频繁的生态区，应重点加大抗逆技术的应用，播后镇压开沟和运用合适的抗逆产品是保证稻茬小麦高产高效的前提。

参 考 文 献

蔡剑, 周立昶, 詹国祥, 等. 2020. 一种新型稻麦播种施肥箱: 201922245344.X. 2020-09-11.

蔡剑, 周立昶, 詹国祥, 等. 2020. 一种新型稻麦播种压沟装置: 201922245342.0. 2020-09-11.

何贤芳, 赵莉, 刘泽, 等. 2022. 一种小麦产量与均匀度的测量方法: 201810817848.1. 2022-02-18.

李华伟, 李升东, 司纪升, 等. 2019. 一种移动式连续田间自动配肥施肥机: 201921438383.5. 2019-08-23.

邵瑞鑫, 康国章, 黄勇, 等. 2016. 一种延缓小麦叶片衰老和/或提高产量的复合调节剂、药剂及其应用: 201610727534.3. 2016-08-25.

王方. 2017. 缩差增效, 黄淮海小麦还有潜力. 中国科学报, 2017-05-17[2022-02-10]. http://news.sciencenet. cn/htmlnews/2017/5/376487.shtm.

张晴丹. 2020. "旋松"让小麦迸发更大潜力. 中国科学报, 2020-06-02[2022-02-10]. https://www.cas.cn/ cm/202006/t20200602_4748676.shtml.

赵莉, 何贤芳, 刘泽, 等. 2021. 一种评估小麦籽粒库容和产量的方法: 201810970449.9. 2021-02-05.

第九章　玉米丰产增效技术途径

第一节　东北春玉米丰产增效技术途径

一、东北春玉米超高产栽培技术途径与案例分析

（一）东北西部春玉米"培肥密植扩库促转"超高产技术途径

依据析因试验结果，优化密度和养分管理可实现产量、效率协同提高 15% 以上的高产高效目标，优化土壤、品种、密度、养分、植保 5 项因子可实现产量、效率协同提高 30% 以上的超高产目标，据此提出了以改土、改品种为基础，以增密为核心，以优化施肥和全程机械化保障为思路的玉米"培肥密植扩库促转"超高产技术途径（图 9-1）。2018～2019 年，该途径分别实现了玉米粒收单产 1132.1kg/亩和 1068.8kg/亩，水肥效率较农户水平提高 20% 以上（图 9-2）。

项目		主流生产模式	"两改一增二保"
目标产量		<650kg/亩	>750kg/亩或增产15%
改土		春季旋耕15cm	秋深翻秸秆还田/深松35cm以上+春浅耕整地
改品种		耐密性差、中晚熟的品种	耐密、抗逆、高产、相对早熟的品种
增密		3500～4000株/亩	较当地密度增加500～1000株/亩
绿色环保	水肥减量/(kg/亩)	氮磷为主，一次追肥 N: 17; P_2O_5: 7	区域总量优化，氮肥分期调控 N: 13.5(-3.5); P_2O_5: 5(-2); K_2O: 3(+)
		春汇地+全生育期灌水4～5次	冬汇地+关键时期补灌2～3次
	绿色防控	化学除草	抗病包衣品种防病，"化防+中耕"除草，生物+物理防虫
机械化保障		部分生产环节半机械化	全程机械化
氮肥利用效率		≤45kg/kg	55kg/kg
水分生产效率		<1.5kg/mm	≥2.0kg/mm
节约成本			较普通农户种植节约成本10元/亩左右

图 9-1　东北西部春玉米"培肥密植扩库促转"超高产技术途径

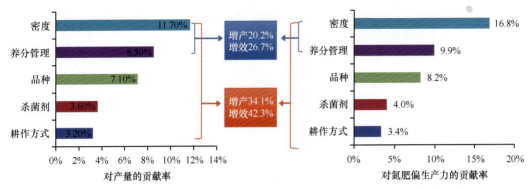

图 9-2　栽培措施对产量和氮肥利用效率的定量贡献及缩差增产增效技术思路

（二）东北中部春玉米"密植扩库减源提质"超高产技术途径

针对密植群体冠层透光率低、生育中后期叶源质量性能差、物质分配不合理、籽粒发育不充实等问题，通过耐密紧凑性品种选择、前氮后移、调亏灌溉、化学调控等技术途径，实现控冠促根、蹲苗抑源，从而塑造高光效群体结构，延缓叶片衰老、提高物质生产能力，减少籽粒败育，增加穗粒数和粒重。

典型案例分析：2017～2020 年，吉林省农业科学院玉米栽培课题组在吉林省东部湿润区的桦甸市金沙乡民隆村开展不同栽培模式研究，以紧凑性、耐密玉米品种'富民 108'为材料，以密植精播、前氮后移、化学调控为主要技术途径进行玉米超高产攻关研究，其中在 2017 年、2019 年均实现亩产超过 1000kg 的超高产水平，经专家现场测产，产量分别为 1058.6kg/亩（2017 年）、1136.3kg/亩（2019 年）。

超高产栽培主要技术要点：①选择生态条件优越的地区，最好选择光照充足、昼夜温差大；②增施有机肥（亩施 4t 有机肥），深松促根，深松深度 30～35cm；③选择坚秆、矮秆、耐密、抗逆、紧凑、结实性好的品种；④缩行增密扩库，建构高光效群体，群体调控应遵循"前控壮根，后促保叶"的原则，尽量地延长光合作用持续期，充分利用根冠功能，发挥品种潜力；⑤精量施肥，轻施苗肥、重施穗肥、补追花粒肥，实现控冠促根、蹲苗抑源；⑥化学调控，缩株壮秆抗倒伏，缩小玉米营养体、且不改变玉米穗部性状、建构高质量群体；⑦防病、控草、治虫，保产增收；⑧适时晚收，延长籽粒灌浆期，增加粒重，提高产量。

对超高产田群体产量特征研究显示，超高产群体收获穗数不少于 5400 穗/亩，穗粒数 550 左右，百粒重 39.0g 左右，收获指数在 0.5 以上。而农户对照田收获穗数不足 3600 穗/亩，百粒重 34.0g 左右，超高产田比农户对照田增产 419kg/亩，增产率达 36.9%（表 9-1）。

表 9-1　超高产玉米产量构成

处理	产量/(kg/亩)	穗数/(穗/亩)	穗粒数	百粒重/g	收获指数	阶段干物质积累所占比例/%	
						苗期—开花	开花—成熟
超高产	1136.3	5422	557	38.95	0.52	50.35	49.65
对照	717.3	3580	58.2	33.97	0.49	55.17	44.83

（三）东北北部春玉米"密植抗逆提质增效"超高产技术途径

通过系统研究黑龙江春玉米区产量差、效率差的区域分布和障碍因素，发现在生产上玉米种子萌发出苗率不高、密植群体的倒伏率较高、光热水氮资源利用率低、玉米籽粒灌浆不高及后期籽粒脱水慢等问题较为突出，制约了玉米产量和效率的协同提升。鉴于此，构建了以"耐密品种、精细整地、包衣种子、机播密植、有机无机肥结合、适时化学促控、防病灭虫"等为核心的玉米超高产技术途径（图9-3），并在生产上进行试验示范，效果明显。

核心技术——选配良种，拌种处理，化控防倒防衰，合理施肥

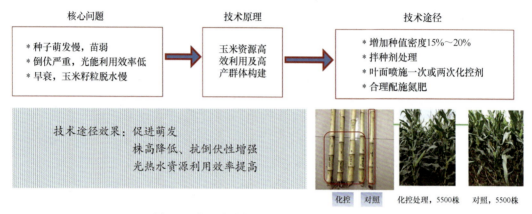

图9-3　春玉米化控抗逆超高产栽培技术途径

2019年10月11日，由东北农业大学、黑龙江省农业科学院、黑龙江省农垦科学院和黑龙江省农业技术推广站等单位玉米专家组成的验收专家组，对位于黑龙江省北林区永安镇跃进村的春玉米缩差增效技术模式超高产示范田进行实收测产，展示田块的玉米品种为'鑫鑫1号'，验收组依据中国作物学会玉米栽培学组产量验收方法，在对8.65亩技术示范田块进行实地踏察的基础上，随机选取5个样点，每个样点面积67.2m²，每点称取全部果穗鲜重，准确数出全部穗数，并计算平均鲜穗重；随机选取代表性果穗20穗作为样品，使样品重=平均鲜穗重×20穗；脱粒后测定籽粒鲜重量，采用PM-8188型谷物水分测定仪测定籽粒含水量（%）。按国家标准含水量14.0%计算出实际产量。测产结果如下：平均实收鲜果穗426穗，平均鲜果单穗重393g，平均出籽率为84.13%，籽粒平均含水量为31.52%，折合标准含水量（14.0%）的平均产量为1128.5kg/亩。

二、东北春玉米高产高效栽培技术途径与案例分析

（一）建立玉米条带耕作密植缩差增效技术途径

通过区域调研确定了不同产量水平春玉米耕层结构的主要限制因子，明确了不同还田方式、耕种方式对耕层质量的综合调控作用，量化了长期秸秆还田下的地力培肥效应及其减氮阈值，探索了条带还田调控土壤氨氧化和反硝化作用过程及氮素利用的变化规律，初步揭示了全量秸秆还田培地力、提肥效、增产量的生物学机制，建立了春玉米耕层冠层协同优化的条耕密植高产增效技术模式，2019年在辽宁铁岭等地示范，缩差增效显著（图9-4），相比当地农户水平增产23.85%，显著提高了玉米出苗率和群体质量，氮肥利用效率提高10.5%，光能利用效率提高12.5%，亩节本增收150元以上，有效支撑了春玉米丰产高效和绿色高质量发展。

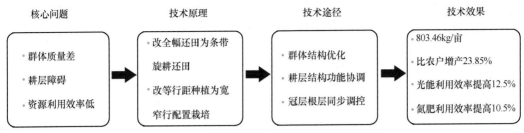

图 9-4　春玉米条耕密植高产增效技术途径验证

（二）建立东北平原中部的玉米高产设计与优化栽培技术体系

通过因地制宜+品种选择+合理增密+调整播期等技术措施，结合 Hybrid-Maize 模型及多年气象数据对吉林省不同生态类型区玉米产量潜力进行探索，并通过田间验证，设计了吉林省不同生态类型区玉米高产体系。湿润区宜早播，播期以 4 月 20 日左右为宜，而半湿润和半干旱地区宜晚播，适播期以 5 月中旬左右为佳。在当前播期条件下，半湿润和半干旱地区品种生育期内需要的有效生长积温可增至 1600℃·d 以上。密度容纳能力为湿润区＞半湿润区＞半干旱区，3 个生态类型区的适宜密度分别为 9 万株/hm²、8 万株/hm² 和 7.5 万株/hm² 左右。与常规生产相比，将播期、密度、品种三者优化组合，高产体系长期平均产量潜力可增加 14.39%～29.23%（表 9-2）。

表 9-2　不同生态类型区的高产体系设计及增产潜力

地点	栽培模式	品种有效生长积温/（℃·d）	播期（月/日）	密度/（万株/hm²）	模拟产量潜力		
					长期平均产量/（t/hm²）	变异系数/%	优化体系与当前相比增产比例/%
湿润区	当前	1518	4/30	6.0	13.9	8	
	优化体系	1518	4/20	9.0	15.9	10	14.39
半湿润区	当前	1518	4/30	6.0	13.0	7	
	优化体系 1	1518	5/20	8.0	16.0	10	23.08
	优化体系 2	1600	4/30	8.0	16.8	9	29.23
半干旱区	当前	1518	4/30	6.0	12.3	8	
	优化体系 1	1518	5/20	7.5	15.2	9	23.58
	优化体系 2	1600	4/30	7.5	15.7	12	27.64

（三）提出春玉米增密促发抗倒防衰化控栽培技术途径

黑龙江在玉米生产上的限制因素：一是前期玉米种子萌发慢、苗弱，二是中期倒伏严重、抗病虫能力弱，三是后期植株早衰、玉米籽粒脱水慢等问题，从而制约了玉米超高产的实现。针对以上玉米生产限制因素，本技术以化学调控技术为主要技术手段，不改变黑龙江玉米主产区的大垄双行、均匀栽培、等行距等现行常规种植模式，一是在常规密度的基础上，增加种植密度 15%～20%；二是播种前采用外源物质拌种剂处理种子，促进玉米种子萌发；三是拔节期（完全展开叶 7～11 片）叶面喷施一次或两次化控剂；四是在常规施肥方式的基础上，每亩增加 0.8～1.6kg 硫酸锌作为底肥施用。该技术增强了玉米对干旱、低温等环境的适应能力，在不改变常规农艺措施下实现了玉米增密促发、抗倒防衰、促进脱水，应用该技术比常规技术稳定增产 15% 以上，气象灾害与病虫害损失显著降低 3%，生产效率（节省人工）提升 10%，节本增效 100 元/亩。

第二节 黄淮海夏玉米丰产增效技术途径

一、黄淮海夏玉米超高产栽培技术途径与案例分析

（一）黄淮海夏玉米超高产栽培技术途径

1. 合理耕作加深耕层

土壤耕作和秸秆还田作为农业生产过程中的两项重要技术措施，是改善土壤耕层质量、培肥地力、促进玉米增产增效的重要途径。研究结果表明，农田深耕能够打破犁底层，加深耕层厚度；改善中、下层土壤结构，提高土壤通透性；改善土壤保温蓄水能力；增加耕层活土量，提高土壤肥力；扩大玉米根系活动范围，促进根系的生长；提高土地生产能力，增强抗逆减灾能力，从而有利于玉米产量的提高。此外，农作物秸秆含有丰富的养分，秸秆还田可以降低土壤容重，改善土壤结构，提高土壤肥力，增加玉米产量，且与耕作方式结合可以发挥更优的效果。

土壤深耕结合秸秆还田对土壤耕层具有显著的改良效应，可使土壤紧实度降低 23.5%，孔隙度提高 60.8%，孔隙体积增加 31.8%，有机质、全氮含量分别增加 14.3%、6.4%，土壤微生物丰度增加 10.9%。深耕结合秸秆还田还促进了玉米根系和地上部的生长，可使夏玉米根系干重增加 27.1%，根系活跃吸收面积与总吸收面积比值增加，根系活力提高 8.4%，地上部干物质积累量提高 10.4%，植株氮磷钾积累量平均提高 25.4%。土壤耕层调控后，夏玉米增产 11.6%，水分利用效率增加 18.1%，经济效益增加 24.4%。因此，以"土壤深耕、秸秆还田"为核心的土壤耕层调控可以有效提高夏玉米产量与效率。

2. 合理密植

在目前收获指数难以继续增加的情况下，想进一步提高产量就必须提高生物量，提升作物光能利用效率成为关键。夏玉米产量从农户水平提升到高产高效水平的过程中，生育期干物质积累量和花后生物量积累占比分别增加了 35.9% 和 38.2%。因此，着重提升农户水平夏玉米的物质生产能力，尤其是花后阶段的干物质生产能力是缩小产量差与资源利用效率差的关键途径。优良的群体和健壮的个体是缩差增效的保障，适当增加种植密度加以合理肥水调控构建的高产高效夏玉米群体，在单株生产力略有降低的情况下群体结构得到优化，叶面积指数提高 15.3%，使得光能截获率增加了 9.3%，显著提高了群体干物质生产水平，光、温资源利用效率分别提高了 14.7%、14.4%（图 9-5，图 9-6）。

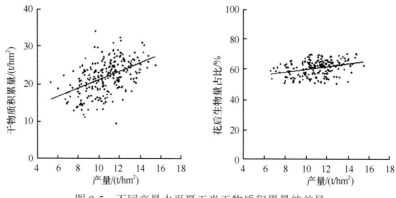

图 9-5 不同产量水平夏玉米干物质积累量的差异

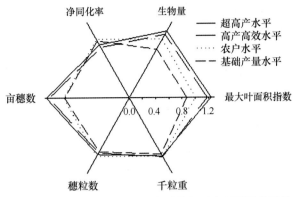

图 9-6 不同产量水平夏玉米群体主要生理因子的差异

3. 合理运筹肥水

传统的超高产栽培为获得更高的产量水平和光温利用效率，往往通过大量的肥水投入，争取更大的群体叶面积，以此获取更大的光能截获量。但随着肥水的投入，夏玉米的肥料利用效率差增大，难以实现产量与效率的协同提升。合理肥水运筹良好地调控了夏玉米根系形态，高产高效夏玉米群体的理想根系构型与地下肥水的时空匹配显著提高。高产高效栽培夏玉米的 N、P、K 元素吸收量较农户栽培分别提高 10.6%、10.0%、31.1%。在缩小农户产量差 10.49% 的同时，分别提高其 N、P、K 肥料利用效率 56.81%、73.15%、13.66%；在实现超高产栽培夏玉米产量 93.32% 的情况下，能够分别提高其 N、P、K 肥料利用效率 72.79%、117.66%、89.29%。由此可见，高产高效栽培是产量与肥料利用效率协同提升的有效生产方式（图 9-7）。

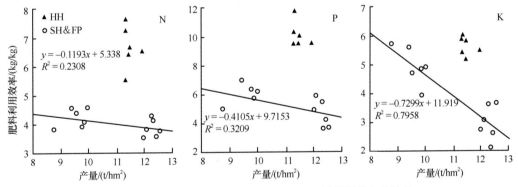

图 9-7 不同产量水平夏玉米 N、P、K 肥料利用效率的差异

HH：高产高效栽培；SH：超高产栽培；FP：农户栽培。下同

4. 抗逆稳产

玉米原产于热带，具有喜温特性。玉米的生物零点温度为 10℃，温度过高或过低都会导致玉米生长发育受阻，严重时会导致产量明显降低。玉米在不同的生长发育阶段对温度的要求也有所不同。播种至出苗：玉米种子发芽要求的温度范围较宽，最低温度为 6～7℃，春玉米的最适温度为 10～12℃，28～35℃时发芽最快。出苗至拔节：玉米出苗适宜温度为 15～20℃，温度过低则生长缓慢，过高则苗旺而不壮。土壤温度在 20～24℃时，对玉米苗期根系的生长发育较为有利。拔节至抽雄：拔节至抽雄期的生长速度在一定范围内与温度呈正相关。穗期日平均温度为 22～24℃时，有利于植株生长和幼穗发育。抽雄至授粉：玉米

花期要求日平均温度为 26～27℃，可使雄、雌花序开花协调，授粉良好；当温度低于 18℃ 时，不利于开花授粉；高于 32～35℃，雄穗开花持续时间缩短，雌穗抽丝期延迟，易造成花期不遇。同时花粉粒容易失水干枯，丧失活力。花丝也会过早枯萎，活力下降，严重影响授粉，造成秃尖、缺粒。授粉至成熟：玉米籽粒灌浆期仍然要求有较高的温度，以日平均温度为 22～24℃最适宜。在此范围内，温度越高，干物质积累越快，千粒重越大。

生产中可以通过调整播期避开花期高温。夏玉米尽量避免 6 月中旬播种，可以避开花期高温热害，产量和效率缩差 11.8%（表 9-3），同时也可以调控玉米生长环境，提高耐热性能。地下调控土壤环境，地上加强田间管理（灌溉），改善夏玉米生长环境，提高群体耐热性，缓解高温热害。高温年份，调控环境可以使产量缩差 13.3%，光能利用效率、温度利用效率分别缩差 12.9%、13.6%（表 9-4）。

表 9-3　播期对夏玉米产量和光温利用效率的影响

播期	产量/(t/hm²)			光能利用效率/(g/MJ)	温度利用效率/[kg/(hm²·℃·d)]
	2017 年	2018 年	平均		
6 月 10 日	11.0a	7.9a	9.5a	0.68a	4.42ab
6 月 17 日	10.0b	7.0b	8.5b	0.61b	4.05b
6 月 24 日	11.7a	7.3ab	9.5a	0.68a	4.49a

注：同列不含有相同小写字母的表示差异显著（$P<0.05$），下同

表 9-4　管理水平对夏玉米产量和光温利用效率的影响

处理	产量/(t/hm²)			光能利用效率/(g/MJ)			温度利用效率/[kg/(hm²·℃·d)]		
	2017 年	2018 年	平均	2017 年	2018 年	平均	2017 年	2018 年	平均
SH	11.2a	10.8a	11.0	0.88a	0.83a	0.85	6.10a	5.60a	5.85
HH	10.8a	9.6b	10.2	0.85a	0.74b	0.79	5.88a	4.99b	5.44
FP	9.8b	8.1c	9.0	0.77b	0.63c	0.70	5.34b	4.24c	4.79
CK	7.9c	6.9d	7.40	0.62c	0.54d	0.58	4.30c	3.62d	3.96

研究表明不同品种对高温的耐性存在差异，可以利用品种的这种特性采用品种混播的方式互补增抗，缓解高温热害。利用花粉量和散粉期不同、育性与耐热性互补的玉米品种进行间混作，可以延长散粉期，增加授粉机会，使花粉活力互补，提高结实率，显著缓解高温热害，降低减产幅度。玉米间混作可以使产量缩差 16.6%（图 9-8）。

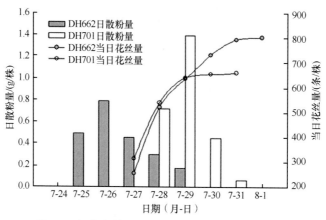

图 9-8　混作条件下不同基因型玉米散粉吐丝情况

（二）黄淮海夏玉米超高产栽培案例分析

在产业结构调整和耕地资源日趋紧张的大背景下，保障中国未来粮食安全必须依赖单产进一步提高，超高产栽培是实现理论产量的希望。系统研究超高产夏玉米的物质生产和产量形成规律、群体质量与个体功能特性，有助于我们对超高产夏玉米的理解，为夏玉米生物学特性挖潜和大面积高产突破提供理论依据与技术支撑。本小节以优化栽培措施、产量超过15 000kg/hm² 的夏玉米群体（15 894kg/hm²，山东泰安，2020 年）为平台，对超高产生产模式与传统农户生产模式加以比较分析，明确超高产夏玉米的群体质量与个体功能特征，对黄淮海区域超高产夏玉米指标进行量化，建立超高产夏玉米生产技术体系。

高产田位于山东省泰安市岱岳区试验基地（35°58′41″N、116°58′22″E，海拔 85m），面积 2067m²。土壤类型为壤土，播前 0～20cm 土层有机质含量 13.54g/kg，全氮含量 0.92g/kg，速效氮含量 85.78mg/kg，有效磷含量 19.00mg/kg，速效钾含量 145.07mg/kg，pH 6.35。采用 '登海 605' 为攻关品种，前茬为普通小麦。2020 年 6 月 14 日播种，6 月 21 日出苗，8 月 9 日抽雄，8 月 11 日吐丝，10 月 11 日收获。

对黄淮海中部区域产量为 15.89t/hm² 的夏玉米超高产田研究表明，超高产田生育期 119d，最大 LAI 为 6.9，生育期地上部生物量达 29.84t/hm²，较传统农户栽培夏玉米分别增加 10.2%、51.5% 和 52.0%。增加种植密度加以肥水调控构建的合理群体，有更高的生长速率，叶片功能期延长，光合产物积累量多，表现出"早发、晚衰"的特点。收获指数高达 0.53，说明其源库关系协调，群体质量好。在 9.21 万株/hm² 的高种植密度下，群体整齐度高，未发生倒伏情况，灌浆期较传统农户栽培延长了 22.5%，说明植株个体健壮，群体与个体关系良好。因此，良好的群体和健壮的个体是夺取超高产的关键。基于上述探索，现给出如下超高产生产技术模式（图 9-9，表 9-5，图 9-10）。

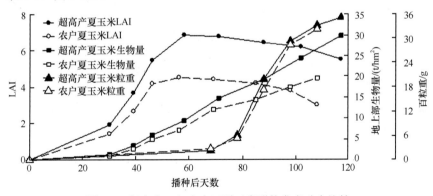

图 9-9 超高产田与农户田夏玉米群体发育动态比较

表 9-5 超高产田与农户田夏玉米产量性状比较

处理	有效穗数/(穗/hm²)	穗粒数	千粒重/g	单穗粒重/g	收获指数	群体整齐度（1/CV）
超高产田	89 550	500	368	180	0.53	29
农户田	64 335	454	357	162	0.49	17

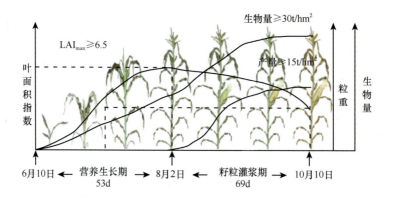

苗期目标：一播全苗，促根壮苗。	穗期目标：构建合理群体，促叶、壮秆。	花粒期目标：延缓叶片衰老，促粒多、粒重。
措施：小麦收获后尽快播种，一般于6月10日前完成。播前采用小麦秸秆灭茬+深翻耕+旋耕的模式进行精细整地。播种前对种子进行人工精选，挑选粒形、粒色、粒重均匀一致的籽粒作为备播种子。并使用包衣剂拌种，以防治病虫害。播种深度5cm，人工点播，保证播种质量。播种完成后12h内采取微喷灌的形式喷出苗水，保证出苗率和整齐度。玉米3叶1心时进行疏苗，4叶1心时定苗，拔除弱苗、病苗，每穴留1棵均匀健壮苗。综合防治病虫害。	措施：玉米拔节期至抽雄期，及时拔除小、弱株，避免争夺光温肥水资源。叶面喷施硼、锌、铁、镁、锰等元素，每10d 1次，持续3次。根据田间长势喷施植物生长调节剂，以促进叶片增大增厚、根系下扎和茎秆粗壮，提高抗倒伏能力。如遇35℃以上高温天气，每天早上喷水10min左右，以增加田间湿度、降低冠层温度，提高植株耐高温性能。在高温发生后叶面喷施100mg/L的水杨酸预防高温伤害。在小喇叭口期至大喇叭口期采用杀虫剂、杀菌剂混合喷施，达到降低病原菌数量，预防病虫害的目的。	措施：在玉米授粉期每天上午10:00~11:00进行无人机辅助授粉以提高结实率。玉米抽雄至散粉阶段每天上午8:00~9:00进行微喷带喷灌5min。并采取人工喷雾的方式叶面喷施100mg/L水杨酸溶液用于高温防御。玉米灌浆期至乳熟期采用人工喷雾的方式叶面喷施20mg/L的6-苄氨基腺嘌呤溶液用于防治叶片早衰。于玉米完熟期收获，完熟的标准为籽粒乳线消失、黑层出现。

目标产量：≥15 000kg/hm²。

设计指标：有效穗数≥5600穗/亩，穗粒数≥520，千粒重≥350g，单穗粒重≥180g。LAI_max≥6.5，叶面积高值持续期≥55d，光合高值持续期≥50d，收获指数(1/CV)≥5.0，群体整齐度(1/CV)≥25。

肥水运筹：播种前进行土壤化验，根据化验结果平衡施肥。采用有机、无机肥配合施用，基肥与追肥相结合的原则。每公顷施肥总量为：商品有机肥15 000kg，纯N 450kg，P₂O₅ 150kg，K₂O 300kg，ZnSO₄ 15kg。其中全部有机肥、磷肥、锌肥、40%的氮肥和75%的钾肥基施，分别于耕地前均匀撒于地面，之后同小麦秸秆一同翻耕。剩余25%的钾肥于开花期，其余氮肥分别于大喇叭口期、吐丝期和灌浆期按照30%、20%、10%的比例采用微喷带水肥一体化施入。灌溉时间根据土壤墒情决定，保证大喇叭口期—乳熟期地表湿润不缺水。

图 9-10　黄淮海北部夏玉米超高产栽培

二、黄淮海夏玉米高产高效栽培技术途径与案例分析

（一）黄淮海北部高产高效栽培技术途径

1.技术途径

为实现玉米的高产高效，针对本区自然条件造成的问题，通过水肥一体化和水肥耦合高效施肥技术措施，采用微喷灌水施肥技术，分别于玉米发育的关键期进行水肥增施，根据气象条件增减单次灌水量，减少无效蒸发，提高水分利用效率，通过肥料的分次施用，满足不同生育阶段（播种期、大喇叭口期、开花期和灌浆期）植株发育对养分的需求，延长叶片的持绿性，使有效光合面积增加，光合同化产物生产、分配与转移增加，同时提高了植株基部节间的茎秆强度和穿刺强度，植株的抗倒伏能力增强；在此基础上延迟玉米的收获时间，增加对光热资源的高效利用，促进光合产物的分配与转移，最终实现产量的增加及生产效率的提高。

2. 案例分析

在河北地区试验示范田玉米生育期施用纯 N 240kg/hm²、P₂O₅ 120kg/hm²、K₂O 150kg/hm²、硫酸锌 15kg/hm²，其中氮肥于播种期、大喇叭口期、开花期和灌浆期按照 4：3：2：1 比例分次施入，钾肥于播种、开花期按照 3：1 的比例分次施入，试验地播种密度 7.8 万株/hm²；9～11 叶期喷施生长调节剂，控旺防倒伏，开花授粉期增加人工辅助授粉。在生育期根据降水条件采用微喷进行灌溉，减少因干旱少雨造成的水分亏缺而影响玉米发育。示范田于 10 月 1 日后收获（比农户常规田晚收 7～12d），实收穗数 6.92 万穗/hm²，鲜穗出籽率 80%～82.2%，籽粒含水量 30%～32.4%，折合标准水分后产量 12.0t/hm²，高于农户常规对照田（实收穗数 6.32 万穗/hm²，出籽率 80%，产量 10.2t/hm²）1.8t/hm²（表 9-6）。

表 9-6　高产高效玉米群体发育特征

时期	播种期	出苗期	6叶期	12叶期	抽雄期	灌浆期	成熟期
时间（月/日）	6/13	6/18	7/7	7/23	8/8	9/7	10/1 后
时间间隔/d	0	5	19	16	15	30	24+
生物产量/(kg/hm²)			375～825	3 750～5 700	9 000～10 800	16 500～19 500	18 000～24 000
籽粒产量/(kg/hm²)						≥6 000	10 500～12 750
叶面积指数			0.5～0.8	3.0～4.0	≥6.0	5.0～6.0	≥2.5

（二）黄淮海中部高产高效栽培技术途径

1. 技术途径

黄淮海夏玉米区是我国玉米的主产区，生产份额占全国玉米的 1/3 以上。然而，该区域传统的小农户栽培广泛存在氮肥施用过量、田间管理措施不合理等问题。在现有耕地资源条件下，适度增密种植是提高产量与资源利用效率的有效途径。但增加种植密度后夏玉米面临倒伏风险加大、病虫害严重、空秆率上升、整齐度下降等产量限制因素。为克服上述不利因素，农户往往通过增加化肥、农药的使用量来保持高产，导致环境风险加大，效率难以提升。同时，这也限制了农户夏玉米种植密度的提升。因此，发展既保证作物高产需求，又不引起重大环境损失的高产高效作物栽培管理方案尤为重要。我们提出了以合理密植、优化氮肥投入、水肥耦合增效、积极植保防控、完熟收获为主要技术途径的黄淮海中部夏玉米高产高效技术体系。

2. 案例分析

该高产高效田块位于山东省泰安市岱岳区试验基地（35°58′41″N、116°58′22″E，海拔 85m），面积 6600m²。土壤类型为壤土，播前 0～20cm 土层有机质含量 13.00g/kg，全氮含量 0.90g/kg，速效氮含量 84.56mg/kg，有效磷含量 19.00mg/kg，速效钾含量 146.01mg/kg，pH 6.35。品种为'登海 605'，小麦-玉米一年两季轮作种植。2019 年 6 月 15 日播种，6 月 22 日出苗，8 月 6 日抽雄，8 月 7 日吐丝，10 月 7 日收获。

高产高效田块实收 2000m²，实测产量 11 970kg/hm²，较同期农户田块增产 33.4%。该田块采用全程水肥一体化，氮、磷肥料用量较周边农户田块均降低了 6.7%，氮、磷、钾肥料利用效率分别提高了 37.1%、19.3%、29.5%。高产高效群体在拔节期至乳熟后期均保持了较高的叶面积指数，干物质生产能力提高；而后期叶面积下降较快，茎秆和叶片的物质转运增加。其生育期最大叶面积指数 5.93、平均叶面积指数 3.95、光能截获率 84.6%，较农户田块分别增加 18.8%、13.8%、2.9%。生育期地上部干物质积累量为 24.4t/hm²，其中花前、花后干物质积累量分别为 10.1t/hm²、14.3t/hm²，较农户田块分别增加 18.8%、13.8%、2.9%。该田块平均有效穗数 81 546 穗/hm²，穗粒数 457，千粒重 359g，单穗粒重 164g。增加种植密度到 8.4 万株/hm²，结合水肥一体化按需分次施肥，在维持个体水平无明显降低的同时，群体结构得以显著优化，花后干物质生产和转运能力的提高，收获穗数的显著增加是实现高产高效的重要基础。结合上述研究和多年来黄淮海区域高产高效生产探索，现给出如下生产技术模式，以期实现黄淮海夏玉米缩差增效生产（图 9-11，表 9-7，图 9-12）。

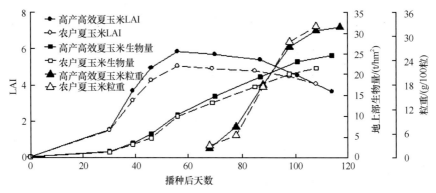

图 9-11　高产高效田与农户田玉米群体发育动态比较

表 9-7　高产高效田与农户田玉米产量性状比较

处理	有效穗数/(穗/hm²)	穗粒数	千粒重/g	单穗粒重/g	收获指数	群体整齐度（1/CV）
高产高效田	81 546	457	359	164	0.51	25
农户田	64 755	460	354	163	0.49	16

（三）黄淮海南部夏玉米高产高效栽培技术途径与案例分析

1. 技术途径

根据黄淮海南部的气候特点和夏玉米高产高效栽培实践，围绕提高群体质量和资源利用效率，提出了以"秸秆覆盖还田、合理密植、高质量免耕机械化播种、水肥科学管理、适时收获"为核心的夏玉米高产高效栽培技术途径。

（1）秸秆覆盖还田。小麦收获后，小麦秸秆全量粉碎为 5cm 左右的碎段，均匀抛撒于地表后覆盖还田。

（2）合理密植。选择耐密性品种，根据品种特性、气候条件和土壤肥力状况适当增加种植密度。一般紧凑型玉米品种的留苗密度为 7.5 万～9 万株/hm²，紧凑大穗型品种为 6 万～7.5 万株/hm²。

（3）高质量免耕机械化播种。抢茬直播，小麦收获后及时抢茬夏直播，采用免耕播种施肥一体机进行机械化种肥异位同播。宜采用 60cm 等行距播种，种子播种深度 4～5cm，肥料深施在玉米种子侧下方，与种子的侧向距离 5～10cm，施肥深度 5～15cm。

（4）足墒播种。播种时，耕层土壤相对含水量 60%～70%。若墒情不足，应播后立即浇"蒙头水"，确保一播全苗。

（5）水肥科学管理。需施纯氮 240～250kg/hm²、P₂O₅ 120～150kg/hm²、K₂O 300～360kg/hm²，

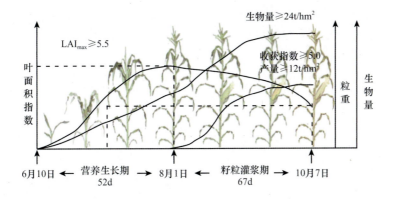

苗期目标：一播全苗，促根壮苗。

措施：选用中穗型、抗倒和抗逆性能好的耐密性夏玉米品种；小麦收获后尽快播种，一般于6月10日前后完成。播前使用包衣剂拌种，以防治病虫害。采用免耕精量施肥播种机进行种肥精量直播，播种深度5cm，种肥深施10~15cm。播种时如土壤墒情不足，且无有效降水的情况下，要在播种后24h内进行灌溉，以保证出苗率和出苗整齐度。4叶1心时定苗，拔除弱苗、病苗，每穴留1棵均匀健壮苗。综合防治病虫草害。

穗期目标：构建合理群体，促叶、壮秆。

措施：玉米拔节期至抽雄期，及时拔除小、弱株，避免争夺光温肥水资源。根据田间长势喷施植物生长调节剂，以促进叶片增大增厚、根系下扎和茎秆粗壮，提高抗倒伏能力。如遇35℃以上高温天气，每天早上喷水10min左右，以增加田间湿度、降低冠层温度，提高植株耐高温性能。在小喇叭口期至大喇叭口期采用杀虫剂、杀菌剂混合喷施，达到降低病原菌数量，预防病虫害的目的。

花粒期目标：延缓叶片衰老，增加后期物质转运，促粒多、粒重。

措施：在玉米授粉期每天10:00~11:00进行无人机辅助授粉以提高结实率。玉米抽雄至散粉阶段每天8:00~9:00进行微喷带喷灌5min。玉米灌浆期至乳熟期无人机喷施高效氯氟氰菊酯、氯虫苯甲酰胺、吡虫啉、苯丙甲环唑、吡唑醚菌酯、磷酸二氢钾、芸苔素内酯等于防治病虫害，并延缓叶片衰老。于9月中旬停喷停肥，促进营养体物质转运和后期籽粒脱水。于玉米完熟期收获，完熟的标准为籽粒乳线消失、黑层出现。

目标产量：≥12 000kg/hm²。

设计指标：有效穗数≥79500穗/亩，穗粒数≥460，千粒重≥350g，单穗粒重≥160g。LAI_max≥5.5，叶面积高值持续期≥50d，光合高值持续期≥45d，收获指数≥5.0,群体整齐度（1/CV）≥25。

肥水运筹：采用水肥一体化综合运筹肥水。施肥总量：纯N 210kg/hm²、P₂O₅ 105kg/hm²、K₂O 112.5kg/hm²、ZnSO₄ 15kg/hm²。其中全部磷肥和锌肥，40%的氮肥和75%的钾肥作肥同施入。剩余25%的钾肥于开花期，其余氮肥分别于大喇叭口期、吐丝期和灌浆期按照30%、20%、10%的比例采用微喷带水肥一体化施入。根据土壤墒情合理灌溉，遇涝及时排水。

图 9-12　黄淮海中部夏玉米超高产栽培

可根据地力水平进行适度调整。玉米播种时，施入全部磷、钾肥及总氮量的40%；大喇叭口期追施总氮量的60%；如花粒期出现脱肥现象，可补施纯氮45~75kg/hm²。

（6）科学灌溉。夏玉米苗期可适当控水蹲苗。除苗期外，根据墒情酌情灌水。每次灌水量300~450m³/hm²，宜采用喷灌或滴灌方式进行灌溉。如遇涝灾应及时排涝，田间积水时间应不超过1d。

（7）适时收获。在玉米成熟期即籽粒乳线基本消失、基部黑层出现时收获，收获后及时晾晒。

2. 案例分析

以"秸秆覆盖还田、合理密植、高质量免耕机械化播种、水肥科学管理、适时收获"为核心的夏玉米高产高效栽培技术途径，通过实施秸秆覆盖还田，不断培肥地力；通过合理密植和高质量免耕机械化播种，提高群体整齐度，构建高产高效群体；通过水肥科学管理，提高资源利用效率，使产量与效率协同提高。

　　夏玉米高产高效群体最大叶面积指数为 5.3 左右，收获时叶面积指数约为 4.4，后期植株持绿性较好。成熟期干物质重 22.13t/hm^2，经济系数 0.55。该技术途径在黄淮海南部运用实施后，夏玉米群体叶面积指数、干物质重分别增加了 32.0%、9.3%，产量提高 32.1%，光能利用效率、温度利用效率分别提高了 45.3%、34.1%，磷、钾肥农学利用率分别提高了 47.1%、7.0%（图 9-13）。

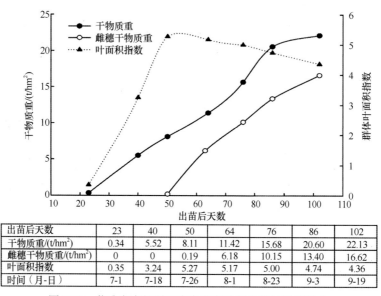

出苗后天数	23	40	50	64	76	86	102
干物质重/(t/hm^2)	0.34	5.52	8.11	11.42	15.68	20.60	22.13
雌穗干物质重/(t/hm^2)	0	0	0.19	6.18	10.15	13.40	16.62
叶面积指数	0.35	3.24	5.27	5.17	5.00	4.74	4.36
时间（月-日）	7-1	7-18	7-26	8-1	8-23	9-3	9-19

图 9-13　黄淮海南部夏玉米高产高效群体产量性能动态

第三节　南方玉米丰产增效技术途径

一、南方玉米超高产栽培技术途径与案例分析

（一）江苏玉米超高产栽培技术途径与案例分析

1. 技术途径

（1）精选品种，适期播种

品种选择：选择生育期适中、耐密性强、抗病和抗逆性好、丰产性高的优良玉米品种，如'江玉 877''苏玉 30''苏玉 29'等。

播期选择：江苏省东部沿海的春玉米区在灌浆、成熟期间多台风，易发生倒伏，不利于稳产和机械化收获；江苏省北部的夏玉米区苗期遇梅雨天，喇叭口期至散粉期遇高温干旱。根据区域气候特点，春玉米应适当提早播期，在 4 月上旬播种比较适宜，有利于延长生育期，增加干物质积累量，提高千粒重，促进玉米获得高产。夏玉米在 6 月中下旬播种有利于避开开花期高温热害。

（2）合理增密，增施氮肥，构建超高产群体

种植密度对玉米产量的贡献率最大，其次是施肥。合理增密与增施氮肥可通过改变群体结构，增加群体对光照资源的获取利用，提高群体冠层光截获率，从而影响光合产物的生产和分配，最终实现玉米超高产。在同一叶片高度，随着种植密度和施肥量的双重增加，各部位叶片光截获率依次增大。7.5 万株/hm^2 种植密度配施 555kg/hm^2 的氮肥可显著增加群体叶面

积指数，促进群体生物量的进一步累积，虽然个体穗粒数、百粒重和生物量增幅较小，但均在一定程度上由种植密度弥补，促使其最终产量增加（表9-8，表9-9）。

表9-8　种植密度与施氮量对生理成熟期春玉米群体结构参数的影响

种植密度/(株/hm²)	施氮量/(kg/hm²)	穗位高/cm	生物量/(g/m²)	最大LAI	经济系数	产量/(kg/hm²)
52 500	0	128.32	1 646.04	2.04	0.42	8 445.21
60 000	265	136.33	2 127.53	3.09	0.43	10 386.43
67 500	322.5	101.52	2 489.07	3.52	0.46	11 955.64
75 000	555	112.22	2 545.14	3.64	0.47	12 138.51

表9-9　种植密度与施氮量对生理成熟期春玉米个体结构参数的影响

种植密度/(株/hm²)	施氮量/(kg/hm²)	穗行数	行粒数	穗粒数	百粒重/g	穗干重/(g/株)
52 500	0	16	34	572	26.01	171.82
60 000	265	18	40	699	27.44	201.02
67 500	322.5	16	38	638	28.57	213.48
75 000	555	16	37	621	27.89	194.56

（3）全程化控，构建高产高抗耐逆群体

江苏地处沿海，玉米生长季经常遭受阴雨寡照及高温等不利条件的影响，严重限制玉米产量提升。玉米拔节期持续的阴雨寡照造成幼穗发育弱、茎秆强度低；吐丝授粉期及籽粒灌浆期遭受的高温胁迫以及授粉后台风过境造成的大面积倒伏，显著降低玉米的最终产量。因此，构建能稳定实现超高产的玉米群体，在考虑产量提升的同时，还应该着重关注该群体的高抗耐逆性（图9-14）。

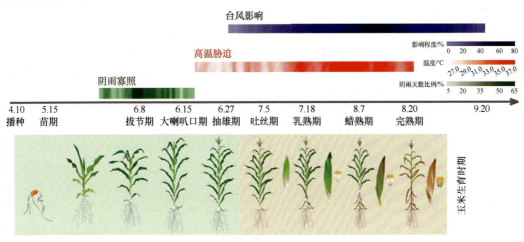

图9-14　玉米生育期与逆境发生时期

合理化学调控可为构建高抗耐逆玉米群体提供有力支持。以喷施清水为对照，选择抗倒增产效果明显的生长调节剂康普六号、2,4-二氯苯甲酰胺基环丙酸（B2）、调环酸钙，在玉米拔节期进行叶面喷施；并均于灌浆期喷施天然脱落酸（S-ABA），提高玉米抗高温能力。康普六号、B2、调环酸钙处理能够降低植株近地3茎节节间长度和茎秆机械强度，进而极大降低玉米倒伏风险。与清水对照相比，康普六号、B2、调环酸钙处理分别降低植株倒伏率达70%、

50%、50%。抗倒效果、株高控制以康普六号最为显著（图9-15，图9-16）。

图 9-15　植物生长调节剂对玉米群体的影响

除 CK 外，其余处理均于灌浆期喷施 S-ABA

图 9-16　生长调节剂对完熟期玉米籽粒的影响

与清水对照相比，拔节期喷施康普六号、B2、调环酸钙+灌浆期喷施 S-ABA 显著提高玉米产量，增产效果分别达 7%、31%、26%。综合考虑各生长调节剂的抗倒、增产及使用安全性，认为在玉米 8 叶期（拔节期）喷施调环酸钙、12～14 叶期（灌浆期）喷施 S-ABA，不仅能够提升玉米抗倒耐逆（高温）性能，同时还能起到显著的增产效果（表9-10，表9-11）。

表 9-10　植物生长调节剂对玉米田间倒伏率的影响

处理	乳熟期		蜡熟期	
	倒伏分级	倒伏率/%	倒伏分级	倒伏率/%
CK	2	28.0	3	100.0
康普六号+S-ABA	0	4.5	1	30.0
B2+S-ABA	0	7.5	2	50.0
调环酸钙+S-ABA	0	1.5	2	50.0

注：依据茎秆与地面夹角（A）划分倒伏级别，0～3 级的夹角依次为 90°、90°>A≥60°、60°>A≥30° 和 30°>A≥0°。倒伏率(%)=倒伏株数/小区总株数×100%。乳熟期遇短时间强对流天气，蜡熟期"利奇马"中心过境

表 9-11 生长调节剂对玉米产量的影响

处理	产量/(kg/hm²)	穗数/(穗/hm²)	穗行数	行粒数	百粒重/g
CK	6 292.5c	60 180a	14.2b	32.2b	22.5b
康普六号+S-ABA	6 745.5b	59 670a	14.9a	33.4ab	22.6b
B2+S-ABA	8 244.0a	60 360a	14.6ab	35.2a	24.8a
调环酸钙+S-ABA	7 909.6a	60 135a	14.5ab	36.1a	24.3a

注：同列不含有相同小写字母的表示差异显著（$P<0.05$）。蜡熟期"利奇马"中心过境，玉米田间倒伏严重，该表数据为倒伏后 7d 的田间测产数据

2. 案例分析

（1）试验地点状况

试验于 2017～2019 年在江苏省盐城市大丰区稻麦原种场（33°20′N、120°46′E）进行，该试验点处于亚热带与暖湿带的过渡地带；试验田土壤为砂壤土，试验点 0～20cm 土层土壤基础理化性质见表 9-12。

表 9-12 基础土样理化性质

年份		有机质含量/(g/kg)	全氮含量/(g/kg)	碱解氮含量/(mg/kg)	速效磷含量/(mg/kg)	速效钾含量/(mg/kg)
2017	春	15.06	1.04	50.22	30.02	194.81
	夏	15.69	1.14	52.83	29.93	192.00
2018	春	12.41	0.91	50.03	23.13	200.3
	夏	14.64	1.07	50.54	28.56	193.96
2019	春	13.07	1.01	52.50	26.15	161.79
	夏	17.88	0.99	53.20	28.70	178.38

（2）技术途径设计

2017 年和 2018 年选择高产玉米品种'苏玉 29 号'，2019 年选择高产玉米品种'江玉 877'。种植密度 7.5 万株/hm²，宽窄行种植（40cm×80cm）。2017 年和 2018 年春玉米于 4 月 10 日播种，夏玉米于 6 月 18 日播种；2019 年春玉米于 4 月 11 日播种，夏玉米于 6 月 19 日播种。基肥为 900kg/hm² 45% 复合肥，追肥为 900kg/hm² 尿素。其中，春玉米使用的是 $N:P_2O_5:K_2O=15:15:15$ 的复合肥，夏玉米使用的是 $N:P_2O_5:K_2O=27:9:9$ 的复合肥。于玉米 8 叶期（拔节期）喷施调环酸钙、12～14 叶期（灌浆期）喷施 S-ABA。其余按照当地正常的田间管理措施进行病虫害防治和土壤灌溉。

（3）超高产群体特征

合理的群体结构使超高产玉米增产显著。江苏春玉米、夏玉米超高产群体产量分别达到 10 905.5～12 138.5kg/hm²、9864.0～10 742.8kg/hm²，较当地农户水平显著提高了 16.87%～36.30%、3.37%～26.99%。超高产栽培条件下，玉米生物量累积、氮素累积显著增加，叶面积指数春玉米为 2.87～3.32，夏玉米为 3.05～3.18。因此，在现有农户栽培基础上增密并提高养分施入量，在玉米拔节期喷施调环酸钙配合灌浆期喷施 S-ABA，可提高玉米有效穗数和叶面积指数，塑造合理的群体结构，提高收获指数，达到缩差增效的增产目的（表 9-13，表 9-14）。

表 9-13　超高产与农户水平玉米产量及其构成因素对比（江苏大丰）

年份	处理		穗数/(万穗/hm²)	穗粒数	百粒重/g	产量/(kg/hm²)
2017	春玉米	农户水平	6.0	620.7	27.42	9 188.4
		超高产	7.5	579.3	27.98	10 941.9
	夏玉米	农户水平	6.0	564.7	27.76	8 459.6
		超高产	7.5	589.3	26.98	10 742.8
2018	春玉米	农户水平	6.0	653.0	22.84	8 001.0
		超高产	7.5	597.0	27.16	10 905.5
	夏玉米	农户水平	6.0	521.3	33.26	9 542.6
		超高产	7.5	438.7	32.96	9 864.0
2019	春玉米	农户水平	6.0	699.3	27.44	10 386.4
		超高产	7.5	621.3	27.89	12 138.5
	夏玉米	农户水平	6.0	570.7	32.09	8 522.6
		超高产	7.5	658.0	33.90	10 374.4

表 9-14　超高产与农户水平玉米产量性能参数比较

年份	处理		叶面积指数	生育期/d	光合势/(m²·d)	净同化速率/[g/(m²·d)]	收获指数	作物生长率/[g/(m²·d)]
2017	春玉米	农户水平	2.55	111	283	6.87	0.46	17.48
		超高产	2.87	111	318	5.95	0.51	17.07
	夏玉米	农户水平	2.54	84	213	8.41	0.47	21.33
		超高产	3.18	84	267	7.79	0.52	24.81
2018	春玉米	农户水平	2.64	107	282	7.54	0.38	19.89
		超高产	3.32	107	355	6.75	0.46	22.42
	夏玉米	农户水平	3.26	90	293	6.46	0.50	21.05
		超高产	3.05	90	327	6.84	0.47	20.87

注：叶面积指数、净同化速率、作物生长率均为生育期平均；光合势为生育期总光合势

（二）湖南玉米超高产栽培技术途径与案例分析

玉米是湖南省第一大旱粮作物，而湖南省玉米生产自给率仅占 1/3，是全国玉米主销区之一。玉米单产低于全国平均水平，主要受种植密度较低、施肥方式不合理、高温、干旱等因素影响。目前，该区域实际产量与潜在产量存在较大差距，为此，通过玉米产量差和效率差形成的机理研究，集成了"优良品种、适宜早播、缩行增密、合理施肥、病虫害绿色防控前移、化学调控"等超高产配套栽培技术，实现了本区域春玉米超高产，其技术途径如下。

1. 技术途径

（1）优良品种鉴选

"农以种为先"，一个好的玉米品种是实现玉米超高产的关键和基础。应选择适宜湖南省生态区的超高产、稳产、耐密、抗逆性强的优良品种。春玉米重点选择发芽势好、耐寒性强

的品种，夏秋玉米重点选择耐热耐旱性强、抗病能力优（茎腐病、南方锈病）的品种；同时湘中、湘南宜选择中熟或偏早熟品种，以避开夏秋的高温和干旱；湘西、湘北宜选择中熟或偏晚熟品种，以充分利用山区的优势地域环境。

（2）选择适宜播期

湖南属于亚热带季风气候，光、热、水资源丰富，冬寒冷而夏酷热，春温多变，秋温陡降，春夏多雨，秋冬干旱。年日照时数为1300~1800h，年平均温度15~18℃，无霜期260~310d，大部分地区都在280~300d。湖南年平均降水量1200~1700mm，雨量充沛，为我国雨水较多的省份之一。湖南春玉米占比90%以上，春玉米生长前期阴雨寡照、后期阶段性干旱和高温胁迫等风险频发致使玉米单产水平较低。因此，春玉米在气温稳定在10℃以上时应尽可能早播，或者覆盖地膜抢晴早播，尽可能使花后的灌浆期处于较好的气候条件，库大源足，有利于获得高产。

（3）合理密植

湖南省作物研究所以湖南省21个主推品种为材料，研究了密度和品种2个试验因子对产量与其他主要农艺性状的影响。结果表明，参试的17个品种在高种植密度下比低种植密度下的产量高，平均增产8.5%，说明提高种植密度是提高玉米产量的主要途径。其中，产量增加超过10%的品种有'湘康玉2号''渝单8号''洛玉1号''丰玉8号''中单901''三北89''贵单8号''正大999'。以此提出改行距80cm为60~70cm的缩行增密栽培技术，春玉米湘中、湘南种植密度由3000株/亩增加到3600株/亩，湘西北由2800株/亩增加到3300株/亩，其对提高产量有显著作用。熟期早、紧凑或耐密型品种每亩还可增加300~500株，夏、秋玉米在春玉米适宜密度的基础上增加10%。

（4）科学施肥

加快测土配方施肥技术的推广力度。根据土壤供应养分能力和产量目标确定肥料投入量，将肥料效应关系、测土施肥、营养诊断三大推荐施肥系统结合起来，建立科学定量化的施肥技术，提高肥料利用效率。重施基肥，穗期氮肥前移至小喇叭口期的"一基一追"技术。化肥要精准施用，基肥沟施，追肥穴施。

（5）生物与非生物逆境对策

生物逆境：湖南玉米常发和危害重的病虫害有草地贪夜蛾、玉米螟、地老虎、小斑病、茎腐病、穗腐病、锈病等，要根据病虫害发生规律及特点，采取综合防控技术进行早预防、早控制。

非生物逆境如下。

1）低温冷害：主要发生在湖南省春玉米播种到拔节期。播种至出苗期低温连阴雨频发，苗期到拔节期易受5月低温的危害。

防御对策包括以下几个方面。

a.选育抗寒性强的品种，做好品种合理布局。湘中、湘南选用抗寒性强的早中熟或偏早熟品种，湘西、湘北宜选择中熟或偏晚熟品种。

b.改变种植方式，优化栽培技术。采用地膜覆盖和育苗移栽，减轻低温冷害对玉米生长的影响。

c.合理施肥。基肥施用时适当增加磷肥和钾肥的比例。

　　d. 叶面肥和植物生长调节剂。可及时喷施磷酸二氢钾水溶肥或芸苔素内酯，提高植株抗逆性。

　　2）干旱与高温热害：湖南春玉米抽雄吐丝到成熟期常会遭遇干旱与高温热害，开花期遇高温则花粉失活，花丝干枯，表现为秃尖、缺粒，甚至空穗。灌浆至成熟期遇高温易造成植株早衰，养分转运与积累受阻，源库不流畅，千粒重不稳，对产量产生严重影响。

　　防御对策包括以下几个方面。

　　a. 选育、推广耐旱、对高温反应迟钝的品种。耐热抗旱品种一般具有高温条件下授粉、结实良好和叶片短、直立上冲、较厚且绒毛多、持绿时间长、光合积累效率高等特点。

　　b. 调整播期。做好品种区划，选择合适品种，采取地膜覆盖栽培和育苗移栽等方式，错开高温期。

　　c. 人工辅助授粉：在高温干旱期间，玉米的自然散粉、授粉和受精结实能力均有所下降，如果在开花散粉期遇到38℃以上的持续高温天气，建议采用人工辅助授粉，减轻高温对玉米授粉受精过程的影响，提高结实率。

　　d. 适时灌溉，喷施叶面肥，调节农田小气候。加强农田水利基本建设，改善灌溉条件，在玉米关键需水期遭遇干旱时及时灌水；高温期间要提前喷水，可直接降低田间温度，无灌溉条件的喷施甜菜碱或喷施尿素、磷酸二氢钾和芸苔素内酯混配的叶面肥，并多次喷施，以减轻高温热害。

2. 案例分析

　　2019年8月11日，湖南省农业科学院邀请湖南省内有关玉米专家对湖南省作物研究所在长沙市的春玉米超高产攻关田，按照农业农村部制定的《全国粮食高产创建测产验收办法》进行了现场实收测产验收，供试品种为湖南省作物研究所2018年育成的'湘康玉7号'，结果1.08亩全田实收216m²，折合亩产772.1kg，在当年遭受播种至灌浆前期长期阴雨寡照、后期高温逼熟等较多不利因素的影响下，创造了湖南省春玉米产量新纪录。

　　（1）试验地点状况

　　试验于2019年在湖南省作物研究所长沙市试验基地（28.20°N，113.09°E，海拔41m）进行。该地属亚热带季风气候。年均降水量1361.6mm，年平均气温17.2℃，夏冬季长，春秋季短，无霜期260～280d。试验地土壤为黄棕壤，0～20cm土壤平均有机质含量20.0g/kg、全氮含量1.1g/kg、碱解氮含量95mg/kg、有效磷含量80.5mg/kg、速效钾含量175mg/kg。

　　（2）关键栽培措施

　　1）优良品种鉴选，缩行增密：选用适宜本省气候的稳产型优良品种'湘康玉7号'。该品种产量潜力高，株型半紧凑，较耐密植，春播生育期110.6d，适宜在湖南省种植。采用宽窄行种植，宽行80cm，窄行40cm，株距22cm，留苗密度设置为5100株/亩，实际收获株数为5064株/亩。

　　2）高质量播种，抢晴早播，覆盖地膜：选用均匀一致的籽粒，种衣剂拌种，适当加大播种量，确保一播全苗。湖南省早春持续低温阴雨寡照，春玉米灌浆中后期容易遇到高温逼熟，导致灌浆期较短，千粒重低，因此应覆盖地膜，抢晴早播，争取灌浆时间，稳粒重是获得高产的重要途径。

　　3）合理施肥，精准施肥：整地前施有机肥3750kg/hm²。播种前在窄行沟施纯N 150kg/hm²、P_2O_5 112.5kg/hm²、K_2O 112.5kg/hm²、硫酸锌30kg/hm²。追肥采用穴施法，4月25日追施尿素

150kg/hm^2，5月16日追施尿素300kg/hm^2。

5月29日，可施尿素45kg/hm^{2}或用1%尿素溶液+0.2%磷酸二氢钾进行叶面喷施。

4）病虫害绿色防控前移与化学调控：在小喇叭期喷施25%嘧菌酯悬浮剂1500倍液、0.01%芸苔素内酯可溶液剂1000倍液和20%氯虫苯甲酰胺3000倍液的混合液一次，提前防控斑病、纹枯病、穗腐病以及玉米螟等害虫。化学调控用30%胺鲜·乙烯利，在玉米6～11片叶时（7～8片叶时使用效果最佳），选择晴天（上午9:00或下午4:00）均匀喷洒在玉米植株上部叶片，严格控制喷施次数，确保每株玉米只喷一次。

5）人工辅助授粉：由于玉米散粉期容易遇到阴雨天气，应在晴天上午9:00～11:00人工辅助授粉2次。

6）适时晚收：8月11日测产收获，玉米田间生育期149d。

（3）高产特征

1）产量及构成：宽行80cm，窄行40cm，株距22cm，留苗密度设置为5100株/亩，实际收获株数为5064株/亩，穗粒数513，鲜果穗重981.4kg，鲜穗出籽率88.4%，籽粒含水率23.4%，折合标准籽粒含水量（14.0%）后平均亩产为772.1kg。

2）生育进程：采用品种为'湘康玉7号'，2019年3月15日播种，3月26日出苗，4月28日拔节，5月29日抽雄，5月31日吐丝，7月26日生理成熟，8月11日收获。

3）叶面积指数和干物质量：高产田最大叶面积指数5.33，成熟时维持在3.0以上；成熟期干物质量22 071.4kg/hm^2。

（三）南方套作玉米超高产栽培技术途径与案例分析

1. 技术途径

（1）选配良种

套作玉米采用宽窄行栽培，玉米植株两侧光异质，且为保证与净作具有相同密度，株距缩小，种内竞争加剧。研究发现，生产中推广应用的高产品种中，用于套作栽培时，有的产量明显下降，而有的能保持与净作相当的高产水平。选择了21个生产中推广的高产品种，通过连续两年的大田试验，从形态特征和生理特性等指标构建了宜套作玉米的评价体系。研究发现，宜套作玉米品种的叶面积、株高、穗位高和穗上二叶夹角等指标在主成分分析中的载荷数较高，贡献率较大，可以基本反映植株形态特征，吐丝期和灌浆期的总氮含量、碳氮比、叶绿素a含量、叶绿素总量、叶片厚度等指标在主成分分析中的载荷数较高，贡献率较大，可以基本反映玉米叶片的生理特性。从直观形态指标分析，套作高产玉米品种最大叶面积指数维持在3.8～4.3，玉米穗上二叶夹角变化范围在19.0°～27.0°，株高在260～280cm，穗位高在81～96cm，能充分发挥产量潜力。筛选出了'荣玉1210''成单30''仲玉3号'等宜套作玉米品种（图9-17）。

（2）合理配置

建立合理的田间配置是套作玉米产量发挥的关键因子。以前期筛选出的净作高产套作低产品种为对照，分别设置不同的窄行行距，研究明确了宜套作玉米品种在窄行行距为40cm时，宽行行距为160cm时可协调窄行光抑制和宽行光补偿效应之间的关系，能与净作保持相当产量（图9-18，表9-15）。

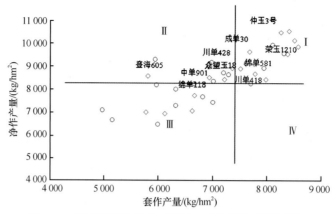

图 9-17　净套作种植模式下不同玉米品种产量等级划分

Ⅰ、Ⅱ、Ⅲ、Ⅳ分别代表区域内净套作高产、净作高产套作低产、净作低产套作低产、净作低产套作高产品种

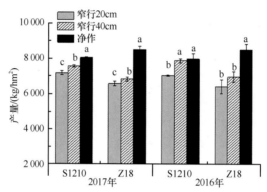

图 9-18　不同行距处理下两个玉米品种的产量

S1210 代表 '荣玉 1210'，Z18 代表 '众望玉 18'

表 9-15　不同田间配置下玉米大豆带状复合种植群体产量

处理	2017 年产量/(kg/hm²)			2018 年产量/(kg/hm²)		
	玉米	大豆	群体	玉米	大豆	群体
40cm+160cm	9 382.67a	2 149.80c	11 532.46a	8 620.86b	1 422.21c	10 043.06a
40cm+200cm	7 633.07b	2 563.62b	10 196.69b	8 024.90b	1 453.59c	9 478.49a
40cm+240cm	6 217.12c	2 735.49ab	8 952.61c	6 770.96c	1 733.79b	8 504.75b
玉米净作	9 568.77a		9 568.77bc	9 856.96a		9 856.96a
大豆净作		2 881.65a	2 881.65d		2 186.95a	2 186.95c

注：同列不含有相同小写字母的表示差异显著（$P<0.05$）

（3）密肥协调

选择适宜的种植密度是塑造合理群体结构、实现超高产的重要途径，西南山区种植密度偏低是制约该区域玉米产量最关键的因素。套作玉米根系生长区域有限，增密条件下适宜的氮肥调控量是实现套作玉米高产高效的重要途径。开展两个高产密度（6 万株/hm² 和 7.5 万株/hm²）、3 个施氮水平的大田试验。研究发现，在套作种植条件下，两个高产密度产量差异不明显，6 万株/hm² 适宜的施氮量为 300kg/hm²，密度提高到 7.5 万株/hm²，施氮量随之增加

到 375kg/hm²，但高密条件下倒伏风险会增加 3～5 个百分点。据此，间套作玉米高产高效的密肥措施为 6 万株/hm² 密度条件下，配施氮肥 300kg/hm²（表 9-16）。

表 9-16 密度和施氮量对玉米籽粒产量与资源利用效率的影响

指标	种植密度	施氮量			
		0kg/hm²	225kg/hm²	300kg/hm²	375kg/hm²
籽粒产量/(kg/hm²)	6 万株/hm²	7493.63c	8143.08b	8914.62a	8810.87a
	7.5 万株/hm²	7794.74d	8421.42c	8714.60b	9093.17a
氮肥农学利用率/(kg/kg)	6 万株/hm²		4.21a	3.78a	2.36b
	7.5 万株/hm²		4.69b	6.59a	4.78b
光能利用效率/%	6 万株/hm²	1.57c	1.68b	1.79a	1.72a
	7.5 万株/hm²	1.78d	1.87c	1.96b	2.03a
温度利用效率/[kg/(hm²·℃)]	6 万株/hm²	4.63c	4.93b	5.28a	5.07b
	7.5 万株/hm²	5.23b	5.50b	5.76a	5.98a
水分利用效率/[kg/(hm²·mm)]	6 万株/hm²	9.27b	9.88ab	10.57a	10.16a
	7.5 万株/hm²	10.48a	11.01a	11.54a	11.98a

注：同一指标同行不含有相同小写字母的表示差异显著（$P < 0.05$）

（4）有机物料还田

西南山地玉米区土壤瘠薄，种养循环是该区玉米生产发展的重要趋势，采用有机物料还田代替无机养分施入能有效改善玉米生产上存在的土层瘠薄、秸秆利用率低等问题，达到培肥地力的目标。研究结果表明，玉米播种时将 50% 的化学磷肥+50% 的羊粪（或 50% 秸秆）+生育期氮肥用量的 50%+生育期钾肥用量作为种肥，混合施于玉米宽行离株 5cm 处，玉米大喇叭口期追施 50% 的氮肥同样施于与磷肥相同的位置，可维持玉米产量，达到提高土壤肥力和资源利用效率的目的（图 9-19）。

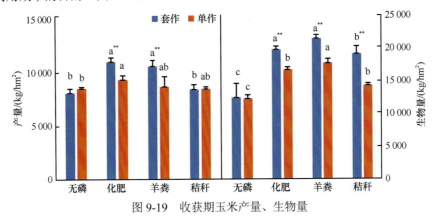

图 9-19 收获期玉米产量、生物量

无磷为不施磷肥，化肥为施入等量过磷酸钙；羊粪为用羊粪替代一半化学磷肥；秸秆为用秸秆替代一半化学磷肥

2. 案例分析

（1）试验地点状况

试验于 2017～2019 年在仁寿现代农业示范基地（川南套作玉米主产区）（30°16′N、104°15′E），乐至宝林镇玉米高产示范基地（川中套作玉米主产区）（30°16′N、105°01′E），平昌县驷马镇玉米高产示范基地（川东北套作玉米主产区）（31°16′N、107°21′E）进行。各示范区 3 年的土壤基础肥力见表 9-17。

表 9-17　各试验点土壤基础肥力

年份	地区	土壤有机质含量/%	pH	全氮含量/%	全磷含量/%	全钾含量/（g/kg）	碱解氮含量/（mg/kg）	速效磷含量/（mg/L）	速效钾含量/（mg/L）
2017	仁寿	1.42	7.47	0.09	0.16	11.05	57.00	9.50	55.31
	乐至	1.28	8.14	0.13	0.12	53.85	30.50	13.47	48.18
	平昌	1.18	7.64	0.16	0.17	50.23	31.11	8.56	45.43
2018	仁寿	1.19	7.93	0.11	0.09	12.77	91.38	32.36	180.26
	乐至	1.65	6.47	0.13	0.05	9.05	49.18	17.71	94.13
	平昌	0.99	6.40	0.12	0.03	10.04	28.98	16.10	66.20
2019	仁寿	1.34	7.64	0.15	0.13	12.36	90.35	45.63	150.95
	乐至	1.56	7.41	0.13	0.06	10.54	51.32	25.64	108.21
	平昌	1.36	7.48	0.11	0.05	12.31	30.12	17.64	108.44

（2）技术途径设计

选择套作高产玉米品种（2017 年 3 个试验点选用'成单 30'，2018 年、2019 年选用'仲玉 3 号'），密度 4500 株/亩，带宽 2m（窄行行距 40cm），穴距 14.8cm，穴植单株，根据各区域特点可采用育苗移栽或人工点播，用地膜覆盖；播前深施腐熟的羊粪 1000kg/亩翻耕，整细后在玉米窄行中间开沟、深施底肥，用土杂肥、油枯、复合肥等保证纯氮用量 10kg/亩、氧化钾 15kg/亩、五氧化二磷 10kg/亩，苗期氮肥用量为纯氮 4kg/亩及锌肥 2kg/亩，拔节期施用纯氮 4kg/亩，大喇叭口期攻苞肥亩用纯氮 12kg，3 次追肥均兑清粪水施用。土壤绝对含水量低于 20% 时，采用人工补灌。6～7 叶展时喷施矮丰控高防倒。

（3）高产特征

3 个生态区超高产产量分别达到 9021.5～10 530.0kg/hm²、7774.2～10 375.7kg/hm²、7783.5～10 611.9kg/hm²，较当地农户水平分别显著提高了 10.74%～46.65%、3.62%～36.75%、22.51%～43.69%。超高产栽培条件下，拔节期叶面积指数在 0.34～1.24，吐丝期为 3.81～6.36，灌浆期为 3.29～5.31，成熟期为 2.37～3.51；玉米花前生育时期较农户水平缩短了 1～4d，而灌浆期则延长。合理的群体结构使套作超高产玉米显著增产。3 个生态区光能利用效率、温度利用效率、水分利用效率均表现为超高产＞农户水平。与农户水平相比，超高产光能利用效率、温度利用效率、水分利用效率分别提高了 5.35%～47.67%、10.69%～46.62%、10.70%～46.60%，表明 3 个生态区产量潜力较大。因此，在现有套作农户栽培基础上适当增密和加强养分管理，可提高有效穗数和叶面积指数，塑造合理的群体结构，以达到缩减套作农户水平和超高产水平之间产量差距的目的，是实现套作玉米超高产的有效措施（表 9-18）。

表 9-18 超高产与农户水平玉米产量及其构成因素对比

年份	地区	处理	有效穗数/(万穗/hm²)	穗粒数	千粒重/g	产量/(kg/hm²)	收获指数
2017	仁寿	农户水平	4.85	507.0	308.8	7 834.2	0.59
		超高产	6.61	530.0	303.2	10 530.0	0.58
	乐至	农户水平	5.00	630.0	295.7	9 305.6	0.57
		超高产	6.42	585.0	276.4	10 375.7	0.57
	平昌	农户水平	5.00	454.0	281.0	7 335.0	0.59
		超高产	6.68	486.0	298.5	9 688.8	0.58
2018	仁寿	农户水平	5.17	626.4	251.6	8 146.9	0.56
		超高产	6.39	559.8	252.2	9 021.5	0.53
	乐至	农户水平	4.85	599.1	258.0	7 502.3	0.55
		超高产	5.31	552.7	265.0	7 774.2	0.53
	平昌	农户水平	4.81	476.5	277.3	6 353.5	0.50
		超高产	5.14	493.4	306.7	7 783.5	0.55
2019	仁寿	农户水平	6.90	550.8	281.8	7 144.1	0.60
		超高产	6.44	520.8	268.9	10 476.9	0.55
	乐至	农户水平	6.79	536.7	298.6	7 253.9	0.58
		超高产	6.54	521.7	290.9	9 919.7	0.57
	平昌	农户水平	6.73	558.2	295.0	7 385.3	0.51
		超高产	6.61	550.0	292.0	10 611.9	0.49

（四）南方山地玉米超高产栽培技术途径与案例分析

1. 技术途径

（1）品种、播期选择

品种选择：选择生育期适中、耐密性强、抗病和抗逆性好、丰产性高的优良玉米品种。

播期选择：根据区域气候特点，适当提早播期，有利于延长生育期，增加干物质积累量，提高千粒重，促进玉米获得超高产。播种一般在 3 月下旬至 4 月中旬比较适宜，并采用地膜覆盖方式。

（2）密度、肥料和水分等栽培种植技术

A. 适当增密

根据四川近 10 年来玉米高产创建经验，亩产 1000kg 以上高产田块的种植密度均在 5000 株/亩以上。因此，选用耐密多抗品种，种植密度适当增加到 6000 株/亩以上，是实现山地玉米高产的有效途径之一。

B. 培育壮苗

采用地膜覆盖或育苗移栽技术，有利于提高出苗整齐度和幼苗质量。

C. 及时灌水

播种前，采用坐水、浇灌或漫灌方式，灌足底水；出苗后，根据干旱情况及时补灌，确保玉米生长期内水分适宜。

D. 配方施肥

山区玉米植株高大，需肥量大，配方施肥是获得玉米超高产的基础。以施足底肥、早施苗肥、重施穗肥为原则，施用纯氮 25～30kg/亩、磷肥 10～15kg/亩、钾肥 10～15kg/亩，底肥增施农家肥或生物有机肥，可提高土壤肥力和改善土壤结构。

E. 适时晚收

待玉米达到完熟期即籽粒乳线基本消失、基部出现黑色层时进行人工收获。

（3）生物与非生物逆境对策

针对南方山区玉米生育期内干旱、低温、大风倒伏等自然灾害和大斑病、小斑病、灰斑病、锈病、地下害虫、玉米螟、蚜虫等病虫害，应做到提前预防、及时补救，全面防控。具体应对措施如下。

干旱：①选择耐旱的品种；②采取育苗移栽、地膜覆盖种植方式来抵御苗期干旱；③中后期干旱发生后，及时进行补灌。

低温：①选择耐低温的品种；②采取育苗移栽、地膜覆盖种植方式来抵御苗期低温。

大风倒伏：①选择抗倒性强的品种；②在玉米抽雄初期，施用健壮素进行叶面喷施，降低玉米植株高度，防止玉米倒伏，增强玉米抗倒能力。

玉米大斑病、小斑病：①品种选择，种植抗大斑病、小斑病的品种；②药剂防治，病害发生初期，及时清除病株，避免病害扩散，用 50% 多菌灵可湿性粉剂或 50% 退菌特可湿性粉剂或 70% 甲基托布津可湿性粉剂等杀菌剂，于玉米抽雄期喷 1～2 次，每隔 10～15d 喷 1 次。

玉米灰斑病：①品种选择，种植抗灰斑病的品种；②农业防治，调整种植行距，降低田间相对湿度，改善田间小气候，控制病害发生；③药剂防治，病害发生初期，喷施 50% 多菌灵可湿性粉剂或 25% 三唑酮可湿性粉剂等杀菌剂进行防治。

玉米锈病：①品种选择，种植抗锈病的品种；②药剂防治，病害发生初期，及时清除病株，避免病害扩散，并喷施 25% 三唑酮可湿性粉剂进行防治。

地下害虫：①土壤处理，整地前，采用 50% 辛硫磷乳油喷洒地表，或 5% 辛硫磷颗粒剂拌土撒施地表；②种子处理，用丁硫克百威、辛硫磷和吡虫啉等常用杀虫剂进行拌种；③毒饵诱杀，用 50% 辛硫磷乳油加适量水，拌油渣、米糠、麸皮等饵料制成毒饵，对蝼蛄、地老虎等幼虫有良好的诱杀效果。

玉米螟：①灭越冬幼虫，在玉米螟越冬后幼虫化蛹前，及时处理秸秆；②物理防治，利用杀虫灯、高压汞灯诱杀玉米螟；③药剂防治，撒施辛硫磷颗粒剂到玉米心叶内，或喷施高效氯氟氰菊酯等杀虫剂进行防治。

蚜虫：①品种选择，种植抗蚜虫的品种；②种子处理，用 70% 噻虫嗪种衣剂或 10% 吡虫啉可湿性粉剂进行拌种；③药剂防治，病害发生初期，及时喷施吡虫啉或高效氯氟氰菊酯等杀虫剂进行防治。

2. 案例分析

（1）试验地点状况

2018～2019 年选择四川丹巴县聂呷乡聂呷村（107°59′N、31°32′E）、宣汉县峰城镇野鸭村（101°52′N、30°57′E）、盐源县干海乡良种场（107°59′N、31°32′E）3 个试验点开展超高产栽培技术验证；试验点分布在四川盆周山区、川西南山区及川西北高原山区，玉米主要种植在海拔 1000～3000m 的高山高原地带，立体气候明显、光照充足、昼夜温差大，属于四川玉米高产潜力区；丹巴点土壤类型为砂壤土，宣汉点和盐源点为中壤土，各试验点土壤肥力状况见表 9-19。

表 9-19　2018 年和 2019 年各试验点播前土壤肥力状况

指标	2018 年			2019 年		
	丹巴点	宣汉点	盐源点	丹巴点	宣汉点	盐源点
有机质含量/%	4.18	1.91	2.91	4.07	2.29	3.85
碱解氮含量/(mg/kg)	171.6	198.1	105.1	283.6	191.2	272.1
速效磷含量/(mg/kg)	152.2	148.3	52.2	39.7	142.5	24.2
速效钾含量/(mg/kg)	188.8	184.7	247.0	236.0	125.0	206.0
pH	6.58	4.47	8.14	6.70	4.84	7.20

（2）技术途径设计

A. 选用耐密高产抗逆品种

丹巴点选用'凉单 10'，宣汉点选用'登海 605'，盐源点选用'先玉 696'。

B. 缩行增密

采用宽窄行种植方式，宽行行距 80～90cm，窄行行距 40cm，种植密度 6000 株/亩。

C. 覆膜直播

播种前，在玉米行间开沟施肥，施足底肥和底水后，采用 70～80cm 规格地膜，规范盖膜。然后采用玉米定距打窝器或手持播种器进行精确打孔直播，播种后立刻覆土。

D. 有机无机配方施肥

根据玉米各阶段养分需求，采用"一底三追"施肥方式，底肥施入腐熟农家肥 2000kg/亩或商品有机肥 200～400kg/亩，种肥施入纯氮 9kg/亩、磷肥 9kg/亩、钾肥 9kg/亩，苗肥和拔节肥分别施入纯氮 3kg/亩、磷肥 3kg/亩、钾肥 3kg/亩，穗肥施入纯氮 15kg/亩。

E. 病虫害全面防治

在生育期，采用 50% 多菌灵可湿性粉剂、25% 三唑酮可湿性粉剂等杀菌剂，全面防治玉米大斑病、小斑病、灰斑病、玉米锈病等病害；采用 50% 辛硫磷、4.5% 高效氯氟氰菊酯、10% 吡虫啉等杀虫剂，全面防治地老虎、玉米螟和草地贪夜蛾、蚜虫等害虫。

（3）高产特征

A. 产量及构成

从产量和构成（表 9-20）来看，各试验点超高产模式的产量在 11 321～19 824kg/hm^2，除了 2018 年丹巴点（基本苗不足）和 2019 年宣汉点（中后期雨水过多影响灌浆），其余年份和试验点均达到了 15 000kg/hm^2 以上。丹巴点、盐源点和宣汉点的平均产量分别为 17 197.0kg/hm^2、17 136.0kg/hm^2、13 257.5kg/hm^2，与农户模式相比，产量提高了 22.70%～65.31%。通过分析产量构成因素可知，超高产模式的有效穗数为 81 708～95 214 穗/hm^2，穗粒数为 481～710，千粒重为 247～383g。与农户模式相比，有效穗数提高了 29.63%～44.64%，穗粒数和千粒重差异较小，说明增加有效穗数有利于获得玉米高产。

表 9-20　2018 年和 2019 年各试验点产量及其构成

年份	试验点	模式	有效穗数/(穗/hm²)	穗粒数	千粒重/g	产量/(kg/hm²)
2018	丹巴点	超高产	81 708	649	323	14 570
		农户	63 032	696	368	12 929
	宣汉点	超高产	95 214	517	345	15 194
		农户	52 860	539	322	8 653
	盐源点	超高产	82 402	677	375	16 919
		农户	63 087	664	287	11 957
2019	丹巴点	超高产	95 000	710	290	19 824
		农户	65 009	645	291	15 082
	宣汉点	超高产	83 375	481	247	11 321
		农户	58 451	494	221	7 387
	盐源点	超高产	91 018	688	383	17 353
		农户	65 633	721	391	12 583

B. 生育进程

从生育进程来看，超高产模式的生育期为 131～181d，丹巴点、盐源点、宣汉点的平均生育期分别为 177.5d、154.0d、132.0d；与农户模式相比，超高产模式主要延长吐丝至成熟期天数，增加了籽粒灌浆时间，进而促进产量提高。

C. 物质积累

从干物质积累量来看，超高产模式的干物质积累量为 20 169～46 869kg/hm²；丹巴点、盐源点、宣汉点的平均干物质积累量分别为 39 073kg/hm²、41 431kg/hm²、22 519kg/hm²，与农户模式相比，超高产模式的干物质积累量分别增加了 27.02%、52.62%、75.10%，为产量增加提供了重要保障。

（4）LAI 与光合作用

从玉米叶面积指数动态变化来看，超高产模式在生育期的 LAI 均高于农户模式，在吐丝期达到最大值，丹巴点、宣汉点在吐丝期的平均 LAI 分别为 8.40、6.24，与农户模式相比，超高产模式的最大 LAI 分别增加了 57.80%、133.96%。超高产模式叶片的叶绿素相对含量高于农户模式。由此说明，超高产模式通过提高 LAI，同时增强叶片光合能力，为提高籽粒产量提供了物质基础。

二、南方玉米高产高效栽培技术途径与案例分析

（一）江苏玉米高产高效栽培技术途径与案例分析

1. 技术途径

（1）适当增密，精准施肥，均衡养分利用效率

7.5 万株/hm² 的种植密度和基肥 900kg/hm² 45% 复合肥+追肥 900kg/hm² 尿素的施肥量（折合氮素为 555kg/hm²）下，玉米产量虽然最高，但其肥料投入量最大，肥料利用效率亦显著低于 6.75 万株/hm² 的种植密度和基肥 750kg/hm² 45% 复合肥+追肥 450kg/hm² 尿素的施肥

量（折合氮素为 322.5kg/hm²），特别是氮肥偏生产力和氮肥回收利用效率更是显著低于 6 万株/hm² 的种植密度和基肥 600kg/hm² 45% 复合肥+追肥 375kg/hm² 尿素的施肥量（折合氮素为 265kg/hm²）。说明在 6.75 万株/hm² 的种植密度和基肥 750kg/hm² 45% 复合肥+追肥 450kg/hm² 尿素的施肥量下，玉米在获得较高产量的同时亦能保证较高的肥料利用效率（图 9-20）。

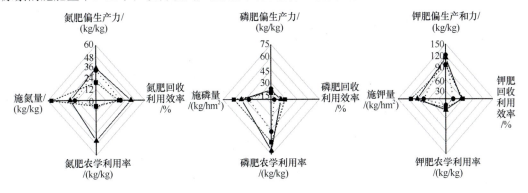

··●·· 6万株/hm² + 265kg N/hm²　　──▲── 6.75万株/hm² + 322.5kg N/hm²　　─■─ 7.5万株/hm² + 555kg N/hm²

图 9-20　种植密度与施肥量对玉米肥料利用效率的影响

（2）适时化控，控高防倒

在玉米拔节期（8 叶期）喷施调环酸钙，在 7 月中下旬狂风暴雨等恶劣天气后调查倒伏率并记录倒伏方式；抽雄后 30d 测定株高、穗位高、基部 3 节间长度、茎粗；在收获期小区测产，调查亩穗数、穗粒数和千粒重等产量构成因素。可以看出拔节期喷施调环酸钙可明显降低玉米倒伏率，减少茎折占倒伏总数的比例，产量增加 18.77%（图 9-21，表 9-21）。

图 9-21　拔节期喷施调环酸钙对玉米倒伏的影响

表 9-21　拔节期喷施调环酸钙对玉米产量的影响

处理	产量/(kg/hm²)	穗数/(穗/hm²)	穗粒数	千粒重/g
CK	7 830	69 435	388	288.6
康普六号	8 160	71 310	392	290.7
调环酸钙	9 300	74 550	396	314.9

2. 案例分析

（1）试验地点状况

试验于 2017～2019 年在江苏省盐城市大丰稻麦原种场（33°20′N、120°46′E）进行，该试验点处于亚热带与暖湿带的过渡地带；试验田土壤为砂壤土，试验期间 0～20cm 土层土壤理化性质见表 9-22。

表 9-22　基础土样理化性质

年份		有机质含量/(g/kg)	全氮含量/(g/kg)	碱解氮含量/(mg/kg)	速效磷含量/(mg/kg)	速效钾含量/(mg/kg)
2017	春	15.06	1.04	50.22	30.02	194.81
	夏	15.69	1.14	52.83	29.93	192.00
2018	春	12.41	0.91	50.03	23.13	200.30
	夏	14.64	1.07	50.54	28.56	193.96
2019	春	13.07	1.01	52.50	26.15	161.79
	夏	17.88	0.99	53.20	28.70	178.38

（2）技术途径设计

2017 年和 2018 年选择高产玉米品种'苏玉 29 号'，2019 年选择高产玉米品种'江玉 877'。种植密度 6.75 万株/hm²，宽窄行种植（80cm×40cm）。2017 年和 2018 年春玉米于 4 月 10 日播种，夏玉米于 6 月 18 日播种；2019 年春玉米于 4 月 11 日播种，夏玉米于 6 月 19 日播种。基肥 750kg/hm² 45% 复合肥，追肥 450kg/hm² 尿素。其中，春玉米使用的是 N：P_2O_5：K_2O=15：15：15 的复合肥，夏玉米使用的是 N：P_2O_5：K_2O=27：9：9 的复合肥。于玉米 8 叶期喷施调环酸钙。其余按正常田间管理进行良好的病虫害防治和灌溉。

（3）高产高效群体特征

江苏春玉米、夏玉米高产高效群体产量分别达到 9926.2～11 955.6kg/hm²、10 019.9～10 265.0kg/hm²，较当地农户水平显著提高了 8.03%～30.61%、7.57%～19.65%。高产高效栽培条件下，玉米生物量累积、氮素累积在玉米生长后期显著增加，春玉米叶面积指数为 2.73～2.74、夏玉米为 2.84～3.30。在现有农户栽培基础上适当增加密度、精确施肥使氮磷钾配比最优化、在玉米拔节期喷施调环酸钙，可在塑造合理玉米群体结构、提高收获指数的基础上实现较高的肥料利用效率，达到缩差增效的目的（表 9-23，表 9-24）。

表 9-23　高产高效与农户水平玉米产量及其构成因素对比

年份	处理		穗数/(万穗/hm²)	穗粒数	百粒重/g	产量/(kg/hm²)
2017	春玉米	农户水平	6.0	620.7	27.42	9 188.4
		高产高效	7.5	592.0	27.56	9 926.2
	夏玉米	农户水平	6.0	564.7	27.76	8 459.6
		高产高效	7.5	600.0	27.55	10 019.9
2018	春玉米	农户水平	6.0	653.0	22.84	8 001.0
		高产高效	7.5	618.0	27.74	10 449.9
	夏玉米	农户水平	6.0	521.3	33.26	9 542.6
		高产高效	7.5	500.0	32.95	10 265.0
2019	春玉米	农户水平	6.0	699.3	27.44	10 386.4
		高产高效	7.5	638.0	28.57	11 955.6
	夏玉米	农户水平	6.0	570.7	32.09	8 522.6
		高产高效	7.5	656.2	34.48	10 197.0

表 9-24　高产高效与农户水平玉米氮肥利用效率对比

年份	处理		氮肥偏生产力/(kg/kg)	氮肥回收利用效率/(kg/kg)	氮肥农学利用率/(kg/kg)
2017	春玉米	农户水平	34.67	0.20	7.74
		高产高效	30.78	0.36	8.65
	夏玉米	农户水平	23.24	0.15	3.72
		高产高效	22.19	0.23	6.45
2018	春玉米	农户水平	30.19	0.18	5.05
		高产高效	32.40	0.25	11.74
	夏玉米	农户水平	26.22	0.17	11.11
		高产高效	22.74	0.27	10.56
2019	春玉米	农户水平	37.07	0.47	7.33
		高产高效	39.19	0.53	10.88
	夏玉米	农户水平	31.62	0.34	1.33
		高产高效	32.16	0.57	6.28

（二）湖南玉米高产高效栽培技术途径与案例分析

1. 技术途径

（1）品种、播期

通过 2017～2019 年的田间试验示范，在保证产量的前提下，筛选出具有熟期适中、耐密、抗倒伏、耐高温、籽粒脱水快等特点的品种。适宜种植的春玉米品种有'湘康玉 7 号''登海 618''MC1418''SK567'等。适宜种植的夏玉米品种有'豫单 9953''迪卡 517''郑单958''登海 605'等。

玉米播种时间为 5～10cm 表土层的地温稳定在 10℃以上，田间持水量在 60%～70%。湖南春玉米一般在3月上中旬至4月初播种，尽量提早播种。夏玉米则是在油菜收获后及时播种，大致在5月中旬，应避免在6月初播种，以避开抽雄吐丝期的高温。

（2）密度、肥料、水分和机械化等栽培种植技术

缩行增密栽培。采用宽窄行种植有利于改善田间通风透光条件、培育健壮植株，提高抗逆能力，是一项行之有效的增产增收措施。宽窄行种植模式：宽行80cm，窄行40cm，株距随密度而定，耐密品种一般留苗5000～5500株/亩，一般品种留苗3500～4000株/亩。人工播种增密500～800株/亩，机播增密1000～1200株/亩。

化调防倒。采用化控技术可有效降低玉米株高和穗位高，缩短节间长度，使玉米茎秆坚韧、根系发达，提高抗倒伏能力，还可以改善田间通风透光条件，促进营养物质向穗部转运，减少空秆和秃尖，提高产量。在正常施肥的前提下，于玉米7～8叶期喷施植物生长调节剂（30%胺鲜·乙烯利），亩用25mL，均匀喷洒在玉米植株上部叶片，只喷1次。

一次性施用长效缓控释肥。施用缓控释氮肥是合理施用氮肥的重要技术，可以增加玉米产量、减少施肥次数和提高氮肥利用效率，是实现玉米高产优质栽培的关键措施。为减少人工施肥成本，推广绿色环保型和资源节约型的玉米专用型缓控释肥（26-12-13），采用种肥同播，一次施足底肥（50～65kg/亩，视土壤肥力调节数量），玉米生育期内不再追肥的施肥模式，可满足整个生育期的养分供应，确保肥效长、不脱肥，既省工省时、高产稳产，又绿色环保。

调节播期，避开抽雄吐丝期高温。高温是湖南省玉米产量潜力的重要限制因子。针对湖南省夏玉米区易发生高温热害的特点，应加强耐高温玉米品种的选育和推广，可采取提前播种或推迟播种等措施，应尽量避免在6月初播种，使吐丝散粉期避开7月中旬至8月这段最容易发生高温热害的时间。开花授粉期遇高温天气时，应进行人工辅助授粉，提高结实率，有条件的地方可以进行补灌，能够减轻高温热害。

玉米机械化生产技术。采用玉米精量联合播种机、无人植保飞机和玉米联合收割机（迪尔3080-A）等最新生产机械装备，实现玉米生产全程机械化。玉米精量联合播种机可以同步灭前茬、旋耕、起垄、清沟、施肥、播种。采用无人机仅需施一次药，无人机成本为8元/亩，一天可作业80余亩。玉米联合收割机仅需一人就可操作，每天可作业80余亩。

（3）生物与非生物逆境对策

采用种衣剂拌种能防治苗期病虫害，减少用药次数和药量。在播后苗前土壤较湿润时采用乙草胺乳油（或异丙甲草胺）进行土壤喷雾以封闭除草。干旱年份，土壤处理效果差，可用烟嘧磺隆+莠去津兑水在玉米3～5叶期、杂草2～4叶期进行茎叶喷雾。7～8叶期喷施植物生长调节剂，防止生长过旺发生倒伏。采用玉米病虫防控前移综合技术，在玉米喇叭口期喷施1次"福戈"（杀菌剂）和嘧菌酯防治斑病、纹枯病及穗腐病等病害。穗期是多种病虫害盛发期，宜在玉米大喇叭口期喷施康宽（20%氯虫苯甲酰胺）、50%辛硫磷乳油、2.5%溴氰菊酯和10%吡虫啉，减少后期虫口基数。采用这种方法提前预防病虫害，可达到省工、省药、提质的效果。

2. 案例分析

玉米是湖南省安乡县主要粮食作物，是洞庭湖棉区改制的重要替代作物，具有抗逆性强、产量高、种植效益好等优点。2017～2019年，湖南省作物研究所专家通过试验研究总结出一套玉米高产高效简化栽培技术，实现了提高产量、节省劳动力、绿色增效目标。在2018年湖南省安乡县玉米全程机械化生产示范中，收获的玉米含水量为25.4%，籽粒破损率低于

5%，达到了玉米机收标准。经数位专家在示范田取样测产，全程机械化生产的玉米产量达700.8kg/亩，有力推进了湖南玉米全程机械化技术的推广与示范。其技术模式如图9-22所示。

机械播种　　　　　　　　　　无人机喷药　　　　　　　　　籽粒直收

图9-22　2018年湖南省安乡县玉米全程机械化生产示范

（1）试验地点状况

试验于2018年在常德市安乡县安全乡至中村（29.57°N、112.20°E）进行，海拔约30m，位于湘北洞庭湖平原区，属亚热带季风区，土壤类型为紫潮土，前茬为油菜，地势平缓，肥力中等偏上，地力均匀。播种前在试验田随机选取5个点，取0～20cm土样，送至湖南省土壤肥料研究所检测土壤养分含量。试验田土壤理化性质：土壤pH 8.26，有机质含量16.5g/kg，全氮含量1.32g/kg，全磷含量1.97g/kg，全钾含量19.1g/kg，碱解氮含量94mg/kg，有效磷含量14.7mg/kg，速效钾含量150mg/kg。

（2）技术途径设计

1）选用高产耐密宜机收品种。适合机播机收的玉米品种应具有以下特征：矮秆、抗病、抗倒、高产，如'郑单958''登海605''登海618''湘康玉7号'等。播种量为1.5～2kg/亩。

2）机械播种，适时早播。采用玉米-油菜多功能4行播种机播种，综合"灭前茬、翻耕、起垄、清沟、施肥、播种"等6道工序一次性机械化完成。

3）合理密植，缓控释肥增效。采用宽窄行种植，机播密度为6000株/亩。在播种的同时，随机械一次性施入玉米专用肥50kg/亩，生育期内不再追肥。

4）病虫草害综合防治。一是化学除草。在播后苗前土壤较湿润时用乙草胺乳油（或异丙甲草胺）进行土壤喷雾以封闭除草；在玉米4～5叶期，选用玉米专用苗后除草剂除草1次；生育期化学除草1次即可。二是防治病虫。在小喇叭口期和大喇叭口期，各施1次专用混配药剂，可综合防治病虫害。

5）机械收获，适时晚收。采用玉米专用收割机收割，集脱粒、转运、烘干、秸秆还田于一体，既提高收获速度，又达到秸秆还田、培肥地力的目的。一般在授粉后55d左右，籽粒乳线消失、黑层出现时收获最佳。在不影响下茬作物适期播种的前提下，应尽量推迟收获，以延长玉米灌浆时间，提高玉米产量和品质。

（3）高产高效群体特征

根据对2017～2019年湖南省3个生态区高产高效栽培水平群体结构特征的分析，提出了高产高效栽培技术途径，实现了高产高效同步，湖南玉米实现亩产600kg以上的群体结构特征主要包括：有效穗数4000～5000穗/亩，平均穗粒数在510以上，千粒重不低于300g（表9-25）。

表9-25 2017～2019年湖南省3个生态区高产高效田情况

基本情况		2017年			2018年			2019年		
		长沙 登海605	安乡 登海605	宜章 登海605	长沙 登海618	安乡 登海618	宜章 登海618	长沙 湘康玉7号	安乡 登海605	宜章 登海605
基础肥力	有机质含量/(g/kg)	21.0	15.5	27.3	23.1	15.6	34.3	19.0	18.6	21.2
	碱解氮含量/(mg/kg)	95.5	88.5	155.5	98.5	90.0	188.0	112.0	78.9	91.2
	速效磷含量/(mg/kg)	91.5	12.7	21.8	67.2	11.9	42.3	95.1	13.8	10.6
	速效钾含量/(mg/kg)	235.0	164.5	179.5	208.7	150.0	348.0	264.0	94.0	72.6
	pH	7.85	8.22	6.39	8.11	8.37	6.56	7.88	8.28	5.36
生育进程	播种	3月27日	5月20日	7月20日	3月16日	5月17日	7月17日	3月15日	5月23日	7月18日
	出苗	4月6日	5月24日	7月26日	3月28日	5月20日	7月21日	3月29日	5月27日	7月23日
	抽雄	6月6日	7月17日	9月4日	5月20日	7月6日	9月1日	6月8日	7月14日	9月2日
	吐丝	6月7日	7月20日	9月6日	5月22日	7月8日	9月3日	6月10日	7月16日	9月4日
	成熟	7月27日	9月9日	11月1日	7月21日	8月29日	10月27日	7月31日	9月7日	10月21日
产量构成	株高/cm	275	213	227	245	216	222	265	252	225
	穗位高/cm	112	90	87	93	72	70	95	92	78
	实收穗数/(穗/亩)	5036	4722	4711	5037	4630	5148	4100	4815	5037
	穗粒数	442	551	493	530	518	446	513	578	448
	千粒重/g	273	300	288	381	284	270	317	247	354
	实产/(kg/亩)	508.70	633.90	556.90	778.72	536.18	501.51	745.84	529.72	483.77
养分利用效率	氮素利用效率/(kg/kg)	23.12	28.81	25.31	57.05	41.24	23.54	40.98	29.10	26.58
	水分利用效率/[kg/(hm²·mm)]	8.05	13.07	37.80	18.62	11.69	20.10	13.34	13.73	64.44
	热量利用效率/[g/(株·℃·d)]	0.12	0.12	0.12	0.16	0.12	0.09	0.20	0.13	0.10
经济效益	纯收入/(元/亩)	122.11	267.47	98.87	574.14	88.40	16.75	599.00	123.69	40.98
物质积累与转运	吐丝期干重/(g/株)	79.72	74.67	74.62	87.98	74.96	73.63	124.18	56.50	53.99
	成熟期干重/(g/株)	248.59	259.73	261.67	294.68	231.71	150.59	372.50	259.95	179.58
叶面积指数	吐丝期	5.24	4.89	4.25	4.63	3.45	3.16	5.19	3.98	2.82
	成熟期	3.01	2.92	2.70	2.47	1.13	0.19	3.14	1.10	0.52

（三）南方套作玉米高产高效栽培技术途径与案例分析

1. 技术途径

（1）一次性施肥增效

缓控释肥一次性底施是指应用长效缓控释肥料，采用机械化耕作，在播种的同时，将肥料施入不同土层，既能够满足作物生育期持续的养分需求，又与农民对简化栽培技术的要求相吻合。缓控释肥的施用相对于常规施肥可以减少施肥次数，有效降低劳作成本，提高劳动生产率，增加农户收益（图9-23）。

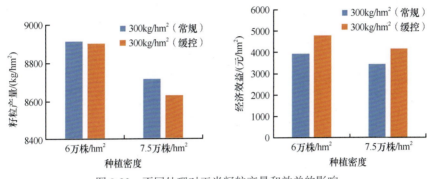

图 9-23　不同处理对玉米籽粒产量和效益的影响

（2）机播机收节本

农业机械作为一种先进的农业生产工具，在农业生产过程中能够发挥极为显著的作用。套作种植发展中，为了提高劳动生产率、增产增效，机械化也是必然的趋势。应用农机技术能够有效降低农业劳作成本，提高劳动生产率，为农业增产奠定坚实基础，有效提升农民收入，为农村经济结构的调整做出贡献（图9-24）。

图 9-24　玉米播种机、收获机在玉米-大豆带状复合种植田间播种、收获玉米

（3）合理配置提效

采用适当的田间配置对作物高效利用资源、增加产量具有重要意义。土地当量比（LER）是衡量套作相较于净作增产程度的指标，反映了对土地的利用效率，在玉米-大豆带状套作中，不同的田间配置方式影响系统的 LER，套作处理群体相对于净作都有较高的土地资源利用优势（LER＞1），但过大的带宽会降低 LER，带宽 2m 时 LER 最大，较净作的土地利用效率提高 63%（图 9-25）。

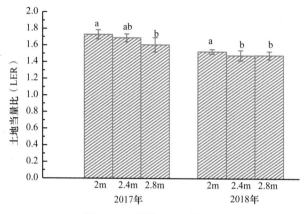

图 9-25　不同田间配置土地当量比

合理的田间配置模式下作物群体可利用不同层次的光资源，改善群体与个体的关系，提高群体的光能利用效率和产量。在玉米-大豆套作中，玉米的光能利用效率随带宽增加逐渐减小，大豆的光能利用效率随带宽增加有一定程度的升高。玉米、大豆群体对光能的利用效率同玉米的变化趋势一致，从带宽 2～2.8m 逐渐下降。适当地缩小带宽，提高玉米的光能利用效率，有利于玉米-大豆带状套作群体光能利用效率的提高（表 9-26）。

表 9-26　不同玉米-大豆田间配置方式的光能利用效率

处理	2017 年光能利用效率/%			2018 年光能利用效率/%		
	玉米	大豆	群体	玉米	大豆	群体
2m	1.52a	0.82b	2.34a	1.59b	0.38b	1.96a
2.4m	1.22bc	0.86b	2.08b	1.46bc	0.45b	1.91a
2.8m	0.97c	0.91b	1.88c	1.33c	0.42b	1.75b
净作玉米	1.44ab		1.44d	1.88a		1.88a
净作大豆		1.36a	1.36d		0.80a	0.80c

注：同列不含有相同小写字母的表示差异显著（$P<0.05$），下同

合理的田间配置不仅有利于群体截获光能，还可抑制土壤水分蒸发，从而减少水分无效消耗，产量和光温水利用效率同步增加。带宽适当缩小有利于保持田间水分和温度，2m 带宽处理是对温度和水分资源高效利用的田间配置方式（表 9-27）。

表 9-27　不同玉米-大豆田间配置方式的温度利用效率（TUE）和水分利用效率（WUE）

处理	2017 年		2018 年	
	TUE/[kg/(hm²·℃)]	WUE/[kg/(hm²·mm)]	TUE/[kg/(hm²·℃)]	WUE/[kg/(hm²·mm)]
2m	8.44a	47.08a	6.86a	17.02a
2.4m	7.44b	41.49b	6.69a	16.60a
2.8m	6.70c	37.36c	6.09b	15.10b
净作玉米	5.26d	29.36d	6.70a	16.62a
净作大豆	4.84d	26.97d	2.69c	6.67c

2. 案例分析

（1）试验地点状况

试验于 2017～2019 年在仁寿县现代农业示范基地（川南套作玉米主产区）（104°15′E、30°N），乐至县宝林镇玉米高产示范基地（川中套作玉米主产区）（30°16′53″N、105°01′24″E），平昌县驷马镇玉米高产示范基地（川东北套作玉米主产区）（31°16′N、107°21′E）进行。各示范区三年的土壤基础肥力如表 9-28 所示。

表 9-28　各试验点高产高效水平土壤基础肥力

年份	地区	土壤有机质含量/%	pH	全氮含量/%	全磷含量/%	全钾含量/(g/kg)	碱解氮含量/(mg/kg)	速效磷含量/(mg/L)	速效钾含量/(ppm)
	仁寿	1.41	7.47	1.04	0.16	11.05	57.00	9.50	55.31
2017	乐至	1.28	8.14	0.13	0.12	53.85	30.50	13.47	45.43
	平昌	1.18	7.64	0.16	0.17	50.23	31.11	8.56	45.43
	仁寿	1.53	7.80	0.11	0.10	12.99	96.12	30.12	221.50
2018	乐至	1.60	6.18	0.12	0.05	9.72	63.06	21.50	206.75
	平昌	0.92	6.79	0.10	0.04	9.43	40.63	11.22	80.64
	仁寿	1.46	7.65	0.13	0.11	13.45	85.11	31.02	218.65
2019	乐至	1.53	7.84	0.08	0.06	9.68	62.36	23.62	200.32
	平昌	1.41	7.48	0.09	0.05	10.26	46.32	26.54	90.11

（2）技术途径设计

各地选择当地高产品种，玉米密度 4500 株/亩，带宽 2m（窄行 40cm，宽行 160cm），每带种植 2 行玉米、2 行大豆，玉米穴距 14.8cm，穴植单株，采用机械化播种，地膜覆盖；窄行中间开沟深施底肥，用土杂肥、油枯、缓释肥等保证纯氮用量 6kg/亩、氧化钾 10kg/亩、五氧化二磷 7kg/亩，苗期氮肥用量为纯氮 4kg/亩及锌肥 2kg/亩，大喇叭口期攻苞肥为纯氮 8kg/亩，追肥均兑清粪水施用。雨养为主，关键生育时期缺水时，采用人工补灌。9～10 叶展时喷施矮丰控高防倒。

（3）高产高效群体特征

3 个生态区高产高效水平产量分别达到 8774.3～9494.3kg/hm²、7640.7～10276.1kg/hm²、7540.4～9547.7kg/hm²，较当地农户水平分别提高了 7.70%～26.14%、1.84%～24.98%、18.68%～29.86%。高产高效栽培条件下，玉米各时期叶面积指数较当地农户水平都有所提高，拔节期为 0.36～1.03，吐丝期为 3.11～5.59，灌浆期为 2.15～5.18，成熟期为 1.12～3.53，能够更好地进行光合作用，利于干物质的积累。高产高效栽培条件下，玉米生育期与农户水平差别不大，灌浆期会延长 1～2d；玉米花后干物质会较多地分配到籽粒，为玉米产量的提高提供基础。与农户水平相比，高产高效水平温度利用效率、水分利用效率有所提高。高产高效栽培条件下，不仅提升了玉米产量，经济效益也提高了，种植收益在 354～804 元/亩。因此，在现有套作农户栽培的基础上通过机械化作业，同时加强养分管理，可提高叶面积指数，塑造合理的群体结构，以达到缩减套作农户水平和高产高效水平之间产量差距的目的，同时提升农民种植收益，实现套作种植高产高效（表 9-29）。

表 9-29　高产高效与农户水平玉米产量及其构成对比

年份	地区	处理	有效穗数/(万穗/hm²)	穗粒数	千粒重/g	产量/(kg/hm²)	收获指数
2017	仁寿	农户水平	4.85	507.0	308.8	7834.2	0.59
		高产高效	6.25	503.0	302.7	9494.3	0.59
	乐至	农户水平	5.00	630.0	295.7	9305.6	0.57
		高产高效	6.38	585.0	275.4	10276.1	0.54
	平昌	农户水平	5.00	454.0	281.0	7335.0	0.59
		高产高效	6.64	486.0	295.2	9525.3	0.59
2018	仁寿	农户水平	5.17	626.4	251.6	8146.9	0.56
		高产高效	5.25	635.4	262.9	8774.3	0.51
	乐至	农户水平	4.85	599.1	258.0	7502.3	0.55
		高产高效	5.16	581.7	254.7	7640.7	0.54
	平昌	农户水平	4.81	476.5	277.3	6353.5	0.50
		高产高效	4.88	495.0	312.3	7540.4	0.55
2019	仁寿	农户水平	6.90	550.8	281.8	7144.1	0.60
		高产高效	6.44	520.8	268.9	9011.9	0.55
	乐至	农户水平	6.79	536.7	298.6	7253.9	0.58
		高产高效	6.20	511.7	285.8	9065.7	0.58
	平昌	农户水平	6.73	558.2	295.0	7385.3	0.51
		高产高效	6.23	528.5	290.0	9547.7	0.54

（四）南方山地玉米高产高效栽培技术途径与案例分析

1. 技术途径

（1）品种、播期

品种选择：选择生育期适中、丰产性好、抗逆强的优良玉米品种。

播期选择：根据区域气候特点，适期播期。有灌溉条件的地块，可以在 3 月下旬至 4 月上旬播种，并采用地膜覆盖方式；无灌溉条件的地块，建议在 4 月中旬至 5 月上旬播种。

（2）密度、肥料、水分和机械化等栽培种植技术

A. 增密减氮

根据 2016～2017 年农户调研结果，四川山地玉米区普遍存在氮肥投入量偏高的问题，其

中有 32.08% 的农户施氮量超过了 450kg/hm²，造成肥料严重浪费。适当增密减氮，可以在提高玉米产量的同时，增加氮肥利用效率，有利于实现高产高效目标（图 9-26）。

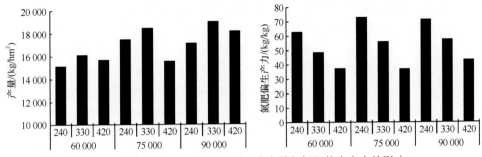

图 9-26　不同密度和氮肥处理对玉米产量与氮肥偏生产力的影响

60 000、75 000、90 000 表示种植密度（株/hm²）；240、330、420 表示施氮量（kg/hm²）

B. 简化高效施肥

近年来，农村劳动力逐渐减少，农民对轻简化栽培技术的需求日益增加。缓控肥一次性施用不仅能够满足玉米整个生育期对养分的需求，而且可以减少施肥次数，节约劳动力投入，同时提高氮肥利用效率，增加种植效益（表 9-30）。

表 9-30　缓控肥对玉米产量、氮肥偏生产力及经济效益的影响

密度/(株/hm²)	施氮量/(kg/hm²)	产量/(kg/hm²)	氮肥偏生产力/(kg/kg)	经济效益/(元/hm²)
60 000	300（普通）	8 725.95	29.09	2 094
	300（缓控）	9 632.83	32.61	3 376
75 000	300（普通）	9 784.21	32.11	3 661
	300（缓控）	10 667.38	35.56	4 901

C. 推广应用中小型农机具

在播种、施肥、打药、收获等关键环节，根据地势条件，推广应用人工播种器、化肥深施器、玉米播种机、中耕施肥机、无人植保机、玉米收获机等中小型农机具，可以节省劳动力，提高生产效率，增加种植效益。

（3）生物与非生物逆境对策

针对南方山区玉米生育期内干旱、低温、大风倒伏等自然灾害和大斑病、小斑病、灰斑病、锈病、地下害虫、玉米螟、蚜虫等病虫害，应做到一旦发现，及时进行有效防治。具体应对措施如下。

干旱：①选择耐旱的品种；②采取育苗移栽、地膜覆盖种植方式来抵御苗期干旱；③中后期干旱发生后，及时进行补灌。

低温：①选择耐低温的品种；②采取育苗移栽、地膜覆盖种植方式来抵御苗期低温。

大风倒伏：①选择抗倒性强的品种；②在玉米抽雄初期，用健壮素进行叶面喷施，降低玉米植株高度，防止玉米倒伏，增强玉米抗倒能力。

玉米大斑病、小斑病：①品种选择：种植抗大斑病、小斑病的品种；②药剂防治：病害发生初期，及时清除病株，避免病害扩散，用 50% 多菌灵可湿性粉剂或 50% 退菌特可湿性粉剂或 70% 甲基托布津可湿性粉剂等杀菌剂，于玉米抽雄期喷 1~2 次，每隔 10~15d 喷 1 次。

玉米灰斑病：①品种选择：种植抗灰斑病的品种；②农业防治：调整种植行距，降低田间相对湿度，改善田间小气候，控制病害发生；③药剂防治：病害发生初期，喷施 50% 多菌灵可湿性粉剂或 25% 三唑酮可湿性粉剂等杀菌剂进行防治。

玉米锈病：①品种选择：种植抗锈病的品种；②药剂防治：病害发生初期，及时清除病株，避免病害扩散，并喷施 25% 三唑酮可湿性粉剂进行防治。

地下害虫：①土壤处理：整地前，采用 50% 辛硫磷乳油喷洒地表，或 5% 辛硫磷颗粒剂拌土撒施地表；②种子处理：用丁硫克百威、辛硫磷和吡虫啉等常用杀虫剂进行拌种；③毒饵诱杀：用 50% 辛硫磷乳油加适量水，拌油渣、米糠、麸皮等饵料制成毒饵，对蝼蛄、地老虎等幼虫有良好诱杀效果。

玉米螟：①灭越冬幼虫：在玉米螟越冬后幼虫化蛹前，及时处理秸秆；②物理防治：利用杀虫灯、高压汞灯诱杀玉米螟；③药剂防治：撒施辛硫磷颗粒剂到玉米心叶内，或喷施高效氯氟氰菊酯等杀虫剂进行防治。

蚜虫：①品种选择：种植抗蚜虫的品种；②种子处理：用 70% 噻虫嗪种衣剂或 10% 吡虫啉可湿性粉剂进行拌种；③病害发生初期，及时喷施吡虫啉或高效氯氟氰菊酯等杀虫剂进行防治。

2. 案例分析

（1）试验地点状况

2018～2019 年选择四川丹巴县聂呷乡聂呷村（107°59′N、31°32′E）、宣汉县峰城镇野鸭村（101°52′N、30°57′E）、盐源县干海乡良种场（107°59′N、31°32′E）3 个试验点开展高产高效技术验证。各试验点土壤肥力状况见表 9-31。

表 9-31　各试验点播前土壤肥力状况

指标	2018 年			2019 年		
	丹巴点	宣汉点	盐源点	丹巴点	宣汉点	盐源点
有机质含量/%	4.36	1.56	2.95	4.94	2.25	3.15
碱解氮含量/(mg/kg)	175.5	100.4	103.3	231.6	104.6	186.9
速效磷含量/(mg/kg)	189.8	94.1	45.5	44.7	82.9	19.5
速效钾含量/(mg/kg)	278.1	111.4	267.5	264.0	135.0	197.0
pH	6.78	4.68	8.00	6.86	4.86	7.41

（2）技术途径设计

A. 选用耐密高产抗逆品种

丹巴点选用'凉单 10'，宣汉点选用'登海 605'，盐源点选用'先玉 696'。

B. 缩行增密

采用宽窄行种植方式，宽行 80～90cm，窄行 40cm，种植密度 4500～5000 株/亩。

C. 覆膜直播

播种前，在玉米行间开沟施肥，施足底肥和底水后，采用 70～80cm 规格地膜，规范盖膜。然后采用玉米定距打窝器或手持播种器定距打窝直播，播种后立刻覆土。

D. 合理施肥

采用一底二追施肥方式，底肥施入腐熟农家肥 1000kg/亩或商品有机肥 100～200kg/亩，种肥施入纯氮 5～7.5kg/亩、磷肥 5～7.5kg/亩、钾肥 5～7.5kg/亩，拔节肥施入纯氮 5kg/亩、磷肥 5kg/亩、钾肥 5kg/亩，穗肥施入纯氮 10～12.5kg/亩。

E. 病虫害有效防治

在玉米苗期、拔节期、孕穗期等关键生育时期，采用 50% 多菌灵可湿性粉剂、25% 三唑酮可湿性粉剂等杀菌剂，有效防治玉米大斑病、小斑病、灰斑病、玉米锈病等病害；采用 50% 辛硫磷、4.5% 高效氯氟氰菊酯、10% 吡虫啉等杀虫剂，有效防治地老虎、玉米螟和草地贪夜蛾、蚜虫等害虫。

（3）高产高效群体特征

A. 产量及构成

从产量和产量构成（表 9-32）来看，各试验点高效高产模式的产量为 10 612～17 905kg/hm²，除 2019 年宣汉点外，其余年份和试验点均达到 12 000kg/hm² 以上。丹巴点、盐源点、宣汉点的平均产量分别为 15 950.5kg/hm²、11 581.5kg/hm²、11 587.0kg/hm²，与农户模式相比，产量平均提高了 13.89%～44.48%。通过分析产量构成因素可知，高产高效模式的有效穗数为 72 870～80 179 穗/hm²，穗粒数为 529～707，千粒重为 232～387g。与农户模式相比，有效穗数提高了 17.73%～36.02%，穗粒数和千粒重差异较小。

表 9-32　2018 年和 2019 年各试验点产量及其构成

年份	试验点	模式	有效穗数/(穗/hm²)	穗粒数	千粒重/g	产量/(kg/hm²)
2018	丹巴点	高产高效	72 870	654	348	13 996
		农户	63 032	696	368	12 929
	宣汉点	高产高效	77 039	550	325	12 562
		农户	52 860	539	322	8 653
	盐源点	高产高效	80 179	675	371	16 401
		农户	63 087	664	287	11 957
2019	丹巴点	高产高效	77 875	707	306	17 905
		农户	65 009	645	291	15 082
	宣汉点	高产高效	74 370	529	232	10 612
		农户	58 451	494	221	7 387
	盐源点	高产高效	78 234	671	387	15 229
		农户	65 633	721	391	12 583

B. 资源利用效率

从资源利用效率（表 9-33）来看，各试验点高效高产模式的热量利用效率在 7.90～32.69kg/(hm²·℃)，水分利用效率在 14.96～31.63kg/(hm²·mm)，氮素利用效率在 33.50～59.68kg/kg，与农户模式相比，热量利用效率平均提高了 16.62%～63.18%，水分利用效率平均提高了 13.58%～50.06%，氮素利用效率平均提高了 3.89%～28.83%，实现了资源高效利用。

表 9-33 2018 年和 2019 年各试验点资源利用效率

年份	试验点	模式	热量利用效率/[kg/(hm²·℃·d)]	水分利用效率/[kg/(hm²·mm)]	氮素利用效率/(kg/kg)
2018	丹巴点	高产高效	19.52	22.64	37.32
		农户	17.72	20.65	43.10
	宣汉点	高产高效	10.05	20.71	33.50
		农户	6.15	13.82	28.84
	盐源点	高产高效	32.69	19.50	43.73
		农户	26.59	13.19	39.86
2019	丹巴点	高产高效	18.38	31.63	59.68
		农户	14.78	27.13	50.27
	宣汉点	高产高效	7.90	14.96	35.37
		农户	4.85	9.95	24.62
	盐源点	高产高效	19.77	22.80	50.76
		农户	17.21	19.55	41.49

C. 效益分析

从效益分析（表 9-34）来看，各试验点高效高产模式种植收益为 174～880 元/亩。盐源点、宣汉点的平均种植效益为 318 元/亩、186 元/亩，与农户模式相比，种植效益分别增加了 136.5 元/亩、130 元/亩。丹巴点 2018 年受干旱影响产量下降，导致平均效益比农户模式减少，2019 年平均种植效益 880 元/亩，与农户模式相比，种植效益增加了 199 元/亩。

表 9-34 2018 年和 2019 年各试验点效益分析 （单位：元/亩）

年份	试验点	模式	总投入	总收入	种植效益
2018	丹巴点	高产高效	1554	1866	312
		农户	1131	1724	593
	宣汉点	高产高效	1309	1507	198
		农户	898	1038	140
	盐源点	高产高效	1709	1968	259
		农户	1221	1435	214
2019	丹巴点	高产高效	1746	2626	880
		农户	1531	2212	681
	宣汉点	高产高效	1099	1273	174
		农户	914	886	−28
	盐源点	高产高效	1451	1828	377
		农户	1361	1510	149

D. 生育进程

从生育进程来看，高产高效模式的生育期为 131～181d，丹巴点、盐源点、宣汉点的平均生育期分别为 177.5d、154.0d、132.0d；与农户模式相比，高产高效模式延长吐丝至成熟期天数，增加了籽粒灌浆时间，进而促进了产量提高。

E. 干物质积累

从干物质积累量来看，高产高效模式的干物质积累量为 16 598～40 466kg/hm²，丹巴点、盐源点、宣汉点的平均干物质积累量分别为 36 502kg/hm²、33 207kg/hm²、19 165kg/hm²，与农户模式相比，高产高效模式的干物质积累量分别增加了 18.66%、22.32%、49.02%。

F. 叶面积指数和光合

从玉米叶面积指数的动态变化来看，高产高效模式在生育期的 LAI 均高于农户模式，在吐丝期达到最大值，丹巴点、宣汉点在吐丝期的平均 LAI 分别为 6.37、4.92，与农户模式相比，高产高效模式的最大 LAI 分别增加了 19.74%、84.43%。从叶片 SPAD 值来看，高产高效模式叶片的叶绿素相对含量高于农户模式。由此说明，高产高效模式通过提高叶面积指数，同时增强叶片光合能力，为提高籽粒产量提供了物质基础。

参 考 文 献

江苏省质量技术监督局. 2016. 麦秸全量还田玉米免耕机直播栽培技术规程: DB32/T 2936—2016. 北京: 中国标准出版社.

李潮海, 李鸿萍, 王群, 等. 2020. 通过不同玉米品种间混作提高果穗结实率的方法: 201811228580.4. 2020-09-04.

李从锋, 赵明, 周培禄. 2015. 一种抗低温抗干旱种子的处理方法: 201510937917.9. 2015-10-09.

辽宁省市场监督管理局. 玉米秸秆间隔条带还田机械化栽培技术规程: DB21/T 3209—2019. 北京: 中国标准出版社.

刘鹏, 韩学海, 王洪章, 等. 2022. 一种缓解夏玉米多时段高温热害胁迫的化控方法: 202110129637.0. 2022-09-09.

齐华, 李从锋, 赵明, 等. 2018. 玉米耕免交错秸秆带状还田栽培方法: ZL201810746423.6. 2018-07-09.

山东省市场监督管理局. 2022. 夏玉米高温热害防控稳产技术规程: DB37/T 4526—2022. 北京: 中国标准出版社.

四川省质量技术监督局. 2018. 丘陵地区玉米规模化生产技术规程: DB51/T 2474—2018. 北京: 中国标准出版社.

赵文青, 王友华, 周治国, 等. 2019. 一种玉米抗倒增产调节剂及其应用: CN109105386A. 2019-01-01.

Shao J, Zhao W, Zhou Z, et al. 2021. A new feasible method for yield gap analysis in smallholder farmers dominant regions, with a case study of Jiangsu Province, China. Journal of Integrative Agriculture, 20(2): 460-469.

第十章 作物产量与效率层次差异消减技术途径综合评价

第一节 玉米缩差技术综合评价

中国人口众多，但人均自然资源占有量却很少。在主要的农业生产区小农经营占主导地位，而且目前作物生产严重依赖于高物质投入（Cui et al.，2018）。氮肥的过量施用导致了明显的土壤酸化（Guo et al.，2010）、水体污染（Diaz and Rosenberg，2008）、大量的活性氮损失（Chen et al.，2014b；Cui et al.，2018）及温室气体排放量（GHG）（Davidson，2009；Burney et al.，2010；Zhang et al.，2016）。由于氮肥的过量施用，每年的氮素沉积量从 19 世纪 80 年代（13.2kg N/hm²）到 20 世纪初（21.1kg N/hm²）大约增加了 8kg N/hm²，在中国目前的玉米生产系统内，土壤中的平均氮盈余为 72kg N/hm²（Liu et al.，2013c；Chen et al.，2014b）。近年来，为了减少肥料的使用并提高其利用效率，中国政府对综合技术的研究及评价进行了大量投资。如何利用氮盈余和氮沉降来减少环境压力同时维持作物的稳定生产变得越来越重要。

中国及世界上其他许多国家的玉米产量的提高主要是由于基因型的改良、投入的增加以及更好的田间管理措施，尤其是耐密紧凑型栽培品种的应用（Tollenaar and Lee，2002；Duvick，2005；Meng et al.，2013；Li et al.，2015b；Assefa et al.，2016，2018；Liu et al.，2019）。较高的种植密度提高了冠层光的截获量及光合作用，进而显著地增加了地上部总生物量和籽粒产量（Russell，1991；Li and Wang，2010；Liu et al.，2017；Xu et al.，2017）。在美国，使用紧凑型玉米品种，玉米种植密度通常为 8.2 万～9.2 万株/hm²（Grassini et al.，2011；Meng et al.，2013）。但是，在中国情况更加多变，因为在中国玉米主要分布在 4 个主要的产区，包括北方春玉米区（NM）、西北春玉米区（NW）、黄淮海夏玉米区（HM）和西南玉米区（SW）。这 4 个区域之间，气候条件存在很大差异（Li and Wang，2010；Liu et al.，2013a，2013b，2015；Hou et al.，2014）。因此，全国范围内玉米品种和种植密度存在很明显的差异（Liu et al.，2015；Toshichika and Navin，2015）。传统上，西南地区由于采用平展型品种，玉米种植密度最低，而西北地区由于采用紧凑型品种和具较强的太阳辐射，种植密度则最高（Li and Wang，2010；Li et al.，2016；Ming et al.，2017）。玉米品种和密度与当地气候条件相匹配可以显著提高玉米产量（Li and Wang，2010；Chen et al.，2011；Liu et al.，2017；Xu et al.，2017）。然而，关于增密技术在我国不同区域的增产、缩差程度以及环境排放方面的综合评价很少。

我们的研究通过从近 9 年全国范围内 42 个站点的田间玉米增密试验：①评价我国不同区域在不额外增加氮肥投入的情况下增密技术的增产、缩差效果及栽培机理；②综合评价其对我国的环境影响，为进一步促进该技术在我国不同区域增产、缩差提供理论依据。

一、增密技术的研究

（一）增密技术的增产、缩差效果及原理——全国尺度

在低密度、高密度条件下，玉米平均产量分别为 10.72t/hm²、11.3t/hm²（图 10-1）。密度增加 1.5 万株/hm² 之后，对所有试验点及年份进行平均，玉米籽粒产量平均增加了 0.588t/hm²，平均增产 5.59%。单产增加的站点及年份数据样本量占总数据样本量的 67%，单产下降的数据

样本量占 33%。换句话说，在大部分站点及年份，种植密度增加 1.5 万株/hm² 使玉米产量得到了提高。产量构成分析结果表明，提高密度后产量的增加主要是由于每公顷穗数的增加，尽管相对于低密度，穗粒数、千粒重分别降低了 7.63%、3.7%（图 10-2）。密度增加 1.5 万株/hm² 后，花前生物量干重、花后生物量干重、成熟期总生物量干重分别增加了 17.8%、13.9%、15.6%（图 10-3）。然而，收获指数（HI）没有显著差异。这表明从低密度到高密度的产量增加的原因主要是干物质的增加。

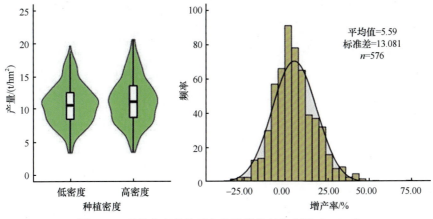

图 10-1　两种密度条件下产量及增产率分布图（n=576）

左图中箱式图的中间横线代表中值，细黑线表示分布的其余部分，但使用四分位间距函数的方法确定为"异常值"的点除外，箱式图的每一侧都有一个密度估计，以显示数据的分布形状，较宽部分表示出现概率较高，而较窄的部分表示出现概率较低

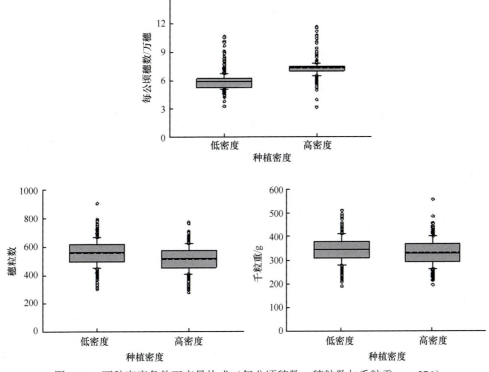

图 10-2　两种密度条件下产量构成（每公顷穗数、穗粒数与千粒重，n=576）

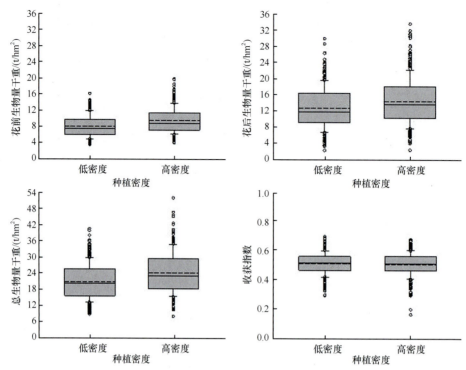

图 10-3　两种密度条件下花前生物量干重、花后生物量干重与总生物量干重及收获指数（*n*=419）

（二）增密技术的增产、缩差效果及原理——不同区域尺度

在低种植密度下，西南、黄淮海、北方和西北地区的玉米平均产量分别为 7.53t/hm²、8.73t/hm²、11.98t/hm² 和 15.94t/hm²，在高种植密度下分别为 8.27t/hm²、8.99t/hm²、12.59t/hm² 和 17.42t/hm²（图 10-4）。平均而言，西南、黄淮海、北方和西北地区高种植密度的产量较低密度分别增加了 0.76t/hm²、0.24t/hm²、0.61t/hm² 和 1.48t/hm²，增产率分别为 10.5%、2.7%、5.2% 和 10.3%。在这 4 个区域中，黄淮海地区的增产率最小，而西南和西北的增产率较大。

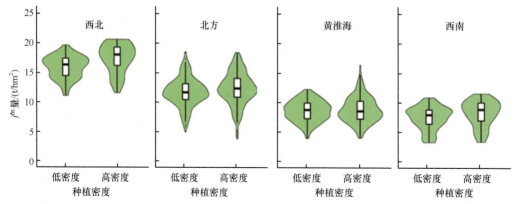

图 10-4　两种密度条件下西南玉米区（*n*=83）、黄淮海夏玉米区（*n*=152）、北方春玉米区（*n*=306）与西北春玉米区（*n*=35）产量分布图

产量构成决定了最终籽粒产量。由于西北地区较大的昼夜温差、较高的日辐射以及较高的双穗（单株结两个穗）率，在两种密度下西北地区每公顷穗数显著高于其他地区。在高密度下，所有区域的每公顷穗数均高于低密度（图 10-5a），但西南（SW）、黄淮海（HM）、北

方（NM）、西北（NW）的穗粒数分别显著降低了8.53%、6.45%、8.25%、7.0%（图10-5b）。此外，从低密度到高密度，在北方和黄淮海地区的千粒重显著降低，而在西北和西南地区的千粒重没有显著变化。

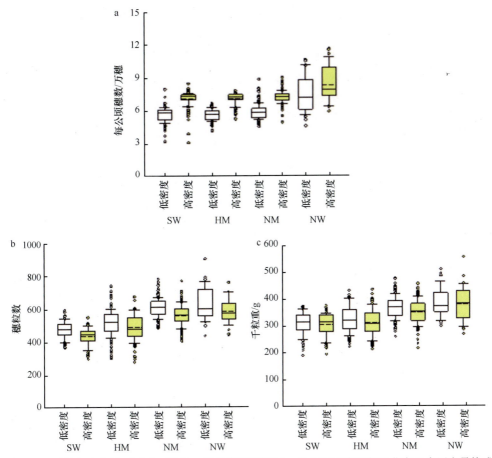

图 10-5　两种密度条件下西南玉米区、黄淮海夏玉米区、北方春玉米区与西北春玉米区产量构成

花前生物量干重、花后生物量干重及成熟期总生物量干重在两个密度下的平均值呈现SW＜HM＜NM＜NW的空间分布趋势。在高密度条件下，西南、黄淮海、北方、西北地区花前生物量干重较低密度分别提高了22.9%、18.1%、15.3%、20.9%，花后生物量干重较低密度分别提高了15.0%、20.6%、11.6%、6.0%。在4个区域中，成熟期生物量干重从低密度到高密度分别提高了18.2%、19.2%、13.4%、11.1%。西北和西南地区花期生物量干重的增加最多，这可能与这两个地区较长的营养生长期有关。但是，与花期相反，在花后和成熟期，随着密度的提高西北地区生物量干重增幅最小。这可能是由于西北地区日照辐射较高，在低密度条件下存在较高的双穗率，因此随密度的提高生物量干重增加量最小。密度增加后，不同地区的收获指数呈现下降趋势，但两个密度之间没有显著差异。因此，从低密度到高密度的产量增加主要是由于单位面积总生物量干重的增加，而不是HI。在4个区域中，收获指数的空间分布趋势为NW＞SW＞NM＞HM。西北、西南和北方地区具有较高的收获指数，这是因为在这些地区玉米春季种植，具有较长的生长周期，而黄淮海玉米区具有较低的收获指数，是因为夏玉米的生长周期较短（表10-1）。

在5个品种中，'ZD958''NH101''ZD909'的叶夹角范围为10.8°～37.5°，且冠层更

加紧凑，尤其是穗上部叶片，然而，'XY335'和'DH11'的冠层较为松散，'XY335'穗上二叶夹角为17.8°～20.9°，'DH11'为28.5°～33.1°。这5个品种的叶向值（LOV）与叶夹角的变化趋势相反（表10-2）。5个品种的叶向值对密度的增加反应不同。'ZD958''NH101''ZD909'的叶向值对密度的响应没有差异，叶向值分别为58.4、53.4、57.4，而'XY335'的叶向值在增加种植密度后从46.5增加到了49.4，'DH11'的叶向值从39.1降低到了36.4。这意味着'XY335'在高密度下变得更加紧凑，而'DH11'则表现出相反的变化。

表10-1　两种密度条件下西南玉米区、黄淮海夏玉米区、北方春玉米区与西北春玉米区花前生物量干重、花后生物量干重和总生物量干重及收获指数

区域	生物量干重/(t/hm²)			干物质增加量/(t/hm²)	干物质增加率/%
		低密度	高密度		
SW	花前	5.4B	6.7A	1.24	22.9
HM		7.6B	9.0A	1.38	18.1
NM		9.9B	11.4A	1.52	15.3
NW		10.6B	12.8A	2.21	20.9
SW	花后	8.9B	10.2A	1.33	15.0
HM		10.5B	12.6A	2.16	20.6
NM		14.6B	16.3A	1.70	11.6
NW		20.3A	21.5A	1.22	6.0
SW	总量	14.3B	16.9A	2.59	18.2
HM		18.1B	21.6A	3.47	19.2
NM		24.5B	27.7A	3.29	13.4
NW		30.9B	34.3A	3.43	11.1
		收获指数		收获指数增加量	收获指数增加率/%
SW	收获指数	0.53A	0.52A	−0.01	−1.7
HM		0.49A	0.48A	−0.01	−1.2
NM		0.51A	0.51A	0.00	0.0
NW		0.54A	0.53A	−0.01	−1.6

注：同一时期同列不同大写字母表示差异显著（$P < 0.05$）

表10-2　两种密度条件下'ZD958''XY335''DH11''NH101''ZD909'的叶夹角和叶向值

品种	叶位	6万株/hm²		7万株/hm²	
		叶夹角/(°)	叶向值	叶夹角/(°)	叶向值
ZD958	穗上	12.1±0.5	73.9±1.9	11.6±0.4	77.6±3.7
	穗下	26.3±1.0	48.0±0.4	31.2±2.1	46.3±0.8
	整株	20.6±0.9	58.0±0.4	23.6±1.6	58.4±0.1
XY335	穗上	20.9±1.1	65.9±1.0	17.8±1.4	69.2±0.4
	穗下	39.6±0.6	29.3±0.7	39.0±1.0	32.7±0.6
	整株	31.6±0.1	46.5±0.2	29.6±1.1	49.4±0.8
DH11	穗上	28.5±3.5	47.6±5.5	33.1±1.8	41.2±2.4
	穗下	38.7±0.4	31.6±0.1	37.8±0.8	34.0±0.2
	整株	34.4±2.2	39.1±3.2	36.8±1.1	36.4±0.9

品种	叶位	6万株/hm²		7万株/hm²	
		叶夹角/(°)	叶向值	叶夹角/(°)	叶向值
NH101	穗上	12.8±1.4	69.7±7.6	11.8±0.2	69.3±1.0
	穗下	32.8±0.8	37.8±2.4	37.5±2.9	36.2±3.2
	整株	23.2±1.2	53.8±2.7	25.0±1.1	53.4±1.4
ZD909	穗上	15.7±4.0	74.8±1.9	10.8±0.7	75.0±1.6
	穗下	31.8±4.1	43.6±4.3	30.1±2.1	45.0±6.9
	整株	25.6±0.9	57.2±2.1	22.6±0.8	57.4±3.2

在不同的区域这5个品种随密度的增加，产量增加幅度有所不同（图10-6）。在西南地区，'NH101''ZD909''ZD958'分别在92%、92%、88%的站点及年份表现出显著的增产趋势，增产率分别为13%、13.1%、14.5%。'XY335''DH11'分别在62%、71%的站点及年份表现出显著的增产趋势，产量增加率分别为5.5%、8.6%。在黄淮海地区，'ZD958''ZD909''NH101''DH11''XY335'分别在71%、63%、61%、57%、50%的站点及年份表现出增产趋势，但是产量增加并不显著。在北方地区，'ZD909''NH101''DH11''ZD958''XY335'分别在80%、76%、70%、67%、62%的站点及年份产量显著增加，'ZD909''NH101''ZD958''XY335'增产率分别为6.7%、5.5%、5.9%、4.8%。在西北地区，'XY335''NH101''DH11''ZD958''ZD909'分别在86%、86%、83%、71%、43%的站点及年份表现出增产趋势，其中'XY335''NH101'的增产率分别为16.7%、17.3%，达到显著水平。在西南地区，在高密度下'ZD909'的产量最高，为9.35t/hm²；而在低密度下'DH11'的产量最低，为6.76t/hm²。在黄淮海地区，在高密度下'ZD909'的产量最高，为9.67t/hm²；而在低密度下'DH11'的产量最低，为7.65t/hm²。在北方地区，在高密度下'ZD909'的产量最高，为13.48t/hm²；而在低密度下'DH11'的产量最低，为11.27t/hm²。在西北地区，在高密度下'XY335'的产量最高，为18.03t/hm²；而在低密度下'NH101'的产量最低，为15.25t/hm²。总体而言，在高密度下，'ZD909'在西南、黄淮海和北方地区产量较高，而在低密度下，'DH11'产量最低。

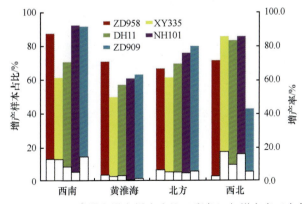

图10-6　不同品种增密增产样本占比（彩色）与增产率（白色）

（三）增密技术的环境评价——氮盈余、活性氮损失强度及温室气体排放强度

如图10-7所示，从全国所有站点来看，高密度、低密度下的氮盈余量分别为47kg N/hm²、58kg N/hm²（图10-7a）。在高密度下，西南、黄淮海、北方、西北的氮盈余量分别72.7kg N/hm²、

81.7kg N/hm²、−3.84kg N/hm²、76.5kg N/hm²，而在低密度下分别为 85kg N/hm²、88.9kg N/hm²、5.39kg N/hm²、105kg N/hm²（图 10-7b）。种植密度增加后，氮盈余显著减少，全国平均减少了 11kg N/hm²，西南、黄淮海、北方、西北地区分别减少了 12.3kg N/hm²、7.2kg N/hm²、9.23kg N/hm²、28.5kg N/hm²。氮盈余在不同玉米种植区域之间存在差异，其中西北地区最高。

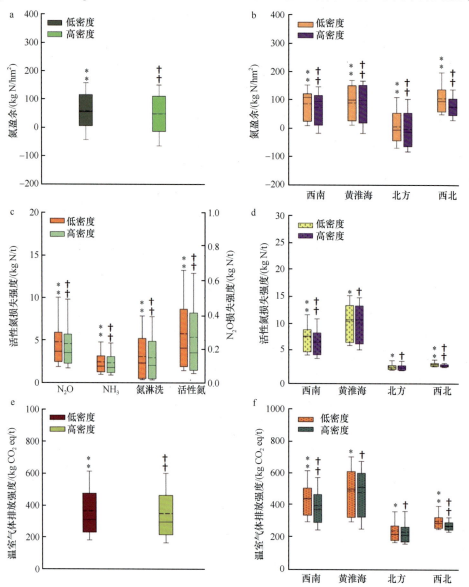

图 10-7　两种密度条件下氮盈余（a、b）、活性氮损失强度（c、d）与温室气体排放强度（e、f）

　　我们估算了全国不同形式的活性氮损失强度（即生产每吨籽粒的氮损失量）和温室气体排放强度（图 10-7c、e）。从所有站点来看，在高密度、低密度条件下，活性氮损失强度分别是 5.2kg N/t、5.53kg N/t，温室气体排放强度分别为 344kg CO₂ eq/t、367kg CO₂ eq/t。高密度条件下活性氮损失强度和温室气体排放强度显著低于低密度条件下。种植密度的提高使活性氮损失强度、温室气体排放强度分别降低了 5.92%、6.29%。在高密度下，西南、黄淮海、北方、西北地区的活性氮损失强度分别为 6.71kg N/t、10.1kg N/t、1.85kg N/t、2.17kg N/t，较低密度分别降低了 10.1%、2.6%、2.9%、10%（图 10-7d）。在高密度下，西南、黄淮海、北方、西北地区的温室气体排放强度分别为 400kg CO_2 eq/t、478kg CO_2 eq/t、230kg CO_2 eq/t、267kg CO_2 eq/t，较低密度分别降低了 10.2%、2.2%、2.7%、10%（图 10-7f）。4 个地区之间的活性氮损失强度和温室气体排放强度存在很大差异。不管在高密度还是在低密度下，这些指标在黄淮海地区表现最高，在北方表现最低。

二、增密技术的评价

（一）增密增产效应

由于种植密度的提高，玉米产量得到了大幅的提升（Duvick，2005；Meng et al.，2013；Li et al.，2015b），主要是因为增密后玉米群体能够截获更多的太阳辐射（Russell，1991；Li and Wang，2010；Liu et al.，2017；Xu et al.，2017）。前人研究表明，增密后产量的增加主要是由于高密度下单位面积生物量的增加，而 HI 可能保持不变（van Ittersum and Cassman，2013；Liu et al.，2017；Xu et al.，2017）。在本研究中，增密后 4 个地区平均产量总体提高了5.59%，其中西南、黄淮海、北方、西北地区分别提高了 10.5%、2.7%、5.2%、10.3%。营养器官生物量增加幅度相近，收获指数没有发生显著变化。这些结果与前人的研究一致（Xu et al.，2017）。在 4 个研究区域之间，产量增加效应不同。黄淮海地区的增产幅度最小，而西南和西北的增幅较大。黄淮海地区产量增幅小可能是因为在该区域玉米是在冬小麦收获后（夏季）播种，较高的环境温度导致玉米生长较快，使得玉米较早开花和成熟，而西北地区是春季播种，该地区玉米生长时间相对较长（Hou et al.，2014；Liu et al.，2015）。此外，黄淮海地区阴雨天较多，所以太阳辐射强度相对较低，并且密度较高时易发生倒伏（Liu et al.，2013a，2013b；Hou et al.，2014；Liu et al.，2017；Ren et al.，2017；Xu et al.，2017）。相比之下，增密后西南和西北地区的产量大幅增加是因为西北地区辐射强度相对较高，西南地区是光周期较短导致玉米生长群体较小，比如同其他地区相比该地区玉米叶片数最少、株高最低（Liu et al.，2013a，2013b；Hou et al.，2014；Liu et al.，2017；Xu et al.，2017）。

另外，密度主要通过影响产量构成来影响产量，包括单位面积的穗数、穗粒数和粒重（Amanullah，2007；Xu et al.，2017）。在本研究中，增加种植密度后，西南、黄淮海、北方和西北地区每公顷穗数显著增加，而穗粒数和粒重则显著降低（Amanullah，2007）。在两种密度下，每公顷穗数的空间分布趋势为 SW＜HM＜NM＜NW，其中西北地区显著高于其他区域（北方、黄淮海和西南地区）。这主要是由更适宜的温度条件及更强的太阳辐射导致西北地区玉米双穗率较高（Liu et al.，2017；Xu et al.，2017）。

不同的玉米品种具有不同的产量潜力和相应的最佳种植密度。具有较长生育期，最佳的叶向值、叶片结构和叶片大小及持绿性更好的紧凑型与理想株型品种可以截获更多的太阳辐射，从而可以获得较高的籽粒产量（Duvick，2005；Vazin et al.，2010；Li et al.，2016；Liu et al.，2017，2019）。在本研究中，'ZD909' 在西南、黄淮海和北方地区产量较高，而 'XY335' 在西北地区产量最高。这两个品种均为紧凑型品种。'ZD909' 整株叶片的叶向值为 57.4，穗上部叶向值为 75.0。相反，'DH11' 是非紧凑型品种，产量最低，整株叶片的叶向值为 36.4，穗上部叶向值为 41.2。

（二）增加种植密度提高玉米产量和总产量

我国玉米的传统种植密度为从黄淮海地区的 4.8 万株/hm² 到西北的 6.77 万株/hm² 之间。

这比美国常用的 8.223 万～9.210 万株/hm² 的密度要低得多。这也是我国玉米产量较低的原因（Meng et al.，2013；Li et al.，2016；Ming et al.，2017）。传统上，西南和黄淮海地区的玉米种植密度较低，而西北地区最高，其中部分原因是受到了气候条件特别是太阳辐射的影响（Li and Wang，2010；Grassini et al.，2011）。在本研究中，密度增加 1.5 万株/hm² 后，西南、黄淮海、北方、西北地区的平均产量分别提高了 10.5%、2.7%、5.2%、10.3%。使用更加适宜的品种并在当前的基础上进一步提高种植密度，可以在西南、黄淮海、北方、西北地区当前 4.5t/hm²、5.7t/hm²、6.2t/hm²、7.8t/hm² 的产量（http://www.stats.gov.cn/）基础之上得到有效的提高。增密种植和更换品种相结合，可以使西南、黄淮海、北方、西北地区的产量分别增加到 5.6t/hm²、6.3t/hm²、6.9t/hm²、8.9t/hm²，增幅分别达到 24.4%、10.9%、11.4%、14.2%。西南、黄淮海、北方、西北地区玉米种植面积分别为 622 万 hm²、1532 万 hm²、1988 万 hm²、97 万 hm²。根据本研究，通过增密种植和更换品种相结合，这 4 个地区的玉米总产量将达到 2.78 亿 t，这将远远高于当前 2.06 亿 t 的玉米产区平均总产量水平，并接近 2030 年预期的 3.15 亿 t 的产量需求（Chen et al.，2014b）。据此，我国所有玉米产区总产量将达到 2.90 亿 t 左右，这表明在不增加额外的氮肥投入的条件下，密度增加 1.5 万株/hm²，几乎可以满足 2030 年对玉米产量的需求。

（三）增密的环境效应评价

氮肥的过量施用已造成了中国及世界其他一些国家和地区显著的土壤酸化（Guo et al.，2010）、淡水污染（Diaz and Rosenberg，2008），以及活性氮和温室气体（GHG）的过度排放（Davidson，2009；Burney et al.，2010；Zhang et al.，2016）。氮盈余是活性氮损失和温室气体排放的潜在环境风险（Cassman et al.，2002；Chen et al.，2014b）。在本研究中，全国所有试验点统一增密 1.5 万株/hm² 以后，氮盈余量减少了 11kg N/hm²。在种植密度增加后，4 个区域表现出不同的氮盈余减少趋势，其中黄淮海、北方、西南和西北地区分别减少了 7.18kg N/hm²、9.23kg N/hm²、12.3kg N/hm² 和 28.2kg N/hm²。增加密度是减少西北地区氮盈余最有效的方法，这主要是因为增密以后，该地区地上部生物量最高，氮素吸收量最高（Xu et al.，2017；Liu et al.，2019）。4 个区域比较，北方地区在高密度条件下，氮盈余几乎为 0，这表明氮肥管理接近最优，类似于先前研究中报道的最佳土壤-作物系统综合管理（Chen et al.，2014b）。但是在西南、黄淮海、西北地区，高密度条件下的氮盈余量分别为 72.7kg N/hm²、81.7kg N/hm²、76.5kg N/hm²，这均高于当前实际生产中的 72kg N/hm² 的氮盈余量。这主要是由于不同地区玉米产量不同，地上部氮素吸收量和氮肥施用量不同（Li and Wang，2010；Meng et al.，2013；Cui et al.，2018）。在秸秆还田条件下，种植密度增加后，籽粒产量增加所带走的氮仅约 9kg/hm²。这远远少于 21.1kg N/hm² 的大气氮沉降量和当前农民实际生产中 72kg N/hm² 的氮盈余量，这意味着环境中的氮对于我国增密 1.5 万株/hm² 以提高产量是足够的（Liu et al.，2013c；Chen et al.，2014b）。这也表明，采用增密种植技术对我国环境中的氮的循环回收利用具有重要的意义。

农业生产已经成为全球最大的温室气体排放源，农业生产对环境的影响逐渐成为全球范围内的热点问题，尤其是在中国（Hillier et al.，2009；Cui et al.，2018）。如何在不增加环境影响的情况下生产更多的粮食变得越来越重要（Foley et al.，2011；Tilman et al.，2011）。像 ISSM 方法一样，最佳的田间管理可以增加玉米产量、减少活性氮损失强度和温室气体排放强度（Chen et al.，2011，2014b）。在本研究中，在不增加氮肥投入的情况下，种植密度增加 1.5 万株/hm²，西南、黄淮海、北方、西北地区及全国的粮食产量分别增加了 0.75t/hm²、0.25t/hm²、0.61t/hm²、1.47t/hm² 和 0.588t/hm²。在氮肥投入不变的情况下，种植密度增加后较高的产量导致西南、黄淮海、北方、西北地区及全国活性氮损失强度和温室气体排放强度降低。但是本研究中的温室气体排放强度平均为 355kg CO_2 eq/Mg，这仍高于其他地区发表的结果，如美国玉米的温室气体排放强度为 231kg CO_2 eq/Mg（Grassini and Cassman，2012）。玉米种植密度增加后，活性氮损失强度和温室气体排放强度降低，这意味着该技术可以使作物系统可持续发展，另外还可以保护环境。

在本研究中，在不增加氮肥投入的条件下种植密度增加 1.5 万株/hm²，显著地提高了玉米产量，并减少了氮盈余，降低了活性氮损失强度和温室气体排放强度。这是提高玉米籽粒产量的一项关键技术，特别是在中国当前过度施肥的情况下（Chen et al.，2011；Xu et al.，2017；Assefa et al.，2018）。这对于减少我国土壤中的氮盈余、减轻环境压力、提高氮的循环利用，以及维持作物的稳定生产非常重要。

第二节　水稻缩差技术综合评价

目前，有关水稻管理措施的评价主要集中在不同气候区域管理措施对产量差的影响，以及探究某单一管理措施的最适范围及其相较于常规管理下产量的提升程度等方面。而有关单一管理措施改变及不同管理措施改变互作对水稻产量差和氮肥利用效率的评价研究报道较少。另外，大多数已有的研究仅应用单一的作物生长模型进行模拟，其模拟和预测结果存在很大的不确定性（Zhang et al.，2014）。基于多个模型集合模拟管理措施的方法，可以在一定程度上弥补特定的模型本身在算法上的不足，减少模拟结果的不确定性（Asseng et al.，2013；Li et al.，2015a）。因此，本研究采用多模型集合模拟的方法，利用 ORYZA(v3)、CERES-Rice 和 RiceGrow 3 个水稻生长模型，在利用已有试验数据对模型进行校准和验证的基础上，模拟播期、移栽密度、施氮量、施肥次数和施氮基追比等因素对水稻可获得产量的影响，定量评估不同田间管理措施对缩小水稻产量差以及氮肥利用效率的影响，以期为实现我国水稻高产高效栽培提供技术途径和理论支持。

一、单一管理措施改变对缩小水稻产量差和提高氮肥利用效率的评价

（一）播期改变对水稻产量的影响

图 10-8 为 3 个水稻生长模型模拟的水稻产量随播期（积日，day of year，DOY）的变化规律。总体上，不同模型模拟的产量对播期改变的响应大体一致，部分趋势有所不同。同一模型模拟的产量随着播期的变化规律在不同地点的不同水稻品种上也存在差异。

对于单季稻，ORYZA(v3) 模型模拟的水稻产量随播期的推迟呈现先增大后减小的趋势，播期（DOY）=143 时产量出现峰值；CERES-Rice 和 RiceGrow 模拟的产量则表现为随着播期的推迟产量持续减小的趋势；3 个模型的平均产量随着播期的推迟呈抛物线下降的趋势。

对于早稻，ORYZA(v3) 和 CERES-Rice 模型模拟的水稻产量随着播期的推迟呈现一致的减小趋势，而 RiceGrow 模拟的产量随着播期的推迟表现出先下降然后趋于稳定的趋势，即当 DOY>100 时，随着播期的推迟产量基本稳定。

对于晚稻，ORYZA(v3) 模拟的产量随播期的推迟先增大后减小，产量峰值出现在 DOY 为 193 左右时；CERES-Rice 模拟的晚稻产量对播期改变的反应不敏感，产量基本稳定在

8t/hm² 左右；而 RiceGrow 模拟的产量则表现出随播期的推迟急剧降低的趋势。

综合 3 个模型的模拟结果，不论是单季稻、早稻还是晚稻，随着播期的推后，3 个模型模拟的水稻产量的平均值均呈现下降趋势。由此表明，在本研究涉及的播期范围内，播期提前有利于水稻高产。

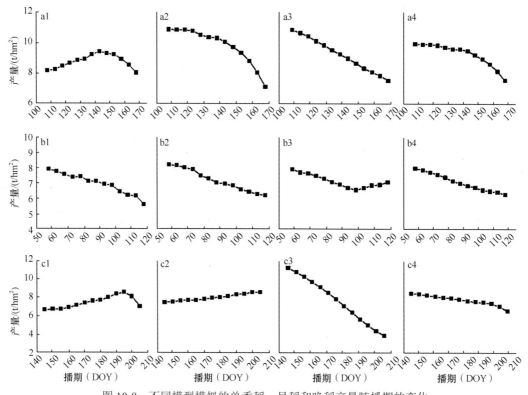

图 10-8   不同模型模拟的单季稻、早稻和晚稻产量随播期的变化

a、b 和 c 分别代表单季稻、早稻和晚稻；1、2、3 和 4 分别代表 ORYZA(v3)、CERES-Rice、RiceGrow 模型和
3 个模型的平均。下同

（二）移栽密度改变对水稻产量的影响

水稻移栽密度增大，产量也随之增大（图 10-9）。不论对单季稻、早稻还是晚稻，3 个模型模拟的产量总体上呈现出随移栽密度的增大而增大的规律，但随着移栽密度的增大，产量增加的幅度逐渐减小。而 CERES-Rice 模型在早稻中表现出随移栽密度的增加，产量先增大后减小的趋势，水稻产量峰值出现在移栽密度为 40 穴/m² 时。3 个模型模拟的产量的平均值显示，单季稻的产量随移栽密度的变异程度小于早稻和晚稻。

比较 3 个模型，随着移栽密度的增大，RiceGrow 模型模拟的产量的增加幅度最大，表明 RiceGrow 模型对移栽密度的响应比 ORYZA(v3) 和 CERES-Rice 更为敏感。

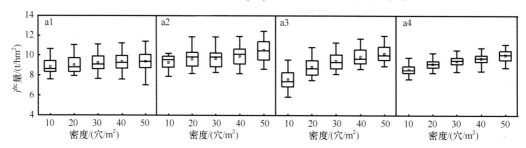

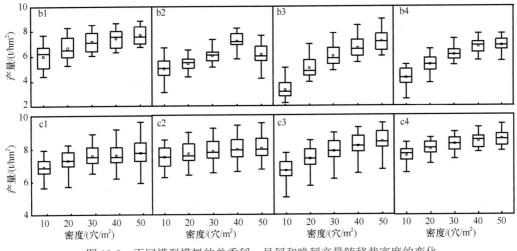

图 10-9　不同模型模拟的单季稻、早稻和晚稻产量随移栽密度的变化

（三）氮肥改变对水稻产量的影响

1. 施氮量改变对水稻产量的影响

　　总体上，增加施氮量可以增加水稻产量，但随着施氮量的增加，产量增加的幅度逐渐减小（图 10-10）。3 个模型模拟的产量的平均值在单季稻、早稻和晚稻上均表现为水稻产量随着施氮量的增加而增大。但产量随施氮量的变化规律在不同模型之间，以及在单季稻、早稻和晚稻之间的表现存在差异。

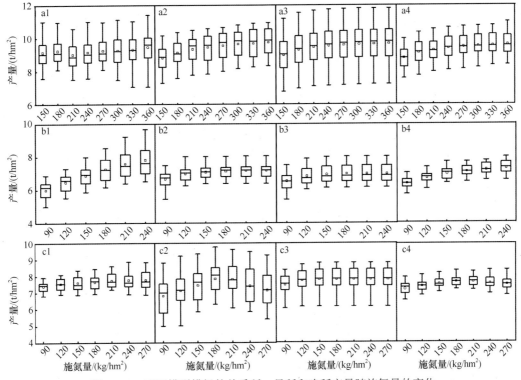

图 10-10　不同模型模拟的单季稻、早稻和晚稻产量随施氮量的变化

对于单季稻，3 个模型模拟的产量均表现为随施氮量的增大而增大。其中，CERES-Rice 模型模拟的产量随施氮量的增大，增产幅度较 ORYZA(v3) 和 RiceGrow 模型更大。

对于早稻，ORYZA(v3) 模型模拟的产量随施氮量的增大显著增大，而 CERES-Rice 和 RiceGrow 模型模拟的产量随施氮量的增加增幅较小，且在施氮量为 180kg/hm² 左右时出现峰值，此后产量不再随施氮量的增加而增大。

对于晚稻，ORYZA(v3) 和 RiceGrow 模型均表现为产量均随施氮量的增大而逐渐增大，但增加幅度逐渐减小。而 CERES-Rice 模型则表现为：晚稻产量在施氮量为 180kg/hm² 时出现明显峰值后，继续增加施氮量则产量明显减小。

2. 施氮次数和氮肥基追比改变对水稻产量的影响

图 10-11 展示了施氮次数和氮肥基追比改变对水稻产量的影响。3 个水稻生长模型所模拟的产量结果均显示，在氮肥基追比（基蘖肥：穗肥）相同的情况下，施氮 4 次下单季稻、早稻、晚稻的产量均高于施氮 3 次下的产量，表明在氮肥基追比一定的情况下，可以通过增加施氮次数来提高水稻产量。

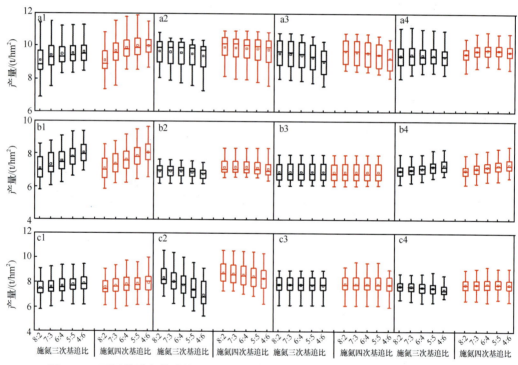

图 10-11　不同模型中单季稻、早稻和晚稻产量随施氮次数和氮肥基追比改变的变化

在施氮次数相同的情况下，不同生长模型模拟的产量对增加氮肥基追比的响应不同。

对于单季稻，ORYZA(v3) 模拟的水稻产量随着氮肥基追比的减小（氮肥后移）而升高；相反，CERES-Rice 和 RiceGrow 模拟的水稻产量则随着氮肥后移而降低。

对于早稻，ORYZA(v3) 模型表现为水稻产量随着氮肥基追比的增加产量显著增加，而 CERES-Rice 和 RiceGrow 模型表现为水稻产量对氮肥基追比变化反应不敏感。

对于晚稻，ORYZA(v3) 模拟的晚稻产量随着氮肥后移呈现一定的增加趋势；与之相反，CERES-Rice 模拟的晚稻产量随氮肥基追比的减小（氮肥后移）而降低；而 RiceGrow 模型模拟的晚稻产量则对氮肥基追比变化基本没有响应。

（四）单一管理措施改变对水稻产量差的影响

图 10-12 为不同管理措施改变所对应的水稻产量差，当产量差为正值时，表示管理措施改变对水稻有增产效应（相较于常规管理措施），而当产量差为负值时则表示管理措施改变对水稻有减产效应。从图 10-12 可以看出，不同管理措施改变对水稻的增产潜力不同。而且单季稻、早稻和晚稻以及不同模型之间，不同管理措施下的产量差不同。

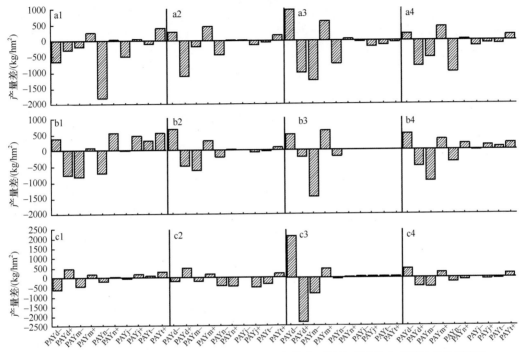

图 10-12　不同模型模拟的单季稻、早稻和晚稻产量在不同管理措施改变下的产量差变化

横坐标从左到右依次表示：播期提前（PAYd−），播期推迟（PAYd+），移栽密度减小（PAYm−），移栽密度增大（PAYm+），施氮量减少（PAYn−），施氮量增加（PAYn+），氮肥基追比减小（PAYj−），氮肥基追比增大（PAYj+），施氮次数保持 3 次（PAYt−），施氮次数增加为 4 次（PAYt+）

对于单季稻，CERES-Rice 和 RiceGrow 均表现为播期提前、移栽密度增大对水稻增产的效应较大，而 ORYZA(v3) 模型表现为对产量增加效应较大的是施氮次数增加和移栽密度增大。此外，3 个模型均表现出施氮量增加对产量有一定的增产效应，但增产效应较小。

对于早稻，3 个模型均表现为播期提前和移栽密度增大对产量有较大的增产效应。而 ORYZA(v3) 模型表现为对产量有增加效应的管理措施依次为施氮量增加、施肥次数增加、氮肥基追比增大和播期提前。

对于晚稻，ORYZA(v3) 和 CERES-Rice 均表现为播期推迟、移栽密度增大和施氮次数增加对水稻增产效应较大。而 RiceGrow 则表现为播期提前和移栽密度增大对水稻增产的潜力较大，而对其他管理措施如施氮次数和氮肥基追比的变化不敏感。

综合 3 个模型的结果可以看出，对水稻有较大增产潜力的管理措施为播期提前、移栽密度增大、施氮次数增加和施氮量增加。

（五）单一管理措施改变对水稻氮肥利用效率的影响

图 10-13 展示了不同管理措施改变对氮肥偏生产力差的影响。氮肥偏生产力表征了水稻对氮肥的利用效率，当氮肥偏生产力差为正值时表示管理措施改变较常规管理措施具有提高氮肥利用效率的作用；反之，当氮肥偏生产力差为负值时，表示管理措施改变不利于氮肥利用效率的提高。总体而言，对提高水稻氮肥利用效率有效的管理措施包括施氮量减少、施氮次数增加、移栽密度增大。氮肥基追比变化对氮肥利用效率的影响很小，而播期对氮肥偏生产力的影响在早稻和晚稻中表现不一致。

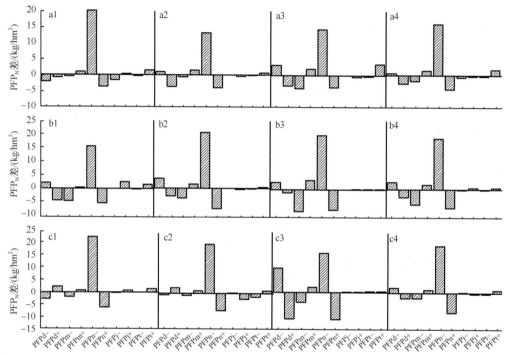

图 10-13　不同模型中单季稻、早稻和晚稻在不同管理措施改变下的氮肥偏生产力（PFP$_N$）差的变化

横坐标从左到右依次表示：播期提前（PFPd-）、播期推迟（PFPd+）、移栽密度减小（PFPm-）、移栽密度增大（PFPm+），施氮量减少（PFPn-）、施氮量增加（PFPn+），氮肥基追比减小（PFPj-）、氮肥基追比增大（PFPj+），施氮次数保持 3 次（PFPt-）、施氮次数增加为 4 次（PFPt+）

对于单季稻，ORYZA(v3) 模型表现为对提高氮肥利用效率有效的管理措施作用效果依次为施氮量减小、施肥次数增加、移栽密度增大；CERES-Rice 模型表现为对提高氮肥利用效率有效的管理措施依次为施氮量减小、移栽密度增大、播期提前；RiceGrow 模型表现依次为施氮量减小、施肥次数增加、播期提前、移栽密度增大；3 个模型平均值表现依次为施氮量减小、施肥次数增加、移栽密度增大和播期提前。

对于早稻，ORYZA(v3) 模型表现为对氮肥偏生产力有正效应（即氮肥利用效率提高）的管理措施依次为施氮量减小、氮肥基追比增大、播期提前、施肥次数增加；CERES-Rice 和 RiceGrow 均表现为对提高氮肥利用效率有效的管理措施依次为施氮量减小、播期提前、移栽密度增大，而氮肥基追比和施肥次数改变对氮肥利用率基本无影响；3 个模型平均值表现依次为施氮量减小、播期提前、移栽密度增大、氮肥基追比增大和施肥次数增加。

对于晚稻，ORYZA(v3) 和 CERES-Rice 模型均表现为能使氮肥利用率提高的管理措施依次为施氮量减小、播期推迟、施肥次数增加，移栽密度增大；而 RiceGrow 则表现依次为施氮量减小、播期提前、移栽密度增大；3 个模型均值表现依次为施氮量减小、播期提前、移栽密度增大和施肥次数增加，而氮肥基追比改变对氮肥利用效率基本无影响。

（六）单一管理措施改变对缩小水稻产量差的贡献率

不同管理措施改变对缩小产量差的贡献率（即不同管理措施下水稻的增产潜力相对于潜在产量的百分比）的影响如图 10-14 所示。由图 10-14 可知，不同管理措施改变所带来的缩小产量差的贡献率在不同模型中表现并不一致，而且在单季稻、早稻和晚稻中存在较大差异。结合管理措施改变下产量差的规律可以得知，3 个水稻生长模型平均值在单季稻、早稻和晚稻中带来增产效应的管理措施及其贡献率大小不一致。

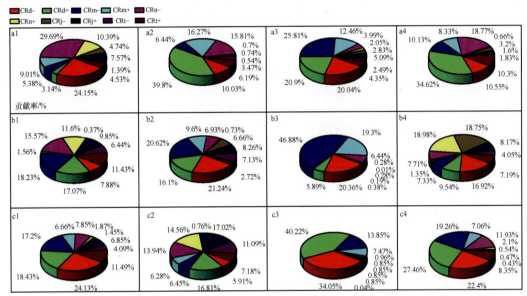

图 10-14　不同模型中单季稻、早稻和晚稻不同管理措施改变对缩小产量差的贡献率

饼图中的图例依次为播期提前（CRd-）、播期推迟（CRd+），移栽密度减小（CRm-）、移栽密度增大（CRm+），施氮量减少（CRn-）、施氮量增加（CRn+），氮肥基追比减小（CRj-）、氮肥基追比增大（CRj+），施氮次数保持 3 次（CRt-）、施氮次数增加为 4 次（CRt+）的缩小产量差的贡献率

对单季稻带来增产效应的管理措施及其贡献率依次为播期提前（10.55%）、施肥次数增加（10.30%）、移栽密度增大（8.33%）、施氮量增加（0.66%）；对早稻带来增产效应的管理措施及其贡献率依次为播期提前（16.98%）、移栽密度增大（10.05%）、施肥次数增加（6.15%）、施氮量增加（5.62%）、追肥比例增大（1.93%）；对晚稻带来增产效应的管理措施及其贡献率依次为播期提前（17.62%）、移栽密度增大（11.71%）、施肥次数增加（8.23%）、追肥比例增大（0.54%）。

二、管理措施互作对缩小水稻产量差和提高氮肥利用效率的评价

（一）播期和移栽密度互作对水稻产量的影响

图 10-15 展示了播期和移栽密度互作对水稻产量的影响。3 个模型中播期和移栽密度互作的表现规律并不一致，但单一管理措施变化的规律仍能在互作中体现出来。而且，播期和移栽密度对产量的影响可以起到一定的互补作用。3 个模型平均值在单季稻、早稻和晚稻中都表

现为在播期提前与移栽密度增大的互作下，产量逐渐增大。在单季稻、早稻和晚稻密度均为10～50穴/m²的情景下，最高产组合中的移栽密度均为50穴/m²，最低产组合中的移栽密度均为10穴/m²，且当密度达大于40穴/m²时，产量增加幅度明显降低。但播期和移栽密度互作下最高产组合与最低产组合中的播期在不同模型间及在单季稻、早稻和晚稻间的表现略有差异。单季稻中，在播期组合范围为一年中第108～168天，最高产播期在3个模型及其平均值中分别为第148天、第133天、第108天、第108天，最低产播期在3个模型及其平均值中分别为第113天、第168天、第168天、第168天；早稻中，在播期组合范围为第58～118天，最高产播期在3个模型及其平均值中分别为第68天、第63天、第78天、第68天，最低产播期在3个模型及其平均值中分别为第118天、第118天、第98天、第118天；晚稻中，在播期组合范围为第145～205天，最高产播期在3个模型及其平均值中分别为第195天、第205天、第145天、第145天，而最低产播期在3个模型及其平均值中分别为第145天、第145天、第205天、第205天。

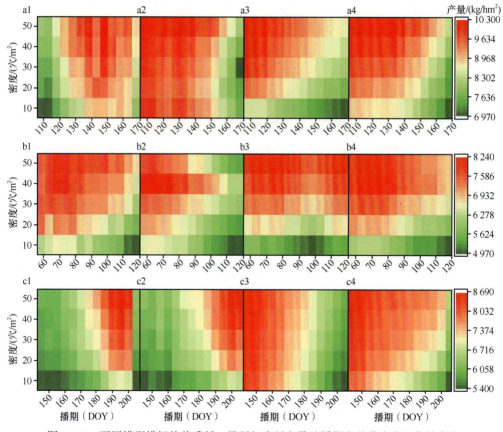

图 10-15　不同模型模拟的单季稻、早稻与晚稻产量随播期和移栽密度互作的变化

（二）播期和施氮量互作对水稻产量的影响

图 10-16 展示了产量随播期和施氮量互作的变化趋势。单季稻、早稻和晚稻在 3 个模型［ORYZA(v3)、CERES-Rice 及 RiceGrow］平均值中均表现为产量随播期的提前与施氮量的增大而增大，但产量增加幅度略有差异。此外，播期和施氮量互作下最高产组合与最低产组合中的播期及施氮量在不同模型间及在单季稻、早稻和晚稻间的表现略有差异。

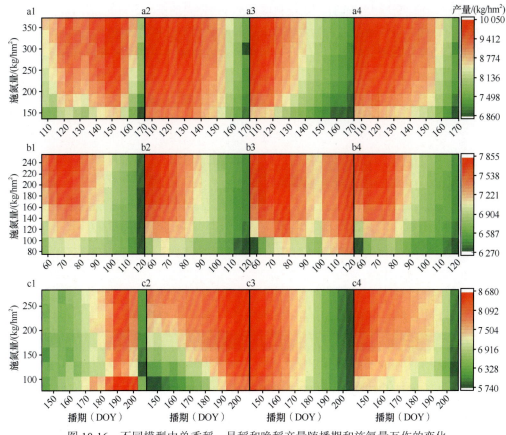

图 10-16　不同模型中单季稻、早稻和晚稻产量随播期和施氮量互作的变化

对于播期，单季稻中，在播期组合范围为一年中第 108～168 天，3 个模型及其平均值中，最高产对应的播期分别为第 148 天、第 108 天、第 108 天、第 108 天，而最低产对应的播期均为第 168 天；早稻中，在播期组合范围为第 58～118 天，3 个模型及其平均值中，最高产对应的播期均在第 58～68 天，最低产对应的播期分别为第 118 天、第 118 天、第 58 天、第 118 天；晚稻中，在播期组合范围为第 145～205 天，3 个模型及其平均值中，最高产对应的播期分别为第 190 天、第 200 天、第 145 天、第 145 天，最低产对应的播期分别为第 205 天、第 145 天、第 205 天、第 205 天。

对于施氮量，在单季稻中，在施氮量范围为 150～360kg/hm²，3 个模型及其平均值中，最高产的施氮量分布在 330～360kg/hm²，3 个模型及其平均值中最低产的施氮量分别为 150kg/hm²、300kg/hm²、150kg/hm²、150kg/hm²；早稻中，在施氮量范围为 90～240kg/hm²，在 3 个模型及其平均值中，最高产对应的施氮量均为 240kg/hm²，3 个模型及其平均值中最低产对应的施氮量均为 90kg/hm²；晚稻中，在施氮量范围为 90～270kg/hm²，在 3 个模型及其平均值中，最高产对应的施氮量分别为 90kg/hm²、270kg/hm²、270kg/hm²、270kg/hm²，3 个模型及其平均值中最低产对应的施氮量范围为 90～120kg/hm²。

（三）施氮量和移栽密度互作对水稻产量的影响

图 10-17 为水稻产量对施氮量和移栽密度互作的响应。3 个模型在单季稻、早稻与晚稻中的产量对施氮量和移栽密度互作的响应规律基本一致，均表现为产量随着施氮量的增大和

移栽密度的增大而逐渐增大。而且施氮量和移栽密度对产量的影响可以起到一定的互补作用，即当施氮量降低时，可以通过增大移栽密度来弥补施氮量不足带来的减产，保证产量的不下降甚至升高；而在移栽密度较低的情况下，可以通过适当增加施氮量来抵消移栽密度降低带来的减产。

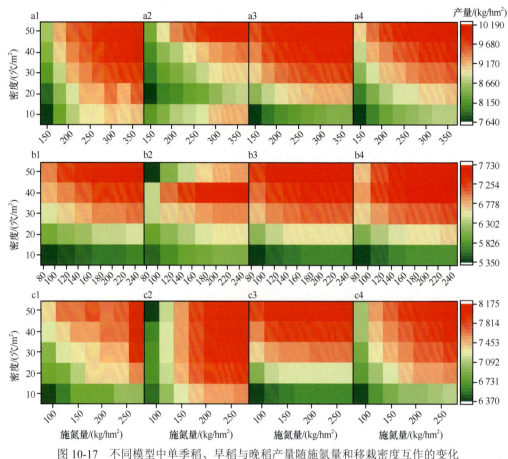

图 10-17　不同模型中单季稻、早稻与晚稻产量随施氮量和移栽密度互作的变化

（四）不同管理措施互作对水稻产量差的影响

图 10-18 为水稻产量差对不同管理措施互作的响应。当产量差为正值时表示管理措施互作对水稻具有增产效应，反之亦然。从图 10-18 可以看出，不同管理措施互作对水稻产量差的影响规律在不同模型间，以及单季稻、早稻和晚稻间均存在差异。其中，在单季稻、早稻和晚稻下，水稻产量差对不同管理措施互作的响应在 RiceGrow 中表现最为明显。

对于单季稻，3 个模型均表现为施氮量增加和移栽密度增大互作均能够提升产量差。3 个模型平均值表明，带来增产效应的管理措施的互作组合分别为播期提前和移栽密度增大的互作（717.35kg/hm²）、播期提前和施氮量增加的互作（266.33kg/hm²）、施氮量增加和移栽密度增大的互作（643.42kg/hm²）、施氮量减少和移栽密度增大的互作（109.42kg/hm²）。

对于早稻，3 个模型均表现为播期推迟和移栽密度增大的互作组合具有增产效应。3 个模型平均值显示，能够带来增产效应的管理措施互作组合分别为播期提前和移栽密度增大的互作（969.08kg/hm²）、播期提前和施氮量增加的互作（605.92kg/hm²）、施氮量增加和移栽密度增大的互作（596.99kg/hm²）、播期推迟和移栽密度增大的互作（142.27kg/hm²）、施氮量降低和移栽密度增大的互作（102.18kg/hm²）、播期提前和施氮量降低的互作（16.87kg/hm²）。

对于晚稻，3 个模型中对水稻增产效应最大的互作组合都与播期和移栽密度互作相关。3 个模型平均值显示，对水稻带来增产效应的管理措施互作组合分别为播期提前和移栽密度增大的互作（561.48kg/hm²）、播期提前和施氮量增加的互作（505.31kg/hm²）、施氮量增加和移栽密度增大的互作（339.93kg/hm²）、播期提前和移栽密度减小的互作（38.44kg/hm²）。

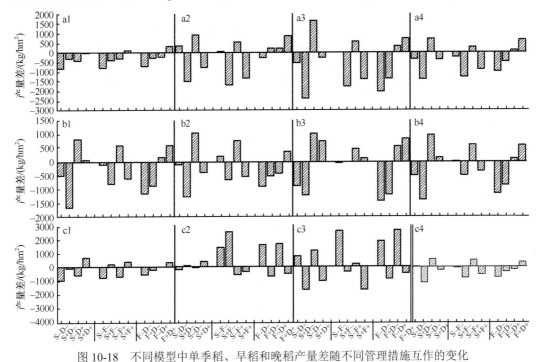

图 10-18　不同模型中单季稻、早稻和晚稻产量差随不同管理措施互作的变化

S、D 和 F 分别代表播期、移栽密度和施氮量；"−"和"+"分别代表播期提前和推迟、移栽密度减小和增大、施氮量减少和增加。下同

（五）不同管理措施互作对水稻氮肥利用效率的影响

图 10-19 为不同管理措施互作对氮肥偏生产力差的影响。不同管理措施互作对氮肥偏生产力差的影响规律在不同模型间和不同管理措施互作间以及单季稻、早稻与晚稻间有所差异。总体看来，对水稻氮肥偏生产力差有普遍提升作用的管理措施组合有播期提前和移栽密度增大互作、播期提前和施氮量减少互作、播期推迟和施氮量减少互作、施氮量减少和移栽密度减小互作、施氮量减少和移栽密度减小互作、施氮量减少和移栽密度增加互作。而播期和移栽密度互作对氮肥偏生产力的影响较小。

对于单季稻，播期提前和施氮量减少互作、播期推迟和施氮量减少互作、施氮量减少和移栽密度减小互作以及施氮量减少和移栽密度增加互作在 3 个模型中均表现为能够提高氮肥偏生产力差。播期提前和移栽密度减小互作组合在 ORYZA(v3)、RiceGrow 中均表现为能降低氮肥偏生产力差，而在 CERES-Rice 模型中表现为提高；播期提前和移栽密度增大互作组合在 CERES-Rice、RiceGrow 中均表现为提高氮肥偏生产力差，而在 ORYZA(v3) 模型中表现为降低。

对于早稻，播期提前和施氮量减少互作、播期推迟和施氮量减少互作、施氮量减少和移栽密度减少互作以及施氮量减少和移栽密度增加互作在 3 个模型中均表现为能够提高氮肥偏生产力差。播期推迟和移栽密度增大互作在 CERES-Rice 中表现为降低氮肥偏生产力差，而在其他模型和 3 个模型均值中表现为氮肥偏生产力差的提高。

　　对于晚稻，播期提前和施氮量减少互作、施氮量减少和移栽密度减小互作以及施氮量减少和移栽密度增加互作在 3 个模型中均表现为能够提高氮肥偏生产力差。播期推迟和施氮量减少互作和播期提前和施氮量增加互作在 RiceGrow 中分别表现为降低和提高氮肥偏生产力差，而在 ORYZA(v3)、CERES-Rice 中的规律恰好相反；播期提前和移栽密度减小互作在 ORYZA(v3) 和 CERES-Rice 中表现为降低氮肥偏生产力差，而在 RiceGrow 中表现为提高。

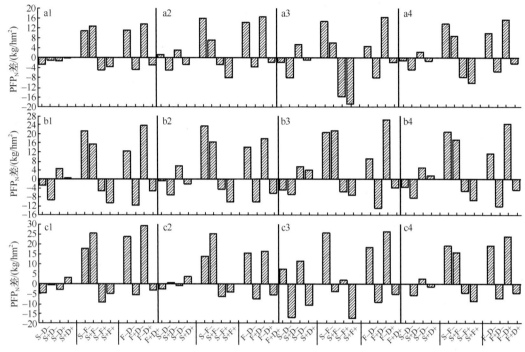

图 10-19　不同模型中单季稻、早稻和晚稻氮肥偏生产力（PFP$_N$）差随不同管理措施互作的变化

（六）不同管理措施互作对缩小水稻产量差的贡献率

　　图 10-20 展示了不同管理措施互作对缩小产量差的贡献率的影响，即不同管理措施互作下水稻的增产潜力相对于潜在产量的百分比。由图 10-20 可知，播期提前和移栽密度增大互作、施氮量增加和移栽密度增大互作、播期提前和施氮量增加互作在提高单季稻、早稻与晚稻产量即缩小产量差中贡献均较大。管理措施互作所带来的缩小产量差的贡献率在单季稻、早稻和晚稻中表现出较大差异，而且在 3 个水稻生长模型中表现也不一致。结合图 10-20 中管理措施互作下产量差的规律可以得知，3 个水稻生长模型平均值在单季稻、早稻和晚稻中带来增产效应的管理措施互作组合及其对缩小产量差的贡献率如下：单季稻中分别为播期提前和移栽密度增大的互作（9.48%）、施氮量增加和移栽密度增大的互作（8.52%）、播期提前和施氮量增加的互作（3.60%）、施氮量减少和移栽密度增大的互作（1.48%）；早稻中分别为播期提前和移栽密度增大的互作（13.63%）、播期提前和施氮量增大的互作（8.50%）、施氮量增加和移栽密度增大的互作（8.38%）、播期推迟和移栽密度增加的互作（2.0%）、施氮量减少和移栽密度增加的互作（1.42%）；晚稻中分别为播期提前和移栽密度增大的互作（9.89%）、播期提前和施氮量增加的互作（8.82%）、施氮量增加和移栽密度增大的互作（6.33%）、播期提前和移栽密度减小的互作（0.23%）。

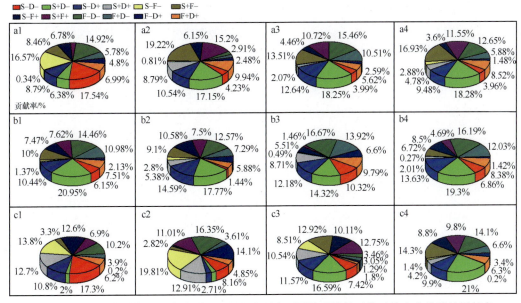

图 10-20 不同模型模拟的单季稻、早稻和晚稻中不同管理措施互作对缩小产量差的贡献率

三、综合评价

不同作物生长模型之间存在固有的差异，当对不同作物模型输入相同的数据时，输出结果存在较大差异，即模型结果的不确定性（Liu et al.，2016）。导致模型模拟结果不确定性的主要原因包括作物生长模型的自身的框架结构、模型算法以及参数配置等方面的差异（Wallach et al.，2016）。前人研究表明，采用多个作物模型模拟结果的平均值或中值的方法，能够有效降低单个作物生长模型模拟结果的不确定性，提高研究结果的可靠度（Yoshimoto et al.，2010；Chen et al.，2014a）。本研究中也发现了类似的现象。例如，不同模型对单一管理措施改变（如移栽密度增大或施氮量增加）的模拟结果表现出大体一致的规律，但产量的变化幅度在不同模型间存在差异。从 3 个模型的平均值来看，单季稻、早稻、晚稻均表现为随着播期的推迟，产量逐渐下降的规律。大间试验也发现，在水稻栽培生产过程中，适当提前播期（早播）能够使水稻在整个生长期内获得更多的温光资源，从而积累更多的光合同化物，最终提高产量水平（许轲等，2013）。特别是早熟品种的生育期短，适当早播有利于高产，迟播则生育期缩短，减产显著，因而早熟品种的适宜播期范围较窄，应尽量早播（杨文钰和屠乃美，2011）。然而，ORYZA(v3) 模型模拟的单季稻和晚稻的产量随播期推迟表现出先增大达到峰值，然后减小的规律，即一定范围的播期推迟能够增加水稻产量。这一现象与邓南燕（2018）利用 ORYZA(v3) 模型在播期（DOY）160d 基础上增加或减少 20d 时的产量随着播期的推迟而逐渐增加的研究结果一致。增大移栽密度是增加水稻群体产量的简单易行的栽培技术手段。通常情况下，水稻移栽密度增大，则单位面积有效穗数增大，从而水稻群体产量增大（李金宝等，2007；林琼，2012）。但当移栽密度过大时，不仅会导致水稻植株叶片相互遮挡，同时也会影响稻田空气流通，从而影响水稻植株个体和群体的光合作用与呼吸作用，从而影响水稻的干物质生产和积累（王夫玉和张洪程，2001；韦叶娜等，2018），继而造成穗数和结实率的下降，最终造成水稻减产（陶帅平等，2008）。此外，密度过大也容易造成病虫害暴发、植株倒伏等情况，从而造成减产。本研究中，CERES-Rice 模型模拟的早稻产量随移栽密度的增

大先增大，在达到峰值后逐渐降低，这与大田试验结果的规律一致（王夫玉和张洪程，2001；韦叶娜等，2018）；而与 Bai 和 Tao（2017）利用 APSIM-Oryza 模型对移栽密度的研究结果一致，RiceGrow 模型和 ORYZA(v3) 模型在单季稻、早稻、晚稻中均表现出产量随着移栽密度的增大而一直增大的规律，但产量增加的速率逐渐减小。本研究中不同模型对移栽密度改变的响应差异可能是由于 RiceGrow 模型和 ORYZA(v3) 模型中并没有涉及因密度增大而造成胁迫的机理过程，因而对移栽密度过大时的田间小气候的恶化、植株光合速率等下降，以及病虫害加重等过程不能得以很好地体现。因此，本研究综合了 3 个模型的模拟结果，可以在一定程度上减少研究结果的不确定性。

氮肥运筹是水稻生产管理调控的关键，包括施氮量、施肥次数、氮肥基追比等多个维度。在施氮量方面，田间试验研究表明（郭武，2011；钱晓华等，2016），每生产 100kg 稻谷需从土壤中吸收氮素 1.6~2.5kg，以产量 9000kg/hm² 为例，需氮量为 140~230kg/hm²。闫湘等（2017）在调查全国农户田间氮肥利用情况的基础上指出，水稻地上部吸氮量的变化范围基本与田间试验一致，为 133.5~219.1kg/hm²。本研究发现，不论是单季稻、早稻还是晚稻，RiceGrow 模型和 ORYZA(v3) 模型均表现为随施氮量增加则产量会逐渐升高的规律，而 CERES-Rice 模型模拟的晚稻产量在施氮量为 180kg/hm² 时出现明显峰值后，继续增加施氮量则产量明显减小。不同模型的不同表现可能是由于不同模型在水稻的土壤氮素动态变化过程模拟方面存在差异。过量施用氮肥时，不仅会造成氮肥生理利用率的急剧下降，而且增产效果也不明显，甚至导致减产（赵宏伟和沙汉景，2014）。Ahmad 等（2012）研究也认为，水稻产量随着施氮量的增加而缓慢增加，但施肥量过大不仅会导致氮肥利用效率的下降，而且还会造成水稻茎秆的抗折力和弹性模量降低，抗倒伏能力下降（李国辉等，2013）。而模型中并没有考虑高氮肥引起倒伏、病虫害等机制，因而施肥量越高，模型模拟的产量就越高。因此，在实际生产中，不应一味地通过增加施氮量来追求高产，还应该充分考虑以氮肥利用效率来确定最适的施氮量。前人研究也发现，我国大部分地区的氮肥施用量都可以在原有基础上减少，同时还能保证水稻产量的稳定，甚至增产（单玉华等，2000；陶帅平等，2008）。此外，在氮肥基追比方面，在水稻生长后期过量施用氮肥与在水稻生长前期过量施用氮肥相比，氮肥生理利用率降低幅度更大（Ahmad et al.，2012；李国辉等，2013；赵宏伟和沙汉景，2014）。然而，RiceGrow 模型在双季稻中产量对施氮量改变的响应并不明显，可能是对照施氮量（300kg/hm²）太高，进而导致该施氮量下产量对基追比也不是太敏感。ORYZA(v3) 模型中单季稻、早稻和晚稻均表现为增加追肥比例有利于增产增效，而 CERES-Rice 模型和 RiceGrow 模型则表现出与之相反的规律，但是这与 Jeong 等（2014）利用 CERES-Rice 模型研究发现的在基追比为 6：4 下的水稻产量较基追比为 5：5 高的结果相一致。在施肥次数方面，本研究发现，在氮肥基追比一定的情况下增加施肥次数不仅有利于提高水稻产量，而且能够提高氮肥利用效率，这与 Wopereis-Pura 等（2002）的研究结果一致。虽然增加施肥次数有利于增产增效，但是在实际生产上，增加施肥次数会增加成本投入，因而，应综合考虑增加施肥次数带来的效益及其成本投入来决定是否采用增加施肥次数的管理措施。

水稻生产中合理配套管理措施尤为重要，因为稻田管理采用的不同管理措施之间往往存在互作效应。本研究中，3 个模型对单季稻、早稻、晚稻的模拟结果均显示，播期、移栽密度和施氮量之间在提高产量与氮肥利用效率方面能够起到很好的互补作用。播期提前和移栽密度增大互作对提高产量与氮肥利用效率具有正效应。当播期和施氮量互作时，整体上表现为播期提前和施氮量增加的互作对产量提升效应较大，但施氮量增加会导致氮肥利用效率降低，从而在一定程度上抵消播期提前带来的氮肥利用效率方面的提升。而施氮量和移栽密度互作时，施氮量增加和移栽密度增大互作对产量的提升最高，但在施氮量增加的组合下，氮肥利用效率有一定的下降。因此，在实际水稻生产管理中，在水稻种植茬口比较宽松的情况下，建议尽量提前播种，这样不仅有利于提高产量，还能为下季作物的种植预留较大的播种窗口期。当肥量不足或者播期较迟时，可以适当增大移栽密度来保证产量。增大移栽密度对提高产量有利，但是考虑到密度过大会影响稻田小气候，移栽密度应不超过 40 穴/m²。当播期推迟时，而预测产量能达到目标产量时，可以考虑在不增加施氮量的情况下，通过增大穗肥比例或者施肥次数的方法来稳定产量，以达到高产、稳产且氮肥利用效率较高的目标。

作物产量是气候、土壤等众多自然条件以及栽培管理措施等人为因素间相互作用的结果（Zhang et al.，2016）。考虑到工作量大、试验数据有限等原因，本研究还存在以下不足之处。本研究在单、双季稻的研究中都只采用了一个水稻品种，而且都只选取一个研究站点，今后还需要在更多的区域和站点上利用更多的品种进行模拟试验，以验证本研究的结果，从而扩大本研究结果的适用范围。另外，本研究所设置的对照中的管理措施的数值会直接影响产量差、贡献率和氮肥利用效率差的大小及正负，因此本研究结果只适用于特定地区和站点，对其他地区或者站点只能起到定性参考作用。本研究中由于模型固有的局限性，对较高的施氮量和移栽密度以及高施氮与高移栽密度下水稻群体特征及病虫害发生情况等不能进行很好地模拟。而且由于每个基追比下涉及多个不同的氮肥比例，最后总结基追比规律时，本研究采用产量平均值来对比基追比规律，因此规律也不如基追比处理较少的大田试验明显。此外，本研究仅考虑了常规管理措施中的部分单一因素以及播期、移栽密度、施氮量 3 种措施两两互作对产量和氮肥利用效率的影响，今后还应考虑更多种管理措施如灌溉、秸秆还田、施肥种类和施肥深度等农艺措施的交互作用，进一步探究既满足水稻高产，又兼顾水氮、温光资源高效利用的栽培管理方案。

第三节　小麦缩差技术综合评价

本研究以冬小麦的主产区黄淮海平原及西北半干旱区和干旱区的陕西、甘肃与新疆的冬麦区为研究对象，根据长期的气象数据，采用模型模拟方法研究不同水平的农艺管理措施对冬小麦不同产量水平的影响，评价缩小冬小麦产量差的技术途径，制定粮食生产相应的政策建议，为国家粮食安全和资源高效利用的战略决策提供科学依据。

一、单一管理措施区域缩差评价

（一）模拟情景

模拟情景一：将当地品种以及当地常规管理措施（土壤养分、播期、种植密度、施氮量）条件下的产量作为对照产量（Y_{ck}，kg/hm²）。当地常规管理措施参考张福锁等（2008）、王树丽等（2012）、姚宁等（2015）的研究结果，种植密度定为 300 万株/hm²，施氮量为 150kg/hm²；参照 Li 等（2014）的研究，各站点的播期设置在 10 月上旬至下旬；各站点实际土壤养分水平的划分依据第二次土壤普查《全国土壤养分含量分级标准表》的分级标准（《中国土壤》，1998 年）。模拟情景二：假设其他条件与模拟情景一相同，仅将各站点的播期调整为适宜时期即调整播种时间提前或退后，模拟的较高产量作为适宜播期条件下的可获得产量潜力（Y_d，kg/hm²）。模拟情景三：假设其他条件与模拟情景一相同，仅将各站点的种植密度调整为 300 万～600 万株/hm²，模拟的较高产量作为增加种植密度条件下的可获得产量潜力（Y_m，kg/hm²）。模拟情景四：假设其他条件与模拟情景一相同，仅将各站点的施氮量调整为 300～600kg/hm²，此时模拟的较高产量作为增加施氮量条件下的可获得产量潜力（Y_n，kg/hm²）。

（二）适宜播期、增加种植密度、增加施氮量条件下的冬小麦的产量差

冬小麦通过适宜播种时间调整，在黄淮海、西北冬小麦产量差均增加。产量差越大，表明该项措施可提升的产量潜力越大。调整播期的增产潜力为 515～1144kg/hm²，但是增产的空间分布差异较大。

产量差高值区分布在黄淮海区域的中部和南部，包括河北、河南、安徽和江苏南部，产量差为 809～1144kg/hm²，且部分区域产量差大于 1144kg/hm²。黄淮海地区的东部和西部增产潜力较低，产量差低于 515kg/hm²，主要包括山西西部。西北的陕西、甘肃和新疆冬小麦增产潜力偏低，产量差低于 809kg/hm²，其中西北区域陕西、甘肃和新疆北部是冬小麦产量差低值区，产量差低于 515kg/hm²，新疆南部产量差为 515～809kg/hm²。这表明西北冬小麦调整播种时间的增产潜力较小，黄淮海地区的中部和南部增产潜力较大。

在黄淮海、甘肃和新疆通过密度调整，冬小麦增产潜力较小，产量差为 116～443kg/hm²，表明增加种植密度在黄淮海和西北冬麦区增产潜力较低。黄淮海大部分区域产量差为 116～248kg/hm²。西北的陕西和甘肃的产量差小于 116kg/hm²，是产量差的低值区，新疆南部区域冬小麦的产量差大于北部，其南部的产量差为 243～443kg/hm²，北部的产量差为 116～248kg/hm²。这表明相对于调整播种时间，黄淮海、甘肃和新疆北部增加种植密度的增产潜力较低，其增产潜力低值区位于西北的甘肃和陕西，增产潜力高值区位于新疆南部和黄淮海的小部分区域。

施氮量 583～2012kg/hm²，表明增加施氮量在黄淮海和西北冬麦区的增产潜力较大，但是空间分布的差异性较明显。黄淮海地区冬小麦产量差部分差异明显，东部的河北、山东和安徽西部是低值区，产量差小于 583kg/hm²。高值区分布在江苏，产量差为 1196～2012kg/hm²，中部区域山西、河南产量差为 583～1196kg/hm²。西北地区的陕西是产量差高值区，产量差为 1196～2012kg/hm²，且部分区域产量差大于 2012kg/hm²。新疆产量差为 583～1196kg/hm²，甘肃产量差低于 583kg/hm²。这表明增加施氮量对黄淮海区域的江苏和西北的陕西增产潜力比较显著，山西、河南和新疆增产潜力次之，河北、山东和安徽西部以及西北区域的甘肃增产潜力低。

（三）单一管理措施对缩差的贡献

在黄淮海冬麦区，缩小产量差的贡献率的高值区分布在中部，其贡献率为 9%～13%，包括河北、河南、安徽和江苏南部，且部分区域贡献率大于 13%。在西北冬麦区，缩小产量差的贡献率比较低，其贡献率为 5%～9%，其中低值区位于陕西、甘肃和新疆北部。

相对于调整播期，增加种植密度对冬小麦缩小产量差的贡献率比较低。在黄淮海大部分冬麦区缩小产量差的贡献率较低，贡献率为 2%～5%，其中安徽冬麦区缩小产量差的贡献率大于 5%。西北冬麦区的陕西和甘肃为低值区，缩小产量差的贡献率小于 2%，新疆西部冬麦区为 3%～5%，新疆东部为 2%～3%。

相对于调整播期和增加种植密度，增加施氮量对冬小麦缩小产量差的贡献率比较高。在黄淮海大部分冬麦区缩小产量差的贡献率较低，贡献率小于 11%，安徽和江苏东部为高值区，

缩小产量差的贡献率高于18%，河北、山东和安徽西部冬麦区为低值区，缩小产量差的贡献率低于6%。西北冬麦区的陕西和新疆为高值区，缩小产量差的贡献率为11%～18%，甘肃为低值区，缩小产量差的贡献率小于6%。

3种缩小冬小麦产量差的技术途径评价结果表明，黄淮海冬小麦提前播种与西北新疆和甘肃延迟播种，其缩差潜力为515～1144kg/hm²。黄淮海大部分（山东除外）冬麦区缩小产量差的潜力较大，其缩差潜力为809～1144kg/hm²，且部分区域高于1144kg/hm²。西北冬麦区缩小产量差的潜力较小，其缩差潜力为515～809kg/hm²，且大部分区域（陕西、甘肃和新疆北部）低于515kg/hm²。

相比调整播期，增加种植密度缩差潜力较小，其缩差潜力为116～443kg/hm²。黄淮海冬麦区和西北冬麦区（除新疆南部）缩差潜力为116～248kg/hm²，西北的甘肃和陕西冬麦区缩差潜力很小，低于116kg/hm²。

相比播期调整和增加密度，增加施氮量缩差潜力较大，其缩差潜力为583～2012kg/hm²。黄淮海冬麦区和西北冬麦区（除新疆南部）缩差潜力仅为116～248kg/hm²。

单一措施缩小冬麦区产量差的优先序：增加施氮量（河北、河南、安徽、山西调整播期优先）—播期调整（江苏、陕西增加施氮量优先）—增加种植密度。但西北甘肃和新疆南部及山东增加氮肥与调整播期对比，差异不明显。

二、互作管理措施区域缩差评价

（一）模拟情景

模拟情景一：将当地品种以及当地常规管理措施（土壤养分、播期、种植密度、施氮量）条件下的产量作为对照产量（Y_{ck}，kg/hm²）。模拟情景二：假设其他条件与模拟情景一相同，仅将各站点的作物播期、种植密度调整为适宜播期、增加种植密度的模拟产量，作为调整播期和种植密度两种措施下的可获得产量潜力（Y_{dm}，kg/hm²）。模拟情景三：假设其他条件与模拟情景一相同，仅将各站点种植密度、施氮量调整为增加种植密度、增加施氮量两种措施下的可获得产量潜力（Y_{mn}，kg/hm²）。模拟情景四：假设其他条件与模拟情景一相同，仅将各站点作物播期、施氮量调整为适宜播期、增加施氮量两种措施下的可获得产量潜力（Y_{dn}，kg/hm²）。

（二）适宜播期、适宜种植密度、适宜施氮量互作条件下的冬小麦的产量差

互作条件下产量差高值区分布在黄淮海冬麦区的北部，西北冬麦区的陕西北部和新疆南部，产量差为558～1153kg/hm²，部分区域大于1153kg/hm²。产量差低值区分布在黄淮海冬麦区的南部，包括山东、河南、安徽、新疆西北小部分地区、陕西南部和甘肃，其低值区产量差低于138kg/hm²。

在黄淮海冬麦区的北部为产量差高值区，产量差为1716～2689kg/hm²，在西北冬麦区和黄淮海南部冬麦区为产量差低值区，产量差为899～1716kg/hm²，其中甘肃产量差低于899kg/hm²。这表明，适宜播期和适宜施氮量互作条件下，黄淮海北部冬麦区的增产潜力比较大，其南部和西北冬麦区的增产潜力相对较小。

小部分产量差高值区在黄淮海冬麦区的山东、山西南部以及西北冬麦区的陕西中北部，产量差为1242～1954kg/hm²，部分高值区产量差大于1954kg/hm²。产量差低值区分布在西北冬麦区的新疆、甘肃与黄淮海北部和南部冬麦区，产量差为686～1242kg/hm²，其中甘肃和河

北南部产量差低于 686kg/hm²。这表明，适当增加播种密度和适宜施氮量互作条件下，西北冬麦区大部分的增产潜力相对较小，黄淮海冬麦区也只有少部分区域的增产潜力比较大。

产量差低值区位于西北冬麦区甘肃、新疆南部，贡献率为5%~10%，其中甘肃最低，贡献率小于5%，高值区位于新疆中部、陕西和黄淮海冬麦区的大部分区域，贡献率为10%~19%，其中山东和安徽北部的贡献率较高，大于19%。黄淮海冬麦区为高值区，贡献率为20%~26%，其中北部贡献率高于26%。这说明基于当地品种在充分灌溉条件下，增加种植密度和调整播期对黄淮海冬麦区大部分区域的贡献率较大，而对西北冬麦区大部分区域的贡献率较小。

（三）综合评价

3种农艺措施互作较单一措施增产潜力明显增大，其中播期和施氮量互作下缩小产量差最大，其次是种植密度和施氮量互作，播期和种植密度互作最后。

在互作措施下，黄淮海平原缩差潜力比西北冬麦区高。对比西北和黄淮海冬麦区，互作措施对西北地区缩小冬小麦产量差的贡献率低，在黄淮海冬麦区较高，尤其是山东、河北及山西的北部地区。

参 考 文 献

邓南燕. 2018. 中国水稻产量差评估及长江中下游地区增产途径探究. 武汉: 华中农业大学博士学位论文.

郭武. 2011. 水稻分蘖肥、穗肥和粒肥的施用技巧. 安徽农学通报（下半月刊）, 17(16): 52-125.

李国辉, 钟旭华, 田卡. 2013. 施氮对水稻茎秆抗倒伏能力的影响及其形态和力学机理. 中国农业科学, 46(7): 1323-1334.

李金宝, 许圣君, 戚士章. 2007. 不同栽培密度对水稻新品种 II 优 728 产量构成的影响. 现代农业科技, (7): 70-74.

林琼. 2012. 播期和密度对超级稻天优 3301 产量形成的影响. 福建农业学报, 27(7): 685-690.

钱晓华, 胡仁健, 常江. 2016. 安徽沿江地区机插单季稻高产高效肥料运筹研究. 中国稻米, 22(6): 71-75.

全国土壤普查办公室. 1998. 中国土壤. 北京: 中国农业出版社.

单玉华, 王余龙, 黄建晔. 2000. 中后期追施-¹⁵N 对水稻氮素积累与分配的影响. 江苏农业研究, (4): 18-21.

陶帅平, 李仿伢, 马国福. 2008. 不同农艺措施对机插水稻产量的影响. 安徽农业科学, 36(33): 14463-14465.

王夫玉, 张洪程. 2001. 农艺措施对水稻群体特征的影响. 甘肃科学学报, (1): 85-90.

王树丽, 贺明荣, 代兴龙, 等. 2012. 种植密度对冬小麦氮素吸收利用和分配的影响. 中国生态农业学报, 20(10): 1276-1281.

韦叶娜, 赵祥, 杨国涛, 等. 2018. 栽培密度对不同穗型水稻群体小气候及产量构成的影响. 应用与环境生物学报, 24(4): 813-823.

许轲, 孙圳, 霍中洋. 2013. 播期、品种类型对水稻产量、生育期及温光利用的影响. 中国农业科学, 46(20): 4222-4233.

闫湘, 金继运, 梁鸣早. 2017. 我国主要粮食作物化肥增产效应与肥料利用效率. 土壤, (6): 1067-1077.

杨文钰, 屠乃美. 2011. 作物栽培学各论: 南方本. 北京: 中国农业出版社.

姚宁, 周元刚, 宋利兵, 等. 2015. 不同水分胁迫条件下 DSSAT-CERES-Wheat 模型的调参与验证. 农业工程学报, 2(12): 138-150.

张福锁, 王激清, 张卫峰, 等. 2008. 中国主要粮食作物肥料利用率现状与提高途径. 土壤学报, 45(5): 915-924.

赵宏伟, 沙汉景. 2014. 我国稻田氮肥利用率的研究进展. 东北农业大学学报, (2): 116-122.

Ahmad S, Ahmad A, Soler C M T. 2012. Application of the CSM-CERES-Rice model for evaluation of plant density and nitrogen management of fine transplanted rice for an irrigated semiarid environment. Precision Agriculture, 13(2): 200-218.

Assefa Y, Carter P, Hinds M, et al. 2018. Analysis of long term study indicates both agronomic optimal plant density and increase maize yield per plant contributed to yield gain. Scientific Reports, 8(1): 4937.

Assefa Y, Prasad P V V, Carter P, et al. 2016. Yield responses to planting density for us modern corn hybrids: a synthesis-analysis. Crop Science, 56: 2802.

Asseng S, Ewert F, Rosenzweig C. 2013. Uncertainty in simulating wheat yields under climate change. Nature Climate Change, 3(9): 827-832.

Bai H, Tao F. 2017. Sustainable intensification options to improve yield potential and eco-efficiency for rice-wheat rotation system in China. Field Crops Research, 211: 89-105.

Burney J, Davis S, Lobell D. 2010. Greenhouse gas mitigation by agricultural intensification. Proceedings of the National Academy of Sciences of the United States of America, 107: 12052.

Cassman K G, Dobermann A, Walters D T. 2002. Agroecosystems nitrogen-use efficiency, and nitrogen management. Ambio, 31(2): 132-140.

Chen X, Cui Z, Fan M, et al. 2014b. Producing more grain with lower environmental costs. Nature, 514(7523): 486.

Chen X C, Xu Y, Xu C H. 2014a. Assessment of precipitation simulations in China by CMIP5 multi-models. Progressus Inquisitiones De Mutatione Climatis, 10: 217-225.

Chen X P, Cui Z L, Vitousek P M, et al. 2011. Integrated soil-crop system management for food security. Proceedings of the National Academy of Sciences of the United States of America, 108(16): 6399-6404.

Cui Z, Zhang H, Chen X, et al. 2018. Pursuing sustainable productivity with millions of smallholder farmers. Nature, 555(7696): 363-366.

Davidson E. 2009. The contribution of manure and fertilizer nitrogen to atmospheric nitrous oxide since 1860. Nature Geoscience, 2(4): 659-662.

Diaz R, Rosenberg R. 2008. Spreading dead zones and consequences for marine ecosystems. Science, 321: 926-929.

Duvick D N. 2005. The contribution of breeding to yield advances in maize (Zea mays L.). Advances in Agronomy, 86: 83-145.

Foley J A, Ramankutty N, Brauman K A, et al. 2011. Solutions for a cultivated planet. Nature, 478: 337-342.

Grassini P, Cassman K G. 2012. High-yield maize with large net energy yield and small global warming intensity. Proceedings of the National Academy of Sciences of the United States of America, 109: 1074-1079.

Grassini P, Thorburn J, Burr C, et al. 2011. High-yield irrigated maize in the Western U.S. corn belt: I. on-farm yield, yield potential, and impact of agronomic practices. Field Crops Reserach, 120: 142-150.

Guo J, Liu X, Zhang Y, et al. 2010. Significant acidification in major Chinese croplands. Science, 327: 1008-1010.

Hassan M J, Nawab K, Ali A. 2007. Response of specific leaf area (SLA), leaf area index (LAI) and leaf area ratio (LAR) of maize (Zea mays L.) to plant density, rate and timing of nitrogen application. World Applied Sciences Journal, 2(3): 235-243.

Hillier J, Hawes C, Squire G, et al. 2009. The carbon footprints of food crop production. International Journal of Agricultural Sustainability, 7(2): 107-118.

Hou P, Liu Y, Xie R, et al. 2014. Temporal and spatial variation in accumulated temperature requirements of maize. Field Crops Research, 158: 55-64.

Jeong H, Jang T, Seong C. 2014. Assessing nitrogen fertilizer rates and split applications using the DSSAT model for rice irrigated with urban wastewater. Agricultural Water Management, (141): 1-9.

Li J, Xie R Z, Wang K R, et al. 2015b. Variations in maize dry matter, harvest index, and grain yield with plant density. Agronomy Journal, 107(3): 829.

Li K N, Yang X G, Liu Z J, et al. 2014. Low yield gap of winter wheat in the North China Plain. European Journal of Agronomy, 59(59): 1-12.

Li S, Wang K, Xie R, et al. 2016. Implementing higher population and full mechanization technologies to achieve high yield and high efficiency in maize production. Crops, 4: 1-6.

Li S K, Wang C T. 2010. Potential and ways to high yield in maize. Beijing: Science Press.

Li T, Hasegawa T, Yin X. 2015a. Uncertainties in predicting rice yield by current crop models under a wide range of climatic conditions. Global Change Biology, 21(3): 1328-1341.

Liu B, Asseng S, Liu L. 2016. Testing the responses of four wheat crop models to heat stress at anthesis and grain filling. Global Change Biology, 22(5): 1890-1903.

Liu G, Hou P, Xie R, et al. 2017. Canopy characteristics of high-yield maize with yield potential of 22.5 Mg ha^{-1}. Field Crops Research, 213: 221-230.

Liu G, Hou P, Xie R, et al. 2019. Nitrogen uptake and response to radiation distribution in the canopy of high-yield maize. Crop Science, 59: 1236-1247.

Liu X, Zhang Y, Han W, et al. 2013a. Enhanced nitrogen deposition over China. Nature, 494: 459-462.

Liu Y, Hou P, Xie R, et al. 2013b. Spatial adaptabilities of spring maize to variation of climatic conditions. Crop Science, 53: 1693.

Liu Y, Hou P, Xie R, et al. 2015. Spatial variation and improving measures of the utilization efficiency of accumulated temperature. Crop Science, 55: 1806.

Liu Y, Xie R, Hou P, et al. 2013c. Phenological responses of maize to changes in environment when grown at different latitudes in China. Field Crops Research, 144: 192-199.

Meng Q, Hou P, Wu L, et al. 2013. Understanding production potentials and yield gaps in intensive maize production in China. Field Crops Research, 143: 91-97.

Ming B, Xie R, Hou P, et al. 2017. Changes of maize planting density in China. Scientia Agricultura Sinica, 50: 1960-1972.

Ren B, Liu W, Zhang J, et al. 2017. Effects of plant density on the photosynthetic and chloroplast characteristics of maize under high-yielding conditions. Science of Nature, 104(3-4): 12.

Russell W A. 1991. Genetic improvement of maize yields. Advances in Agronomy, 46: 245-298.

Tilman D, Balzer C, Hill J, et al. 2011. Global food demand and the sustainable intensification of agriculture. Proceedings of the National Academy of Sciences of the United States of America, 108: 20260-20264.

Tollenaar M, Lee E A. 2002. Yield potential, yield stability and stress tolerance in maize. Field Crops Research, 75(2): 161-169.

Toshichika I, Navin R. 2015. How do weather and climate influence cropping area and intensity? Global Food Securit, 4: 46-50.

van Ittersum M K, Cassman K G. 2013. Yield gap analysis−rationale, methods and applications−introduction to the special issue. Field Crops Research, (143): 1-3.

Vazin F, Hassanzadeh M, Madani A, et al. 2010. Modeling light interception and distribution in mixed canopy of common cocklebur (*Xanthium stramarium*) in competition with corn. Planta Daninha, 28: 455-462.

Wallach D, Thorburn P, Asseng S. 2016. Estimating model prediction error: should you treat predictions as fixed or random? Environmental Modelling & Software, 84: 529-539.

Wopereis-Pura M M, Watanabe H, Moreira J. 2002. Effect of late nitrogen application on rice yield, grain quality and profitability in the Senegal River valley. European Journal of Agronomy, 17(3): 191-198.

Xu W J, Liu C W, Wang K, et al. 2017. Adjusting maize plant density to different climatic conditions across a large longitudinal distance in China. Field Crops Research, 212: 126-134.

Yoshimoto M, Yokozawa M, Iizumi T. 2010. Projection of effects of climate change on rice yield and keys to reduce its uncertainties. Crop Environment Bioinfomation, 7(4): 260-268.

Zhang H, Tao F, Xiao D. 2016. Contributions of climate, varieties, and agronomic management to rice yield change in the past three decades in China. Frontiers of Earth Science, 10(2): 315-327.

Zhang T, Yang X, Wang H. 2014. Climatic and technological ceilings for Chinese rice stagnation based on yield gaps and yield trend pattern analysis. Global Change Biology, 20(4): 1289-1298.

第三篇

政　策　篇

第十一章 作物丰产增效与可持续发展

仓廪实，天下安。2020 年新型冠状病毒感染疫情再次引发全球范围内对粮食安全的关注。联合国世界粮食计划署估计，受新型冠状病毒感染疫情等因素影响，2020 年全球面临严重粮食不安全的人口数量可能由 1.35 亿增至 2.65 亿，粮食安全依然是世界性的重大课题。经济合作与发展组织-联合国粮食及农业组织于 2021～2030 年农业展望中指出，2030 年世界人口将达到 85 亿，未来 10 年全球农产品需求预计以每年 1.2% 的速度增长，全球谷物单产年均增长率约为 1%，推动改良品种的研发和大面积采用、提高农业投入的使用效率以及采用可持续的农业生产方式是未来粮食产量提高的重要因素。

党的十八大以来，以习近平同志为核心的党中央始终把粮食安全作为治国理政的头等大事，明确提出了"确保谷物基本自给、口粮绝对安全"的新粮食安全观。习近平总书记在党的十九大报告中也明确提出了"确保国家粮食安全，把中国人的饭碗牢牢端在自己手中"。2019 年中央一号文件要求推动"藏粮于地、藏粮于技"落实落地。2020 年和 2021 年的中央一号文件都强调了稳定粮食生产与促进农民增收。巩固脱贫攻坚成果，粮食安全决不能出问题，粮食产量达到 1.3 万亿斤（1 斤=0.5kg）以上，关键是要解决好种子和耕地两个要害问题。在农业资源不断稀缺的背景下，要实施乡村振兴战略和高质量推进农业生产发展，提升粮食生产效率则成为了亟待解决的关键问题。耕地有限，技术进步无限，"藏粮于地、藏粮于技"是保障国家粮食安全的必然选择。

第一节 三大粮食作物布局

一、水稻

水稻单产提高是保障粮食供给的关键因素。过去 30 年间，全国水稻平均单产稳步上升，由 1981 年的 4.32t/hm^2 增加到 2019 年的 7.06t/hm^2，增加了 63%。同时水稻播种面积显著下降，从 1981 年的 3329.5 万 hm^2 降至 2019 年的 2969.4 万 hm^2（图 11-1）。2002 年，稻谷价格下降，

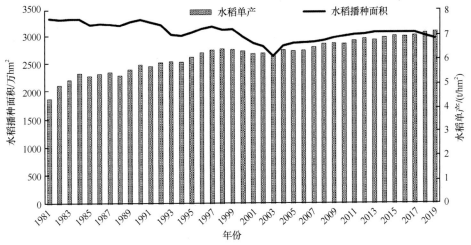

图 11-1　1981～2019 年水稻生产变化趋势

数据来源：《中国农村统计年鉴》

农民种粮积极性受影响，使得水稻播种面积出现波动，部分农民转种当时价格更高的豆类产品。2003 年，国家开始重视耕地保护，之后水稻播种面积基本稳定在每年 3000 万 hm² 左右。稻谷产量在 1997 年增长较快，1998～2003 年稻谷总产量有所下降，而后呈现稳步提升的状态。自 2011 年起，稻谷年产量稳定在 2 亿 t 以上，2017 年最高峰达到了 2.13 亿 t。

水稻产区分为长江流域稻区、东北稻区、东南沿海优势稻区和西北稻区。其中长江流域稻区和东北稻区为我国水稻生产的主要区域。长江流域稻区温光水资源充裕，地理位置居中，水陆运输发达，劳动力资源丰富，具有发展名优和特色大米的基础。该稻区包括云南、贵州、四川、重庆、湖南、湖北、河南、安徽、江西和江苏等 10 省（直辖市）。稻区内气候四季分明，全年 ≥10℃ 的有效积温 4500～5800℃·d，日照时数 1100～2500h，降水量 1000～2000mm。稻区内单季稻和双季稻共存，包括籼稻、粳稻和糯稻等多样化品种。2018 年，水稻播种面积 28 901.8 万亩，总产 13 786.3 万 t，分别占全国水稻面积和总产的 63.8% 和 65%，平均亩产 477kg。

东北稻区包括黑龙江、吉林和辽宁三省及黑龙江农垦。该区域土壤肥沃，全年 ≥10℃ 的有效积温 2000～3600℃·d，日照时数 2400～3100h，降水量 320～1000mm，热量条件可满足一季作物生长，是绿色优质稻的理想种植区域，也是我国优质粳稻的主要产区。东北大米已成为我国最具影响力的地理标志品牌。2018 年，东北稻区水稻播种面积达到 7666.7 万亩，水稻产量 3749.8 万 t，分别占全国的 16.9% 和 17.7%，平均亩产 489.1kg。

东南沿海优势稻区包括上海、浙江、福建、广东、广西和海南 6 省份，是我国降水、光照和热量最多、最充足与最适宜水稻生长的区域，同时也是我国稻米的主产区和主销区。稻区内的光照、温度和水资源都比较丰富，年日照时数 1300～2600h，全年 ≥10℃ 的积温 5000～9300℃·d，降水量 1100～3000mm，气候条件满足单季、双季和三季稻作种植。该区域经济发达，消费者对稻米品质的要求较高，粮食购销的市场化程度和优质稻米的产业化水平较高。2018 年，该产区水稻播种面积 7740.5 万亩，总产量 3142.7 万 t，分别占全国水稻的 17.1% 和 14.8%，平均亩产 406kg。

西北稻区包括内蒙古、宁夏、新疆等 3 个自治区，区域内光照丰富且热量充裕，全年 ≥10℃ 的有效积温 2000～3800℃·d，日照时数 2500～3300h，降水量 150～550mm，热量条件可满足一季作物生长。西北稻区是我国最为干旱的地区，当地水稻种植主要利用雪水和河流灌溉，是我国耐盐碱水稻生产的先行区和潜在发展区。该稻区水稻面积较小，仅占全国水稻面积的 1% 左右，但单产水平最高，2018 年平均亩产达到 567kg。该区域污染少，水稻生长季的生物灾害和非生物灾害相对较少，是绿色优质粳稻理想的种植区和潜在发展区。

随着水稻产业的发展，水稻生产呈现集中趋势。湖南、黑龙江、江西、安徽、湖北和江苏等六省是全国主要水稻生产省份，2019 年六省水稻播种面积和产量占比均超过 60%。长江流域稻区是水稻主产区，其中湖南省水稻播种面积一直位于全国首位。湖北和江苏水稻平均单产在 2019 年均超过 8t/hm²（表 11-1）。

表 11-1　水稻主产区历年单产情况　　　　　　　　　　　（单位：t/hm²）

水稻产区	1991 年	1996 年	2001 年	2006 年	2011 年	2016 年	2019 年
湖南	5.75	6.03	6.31	6.14	6.33	6.67	6.77
黑龙江	4.23	5.74	6.49	6.26	7.00	8.63	6.99
江西	4.92	5.38	5.31	5.48	5.88	6.45	6.12

续表

水稻产区	1991 年	1996 年	2001 年	2006 年	2011 年	2016 年	2019 年
安徽	4.70	5.93	6.02	6.04	6.22	6.93	6.50
湖北	5.92	7.03	7.30	7.28	7.94	8.80	8.21
江苏	6.94	8.01	8.42	8.02	8.29	8.27	8.97
四川	6.77	7.23	6.83	6.42	7.61	7.37	7.86
广东	5.28	5.71	5.48	5.23	5.65	5.50	5.99
广西	4.79	5.18	5.08	5.09	5.22	5.44	5.79
云南	5.07	5.71	5.42	6.23	6.23	4.64	6.35

数据来源:《中国农村统计年鉴》

二、小麦

小麦是全球最重要的主粮之一，为全球数十亿人提供约 20% 的热量摄入。中国是世界上最大的小麦生产国和消费国，小麦种植遍布 23 个省份，为 60% 以上的人口提供主食（Zhai et al.，2017）。2018 年，中国的小麦产量约占全球产量的 20%（FAO，2020）。得益于政府在小麦育种及技术推广方面的投入，自 2000 年以来虽然我国小麦播种面积减少了近 20%，但是小麦总产量一直保持稳定（Xu et al.，2013；Wang et al.，2019）。

我国小麦种植分为冬小麦和春小麦，其中冬小麦面积占全国小麦面积的 95% 左右，春小麦主要种植在部分省份的高海拔和高纬度地区（Li et al.，2019）。总的来说，全国小麦种植面积逐年下降，从1990年的3075.3万 hm^2 下降到2006年的2361.3万 hm^2，减少了近30%，之后趋于稳定，2019 年全国小麦播种面积为2372.8 万 hm^2（图 11-2）。全国小麦平均单产从 1990 年的 3.19t/hm^2 增长到 2019 年的 5.6t/hm^2，增长幅度高达 76%。受面积和单产变化的影响，全国小麦产量在波动中呈现上升趋势，由 1990 年的 9823 万 t 增长到 2019 年的 1.34 亿 t，增长 26.3%。

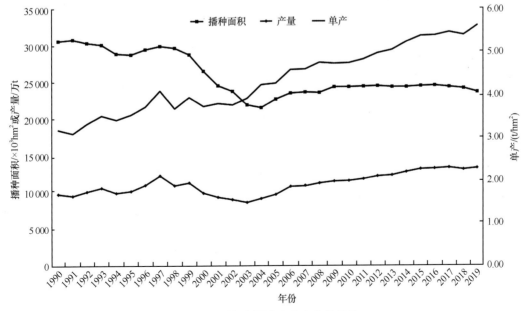

图 11-2　历年全国小麦生产变化趋势

　　根据地理位置和气候条件（包括温度、降水及土壤类型），小麦种植区域可划分为十大农业生态区，其中北部冬小麦区、东北春季麦区、北部春季麦区、西北春季麦区和新疆冬春季麦区是华北小麦育种计划的目标区域（Qin et al.，2015；Li et al.，2019）。不同省份小麦面积、品种和单产都存在较大差异，同一品种在不同地区的产量和效率也有所不同（Qin et al.，2015），种质资源的来源及育种技术的发展对小麦生产有显著影响（Xiang and Huang，2020）。

　　其中，河南、山东、安徽、江苏和河北等 5 个省份是全国小麦主产区，小麦播种面积占比由 1984 年的 50% 左右上升至 2019 年的 73%。河南小麦播种面积从 1984 年的 450 万 hm² 上升至 2019 年的 570 万 hm²，增幅超过 25%，2019 年河南小麦播种面积占全国面积的 24%（图 11-3）。其次是山东和安徽，2019 年小麦播种面积占比分别为 17% 和 12%。在单产方面，除安徽和江苏在个别年份低于全国平均水平，其余 3 个省份的单产一直高于全国平均水平。小麦种植呈现生产区域集中化的特征（叶志标和李文娟，2019）。

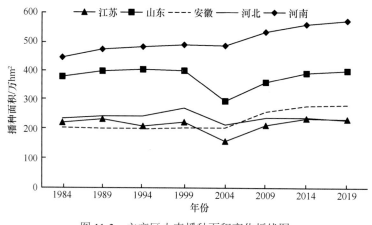

图 11-3　主产区小麦播种面积变化折线图

　　从区域分布来看，我国小麦生产的区域布局逐渐由南持续向北转移。北方产区的产量占全国小麦产量的比重由 1990 年的 69% 上升到 2019 年的 72%，所占比例从 67% 上升到 69%。由此可见，我国小麦生产趋势由南方持续向北方转移，由东西部逐渐向中部推进，东北区和黄淮海区形成了全国粮食增长中心（叶志标和李文娟，2019），粮食主产区的边界明显地呈现出缩小趋势。有研究显示，小麦生产集中化是三大粮食作物中集中程度最高的（柴玲欢和朱会义，2016）。

三、玉米

　　过去 10 年，我国玉米总产量总体呈现上涨趋势，年均增长 5% 左右，玉米已发展成为我国面积最大且总产量最高的作物，占全国粮食产量的近 40%。玉米播种面积占我国粮食作物播种面积的比重由 1990 年的 14% 上升到 2019 年的 25%，自 2010 年起超过水稻，玉米成为中国播种面积最大的粮食作物。

　　近 30 年来，玉米在中国呈现持续扩张的态势，幅度显著，且生产水平总体上处于提高的状态。其中，玉米的播种面积在 1991～2015 年呈现持续上升趋势，从 2157.4 万 hm² 增加到 4469.8 万 hm²，增加了一倍多，之后出现小幅回落，下降至 2019 年的 4128.4 万 hm²。全国玉米产量的变化趋势与播种面积趋同，从 9877 万 t 上升至 2015 年的 2.65 亿 t，增长 164%，之后略微有所下降，2019 年玉米产量达到 2.61 亿 t。相比玉米播种面积和产量，玉米单产总体呈现稳步上升趋势，从 1991 年 4.58t/hm² 上升至 2019 年的 6.32t/hm²，其中 2012 年最高单产水平约 7t/hm²（图 11-4）。

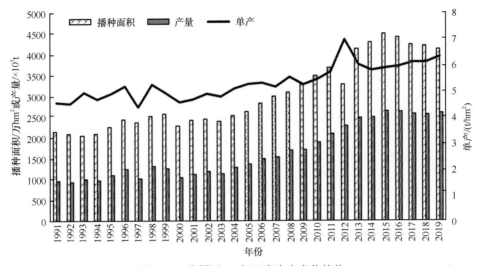

图 11-4　我国近 30 年玉米生产变化趋势

数据来源：《中国统计年鉴》，单位面积产量经计算得来

　　我国玉米种植区主要包括东华北春玉米区、黄淮海平原夏播玉米区、西南山地玉米区、西北灌溉玉米区、南方丘陵玉米区、青藏高原玉米区六大区域，其中前 3 个为我国玉米主产区（图 11-5）。①东华北春玉米区包括黑龙江、吉林、辽宁和内蒙古，以及陕西和山西中部与河北北部玉米种植。该区是我国玉米高产区，玉米种植面积占全国玉米种植面积的 40%，是我国面积最大的玉米种植区域，其中东北三省和内蒙古东四盟是我国北方春玉米区的玉米集中产区。②黄淮海平原夏播玉米区位于我国玉米带的中段，包括河南和山东全省，以及河北中南部、陕西关中和陕南地区、山西南部、安徽与江苏北部，每年玉米种植面积约占全国

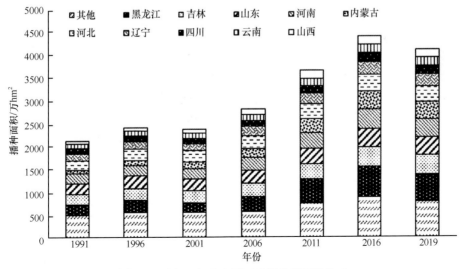

图 11-5　近 30 年来全国玉米播种面积的构成

数据来源：《中国农村统计年鉴》，经整理得到

的 35%，是我国两大优势产区之一。③西南山地玉米区也是中国的玉米主产区之一，包括四川、云南和贵州全省，陕西南部，以及广西、湖南、湖北的西部丘陵山区和甘肃的部分区域。该产区每年玉米种植面积占全国的 18% 左右。

四、粮食布局的影响因素

气候因素是推动三大粮食作物生产布局发生变化的重要因素。农业生产过程严重依赖外部气候（毛学峰等，2015），气温升高使得适宜种植水稻的北方区域面积增加，从而扩大了北方水稻种植面积（王丽妍等，2017），这也是水稻种植中心北移的重要因素之一。1998～2007年，辽宁、河北和山西等省份的冬小麦种植北界有不同程度的北移西扩，导致一些本来只能种春小麦的地区可以种冬小麦，单产平均增加约 25%（杨晓光等，2011）。随着东三省热量资源的增加，春玉米的播种面积呈现出向北和向东扩张的趋势，但这会增加蒸发量，从而引起水分的减少（王培娟等，2015）。在气候变化背景下，玉米生产对水资源的需求增加，缺水地区的玉米生产因此面临更大的挑战（Meng et al.，2013）。

在单产潜力方面，气候变化加剧了粮食生产环境和条件的变化，其对粮食作物单产的变化呈现不一致（林而达等，2007；Nelson et al.，2009；杨晓光等，2011）。夜间平均温度上升会导致水稻单产降低（Peng et al.，2004），温度上升和水资源短缺导致小麦、水稻与玉米等单产下降 9%～11%（Rosenzweig and Parry，1994），长江流域中稻花期的极端高温导致水稻平均产量显著降低 13%（Shi et al.，2009）。季节性干旱、极端天气灾害对我国的水稻生产有不利的影响。持续高温不仅会加大水稻减产率，高温热害还会导致稻米品质变差（杨太明和陈金华，2007；王品等，2014；尹朝静，2017）。气候变化对水稻单产的影响呈现非线性趋势（尹朝静等，2018）。也有研究显示，气候变化增加了我国玉米生产的潜力（Li et al.，2020），但是东北地区的气候变化对玉米生产潜力的效应为负（吕硕等，2013）。

各地区的自然条件呈现显著变化。比如，玉米主产区的土壤养分存在明显的空间变异性，其中东北春玉米区有机质、全氮和有机磷成分含量最高，华北区土壤养分适中，西北区肥力较低，而西南区土壤肥力变异较大（赵晴月等，2020）。

但是，气温、降雨和光照对不同作物生产的影响并不一致，因此难以界定影响特定区域内粮食生产的具体气候因子（Chen et al.，2014；高雪，2019；Li et al.，2020）。

技术进步是推动农业生产力增长的主要因素。1975～1992 年，新技术对水稻单产增长的贡献率超过了一半。自从 20 世纪 80 年代以来，科技进步对粮食生产的贡献率高达 50% 以上，是各种生产因素中贡献率最大的因素（黄季焜等，1995；黄季焜和 Rozelle，1996；Jin et al.，2010；Fuglie，2012）。品种创新是应对气候变化不利影响的最为重要的措施之一（周曙东等，2013）。20 世纪 90 年代科技进步对农业增长的贡献率达到 40% 以上（朱希刚和黄季焜，1994；朱希刚，1997）。《中国农业农村科技发展报告（2012—2017）》指出，我国农业科技进步贡献率从 2012 年的 53.5% 提高到 2017 年的 57.5%（http://www.gov.cn/shuju/2018-09/21/content_5324151.htm），但与发达国家农业科技 70%～80% 的贡献率相比尚有较大差距（郭海红，2019）。研究显示，农业技术的性质是影响技术扩散模式及其差异的主要因素（Zilberman et al.，2012；Zilberman，2019）。当前中国农业发展的各项资源约束条件不断加强，农业技术创新需要开拓新的领域和新的发展路径（高芸和赵芝俊，2020）。

第二节　栽培技术对缩小粮食作物产量差的影响

如前所述，虽然水稻、小麦和玉米 3 种粮食作物的生产地域分布有所不同，但产业发展具有相同之处，即作物播种面积在波动中趋于稳定，粮食产量逐年增加，作物单产增速减缓。单产提高是粮食作物连年增产的核心动力，单产潜力的进一步提升可能是粮食产业发展的首要约束条件。然而，目前粮食作物单产潜力接近其生物物理潜力的上限（Cassman et al.，2003；Licker et al.，2010；Neumann et al.，2010；van Wart et al.，2013）。在土地和水资源日益有限的背景下，应优先考虑缩小田间实际单产和现有单产潜力之间的差距，以提高当前田间实际单产和增加粮食产量（Grassini et al.，2013；van Ittersum and Cassman，2013；van Ittersum et al.，2013；Deng et al.，2019）。

一、不同类型农户之间的产量差

单产潜力[①]是指在农业生产中所有生产要素管理完善的情况下可实现的理想产量水平（Lobell et al.，2009），包括理论上的可能单产、理想条件下现有实验品种最高单产、理想条件下现有大田品种可能单产和大田实际单产（林毅夫等，1996）。农户实际单产对粮食生产至关重要，因为它显示了田间生产能力（Fischer，2015）。因此，缩小相同环境下农户田间实际单产水平（通常为平均单产）与单产潜力之间的差距是产量差研究的重要内容之一（Lobell et al.，2009；Affholder et al.，2013；Fischer，2015）。产量差主要指的是农户大田实际单产与理想条件下大田品种的可能单产之间的差距（林毅夫等，1996）

"粮食作物产量与效率层次差异及其丰产增效机理"（2016YFD0300100）是由中国农业科学院作物科学研究所主持的"十三五"国家重点研发计划项目。该项目以我国主要粮食作物玉米、水稻、小麦为研究对象，在东北、黄淮海、长江中下游等粮食主产区进行多环境、多地区、不同栽培技术及其组合的试验，通过阐明作物 4 个产量水平层次（光温生产潜力、高产纪录、大面积高产和平均产量）与光、温、水、肥利用效率差异的区域变化特征，揭示不同地区产量潜力及其效率差异的形成机制和主控因素，构建作物产量和效率协同提升的理论体系，提出消减产量和效率层次差异的调控途径，为解决我国粮食安全和资源高效利用的国家重大需求提供科技支撑与决策建议。在生产层面，即缩小农户水平与高产高效水平之间的产量差，提高农户水平粮食生产中对资源的利用效率，实现粮食产业可持续发展。

如前所述，本项目在各主产区分别进行高产高效农户生产试验的同时，对三大粮食作物的农户种植情况进行调查。以 2016 年水稻和玉米为例（表 11-2），高产高效农户比普通农户不仅明显提高了单产，而且降低了农业生产各要素的成本。

表 11-2　2016 年不同农户粮食作物投入产出情况

项目	水稻		玉米	
	高产高效农户	普通农户	高产高效农户	普通农户
投入产出				
单产/（kg/亩）	597	519	679	542
化肥投入量/（kg/亩）	38	38	59	76

---

① "单产潜力"的英文为"yield potential"，前文技术篇翻译为"潜在产量"，此处采用"单产潜力"以与农户数据保持一致。

续表

项目	水稻		玉米	
	高产高效农户	普通农户	高产高效农户	普通农户
氮肥折纯/(kg/亩)	10	7	14	14
磷肥折纯/(kg/亩)	1	1	2	3
钾肥折纯/(kg/亩)	3	2	2	3
其他化肥投入量/(kg/亩)	0	11	11	58
有机肥投入量/(kg/亩)	0	13	424	1125
成本构成				
总成本/(元/亩)	1886	1756	1113	957
种子成本/(元/亩)	52	68	56	116
化肥成本/(元/亩)	124	132	191	281
农药成本/(元/亩)	49	82	31	42
劳动力成本/(元/亩)	576	516	200	24
其他成本/(元/亩)	1085	958	635	494
样本量/户	35	1218	48	2038

注：其他化肥成分无法分离单独测算

2016 年水稻高产高效农户共有 35 户，农户平均单产接近 600kg/亩，比普通农户单产平均高出 15%，但其各项投入均明显低于普通农户。化肥投入方面，高产高效农户户均投入化肥 38kg/亩，其中氮、磷、钾肥折纯分别为 10kg/亩、1kg/亩和 3kg/亩，且农户均不施用有机肥。普通农户水稻生产中化肥总投入量为 49kg/亩，比高产高效农户高出近 30%，平均有机肥投入为 13kg/亩。高产高效农户化肥成本近 124 元/亩，种子和农药成本分别为 52 元/亩和 49 元/亩。普通农户平均化肥成本为 132 元/亩，种子和农药成本则分别是 68 元/亩和 82 元/亩，分别高出高产高效农户平均水平 31% 和 67%。

2016 年玉米高产高效农户记录共有 48 户，在降低各项生产要素投入的情况下，其平均单产接近 680kg/亩，比普通农户单产高出 1/4。化肥投入方面，高产高效农户户均化肥总投入量为 70kg/亩，普通农户则达到 134kg/亩，两者相差较大。高产高效农户户均施用有机肥 424kg/亩，约为普通农户施用量的 1/3。高产高效农户的种子成本仅占普通农户的一半左右，农药成本不到普通农户投入的 3/4。虽然高产高效农户的劳动力和机械投入等成本高于普通农户，但其亩均净收益仍明显高于普通农户。总的来说，高产高效技术使得农户实现了低投入、高产出、高收益的粮食生产。

二、栽培技术提高三大粮食作物农户单产的潜力

栽培技术是根据作物生长环境和自然条件特点，从光、温、水、肥利用出发，通过调整各生产要素的组合数量和施用时间，实现粮食生产高效增产的目的。一般来说，栽培技术覆盖作物整个生长期，包括品种选择、秧苗管理、水肥管理和病虫害及杂草防治等内容。此外，部分栽培技术还会考虑到当地的作物种植模式和制度选择。具体而言，"粮食作物产量与效率层次差异及其丰产增效机理"项目中针对水稻、玉米和小麦的栽培技术主要包括以下几个方面。

（一）水稻

项目区覆盖单季稻和双季稻地区，包括南方中稻区、南方再生稻区、南方双季稻区和东北粳稻区 4 个区域。其中，南方中稻的栽培技术要点在于优选品种、培育壮秧、增加密度、平衡施肥、水分管理和病虫害及杂草防控。再生稻技术要点与中稻类似，侧重于以"头季、再生季资源优化配置"为核心，配套品种生育期和肥料施用，优化配置头季和再生季温光与肥料资源，增施再生稻粒芽肥等栽培技术。双季稻除上述技术要点外，还考虑种植模式和制度选择。

研究结果显示，不同组合技术显著提高农户水稻单产水平，南方中稻单产潜力提高 15%，南方再生稻单产潜力可提高 27%，东北粳稻单产潜力提高 19%（表 11-3）。如果针对肥料、水分或者密度进行专项控制，各主产区水稻单产潜力提高均超过 20%，其中东北粳稻通过控肥技术可提高水稻单产潜力达 28%。如前所述，2018 年东北稻区水稻产量 3749.8 万 t，占全国水稻总产的比例为 17.7%。如果该产区农户水稻单产潜力平均提高 15%，在不增加播种面积的情况下，其水稻产量贡献比例上升至 20%，可增加水稻供给近 640 万 t。

表 11-3　栽培技术对粮食作物单产水平的提高潜力

作物种类	组合技术	肥料	水	密度	耕作	播种期
水稻						
南方中稻	15%					
南方再生稻	27%			25%		
南方双季稻	6%					
东北粳稻	19%	28%			21%	
小麦						
黄淮海冬小麦		18%	14%		27%	
南方稻茬麦	14%				10%	
玉米						
东北春玉米	22%					
黄淮海夏玉米	22%		13%		12%	12%
南方玉米	37%	16%		27%		

注：根据项目试验数据计算平均水平所得

（二）小麦

项目区重点关注黄淮海冬小麦和南方稻茬麦两个区域，技术研发内容主要包括土壤改良和田间管理等内容。黄淮海冬小麦采用"水肥一体供需同步"的高产优质高效栽培技术，采用垂直深旋耕技术整地，实现蓄水保墒，活化土壤营养，改良盐碱地等中低产田，建设高标准农田，减少灌溉和化肥农药施用量，提高资源利用效率。稻茬麦则重点是精量化机械条施肥、条播种新技术和密氮耦合技术。

在小麦单产潜力提升方面，南方稻茬麦通过组合技术可提高小麦单产 14%（表 11-3）。黄淮海冬小麦通过控肥和水分管理技术，可分别提高当地农户小麦单产 18% 和 14%，而耕作技术改进则提高单产高达 27%。黄淮海冬小麦产区包括河南、河北、山东和安徽等省份，这 4

个省 2019 年小麦产量占全国小麦产量的比例超过 70%。如果该地区农户小麦平均单产提高 10%，在不增加播种面积的情况下，全国小麦产量将增加 7%，超过 940 万 t。

（三）玉米

项目区覆盖东北春玉米区、黄淮海夏玉米区和南方玉米区等主要区域。春玉米主要是建立玉米条带耕作密植缩差增效技术途径，夏玉米技术要点包括品种选择、播种时期、种植密度、水肥管理和植保防疫等内容，如利用花粉量和散粉期不同、育性与耐热性互补的玉米品种进行间混作，延长散粉期的同时增加授粉机会，有助于在缓解高温热害的同时提高结实率，降低减产幅度。又如，根据气象条件进行水肥一体化管理，以微喷灌水施肥技术提高水肥利用效率，实现玉米种植的单产与效率协同提高。

不同于水稻和小麦，玉米组合栽培技术对不同玉米主产区单产的增加幅度明显高于单一栽培技术。通过不同栽培技术的组合，东北春玉米和黄淮海夏玉米农户单产增幅均超过 20%，南方玉米单产增幅高达 37%（表 11-3）。

三、栽培技术提高农户资源利用效率的情况

栽培技术在提高作物单产潜力的同时还需要提高作物对各生长要素及对自然条件的资源利用效率。资源利用效率指的是同等投入或者同样条件下提高作物单产潜力，节约资源投入，实现作物生产和环境保护的可持续发展。项目中栽培技术在提高农户资源利用效率方面取得了显著成果（表 11-4）。

表 11-4　栽培技术提高粮食作物资源利用效率水平

资源效率	作物	技术组合	肥料	水	密度	耕作
	水稻					
	南方中稻	13%				
	南方双季稻	17%				
	东北粳稻	26%				24%
	小麦					
氮素利用效率	黄淮海冬小麦		29%	14%		50%
	南方稻茬麦					43%
	玉米					
	东北春玉米	11%				
	黄淮海夏玉米	65%				
	南方玉米	16%				
	水稻					
	南方中稻	13%				
	东北粳稻	15%				
辐射利用效率	**玉米**					
	东北春玉米	13%				
	黄淮海夏玉米	45%		13%	15%	
	南方玉米	27%				

续表

资源效率	作物	技术组合	肥料	水	密度	耕作
水分利用效率	**水稻**					
	东北粳稻	23%				
	小麦					
	黄淮海冬小麦			18%		
	玉米					
	黄淮海夏玉米					18%
	南方玉米	30%				

在氮素利用效率方面，各栽培技术及其组合能够不同程度提高 3 种粮食作物生产中的氮素利用效率。水稻生产中，技术组合对东北粳稻的氮素利用效率提高最为显著，达到 26%，通过耕作制度可提高其氮素利用效率 24%，明显高于南方中稻和南方双季稻氮素利用效率的提高水平（分别为 13% 和 17%）。相比水稻，栽培技术对黄淮海冬小麦和南方稻茬麦氮素利用效率的提高更为显著，通过耕作技术分别提高两者氮素利用效率高达 50% 和 43%。虽然玉米各区域的氮素利用效率提升水平相差较大，但东北春玉米区、黄淮海夏玉米区和南方玉米主产区均显著提高了氮素利用效率，尤其是黄淮海夏玉米区，玉米氮素利用效率高达 65%。氮肥过量施用是导致气候变化和土壤污染以及水污染等的重要因素（IPCC，2007；Gruber and Galloway，2008；Guo et al.，2010；Gu et al.，2015；Huang and Yang，2017）。氮肥投入过量将导致氮素利用效率低，同时加剧环境和土壤的负担，优化管理技术可以同步实现粮食增产、节氮和减少环境排放的综合目标（任思洋等，2019），从而实现可持续农业发展背景下粮食安全和环境保护的双重目标。

辐射利用效率反映了作物将光能转化为生物质能的能力，有效提高辐射利用效率是提高作物单产潜力的重要内容。并且，提高辐射利用效率为同等产量条件下缩短作物生产周期提供了可能，这为提高土地复种指数与改变当地种植结构和模式提供了条件。项目中水稻辐射利用效率主要通过技术组合实现，南方中稻和东北粳稻辐射利用效率分别提高 13% 和 15%。组合技术对玉米辐射利用效率的提高程度明显好于控水和调整种植密度等单一技术的幅度，尤其是黄淮海夏玉米，组合技术可显著提高其辐射利用效率达 45%。栽培技术的大规模推广有助于在增加产量的同时提高土地资源利用效率，优化当前农户种植结构及其模式选择，为农户增产提供了可能。

水分利用效率是衡量各项技术节水效果的重要指标。不同技术对 3 种作物的节水效果各有不同。水稻生产中，技术组合能够提高东北粳稻 23% 的水分利用效率，控水技术提高黄淮海冬小麦水分利用效率达 18%，耕作制度将黄淮海夏玉米水分利用效率提高 18%，技术组合对南方玉米的节水效果最佳，可提高其水分利用效率 30%。玉米生产中的水分利用效率不容忽视（韩文霆等，2021），基于生态效益的管理方式能够优化氮肥投入，提高氮肥利用效率，有助于降低玉米产量的损失，同时提高农场盈利能力（Wang et al.，2014）。随着新兴技术的发展，基于生物信息学、机器学习建模和人工智能模拟技术的玉米"育种 4.0"成为我国玉米育种的发展方向（王向峰和才卓，2019）。

第三节　保障粮食安全的对策建议

科学的粮食生产布局是实现粮食可持续发展的重要环节（叶志标和李文娟，2019）。农业的首要任务是为社会提供物质产品（叶兴庆，2017），农业供给侧结构改革的着力点在于结构调整和效益提升（余欣荣，2015），其核心是面向需求大力优化农业供给结构，强化资源配置的针对性和有效性，扩大有效供给，从而形成高效、持续的农产品有效供给体系（韩俊，2016）。

第一，进一步推动多学科多领域的科研合作体系。新型冠状病毒感染疫情与气候变化和生物多样性之间的影响，凸显了人类与自然之间微妙的平衡以及错综复杂的关系。气候影响区域内温度、降水、光照以及土壤结构等自然条件，气候变化加大干旱、洪涝、盐碱及病虫害等生物和非生物胁迫性环境地区差异，导致极端气候事件频发，加快粮食主产区核心由南向北发生转移。已有研究显示，技术进步是保障粮食安全的关键因素。在日益加剧的气候变化背景下，复杂生态系统中的粮食作物生产技术将面临更严峻的挑战。随着社会化生产服务技术的进步，农业生产装备技术的改进、信息化技术在农业生产中的应用等相关生产技术的进步，农业分工空间逐渐加深（刘家成等，2019）。创新形成的技术不一定是连续的，颠覆性创新理论的发展为农业技术创新提供了新的可能和发展方向（高芸和赵芝俊，2020），须在已有研究基础上进一步推动应对复杂环境的多学科多领域的科研合作。

第二，进一步完善粮食作物科技创新体系，加强产学研合作，建立以重点区域和重点发展技术为方向的跨学科研究模式。现代农业发展是探讨数字经济时代下的农业发展路径。目前中国土地资源自给率只有80%，未来中国至少在20年内农产品需求还将出现刚性的增长，而水、土地等资源将是永久的刚性约束（黄季焜，2013）。预计2030年我国的粮食消费需求将增长36%（Li et al.，2014），通过科技进步以节本增效，是提高我国农业竞争力的关键，也是转变农业发展方式的核心（叶兴庆，2016）。我国地域广阔，气候、地貌条件差异较大，不同地区的经济发展水平和当地农户的种植习惯也不尽相同，不同作物技术组合或者单一技术的增产潜力及其资源利用效率存在较大地区差异，如何减少试验技术与农户田间应用的效果差异是加快技术转化的重要内容。这一过程要构建多学科机制，加大产学研投入，继续深入推进重点区域和重点技术的研发，通过多学科、跨领域的有机合作，构建围绕重大科学问题的长期合作机制。

第三，构建信息化平台，推进知识产权成果转化，提高粮食生产科技贡献力，推进区域农业协调发展。互联网和智能手机等信息技术飞速发展，改变农户新技术采纳决策环境，加深气候变化过程中技术、市场和政策的交互作用及影响。大数据技术颠覆现有的农技推广方式，不仅可以通过手机等移动设备向农户传播新技术，还可以嵌入地块遥感指标、气象和灾害数据、市场信息数据、作物生产与农业政策信息，形成个性化、有针对性的技术服务和交易模式，信息平台实现技术转化与生产经营主体之间的信息传递和共享（高芸和赵芝俊，2020），这使得从实验室技术研发到农户田间技术应用的效率显著提高。但是，我国乡村数字基础设施存在显著地区差异，县域乡村数字基础设施发展呈现东部和中部发展较快、东北与西部地区发展较慢的分布格局（黄季焜，2021）。因此，如何构建信息化平台推进项目栽培技术的大规模使用，是目前提高我国粮食生产潜力亟待解决的问题之一。

第四，提升中国技术研发的国际影响力，通过科技合作充分利用全球资源，提高全球粮食产能，实现共赢发展。全球农业发展格局已进行深度调整。虽然世界各国的农业生产力近年来都有了大幅度提升，但是产量变化趋势和农业粮食系统仍不足以满足未来人口与市场预期需求（Fisher et al.，2014），如何继续提高农业生产力是现有技术面临的挑战和难题（倪洪兴，2014）。解决各国面临的技术挑战不仅需要提高研究水平和基础，更需要全球经验和技术的分享与扩散（Reynolds et al.，2017）。水稻、小麦和玉米具全球领先水平的农业技术合作平台在绿色革命时期出现（Pingali，2012），但全球的水稻单产增长幅度自20世纪90年代开始已呈现逐步降低的趋势（IRRI，2012），中国经验的全球扩散是提高我国科技影响力和推进国际科技合作的重要切入点。目前，全球气候变化对粮食主产区的影响不断加深，生物质能源、金融投机活动等非传统因素使农产品国际市场的不确定性持续加强，全球粮食安全及贫困问题仍然困扰着很多发展中国家。农业持续增长动力不足和农产品市场供求结构显著变化，已经成为世界各国需要共同面对的新问题、新挑战，尤其在"一带一路"沿线，许多国家实现粮食安全与营养、解决饥饿与贫困的形势仍十分紧迫，亟待通过开展农业合作，共同促进农业可持续发展。

参 考 文 献

柴玲欢, 朱会义. 2016. 中国粮食生产区域集中化的演化趋势. 自然资源学报, 31(6): 908-919.

高芸, 赵芝俊. 2020. 我国农业颠覆性技术创新的可能方向与路径选择. 改革, (11): 98-108.

高雪. 2019. 粮食种植户对气候变化的适应性行为及其效应研究. 武汉: 华中农业大学博士学位论文.

郭海红. 2019. 改革开放四十年的农业科技体制改革. 农业经济问题, (1): 86-98.

韩俊. 2016. 农业供给侧改革要求提高粮食产能. 农村工作通讯, (3): 42.

韩文霆, 汤建栋, 张立元, 等. 2021. 基于无人机遥感的玉米水分利用效率与生物量监测. 农业机械学报, 52(5): 129-141.

黄季焜. 2013. 新时期的中国农业发展：机遇、挑战和战略选择. 中国科学院院刊, 28(3): 295-300.

黄季焜. 2021. 对近期与中长期中国粮食安全的再认识. 农业经济问题, (1): 19-26.

黄季焜, 王巧军, 陈庆根. 1995. 农业生产资源的合理配置研究：水稻生产的投入产出分析. 中国水稻科学, (1): 39-44.

黄季焜, Scott Rozelle. 1996. 迈向21世纪的中国粮食回顾与展望. 经济研究参考, (Z4): 10-11.

林而达, 吴绍洪, 戴晓苏, 等. 2007. 气候变化影响的最新认知. 气候变化研究进展, (3): 125-131.

林毅夫, 沈明高, 周皓. 1996. 中国农业科研优先序：我国主要粮食作物育种科研的需求和供给分析. 北京: 中国农业出版社.

刘家成, 钟甫宁, 徐志刚, 等. 2019. 劳动分工视角下农户生产环节外包行为异质性与成因. 农业技术经济, (7): 4-14.

吕硕, 杨晓光, 赵锦, 等. 2013. 气候变化和品种更替对东北地区春玉米产量潜力的影响. 农业工程学报, 29(18): 179-190.

毛学峰, 刘靖, 朱信凯. 2015. 中国粮食结构与粮食安全：基于粮食流通贸易的视角. 管理世界, (3): 76-85.

倪洪兴. 2014. 我国重要农产品产需与进口战略平衡研究. 农业经济问题, 35(12): 18-24.

任思洋, 张青松, 李婷玉, 等. 2019. 华北平原五省冬小麦产量和氮素管理的时空变异. 中国农业科学, 52(24): 4527-4539.

王丽妍, 杨成林, 徐惠风. 2017. 氮肥运筹对寒地水稻生长及产量的影响. 东北农业科学, 42(5): 15-19.

王培娟, 韩丽娟, 周广胜, 等. 2015. 气候变暖对东北三省春玉米布局的可能影响及其应对策略. 自然资源学报, 30(8): 1343-1355.

王品, 魏星, 张朝, 等. 2014. 气候变暖背景下水稻低温冷害和高温热害的研究进展. 资源科学, 36(11): 2316-2326.

王向峰, 才卓. 2019. 中国种业科技创新的智能时代: "玉米育种 4.0". 玉米科学, 27(1): 1-9.

杨太明, 陈金华. 2007. 江淮之间夏季高温热害对水稻生长的影响. 安徽农业科学, (27): 8530-8531.

杨晓光, 刘志娟, 陈阜. 2011. 全球气候变暖对中国种植制度可能影响: Ⅵ. 未来气候变化对中国种植制度北界的可能影响. 中国农业科学, 44(8): 1562-1570.

叶兴庆. 2016. 演进轨迹、困境摆脱与转变我国农业发展方式的政策选择. 改革, (6): 22-39.

叶兴庆. 2017. 中国农业发展的转折性变化和政策走向. 农村工作通讯, (18): 22-24.

叶志标, 李文娟. 2019. 小麦空间布局演变及驱动因素分析的研究现状. 中国农业资源与区划, 40(3): 158-165.

尹朝静. 2017. 气候变化对中国水稻生产的影响研究. 武汉: 华中农业大学博士学位论文.

尹朝静, 李谷成, 范丽霞, 等. 2018. 生育期气候变化对我国水稻主产区单产的影响: 基于扩展 C-D 生产函数的实证分析. 中国农业大学学报, 23(10): 183-192.

余欣荣. 2015. 转变观念 突出重点 强化创新 推动转变农业发展方式开好局起好步. 农村工作通讯, (16): 15-16.

赵晴月, 许世杰, 张务帅, 等. 2020. 中国玉米主产区土壤养分的空间变异及影响因素分析. 中国农业科学, 53(15): 3120-3133.

朱希刚. 1997. 市场化与我国农业科研体制改革. 农业科研经济管理, (1): 4-8.

朱希刚, 黄季焜. 1994. 农业技术进步测定的理论方法. 北京: 中国农业科技出版社.

周曙东, 周文魁, 林光华, 等. 2013. 未来气候变化对我国粮食安全的影响. 南京农业大学学报 (社会科学版), 13(1): 56-65.

Affholder F, Poeydebat C, Corbeels M, et al. 2013. The yield gap in family agriculture assessment and analysis through field surveys and modelling. Field Crops Research, 143: 106-118.

Cassman K G, Dobermann A R, Walters D T, et al. 2003. Meeting cereal demand while protecting natural resources and improving environmental quality. Annual Review of Environment and Resources, 28: 315-358.

Chen X, Cui Z L, Fan M S, et al. 2014. Producing more grain with lower environmental costs. Nature, 514(7523): 486-489.

Deng N, Grassini P, Yang H, et al. 2019. Closing yield gaps for rice self-sufficiency in China. Nature Communications, 10: 1-9.

FAO. 2020. FAOSTAT-Agriculture, Food and Agricultural Organizations of the United Nations. (2018-5-26) [2022-06-26]. http://faostat3.fao.org/browse/Q/QC/E.

Fischer R A. 2015. Definitions and determination of crop yield, yield gaps, and of rates of change. Field Crops Research, 182: 9-18.

Fischer T, Byerlee D, Edmeades G. 2014. Crop Yields and Food Security: Will Yield Increases Continue to Feed the World? Canberra: ACIAR Monograph.

Fuglie K, Heisey P, King J, et al. 2012. The contribution of private industry to agricultural innovation. Science, 338(23 November): 1031-1032.

Grassini P, Eskridge K M, Cassman K G. 2013. Distinguishing between yield advances and yield plateaus in historical crop production trends. Nature Communications, 4: 1-11.

Gruber N, Galloway J N. 2008. An earth-system perspective of the global nitrogen cycle. Nature, 451(7176): 293-296.

Gu B, Ju X, Chang J, et al. 2015. Integrated reactive nitrogen budgets and future trends in China. Proceedings of the National Academy of Sciences of the United States of America, 112: 8792-8797.

Guo J H, Liu X J, Zhang Y, et al. 2010. Significant acidification in major Chinese croplands. Science, 327: 1008-1010.

Haji J. 2006. Production efficiency of stallholders' vegetable-dominated mixed farming system in eastern Ethiopia: a non-parametric approach. Journal of African Economics, 16(1): 1-27.

Huang J, Yang G. 2017. Understanding recent challenges and new food policy in China. Global Food Security, 12: 119-126.

IPCC. 2007. Climate Change 2007: Synthesis Report. Contribution of Working Groups Ⅰ, Ⅱ and Ⅲ to the Fourth Assessment Report of the Intergovernmental Panel on Climate Change. Geneva, Switzerland: IPCC: 104.

IRRI (International Rice Research Institute). 2012. GRiSP Report.

Jin S, Ma H, Huang J, et al. 2010. Productivity, efficiency and technical change: measuring the performance of China's transforming agriculture. Journal of Productivity Analysis, 33: 191-207.

Li F, Zhou M, Shao J, et al. 2020. Maize, wheat and rice production potential in China under the background of climate change. Agricultural Systems, 182: 102853.

Li H, Zhou Y, Xin W, et al. 2019. Wheat breeding in northern China: achievements and technical advances. The Crop Journal, 7: 718-729.

Licker R, Johnston M, Foley J A, et al. 2010. Mind the gap: how do climate and agricultural management explain the 'yield gap' of croplands around the world? Global Ecology and Biogeography, 19: 769-782.

Lobell D B, Cassman K G, Field C B. 2009. Crop yield gaps: their importance, magnitudes, and causes. Annual Review of Environment and Resources, 34: 179-204.

Meng Q, Hou P, Wu L, et al. 2013. Understanding production potentials and yield gaps in intensive maize production in China. Field Crops Research, 143: 91-97.

Nelson G C, Rosegrant M W, Koo J, et al. 2009. Climate Change: Impact on Agriculture and Costs of Adaptation. Washington, D. C.: International Food Policy Research Institute.

Neumann K, Verburg P H, Stehfest E, et al. 2010. The yield gap of global grain production: a spatial analysis. Agricultural Systems, 103(5): 316-326.

Peng S, Huang J, Sheehy J E, et al. 2004. Cassman, rice yields decline with higher night temperature from global warming. Proceedings of the National Academy of Sciences of the United States of America, 101(27): 279971-279975.

Pingali P L. 2012. Green revolution: impacts, limits, and the path ahead. Proceedings of the National Academy of Sciences of the United States of America, 109: 12302-12308.

Qin X, Zhang F, Liu C, et al. 2015. Wheat yield improvements in China: past trends and future directions. Field Crops Research, 177: 117-124.

Reynolds M P, Braun H J, Cavalieri A J, et al. 2017. Improving global integration of crop research. Science, 357(6349): 359-360.

Rosenzweig C, Parry M L. 1994. Potential impact of climate change on world food supply. Nature, 367(6459): 133-138.

Shi K, Cui Y, Hu R. 2009. Impact of high temperature at flowering on midseason rice yield. Journal of Agricultural Science and Technology, 11(2): 78-83.

van Ittersum M K, Cassman K G. 2013. Yield gap analysis−rationale, methods and applications−introduction to the special issue. Field Crops Research, 143: 1-3.

van Ittersum M K, Cassman K G, Grassini P, et al. 2013. Yield gap analysis with local to global relevance: a review. Field Crops Research, 143: 4-17.

van Wart J, van Bussel L G, Wolf J, et al. 2013. Use of agro-climatic zones to upscale simulated crop yield potential. Field Crops Research, 143: 44-55.

Wang Y, Gao F, Gao G, et al. 2019. Production and cultivated area variation in cereal, rice, wheat and maize in China (1998−2016). Agronomy, 9: 222.

Xiang C, Huang J K. 2020. The role of exotic wheat germplasms in wheat breeding and their impact on wheat yield and production in China. China Economic Review, 62: 101239.

Xu Z, Yu Z, Zhao J. 2013. Theory and application for the promotion of wheat production in China: past, present and future. Journal of the Science of Food and Agriculture, 93(10): 2339-2350.

Zhai X, Huang D, Tang S, et al. 2017. The emergy of metabolism in different ecosystems under the same environmental conditions in the agro-pastoral ecotone of northern China. Ecological Indicators, 74: 198-204.

Zilberman D. 2019. Agricultural economics as a poster child of applied economics: big data and big issues. American Journal of Agricultural Economics, 101(2): 353-364.

Zilberman D, Zhao J, Heiman A. 2012. Adoption versus adaptation, with emphasis on climate change. Annual Review of Resource Economics, 4(1): 27-53.